Christian Ulrich Grupen

Origines Germany

Das älteste Deutschland

Christian Ulrich Grupen

Origines Germany
Das älteste Deutschland

ISBN/EAN: 9783741168741

Hergestellt in Europa, USA, Kanada, Australien, Japan

Cover: Foto ©Andreas Hilbeck / pixelio.de

Manufactured and distributed by brebook publishing software (www.brebook.com)

Christian Ulrich Grupen

Origines Germany

C. V. Grupen

ORIGINES GERMANIÆ

oder

das älteste

Teutschland

unter

den Römern, Franken und

Sachsen

Zweyter Theil.

in welchem erläutert

worden

Observ. I. ORIGINES HAMBURGENSES SAXONIAE TRANS ALBINGICAE.
Observ. II. DE INSULIS ALBIAE.
Observ. III. ORIGINES MARBURGENSES.
Observ. IV. ORIGINES LUNEBURGICAE
Observ. V. DE NORDO-SUAVIS & CASTRO SA-OCSEBURG.

nebst einer Charte von den Erblanden des Henricus Leo.

Lemgo
in der Meyerschen Buchhandlung. 1766.

Vorrede.

In diesem zweyten Theil der observationum Germaniae erscheinen nunmehro im Druck
1) Origines *Hamburgenses Saxoniae Transalbingicae*
2) Observ. de *Insulis Albiae*
3) Origines *Harburgenses*
4) Origines *Luneburgicae* und
5) die Observation de *Nordo-Suavis & Castro Saoeseburg.*

Die Origines Lippiacas, Osnabrugenses, Hildes-

Vorrede.

ſienſes, desgleichen die Obſervation von den Angelſächſiſchen Miſſionen zu Bekehrung der Frieſen, Sachſen und übrigen teutſchen Völker, ferner die Origines *Calenbergicas*, wie auch die Origines *Goettingenſes* cum obſervatione de Palatio *Grona*, die Origines *Schaumburgicas*, Origines *Hoyenſes*, *Angariae orientalis partes* in terris Hoyenſibus, Calenbergicis & Goettingenſibus habe ich zum dritten und vermuthlich letzten Theil ausgeſetzet.

1) Bey den Originibus *Hamburgenſibus* habe ich Saxoniam *Transalbingicam* mit durchgenommen.

2) Bey den Elbinſeln habe ich gezeiget, daß der Elbſtrom Henrico Palatino unter den Patrimonial-Ländern Henrici Leonis zugetheilet, und Saxonia Cisalbingica bis an das Ueberelbiſche Sächſiſche Ufer gegangen ſey.

3) Die *origines Harburgenſes* betreffen meine Vaterſtadt, worin ich vieles bemerket, welches die ganze viciniam ins Licht ſetzet.

4) In Originibus Lüneb. habe ich hauptſächlich den *pagum Bardungo* und deſſen viciniam erläutert, auch eine Charte von *Henrici Leonis* Erblanden, und wie deſſen Söhne ſich in ihres Vaters Erblande getheilet, dem Titel dieſes Bandes vorgeſetzet.

5) Habe ich mich bemühet in der Obſervation de Nordo-Suavis die unrichtigen Begriffe, welche von denſelben gefaſſet werden wollen, in vier Capiteln zu widerlegen.

In den künftig zum Vorſchein kommenden Originibus *Lippienſibus* habe ich das Bemühen dahin gerichtet ſeyn laſſen, ſolche Lande von der Römer und Carolinger Zeiten ins Licht zu ſe-

ßen,

Vorrede.

tzen, insonderheit die Vorfahren dieser alten Familie, welche unter die primores Westphalorum an den Orten gesessen, wo die *Familia Widekindi* und *Ducis Ecberti* unter Carl dem Großen sich hervorgegeben, fide diplomatum & scriptorum coaevorum ausfündig zu machen, wobey die Stammmütter dieser Familie, als die Gräfin Mechtildis von Hochstaden und von Are am Rheine, dargestellet, und zugleich bemerklich gemacht wird, daß die wunderschöne Kaiserin Beatrix, Kaisers Richardi Gemahlin, unter dem Namen einer Gräfin von *Fauquemont* aus dieser Familie der Grafen von Hofstaden und Are ausgegangen.

In den *Originibus Osnabrugensibus* habe ich den Kirchenstaat und die Bekehrung der Westphälischen Völker unter *Carolo M.* zu erläutern gesucht, dabey die Osnabrugischen diplomata zu anderweitiger Prüfung dem gelehrten Publico submittiret.

Die *Origines Hildesienses* habe ich um so vielmehr auszufinden gesucht, weil die beyden diplomata Ludovici und Henrici Sancti die alte Geographie in den Calenbergischen, Lüneburgischen, Wolfenbüttelschen und Hildesheimischen Landen auch auf dem Harz ungemein aufklären, auch die terminos der daran hergegangenen Halberstädtschen, Verdischen, Mindischen *Dioecesium* bestimmen lassen.

Die *missiones* der ersten Angelsächsischen Apostel habe ich in 4 capitibus ausgeführet:

cap. I. von *Wilfrido*, *Wigberto* und *Willibrordo* und seiner sociorum

    a) beyder *Ewaldorum* Saxonum Apostolorum bey Cöln

X 3   b) und

Vorrede.

b) und *Swiberti* Boructuariorum Apostolorum.

cap. II.
    a) von des *Bonifacii Apostolatu* in Germania
    b) von dem Abt *Gregorio* und Albuini discipulo *Ludgero* Bischof von Münster
    c) von *Liaswino* Anglo-Saxone Trans-Isalano Apostolo Praedicatore in comitiis Saxonum zu Markло an der Weser
    d) von *Willihado* Anglo-Saxone nachher Bischof von Bremen.

cap. III. von der *Metropoli Moguntina* & Metropoli *Coloniensi*.

cap. IV. von den beyden Angelsächsischen Apostolis denen *Ewaldis* und ihrem Martyrio in Westphalen am Rhein, wobey die ausgeheckten Legenden von ihrem Martyrio zu Hope in der Grafschaft Hoye, zu Lare im Stift Münster und bey Dortmund von der Seite gewiesen.

Diese Ausführung setzt nicht nur das erste Bekehrungswerk vor *Caroli M.* Zeit unter *Pipino Seniori, Carolo Martello, Carolomanno* & *Pipino*, von welchem Fortgang und Rückgang unter den vielen und großen Martyriis der Angelsächsischen Apostolorum solches gewesen, sondern auch die von ihnen in Friesland, Teutschland und Sachsen etablirte Schulen in ein großes Licht.

Worauf die Origines Calenbergicae, Goettingenses cum palatio Grone, die Origines Schaumburgicae, Hoyenses, und endlich die Origines des Weserstrichs in Angaria orientali, so Gott will, den Schluß machen werden,

als

Vorrede.

als welches die Gegenden von Minden und Hausbergen bis nach Hameln, in dem alten Pago Cilide zwischen der Weser und dem Suntel, und von Hameln bis nach Minden usque ad terminos Francorum in den alten Pagis *Thiliti* & *Auga* in den jetzigen Wolfenbüttelschen Aemtern Wickensen, Förste, Allersen, Fürstenberg und Ottenstein begriffen hat.

Der Tractus Calenbergicus in Pago Mersthem und der Tractus Goettingensis in Pago Logni werden zwar in den Urkunden mittler Zeit ad Angariam Saxoniae orientalis gerechnet und in dieser Bezeichnung von dem Westphälischen Engern oder Angaria in occidentali Regione, distinguiret. Weil aber die Origines Calenbergicae und Goettingenses ihrer Weitläuftigkeit nach eine besondere Ausführung erfordert, so habe ich die Origines Angariae Orientalis ad Visurgim in einer besondern Observation abzuhandeln diensamer gefunden. Alle Observationes aber gehen dazu hinaus, das alte Sachsenland und den alten *Ducatum Saxoniae* in mehreres Licht zu setzen. Die Pagos *Angariae occidentalis* und *Westphaliae* habe ich zwar in Originibus Osnabrugensibus und Lippiacis mit durchgenommen, diese sind auch von dem Prediger Falken aus dem Registro des Abts Sarrachonis und den Coreveyischen und Paderbornischen Urkunden ins Licht gesetzet. Die Gelehrten in Westphalen, sonderlich diejenigen, die zu den Archiven der Hochstifter Cöln, Paderborn, Münster und Osnabrück, auch zu den Kloster-Archiven einen Zutrit haben und dabey an ihren Oertern die ausgegangenen Dörfer auszukundschaften vermögend sind, werden dem gelehrten Publico noch die besten Dienste zu leisten im Stande seyn.

Vorrede.

seyn. Und weil zu hoffen ist, daß in dem Verfolg der Zeit allenthalben sich mehr Urkunden hervorgeben werden: so ist auch kein Zweifel, die Posterität werde die Historie mitler Zeit so wol von Sachsen, als vom teutschen Vaterlande noch weiter ausbessern, dermalen kan man nicht weiter gehen, als juxta acta & probata. Kommen den Nachkommen nachher Nachrichten zu handen, so urtheilet das Publicum literarium auch weiter ex formula forensi, daß nunmehro aus den actis & probatis so viel erscheine, was die Urkunden und Kundschaften darstellen und schließen lassen. Geschrieben Hannover Jubilatemesse 1766.

Nachricht. Die Charte wird vor den Titel dieses zweyten Theils gebunden.

OBSERV.

OBSERVATIO I.
ORIGINES HAMBVR-
GENSES.

PRÆFATIO.

Nachdem ich bey denen *Originibus Hamburgensibus*, die sonst Lambecius bereits in vieles Licht gesetzet, auch Staphorst weiter erläutert, noch verschiedenes bemerket, worin ich mit Lambecio und andern mehr nicht allerdings einig seyn können: so habe gegenwärtige Observation DE ORIGINIBUS HAMBURGENSIBUS in folgenden Capitibus abgehandelt, als

Cap. I. *de originibus Hamburgensibus.*
Cap. II. *de Initio & progressu Religionis Christianæ in Saxonia Trans-Albingica.*
Cap. III. de Diplomate *Fundationis Metropolis* Hamburgensis, Ludovici Pii. A. 831.
Cap. IV. de commento *Luxata Captivitatis septennis* Saxonum Trans-Albianorum.
Cap. V. de *primitiva Ecclesia Provincia* in *Aquitonæ* ultra Albiam Presbyteri HERIDACI ab AMALHARIO dedicata.
Cap. VI. de *Ecclesia* Hamburgensi *Cathedrali.*
Cap. VII. de *Devastationibus Normannicis & Slavicis.*
Cap. VIII. de *Initiis Christianismi* in *Dania, Suecia, Norwegia, Islandia.*

A 2   Cap.

Obs. I. Origines Hamburgenses.

Cap. I.

DE ORIGINIBVS HAMBVRGENSIBVS.

Die ersten *Origines* von Hamburg weiß nun zwar nicht zu bestimmen, nur treten dabey diese Vermuthungen ein, daß Hamburg allewege schon zu Caroli Magni Zeiten eine *villa mercatoria* gewesen, eben eine solche, welche die Angel-Saxen Cyppanham genant, und wie die Hammen bey den Sachsen Paludes geheißen, also auch die Hammen an der Elbe, worunter Ham-burg ab exstructo Burgo, nachher der Name Hamburg angewachsen, in der Historia Carolingica unter den Paludibus Albiae mit genennet worden. Also werden in Historia Caroli Magni gehöret TRACIA, LUINI, und *Paludes Albia*, i. e. die Hammen an der Elbe. Allen drey Orten sind von denen nachher dabey erbaueten Burgis ihre Zunamen angewachsen, so daß TRACTA ad Visurgin nachhero Drackenburg, LUINI nachhero Lüneburg, die Hammen an der Elbe Hammesburg genant worden. Die in devastatione Danica A. 845 von Remberto zu Hamburg bemerkte Confluenz von Menschen, die Burg, das *Suburbium*, die Mauren sind Anzeigen von weit älteren Zeiten, worin dieselben ihren Ursprung und ihren Succes vor mehrern und vielen Jahren gewonnen. Und da übrigens keiner *primitivae Ecclesiae Hamburgensis* zu Caroli M. Zeiten gedacht wird, A. 798 auch daselbst die große Rebellion und Erschlagung und Verjagung der Sächsischen Grafen vorgegangen, diese Widersetzlichkeiten der Sachsen noch bis ad A. 804 gedauert, da die Ausführung der Ueber-Elbischen Sachsen geschehen, so zweifle ich, ob bey einem solchen Confluxu Paganorum, in villa mercatoria, in den gefährlichen Zeiten gewaget werden können, eine Kirche zu bauen, eines Theils da Hamburg denen *Invasionibus Slavicis* frey und offen gestanden, und die von Kaiser Carl an der Elbe erbaueten Schlösser zwar die *Bardogavenses* im Lüneburger Lande, nicht aber die *Saxones Trans-albingicos* gedecket; andern Theils die Saxones rebelles in Paludibus oder Hammen sich sogleich in paludibus retiriren können, ohne ihnen füglich manu militari beyzukommen, dergleichen Ausflucht die Ditmarsen auf eben dieselbige Art zu nehmen gewust.

Zur Zeit, da A. 831 Hamburg zur Metropoli geworden, muß Hamburg schon lange vorher eine ansehnliche volkreiche Stadt in *paludibus Albiae* gewesen seyn, und eben daher ist sie zum Erzbischöflichen Sitz ausersehen, weil juxta Canones die Bischöfe in civitatibus, nicht in vicis & villis angesetzt werden durften, dieses aber konte ehender nicht als Saxonia pacata zu Werke gerichtet werden.

Von

Cap. I. De Originibus Hamburgensibus.

Von ihrem Anbau und Zuwachs in dem Verfolg der Zeit können Keiner besser als Gelehrte des Orts, und zumalen die, welche die Urkunden mittler Zeit einzusehen Gelegenheit haben, und in ihrem rechten Zusammenhang zu verbinden wissen, urtheilen. Cranz Saxon. VIII. 15. schreibt vom Graf Adolph A. 1239. Fratris minoris Zeit:

hoc etiam, quo nunc scribimus aetate sola Divi Petri Parochia urbem faciebat; cetera accessere per tempora, palustribus locis ad Albim, jacto fundamento, formalis, ut super aedificaretur. Ea est divae Catharinae portio. Ab occiduo vero prolatis muris occludi coepit non minima pars urbis, quae D. Nicolaum habet tutelarem Patronum. Novissima accessit Jacobi ad orientem porrecta parochia.

Der ehemalige Sondicus der Stadt Hamburg TRACIGER in Hamburgischer Chron. p. 1267. schreibet von Hamburg in seiner ersten und älteren Zeit und ihrem Anwachs also:

Es war aber damals Hamburg viel eines geringern Begriffs als jetzo: denn allein der Berg, darauf St. Peters Carspel und der Thum liegt, beseediget und bewohnet. Da aber jetzund die andern Carspel als St. Catharinen und St. Nicolans gelegen, war unbedacht Land, da Fluth und Ebbe herübergieng. Der Platz aber, da in folgenden Zeiten St. Jacobs Carspel gebauet, ist ausserhalb der Stadt gelegen, welches man an dem heidnischen Wall noch heut zu Tage augenscheinlich mag sehen. Jedoch war es ein gelegener und von Natur fester Ort: denn ins Süden hat es die Elbe, ins Norden die Elster, in Osten die Bille. Das sind die drey freye Seiten, und ist kein Zweifel, daß Hamburg auch zu dero Zeit gewesen die vornehmste Feste der Norder Elbe.

So bald Hamburg A. 831 gehöret und als eine metropolitana vom Kaiser Ludovico genennet wird, zeiget sie sich als eine Burg und als eine ansehnliche Civitas, solche, die eines Sedis metropolitanae susceptible geachtet, die ohnmöglich andererges talt, als nach Verlauf vieler Jahre, die in Caroli M. Zeiten zurückschlagen, zu einer Erzbischöfflichen Stadt erwachsen seyn kan. Welches denn auch daher noch mehr zu urtheilen, da sie nach dem Zeugniß REMBERTI c. 14. und GUALDONIS c. 35. schon A. 845. tempore invasionis Danicae

a) urbem,
b) suburbium L. vicum proximum,
c) Ecclesiam miro opere magisterio Domini Episcopi constructam,

d) mo-

Obf. I. Origines Hamburgenses.

   d) *monasterii claustrum mirifice compositum,*
   e) *Comitem Bernarium Præfectum loci & Pagenſium Provinciæ* Nord-Albingiae,
   f) *moenia & muros*

gehabt, woraus denn weiter erscheinet, daß sie schon A. 845 eine in *urbe &
suburbio* wohlbevölkerte und mit Mauren umgebene Stadt der Provinciae *Nord-Albingorum* und die *civitas metropolitana* Archiepiscopi, die mit einer prächtigen Domkirche und Kloster versehen, gewesen sey.

   Bey den Gedanken, die RICHEY *diss. de Coenoburgo* §. 2. über die Origines Hamburgenses führet:

1) daß dessen Namen unter Carolo M. nicht gedacht;
2) jedoch gar anschetulich, daß zu Hobuchi, welches Carolus M. gegen die Slavischen und Normannischen *irruptiones* aufbauen lassen, eine Frequenz von Einwohnern gewesen;
3) daß unglaublich sey, daß die Sachsen die Wohlgelegenheit des Orts an der Elbe, Bille und Elster, die die Natur des Orts zum Holzen, zur Jagt, zum Ackerbau, zur Weide, zum Fischen, und die Inseln zum Traject mit allen Bedürfnissen des Lebens dargestellet, nicht solte angeerieben haben, des Orts sich fleißig zusammlen und hinzu besetzen;
4) niemand sich zu Gedanken leiten lassen könne, daß Carolus M. an einem öden und wüsten Ufer, das von denen umwohnenden keine Hülfe gehabt, *sumtuosa tutela & difficili praesidio e longinquo* ein Castellum bauen lassen wollen;
5) von Carolo M. nicht zu glauben, daß er von Zeit des errichteten Castri an Bedacht genommen, darin eine prächtige Kirche und sedem Archiepiscopalem einzurichten, wenn er nicht, außer der Besatzung, darin schon eine *praesentissimam multitudinem civium suſtinendae dignitati Archiepiſcopali idoneam* vorgefunden;
6) Hamburg, so wie es Heridaco *conceditur*, mit dem Namen einer Civitatis Nord-Albingorum von Helmoldo und Alberto Stadensi und von Adamo Bremensi um XI Sec. als eine *Metropolis viris & armis potens* beleget, und A. 845 in vita Remberti Hamburg schon als einer *urbis cum suburbio & vico proximo cum templo mirifici operis, bibliotheca* inſtructiſſima Præſidis *Thesauris* und seiner Einwohner als eines nicht geringen Volkes, das erschlagen und geschlachtet, gedacht worden,

ist noch verschiedenes zu erinnern.

   Ich falle Richeyn in beiden bey:
1) daß Hamburg namentlich unter Carolo M. nicht gedacht,
2) jedoch in den *Paludibus Albiae* in denen Hammen daselbst eine Menge

Cap. I. De Originibus Hamburgensibus.

ge Menschen sich gesetzet, die eines Theils nach der Wohlgelegenheit des Orts nicht nur einen reichlichen Erwerb gefunden, sondern auch in ihren paludibus zu ihrer Beschützung allerwege ihre *Reductus* gehabt, auch daß der Ort eine Gleichheit hält mit einer *villa mercatoria*, welche die Angel-Saxen CYPPAN-HAM genant, von CYPPAN *mercari* & HAM *vicus*, welchen Namen Chypham in agro Wiltonensi in England noch führet. GYPSON *ad Chron. Sax. in explicatione Nominum locorum h. v.*

Allein die mit unterlaufende Suppositiones des Prof. Richen, die dahin mit abzielen, das Castellum *Hobuchi* aus Slavien in Sachsen nach Hamburg zu bringen, sind in facto nicht klar und erwiesen. Bey denen Castellis, die zu Beschützung des Limitis Saxonici erbauet wurden, kömt es nur an auf ein *munimentum*, auf den *militem praesidiarium*, auf die *Custodes Limitum*, auf die *Explorationes*, auf die Wachten und die *exercitus*, die nach der Mark, wo es nöthig, dirigiret wurden. Und bey dem Castello Hobuchi wird auch in annalibus Francicis eines mehreren nicht, als des *Castelli*, des *Praesidii Saxonum orientalium* und des *Odonis Legati Regii*, der im Castello gewesen, gedacht. Daß hiernächst Carolus M. das Castellum *Hobuchi* gegen die *irruptiones* der Dänen, oder dazu, um Hamburg wider solche zu decken, errichtet, davon findet sich in Annalibus Carolingicis keine Anzeige, woraus solches zu urtheilen.

Von Hamburg geschiehet a) unter *Pipino, Carolomanno, Carolo Magno* in *eben* Expeditionibus in Saxoniam & contra Slavos, b) auch A. 789. in *Expeditione contra Wilzos*, da Kaiser Carl zugleich mit den Frisischen Schiffen auf der Elbe, c) und in A. 805. in der Expeditione navali auf der Elbe bis nach Magdeburg agiret, d) und in der *Expedition* des jungen Carls in Linones A. 808. da dieser und Brücken über die Elbe geschlagen und Kaiser Carl durch seine Legatos 2 *Castella super Albium* bauen lassen, e) gleichfalls in *Expeditione in Linones A.* 811. da das A. 810. von den Wilzis destruirte Schloß *A.* 811. wieder aufgerichtet, f) und in Expeditione A. 809. da Kaiser Carl Essefeld an der Stur aufbauen, dazu durch Gallien und Teutschland Truppen aufgeboten, und bewafnet, und mit allen Nothdürftigkeiten versehen, durch Friesland dahin führen lassen, nicht die gesamte Melbung: Da doch diese Expeditiones, zumalen die auf der Elbe zu Schiffe geschehen, nothwendig auf die Hamburgische Gegend treffen müssen.

A. 795. werden unter den Saxen *eines Paludes Albinae* die an der Ermordung des Obotriten Königs auf der Elbe Theil gehabt, und daher das Licht gescheuet, vor Kaiser Carl zu Lune zu erscheinen Chron. A. 795. die Ueber-Elbischen Sachsen, die an den Paludibus Albiae, an denen Hammen gewohnet, mit gemeinet, und A. 804. sind die Sachsen über der Elbe gar mit ausgesetzt.

Obf. I. Origines Hamburgenses.

geführet. A. 798 haben die Trans-Albiani Nordmanni gar die Legatos regios, die zu Handhabung der Justiz angesetzet, und unter diesen GODE-SCALCVM erschlagen. Dabey hat der *Legatus Regius* EBERWINVS mit den Obotriten gegen dieselben einen Sieg erfochten, und in der capit. Karoli M. A. 805. ap. BALVZ *T. I. p.* 425. ist verordnet, wie weit die Negotiatores gegen die partes *Slavorum & Avarorum* gehen sollen, als bis zu Bardenuvieh, bis zu Schesla, bis zu Magdeburg.

Allein bey allen diesen Vorfallenheiten wird nirgends Hamburg gedacht.

Die Gedanken, daß das Gedächtniß Anscharii zu Hamburg noch in der Benennung des Schar-Dors, Scharbors-Brück, Schar-Steinweg, Schar-Markts übrig geblieben, als welche Namen von der Capelle herrühreten, die an dem Ort des Waysenhauses gestanden, und March zo dem Schar oder Schar-Capelle geheißen, ist von wenigem Ansehen.

Eben so leicht würde das hohe Schar in der Elbe Schar-Bosch *silva caedua*, Schar-Hans Trafo, und viele andere mehr von Anschario herzuholen stehen.

Schar Schor hat mannigfache Bedeutungen, und sind damit viele Oerter in Teutschland und England belegt. Den Svio-Gothis ist SKair *promontorium*, den Schweden ora maritima, SKARGARD *pagi circa ora maritima* SERENIVS *Diß. Angl. Suec.* v. *Schore littus, in notis* Veteris TEVTONISTAE *in Boort & Schaire*: SCHAIRE: *Ovr*, *Litus*, *Ripa*, *Ripula*, *Margo*, *Limbus*.

SCHOREN oder SCHARREN sind die Pfäle, womit die Deiche oder Dämme gegen Gewalt des Meeres beyfallet. *Buter Scharren pali exteriores*, *Binder Scharren* pali *interiores*. HACKEMAN *jure Aggerum & Mantiffa*. p. 114. FRISCH *in* v. *Scharren* & v. Runge. SKORDA Gothis Scand. *fulcrum* SKORDA *fulcris formare*. VEREL. h. v. Belgis *Schore* ruptura Rupes Fulcimen, *Schore Van I's* ruptura glaciei, SCHORRE Alluvies Ripa Planities herbida, *alluvione adjecta*, parcius gramine virescens KILIAN *h. v.* sonst auch Vorland genant JUNIUS *Etymol.* v. Schore. Die mehresten Significationes, so weit sie translativae, sind aus SCAR SCORE *incisura* oder *fulcro* zu entwickeln v. JUNIUS, SERENIUS, WACHTER, FRISCH, VERELIVS, GIBSON ad Chron. Saxon. in den *Nomenclaturis* des Worts *Scharo Schore* in *laciniatae* Barbara SCAR Scara. Gallis Quai sind in *statutis* Massil. L. I. c. 51. §. 3. *aggeres ad ripam* CANG. h. v. und Scurrae Anglis Shares Hearnio *Divisiones* Cang. h. v. Serenio in *to Share* in notis scheinet am wahrscheinlichsten, daß alle obige Significationes von dem Svio-Gothico

thice

Cap. I. De Originibus Hamburgensibus.

thico SKARA *dissecare* ihre Ableitung gewonnen. Die so genante Schar-Capelle, oder Marie to Schar oder Capelle St. Clementis zur Neustadt und Nicolai Pfarre gehörig, ist aus dem Hause, das A. 1371 an der Schar-Porte gebauet, so viel aus dem Rentebuch ad Fabricam capellae als auch der darin angerichteten Jacobi Brüderschaft wahrzunehmen, A. 1371 in eine Capelle erwachsen, und hat das Haus und die Marie to Schar von Schar-phorte, welche auf das Schar-Marck gehet, allem Ansehen nach seine Benennung. Vid. STAPHORST. *P. I. Vol. 1. p. 61.* LAMBECIVS *L. I. Orig. Hamb. p. 3.* ist unrecht daran; wie er denn auch so wol von BESSEL als SCHMINCK *ad Eginhart de vita Caroli M. c. VIII. p. 49. 50.* widerlegt, wenn er behauptet, wie seine Worte lauten:

> *Vrbes profectò munitas Saxonia nostra antequam a Karolo M. suit devicta, non habuit, sed hac etiam in re antiquam retinuit Germanorum morem, qui aperta colebant loca, & moenibus cincta oppida tanquam munimenta servitii & circumdata vestibus Lustra (al. busta) declinabant.*

Denn obgleich dieses AMMIANUS MARCELLINVS *L. L.* von der Eversione civitatum ad Rhenum anführet, und Hadr. VALEF. *d. l.* davon die Ursache angiebt: so zeigen dennoch die *Expeditiones* Caroli M. in Saxoniam, daß die Sachsen dero Zeit ihre *Firmitates* oder ihre Festungen gehabt. Die Castra Saxonica, als

a) *Eresburgum* Eginh. A. 772.
b) *Sigiburgum* in qua Saxonum *Praesidium* Eginh. A. 775.
c) *Seydroburg* A. 784.

Die *Munitiones Saxonum* deren Eginh. *Vita Caroli M.* bey dem *Autore vitae Karoli ad A. 779.* die *Firmitates Saxon.* Annal. Loissel ap. Autorem vitae Karoli M. A. 776. treten aus den Annalibus Franc. gleich vor Augen, und von *Pipino* wird bereits mit Annal. Loissel A. 758. gesagt:

> *Pipinus Rex in Saxoniam ibat & Firmitates Saxonum per virtutem introivit.*

und von *Carolomanno* A. 743.

> *cepit & castrum* Odisserburg.

und von *Hildegar Arch. Colon.* A. 753.

> *occisus est a Saxonibus in castro Viberg.*

Dabey eröfnen die Armales Bertiani *ad* A. 770. daß die Sachsen in ihrer Belagerung sich der *Petrariarum* der Wurfmachinen vulgo Sax. Blyden gegen Sigisburg gebrauchet.

Was die Hamburgschen castra betrift, so ist schon in der *Observ. de sasello Hobuchi ab Hamburgo aliena* ausgeführet:

Grup. Orig. Germ. 2ter Theil.   B   1) das

Obf. I. Origines Hamburgenses.

1) daß das Castellum *Hobuchi* nicht zu Hamburg, sondern in *Slavia trans-albica* in *Linuuibus* ad *Ripam Albis* sich gefunden,
2) am wenigsten aber an dem Orte, wo Herzog Bernhard II. Benonis Sohn nach Corneri Zeitrechnung in *A. 1035.* wo an der Domkirche an einer Seite vom Bischof Bezelino das *Palatium Archiepiscopale* zu seiner Befestigung mit Thürmen und propugnaculis, ihm ein Haus erbauet, zu suchen.

So weit ich die Sache einzusehen weiß, hat Hamburg eine Burg oder Castrum gehabt, es sey vor Caroli Magni Zeit in Saxonia libera, oder zu Caroli M. Zeiten, da seine Expeditiones in Sachsen vorgangen, wiewol, was das letzte betrift, Hamburg in allen Expeditionibus Caroli M. in Saxoniam & in Slavos & Danos gar nicht genennet wird. Es weiset aber Hamburg unter Ludovico pio, da es zum ersten mal bey Constituirung des Sedis Archiepiscopi genennet wird, in seiner Benennung Ham-burg eine Burg auf. Die *Bulla Nicolai P. P. de conjunctione Eccles. Hamb. & Bremen* ap. STAPH. *P. I. Vol. 1. p. 41.* und *de confirmatione Rameslose* ap. *Fund. p. 54.* ziehen ausdrücklich Hamburg als ein *castellum* an, worin Anschar zum ersten Erzbischof gesetzet, und auf Hamburg als einer Metropoli ordiniret worden. Daß auch *A. 845* bey der vorgegangenen Invasion der Normänner zu Anscharii Zeiten daselbst ein *castellum* gewesen (welches diese, wie alles, auch Kirche und Kloster in Brand gestecket. REMBERTUS *vita Anscharii*, bezeugen die *Annales* METENS. *ad 845.* an welchem Ort es aber gewesen, wird nicht gemeldet. Es erhellet dabey zugleich aus REMBERTI *vita Anscharii c. 14.* daß Hamburg A. 848 *urbem* und *suburbium f. vicum proximum* gehabt. *Suburbia* heißen in mittler Zeit Vorbürge, Vorstädte, STUMPH. *Chron. Helv. fol. 375.* Vorstadt vocab. ap. FRISCH *in Burg Burgi Forenses* Chron. Ms. Medardi. *A. 124.* ap. Cangium h. v. Belgis *Veurborgh* suburbium auch *propugnacula* KILIAN. *h. v.* Es bezeuget indessen HELMOLD *L. 1. c. 5.* daß nicht lange nach dieser Normannischen Verheerung das Zerstöhrte und Niedergerissene von Hamburg wiedergebauet, wovon seine Worte lauten:

post non multum vero tempores furore Danorum aliquantulum sopito, *coeperunt reaedificare diruta Hamburgensis urbis.*

Es sey nun eine Burg mit der Ecclesia und *Claustro*, oder die Kirche ohne die Burg erbauet, so ist dennoch in der *Devastatione Slavica A. 983* unter Ottone II. Hamburg der Sedes Archiepiscopalis wieder verheeret und in Brand gestecket worden, daß DITMAR *L. III. p. 345.* zu seiner Zeit von Hamburg als einem vorzeiten gewesenen Archiepiscopal-Sitz gezeuget in cl.

vbi

Cap. I. De Originibus Hamburgensibus.

ubi sedes Episcopalis quondam fuit.
nicht weniger in der zweiten *Devastatione Slavica* A. 1018 unter Herzog Bernhard und Erzbischof Unwanno Nord-Albingio mit Slaviern so stark verheeret und eingeäschert, daß auch über der Elbe nicht ein Vestigium christianitatis übrig gelassen. Adamus Brem. L. II. c. 10. Und obgleich von Unwanno ADAMVS BREM. L. II. c. 33. 34. sagt:
  civitatem & ecclesiam fecit novam.
ins besondere von der Kirche und *Diversoriis,* daß Erzbischof Unwan mit Herzog Bernhard von denen Ruinen der Stadt eine neue Kirche und *Diversoria* alles von Holz gebauet, welches noch A. 1020 geschehen, so wird dennoch eines von Unwanno neugebaueten Schlosses nicht erwähnet. Von dem A. 1035 gefolgtem Erzbischof Bezelino berichtet ADAMVS BREM. L. II. c. 25.

1) daß dieser zuerst eine Kirche, welche zu der Ehre der lieben Frauen gebauet gewesen, von Quader aufgerichtet,
2) ein befestigtes Haus *cum turribus & propugnaculis* an einer Seite der Kirche,
3) und Herzog Bernhard für sich an der andern Seite ein Haus aufgebauet,

und also die Domkirche an der einen Seite das Erzbischöfliche Haus, an der andern Seite das Herzogliche Haus gehabt; an welchem Ort und Stelle Bezelinus die Domkirche von Quadersteinen und sein Haus einer Festung gleich gebauet, und ob Herzog Bernhard wie der Bischof Bezellinus sein Haus mit Festungswercken aufgerichtet, wird von ADAMO BREM. so genau und eigentlich nicht beschrieben.

Ich sehe nicht, aus welchem Grunde oder auch aus Zeugnissen Scriptorum synchronorum Crantzius behaupten mögen, und zwar in *Vandalia* L. III. c. 1.

a) daß Herzog Bernhardus sein Schloß an der Alster gebauet,
b) welches die Wenden unter Henrico Godesc. Sohn von Grund aus zerstöhret.

und in *Metropol.* L. IV. c. 25. dagegen der Erzbischof Bezelinus Albrandus sein Schloß aufgerichtet, an dem Ort, wo zu Crantzii Zeit grosse und prächtige Fundamenta von der Südseite der Domkirche beym Ansgrabm gefunden, welche Grundmauer, ob sie gleich dero Zeit mitten in der Stadt gefunden, dennoch zur Zeit, da sie gelegt, da, wo der terminus vrbis an dem Ufer der Elbe gewesen. CRANTZII Worte in *Saxonia* L. V. c. 27. lauten hievon umständlich:

Vrbem vero Hamburgum in Stormaria sitam in iure fuisse Ducum Saxoniae, non est ambiguum, quod Bernhardus D. illo tempore, quo

BEZE-

Obf. I. Origines Hamburgenses.

BEZELINVS *Archiepiscopus Hamburgensis* praesidium *sibi faceret ad meridiem ab Ecclesia (cujus fundamenta nuper fodientibus nobis comperta)* Bernhardus D. ad Aquilonem ejusdem Ecclesiae *sibi suisque Praetorium erexit, cujus reliquiae cernuntur hodie* in sublimi colle ad Alstra *post moles inibi jactas & firmatas.*
TRAZIGER *Chron. Hamburg.* ap. WESTPH. T. II. p. 1277. ſetzet darauf noch und giebet an:
    a) daß der Biſchof Albrandus ſein Haus mit Thürmen und Wehren von der Thumkirche ob ins Süden,
    b) Herzog Bernhard ſein Schloß an der Elſter, wo zu Trazigers Zeit des Raths Marſtall gebauet.
Siehe auch STAPH. P. 1. Vol. 2. p. 388. und führet CRANZ dabey mit an, daß noch zu ſeiner Zeit augenſcheinliche Anzeigen alda zu ſehen geweſen. Eben dahin, daß Herzog Bernhardus ſein Schloß an der Alſter gebauet, iſt P. LAMB. *Orig. Hamb.* L. 1. p. 19. nicht nur gegangen, ſondern auch noch darzu von ihm p. 13. dafür gehalten, daß Hamburg zu Ludovici Pii Zeiten Biscborch geheißen. PETERSEN *Chron. Holsatiae* P. XI. wie er gewohnet auf Cranzen Angeben nachzuſetzen, giebet gleichfals vom Erzbiſchof Albrando an:
    a) daß er Hamburg mit einer Mauer befeſtiget, auch ein feſtes Haus bey der Kirche im Mittag,
    b) Herzog Bernhard aber ein Schloß in Hamburg in den Norden der Kirchen, wovon noch bey der Alſter hinter der Mühle alte Mauren zu ſehen, gebauet.
ADAMVS BREMENSIS L. II. c. 25. als auf deſſen Zeugniß es allhier hauptſächlich ankomt, ſagt bey dem Hauſe, das Herzog Bernhard A. 1035 ad aemulationem Bezelini Albrandi erbauet, davon nichts, daß es an der Alſter erbauet, ſondern nur, daß des Erzbiſchofs Bezelini ſein Schloß an der einen Seite und Herzogs Bernhardi Schloß an der andern Seite des Doms gebauet, an welchem Ort A. 1035 von ihm der neue Bau erbauet, die allemal, ſo viel ihrer neue erbauet, nach ihrer erſten Dedication die liebe Frauen Kirche geheißen. Ob er ſein Schloß an der Domkirche ins Süden, und Herzog Bernhard ſein Schloß an der andern Seite ins Norden gebauet, davon meldet Adamus Bremenſis gar nichts. Von Ordulpho Duce aber, wie der Erzbiſchof das Schloß Sullenberg gebauet, ſagt er L. III. c. 28.

    Dux (Ordulphus) eo tempore relicto veteri caſtello Hammaburg novum quoddam praeſidium ſibi ſuisque fundavit intra Albiam & rivum, quae Alſtra fundatur.

Und

Cap. I. De Originibus Hamburgensibus.   13

Und von diesem Schloß sagt LAMB. L. I. p. 19.
  a) daß dieses Schloß zum Unterscheid der alten von Herzog Bernhard an der Alster gebaueten Schlösser *Novum* Burgum genant,
  b) und geglaubet werde, daß es in der Regione vrbis gelegen, die noch Neuburg genant werde,
  c) und von der Zeit der Herzog und Erzbischof besonders gewohnet, der Erzbischof in der Altstadt, und das alte Schloß Herzog Bernhards gewesen, Herzog Ordulphus an dem Ort, wo die neue Burg vor ihm gebauet, der zu Anscharii Zeiten Suburbium geheißen, welches den District, worauf die Nicolai Kirche angeleget, ausgemacht.

Diese neue Burg an der Alster Herzogs Ordulphi ist gebauet A. XVIII Pontificatus *Alberti*, und also Anno Chr. 1063.

Im Jahr 1066, wie Adamus Brem. IV. 13. und aus selbigem Helmold L. I. c. 4. angegeben, ist in der Devastatione Slavica nicht nur *tota provincia* Hamburgensis mit Feuer und Schwert verheeret, sondern auch castrum *Hammenburg* funditus excisum. Was er aber unter dem castro exciso einen sich für ein castrum meine,
  a) *Castrum Bezelini*, das A. 1035 zu einer Seite die Domkirche,
  b) *Castrum Bernhardi*, das A. 1035 zur andern Seite des Doms,
  c) das *Castrum Ordulphi*, das A. 1063 an der Alster errichtet,

darüber haben Adamus Bremensis und Helmoldus eigentlich sich nicht geäusert, und da er gleich vorher gesagt, Slavi totam provinciam Hamburgensem ferro & igne demoliti sunt: so scheinet es, daß daraus zu schließen, daß alles in allen demoliret sey.

Ob nun in der Zeit von A. 1066 bis A. 1072. einer Zeit von sechs Jahren, was zerstöhret, wieder gebauet, davon findet sich beym Adamo Bremensi und Helmoldo nichts gemeldet: wenn aber wieder was aufgebauet, so ist im Jahr 1072 alles wieder verheeret und in Brand gestecket. Ob nun zwar Staphorst P. I. Vol. I. p. 521. aus einem in der Domkirche befindlichen alten Monument von A. 1106 bemerkt werden wollen, daß Graf Adolph von Schaumburg und dessen Sohn

     post Karolum M. & Ludovicum ejus filium - hujus Ecclesiae *secundi fundatores*,

und daraus von ihm geschlossen werden will, daß die Domkirche von A. 1072 bis 1106 müste gelegen, so sagt dennoch die Monument nicht, daß erst A. 1106 die Domkirche gebauet, sondern daß Herzog Luder A. 1106 an Graf Adolph von Schaumburg die Grafschaft Holstein Wagrien und Stormaria aufretret, Graf Adolph und dermalen seine Söhne Herren und Grafen besagten Landes, und nach Kaiser Carl und Ludovicum Pium secundi fundatores der Domkirche gewesen. Zu welcher Zeit sie solche fundiret und wie der Bau und die Dotation geschehn, davon enthält das Monument eigentlich nichts. Indessen hat der Erfolg selbst gezeiget, daß ein neuer Dom gebauet, obgleich die eigentliche Zeit noch nicht klar gemacht. Aus dem Diplomate Graf Adolphi A 1164. ap. STAPH., *P. I. v.* 1. *p.* 576. erscheinet auch so viel, daß dero Zeit das *Castrum novum* in *occidentali parte civitatis* unter die Kaufleute in areas vertheilet, und von ihnen bewohnet gewesen, auch ihnen verstattet, an einem competenten Orte eine Capelle in honorem Nicolai mit Consent des Domcapittels, die über den fundum die parochie der Domkirche gehabt, zu erbauen. Von des Graf Adolphi II. Matre, Graf Adolphi I. Gemalin, bemerket Helmoldus L. I. c. 56. welches ALBERTVS STADENS. ad A. 1139 wiederholet:

> Arcem firmissimam Hammenburg, *quam* comitis Adolphi mater *murata opere construxerat, ut esset firmamentum vrbi contra impetus barbarorum, hanc ergo domum & quicquid nobile senior Adolphus construxerat Henricus (ab Badewide) fugam meditans demolitus est.*

welches LAMB. L. I. Orig. Hamb. p. 24. für das Castrum, das Herzog Bernhard gebauet, ansehen wollen.

Bey dem Hamburgschen Monumente ist dis zu erinnern, daß es von A. 1126. da Graf Adolphi Sohn Hartungus im Treffen gegen die Böhmen unter Kaiser Lothario geblieben, ANNAL. SAX. ad A. 1126. HELMOLDVS L. I. c. 19. z. 12. bezeichnet seyn müsse, weil es Adolphi seiner Söhne pro tempore procreati gedencket, A. 1106 aber Graf Adolphus I. noch nichts an dem Dom in Hamburg gebauet haben kan, weil Lotharius zwar A. 1106 Herzog von Sachsen geworden, dero Zeit aber Gothofredus der letzte Graf von Nord-Albingien noch gelebt, und A. 1110 allererst getödtet, ANNAL. SAX. A. 1110. welchem Graf Adolphus I allererst in der Zeit gefolget, HELMOLD L. I. c. 49. worunter ANNAL. SAXON. mehr als dem CHRON. SLAVICO Lindenbrog, welches das Jahr 1106. da Graf Godfried erschlagen, und Graf Adolph die Grafschaft conseriret, zu glauben. Daß aber Hamburg zu Graf Gothofredi Zeiten schon wieder befestiget gewesen seyn müsse, will daher erscheinen, weil die Latrunculi Slavorum nur bis vor Hamburg geplündert, und der Comes provinciae Godefredus sie darauf gleich verfolget, und von Graf Adolphs I Gemalin hilf gewis, daß diese ein festes Schloß wieder aufgerichtet, wovon TRAZIGER p. 1278. sagt, daß sie nach, her nicht wieder aufgebauet, und obgleich LAMB. p. 24. aus dem HELMOLD L. I. c. 58. und ALBERTO STADENS. auch aus einer Chron. Sen. Ado. A. 1139.

Cap. I. De Originibus Hamburgensibus.

imp. behaupten will, daß Adolph II. es wieder gebauet, so wird dennoch beym Helmoldo und Alberto Stadensi in angezogenen Stellen nichts gemeldet.

Die Hamburgsche Castella, so viel ich deren bemerket, sind diese:

1) A. 831. Das Castellum, welches, so bald Hamburg, wie es zur Metropolitana gemacht ist, ihre Benennung von Ham und Burg zu erkennen giebet, worin der *Comes Provinciae Nord-Albingicae* BERNARIVS seinen Sitz gehabt, welches A. 845 *in invasione Danica* zerstöret, und in Annalibus METENSIBVS A. 845 *castellum in saxonia nomine* HAMABVRG genant, in dessen Mauren die Dänen eingebrochen, REMBERT. c. 35.

Ob nach A. 845 dieses zerstörte Castellum wieder gebauet, und in *devastatione Slavica* A. 915 unter Kaiser Conrado und Erzbischof Hogern, da die Slaven die Hamburgsche Parochie zerstöret, und nach Corneri Ausdruck ad A. 915 der Archiepiscopatus *re sed non nomine transferretur ad Ecclesiam Bremensem ad tempus* oder in *devastatione A. 983*, da unter Ottone II. MISTRVI Hamburg in Brand gesteckt, und der sedes Archiep. daselbst cessiret, und eben so, ob bey der *devastatione A. 1018*, unter Henrico P. da die Slavischen Fürsten Mizzidrog und Mistiwoi Nord-Albingien mit Schwert und Brand verheeret, alle Kirchen in Slavien angestecket, und den Hamburgschen Clerum in die Gefangenschaft abgeführet, in solchen Verheerungen ein Hamburgsches Castellum mit zerstöret, davon finden sich bey den Scriptoribus keine Anzeigen.

Nach der *Devastatione Slavica*, die A. 1018 unter Unwanno und Herzog Bernhard vorgangen, hat zwar der Erzbischof Unwann mit Herzog Bernhard die Stadt und Kirche renoviret, in specie von den Ruinen der Stadt eine Kirche und alle *diversoria* von Holz gebauet, von einem *Castro* aber, daß solches vor der Devastation de A. 1018 gewesen, und in der Devastation bestritten, findet sich eben wenig eine Spur.

2) A. 1035 hat der Erzbischof Bezelinus zuerst die Kirche, die *in moris Dei honore* construiret war, von Quadern, dabey ihm ein *Domum lapideam turribus & propugnaculis valde munitam*, der Herzog Bernhard aber ihm auch ein Haus gebauet, so daß die Domkirche von einer Seite DOMVM EPISCOPI, von der andern Seite das PRAETORIVM DVCIS neben sich gehabt. Hiebey aber wird von Adamo Bremensi L. II. c. 52 nichts gesagt, an welchem Ort die Kirche von Quadern gebauet, an welcher Seite der Erzbischof, und an welcher Seite der Herzog gebauet, ob dieser ins Norden, und

Obf. I. Origines Hamburgenses.

der Bischof ins Süden zur Seite der Domkirche gebauet, eben wenig wird bey dem vom Herzog Bernhard an der andern Seite der Domkirche gebaueten Hause oder PRAETORIO gesaget, daß dieses an der Alster aufgerichtet.

3) A. 1063. als Anno Pontificatus ALBERTI Archiepiscopi XVIII hat Herzog Ordulphus das *vetus castellum*, welches kein anders seyn kan, als welches Herzog Bernhard zur andern Seite des Doms errichtet, verlassen und ihm ein neues *Castellum* zwischen der Elbe und Alster aufgebauet, und solchergestalt die Herzogliche und Bischöfliche Höfe und Gebäude *curtes & mansiones* von einander gesondert, daß der Herzog die Neustadt und der Bischof die Altstadt bewohnet. ADAMUS BREM. L. III. c. 28.

A. 1066. unter Henrico IV ist von dem Slavischen Fürsten Henrico die Hamburgsche Provinz mit Feuer und Schwert verheeret, und die Burg zu Hamburg im Grunde verstöhret. Bey einer so großen Landverheerung scheinet dieselbe alles betroffen zu haben, und also:
a) Castrum *Bezelini*,
b) Castrum *Bernhardi a latere Ecclesiae cathedralis*, wenn es nicht von Ordulpho bey Erbauung des neuen Schlosses an der Alster gebrochen,
c) das *novum castrum Ordulfi inter Albim & Alsteram*.

Ob nach A. 1066 ein oder ander *Castrum* wieder gebauet, habe ich nicht gefunden: wenn es aber geschehen, würde dennoch A. 1072. da Hamburg zweymal in Brand gestecket, und die ganze Provinz öde geworden, alles wieder eingeäschert seyn. Ueber dis sind A. 1067 mehr denn sechshundert Familien über der Elbe nach dem Harz gangen; daß also dero Zeit auf Restaurationes nicht gedacht.

4) Nach A. 1072 zeiget sich kein ander Schloß, als welches Graf Adolphi I Gemalin erbauet, und Henricus de Badewide wieder destruiret, nur daß es vermuthlich, daß zu Graf Gottfredi Zeiten schon Hamburg wieder auf einige Art befestiget gewesen. Dagegen ist aus dem Diplomate Adolphi III. das um A. 1164 oder nachher gestellet, und beim Lambec. Orig. L. II. p. 18. zu lesen, zu sehen, daß das *Castrum novum in occidentali parte civitatis* an der Elbe, wo sich bey der Capelle Nicolai eine *Affluentia navium* gefunden, von Graf Adolpho III denen Kaufleuten in areas distribuiret. Daß Graf Adolph I bey seinem Leben schon ein und anders gebauet, giebt HELMOLD L. L. c. 56. zu erkennen, da er sagt, da Henricus de Badewide nicht nur das Castrum zerstöhret, sondern auch quicquid nobile senior Adolphus construxerat. Ob aber das *Castellum* des Adolphi I Gemahlin nach

ihrem

Cap. I. De Originibus Hamburgensibus.

ihrem A. 1131 mit Tode abgegangenen Gemal angebauet, und Henr. de Badewide A. 1139 destruiret, auch in loco Castelli novi Ordulphi, welches A. 1066 eingeäschert seyn muß, aufgerichtet gewesen, davon habe ich keine Anzeigen.

Was LAMB. *Orig. Hamburg. L. II. p. 18.* hiebey anführet:

Ordulphi Arx aliquoties excisa atque instaurata exiguum tunc & fere nullum praebebat usum, demandavit (comes Adolphus) consuli Wirado - - ut solo aequata arx, & in areas distributa privatis mercatorum aedibus assignaretur.

Das ist in allem nicht gäntzlich erwiesen, nicht, daß das *Castrum Ordulphi* restauriret, noch daß dasselbe von Wirado geschleifet. Lamb. d. l. scheinet die Erbauung des arcis firmissimae, die von Graf Adolph I Gemalin geschehen, für eine Restauration des Castri Ordulphi zu nehmen. Es findet sich aber beym Helmold L. 1. c. 56. nicht die geringste Anzeige, an welchem Ort Adolphi Gemalin solches Schloß aufrichten laßen. Hiernächst sagt der Brief Adolphi ap. Lamb. L. II. p. 13. von einem *castro novo* in Hamburg, quod *in occidentali parte civitatis situm erat*, welches anzeiget, daß es dero Zeit nicht mehr gestanden. Wenn nun Adolphi I Gemalin ihr neues Schloß in loco castri Ordulphi gebauet, so ist dies Schloß, welches Adolphi I Gemalin gebauet, eigentlich *novum castrum*, und ist die Straße Neueburg in castro novo Adolphi I Gemalin angelegt.

Da aber die Lage von dem arce firmissima Adolphi I Gemalin noch nicht klar gemacht, so bleibt man in einer Ungewißheit, ob die so genannte Neueburgstraße von dem novo castro Ordulphi oder novissimo castro uxoris comitis Adolphi ihren Namen aufhebe.

Von dem sogenanten Schaumb. Hof hat der Kantzler von Westph. Praef. in F. I. p. 37. gehandelt, auch die inedita scripta NICOLII *de jure Aulae & Palatii Schaumb. in civitate Hamb.* EIUSD. *Historia de juribus curiae Schaumb.* THOMAE BONHORNII Deductio *de jure Palatii & Privileg. aulae Schaumburgicae Hamburgens.*

Daß die Duces Saxoniae Familiae Billinglanae ihre *castra* und *praetorium* in Hamburg gehabt, insbesondere Hertzog Ordulphus für seinen Hof pro suis *cortes & mansiones* mit gebauet, der Graf Adolph I ansehnliche Wercke, und seine Gemalin ein festes Schloß darinnen angerichtet, die Praefecti Hamburgenses, die nicht nur Hamburg, sondern die gantze Provinciam Nord - Albingicam und die gesamte Pagenses gouverniret, ist bekantlich und bey denen Castris Hamburgensibus mit berühret. Die Grafen von Schaumburg haben nicht wenigter ihre *curiam* mit allen von der curia Principali & Dominica

Grup. Origin. German. ater Theil.   C   abge-

abgehangenen Curtibus besessen, und werden deren in vielen Urkunden mittler Zeit genant:
- a) CURIA in Hamburg *cum appertinentiis* reliquis iuribus Chartæ Divisionis inter Comitem Adolphum & fratres Gerh. & Henricum A. 1303. A. 1304.
- b) DOMVS comitum de Schowenburg - - *in hæreditate Comitis* de Schowenburg prope Jacobum Ch. ap. STAPH. *V. 1. P. 3. p. 577.*
- c) Der Hof binnen Hamburg gegen St. Jacobi Kirchhof belegen, mit allen darzu gehörigen Häusern, Straßen und andern Gerechtigkeiten Literae transact. A. 1390.
- d) CURIA NOSTRA AP. FRATRES Char. Jo. et Geraldi Comitum A. 1253. ap. *Staphorst Vol. I. P. 3. p. 457.*
- e) *Pomarium* nostrum *contra Eccl. St. Jacobi situm* STAPHORST *P. 1. Vol 2.* In welchen pomariis oder Baumgarten bey Lunenrode *Discept. forens.* p. 559. Gerichte gehalten. Wie denn auch Pfalzgraf Ludow. Verordnung A. 1285. beim SCHEID *Bibl. Gottingens.* gesetzt und gelobt bey Bogenburg einen Baumgarten.

Die Lage desselben Hofes und des gegenüber liegenden Mühlenhofes in der Fuhlentwiete nebst denen dabei in einer Reihe in der Steinstraße liegenden Häusern ist in dermaßen bey Schlüter in der Hamb. concertation ap. WESTPH. *T. IV. p. 3046. seqq.* bezeichnet, in den Memoriis Schaumburgico-Holsaticis ap. Schluter T. IV. Rerum contra p. 3056. worin die Häuser also specificiret:
1) Herrenhove alias Königshof, Molenhof, jetzo der Pelican,
2) mit den darzu gehörigen achtzehn Häusern in der Königsstraße alias Schaumburgerstraße vulgo Fuhlentwit versus Palatium Schaumb. e regione Plateae lapidcae,
3) Schaumburgerhof,
4) mit den darzu gehörigen zwölf kleinen Häusern.

Da nun 1) unter den Carolingicis die Comites A. 817 *juxta Albiam in praesidio* residiret, ut terminos sibi commissos tuerentur EGINH. *ad A.* 817. 2) A. 845 in Devastatione Normannica der Graf Bernhard als Praefectus Provinciae Nord-Albingicae binnen der Mauren der Stadt Hamburg seine *Præfecturam* von der ganzen Provinz geführet. 3) nachher unter den Sächsischen Kaisern die Familia Billingiana, und unter selbigen A. 1035 Herzog Bernhard an der andern Seite des Doms ihm ein *Domum* und *Prætorium*, ADAMVS BREM. *L. II. c.* 25. und für seine Militibus, Vasallen und Ministerialibus Cortes und Mansiones aufgerichtet. 4) nachher Ordulphus A. 1062 ihm ein neues Schloß zwischen der Elbe und Alster auch

Cap. I. De Originibus Hamburgensibus.

auch seinem Hof zu gute dabey *Cortes* & *Mansiones* angelegt, Adamus Brem 5) A. 1088 ex. Chart. Licmari Archiep. *Priv. Hamb. Lindenbrog n.* 33. sich unter den Militibus Ducis Magni dessen *Bruder Comes Hermannus de Hammaburg* und A. 1210 der letzte Graf Godefridus von Nord-Albingien, welcher das Jahr cum multis Ministeralibus suis gelebet, zeigen HELMOLD *L. I. c.* 49. 6) und A. 1106 Hertzog Ludewig Graf Adolphus von Schaumburg wird an Godefredi Stelle gesetzet, *Monument. Ecclesiae Cathedralis Hamb. A.* 1106 tempore filiorum Adolphi positi, 7) im Anfang des 13 Sec. der Graf Albertus von Orlamunde um A. 1212 A. 1224. als *Comes Nord-Albingiae* mit seinen Ministerialibus in Hamburg sich produciret v. Dipl. c. Alberti A. 1212, 1224. ap. LAMB. *L. I. p* 32. 34. 8) um A. 1164 Graf Adolphus den Ort, wo das Castellum novum in occidentali parte civitatis auf der nach so genanten Neuenburg unter die Kaufleute *marcas* distribuiren lassen. Chart. Adolphi ap. Lamb. L. II. p. 18. A. 1246. da die Grafen Joh. und Gerard der Stadt überlassen das Wasser (die Alster) von St. Marien Magdalenen bis zum Millernthore zu ihrer Befestigung, jedoch daß der Gräfin Mutter bevor bleiben solte, ihren bey dem Kloster belegenen Hof bis an die Festung, ohne Schaden der Straßen, zu erweitern Extract. Ms. ap. LAMB. *L. II. p.* 31. *in not.* 9) A. 1258. die Grafen Joh. und Gerard von Schaumburg in ihrem Briefe beym LAMB. *Orig. Hamb. L. II. p.* 14. einen gantzen Strich zum Vrbali Banno zur Stadt Wichbild vom Milderthor Bach Herwedes Hude und so weiter gegeben; 10) A. 1250 dem Priester des Hospitals Georaii die Fischerey in der Alster bey dem Hospital gestattet. Laut Briefes de A. 1250. ap. Staph. P. I. Vol. 2. p. 30. 11) A. 1373 dem Rath den *Campum Brunonis* bey dem Rosendam an der Alster assigniret. Laut Briefes ap. Staph. P. I. Vol. 2. p. 656. welcher Rosendam sich über dem Jungferstieg erstreckte und außerhalb dem alten Domthor gelegen, 12) Hiernähst auch Graf Adolph viele nobil. Wercke, und seine Gemalin ein festes Schloß darin gebauet, die Henr. de Badewide bestruiret. Helmold. 13) Graf Adolph und seine Söhne *Secundi Fundatores* von der Domkirche 14) Dissen Decendente nach der victorieusen Battaille bey Bornhöve darauf in Hamburg so wol das Marien Magdalenen Kloster der Minorieenbrüder als das Kloster St. Joh. der *Fratrum praedicatorum* gestiftet, so aus obigen Umständen mehr zu urtheilen, daß die *Comites Schaumb.* in Hamburg eine *curiam* eine *cortem principalem & dominicam* mit ihren *curtibus* und *curtilibus* davon überhaupt in Teutschland viele *a curte Principali* abgehangen, gehabt haben.

Das *Castrum Bernh. Ducis*, das dieser an der Seite des Doms gehabt, muß mit seinen cortibus und *Mansionibus* von großem Bezung gewesen seyn; und da der jetzige Schaumburger Hof als gegen Jacobikirchhof
gelegen

Obf. I. Origines Hamburgenſes.

gelegen dem gar nahe, ſo iſt möglich, daß das *Caſtrum Bernhardi Ducis* mit ſeinen *cortibus* und *manſionibus* ſich dahin geſtrecket, und da Hamburg ſo vielmal zerſtöret und ausgebrant und uns heutiges Tages größeſten Theils unbekant, was bey Aufrichtung der Gebäude für Maßen genommen, ſo läſſet ſich alles auf einem Fleck nicht beſtimmen. Das Caſtrum, das Ordulphus A. 1063 zwiſchen der Elbe und Alſter gebauet, iſt zwar um das Jahr 1164 oder im nächſtfolgenden den Kaufleuten auf der Neuenburg in areas angewieſen, man ſiehet aber im Verfolg, daß die Comites Schaumburgici an der Alſter große Fundos behalten. Und daß es den Grafen von Schaumburg überhaupt in Hamburg an Curiis nicht gefehlet, iſt abzunehmen aus der *Curia ad Fratres* worin der Graf ſich A. 1325 gefunden, und aus der Curia, die A. 1312 Graf Adolphus ſeiner Gemalin Elena zu ihrem convenablen Sitz in Hamburg verſchaffen wollen, laut Briefes de A. 1312 ap. SPANGENBERG in *Schaumb. Chron.* p. 114.

> Curiam quoque in memorata civitate Hamburgenſi ſibi comparabimus congruentem & ſi nos ſine heredibus non contigerit Fratres noſtri praelibati Gerhardus & Henricus comites Eidem Dominae Elenae ducentarum marcarum reditus in bonis ſuis melioribus aſſignabunt, quibus velit eſſe contenta, ſi civitatem Hamburgenſem tantam voluerint rehabere.

Die *Curia Comitum Holſatiae ad Fratres* im Briefe A. 1253. ap. STAPH. V. I. P. 3. p. 741. hat gelegen entweder *ad Fratres Praedicatores* Monaſterii St. Joh. oder *ad Fratres minoris Monaſt. Mariae Magdalenae.* Die ſo genante Joh. Straße wird in den Staphorſtiſchen Auszügen aus den Hamburg. Erbbüchern bezeichnet,

juxta fratres platea ap. *Fratres Praedicatores platea in longo ponte*, welches Staph. P. L V. 2. p. 4. die große Joh. Straße iſt. welche in der Urkunde A. 1453 ap. STAPH. P. I. V. 3. genant *platea longi pontis* prope *Sregulas* monaſterii B. Maria Magdalena.

In ſo weit aber *a Curia Schaumburgica* auf Gerechtigkeit geſchloſſen werden will, nachdem dieſe die ganze Formulam civitatis antretten, ſo iſt dieſe tota lege inſpecta von einem weitern indagine, und zu dieſer Abhandlung nicht gehörig.

De INITIO & PROGRESSU Religionis Christianae in Saxonia Trans-Albingica.

Mit der Bekehrung der Ueber-Elbischen Sachsen, und insonderheit derjenigen, die zu beyden Seiten der Elbe, und im alten Lande in *paludibus Albiae* und im Bremischen in PAGO WIMODI gesessen, ist es schwer hergegangen, als womit Kaiser Carl die letztern Jahre am meisten zu schaffen gehabt.

Vor der Taufe Wedekindi als vor A. 785. ist in Saxonia Nord-Albingica um so viel weniger was auszurichten gewesen, weil dahin Wedekindus mit den Sächsischen Magnaten ihre Retraite genommen, auch von Dänischer Seite aufgenommen.

A. 785 ist Kaiser Carl zuerst ins Lüneburgische in Pagum Bardungo eingerücket, und daselbst hat er Widikindum und Albion, die sich in dem Ueber-Elbischen Sachsen aufgehalten, zu sich gezogen; über die Elbe aber ist Kaiser Carl dero Zeit nicht kommen. Die A. 789. über die Elbe vorgenommene Expedition ist dero Zeit nicht gegen die Sachsen, sondern gegen die Wilzos vorgangen.

A. 795 ist zwar Kaiser Carl an die Elbe kommen, und hat zu Lune und Bardovic Lager geschlagen; er ist aber über die Elbe nicht kommen; vielmehr ist Wilzan der Obotriden König auf der Elbe, wie er nach Kaiser Carl gewolt, von denen

    a) die *circa Paludes Albiae*
    c) & *Wihmuodingam* i. e. im Bremischen
    d) & *Trans Albim*

gesessen, getödtet.

A. 796 ist zwar Kaiser Carl mit seinen beyden Söhnen Sachsen durchmarchiret, und bey Leese über die Weser in Pagum *Wigmodinga* gangen, und hat eine Menge Volks in Francien mit sich geführet; ist aber über die Elbe nicht kommen.

A. 797 ist er in der ersten Sommer-Expedition ins Bremische, bis ins Land Hadeln gerücket, hat auch Gißeln mit sich genommen, ist aber in das Ueber-Elbische Sachsen nicht kommen.

A. 798 haben die Ueber-Elbischen Sachsen

    a) die *Legatos Regis* Caroli M. *qui ad eos ad justitias faciendas missi fuerant*,

    b) und

Obf. I. Originet Hamburgenses.

b) und Godeskalcum, der an König Sigfrid nach Dännemark gesand, erschlagen

c) auch mit dem Obotritischen Duce *Trasicone* bey *Quentin* getroffen, worin der *Legatus Karoli M. Eberwin* den rechten Flügel commandiret, in welchem Treffen die Sachsen geschlagen.

A. 798 ist der junge Carl nach der Elbe gangen und hat quosdam, qui de Nord-Luidis i. e. de Saxonibus Trans-Albingicis in Bardengaviam venerunt, welche recipiret, das ist, wieder *in fidem* angenommen Poeta Sax.; im Nord-Albingiam selbst aber ist Carolus nicht kommen.

A. 804 aber hat er eine Armee in das Ueber-Elbische Sachsen geschickt

a) die Sachsen, die über die Elbe geflüchtet,
b) die Ueber-Elbischen Sachsen,
c) die Bremischen Sachsen,

welche abtrünnig geworden und durch ihre vielfältige Mißhandlungen von dem Wege der Wahrheit abwendig gemacht, durch unterschiedene Wege gäntzlich exterminiret und durch Gallien auch seine übrige Lande zerstreuen lassen Annal. METENS. A. 804.

> *Missique inde exercitibus per diversas partes Saxoniae, tam perfidos illos, quos ultra Albiam transferat, quam illos, qui in* WIGMOTI *manebant, & frequentibus maleficiis populum Saxonum a via veritatis everterant cum mulieribus & infantibus, Deo auxiliante, sapientissima dispositione de Saxonia per diversas vias dirigens funditus exterminavit, & per Gallias ceterasque regiones regni sui sine ulla laesione exercitus sui dispersit.*

Chron. MOISS. A. 804.

> *deinde misit Imperator scaras suas in* WIMODIA *& in* HOSTINGABI *& in* ROSOGAVI, *ut illam gentem feras patriam transduceret. Nec non & illos Saxones, qui ultra Albiam erant, transduxit foras, & divisit eos in regnum suum, ubi voluit.*

wie denn auch Kaiser Carl von Godefredo König in Dännemark diejenigen, die zu ihm geflüchtet, durch seine Gesandschaft zurück fordern lassen.

Die *Epistola Reclamatoria* ad Ludov. Pium eines Ueber-Elbischen Sachsens Richardi Sohns, dessen Vater *in servitio* Caroli M. gestanden A. 798 in der Rebellion der Ueber-Elbischen Sachsen, worin die *Legati Regii* erschlagen, Richard *nobilis Saxo Trans-Albingicus* seiner Haabe beraubet, und mit Frau und Kindern aus Nord-Albinaien in sein mütterliches Erbe Marstheim ins jetzige Calenbergische geflüchtet, bey Ausführung der Sachsen in A. 804 das Unglück gehabt aus dem Pago Marstheim

Cap. II. De Initio & Progreſſu Religionis Chriſtianæ &c.

helm mit ausgeführet zu werden, welches du CHESNE T. II. Scripr. Franc. unter den *epiſtolis Reclamatoriis n. 2. p. 724.* mit eingerücket, enthält:
1) die Rebellion und die *Perſecution* der Chriſten in A. 798. die von den *Pagenſibus* mit Morden und Plündern geſchehen,
2) die Flucht Richardi mit ſeiner Familie in Pagum Marſtheim,
3) ſeine Ausführung und ſeine *commoration per quanta & quaelibet ſpatia* in Saxonum Transmigrationem,
4) ſeines Vettern Richardi Tod in ſolcher Transmigration,
5) ſeine Reclamation des ihm ſpoliirten väterlichen Erbes und daher verlangte *legalem cognitionem*,

und verdienet dieſer Brief, da er die *Initia Chriſtianiſmi in Saxonia Nord-Albingica*, und die Verfolgung der Chriſten in A. 798; die Tranſmigration der Ueber-Elbiſchen Sachſen und ihre Commoration *in quantis & quibuslibet ſpatiis*, und die Reclamation der ſpoliirten *Allodiorum* in ſich faſſet, näher eingeſehen zu werden, welchen ich in clauſulis concernentibus athier eingerücket und erläutert.

Clauſula 1.

Fuit namque, ſereniſſime Imperator, pater nomine RICHARD, *& patruelis nomine* RICHOLF, *ambo Saxones, & haereditas eorum in ipſa extiterat* Saxonia.

Aus dem folgenden erſchrinet, daß zur Zeit, da der Brief an Kaiſer Ludov. Pium geſchrieben, der Nobilis Saxo mit ſeiner Mutter und Schweſter noch im Leben, ſein Vater Richard aber ſchon geſtorben geweſen.

Clauſula 2.

Dum autem in ſervicio patris veſtri felicis memoriae Domini Caroli Imperatoris extiterunt, propinqui eorum atque pagenſes *cauſa Chriſtianitatis, furore ſe ſuper eos turbantes, omnia, quae in domibus propriae elaborationis habuerunt, cuncta raptim diripuerunt, eo quod in fide Chriſtianitatis velle eos perſiſtere ſenſerunt & eam negare ullo modo noluerunt.*

Hieraus und aus dem folgenden und beſten ganzen Zuſammenhang erhellet:
1) daß Richard und ſein Bruder Richolf in *Saxonia Nord-Albingica* geſeſſen, ſich daſelbſt zur chriſtlichen Religion bekant, und dieſe nicht verleugnen wollen, auch daſelbſt ihre *Allodia propriae elaborationis* beſeſſen,
2) daſelbſt ihre Unverwandten gehabt, die mit den *Pagenſibus* Saxoniæ Nord-Albingicæ gegen ſie wegen der angenommenen chriſtlichen Religion

ligion in eine Wüsten kommen, und sie gäntzlich ausgeplündert, weil sie der christlichen Religion nicht absagen wollen.

Welches denn erkennen lässet, daß, obzwar einige noch vor der Zeit, ehe die missi Regii erschlagen, sich schon zur christlichen Religion bekant, das Volck aber, oder die *Saxones Nord-Albingises*, die Ueber-Elbischen Sächsischen Christen aber persecutiret. Woraus denn leicht zu ertheilen, daß Kirchen bey ihnen noch nicht auffkommen können.

Clausula 3.

Postea vero, cum contigit, ut Dominus Imperator patruelem meum RICHOLF *miserit in* Misiaticum *super Elbim cum his inferius scriptis id est - - - comite,* GOTTFREDO *comite - - - - comite & - - - - qui omnes una ibidem fuerunt occisi propter* Christianitatis stabilimentum.

Dieses scheinet zu treffen muß Jahr 798. als in welchem Jahr die *Legati* Caroli M. die denn Rechts zu pflegen über die Elbe in Saxoniam gesandt, imgleichen Godescalcus, der als Legatus an König Sigfrid in Dännemarck abgesandt, auf seiner Rückkehr erschlagen; darauf König Carl die Waffen ergriffen, und was in Sachsen inter *Albiam* & *Wisuram* gelegen, gantz mit Schwert und Feuer verheeret; die *Trans-Albiani* oder so genante *Nordmanni* gegen die Obotriten zu Felde gezogen; der Dux Oboritorum hingegen ihnen mit seiner Armee, in welchem der Legatus Caroli M. Eberwinus den rechten Flügel commandiret, entgegen gangen und bey Schwentina die *Saxones Trans-Albianos* auffs Haupt geschlagen ANNAL. EGINH. *ad A.* 798.

Trans-Albiani *occasionem nacti Legatos Regis, qui ad eas ad justitias faciendas missi erant, comprehensos* interficiunt, *paucis eorum quasi ad nuntiandum reservatis, trucidantes cum caeteris & Godescalcum Regis Legatum, quem ille ante paucos dies ad Sigifridum Regem Danorum miserat. Is cum legatione perfunctus reverteretur, ab hujus seditionis Autoribus interceptus atque occisus est.*

Quibus acceptis Rex graviter commotus, congregato exercitu in loco, cui Munda (Minda) nomen super Wiseram castra posuit, atque in foedifragos ac desertores arma corripuit & ultor necis legatorum suorum, quicquid Saxonia inter Albiam & Wiseram interjacet, totum ferro & igne vastavit. Trans-Albiani autem, qui Nordmanni vocabantur, superbia elati, eo quod legatos Regis impune occidere potuerunt, arreptis armis contra Obotritas profiscuntur. Quorum Dux Trafico cognito Trans-Albianorum motu, eis cum omnibus copiis

suis

Cap. II. De Initio & Progressu Religionis Christianae &c. 25

fuis in loco, qui Sventana vocatur, occurrit; commissoque praelio ingenti eos caede prostravit. Nam in prima congressione quatuor millia eorum cecidisse narravit Legatus Regius Eberulmus nomine, qui in eadem praelio fuit, & in Obotritorum acie dextrum cornu tenuit.

Von dieser Gewalte, wie darin die Legati Regii, die mit ihnen Rechts zu pflegen umgangen, einige erschlagen, einige zur Redemtion aufgehoben, einige geschicket, die übrigen redimiret, schreibt der Monachus Engelism. ad A. 798.

Nord Luidi trans Albiam sedentes seditione commoti Legatos ejus, qui ad justitias faciendas apud eos conversabantur, quosdam occiderunt, quosdam ad redimendum asservaverunt, ex quibus aliqui fugerunt, ceteri redemti sunt.

mit welchem allem im Hauptwerck des *Nobilis Saxonis* Trans Albingici Erzählung zutrifft.

Das CHRON. MOISS. ad A. 798. meldet von dem Treffen der Über-Elbischen Sachsen mit den Obotriten, zu welchem die Missi Regii sich mit gegen, zur Zeit, da der Kaiser Carl aus der Armee zu Bardowic gestanden, und sich alles ihm übergeben:

— de ipsa aestate perrexit cum exercitu ad Bardunwic, & omnes se tradiderunt in manu ejus, & tulit inde sos captivos, quos voluit, & obsides quantum voluit. Es interim congregati sunt sclavi nostri, qui dicuntur Obotriti, cum Missis Domini Regii ad alios Saxones se congregarunt in unum & commiserunt praelia & habuerunt victoriam.

und die ANNAL. LOISS. A. 798 melden das Treffen mit den Sita, und daß sie über die pacis conditiones gehandelt, der Kaiser Carl auch Geißel und die unterste primores Saxonum mit sich in Francien genommen.

Nord Luidi contra Trasuconem Ducem & Eborisum legatum nostrum commisso praelio acie victi sunt, — de pacis conditionibus tractaverunt. Es Rex acceptis obsidibus etiam & bis, quos perfidissimos primores Saxonum consignabant, in Franciam reversus.

Der Vorgang mit den A. 798 erschlagenen Legatis Kaiser Carls ist gar mercklich, und trift damit die Erzählung des Nobilis Saxonis zu, nach welcher

seines Vaters Bruder Ricbolf in Missiance super Albim nebst andern auch propter Christianitatis stabilimentum mit einander erschlagen. Die Annales Carolingici melden die Erschlagung mit noch einigen mehrern Umständen, auch daß die Missi Regii ad justitias faciendas dahin abgesandt, und erscheinet aus obigem allem der Zustand der Nord Albingischen Sachsen

Gryp. Origin. German. 1tes Theil. D In

in A. 798 nemlich, daß man dero Zeit schon an der Einführung des Christenthums gearbeitet und die *justiz per missos Regios administrirt*; Kaiser Carl auch in seinem *Servitio nobiles* und *Missatico nobiles Provincias Nord-Albingicas* gehabt; die Nord-Albingischen Sachsen bey Schwentin geschlagen und die Urheber von diesem Aufstand *perfidissimi primores* an Kaiser Carl, nachdem er mit der Armee bey Bardowik gestanden, ausgeliefert, und von ihm in Francien geführet. Bey allem, was in A. 798 in Nord Albingien vorgegangen, wird Hamburg nicht gedacht.

Clausula 4.

Quo audito perrexit pater meus Richard *nunciare hoc Domino Imperatori Carolo: & dum in illa via fuit*, apprehensa est mater mea ab eisdem viris, qui illos praefatos Missos antea interfecerunt, & inter manus suae jusserum commendatam reliquerunt, ceteraque omnia, quae ibidem in sumtibus, vel ab iis quibuslibet rebus reperta sunt, secum per rapinam diviserunt.*

Zur Zeit, da Richard aus Nord-Albingien nach Kaiser Carl sich gemacht, um ihm die Zeitung von seinen erschlagenen Missis zu bringen, war Kaiser Carl zu Herstel an der Weser ohnweit Carlshafen, wo er überwintert, die Armee auch durch ganz Sachsen in die Winter-Quartiere vertheilet; nach erhaltener Zeitung hat Kaiser Carl seine Armee zu Minden zusammen gezogen, und hat darauf Sachsen zwischen der Weser und Elbe verheeret. EGINH. *A.* 797. 798; und bey Bardowic mit seiner Armee gestanden, da immittelst das Treffen zwischen den Obotriten und Ueber-Elbischen Sachsen bey Sventina mit der Sachsen größten Niederlage vorgangen.

Zur Zeit, da Richard schon auf dem Wege nach Kaiser Carl gewesen, haben die Sachsen, welche die Missos Regios erschlagen, Richardi Gemahlin ergriffen, jedoch war sie noch in ihrer Bürgen Händen gelassen, aus welchen Richard mit seiner Zurückkehr selbige wieder entrissen, wovon meldet folgende

Clausula 5.

Quod cum compertum fuit patri meo, transivit latenter & eam quasi furtim arripuit, fugitque cum ea in pagum, qui vocatur MARSTHEIM *in haereditatem maternam suam.*

Die Zeit seiner mit seiner heimlich nachgeholeten Gemahlin nach seinem müttertlichen Erbe genommenen Flucht trift also in *A.* 798 gleich nach den erschlagenen Legatis Regiis. Es erhellet hieraus, daß auch die *viri nobiles* aus den Ueber-Elbischen Sachsen sich mit den Adelichen *Saxoniae cis albingicae*

Cap. II. De Initio & Progressu Religionis Christianae &c.

gine vermählet, und eben daher Richard in Pago MARSTENHEIM als in dem jetzigen Amte Calenberg sein mütterliches Erbe besessen.

Clausula 6.

Et sic mansit ibi, donec ex jussione Domini Imperatoris, Saxones facta transmigratione de Saxonia per partes educti fuerunt, & tunc etiam temporis cum eisdem pater meus & mater eduQi sunt.

Von A. 798 ist Richard in pago Marsheim in seinem mütterlichen Erbe subsistiret bis zu der Transmigration der Sachsen, worin dieselben per partes, und Richardus mit seiner Gemahlin, Sohn und Tochter mit ausgeführt.

Diese Transmigration ist allem Ansehen nach diejenige, die A. 804 vorgegangen. Diejenige, die in ANNAL. LAMBEC. und des mit diesem gleichlautenden CHRON. MOISS. ad A. 799 gemeldet, welche überaus groß und remarquable gewesen seyn würde, wird von allen übrigen Annalistis Francicis ganz verschwiegen, welche dieselbe nicht verübet gelassen haben würden. Die Worte von der Transmigration in A. 799 lauten in *Annal. Lambec.*

Et Dominus Rex inde tulit multitudinem Saxonum, cum mulieribus & infantibus, & collocavit eos per diversas terras in finibus suis, & ipsam terram eorum divisit inter fideles suos. i. e. Episcopos, Presbyteros, comites & alios Vasallos suos.

Die Annal. LOISSEL, TILIANI & PETAVIANI, ANNAL. FRANCOR. AUCTIORES, ANNALES EGINHARDI sagen von keiner Ausführung, sondern, daß Kaiser Carl seinen Sohn den jungen Carl mit der Armee an die Elbe gesandt,

  a) Ad colloquium cum Slavis
  b) Ad *recipiendos, qui de Nord Luidis venerant in Bardingawi.* ANNAL. LOISS.

die Nord-Luidos nicht auszuführen, sondern mit ihrer Begnadigung wieder aufzunehmen. Verbis POETAE SAXONIS *ad A. 799.*

Suscipiendi Saxones aliqui, qui se de partibus illis delegerunt fidei commissario Regis.

Clausula 7.

Quibus vero adultis, & in ipsa transmigratione per quanta qualibet spatia commorantibus a propria abalienata terra, de hac luce pater meus, inexpugnante extremo die, subtractus est, & mater mea & ego & soror mea & adhuc Deo miseronte rante nos tres superstites existimus, non tamen pervenimus ad hereditatem nostram.

Daraus erhellet, daß der Vater, nachdem er von seinem eigenen verabalienirt, in seinem exilio mit Hinterlassung seiner Gemahlin, Sohn und Tochter verstorben, zur Zeit ihres an Ludovicum Pium erlassenen Briefes zu ihrem Erbe auch nicht wieder gelanget.

Clausula 8.

Ideoque piissime Imperator, qui omnibus pauperibus, etiam cunctis indigentibus stabile refugium, pro Dei amore misericorditer impendere non cessatis, nobis quoque paterna hereditate despoliatis, pro vestra Eleemosyna auxiliare sub hac reclamatione nostra utcunque faciatis, & persideles vestros id ipsum investigare dignemini, utrum juste ad nos pertinere debeat, an non. Si tamen apud vestram sanctissimam decretum fuerit excellentiam. Multi enim testes, ita ipsi l'agis super hac ipsa re adhiberi possunt, qui hanc rem bene sciunt, & eam detegere veraciter volebant, o clementissime ac serenissime Imperator.

Der Sächsische Nobilis hält bey dem Kaiser nicht darum an, daß er zur Rückkehr ins Vaterland beurlaubet werden möge, sondern daß er zu seinem despoliierten Erbe nach untersuchter Sachen wieder verholfen werden möge, dessen sein Vater, wie er gleich Anfangs erzählet, bey dem Anfstand der Ueber-Elbischen Sachsen von den Pagensibus beraubet worden. Das *jus paternae hereditatis* hat der Kaiser Carl den Sachsen durchgehends nicht genommen, und wenn unter ihnen viele ihres Allodii wegen Unruhe und Aufstandes verlustig worden: so ist solches legaliter *cum judicio Scabinorum* erkant, und dem Fisco regali incorporiret und in solche legali Ordine & ex decreto juridicorum hat Ludovicus Germanicus, nach der Anzeige der ANNAL. FULD. *ad A. 852.* in Sachsen wegen der *ad Fiscum regalem* zurück geforderten Güter verfahren lassen.

habito generali conventu tam causas populi ad se perlatas justo absolvit examine, quam ad se pertinentes possessiones juridicorum gentis decreto recepit.

Ueberhaupt ist die Sächsische Nation bey geendigtem Sächsischen Kriege ein Volk mit den Franken geworden, hat mit den Franken die *comitia regni* besuchet, wie alles die *Capitularia* zeigen. Der Sächsischen Magnaten Kinder sind auch am Hof erzogen, und zu großen Officien befördert. Diese denen rebellirten Sachsen confiscirte Güter hat Ludovicus Pius Anno A. 815 bey

Cap. II. De Initio & Progressu Religionis Christianae &c.

Antritt seiner Regierung wiedergegeben, und sich dadurch um so vielmehr verbindlich gemacht Vita Ludov. Pii. ap. PITHOEUM p. 362.

Hoc etiam tempore Saxonibus & Frisonibus jus paternae hereditatis, quod sub Patre ob perfidiam legaliter perdiderunt imperatorum resolvit Clementia, quod alii liberalitate, alii adsignabant improvidentia, eo quod hae gentes naturali adsuetae veritati talibus deberent habenis coerceri, ne scilicet effrenes in perductionis ferrentur procacitatem. Imperator autem eos sibi arctius vinciri ratus, qui eis beneficia largiretur potiora, non est sua spe deceptus. Nam posthaec easdem gentes semper sibi devotissimas habuit.

Was das Ueber-Elbische Sachsen betrift, so sind den ganzen Sächsischen Krieg über von A. 773 bis 802 gegen die Trans-Albianos Saxones vorgegangene *Expeditiones Bellicae* diese:

1) Die in An. 789 vom Kaiser Carl über die Elbe vorgenommene Expedition ist gegen die Wilzen, nicht gegen die Sachsen gangen.

2) Der A. 799 vom jungen Carl geschehene Feldzug ist nicht über die Elbe, sondern in *Pagum Bardungo* gangen; jedoch *ad recipiendos Saxones, qui de Nord-Luidis in Bardengoviam venerant,* die wieder an- und aufzunehmen, die sich von ihnen vor den jungen Carl eingefunden.

3) A. 802 ist *Saxonia Trans-Albingica* von denen Francken verheeret. ANNAL. FULD. & EGINH. A. 802.

4) A. 804 aber sind die über der Elbe und in *Pago* WIMODI gesessene Sachsen mit Frau und Kindern ausgeführet, ANNAL. EGINH. *d. L*

Daß vom Jahr 798 an und in folgenden Kaiser Carl gesuchet in Saxonia Trans-Albica die christliche Religion einzuführen, und darüber die Miss Regii in diesem Jahr erschlagen, und auch die, so sich zur christlichen Religion gegeben, verfolget und geplündert, erglebet der Brief des Nobilis Saxonis an Kaiser Ludov. Pium beym du CHESNE *T. II.* welcher in clausulis concernentibus schön erläutert, welches der Vorgang von A. 798. da sie den *Legatum Regium Godescalcum* auf der Zurückkunft vom König von Dännemark aufgefangen und mit den übrigen Legatis Regiis erschlagen. EGINH. *d. L.*

Nach der Ueber-Elbischen Sachsen Versetzung in A. 804 sind auch ferners in Saxonia Trans-Albingica erbauet:

A. 808 die beyden Castelle an der Elbe gegen die incursiones der Slaven,

A. 809 die Stadt Esefeld an der Stur.

A. 810 ist das Castellum *Hochbuchi* an der Elbe desinstruet,

A. 812 sind einige von den primoribus Saxonum & Francorum über die Elbe

Obs. I. Origines Hamburgenses.

Elbe *ad confinia Nordmannorum* gangen und ist Friede gestiftet und beschworen.

A. 814 aber im Anfang des Jahrs ist *Carolus M.* zu Aachen verstorben. Die *initia & successus Ecclesiae primitivae Nord-Albingicae per Amalharium sub Carolo M. consecratae*, welche in Dermaßen gemeldet:

1) daß er diese Kirche zuerst durch den Bischof Amalharium consecriren lassen,
2) hernach solche dem Priester Heridac, den er zum Bischof destiniret, anbefohlen,
3) und da dieser darüber verstorben, *Ludov. Pius partem provinciae* Trans-Albingicae unter dem Bischof Hellingaudum zu Verden und Willericum Bischof zu Bremen getheilet, und diesen solche committiret, nach dem *Libro Donationum Bremensis Ecclesiae*, wie daraus ADAMUS BREMENSIS *L. l. c. 12.* zeuget, der Bremische Bischof Willericus vor Anscharium den Trans-Albanis geprediget und die Kirche in Ditmarsen zu Mellendorf sechs kleine Meilen von Itzehoe visitiret, ehe Hamburg eine Metropolis geworden, im Verfolg aber
4) Anscharius zum Ertzbischof zu Hamburg der Provintz von Nordalbingien, in Beyseyn beyder Bischöfe Hellingaudi und Willerici, mit derem Consens consecriret und vom Pabst Gregorio IV confirmiret sey.
5) Die *provincia* Nord-Albingica dero Zeit noch so klein gewesen sey, daß sie nur vier *Ecclesias baptismatis* gehabt,

lassen keine von Amalhario zu Hamburg consecrirte Kirche erkennen, obgleich selbige von deneu neuern Autoribus, als von dem Autore *vitae Remberti c. XI.* ADAMO BREMENSI *L. I. c. 12. Histor. Episcopatus Bremens.* in Willerico p. 20. ist die *primitiva Ecclesia ab Amalhario dedicata* für eine Kirche in Hamburg genommen. Von der Kirch zu Mellendorp weiß man in libro Donat. Bremensium ap. ADAM. *L. I. c. 12.* daß, da nach Heridaci Ableben Willerico Bischof von Bremen von Ludovico Pio die *Provincia Nord-Albingica* zum Bremischen Antheil commendiret, er darin bis ad A. 831. als bis zu dem Jahr, darin Anscharius ad Hamburgensem Metropolim ordiniret, darin nicht nur geprediget, sondern auch die Kirche zu Mellendorf fleißig visitiret, und in aller solcher Zeit wird von Hamburg und einer *primitiva Ecclesia* Hamburgensi nichts gehöret. SPERLING *in Annal. ad Adam. n.* 85. giebt zwar zu, daß diese Kirche nach der vermeintlichen *primitiva Ecclesia* Hamburgensi wol die älteste sey; jedoch nicht vor A. 815 fundiret seyn könne, weil von Ludovico Pio dem Willerico erst die Parochia Provinciae Nord-Albingiae committiret. Allein weil er auf Heridacum gefolget, so kan vor ihm auch Heridacus der Kirche in Mellendorp vorgestanden

Cap. II. De Initio & Progressu Religionis Christianae &c. 91

ben haben. Dabey setzet sich die in Attention, daß REMBERTUS *in vita Anscharii*, ohne anderer zu gedenken, diese Kirche allein bemerklich macht. Und wenn auch gleich Meßendorf die primitiva Ecclesia Heridaci nicht ist; so erscheinet doch nirgends, daß sie Hamburg gewesen. Ob nun zwar der Meinung, daß zu Hamburg die primitiva Ecclesia gewesen, die Meinung des AUTORIS *vitae Remberti c. XI.* vor sich hat, worauf die neuern Autores ADAMUS BREMENS. *L. I. c. 12. Histor. Archiep. Bremens. p. 20.* und insgemein die neuern Scriptores LAMBEC. SPERLING, STAPHORST und viele andere nachgesetzet: so haben dennoch REMBERTUS *d. c. XI.* auf welchen hauptsächlich zu sehen, auch der Architectus Diplomatis Ludovici nicht weiter von der *Primitiva ecclesia Heridaci ab Amalario consecrata* angegeben, als daß sie *in Provincia, quae est in Aquilone ultra Albium*, ohne Hamburg zu nennen, sich gefunden. Derjenige Autor, welcher vitam Remberti geschrieben, er sey ein Corbeiensis, oder ein anderer, ist sowol von Caroli M. Zeiten als von Hamburg weit entfernt, und trift in die Zeiten ADALGARII, der A. 888 Erzbischof worden, und A. 909 verstorben, welcher in seiner Anecdote, daß zu Hamburg die primitiva Ecclesia Heridaci gewesen, da Rembertus, das Dipl. Ludovici und Gualdo schweigen davon, ein testis singularis *a tempore & loco*, quo acta res est, remotior.

Der Kirchenstaat in dem Ueber-Elbischen Sachsen
1) von Caroli M. Tode als von A. 814 unter Ludovico Pio, bis zu dem im Jahr 831 von ihm fundierten Erzstift,
2) von A. 831 bis zu der vorgegangenen *Devastatione Danica* in A. 845. und weiter bis zu dem A. 858 vereinigten Hamburgischen Erzstift mit dem Bisthum Bremen v. *Annal. Sax. A. 858. & PAGIUS ad A. 858.*

Findet auch noch einige Erläuterung in denen von REMBERTO *vita Anscharii Cap. XIX.* recensirten Actis beider unter Ludovico Germanico gehaltenen *Synodorum*, wovon SCHATENII und BOLANDI Angaben nach, der eine der *Synodus Paderbornensis* A. 845. der andere der *Synodus Moguntina* A. 847. In welchen angeführet wird

I. von dem Ueber-Elbischen Kirchenstaat in Fundirung des Erzstifts,
 1) daß vor dem A. 831 fundierten Erzstift der Dioecesis Hamb. worauf Anscharius ordiniret, nur klein gewesen, diese vielfältig Barbarorum incursionibus beunruhiget, und darin nur 4 *Ecclesiae Baptismales* sich gefunden, in clausl.

> *Dioecesis illa, ad quam ordinatus fuerat ipse (Anscharius) admodum parva erat: nam nec, nisi quatuor baptismales habebat Ecclesias et haec ipsa multoties jam Barbarorum incursionibus devastata.*

 2) daß bey dem A. 831 fundierten Erzstift über der Elbe ein Theil von der

Verdischen, der grösseste Theil aber von der Bremischen Dioeces genommen, in clausul.

> partem de suo Episcopatu (Verdensi) ultra Albiam sumtam - - - sicut
> tempore Ludovici Imperat. fuerant Episcopatus ipse & Bremensis si-&
> Ferdensis.

REMBERTUS d. c. XIX. wie denn nach der Recension in der Bulla des Pabsts Nicolai A. 858 ap. LAMBECIUM in Annal. p. 122. von beiden Dioeces. Bremen und Verden die Ueber-Elbischen Kirchen und Zehnten zum Erzstift Hamburg genommen, in clauf.

> inter duos Episcopatus Bremen. & Verden. de quibus tollens ecclesias & decimas

3) daß dem Bischof Waldgario Ferdensis Episcopo Hamburg zugefallen, nachdem die beiden Dioeceses Hamburg und Verden in dem Ueber-Elbischen Sachsen so herzustellen, wie sie unter Ludovico Pio sich gefunden,

> Partem parochiae, quae ultra Albiam ad se pertinere debebat Waldgarius recepit tum Ferdens. Ep. — Hammaburg tunc in partem cesserat Waldgario.

II. Von dem Ueber-Elbischen Kirchenstaat von Zeit des A. 831 fundirten Erzstifts bis zur Dänischen Devastation in A. 845 und weiter bis zur Combination beider Stifte Hamburg und Bremen.

Nachdem im Jahr 845 Roricus Normannorum Rex gegen Ludovicum Germanicum sechshundert Fahrzeuge auf der Elbe einlaufen lassen und Hamburg geplündert, verwüstet und in Brand gestecket, als wovon sowol das Chron. de Gestis Normannorum in Francia als Annales Bertiani anführen:

> A. D. 845 Northmannorum Rex Roricus (Oricus) sexcentas naves
> per Albim Fluuium in Germaniam adversus Ludovicum dirigit.
> Quibus Saxones occurrentes commisso praelio, Domini nostri Jesu
> Christi auxilio, superiores efficiuntur. Unde digressi Slavorum quendam impetunt & captant civitatem,

und mit dem Jahr der A. 845 geschehenen Devastation die Annales Metens. & Fuldens. einstimmig, welcher Vorgang mit allen Umständen von REMBERTO in vita Anscharii c. XIV. also bemerket:

> Populi quoque a loco ipso excuntes, & hac illacque palantes, plurimis
> aufugientibus quidam capti, plerique etiam peremti sunt. Denique
> hostes arrepta civitate, & omnibus quae in ea vel vico proximo erans, spoliatis, cum vespertino tempore eo advontassent noctem ipsam cum sequenti die et nocte ibi consederunt sicque succensis omnibus ac direptis egressi sunt. Ibi Ecclesia mire opere Magisterii Domini Episco-

Cap. II. De Initio & Progressu Religionis Christianae &c.   33

pi constructa, una cum claustro Monasterii nidifice compostis igne succensa. - - Sicque omnia, quae illibi aut in Ecclesiasticis Ministeriis aut in aliis Thesauris et facultatibus habueret, aut de praedatione aut igne aut hostili impetu direpta sunt, ut quasi nudum uns dimiserit.

So ist das Religions- und Kirchenwesen zwar solcher Zeit und in dem Verfolg durch die weiter angehaltene Normannische Depraedationes in dem Ober-Elbischen Sachsen auch im Bremischen und Westphälischen selbst an den Gräntzen von Friesland in einen erbärmlichen Zustand gerathen, daß Kaiser Lotharius in dieser Zeit dem Pabst Leoni X im Briefe beym MEGINHARDO *de Transl. Alexandri* zu erkennen giebet, wie in *confinibus Normannorum & Obotriterum*, das ist, in *Saxonia Nord-Albingia* ein Theil noch bey der christlichen Religion beharret, ein Theil aber schon *ad paganismum* zurück-gefallen.

in confinibus Nordmannorum & Obotritorum sita, quae Evangelicam doctrinam jam dudum audierat, et acceperat, sed propter vicinitatem paganorum (puta Danorum & Obotritorum) ex parte firma in vera Religione constat, & ex parte jam pene defecta.

Von Zeit der A. 845 geschehenen Devastatione Danica bis zur Zeit der A. 849 von Lud. German. beschlossenen Conjunction des Stifts Bremen und des Erzstifts Hamburg war der Ueber-Elbische Kirchenstaat in solcher Lage:

1) Ansgarius, nachdem Hamburg ganz devastiret war, vagirte wie seinen Reliquien und seiner Congregation in der Irre, und hatte nirgends eine ruhige Statt.

2) er erhielt indessen von der Matrona INA Erben in silva Ramesloa *possessiunculam* im Pago BARDUNGO in Dioecesi Verdensi, worauf er ihm und für seine von Hamburg vertriebene Congregation eine Cellam erbauete, von welchem Ort ab er die Hamburgische Kirche visitirte und die geschüchterte Nord-Albingos in fide constituiret ADAM. BREMENS. L. V. c. 23.

3) wie ADAM. BREMENS. *l. l.* meldet, soll er vom Bischof zu Bremen, der seine Doctrin und virtutes benedet, - wie er dahin kommen, zurück gewiesen seyn.

4) Nachdem der Bischof Leudericus zu Bremen verstorben und das Bißthum lange vacant geblieben ADAM. BREM. L. I. c. 23. als wovon auch REMBERTUS in *vita Anscharii c. XIX.* saget:

erat autem ibi tunc Episcopatus Bremensis biix desolatus pastore, so hat Ludovicus Pius den Entschluß gefasset, solches Bißthum Anscharo zu geben und in conventu Episcoporum zur Ueberlegung gebracht,

Obſ. I. Origines Hamburgenſes.

ob es ſolches canonica autoritate thun möge, da dann ſolches Decreto Episcoporum in dermaßen, wie REMBERTUS vita Anſcharii c. XIX. berichtet, feſt geſtellet, und wie ADAM. BREMENS. L. I. c. XXIV. ex libro Donat. anführet, es Anno Ludovici II. IX. von den Legatis Caeſaris ALDERICO Clerico und Graf Reginbaldo ins Bisthum Bremen eingeführet.

Hierbey entſtehet die Frage:
1) Wenn der Biſchof Leudericus zu Bremen verſtorben,
2) und zu welcher Zeit die Conjunction beider Parochien Bremen und Verden geſchehen.

Das Jahr 849 iſt der dritte Biſchof Leudericus zu Bremen mit Tode abgangen ANNAL. SAX.

> A. 849 Leudericus Bremenſis Eccleſiae tertius Episcopus obiit, cui ſucceſſit Anſcharius Monachus Hamburgenſis primus Archiepiſcopus, ſub quo Conjunctio facta eſt Bremenſis & Hamburgenſis Parochiae.

Die Coadunation beider Bisthümer ſetzet ANNAL. SAX. aufs Jahr 858. als in welchem dieſelbe unter des Pabſts Autorität geſchehen:

> Eodem Anno Bremenſis atque Hamburgenſis parochiae coadunatio facta eſt ultimo tempore S. Anſcharii ex Autoritate Nicolai Papae, qui tam ipſum, quam eius ſucceſſores Legatos & vicarios Apoſtolicae ſedis conſtituit in omnibus gentibus Succorum, Danorum & Slavorum, quod & ante Gregorius Papa conceſſit.

welches PAGIVS ad A. 849 und 858 aus den Annal. Sax. auch bemercket.

Aus dem Libro Donationum Bremenſium, welches ſonſt gantz zuverläſſig, aus welchem Fonte Adamus Bremenſ. ſeine Hiſtorie vielfältig aufgehohlet, würde, wann ſonſt in Annal. Ludovici die Zahl IX nicht vitieus, das erſcheinen, daß A. 849 Ludovicus Anſcharium ins Stift Bremen einführen laſſen. In vita Anſcharii c. XIX. wird dieſe Bremiſche und Hamburgſche Union in dieſer Ordnung gemeldet:
1) Ludovicus Germanicus habe allen Bedacht genommen ihm ſeine Subſiſtentz zu verſchaffen,
2) und da das Bisthum Bremen dero Zeit vacant geworden, ihm ſolches zu geben diſponiret,
3) Anſcharius ſey bei dieſer Diſpoſition nicht ſo leichte beyfällig geweſen. Da dann auf Befehl Ludovici in concilio ventiliret werden müſſen, ob Ludovico ſolches zu thun autoritate canonica zugelaſſen.
4) Ob nun zwar die Biſchöfe in concilio geſchloſſen, daß ſolches Ludov. zugelaſſen und dem Anſchario die Dioeceſis Bremenſis ſo zugetheilet, wie

Cap. II. De Initio & Progreſſu Religionis Chriſtianæ &c.

wie zu Ludovici Pii Zeiten das Ueber-Elbiſche Sachſen dem Bremiſchen Biſchof zu einem Antheil und zu dem andern Antheil dem Biſchof von Verden zugetheilet geweſen, auch dieſem Schluß gemäß Anſchario die Dioeceſis Bremenſis mit dem Bremiſchen Ueber-Elbiſchen Antheil in der maßen übergeben, dieſes auch eine Zeitlang ſubſiſtiret,

5) So hat dennoch in dem Verfolg der Zeit dieſes Anſtos gefunden, nachdem durch dieſe erſte Abtheilung Hamburg als der *Sedes Metropolis* dem Biſchof von Verden zugefallen, und dafür gehalten, daß Hamburg als der *ſedes Metropolis*, auf welchem Anſcharius ordiniret, ihm nicht entzogen werden können, dahero in einer anderweitern Deliberation das Biſchofthum Hamburg dem Biſchof Anſchario gelaſſen, und dagegen der Biſchof von Verden aus der Bremiſchen Dioeces mit einem *Acquivalent* ſatisfacieret worden. REMBERT. *vit. Anſch. c. XIX.*
quod cum ita aliquamdiu eſſet, iterum diligentius ipſa re in alio concilio Epiſcoporum ventilata viſum eſt, eis bonum non eſſe, ut ſedes, ad quem ille ordinatus fuerit, ab alio Epiſcopo teneretur. Nam Hammaburgum tunc in partem ceſſerat Waldgario poteſtatem quidem Regis eſſe dicentis, ut Dioeceſim parvam, & admodum captivitatem augeret, locum tamen ad Archiepiſcopalem dignitatem auctoritate Apoſtolica firmatam, nullatenus immutandum; unanimi ergo conſenſu cum voluntate praedicti Regis piiſſimi Ludovici Epiſcopi in conſtitutis cenſuerunt, ut ſedem, ad quam conſecratus fuerat pater noſter Anſcharius, recuperet, ut ſi quis ultra Albiam ex Verdenſi iſta retineret Dioeceſi, ex Bremenſis Eccleſia Parochia illius ſedis reſtitueretur Epiſcopo.

6) Bey dieſer Abtheilung hat der Metropolitanus zu Cöln, da Sedes vacans geweſen, nicht zugezogen werden können, wovon REMBERTUS *Vita Anſcharii c. XI.* ſagt:
cum haec agerentur, Colonia Civitas, ad quam Bremenſis Parochia ſuffraganea & ab eo tempore abſque benedictione Epiſcopali degebat. Quod quia diuturnum extitit illud etiam ſine illius loci Pontificis praeſentia neceſſario decernendum fuit.
Da aber der Erzbiſchof zu Cöln conſtituret, hat Anſcharius ſich bemühet, weil Bremen von Cöln eine *ſuffragana* geweſen, und durch die Union mit der Metropoli Hamburgenſi, der Metropoli Colonienſi entzogen worden, des Erzbiſchofs Guntharii zu Cöln Einwilligung zu erlangen.

7) Da nun der Erzbiſchof von Cöln zu Worms von beyden Königen Ludovico & Lothario und dem Biſchofe endlich, wiewol mit vieler Mühe

Obs. I. Origines Hamburgenses.

he versprochen, darin bis auf Ratification des Pabsts zu willigen: so hat Ludovicus zu Ausbringung der päbstlichen Ratification den Bischof Salomon zu Constanz nach Rom abgeschicket, welcher selbige auch vom Pabst Nicolao ausgebracht.

Der Pabst Nicolaus hat von A. 858. bis ad A. 866. neun Jahr gesessen; Anscharius hingegen ist A. 865. den 3 Febr. vor dem Pabst Nicolao verstorben. Die Comitia Wormatiensia aber sind A. 857 tempore Quadragesimae von Ludovico Germanico gehalten, und wird in Annal. Fuld. ad A. 857. davon gemeldet, daß Ludovicus Germanicus A. 857 im Monat Februario mit seinem Nepote, welcher Lotharius II. oder junior, Lotharii Sohn, A. 855 Rege Lotharingiae zu Coblem, ein Colloquium gehalten, und von da tempore Quadragesimae nach Worms gangen, und sein placitum gehalten, welches also dasjenige, wovon die Bulla Nicolai und Rembertus sagen, daß zwey Könige Ludovicus und Lotharius zu Worms gegenwärtig gewesen. Die Annales Fuldenses lauten hiervon ad A. 857.

> Rex Ludovicus mense Februario colloquium habuit in confluente castello cum Lothario nepote suo Tempore Quadragesimae; placitum habuit ap. Wangionum civitatem.

Die nota chronicae unter der Bulla Nicolai P. P. de coadiuratione Bremensis & Hamburgensis Ecclesiae erscheinen mit verschiedenen interpolamentis. ADAMVS BREMENS. L. I. c. 27. betraget, Privilegium Papae notari A. D. 858. und eben das Jahr giebt an ANNAL. SAX. b. A. KORNER. hat A. 862. das Privilegium Nicolai Papae mit der nota Chron.

> Scriptum in Mense Majo Ind. XII. imperante Ludovico Imp. anno suo quinto.

und Lambec. ad A. 858 mit der nota:

> imperante Domino piissimo Aug. Ludovico a Deo coronato Magno Imperatore ANNO XV. INDICT. XII.

angerücket, wobey Lambecius mehrere variationes und corruptiones merklich gemacht. Nachdem Anscharius die Confirmation des Pabsts Nicolai über die Coadiunation erlanget, und autoritate papali also die Bremische Parochie erlanget, bekam er von ORICO, der die Monarchiam Danorum dero Zeit gehabt, die Erlaubniß, zu Slesuic als einem Emporio, wo ein Constuxus von Kauffleuten gewesen, die Kirche Beatae Mariae virginis aufzubauen. REMBERTUS vit. Anscharii c. XXI. und ist darauf unter Protection des Königes Orich und mit dessem Misso & Sinu nach Schweden zum König Olaph übergangen, und hat mit des Volks einmüthiger in publico placito gegebenen Einwilligung die Erlaubniß erhalten, Kirchen zu bauen und Priester drzuubringen, worauf er, nachdem er Eriberum Episcopi Gauberti nepotem zurückgelassen,

Cap. II. De Initio & Progressu Religionis Christianae &c.

gelassen, wieder zurück gekehret. REMBERTUS vita Anscharii. c, 23. 24. 25.

Wenn denn ADAMUS BREMENSIS L. I. c. 24. aus dem libro Donat. Brem. anführet:

Anno scilicet Ludovici secundi IX Dominum Anscharium ab Alderico Clerico, Comite Reginbaldo Legato Caesaris ductum in Episcoparum.

und dabey aus Anscharii Leben angezogen wird

multum temporis fluxit, ex quo Beatus Anscharius Bremensem Episcopatum suscepit, antequam hoc a Papa Nicolao firmaretur.

ferner c. XXVII.

igitur Bremensis atque Hamburgensis Parochiae coadunatio facta est ultimo sancti Anscharii tempore.

so stimmet dieses mit der Angabe REMBERTI in vita Anscharii, und den übrigen von den Scriptoribus Synchronis gemeldeten Umständen gänzlich überein, nemlich LUDOV. GERMANICUS hat A. 849 als Anno Regni sui IX. Anscharium ins Stift Bremen führen lassen, welches er auch lange vor der Confirmation des Pabsts procuriret. Die Confirmation des Pabsts aber ist allererst A. 858 erfolget, und zwar in den letzten Zeiten Anscharii, nemlich von A. 850 bis den 3 Febr. 865. In dessen letztern sieben Jahren. Aus obigen allem erhellet auch zugleich, daß die Rechnung von der Coadunation beyder Bisthümer Hamburg und Bremen, als

1) SPERLING *notis ad Adamum Bremensem.*
   a) daß A. 847 Ludovicus wegen der Union in synodis A. 845 gerathschlaget,
   b) A. 848 Anscharium introduciret,
   c) A. 862. Guntharius als Metropolitanus in comitiis Wormat. in die Union bis auf Ratification des Pabsts gewilliget,
   d) A. 864 der Pabst Nicolaus darin consentiret,

auf die angegebene Jahr 847. 848. 862. 864 nicht zutreffen. RAMSLO erklärt sich in der Zeit, da nach der Devastatione Danica de A. 845 die von Hamburg geflüchtete Herren gerret, und nirgends Ruhe gefunden, REMBERT. *vita Anscharii,* bis die Matrona IKIA ihm in ihrem Walde Ramselo eine Cellam eingeräumet, und er daselbst ein Kloster gebauet, von da er in seiner besetzten Metropoli Hamburgensi seine Visitationes gehalten, und die beschädigten Nord-Albingier im christlichen Glauben wieder aufgerichtet. ADAM. BREM. L. I. c. 23. welches nach der Erzählung Adami in die Zeit fält, bis zu der Zeit, da mit des Bischofs Leuderici zu Bremen Tode in A. 849 das Stift Bremen vacant worden, und Ludovicus Germanicus Anscha-

Obf. I. Origines Hamburgenses.

rium in das erledigte Stift Bremen einführen laßen, welches die Epoche von A. 845 bis 849. REMBERTUS in vita Anscharii thut nun zwar von Ramsle und der daselbst erbaueten Celle und Kloster gar keine Erwähnung, nachdem er aber c. XX. anführet, daß er lange Zeit vorher, ehe er auf die Coadunation beyder Stifter Hamburg und Bremen A. 858 bestätiget, schon den sedem Episcopalem zu Bremen regieret: so erscheinet auch daraus, daß von der Zeit, da er A. 849 von Ludovico pio ins erledigte Stift Bremen eingeführet, und solchen Sedem Episcopalem lange vorher, ehe er A. 858 vom Pabst darauf bestätiget, procuriret, er die Zeit hierdurch in Monasterio zu Ramslo nicht beschloßen blieben und subsistiret; sondern als Bremischer Bischof agiret, welches weiter erkennen läßet, daß des Pabsts Nicolai Confirmation auf Ramslo, welche A. 862 datiret, und welche in dem Verfolg die Kaiser Ottones auch gegeben, nicht so aufgenommen werden könne, als wenn allererst A. 862 das Kloster Ramslo gebauet.

Hiernächst wenn man die Bullam Pabsts Nicolai ap. LAMB. Orig. Hamb. p. 37. de confirmatione Ramsloae, welche datiret Anno Pontificatus Nicolai V. (A. 862) betrachtet, so eröfnet sich gar zu bald, daß diese Bulle durch und durch falsch, und aus der Bulla Nicolai A. 858 von der vom Pabst bestätigten Combination beyder Bisthümer Hamburg und Bremen beym LAMBEC. Orig. Hamb. L. L. p. 222. und aus dem REMBERT. vita Anscharii c. 20. geflicket und puris putidis commentis von der Coadunation beyder Stifter auf die Confirmation des Klosters Ramslo gedrehet. Die in dieser Bulla Nicolai prämittirte Historie von denen initiis und progressu des Ertzstifts Hamburg ist elendiglich zusammen gestümmelt, und sehr übel in die eclam & Monasterium Ramslo eingestücket, wenn der Consarcinator sagt:

1) daß sich der Bischof Waldgarius darwider geleget, daß Anscharius das Kloster Ramslo baue, und sub suo regimine behalte, und dem Dioecesano Verdensi ordinario entziehen wolte (wovon Rembertus in vita Anscharii nichts meldet) und daß diese Sache
2) zu Worms in Beyseyn beyder Könige Ludovici und Lotharii
3) und in Gegenwart der Ertzbischöfe Ebbonis, Hetti und Otgardi dahin verglichen, daß Waldgarius die Erbauung des Klosters Ramslo unter dem Regimine Anscharii gestattet: so ist das erste aus der Handlung in comitiis Wormatiensibus, da der Ertzbischof Gunthariusz zu Cöln bis zur Ratification des Pabsts gewilliget, daß Bremen als seine Suffraganea mit dem Ertzstift Hamburg vereiniget werden möge; das andere aber von der Ordination Anscharii aufs Ertzstift Hamburg in A. 831. wobey die drey Ertzbischöfe Ebbo, Hetti und Otgarius zugegen

Cap. II. De Initio & Progressu Religionis Christianae &c.

‥‥‥‥‥‥, aufgehoben, zu welcher Zeit, nemlich A. 831. nicht Waltgarius, sondern Helligaudus Bischof zu Verden gewesen.

2) Wenn ferner der Impostor saget, daß sich Waltgarius in conventu Wormatiensi gegen die Erbauung des Klosters Ramslo starck geleget, endlich bis auf Ratification des Pabsts darin gewilliget, und darauf der Bischof Salomo zum Pabst abgesandt, um die Confirmation auszubringen, so betrifft nach der Bulla genuina Nicolai und Remberti Anführen, de *confirmatione Coadunationis* Ecclesiae Hamburgensis & Bremensis nicht Ramslo, sondern die Vereinigung beyder Stiffter Bremen und Hamburg nicht Waltgarium Bischof zu Verden, sondern Gregarium den Ertzbischof zu Cöln, der sich in conventu Wormatiensi lange geweigert, sich Bremen als seine Suffraganeam entziehen und mit dem Ertzstift Hamburg combiniren zu lassen, endlich bis auf die Ratification des Pabsts consentiret; woraus denn Ludovicus Germanicus den Bischof Salomon zu Constans, und Anscharius seinen Priester Nordfrid an den Pabst Nicolaum abgehen lassen. REMBERTVS *Vita Anscharii* c. 20. Zur Zeit da A. 817 der Conventus Wormatiensis gehalten, ist Ebbo nicht mehr im Leben gewesen, und Hette ist schon A. 847 verstorben. Annal. Metens. ad A. 847. Dahero dieser in dem Wormischen Convent nicht gegenwärtig seyn können. Ein mehrers, was dieser Bulle entgegen stehet, hat Eccard Franc. orient. T. II. p. 587. p. 588. ausgeführt.

Der Bischof Waltgarius zu Verden ist in den Verdischen Chronicis nicht aufgeführet; er ist aber schon A. 847 mit ANSCHARIO in concilio I. *Moguntino* ap. HARD. T. V. p. 6. mit gewesen, welches zwey Jahr nach der Devastatione Danica. In diesem Concilio ist der Canon 9. des Inhalts:

Ecclesiae antiquitus constitutae nec decimis nec aliis possessionibus sine consensu & concilio Episcopali priventur.

Nach dem Zeugniß REMBERTI c. XIX. hat er bey der Coadunation Hamburg und Verden in die gemachte Theilung mit gewilliget, wobey aber vom Kloster Ramslo bey Remberto keine Erwähnung geschieht. Das Chron. Verdens. ap. LEHN. T. II. p. 213. setzet Helligaudum nach A. 830 nach dem unglücklichen Treffen bey Ebstorf, und lässet auf ihn folgen Waltherum, der zur Zeit Conradi I gelebet haben soll. Allein hier liegen einige Irrthümer verborgen: Helligandus ist A. 831 Bischof zu Verden gewesen, und diesem ist gefolget Walegarius, welcher schon A. 847 zu Mayntz in concilio I. erschienen, welches vermuthlich der Waltherus seyn soll, welchen das Chron. Verdens. in die Zeiten Conradi versetzet. Nach Waltga-
rius

tium zeiget sich A. 890 und A. 896 Wiebertus, Walberti Sohn, Widikindi M. pronepos, vid. *observ.* 33. p. 552.

Caput III.

De DIPLOMATE FUNDATIONIS LUDOVICI PII METROPOLIS HAMBURG, A. 831. (al. A. 834.)

Das *Diploma Fundationis* von der zu Hamburg fundirten *Metropoli*, welches
1) in *Editione Lindenbrogiana* inter privilegia Hamb. p. 125. befindlich, differiret von dem, welches PHILIPPUS CAESAR in *Triapostolatu Septemtrionis* produciret, sowol in *materialibus* als in *notis chronicis*,
2) und hat allerwege in beyden differenten *Editionen* seine merckliche Zusätze und *interpolamenta*, die von dem REMBERTO und GUALDONE *in vita Anscharii*, woraus das Diploma Fundationis gezogen, abschweifen, und in beyden nicht befindlich,
3) hat einen mercklichen unerfindlichen Zusatz de *laxata Saxonum captivitate*, welche die Sachsen 7 Jahr erlitten haben sollen, wovon von REMBERTO und GUALDONE nichts gemeldet.

Die *notae chronicae* Diplomatis Ludoviciani lauten in EDITIONE LINDENBROGIANA:

DATA IDUS MAJI (15te *May*) ANNO XXI IMPERII HLODOVICI *pii∫∫imi* AUG. INDICTIONE XII. ACTUM AQUISGRANI *in Palatio Regio in Dei nomine feliciter Amen.* ANNO *Domini nostri Jesu* CHRISTI DCCCXXXIV.

in Editione PHILIPPI CAESARIS:

DATA IDUS MAJI ANNO *Christi propitio* 21 IMPERII *Domini* LUDOVICI *Pii∫∫imi* AUGUSTI INDICT. XII. ACTUM AQUISGRANI *Palatio Regio in Dei nomine feliciter Amen.*

ex *Recensione* ADAMI BREMENS. L. 1. c. 17.

ANNO DOMINI DCCCXXXIII. ACTA INDICT. XII. qui est LUDOVICI XXI.

woben SPERLING *in notis ad Adam. Brem.* n. *reg.* notiret, daß im SCHELISCHEN MS. des ADAMI gelesen werde:

Hoc factum est a. DOMINI 833. *qui est* LUTHOWICI IMP. XVII. WILLERI *Episcopi Bremensis* XLIII.

und

Cap. III. De Diplom. Fundat. Ludov. Pii Metrop. Hamburg. 41

und dieser hieben saget, wie die *Editio Hafn. Adami* auch ein *Annum XVIII Ludovici pii* aufweise, also dieses 18 Jahr die *Cynosur* seyn müsse, welches die übrigen notas chronicas rectificire, und also die Indictio XII. auf die *Ind. 9.* und das A. ch. 834 aufs Jahr 831 zu retroduciren.

Den Monath und Tag im Monath nemlich den 15 May behalten beyde unter sich Differente Diplomata, und in dem Jahr 831 ist die Ausrechnung Remberti *in vita Anscharii* einstimmig damit. Daß die *Ordination des Ascharii in Palatio Aquisgranensi* geschehen, damit sind beyde *editiones* Diplomatis Ludoviciani, und die editiones Adami einstimmig. So aber erliegt nunmehro das Diploma Fundationis als ein wider die Evidenz gemachtes privat Gezimmer ganz und gar in seiner Nichtigkeit, weil Ludovicus Pius im Jahr 831 im Monath May zu Acken nicht gewesen, wie im folgenden bey Erörterung des Anni Fundationis weiter erwiesen werden soll. Wie man auch den *Annum Imp. Ludovic. XXI.* und also *Annum* chr. 834 welches in der Editione Diplomatis Ludoviciani Lindenbrogiana angegeben, annehmen: so wird das Diploma Ludovici pii aus eben dem Grunde, daß Ludovicus pius A. 834 im Monath May sich zu Acken nicht gefunden, hinfällig. A. 834 hat Ludovicus pius zu Acken Ostern gehalten, um Ostern ist er nach dem Arduennner Wald und nach Pfingsten in *partes Romerici montis*, Gallis *Remere Mont*, Germanis Rumersberg, ein Adelich Fräuleinkloster in Lothringen, VALER in *Romerici Mons p.* 480. auf die Jacht gangen *Vita & Actus Ludovici Pii ad A.* 834. Diese Jagt exercitia in dem Arduenner Wald werden in Annalibus EGINH. *ad A.* 815 *in diversitate locorum* von einander gänzlich unterschieden:

confluentem usque ad Rhenum navigavit *inde* Arduennam venandi gratia proficiscitur, venatorio quoque exercitio more solenni ibidem exacto, Aquisgrani ad hiemandum revertitur.

Hiebey ist merklich, daß ein Corveyisches Diploma beym SCHATEN *ad A.* 834 eben die notas chronicas, wie das Diploma Ludovici Editionis Lindenbrogianae führet und zu Acken datiret:

DATA IDUS MAJI ANNO *Christo propitio* XXI. IMPERII DOMINI LUDOVICI *Piissimi Augusti* IND. XII. ACTUM AQUISGRANI *Palatio Regio in Dei nomine feliciter.*

welches eodem artificio fallaci gezimmert. Hierbey ist ganz offenbahr am Tage, daß der Erzbischof EBBO, als Ludovici Pii Sohn LOTHARIUS, nachdem er seinen Vater von Acken nach Paris geführet, daselbst seinen in custodia gehaltenen Vater verlassen und *Prid. Kal. Martii* mit den seinigen haben geflüchtet. ANNALES BERTIANI ad A. 834. EBBO, nachdem er dies gehöret, sich auch aus der Stadt gemacht, jedoch auf der Flucht ergriffen.

Orup. Origin. German. 2ter Theil. F

fen, vor Ludovicum kommen, ad cuftodiam gebracht THEGAN. c. 45. und nach Fulde relegiret. TRODOARDUS L. II. c. 19. Bey welchen Umständen nicht abzusehen, wie er A. 835 den 1sten May zu Acken bey der Ordination Anscharii seyn können, und MABIL. Annal. Bened. T. II. p. 561. angeben mögen, daß *Ludovicus Pius* die Ascensionis Pridie Id. Maji zu Acken gewesen. Ueber das Jahr, da *Anscharius ad sedem Archiepiscopalem* zu Hamburg ordiniret, sind die Gelehrten nicht verstanden PAGIUS AN. NAL. A. 838 nimt die Zeitrechnung Remberti in vita Anscharii für richtig an:

Daß Anscharius A. 831. in dem Reichsconvent zu Acken als Erzbischof confecriret.

Zugleich nimt er auch für wahr an, daß Ludovicus Pius laut seines Diplomatis d. A. 834 den Ort Hamburg zum Erzbischöflichen Sitz erwählet und geordnet; wobey er jedoch bemerket, daß COINTE das Diploma mit vielen Exemplarien conferiret, und interpoliret gefunden LAMBEC. in *Auctuario ad A. 831.* SPERLING *ad Adam. in Westphal.* T. II. Schaten ad A. 831 gehet dahin, daß die confecration Anscharii A. 831 in Synodo *Wormatiensi* geschehen, und diese aufs Jahr 831. zu ziehen; weil ADAM. BREMENSIS nach der Dänischen und Lindenbrogischen beyden Editionen bezeuget, daß solches A. Imp. Lud. XVIII geschehen, und ob er schon ad A. 834 auch das Diploma Ludovici pii A. 834. worin die beyden Bischöfe Ebbo und Ortgarius, als die bey der Confecration gegenwärtig angezogen worden, mit anführet: so hält doch SCHATEN dafür, daß die Confecration aufs Jahr 831 zu setzen; weil die beyden Erzbischöfe Ebbo und Ortgarius im Jahr 834 conspirationis rei gewesen, und folglich bey der Confecration nicht seyn können. MABILLON *Annal. bened. ad A. 834* bringt die confecration Anscharii aufs Jahr 834 ohne das Diploma Ludovici in Contestation zu setzen, und notiret dabey, daß COINTE das Diploma aus 4 Editionibus die fünfte accurater hervor gebracht.

ECCARD. Franc. Orient. T. II. p. 258. rechnet mit Remberto die Zeit Anscharii Confecration aufs Jahr 831 und lässet dabey das Diploma Ludov. aißer mit vorüber; p. 51. aber d. T. II. aber nimt er das Diploma als glaubensfest an und hat daraus Clausulas eingerücket.

Da nun 1) so viel am Tage, daß das Diploma Ludovici Pii nicht aus der Kaiserlichen Canzeley ausgegangen, sondern in clausulis concernentibus mehrerer Orten *totidem verbis ex vita Remberti* gezogen, 2) REMBERTUS als ein zuverläßiger Scriptor die Confecration Anscharii zum Erzbischof als wirklich geschehen nach seiner Zeitrechnung aufs Jahr 731 bringet. 3) Diese Zeit-Rechnung auch Pagius, Schaten und Eccard als richtig

richtig agro'ciren; aus den Scriptoribus Carolingicis sich auch darleget, daß Ludovicus Pius der Zeit, da das Diploma Ludovici Pii datirt, im Acken nicht gewesen. 4) Bey der Consecration auch A. 834 Ebbo und Oregarius zu solcher Zeit, da sie Complicen von der Conjuration gegen Ludovicum Pium gewesen, zur Consecration im Reichsconvent nicht gezogen werden mögen; wie von SCHATEN d. l. bemerket. 5) Von COINTEN auch dargeleget, daß in den 4 Editionen solcher Diplomatum daßelbe an mehreren Orten interpoliret. 6) Die Sigilla, die Staphorst P. L. Vol. I. ad p. 23. im Kupferstich zum Verscheln gebracht, überaus variiren. 7) Die hervorgesuchte Behelfe, als
  a) in ANNALIBUS CORBEIENSIBUS, daß Anscharius A. 831 zum Ertzbischof destiniret, A. 834 wirklich consecriret.
  b) vom PAGIO, daß Anscharius A. 831 consecriret, A. 834 Hamburg als Sedes Metropolis ausersehen.
  c) vom Lambec. Staphorst d. Vol I. daß sich die Publication des Diplomatis bis A. 834 wegen der Revolte und seiner Exauctoration verzogen.

durch REMBERTI Zeugniß, daß er A. 831 in conventu imperii wirklich consecriret, gäntzlich niedergeleget worden: so ist auf das bloße Diploma Ludovici Pii als ein bloßes Gezimmer, so weit es von Remberti Recension abseget, und das eingeschobene Flickwerk mit seinen Variationen nicht *fide scriptorum carolingicorum* unterstützet wird, weiter nicht zu rechnen.

Von einer universalen erlassenen Gefangenschaft der Ueber-Elbischen Sachsen, und daß diese 7 Jahr gedauret, wird bey dem Scriptoribus Carolingicis nichts gehöret. Und wenn eine solche universale Erlaßung auf einmal vorgangen, als eine so merkwürdige Sache, würden diese die Scriptores Francici so bemerket haben, wie die Translocationes Saxonum. Wie sie denn auch noch darzu bemerket, wenn Kaiser Carl Geißel, oder nur die *Capitaneos* mitgenommen. Daß nach und nach Sachsen zurück kommen, wie der *Nobilis Saxo* in seinem Briefe ratione seiner Mutter und Schwester zu erkennen giebet, daran ist nicht zu zweifeln. Die Sächsische Jugend hat der Kaiser in den Klosterschulen und *Scholis Palatinis* erziehen laßen; der Sächsischen Magnaten Kinder zu Gräflichen und Hofofficien befördert, ihnen *Comitatus* auch in Frankreich gegeben, wie der hiesige Graf Banzleib Grafen in Pago GUDINGEN bey Gronaw; sie zu *Missi regiis* gebrauchet, und in Palatio überaus werth gehalten, um nach seiner klugen Regierungsart ein nun conquestirtes Volck zu gewinnen, aus welcher Ursach er sie auch mit den Francken als ein Volck vereiniget, und zu den Comitiis regni als Stände des Reichs mit gezogen.

Indessen da des Remberti Zeugniß von der Consecration des Anscharii, die A. 831. wircklich geschehen, und in Conventu regni öffentlich publiciret, als weit zuverlässiger und älter eintritt, welches Pagius auch hauptsächlich unterlegt: so kommt es alhier auf des ADAMI BREMENSIS Angabe, daß die Consecration *Anno Imperii Ludov. XVIII.* geschehen, welche Clausul in Editione Maderiana vorübergelassen, am wenigsten an. An welchem Ort A. 831 die Fundirung des Ertzstifftes Hamburg geschehen, darüber sind die Gelehrten nicht gäntzlich einig. Daß bey Anfang des Herbstes ein CONVENTUS GENERALIS zu Didenhofen im Luxenburgischen gewesen, haben LAMBEC. *d. l.* und SPERLING *d. l.* dafür gehalten. Daß zu Worms der Conventus gehalten, hat SCHATEN *ad A. 831* angegeben. PAGIUS ist dahingangen, daß zu Aachen, wohin Anscharius in der andern Helffte des Jahres zu Ludovico Pio kommen, und ihm von dem glücklichen Succes der christlichen Religion unter den Schweden zu seiner Freude Bericht erstattet, die Ordination Anscharii zu Werck gerichtet. Das Diploma Ludovici Pii, wenn das Jahr 834 in das Jahr 831 reduciret wird, ist datirt *Idus Maji*, welches der 15te May.

A. 831 hat Ludovicus Pius
a) circa Kal. Febr. zu Aachen das Placitum gehalten ANNAL. BERT.
b) circa *Kal. Maji* hat er zu Ingelheim seinen Sohn Lotharium honorifice empfangen, und diejenigen, die in Exilium gesandt, wieder absolviret. ANNAL. BERTIAN.
c) hiernächst das 3te generale placitum zu Didenhofen abgehalten, wohin die Missi Danorum kommen, und die Bestätigung des Bündnisses ausgebracht.

Nach denen Diplomatibus, die GEORGISCH im Register *ad A. 831* aufgeführet, ist Ludovicus Pius das Jahr gewesen
a) zu Aachen VII. Id. Jan. V. Non. Mart. (3te Mart.) XIII Kal. May. (den 19. April) zu *Aristalte*
b) zu Ingelheim VII. Id. Jun. (6te Jun.)
c) zu Didenhofen V. Non. (5te May.)

Aus dem REMBERTO in *vita Anscharii c. XI.* steht die Zeit im Jahr 831 nicht so genau zu bestimmen, und wenn der 15te May, auf welchem die unrichtig gekümmerte DIPLOMA LUDOVICI Pii gesetzet, aufs Jahr 831 reduciret wird: so würde der Conventus, der im Monath May zu Ingelheim gewesen, in Consideration kommen. REMBERTUS *c. XL* giebt die Stiffung der *Metropolis* Hamburgensis so an, daß sie geschehen

con-

Cap. III. De Diplom. Fundat. Ludov. Pii Metrop. Hamburg. &c.

consensu Episcoporum & plurimo Synodi conventu
und Anscharius consecriret

per manus Drogonis *Metensis praesulis, adstantibus Archiepiscopis* Ebbone *Remensi,* HETTI *Trevirensi, Otgario Moguntiacensi, una cum pluribus aliis in conventu imperii praesulibus congregatis; assistentibus quoque & consentientibus ac pariter consecrantibus Helingaudo & Wilderico Episcopis.*

Hieben aber tritt der Conventus apud Noviomagum auch mit in Augenmerk, wovon die ANNALES FULDENSES A. 831 bemerken:

Conventu apud Noviomagum *habito Imperator omnes, qui sibi contrarii fuerant, velut juste exauctoravit, quosdam publicis quosdam privatis rebus expolians, quosdam in exilium mittens.*

Dieser Conventus aber ist noch zuvor gehalten, ehe Ludovicus Pius im Anfang des Febr. nach Acken gangen, und ist in dem Conventu der Erzbischof Jesse judicio Episcoporum abgesetzet, die clericos aber hat Lud. Pius in die Klöster zum Verwahr bringen lassen. THEGANUS *de Gestis Lud. Pii* ap. PYTHOEUM *p. 311.* HARD. *T. II. p. 1365.*

Bey diesem allen aber fehlet GUALDO, der Remberti vitam Anscharii in Verse gebracht, ratione des Orts, wo der Conventus gehalten worden, Anscharius auf das Erzstift Hamburg ordiniret, ganz und gar, wenn er Hamburg anglebet, wo kein Conventus gewesen. GUALDO hat auch Rembertum nicht recht eingenommen, welcher nichts weiter sagt, als *Anscharium esse ad Hamburgensem sedem Archiepiscopalem ordinatum,* nicht aber angibt, daß im Jahr 831 ein Conventus zu Hamburg gewesen.

Caput IV.
De Commento LAXATAE Saxonum Trans-Albianorum CAPTIVITATIS Septennis.

Besonders ist allhier merklich, daß die Scriptores Carosingici die notable Epoche, daß der Kaiser Ludovicus Pius, nach der Ueber-Elbischen Sachsen erlittenen sieben jährigen Gefangenschaft, dem Graf Ecberto befohlen, *terram Trans-Albianorum,* damit sie nicht einer weitern Invasion Barbarorum preis würde, Laxata Saxonum Transalbianorum captivitate, zu restituiren, wie in Diplomate Ludovici angeführet wird, ganz und gar vorüberlassen. Die Worte Ludovici Pii lauten:

Unde

Obf. I. Origines Hamburgenses.

Vnde postquam terram Trans-Albianorum LAXATA CAPTIVITATE, *quam ob multam perfidiam, in ipsis Christianitatis initiis, patratam* PER SEPTENNIVM *passi sunt, ne locus ille a Barbaris invaderetur,* Ecberto *comiti restituere praeceperat, non tamen vicinis Episcopis committere voluit.*

Die Ausführung der Ueber-Elbischen Sachsen ist hauptsächlich *in* A. 804 geschehen, und würde also die erlassene siebenjährige Gefangenschaft ins Jahr 811 treffen. Nach der Erzählung in ANNAL. EGINH. ad A. 809 ist in dem concilio zu Acken zwar *de statu Ecclesiarum* gehandelt, aber nichts beschlossen. So viel aber das Ueber-Elbische Sachsen betrifft, so ist in der Zeit Caroli M. Sorgfalt dahin gerichtet gewesen, dieselbe gegen die *Incursiones Danicas* zu decken, und von Carolo M. beschlossen worden, über der Elbe eine Stadt zu bauen, und darein fränkische Besatzung zu legen, welcher Ort an der Stur, Namens ESSEFELD ausgesuchet, welcher Ort auch von dem Graf Ecbert mit den Sachsen eingenommen und angefangen zu befestigen ANNAL. EGINH. A. 809.

Imp. autem cum ei multa de jactantia & superbia Regis Danorum nunciarentur, statuit trans Albim civitatem *aedificare Francorumque* in ea ponere praesidium, *cumque ad hoc per Galliam atque Germaniam homines congregasset, armis ac ceteris ad vsum necessariis rebus instructos per Frisiam ad locum destinatum ducere jussisset - - sed Imperator postquam locus civitati construendae fuerat exploratus, Ecbertum comitem huic negotio exsequendo praeficiens, Albim trajicere & locum jussit occupare. Est autem locus super ripam* Sturiae *fluminis nomine* ESSESFELD, *& occupatus est ab* Ecberto *comite & Saxonibus circa Id. Mart. & munire coeptus.*

Um die Sachsen auch gegen die *incursiones Slavicas* zu decken, hat der Kaiser Carl A. 808 an der Elbe zwey Schlösser gebauet *Eginh. A.* 808.

Imperator vero aedificatis per legatos suos super Albim fluvium duobus castellis *praesidioque in eis* contra Slavorum incursiones dispofito Aquisgrani hiemavit.

Im Jahr 809 hat auch Trafico Dux Obotritorum mit Hülfe der Sachsen die Wilsos angegriffen, und alles mit Schwert und Brand verheeret; auch, nachdem er mit andern Hülfsvölkern der Sachsen verstärket, *maximam civitatem Smeldingorum* eingenommen. Auch hat in dem Jahr 809 der Dänische König Gotefridus über der Elbe bey Badenflier zwischen dem großen König Carl und seinen Magnaten ein Convent veranlasset, worin aber nichts beygelegt.

In dem folgenden Jahr 710. da das Castellum Hochbuchi, worin Odo

Caro-

Cap. IV. De Comitent, Laxat. Saxon. Trans-Alb. Captiv. Sept. 47

Caroli M. Legatus mit einer Besatzung der Ost-Sachsen gelegen, von den Wilsis eingenommen, hat der Kaiser an der Elbe bey Verden gestanden, und ist, wie die Annal. EGINH. ad A. 710 bemerken

disposita pro temporis ratione Saxonia

nach Hauß zurück gangen.

In dem folgenden Jahr 711 hat er ein Corps über die Elbe detachiret, und das Castellum Hochbuchi wieder repariren lassen. EGINH. ad A. 711.

unum (exercitum) trans Albim in Hilinones, *qui & ipsos vastavit & castellum* Hobbuchi *superiore anno a* Wilsis *destructum in Ripa Albis fluminis restauravit.*

A. 812 ist wieder eine Expedition in *Wilsos* vorgangen, und sind Geisel genommen. A. 813 sind von dem Conventu *Arelatensi* einige von den Fränckischen und Sächsischen Magnaten über die Elbe ad confinia Normannorum geschickt, die mit ihnen Friede gestiftet.

Die Angabe in dem ausgekünstelten Diplomate Ludovici Pii de A. 834. wovon REMBERTVS *in vita Anscharii* nichts saget, *de Laxata captivitate Saxonum Nordalbingiorum,* ist ein purum putidum commentum des Architecti Diplomatis, welches nicht nur bey den Scriptoribus unerfindlich, sondern in der Historie mittler Zeit seinen Widerspruch findet.

Die Ausführung der Ueber-Elbischen Sachsen, und deren, die in *paludibus Albis* an beiden Seiten des Elb-Ufers, auch im Bremischen in Pago *Vimodi* gewohnet, die die Hamburgenses in solchem Striche mit betroffen, und ihr Allodia, die *justo judicio ad Fiscum Regalem* gezogen, hat nur die rebellischen Sachsen betroffen, wie das Diploma Ludovici Pii A. 819 ap. SCHATEN *T. I. p.* 65. umständlich darstellet in clausul.

eo quod, quando infidelium Wigmodorum *ad partem dominicam revocatas fuerunt, res eorum, qui tunc fideles Francis erant, pariter cum ipsis* injuste *sociatae fuissent, quae res cum ab iisdem missis & ceteris fidelibus nostris, juxta veritatis & aequitatis ordinem diligenter perscrutata, & per homines bonae fidei veraciter inquisita esset, inventum est, illas res eorum injuste amisisse, eo quod illas forsactas non habuerunt, nec infideles fuerunt — — jubemus atque decernimus, ut nostris atque futuris temporibus, res, quas eo tempore* juste *& legaliter possidebant, & eis injuste ablatae fuerant, teneant & possideant, & nullam deinceps commotionem aut calumniam eas aliquod impedimentum a quoquam, nec ipsi aut filii aut posteritas eorum ab hodierna die & tempore, pro hac causa se habituros penitus pertimescant.*

Wel-

Obs. I. Origines Hamburgenses.

Weiter ist auch Kaiser Carls Verordnung A. 799 nicht gangen, als daß sein Sohn, der junge Carl, sich der unirru gewordenen Sachsen bemächtige. Annal. TILIANI & BERTIANI A. 799.

mittens filium suum trans Wiseram, ut quotquot bisdem partibus de infidelibus suis invenisset suae servituti subjugaret.

In den *L. L. Sax.* und *capit. Karoli M. de partibus Sax.* geben sich auch auf alle Weise der Sachsen ihre Allodia und ihre davon abzugebende Zehenten hervor. Die Sachsen hat Kaiser Carl bey ihrer Ausführung nach dem Ausdruck EGINH. *in vita Caroli M. c. VI.*

huc *atque* illuc *per Galliam & Germaniam multimoda divisione distribuit,*

in specie die Ueber-Elbischen und Bremischen Sachsen nach dem Ausdruck in *Chron. Brevi. ex* BEDAE *cod. ad. A.* 804 befohlen.

per totum suum regnum dispergere.

Solchemnach, wenn eine generale Relagation der Nord-Albischen Sachsen vorgangen, hätte solches in allen Ecken und Orten des Reichs Caroli Magni einen großen Eclat geben müssen, wovon die scriptores Francici auch Rembertus selbst schweigen. Daß Nord-Elbische Sachsen in ihr Vaterland zurück kommen, zeuget das Exempel des *Nobilis Saxonis,* der mit seiner Mutter und Schwester seine geraubten *Allodia* reclamiret, daß aber die Würzburgischen Nord-Elbischen Sachsen noch zu Ottonis III Zeiten nicht als Servi sondern als *Accolae jure Parochorum* & *Barscaleorum qui dicuntur sub libera Barscaleorum conditione subsistere Ch. A.* 1107 ap. HUND. *T. II. p.* 131. im Würzburgschen sitzen blieben, regiebet die notable clausul Diplom. Ottonis III. A. 996. die ECCARD *T. II. Franc. Orient. p.* 35. eingerücket.

Parochis, quos Bargilden *dicunt seu* Saxonibus, *qui* Nord-Albingi *dicuntur, sive ceteris accolis,* pro liberis hominibus *in ejusdem Ecclesiae praediis manentibus.*

Bey allen solchen Umständen liegt die Angabe dessen, der das Diploma Ludovici Pii gezimmert, von der *Laxata Saxonum captivitate Nord-Albingicorum* darnieder, worauf LAMBECIVS *Orig. Hamb.* p. 4. duplici errore nachgesetzet, fürs erste darin, daß Kaiser Carl *A.* 811 den Nord-Albingis ihre Zurückkehr in Nord-Albingiam erlaubet, fürs andere, daß das *A.* 811 in partibus Slaviae restaurirte castellum *Hochbuchi Hamburg* sey, welches in dem Jahr wieder reparirt worden.

Daß die Hammen an der Elbe die paludes Albiae sich der Enden gefunden, daselbst ein Confluxus der paludicolarum gewesen, und diese Hammen von der daselbst gebaueten Burg den Namen Hammaburg erhalten, dieses Hammaburg, da es schon in Devastatione Danica A. 848 ein Suburbium, castrum &

mu-

Cap. V. De primitiva Ecclesia Provinciae in Aquilone &c.

anders gehabt, schon lange vor A. 848 gewesen, ist aus allen diesen Umständen ganz anscheinlich, obgleich die Zeit, da das castrum erbauet, nirgends gemeldet wird.

Cap. V.
De PRIMITIVA ECCLESIA Provinciae in Aquilone ultra Albiam Presbyteri Heridaci.

Von der unter Carolo Magno durch den Bischof Amalharium consecrirten Kirche weiß man aus dem Remberto vitae Anscharii c. XI. und praecepto Ludovici so viel, daß er
 ultimam partem provinciae, quae erat *in aquilone ultra Albiam*
eseroiret, darin einen *sedem Episcopalem* anzurichten, und die in dieser Provinz zu Anfang gebauete Kirche durch Amalharium consecriren lassen, und nachmals solche einem Priester Heridaco specialiter committiret. Von Hamburg aber wird bey der von Amalhario consecrirten Kirche besonders und namentlich nichts gesagt, und weiß man ohne dies von der Hamburgschen zur Zeit Anscharii bis ad A. 845. als bis zu ihrer Zerstöhrung gestandenen Domkirche zuverlässig, daß diese Anscharius *mirifico opere* gebauet, REMB. c. 14. und also diese die Kirche nicht sey, die in *provincia Nord - Albingiae* Kaiser Carl zu Anfangs durch Amalharium consecriren lassen. Anscharius ist A. 865 verstorben, im 64 Jahr seines Alters und im 34 Jahr seines geführten Bischöflichen Amtes. REMB. *vita Anscharii c. 33*. ADAM. BREM. *L. I. c. 31*. Im Anfang des Jahrs 814. 5 Kal. Febr. (den 28 Jan.) ist Carolus M. zu Achen verstorben, da Anscharius etwa zwölf Jahr alt gewesen, und hat die Kirche nicht bauen können, die der Bischof Amalharius auf Befehl Kaiser Carls consecriret. Nachdem jedoch in vita Anscharii von Anschario c. 14. gesaget wird, daß er die in *invasione Danica* A. 845 destruirte Domkirche *mirifico opere* gebauet, welchen Ausdruck die ANNALES *Metensf. A. 813* auch von Carolo Magno führen, daß er die Basilicam St. Mariae, worin er begraben, *mirifico opere* gebauet, so liegt im offenen, daß die in ultima provincia in aquilone ultra Albiam unter Carolo Magno consecrirte Kirche von Anschario nicht gebauet.

Von dem neuern *Autore* VITAE REMBERTI c. II. ap. STAPH. V. I. P. I. der im Ablauf des neunten Sec. Remberti Leben beschrieben, wird die *Samml. Origin. German.* 2ter Theil.

Obſ. I. Origines Hamburgenſes.

Kirche in Hamburg pro dedicata Eccleſia juſſu Caroli presbyteris commiſſa angegeben in clauſ.

> Res ad hoc opus conſtructa eſt tantum & dedicata HAMBURGENSIS ECCLESIA in confinibus Danorum & Slavorum in extremis videlicet partibus Saxonum inter eos, qui dicuntur Nord-Albingi, et una cum incolis locorum eadem Eccleſia juſſu eiusdem Glorioſi Imperatoris Caroli ad gubernandum eſt presbyteris commiſſa, donec opportuno tempore deputatis prius ad locum Epiſcopalibus ſufficientis Archiepiſcopum ſacerct ibidem conſecrari.

Was REMBERTUS in vita Anſcharii cap. 26. codic. corbeienſ. ap. du CHESNE T. III. p. 398. ſagt, daß Carolus Magnus, nachdem er gantz Sachſen unters Joch gebracht, In provincia, quae erat in Aquilone, zu Anfang daſelbſt eine Kirche durch Biſchof Amalharium conſecriren laſſen in clauſulis:

> Karolus Aug. omnem Saxoniam ferro perdomitam & jugo Chriſti ſubditam per Epiſcopatus diviſit, ultimam partem Provinciae quae erat in Aquilone ultra Albim nomini Epiſcoporum tuendam commiſit, ſed ad hoc reſervare decrevit, ut ibi Archiepiſcopalem conſtitueret ſedem. - Qua de re primitus etiam ibi Eccleſiam per quemdam Epiſcopum Galliae Amalharium nomine conſecravi fecit.

ſagt nichts weiter, als daß Kaiſer Carl in Provincia Saxoniae in Aquilone ultra Albim vorerſt eine Kirche bauen laſſen, und wird dabey Hamburg gar nicht gedacht. Von Ludovico Pio aber wird bald darauf geſagt:

> una cum conſenſu Epiſcoporum ac plurimo Synodi conventu in praefata ultima Saxoniae Regione trans Albiam in civitate Hammaburg ſedem conſtituit Archiepiſcopalem, cui ſubjaceret univerſa Nord-Albingicorum Eccleſia.

REMBERTUS in vita Anſcharii c. XI. GUALDO in poemate de vita Anſcharii c. XXVII. Das Diploma Ludovici Pii A. 834. Der Brief eines Nobilis Saxonis an Kaiſer Ludov. l'hom ap. du CHESNE T. II. ſagen nichts von einer primitiva Eccleſia Hamburgenſi & juſſu Caroli M. ad gubernandum presbyteris commiſſa, welches ein neuer Zuſatz des Autoris VITAE REMBERTI c. 11. der gegen die ältern nicht verfänget. Von dem Autore vitae Remberti hat auch Godfr. HENSCHEN in vita Remberti in actis SS. T. I. Febr. p. 559. bemerket, daß derſelbe nicht dem Ertzbiſchof Adalgario, ſondern den Monachis Corbeienſibus zuzueignen, welche die Clauſulam Remberti de vita Anſcharii c. XL

> de Parochia provinciae in Aquilone ultra Albiam HERIDACO ſpecialiter gubernandi commiſſa

von einer

Cor-

Cap. V. De primitiva Ecclesia Provinciae in Aquilone &c.

constructa & dedicata Hamburgensi Ecclesia jussa Caroli ad gubernandum presbyteris commissa

aufgenommen. Von der *Parochia Provinciae in Aquilone ultra Albiam*, die er keinem der benachbarten Bischöfe, welche die Bischöfe zu Bremen und Verden waren, untergeben wollen, sondern ihm vorbehalten, darin einen sedem Archiepiscopalem anzurichten, und von der *primitiva Ecclesia*, die er in provincia Nord-Albingiorum durch den Gallischen Bischof Amalharium consecriren lassen, und von der *parochia provinciae in Aquilone ultra Albiam*, die er dem Priester Heridaco solchergestalt specialiter committiret, daß kein Bischof sich darinnen einige Potestät anmaßen sollen, sagt REMBERTUS *vita Anscharii c. XI.*

Ultimam partem *ipsius* provinciae, quae erat in Aquilone ultra Albiam, *nemini Episcoporum tuendam commisit, sed ad hoc reservare decrevit, ut* IBI (in Provincia Nord-Albingica) *Archiepiscopalem constitueret sedem* - - *Qua de re primitivam etiam* IBI (in Provincia Nord-Albingica) Ecclesiam *per Episcopum Galliae* AMALHARIUM *nomine consecrari fecit. Postea quoque ipsam Parochiam cuidam Presbytero* Heridaco *nomine specialiter gubernandam commisit, nec omnino voluit, ut vicini Episcopi aliquid potestatis super eum locum haberent. Quem etiam Presbyterum consecrare disposuerat Episcopum, sed velocior ejus de hac luce transitus hoc ut fieret, impedivit.*

Gualdo c. XXVII.

Qui sunt trans Albim *sub Praesule noluit esse,*
Decernebat enim Princeps in finibus illis
Poni Pontificem, qui summi culmen honoris
Scilicet Ecclesiam regeret metropolitanam

— — — — — — — —

Ecclesiam, quae prima locis adolevit in illis
Sanxit AMALHARIUS *Gallorum Praesul ab oris*
Pontificum viro nulli sub jure redactam
Augustus HERIDAC *commisit Parochiam,*
Quem simul ad culmen summi promosset honoris,
Nisi citius rueres praeventus tempore mortis.

Dieses alles sagt weiter nichts, als daß Kaiser Carolus M. beschlossen, Trans-Albiam *in finibus illis ponere pontificem,* die erste Kirche sey, die in illis Nord-Albingiae locis *Almarius* Gallorum Praesul consecriret, nachher die ganze Parochia Nord-Albingiae provinciae *Heridaco* committiret, welchen Carolus M. zum Bischof zu setzen vorhabens gewesen, jedoch durch seinen

G 2   Tod

Obf. I. Origines Hamburgenses.

Tod präveniret, welches alles nichts von einer zu Hamburg erbaueten ersten Kirche angiebet.

Das *Diploma Ludov. Pii* sagt gleichfals weiter nichts, als daß in Parochia Trans-Albiam der Gallische Bischof Amalharius die erste Kirche consecriret, daß, nachdem die Ueber-Elbischen Sachsen aus ihrer Gefangenschaft aller Ends confluiret, er solche Parochie *provinciae Nord-Albingiae* einem Priester Namens Heridac commendiret; nach Caroli M. Tode aber *Ludovicus pius* in ultima regione Saxonica trans Albiam an dem Ort, der Hamburg geheißen, einen Erzbischöflichen Sitz geordnet, dem er Anscharium als Erzbischof vorgesetzt, nachdem er von den Bischöfen HELIGAUDO zu Verden und WILLERICO zu Bremen die partes Parochiae Nord-Albingiae, die sein Vater und er ihnen commendiret, von ihnen zurück genommen.

ADAMUS BREMENS. L. I. c. XI. versteht die Worte Remberti: sed velocior ejus de hac luce transitus ne hoc fieret impedivit, so, daß der frühzeitige Tod Heridaci verhindert, daß Carolus seine Absicht, Heridacum zum Bischof consecriren zu lassen, nicht ins Werk richten können. Das Diploma Ludovici Pii nimt es von dem Tode *Caroli Magni*, daß dieser die Erfüllung seiner Intention unterbrochen.

Der Nobilis Saro, Richardi Sohn, beide Sachsen der ultimae provinciae ultra Albiam in Aquilone, die in der Sächsischen Ueber-Elbischen Religion A. 798 von den Pagensibus der Religion halber verjagt, in *Epistola ad Ludovicum Pium*, worin er von der Bekehrung der Sachsen und von des Kaisers *Missatico super Elbam* und *stabilimento Christianitatis* spricht, gedenket eben wenig des Orts Hamburg und ihrer daselbst consecrirten ersten Kirche. Rembertus, Gualdo, und angeblich Ludovicus Pius gedenken auch, ohne specialiter den Ort Hamburg zu nennen, nur der Etablirung der christlichen Religion über der Elbe der commendirten *Parochiae Provinciae Nord-Albingiae* und in solcher Provinz von Amalhario confecrirten und nachher Heridaco committirten Kirche. Wenn Kaiser Carl auch, wie Ludgero und Willehado geschehen, die Parochiam provinciae *provisorie* commendirt, so war der sedes Episcopi noch nicht ausgemacht, sondern dieser wurde erst nachher bestimmet.

Diejenigen Stücke, die REMBERTUS vita Anscharii c. XI. von der *primitiva Ecclesia Provinciae in Aquilone* ultra Albiam ab Amalhario consecrata, und von dieser Parochiae *Provinciae in Aquilone* Presbytero a Carolo Magno Heridaco commissa; de Provincia in Aquilone a Ludovico Pio in duas partes divisa & duobus vicinis Episcopis Hillingaudo & Willerico Ep. commendata, angegeben, sind zuverläßig, und machen die Epocham von

der

Cap. V. De primitiva Ecclesia Provinciae in Aquilone &c.   53

der ersten in Provincia Nord-Albingica von Amalhario consecrirten Kirche bis zu dem A. 831 zu Hamburg fundirten Metropoli und consecrirten Ertzbischof zu Hamburg Ansharium aus, als in welcher

1) *Subjugata* Saxonia & in Episcopatus divisa die *Provincia in Aquilone* ultra Albiam zu einer Metropoli reservirt,
2) eben deswegen Carolus Magnus die *primitivam Ecclesiam* Provinciae in Aquilone durch den Gallischen Bischof Amalharium consecriren lassen,
3) und hernach einem Priester Heridac specialiter committiret, den Carolus Magnus auch zum Bischofe anzusetzen Vorhabens gewesen, wenn er, Heribacus, darüber nicht gar zu bald verstorben wäre.
4) Nach Caroli Magni Tode hat Ludovicus P. diese Ueber-Elbische Provintz in zwey Theile abgetheilet, und denen nächsten beyden Bischöfen zu Ferden und Bremen commendiret,
5) bis Ludovicus Pius, nachdem das Evangelium unter den Dänen und Schweden zur Frucht gediehen, Ansharium A. 831 zum Ertzbischof von Hamburg durch Drogonem, Bischof zu Minden, *in conventu imperii* zum Ertzbischof consecriren lassen.

Was dem Diplomati *Ludovici Pii* überhin noch eingeschoben:

1) Daß Ludovicus Pius Graf ECBERTO befohlen, *terram Nord-Albingorum*, laxata captivitate, quam ob multam perfidiam in ipsis Christianitatis initiis patratam per septennium passi sunt, - - ne locus illis a Barbaris invaderetur, zu restituiren.
2) Nachdem die Saxones Nord-Albingici von allen Orten häufig in ihr Vaterland zurück kamen, zu der Zeit solche Parochie dem Priester Heridac specialiter committiret, damit sie nicht zum Heydenthum rückfällig würden.

Davon sagt Rembertus nichts. Und *de laxata captivitate* der Nord-Albingicorum, der Bremensium, der Bardogavensium, die A. 804 ausgeführet, melden die Scriptores Carolingici nichts, welchen notablen Vorgang die Scriptores Francici nicht leicht vorüber gelassen haben würden. Vom Graf Ecberto zeigen dieselben an, daß derselbe A. 809 dem neu erbaueten Castello Esesfeld vorgesetzet, ohne von dem, was dem Diplomati Ludovici Pii eingeschaltet, was zu erwehnen.

Auf den *Autorem vitae Remberti*, und zumalen im Anfang, wo er sich fast hundert Jahr zurück in Caroli M. Zeiten und dessen Kirchensatzungen in Provincia Saxoniæ Nord-Albingica verthut, ist um so viel weniger zu rechnen, da darin die Gelehrten interpolamenta angemerket, womit die diplomatischen ausstaffiret, die vitas Sanctorum auszuschmücken gesuchet. Es ist dabey

Obs. I. Origines Hamburgenses.

bey besonders, daß er capite I. Carolum M. denckend gemacht, woran nicht gedacht, noch dero Zeit gedacht werden können, daß er ihm vorbehalten, in provincia Saxoniae Nord-Albingicae einen sedem Archiepiscopalem anzurichten.

Ut ibi Archiepiscopus constitueret sedem, ex qua successio fidei Christianae in exteras proficeret nationes.

sagt Rembertus in vita Anscharii c. XI. Die AUTOR vitae Remberti c. 1. flickt allhier die nationes hinein, die unter Carolo M. größten Theils nicht gehöret, und allererst unter Ludovico Pio, wie REMBERTUS d. c. XI. berühret, und das Diploma Ludovici Pii in sich hält, ex legatione in Sueones aus dem Bericht Anscharii kund werden, wovon die Worte in *Diplomate Ludovici Pii* lauten:

Sanctae Dei Ecclesiae filiis - - certum esse volumus, qualiter divina ordinante gratia nostris in diebus Aquilonaribus *in Partibus in gentibus videlicet* Danorum, Svecorum Norweon terras (*an Ferrias*) Gronlandon, Hallingalandon, Islandon, Seredevondon, *& omnium septentrionalium & Orientalium Nationum magnum caelestis gratiae praedicationis sive adquisitionis patefecit ostium.*

Dies trifft nicht in tempora Caroli M. sondern Ludovici, und ist aus der Erzählung, die Anscharius von dem glücklichen Succes seiner Ausrichtung in Schweden Ludovico gethan, aufgeholet, als wovon REMBERTUS *in vita Anscharii c. XI.* anführet:

Qui honorifice, & cum maxima pietatis benevolentia ab eo (Ludov. Pio) suscepti narraverunt ei, quanta Dominus secum egerit, & quod ostium fidei in illis partibus ad vocationem gentium patefactum fuerit.

Aus der Confirmation des Pabsts Gregorii IV. ap. STAPH. P. I. *Vol. I. p. 32.* worin er Anscharium als Ertzbischof confirmiret, ist zu ersehen, daß dem Pabst Gregorio IV von Anschario zu Rom von denen Nationen, die den christlichen Glauben angenommen, genaue Relation erstattet; weil der Pabst solche namhaft machet, und dieselben und dessen successores bey solcher Legation bestätiget, in cl.

Anscharium & successores ejus legatos in omnibus circumquaque Gentibus DANORUM, NORTWECHORUM FAERIAE, GRONLANDAN, HALSINGALANDAN, ISLANDON SCRIDEVENDUM SLAVORVM, *nec non omnium Septentrionalium & orientalium Nationum, quocumque modo nominatarum delegamus.*

Was der AUTOR *vitae Remberti c. 2.* weiter anführet:

daß

Cap. V. De primitiva Ecclesia Provinciae in Aquilone &c.

daß die *dedicata* HAMBURGENSIS *Ecclesia jussu Caroli ad gubernandum commissa*

ist, so viel das erste, nemlich die dedicirte Hamburgsche Kirche betrifft, unempfindlich; so viel das andere aber belanget, daß diese Kirche denen Presbyteris ad gubernandum committiret, des REMBERTI *in vita Anscharii c. XI.* Bericht nicht allerdings gewiß, nach welchem nicht vielen und mehrern Presbyteris, sondern allein *Heridaco* die primitiva Ecclesia Nord-Albingiae committiret. Dieser noch vor Carolo M. verstorben, und nach dessen Ableben die provincia Nord-Albingica von Ludovico Pio beiden Bischöfen zu Bremen und Verden so lange commendiret, bis A. 831. Anscharius ad Ecclesiam Hamburgensem zum Erzbischof ordiniret. Da auch HENSCHEN in *Actis SS. T. I. Febr. p. 519.* die interpolamenta in vita Remberti schon bemerket, und zum Theil ausgemerzt: so ist daraus zu urtheilen, wie wenig auf solche corruptelas zu fußen. Wenn übrigens der Autor vitae Remberti in Prologo von seinem geschriebenen Leben Remberti sagt:

in quantum haec comperimus fideliter enarramus:

so weiset dennoch dieses allemal auf die *fontes*; und so viel er davon abschweifet, so erleget seine Recension mit in einer blossen Sage, oder in seinen irrigen Selbstbegriffen.

Die Zeit, da Carolus M. die *primitivam Ecclesiam in provincia in Aquilone* ultra Albiam durch den Gallischen Bischof Amalharium consecriren lassen, setzet REMBERTUS *in vita Anscharii c. XI.* in tempus, quo Karolus Magn. omnem Saxoniam ferro perdomitam & jugo Christi subditam per Episcopatus divisit.

Diese lässet sich nun so genau nicht bestimmen, weil es mit Kaiser Carls *praedestinationibus* und *divisionibus* mehrmalen einen Aufenthalt gehabt. Die Priester, welche ex presbyterii Gradu die Episcopatus procuriret, später dazu ordiniret worden, wie Waltumarus, der kurz vor Caroli Magni Tode erst zum Bischof zu Paderborn consecriret worden. Wenn man aber bey den Ueber-Elbischen Sachsen die Umstände mit in Augenmerk nimt, als

a) A. 798 daß in d.r Rebellion der Ueber-Elbischen Sachsen die *Pagenses* die *legatos Regios* erschlagen, und ihre eigene Compagenses, die sich zur christlichen Religion bekant, geplündert und zur Flucht genöthiget;

b) A. 804 die Ueber-Elbischen Rebellischen Sachsen in so grosser Menge mit Frau und Kindern ausgeführet, und in die Fränkische Lande versetzet:

so kan die Erbauung und *Dedication* der *Primitivae Ecclesiae* in solcher Zeit vor A. 804 nicht leicht vorgangen seyn; und wenn sie auch A. 798. oder vor-

her

Obf. I. Origines Hamburgenses.

her in den ſtabilimentis Eccleſiae Chriſtianae, wovon der Nobilis Saxo in der Epiſtola Reclamatoria ad Ludovicum Pium ſpricht, erbauet, ſo wäre ſie dennoch der Zeit in dem generalen Aufſtand der Ueber-Elbiſchen Sachſen, worin die Pagenſes die legatos Regios erſchlagen, und es zum Treffen bey Suentin kommen, wieder beſtruiret. *Saxonia trans-Albingica pacata*, und zumalen nach der Rebelliſchen Sachſen Ausführung iſt anſcheinlich, daß die primitiva Eccleſia erbauet und dediciret; allein da in dem Verfolg der Zeit REMBERTUS c. 19. dieſen Umſtand bemerklich macht, daß die Dioeceſis provinciae Nord-Albingicae vor Anſcharii Ordination in A. 831 ſehr klein geweſen

multoties jam Barbarorum incurſionibus devaſtata,

ſo iſt es auch möglich und gany vermuthlich, daß ſolche vielfältige devaſtationes einer ganzen Provinz, inſonderheit die Kirchen und die Eccleſiam Primitivam mit betroffen. Die Dedicationem primitivae Eccleſiae und die Anſetzung des Prieſters Heridaci ſetzet Rembertus d. c. XI. nicht auf eine Zeit, ſondern ſepariret ſolches ratione temporis, als

    a) primitivam Eccleſiam conſecrari fecit

    b) *poſtea* quoque ipſam Parochiam cuidam Presbytero *Heridae* nomine ſpecialiter *gubernandam commiſit.*

Weil indeß Heridacus noch zu Caroli Magni Zeit bey der primitiva Eccleſia geſtanden; ſo iſt ſie vermuthlich unter Carolo M. von einer Devaſtation frey geblieben.

Der Erzbiſchof von Bremen Willericus, wie ihm und dem Erzbiſchof von Ferden Helingaudo nach Caroli M. Tod von Ludovico Pio die Dioeceſis Nord-Albingiae commendiret, hat vor Anſcharium, und bis dahin, daß Anſcharius A. 831 zum Erzbiſchof ordiniret, denen Trans-Albanis geprediget, und die Kirche in Mellendorp öfters viſitiret. *Liber Donat.* ap. ADAM. BREM. c. *XII.* und ALBERT. STAD. *ad A. 810. p. 197.* Dieſes alles läſſet urtheilen, daß ſich in Beſtimmung der primitivae Eccleſiae, deren Rembertus, Gualdo und das *Diploma Ludovici,* ohne Hamburg dabey zu nennen, erwähnen, nicht nothwendig auf Hamburg ſchließen läßt, deſſen vor Anſcharii Ordination in A. 831 nirgends ſonſt gedacht wird.

Nachdem alſo Anſcharius auf den ſedem Archiepiſcopalem zu Hamburg A. 831 alſo ordiniret, verbis REMBERTI. c. *XI.*

    a) ut ipſi ſubjaceret *univerſa Nord-Albingiorum* Eccleſia

    b) et ad eum pertineret omnium Regionum aquilonalium poteſtas

hat Ebbo ſich mit Anſchario nach ſeiner Ordination darüber alſo verſtanden, daß ſein Anverwandter Geutbertus als Biſchof in partes Sveonum abgeordnet, Anſcharius hat inzwiſchen ſein Amt in ſeiner committirten Dioeceſi und in partibus Danorum treulich verrichtet.

Ca-

Caput VI.

De ECCLESIA Hamburgenſi CATHEDRALI.

Von dem Hamburgiſchen Dohm oder Cathedralkirche, wovon der gelehrte Otto SPERLING ſeine *Exercit. Hiſtoricas de Templo Cathedrali* ausgehen laſſen, habe ich bis auf die, welche zu Graf Adolphi Zeit wieder gebauet, 8 ſucceſſive gebauete Domkirchen gerechnet, als

1) *Eccleſia Cathedralis prima*, die Anſcharius miro opere erbauet, und in Invaſione Danica A. 845 mit dem Kloſter verbrant.
2) *Eccleſia Cathedralis ſecunda* A. 915 a Slavis deſtructa.
3) *Eccleſia Cathedralis tertia* A. 983 ſub Ottone II cum Hamburgo ſuccenſa a *Miſtui* Obotritorum Duce.
4) *Eccleſia Cathedralis quarta* A. 1011 ſub Henrico V a Slavorum Ducibus *Mizzidrog* & *Miſtizoi* cum omnibus Nord-Albingiae & Slaviae Eccleſiis incenſa.
5) *Eccleſia Cathedralis quinta* ab Vnnivanno aedificata ex ligno.
6) *Eccleſia Cathedralis ſixta* a Bezelino cognomento Alebrando aedificata ex lapide quadro & deſtructa ab Henrico Principe Slavico A. 1066.
7) *Eccleſia Cathedralis ſeptima* A. 1072 ſub Henrico IV Imp. & Alberto Archiep. a Trutone Principe Slavorum incenſa.
8) *Eccleſia Cathedralis octava* ab ADOLPHO I. Com. Holſatiae ejusque filiis, Eccleſiae ſecundis Fundatoribus, reſtituta Monumentum Eccleſiae Cathedralis ap. LAMBEC. *Orig. L. l. p. 23.*

Die Domkirche *Beatae Mariae virginis* iſt freylich die erſte und einzige Pfarrkirche in Hamburg, und hat der Rector Eccleſiae Cathedralis als Parochus Loci ordinarius das Pfarr-Recht intra Parochiae terminos und über das *Caſtrum novum* in Hamburg in occidentali parte civitatis gehabt; dahero ſonſt die in fundo novi caſtri um oder nach A. 1164 zu erbauende *Capella B. Nicolai* ohne Conſens des Capituli, cujus erat, nicht gebauet werden. Ch. *Adolphi III.* ap. LAMB. *Orig. Hamb. L. II. p. 18.* Die Kirche St. Petri wird auch ſchon A. 1195 gehöret, und iſt von ihr in NIEHUSENS *Invent.* n. 349. ein Brief rubriciret, nach welchem der Probſt Herman A. 1195 ſolche dem Capitel geſchencket. LAMB. *Orig. Hamb. d. l. p. 20.* hält die Petri Kirche viel jünger, weil ihrer in alten Briefen allererſt A. 1230. gedacht wird. Aus kurtz zuvor angezogenem Briefe erhellet ſchon, daß ſie A. 1195 exiſtiret, und beruhet dieſer Anfang noch auf weiterer

Grup. Orig. Germ. 2ter Theil. H Un-

Obſ. I. Origines Hamburgenſes.

Unterſuchung. Ueberhaupt iſt beym STAPHORST nicht angezeiget, vielleicht aus Mangel der Urkunden, zu welcher Zeit die Petri, die Catharinen, und Nicolai Kirche zur Parochial-Kirche geworden. Wie denn die Capelle Nicolai, ob ſie gleich zu bauen A. 1164 verſtattet, nicht ſogleich zur Parochialkirche gediehen.

Die Domkirche zu Hamburg, wovon der Pabſt GREGORIUS IV in der Confirmation Anſcharii ap. LAMBEC. *Orig. Hamb. p. 36.* ſagt:

Sedem Nord - Albingorum Hammaburg dictam in honorem Sancti Salvatoris ejusque intemeratae Genetricis Mariae *conſecratam Archiepiſcopalem eſſe decernimus.*

laßte ich eben die zu ſeyn, wovon REMBERTUS *vita Anſcharii c. 14.* ſagt, daß ſie *miro opere Magiſterio Epiſcopi* conſtructa und in *invaſione pyratarum Danica* A. 845 zerſtöhret in clauſ.

ibi Eccleſia *miro opere Magiſterio Domini Epiſcopi* conſtructa*, una cum clauſtro Monaſterio mirifice compoſito,* igni ſuccenſa *eſt.*

Daß die zerſtörte und verbrante alte Cathedralkirche in *honorem Beatae Mariae Virginis* conſecriret geweſen, und die ſucceſſive neuerbauete Domkirche wieder in *honorem B. Mariae* dediciret, erſcheinet ſo wol aus dem ADAMO BREM. *L. II. c. 52.*

primus omnium Eccleſiam*, quae conſtructa erat in Matris Dei honore,* LAPIDE QUADRO aedificavit.

als aus dem *Dipl. A. 937.* in Privil. Hamburg. n. VI. p. 130.

in honorem B. Dei genetricis Mariae*, cui locus iſte Hammaburch eſt conſecrata.*

Daraus folget nun zwar dieſes, daß die neue Domkirche, welche der Erzbiſchof Bezelinus A. 935 zur neuen Hamburgiſchen Cathedralkirche, ſo wie die vorige erbauet, in honorem B. Mariae dediciret, wieder in honorem B. Mariae conſecriret werden müſſen.

Die Folge aber, die Lambec. Orig. Hamb. L. I. n. 52. p. 16. gemacht:

Nempe hoc illud eſt antiquum & *primitivum templum* quod A. 811. a Carolo M. conditum & Chriſto Salvatori atque Beatiſſimae Matri ejus Mariae conſecratum,

iſt irrig: denn 1) melden die Annales Francici ad A. 811 weiter nichts, als daß der junge Carl in der Expeditione in Linones und in der Devaſtatione derer Lande das A. 810 von den Wilzis zerſtöhrte Schloß Hochbuchi, wieder gebauet. Daß er eine Kirche in Caſtello Hochbuchi gebauet, dieſe in honorem B. Mariae conſecriret, davon melden die Scriptores überall nichts. Das Caſtellum in Slavia in Regione Linonum fällt auch bey Hamburg ganz weg.

Die

Cap. VI. De Ecclesia Hamburgensi Cathedrali.

Die Kirche, die in provincia Nord-Albingorum von Amalhario vater Carolo M. consecriret, nachher einem Priester Heridaco specialiter committiret, ob sie in honorem B. Mariae consecriret, davon sagt REMBERTUS in *vita Anscharii c. XI.* und GUALDO *c. 27.* nichts. Und wenn sie gleich in Hamburg gewesen, so folget dennoch daraus nicht, daß, wenn die Domkirche in honorem Mariae als eine Ecclesia Cathedralis dediciret, daß Amalharius seine consecrirte Kirche auch in honorem Mariae dediciret gehabt. Diejenige Cathedralkirche der lieben Frauen, derer die *Bulla confirmationis Gregorii IX.* bey des Anscharii Confirmation gedenket, ist die *Cathedralis prima*, die Anscharius miro opere aufbauen lassen, die A. 845 in invasione Danica aufgebrant.

Diejenige, die das Diploma Ottonis M. A. 937. sub ADALDAGO nennet, ist die secunda, und diejenige Domkirche, die nach der invasione Danica wieder gebauet.

Die 3te Domkirche ist die, die nach der Invasione Slavica A. 983. da Hamburg in Brand gestecket, wieder aufgebauet.

Die 4te Domkirche ist die, so nach der andern wiederum A. 1018 beschehenen invasione Slavica vom Bischof Unwanno von Holz wieder aufgebauet.

Die 5te Domkirche ist die, die Bezelinus A. 1035 von Quadersteinen wieder gebauet; wenn nun ADAMUS BREM. sagt:

Ecclesiam, quae constructa erat in Matris Dei honore, lapide quadro aedificavit:

so verstehe ich dieses, er habe statt der Kirche, die in honorem B. Mariae Virginis gebauet gewesen, wie alle Domkirchen in honorem Mariae dediciret werden müssen, eine neue von Quadersteinen gebauet. Welche Kirche er aber

sub Ecclesia, quae constructa erat in Matris Dei honore

verstehe? Die 3te, die nach der invasione Slavica de A. 983 wieder gebauet und A. 1018 wieder verbrant; oder die 4te, die nach der invasione Slavica A. 1018 Unwannus von Holz gebauet, ist noch in Frage. Anscheinlich ist es, daß, da Bezelinus A. 1035. die 5te Domkirche aus den *Ruinis veteris civitatis* aufgebauet, so habe er die Ruinas der 3ten Domkirche aufräumen und der Enden die Domkirche wieder aufrichten lassen, und die Kirche, die Unnwannus loco Ruinis vacuo aufrichten lassen, er entweder stehen oder berunter brechen lassen, und also auf die 3te Domkirche abgezielet. Er habe aber die 3te oder 4te Domkirche gemeinet, so ist dennoch von Petro Lambecio nicht begründet, daß Adamus Brem. auf eine Kirche, die Amalharius

60 Obf. I. Origines Hamburgenses.

consecriret, die nie eine Domkirche gewesen, von der man auch nicht weiß, in cujus honorem sie dediciret, auch noch nicht gewiß, wo sie gestanden, abgezielet.

Caput VII.
De DEVASTATIONIBUS Normannicis & Slavicis.

Die *Devastationes* von Hamburg, als

I. A. 845 die DEVASTATIO NORMANNICA unter dem Anscharie, und unter dem Graf Bernario, der dero Zeit Praefecturam Loci geführet, die mit Verbrennung D. r Ecclesiae miro opere Magisterio Domini Episcopi constructae mit dem Clauſtro Monaſterio mirifice composito, und mit Ausplünderung der Stadt und des Suburbii five villi proximi geschahe. REMBERT. *vit. Anscharii c. XIV.* und in die Mauren gebrochen wurde. GUALDO. *c. XXXV.*

Die Devastatio Normannica A. 880 zu Ludovici Germanici Zeiten, der Sachſen mit einer großen Niederlage im angeblichen Treffen bey Erbſtorf, worin der Biſchof Marquard von Hildesheim, Biſchof Theodericus von Mulden, Dux Bruno Filius Ludolfi Ducis, Graf Wichmann, und 2 Grafen BARDONES, geblieben, ANNALES FULDENS. ANNALES BERTIANI, ANNAL. SAXO. *A.* 880. WITICHIND L. *I. An. p. 634.* DITMAR. *L. II. T. I. Script. Br. p. 335.* ADAM. BREM. *L. I. c. 34.* iſt nicht gewiß, ob ſie beſonders ad devastationes Hamburg. gehöre, ob ſie gleich die unrichtigen Ebſtorfiſchen Legenden, Petersen Chr. Holſat. p. 8. und andere dahin gezogen, ſo melden doch die Annales Fuldens. in ſpecie von Hamburg nichts. Vid. ECCARD. *Fr. Orient. T, II. p. 649.*

II. Und die DEVASTATIONES SLAVICAE, als

1) *A. 915* unter CONRADO IMP. und Ertzbiſchof Hovero haben die Slaven die Hamburgiſche Parochie, und die Ungern die Bremiſche bemeiſtert. ADAM. BREM. *L. I. c. 45. Hiſt. Archiep.* Brem. Hojero Monacho olim Corbeienſi p. 72. CORNER. *A.* 915. Von der Ungern Verheerung Thüringen und Sachſen Landes thut ANN. SAXO ad *A.* 915. Anzeige.

2) A. 983. unter Ottone II. da Miſtui der Obotritorum Dux Hamburg in Brand geſtecket und verheeret DITMAR. *L. III. p. 345.*

3) A. 1018 unter *Henrico Sancto* und Ertzbiſchof Unwanno, da die Slaviſchen

Cap. VII. De Devastationibus Normannicis & Slavicis.

vischen Fürsten Mizzlbrog und Mistiwoi Nord-Albingien mit Schwert und Feuer verheeret, in Slavien alle Kirchen angestecket und Geistliche und Weltliche von Hamburg in die Gefangenschaft geführet. Adam. Brem. L. II. c. 30.

4) A. 1066. unter Henrico IV. da von Henrico, einem Slavischen Fürsten, die Hamburgische Provinz mit Feuer und Schwert verheeret, und die Burg zu Hamburg in Grunde zerstöhret Helmold. L. l. c. 24.

5) A. 1072. unter Henrico IV. bey Absterbung des Erzbischofs Aberti. da von *Trutone* Principe Slavorum Hamburg in Brand gestecket und zweymal verheeret, und die Provinz öde geworden. Adam. Brem. L. IV. c. 31.

sind hauptsächlich und merklich, wozu auch annoch A. 1139. die Demolition des *Castri* kömt, welches Graf Adolphi I. Gemahlin gebauet, und *Henr. de Badewide* destruiret, Helm. L. I. c. 50.

Die *Devastationes Slavicae*, die Hamburg und den Sedem Archiepiscopalem in dem Verfolg der Zeit betreffen, diejenigen, welche von Ditmaro, Annalista Saxone, Adamo Bremensi, Helmoldo, Kornero, bemerket, sind folgende:

1) A. 915. unter Conrado, wovon zuvor gesagt.

2) A. 983 unter Ottone II. und Bernhardo Duce, hat Mistui, Obotritorum Dux, den Sedem Archiepiscopalem Hamanburg verheeret, und in Brand gestecket, daß der Sedes Archiepiscopalis erlegen, und Hamburg zur Einöde geworden. Von dieser zeuget Ditmarus L. III. p. 345.

Mistui Obotritorum Dux Hamanburg, *ubi sedes Episcopalis quondam fuit, incendit & vastavit.*

Von dieser Devastation, die unter dem Erzbischof Adeldago geschehen, der A. 9.6 unter Ottone M. dem Erzbischof Unwanno succediret, und A. 988. nachdem er 53 Jahr gesessen, und ihm Libizo oder Libentius Senior succediret. ANNALISTA SAX. *ad* A. 936. und A. 988. ADAM BREM. L. II. c. 16. meldet ADAMUS BREMENSIS nichts; vielmehr sagt derselbe:

In Aldinburg ordinavit Archiep. primo - Edwardum, deinde Wagonem, postea Ezikonem, quorum tempore Slavi Christiani permanserunt, ita etiam Hamburg in pace fuit. Ecclesiae in Slavonia ubique erectae sunt - Testis est Rex Danorum Swein cum recitaret Slaveniam in duos de viginti Pagos esse dispertitam, affirmavit nobis ubique tribus ad Christianitatem omnes fuisse conversos, adjiciens etiam prin-

principes ejus temporis Misizza, Naccon & Federich, *sub quibus, inquit, Pax continua fuit. Slavi sub tributo servierunt.*
Von den Dänen aber setzt ADAMUS BREM. L. II. c. 18. hinzu:
Novissimis atque Archiepisc. temporibus res nostras inter Barbaros fractae Christianitas in Dania turbata est.

Weil aber diese Devastation gegen die Tilgung der christlichen Religion über ganz Slavien gangen, und DITMARUS, der, wie er p. 342. schreibet, A. 976 gebohren, und wie in seinem Vita p. 430. gemeldet wird, im 42sten Jahr, wie der Annalista Saxo das Jahr anglebet, A. 1019 verstorben, und die genauesten Umstände, die seine Anverwandte betroffen, anzeigt: so ist an dieser Verheerung nicht zu zweifeln.

3) Die dritte Devastation A. 1018, unter *Henrico sancto*, Herzog Bernhard von Sachsen, Bennonis Sohn, unter Erzbischof Unwanno, der A. 1013. Libentio succediret, und A. 1029 gestorben, ADAM. BR. L. II. c. 33. et. 44. ist geschehen von den Slavischen Fürsten Mizzidrog und Mistrowoi, in welcher Nord-Albingien mit Schwert und Feuer verheeret. In Slavien sind alle Kirchen angestecket und bis auf den Grund geschleifet worden, und von Hamburg sind viele Geistliche und Weltliche in die Gefangenschaft geführet und getödtet worden. ADAM. BREM. L. II. c. 30.

Principes autem Winulorum erant Mizzidrog et Mistrowoi. *His ergo Ducibus Slavi rebellantes totam primo Nord-Albingiam ferro & igne depopulati sunt. Deinde reliquam peragrantes Slavaniam omnes Ecclesias incenderunt et ad solum usque incenderunt, Sacerdotes etiam & reliquos Ecclesiarum Ministros variis enecantes suppliciis nullum trans Albiam Christianitatis vestigium reliquerunt.*

HELMOLDUS L. I. c. 16. erzählet dabey, daß Mistowi, da ihm von Herzog Bernh. seine zur Gemahlin versprochene Neptis mit der Entführung, sie seinem Hunde zu geben, versagt, er die Slaven in Rethroterra Leuticorum zusammen berufen, und sie zum Aufstand aufgebracht. Und diesen Aufstand rühret auch DITMARUS L. IV. p. 420. im A. 1018 mit dem Umstand, daß sie Mistizlavum seniorem mit Verheerung seiner Lande in Svarin gejaget und die Kirchen verheeret und zerstöret in clauf.

Illo tempore Luitici-Mistizlavum seniorem *sibi in priori anno ad expeditionem imperatoriam nil auxiliantem turmatim petunt pluviamque regni suimet partem devastantes uxorem suam & rerum effugare, ac semet ipsum infra Suarinae civitatis munitionem cum militibus electis colligere cogunt. – Tunc omnes Ecclesias ad honorem*

Cap. VII. De Devastationibus Normannicis & Slavicis.

rem & famulatum Christi in his partibus erectos incendiis & destructionibus aliis occidere.

Diese Verheerung erzählet, nach Anleitung Adami Brem. und Helmoldi ad A. 1019. Herzog Benno, oder Bernh. Hermanni Sohn ist A. 1011. verstorben, und sein Sohn Bernhardus ihm in Ducatu Saxon. gefolget, vita Meinwerci, wie Unwannus noch Erzbischof war; dahero die Verheerung, die A. 1018 geschehen, wenn auf diese die Worte ADAMI BREMENSIS L. II.

haec facta sunt ultimo tempore Libentii senioris sub Duce Bernhardo filio Hermanni

abzielen, auf die letzten Jahre Libentii Senioris und Bernhardi I. oder auf An. 1010. 1011. zurück zu setzen seyn würde. Libentius I. sive Senior ist A. 1013 verstorben, und ihm hat Unwannus succediret, der XVI Jahr gesessen.

Unter diesem Unwanno ist A. 1018 die dritte Verheerung vorgangen, und nachdem Herzog Bernh. II. A. 1020 mit dem Kaiser Henrico Sancto zu Schalchinburg wieder ausgesöhnet ANNAL. SAX. ad A. 1020. und die Slaven wieder tributair gemacht, hat Unwannus die Stadt und Kirchen neu gebauet. ADAM. BREM. L. II. c. 33. et 34.

Princeps (Bernh.) ap. Schalchinburg caesari Henrico supplex dedit manus, mox favente Unwanno Slavis tributo subjectis pacem reddidit Nord-Albingis & Matri Hammaburg. Ad cujus restaurationem venerabilis Metropolitanus post Slavonicam cladem civitatem & ecclesiam fecit novam.

Von dieser Restauration Unwanni und Herzogs Bernh. sagt Adamus Brem. L. II. c. 32. bald hernach, daß sie Kloster und Kirche und Wohnungen aus den Ruinen der Stadt nur von Holz gebauet.

Unwannus Archiep. & cum eo Dux Bernhardus claustrum nobile de ruinis antiquae civitatis elevantes Ecclesiam & diversoria omnia construxerunt lignea.

und L. II. c. 42.

Eo tempore cum esset pax firma inter Slavos & Trans-Albianos, Unwannus Archiep. Hammaburg renovavit.

Eben diese Restauration bezeuget Helmoldus L. I. c. 17. mit Adami Bremensis Worten, Korner ad A. 1020 meldet, daß nachdem Helmoldo Libentius die ganz destruirte Kirche zu Hamburg durch die Dänen und Slaven renoviren lassen, und zwölf neue Canonicos geordnet, an Statt derer, die im vorigen Jahr gelebet. Allein HELMOLDUS L. I. c. 17. sagt dieses von Unwanno, dem Libentius II. allererst A. 1039 succediret. ADAM. BR. L. II. c. 45.

Obſ. I. Origines Hamburgenſes.

In dem Verfolg der Zeit hat Ertzbiſchof Bezelinus mit dem Zunamen Alebrandus, der Capellanus regius war und A. 1035 dem Ertzbiſchof Hrman zu Bremen ſuccedirt ANNAL. SAX. A 1035. KORNER A. 1034. nachher zu Bremen das Clauſtrum renoviret, auch zu Hamburg zuerſt unter allen die Lieben Frauen Kirche daſelbſt von Quaderſteinen, hiernächſt ihm ein ander ſteinern Haus mit Thürmen und propugnaculis verwahret, gebauet; und hat der Hertzog Bernh. dem auch nachgefolget, und ſich ein Haus an eben dem Ort aufgerichtet, daß der Dom alſo an einer Seite das Biſchöffliche Haus, an der andern Seite das praetorium Ducis gehabt. ADAM. BREM. L. II. c. 52.

ibi enim poſt cladem Slawnicam - Unwannus Archiep. & cum eo Dux Bernhardus *clauſtrum nobile de ruinis antiquae civitatis elevantes Eccleſiam & diverſoria omnia conſtruxerunt lignea.* Alebrandus vero Pontifex adverſus crebras hoſtium incurſiones, aliquod fortius proeſidium pro inopia neceſſarium loci arbitratus, primus omnium Eccleſiam, quae conſtructa erat in matris Dei honore, lapide quadro aedificavit. Aliam deinde domum ſibi fecit lapideam, turribus & propugnaculis valde munitam, cujus aemulatione operis Dux provocatur, & ipſe domum ſuis in eodem loco paravit, ita prorſus civitate renovata, Baſilica eadem, ex parte una habuit Domum Epiſcopi, ex alia praetorium Ducis.

Eben dieſes erzählet mit Adami Brem. Worten die *Hiſtor. Archiep. Brem.* in *Bezelino* p. 78. und Korner ad A. 1034.

Die vierte Verheerung A. 1066. iſt geſchehen unter Henr. IV. Imp. Ordulpho Duce Sax. von Henrico einem Slaviſchen Fürſten Godeſcalci Sohn, worin die gantze Hamburgſche Provinz mit Feuer und Schwert verheeret, die Holſteiner und Sturmarn faſt alle entweder erſchlagen, oder gefangen weggeführet, und das *Caſtrum Hamburg* im Grunde zerſtöhret. HELMOLD. L. I. c. 24.

Et Slavi quidem victoria potiti, totam Hammaburgenſem provinciam ferro & igne demoliti ſunt, Sturmarii & Holſatii fere omnes aut occiſi, aut in captivitatem deducti, caſtrum Hammaburg *funditus exciſum.*

welches die Hiſt. Arch. Brem. ad A. 1066 in Alberto Arch. p. 85. und Corner. Chron. ad A. 1063. mit Helmoldi Worten wiederholet.

Die fünfte Verheerung, welche ADAMUS BREM. L. IV. c. 31. und aus ſelbigem die Hiſtor. Arch. Bremenſ. in dem Anno emortuali 1072 Alberti Archiep. angezogen in cluſ. ...

Nam & Hammaburg eodem Anno, quo Metropolitanus deceſſit. Eo-

dem

Cap. VII. De Devastationibus Normannicis & Slavicis. 65

dem anno incensa & bis vastata est. Pagani victores totam Nord-Albingiam deinceps habuerunt in sua ditione, bellatoribusque occisis, aut in captivitatem deductis, provincia in solitudinem redacta est.

auch die Chron. Slavica p. 72. berühren, welches die Niederlage der Bardorum, die sie von Trutone oder Crucone Rugiano filio Grini, welchen die Slavi mit Vorbeygehung Godescalci Söhnen zum König gemacht, HELMOLD, L. I. c. 15. principe Slavorum bey Pieln erlitten, nach sich gezogen, wovon KORNER ad A. 1073. schreibet:

Es sic illa die cecidit Robur Bardorum, & prosperatum est opus in manibus Trutonis, & obtinuit dominium super omnem Slavorum provinciam attritaeque sunt vires Saxonum & servierunt Trutoni sub tributo & omnis terra Nord-Albingorum.

welche HELMOLDUS L. I. c. 26. auch erzählet.

Von dieser Desolation in A. 1072 an, notiret LAMB. Orig. L. I p. 2. habe von Bremen der Erzbischof Titul angefangen geführet zu werden, jedoch daß Hamburg auch in ihrer Devastation nominis dignitatem conservitet *Ch. Hartov.* Archiep. Brem. A. 1160. ap. LAMB. d. l.

Caput VIII.
De initiis Christianismi in DANIA, SVECIA, NORWEGIA, Islandia.

Den Anfang des Christenthums in Schweden halten die Schwedischen Gelehrten, und unter diesen der Erzbischof zu Upsal JO. MAGNUS, der A. 1522 unter Pabst Hadr. VI. seine *Historiam Gothorum* geschrieben, von dem Jahre zu rechnen zu seyn, worin der Schwedische König Beern sich durch eine Gesandschaft vom Kaiser *Ludovico Pio* Priester nach Schweden ausarbeiten, mit dem Bezeugen, daß viele unter dem Schwedischen Volke die christliche Religion anzunehmen verlangen trügen, wovon REMBERT. in *vita Anscharii c. VIII.* saget:

Interim vero contigit Legatos Sveonum ad memoratum Principem venisse Ludovicum, qui inter alia legationis suae mandata, clementissimo Caesari innotuerunt, esse multos in gente sua, qui christianae Religionis cultum suscipere desiderarent; Regis quoque sui animum ad hoc satis benevolum, ut ibi sacerdotes esse per-

Grup. Origin. German. 2tes Theil. I

permitteret, tantum ejus munificentia mererentur, ut ei praedicatores destinaret idoneos.

Das Jahr, da diese Schwedische Gesandschaft zu Kaiser Ludovico Pio kommen, setzet SCHATEN, MABILLON und PAGIUS aufs Jahr 829. Die Annales BERTIANI bemerken bey diesem Jahr, daß A. 829 zu Kaiser Ludov. Pio auf den Reichstag zu Worms Legationes de loginquis terris kommen.

Nachdem nun von Kaiser Ludovico ANSCHARIUS, der sich bey dem Dänischen König Hieraldo gefunden, darzu auserfehen, und dieser mit Witmaro dahin abgangen, und in dem zweyten halben Jahre A. 830. sechs Monath hindurch in Schweden mit Unterrichtung des Volkes in der Glaubenslehre zugebracht, und mit des Königs von Schweden Brief und Bezeugung Anscharii gesegneter Ausrichtung A. 831. auf den Reichstag zu Acken im Anfang des Febr. zu Kaiser Ludovic. kommen, ist er daselbst vor geendigtem Reichstage zum Erzbischof zu Hamburg consecriret. REMBERTUS *Vita Anscharii c. IX. et XI.*

> *suscepit itaque legationem (Anscharius) sibi a Caesare injunctam. peracto itaque apud eos altero dimidio anno praefati servi Dei cum certo suae legationis experimento & cum literis Regia manu more ipsorum deformatis ad serenissimum reversi sunt Augustum.*

PAGIUS *ad A. 832.*

Die Meinung, welche der Erzbischof MAGNUS, und die ihm darauf nachgefolget MESSEN. *Chron. Episcop. Pastor. vitis Aquil. p. 1. et 2.* LOCCEN. *Hist. Sueon. & Goth. p. 41.* OERNHIELM. *Histor. S. & Goth. Ecclef. p. 10.* von den Initiis Christianismi in Schweden unter *Karolo Magno,* von dem angeblichen ersten Bischof zu Lincop geführet, sind offenbar irrig, und fehlt es den Schweden in ihrer Historia Patriae an hinlänglichem Beweiß. Die *Tabula lapidea* an der Östlichen Seite der Kirche zu Lincop, die dahin lautet:

> *Fundatio Templi* Lincop *A. Chr.* 813. *fundatum, hoc est templum sub* Berone tertio. *A. 1260 ad occidentem auctum est 40 ulnas sub Rege* Waldemaro, *qui hic coronatus est A. 1251; A. 1400 ad orientem adauctum tribus choris sub Rege* Erico Pomer. *& absolutum A. 1499 sub Rege* Johanne 2. *combustum est hoc templum quater A. 1416 sub Rege* Erico Pomer. *A. 1490 sub Gubernatore* Stenone Sture *A. 1446 sub* Gustave primo *A. 1567. sub Rege* Erico 14. *A. 1465 obiit Catillus Episcopus Lincopiensis.*

ist so neu, und reichet auf Jahr 1567. daß diese zum Beweis des Anfangs der

Cap. VIII. De Initiis Chriſtianiſmi in Dania &c.

der chriſtlichen Religion in Schweden aufs Jahr 813 im mindeſten nichts verfangen kan. Andere Schwediſche Gelehrten bey der Upſaliſchen Prof. MATH. ASP. *Diſſ. de Templo Cathedrali Upſal.* §. *3.* haben darwider mit Grunde angeführet, daß vor Ansgarium weder ex teſtimoniis domeſticis als peregrinis, weder von Heriberto, noch von einem foedere zwiſchen Kaiſer Carl, noch dem Schwediſchen König Bernonem tertium man etwas wiſſen könne, wie denn auch MESSEN *Annal. L. l. p.* 4. nachhero ſelbſt dieſes mit eingeräumet.

Wenn aber auch alles, was die Schwediſche Gelehrten gegen die von Carolo M. und Heriberto hergeführte *initia Chriſtianiſmi* in Schweden angeführet, bey Seite geſetzet wird, ſo iſt allein aus dem REMBERTO *in vita Anſcharii* ganz klar, daß allererſt in A. 829. von dem Könige BERN. durch ſeine Geſandſchaft Anſuchung geſchehen, Prieſter in Schweden zu ſchicken, um das Volk im Chriſtenthum zu unterrichten, und dabey Ludovico bezeugt gemacht:

> eſſe *multos* in gente ſua, *qui religionis Chriſtianae cultum ſuſcipere deſiderarent.*

Die Initia Chriſtianiſmi von welchem Anfang und Succes dieſelben geweſen, werden auch deutlich von *Remberto* und *Anſchario c. X. et XI.* ganz eigentlich gemeldet in Clauſulis.

 a) (Rex *Bern*) cognita legatione eorum, & cum ſuis de hujusmodi negotio pertractans fidelibus; omnium pari voto atque conſenſu dedit eis *licentiam* ibi *manendi* & Evangelium Chriſti ibi *praedicandi*.

 b) populis ibi conſtitutis *verbum ſalutis annunciare* coeperunt.

 c) plures quoque erant, qui eorum legationi favebant, & *doctrinam* Domini libenter *audiebant*.

 d) *baptiſmi* gratiam nonnulli devote expetebant.

 e) reverſi ſunt ad Auguſtum (Ludovicum Pium) qui narraverunt ei, quanta Dominus ſecum egerit & NB. quod *oſtium fidei* in illis partibus ad vocationem gentium *pateſactum* fuerit.

Welche Umſtände, als des Königs Bern, bezeugen, daß viele verlangeten die chriſtliche Religion anzunehmen, der König Anſchario und ſeinen Gefährten mit Beyrath ſeiner Stände geſtattet daſelbſt zu bleiben, und das Evangelium zu predigen, Anſcharius angefangen ihnen das Evangelium zu verkündigen, viele das göttliche Wort gerne gehöret, einige getauft zu werden gebeten, und ſolchergeſtalt evidenti indicio Chriſtianismi initii ihnen die Thür zum chriſtlichen Glauben aufgethan.

Aus dem Verfolg, insbesondere aus der Berathschlagung des Ertzbischofs Ebbonis mit Anschario:

daß nöthig seyn würde nach Anscharii Zurückkunft aus Schweden, ob er schon zum Ertzbischof zu Hamburg gesetzt und omnium Regionalium potestas Bischofe und *Presbyteros* zu segen, ihm aufgetragen, so gleich Gautbertum als Bischof nach Schweden abzuschicken,

erscheinet auch gantz klar, daß nach Anscharii Abgang kein Bischof in Schweden subsistiret, sondern dieser Gautberus als der erste Bischof nach Schweden abgegangen, bey welchem Umständen die alte Historietten von dem *Foedere Bernonis III.* mit Carolo Magno von dem ersten Bischof Herberto zu Lincop in A. 813 platt darnieder liegen. Hatte auch die christliche Religion schon 16 Jahr vorher mit Ansetzung des angeblichen Bischofs Herberti zu Lincop ihren Anfang genommen, so hätte es der Legation an Ludovicum pium, die Berathung des Königes mit den Ständen, und mit deren Einwilligung Anschario verstatteten Aufenthalt in Schweden und gegebenen Erlaubniß das Evangelium zu predigen am wenigsten bedurft.

So viel die Bekehrung der Dänen betrift, so ist

1) A. 823 EBBO, der Ertzbischof von Reims, mit dem ihm zugegebenen Colligen Halegario nachherigem Bischof zu Cambray laut des Pabsts Paschalis Brief ap. STAPHORST P. 1. vol. 1. insonderheit ins Dänische abgegangen

2) A. 826 ist ANSCHARIUS Monachus mit seinem Gehülffen Gautberto, beyde *Monachi Corbienses*, dem König Hieroldo beygegeben.

3) und hat in dem Verfolg Anscharius nach A. 858, als nach der Coadunation beyder Bißthümer Bremen und Hamburg, und von dem Paschali erhaltenen Confirmation von neuen sich dahin verfüget, und auf Erlaubniß Königs Erici zu Slesewig eine Kirche gebauet und die Bekehrung der Dänen ihm angelegen seyn lassen.

4) unter Kaiser Ottone M. und König Hieraldo Blatand, der mit seiner Gemahlin Thora sich zur christlichen Religion bekaut, Series prima Regum Daniae ap. Olaum Wormium p. 4. & in Notis p. 14. & Serie 2da Regum ex vetustissim's LL. Scanicar. Codice ap. Wormium p. 20. 26. MONUMENTUM ex HISTOR. KNISTLINGOR. c. 1. *Monumentum langfedgatal.* ap. Cent. Oppid. Annal. Eccl. L. I. c. 3. p. 64. 65. Das von Dännemark angenommene Christenthum bezeuget DITMAR. L. II. p. 333. WITICH Ann. L. III. p. 659. ADAMUS Brem. L. II. c. 49. Das Jahr aber der Bekehrung wird angegeben A. 946. von SIGIB. GEMBL. A. 942. in ANNAL. FLATEIENS. A. 952. von ANNALISTA SAXONE.

Von

Cap. VIII. De initiis Christianismi in Dania &c.   69

Von der Legatione l. A. 823. des Erzbischofs *Ebbonis*, die insbesondere an die Dänen gerichtet, mit deren Gesandten Ebbo *in Palatio Ludovici Pii* in Bekantschaft kommen, meldet die *Bulla* Pabsts Paschalis, laut welcher Ebbo in partes Aquilonis dirigiret:

> Quia in partibus Aquilonis *quasdam* gentes *consistere, quae* nec dum agnitionem Dei habent, nec sacra unda baptismatis sunt renatae — *idcirco* — EBBONEM — *duximus illis in partibus pro illuminatione veritatis dirigendum quatenus — evangelizandi publica authoritate liberam tradidimus in omnibus facultatem.* Collegam *namque* — Haltigarium *religiosum adjicientes ministrum constituimus.*

und REMBERTUS c. XII.

> qui (Ebbo) *ipsam legationem ante susceperat* — — *eadem legatio authoritate* Paschalis Papae Ebboni *Archiep. Remensi prius commendata fuerat, siquidem ipse divino, ut credimus, afflatus spiritu provocatione gentium et* maxime Danorum, *quos* in Palatio *saepius viderat & diabolice deceptos errore dolebat, ferventissimo ardebat desiderio, pro Christi nomine se suaque omnia ad salutem gentium tradere cupiebat, cui etiam Dominus Imperator* locum unum ultra Albiam, *qui vocatur* Wilanao *dederat. Multoties itaque ipse ad eundem venit locum & pro lucrandis animabus in* aquilonis partibus *dispensavit, ac plurimos religioni Christianorum adjunxit, atque in fide catholica roboravit.*

Der Brief Anscharii von dieser Legation des Ebbonis enthält, daß Ebbo vom Pabst Paschali publicam licentiam evangelizandi in partibus aquilonis erhalten, und nachher Ludovicus Pius *opus sublimaverit* & in *omnibus se largum praebuerit*, und ist an sich dem, was Rembertus davon bemerket, gleichstimmig. Was aber im Schluß gesetzt wird:

> quapropter suppliciter deprecor, *ut apud Deum intercedatur, quatenus haec legatio crescere & fructificare mereatur in Domino. Jam enim Christo propitio & apud* Danos *& apud* Sveones *proprio funguntur officio.*

trift auf die Legationem *Ebbonis* nicht zu, weil Ebbo die Legation dero Zeit schon von sich abgelehnet. Und wie Anscharius als Erzbischof in Hamburg, wie er sich nennet, von seiner Zeit spricht, da ihm die Legation von dem Pabst Gregorio angetragen, und Gautbertus nach Schweden als ein ordentlicher Bischof abgangen, und also daselbst *proprium officium* führete, so sind die Worte *haec legatio* von der legatione Ebbonis nicht, sondern de legatione praesenti tempore Anscharii jam ordinati Archiepiscopi anzunehmen

Obf. I. Origines Hamburgenſes.

von eben der Zeit, da Gautberto der locus *Willanao*, den Ebbo gehabt, hin-
wiederum von Ludovico pio in locum refugii zugetheilet REMB. c. *XII*.

Die 2 Legation Anſcharii und deſſen Gehülfen *in A.* 826 da der Kö-
nig Hieroldus ſich mit ſeiner Gemahlin und einer Menge mit ſich geführter
Dänen zu Maynz tauffen laſſen, und derſelbe durch Frießland, wodurch
er gekommen, und vom Kaiſer Ludovico pio zu ſeiner Retraite, ſo offters deſ-
ſen bedürfen wolte, den Comitatum *Riuſtri* erhalten. ANNALES BERTIA-
NI. A. 826 hat der König Hieroldus ſich von Ludovico pio auserbetten, und
verlanget, daß ihm ein Mann beſtändig zur Seite ſeyn möchte,

> qui fieret illi & ſuis ad corroborandam & ſuscipiendam fidem Do-
> mini, Magiſter Doctrinae Salvatoris

und hat darauf der Abt Walo zwey corveyiſche Monachos Anſcharium
und Gautbertum in Vorſchlag gebracht, welche die Legation übernommen,
denen hierauf von Ludovico pio der Auftrag geſchehen, den König Hie-
roldum und die ſeinigen, die mit ihm getauffet, beſtändig dabey zu bewahren,
und andere durch ihre Predigt zum chriſtlichen Glauben zu bringen. Hier-
von und von ihrer Ausrichtung der Bekehrung der Dänen ſagt REMBER-
TUS *in vita Anſcharii c. VII.*

> Praefati itaque ſervi Dei cum eo poſiti aliquando inter Chriſtia-
> nos, aliquando inter Paganos *conſtituti* coeperunt *verbo Dei in-
> ſiſtere* & quoslibet poterunt ad viam veritatis movere. Multi eti-
> am exemplo & doctrina eorum ad fidem converſabantur, & creſce-
> bant quotidie, qui ſalviſierent in Domino.

Woraus ſich denn eröfnet, daß auch ihre Ausrichtung unter den Dänen
von vieler Frucht geweſen, welche auch noch bey denen fortgebauret, von
welchen REMBERT. c. 21. bey Erbauung der Kirche zu Schleſſwig
nach A. 858 ſub Erico ſagt, daß annoch daſelbſt viele gefunden, die vor-
her ſchon Chriſten geworden, und zu Dorſtad und Hamburg ge-
taufft geweſen.

> Multi namque ibi antea erant Chriſtiani, qui vel in Doreſtado,
> vel in Hammaburg baptizati *fuerant.*

Die Begriffe, die ſich Otto SPERLING in *notis ad Adamum Brem. n.* 104.
106. 107. von der *Legatione Anſcharii* in Danos unter dem König Hieroldo,
und zwar zum Theil aus unrichtigen ſuppoſitis gemacht,

> daß in ſolcher Legation ANSCHARIUS mit dem König HIERALDO
> nicht in Dännemarck kommen, ſondern beyde Jahre her beyde in
> Nord-Albingicis und etwa zu Hamburg ſubſiſtiret, und daſelbſt auch
> die Dänen bekehret,

laſſen ſich aus denen Umſtänden, die Rembertus in vita Anſcharii hiervon
gerüh-

Cap. VIII. De initiis Christianismi in Dania &c.

gnüget, und die scriptores Carolingici um solche Zeit von Hieraldo bemerken, nicht allerdings lassen. Darzu war Anscharius nicht ermächtiget in Nord-Albingia zu predigen, als welches von Ludovico pio dem Bischof von Bremen und Verden committiret war, worin auch der Bischof Willericus von Bremen vielfältig geprediget; daß Hieraldus zu Zeiten sich retiriren müste, wovon REMBERTUS c. VII. sagt:

> interdum *pacifice in regno suo Herioldus Rex consistere non poterat.*

Läßet erkennen, daß er insgemein sich in seinem Reich enthalten. Die Worte beym REMBERTO d. c. l'II.

> Servi Dei cum eo (Herioldo) positi *aliquando inter Christianos, aliquando inter Paganos constituti* coeperunt verbo Dei insistere *in legatione Ebbonis.*

Es will sagen, daß sie in regno *Danorum* aliquando inter *Christianos,* und A. 823 schon viele zum christlichen Glauben gebracht, und A. 826 eine große Menge mit Herolde taufen lassen, und *inter paganos,* nemlich unter denen noch unbekehrten Dänischen Heyden, sich enthalten.

Die Pflanzung und Einführung des Christenthums unter den Dänen führt Jo. *Stephanius* Notis in Praef. Saxonis Grammat. p. 6. auff 826. da Haraldus, mit dem Zunamen Klack, sich zu Mayntz taufen lassen, wiewol die Dänischen Lande der Zeit mit Christen und Heyden untergeblieben, wovon Olaus Wormius Monum. Dan. p. 526. sagt:

> *In Dania licet felici successu sub Rege* HERALDO KLACK *circa annum Christi* 827 *plantata sit Christiana Religio, permisti tamen Christianis manserunt Ethnici ad imperium* HARALDI BLA-TAND.

Indessen ist so viel wahr, daß A. 827, wie die ANNALES BERTINIANI, Herold von seiner *consortio regni* ausgeschlossen, und genöthiget worden, Normannorum zu weichen, da A. 828 bey dem Bündniß, welches zwischen den Normannern und den Francken getroffen war, wobey auch über die Heroldi Sachen mit gehandelt werden sollen, Hieroldus condictam & obsides firmatam pacem incensis ac direptis aliquot Normannorum locis gebrochen. ANNAL. BERT. ad A. 828. Jedoch hat nichts destoweniger Anscharius noch A. 829. in seiner Legation subsistiret, bis er vom Käyser Ludovico pio gerufen die Legation nach Schweden anzutreten, da denn an seiner Stelle dem König Heroldo ein anderer Namens Gislemarus zugegeben werden sollen. REMBERT. vita Anscharii c. IX.

Die

Obſ. I. Origines Hamburgenſes.

Diejenigen, die aus dem WITICH. Corbeienſ. *L. III.* ap. MEIBOM, die *Clauſul* auffaſſen:

Dani antiquitus *erant* Chriſtiani, *ſed nihilominus idolis ritu gentili ſervientes;*

und daraus die Angabe, daß vor Anſcharii Zeiten vor Alters Chriſten in Dännemark geweſen, beſtärkt zu ſeyn vermeinen, finden in der Hiſtorie der ältern Zeiten Widerſpruch, dabey beweiſet des Witichindi Angabe das nicht, was daraus geſchloſſen.

Das ſogenante Julfeſt, ob es gleich nach eingeführtem Chriſtenthum das Weyhnachtsfeſt ſeyn ſollen, hat unendliche *ritus gentiles* beybehalten, daß Witichindus mit Wahrheit ſagen können, Dani licet Chriſtiani antiquitus eſſent ritu gentili ſervire. Daß unter Carolo M. von keinem Chriſtenthum in Dännemark gehöret, eröfnet ſich allenthalben aus der Hiſtoria Carolingica; vielmehr bezeugen vor Witichindam bey der Legation Ebbonis in A. 823 ſo wol der Pabſt Paſchalis als Rembert. vita Anſcharii das blinde Heidenthum dieſes Volks. Witichindus Corveienſis, der nach der Chron. Corbeienſ. A. 973 floriret, und dem der Abt zu Corbey A. 1004 ein Monument aufrichten laſſen, hat lange nach den Legationibus *Ebbonis* A. 823. *Anſcharii* 826 und um A. 858. in welcher Zeit das Evangelium in Dännemark geprediget, gelebt. Daß alſo von ſolcher Zeit Chriſten in Dännemark geweſen, und in dem Verfolg angewachſen. Nachdem auch die Monachi Corbeienſ. hauptſächlich diejenigen, die an der Bekehrung der Dänen und Schweden gearbeitet, Rembertus auch vitam Anſcharii denen Corveienſibus zugeſchrieben, und Witekindus, was er gewuſt, von dieſem ausgeholet: ſo iſt allerwege zu urtheilen, daß er bey denen Initiis Chriſtianismi in Dania mit dieſem gänzlich verſtanden geweſen; und wenn er auch davon abgeſchweifet, er jedoch in allerwege aus dem *Remberto* und *Gualdone* und aus den *Scriptoribus Francicis* auch *Bullis papalibus* zu rectificiren.

Wenn auch Witichindus ſaget, daß die Dänen vor Alters Chriſten geweſen, ſo iſt dies in keine Wege univerſaliter zu verſtehen, wie denn unter den Carolingicis dieſelben als die größeſten perſecutores Chriſtianae Religionis überall beſchrien. Um A. 858 hat der König es in der Dänen freyen Willen geſtellet, wer von ihnen ſich zum chriſtlichen Glauben bekennen wolte; und

Cap. VIII. De initiis Christianismi in Dania &c.

und unter Heraldo im X Seculo zu Kaiser Ottonis Zeiten melden die Annales Danici, daß die Nation allererst ein Christen Volck geworden.

Daß in der Legatione Danica *Anscharius* unter Herold A. 827 die erste Kirche zu Schleswick gebauet, ist bishero mit nichts erwiesen, und daß die zwote Kirche in der andern weitern Legatione Anscharii unter Erico gebauet, ist richtig. Allein diese ist nicht, wie angegeben wird, A. 850. sondern allererst nach A. 858 nach der Coadunation der Stifter Hamburg und Verden aufgeführet.

Wenn ADAMUS BREMENS. L. I. von Anscharlo saget, daß er bey seiner angetretenen Legatione Svethica in Dania angelanget, so notiret dabey SPERLING *not.* 107.

> *Eodem modo Dania hic intelligenda, quo prius Daniae regnum Francici nimirum scriptores ita loquuntur Daniam usque ad Albiam extendentes.*

Ich finde jedoch bis lang nicht, daß von den francicis scriptoribus Dania bis an die Elbe erstrecket; vielmehr wird allenthalben Dania von Saxonia Nord-Albingica distinguiret. Und obschon unter den *Nordmannis*, *Nord-Luidis* verschiedentlich die *Saxones Trans Albiani* genennet; auch die provincia Saxonum *Nord-Albingica*, *Provincia in aquilone super Albiam* genannt wird: so wird dennoch sub Appellatione *Daniae* das Ueber-Elbische Sachsen nicht begriffen. So viel aber das Anführen ADAMI BR. *d. l.* betrift,

daß Anscharius auf der Reise nach Schweden mit Gissemaro und Withmario in Dania kommen, Gissemarum beym Heraldo gelassen, er aber mit Withmario in Schweden gegangen:

davon sagt REMBERTUS c. IX. nichts weiter, als überhaupt
> *suscepit itaque legationem sibi a Caesare iniunctam, ut in partes iret Sueonum.*

Unter dem Namen der *Normannorum* sind nach Anzeige EGINHARDI *vita Caroli M. c.* 12. alle, die an dem Nordischen Ufer und in den Insuln gegen die an dem Ostlichen Ufer gesessenen Slaven gewohnet, Dänen und Schweden verstanden.

> *Hunc (sinum ab occidentali Oceano versus Orientem porrectum in mare Balticum* Oster(salt) *multum circumsedent nationes* Dani *siqui-*

Crusii, Origin. German. 2ter Theil.   K   *dem*

Obs. I. Origines Hamburgenses.

*dem & Sveones, quos Nordmannos vocamus, & septentrionale li-
tus & omnes insulas tenent ad litus australe Slavi & Aisti & aliae
diversae nationes incolunt.*

einstimmig AIMOINVS L. I. *de Mirac. St. Germani c. I.*
*Gens Danorum, qui vulgo Nordmanni, id est, septentrionales homi-
nes appellantur.*

Chron. a Pipino usque ad Lud. VII.
*Dani Suevique quos Theodisci Norman, id est Aquilonares ap-
pellant.*

Unter den Nord-Laidis und Normannis werden verschiedentlich die Saxones Trans-albiani verstanden, und wird A. 798 von dem Treffen der Ueberelbi-
schen wendischen Sachsen mit den Obotriten und dem Legato Kaiser Carls Ebroino gesagt: *Nord-Laidi victi sunt.* Monachus ENGOLISM. LOISSEL
ANNALES METENS, BERTIANI *ad A.* 798. VITA CAROLI M. *incerti
Autoris b. A. cecidere Saxones* CHRON. MOISS. *b. A. Transalbingi* POETA
SAXO *ad A. 798 Transalbiani,* qui *Nordmanni* vocantur EGINH. *ad A.* 798.
Transalbiani. ANNAL FULD. *b. A.*

Eben so liest FULCUINUS *de gestis Abbatum Lobiensium* apud ACHER.
T. VI. Spec. p. 599. die Nord-Albineos und Normannos:

*Gens quaedam aquilonaris, quam plerique Nord-Albineos, alii
usitatius Normannos vocant.*

CANGIUS will die Benennung der Nord-Albingicorum so auslegen,
daß *Nord-Albinei advenae ex septentrione,* weil ALBANUS *advena* sey. Denen
Italiänern heissen die Russi, als ihnen gegen Norden gesessene, *Normanni,*
LUITPR. *Hist. L. V. c. 6.*

*Gens quaedam est sub Aquilonis parte constituta, quam a qualitate
corporis Graeci vocant Rossos, nos vero a positione loci vocamus Nord-
mannos, unde & Nordmannos Aquilonares homines dicere pos-
sumus.*

Denen Gothis Scandicis heissen nach Verelii Anzeige die Norweger Nor-
rœn, Nordmen, Nordmandingiae, und Hugus Norvegica Norraenutunge. Den

Cap. VIII. De initiis Christianismi in Dania &c.

Angel-Sachsen heißen nach dem Indice Benson. NORMEN *Normanni*, NORTHMAN *Normannus*, NORDMANNA LAND *Norwegia*; und weil den Angel-Sachsen die *Wälder peregrinè* waren, so hießen sie die *ἔθνος septentrionales* NORTH-WEALES. PAGIUS ad A. 815. ist der Meynung, weil unter den Normannen Dani angedeutet würden, so werden diese die Normannier, die Gallien infestiret, welches aber seinen Widerspruch findet. In der Chron. Norwegiae ab A. 833 bis A. 896 werden selbige erkläret:

> Northmanni *praedones de fraxcia Insula, quae* Norwegia *dicitur.*

Unter den Nordleuten werden in OLAF. SAGE die *Irlandi Borealer* angedeutet. In *Diplomate Ludovici Pii de* fundatione Metropolis Hamburgensis werden die *gentes in aquilonalibus partibus* erkläret Gentes DANORUM sive SVEONUM. In denen Bullis Papalibus die *Nord-Albingi & circumquaque gentes Danorum, Nordwegorum, Farriae, Groenlandon, Halfingdandon, Islandon, Scride vindura* von einander unterschieden. Die LEGATIO EBBONIS ist vom Pabst Paschali nur *generaliter* auf

> quasdam gentes in *partibus aquilonis.*

Die LEGATIO ANSCHARII jam Archiepiscopi in Bulla Gregorii

> *in circumquaque gentes* Danorum, Nortwechorum, Farriae, Groenlandon, Islanden, Scride vinduru.

In Norwegen ist die christliche Religion sub Carolingis nicht angenommen, obgleich in legationibus Ebbonis und Anscharii namentlich auf Norwegen ein Absehen mit genommen. Die devastationes Normannicae eröfnen auch, wie sehr die Normannen und in specie die Norweger durchs gantze neunte Seculum von der christlichen Religion entfernet gewesen, wovon unter anderen ALFRIDUS in vita Ludgeri p. 92. bemerket:

> *post obitum ejus* (Ludgeri) *a gente severissima* Nortfarnannorum *innumerabilia pene annis singulis perpessi sumus mala. Nam concrematae sunt Ecclesiae, Monasteria destructa, deserta ab habitatoribus praedia in tantum, ut peccatis exigentibus, regiones maritimae, quae prius multitudo tenebat hominum, pene sint in solitudinem redactae.*

Obſ. I. Origines Hamburgenſes.

Ihr König HACCO, der A. 944 ihnen die Annehmung der chriſtlichen Religion auferlegen wollen, iſt vielmehr von ihnen genöthiget, A. 944 ihren Göͤgen zu opfern, und hat Gefahr gelaufen, daruͤber in comitiis Foreſenſibus die Krone zu verlieren TORFAEUS P. II. L.V. c. 7 & 8. endlich iſt der König Olafus Triguinus durchgedrungen, und hat die chriſtliche Religion in Norwegen und zuerſt in Vika mit Beytritt der vornehmſten Magnaten, worunter Thorgeir und Horminus eminiret, eingefuͤhret TORFAEUS P. II. S. S. p.377.

In Island hat in eben dieſer Zeit Olafus Stefner ein Islaͤnder daran gearbeitet, die chriſtliche Religion in Island zu pflanzen. Endlich iſt dieſelbe auf Betrieb THORGEIR Cironis de Lioſoverze daſelbſt einmuͤthig angenommen TORFAEUS P. II. L. IX. c. 36. p. 431.

OBSER-

OBSERVATIO II.
DE PALUDIBUS ET INSU-　LIS ALBIAE.

Von den Elb-Inseln zwischen beiden Hauptströmen der Elbe an der Süder- oder Lüneburgischer Seite, und an der Nordseite des Ueber-Elbischen Sachsen und Slavien.

ie Elbinseln habe ich nach Anleitung der in Händen
habenden Charten
1) meiner alten geschriebenen Charte,
2) Gerhard Schenken und Valken Charte
von der Elbe,
3) Obersten Himmerich Charte von P. Schenk dem jüngern in Amsterdam, vom Elbstrom der Stadt Hamburg und dessen zugehörigen Landen,
4) Homans Prospect der Stadt Hamburg und ihrer Gegend,
5) Danckwerts Charten von Stormarn und Trittow,
6) Petr. Hessels Charte in der Betrachtung vom Elbstrom ad p. 132.
also speicificirt:
1) Von dem einfachen Elbstrom an, da er von den im Amt Winsen belegenen Dörfern Drenhusen und Drage an den Gammer Ort, in der Droge Elbe und weiter bey Ripenburg in die Gose Elbe getreten, und zwar bis an den Quergang von Harburg, die Laienbrücher Weide und den Karwig zur Linken vorbey durch den Reiger Steig zwischen der Diddel zur Rechten und der Grevenhof zur Linken auf Hamburg.

2) Den

2) Von Harburg und Hamburg alle jenseits dieses Querstrichs belegene Zuseln von der Lauenbrücher Weide dem großen Zarwig, dem Riechhof und Grevenhof an, und zwar diese mitgerechnet, bis die Elbe beim Kranz und Einfluß der Este in die Elbe bey dem so genanten Voetsand wieder einen Hauptstrom ausmacht.

Wenn ich hierin verfehle, so fehlen meine Charten, oder der Verfolg der Zeit hat in dem Alveis eine Aenderung mit sich gebracht.

A) In der ersten alhier der Ordnung halber concipirten Gegend der Elbinsel von dem Dammerort und Ripenburg bis nach Harburg und Hamburg und den Quer-Elb-Gang von Harburg nach Hamburg sind nachspecificirte Oerter und Inseln:

1) die neue Gamme zwischen der Dove und Gose Elbe, welche in einer Spitze sich gegen die Peute strecket, wo die Dove und Gose-Elbe wieder in die Elbe treten, die sonst auch die Nieder-Elbe genant wird. Die Spitze auf dem Gamb nach dem Einfluß der Drogen und Gosen-Elbe in den Elbstrom ist auf Dankw. Abriß von dem Amt Trittow, und Hessels und Schenkens Abriß marquiret Rherbrock. 2) Kirchwerder. 3) Ochsenwerder. 4) Das Spade Land zwischen der Gose Elbe und der ans Fürstenthum Lüneb. gehenden Elbe, in welche die Seve tritt; dergleichen Benennung von Spadegut auch in Eckhorst Hasselborfer Pfarre beym STAPHORST *in inventario Niebusen n.* 229. gelesen wird. 5) Stilhorn, welches durch die Süder-Elbe von neuem Lande, und durch die Nieder-Elbe von Ochsenwerder geschieden wird, und die Oerter
   a) Mohrwerder,
   b) die nienlander Weide,
   c) die Harburger Kornweide,
   d) Schluesgrove ein Herrschaftl. Vorwerk und Schlues grover butenweide,
   e) Stilhomer Weide
auch mit in die Insel fasset. 6) In der Querfahrt von Harburg die große Cadwich zur Linken vorbey, durch den Reiger-Steig den Grefenhof zur Linken vorbey nach Hamburg sind auf allen Rissen gezeiget:
   a) von Harburg ab, der lange Morgen,
   b) und babey die Harburger Schweinweide,
   c) eine Insel, worauf marquiret Hartigenhof oder Herzogenhof, welche an der Wilhelmsburger Seite von der Droger-Elbe und Seedelgrave an der Seite des so genanten Kirchhofes von dem Alveo, der Reiger-Steig genant, umflossen.
   d) Thom. Rodenbusch, welches eine Insel hinter dem Reigk-Steig, die von der Droger-Elbe und Seedelgraben umflossen.   e)

Obs. II. De Paludibus & Insulis Albiae. 81

e) up der *Viddel* Angl. Sax. Witl. illuvies, Angl. Fikh, Sommer. h. v.
f) Gegenüber bey Hamburg up dem Brocke.
g) und dem Grávenhof nach Altena,
h) up der Peute gegen den Einfluß der Doven und Gose Elbe, welche auf die Danckwertsche und Schenken Charte zugleich zwischen Spadenland und Tatenberg und Krigersteige gezeichnet Niestilborn.

Es sind in der Gegend der Peute die Dove und Gose Elbe und gegenüber der Jiddel an der Droger Elbe auch mehr kleine Inseln, aber in meinem alten Riß ohne Namen, gezeichnet.

7) Bilwerder, welches mit dem rechten Arm der Bille und der Doven Elbe umacken. 8) Der Tatenberg ist nicht auf meiner alten Charte, in Dankworts, Schenken und Hessels Charte so gezeichnet, daß er an dem Ausfluß der Gose-Elbe zwischen Ochsenwerder, Spadeland, Neustilborn und der Mohrenfleter Kirche im Bilwerder lieget. In der Charte von Lauenburg ist über Peute marquiret Georgis Werder, und zwar gegen die Mohrenfleter Kirche.

In der Charte vom Lüneburgischen Lande in Ortelii Theatro wird so gar der ganze Strich mit der Norder- und Süder-Elbe befangen mit dem Namen Georgiswerder bezeichnet, welches so viel anzeiget, daß Georgiewerder eine ansehliche Insel zu seyn gehalten. In Diplomate Henrici Leonis A. 1158. geschieht Erwehnung des Gorgel Werder und Reiners Werder. In der Abschrift Westphalen. Tom. II. p. 203. wird für Georg Werder gelesen Borgert Werder.

B) In dem zweiten District von Harburg und Hamburg ab nach dem Cranz;
1) an Harburger Seite,
   a) der große Cadwich, b) der kleine Cadwich, c) der Ellerbusch, d) Alten Werder, e) Fincken Werder, f) gegen alten Werder der Krusen Busch.
2) von dem Reiger-Strich ab
   a) der Kirchhof jetzo Neuhof, ein Grotisches Lehngut, b) das Ros oder Roswerder, Lambec. Charte orig. Hamb. ein Hamburgisches Gut, welches durch einen Scheidegraben von Neuhof abgesondert. c) Dever Werder, d) Giselwerder Weide, e) Giselwerder, in Dankw. Schenk und Hessels Charten Grieswerder, f) Tradenover Weide, g) Tradenow gegen Kinderwerdt.
3) Ohnweit Hamburg

Orig. Origin. German. IIter *Theil.* L a) Gre-

Obf. II. De Paludibus & Infulis Albiae.

a) Gervenhof und Gervenhoverweide gegen über an dem Kirchhof, b) nahe dabey Sprecker und c) Grander Werder. Unter den Urkunden de a. 1416 am Tage Buccius von der St. Jacobi Kirche beym STAPHORST *P. I. Vol.* 2. *p.* 841. findet sich eine Urkunde von Gryſenwerder, die in clauſula lautet:

> Vor mehr ſcholen ſe geben den Kerckhöven twe Schillinge to Drinckgelde vor de Seelen, der ere Lycham von wel op dem wöſten Kerckhave in deme Gryſewerder.

In Denkwerts Charten von Stormarn und Trittow, und in Schenks Charte, in Heſſels kleinen Abzeichnung von den Elbinſeln ad p. 132. findet ſich im Reiger Stig auf der Fahrt nach Hamburg zur Linken der Kirchhof, und dahinter eine Inſel die Grieswerder gezeichnet. In Corpore Bonorum Eccleſ. Hamburg. ap. STAPH. *P. I. Vol. I.* kommm von Gorieswerder folgende St. ken vor:

  a) in *Gorieswerdere* de duobus fruſtis in Brake quinque Marca p. 453.
  b) decima in *Gorieswerdere* ſuperius & inferius p. 466.
  c) item de cenſu agrorum in *Gorieswerdere* tres marca in cathedra S. Petri perierunt p. 469.
  d) ibidem decimi illius Manſi & dimidii octo Mrk vel circa annualem p. 469.
  e) Agri in *Gorieswerdere* juxta Paſſingium p. 471.

Nach dem HELMOLDO *L. IV. c. 9.* liegt die Inſel der Stadt Hamburg nahe, und hat der Graf Adolf von Schaumburg, da ihm die Luſt ankommen, ſich nach dem Treffen bey Boltzenburg von Stade Meiſter zu machen, zuerſt, nachdem er in Hamburg ſeine Truppen zuſammengezogen, in der Inſel Gorieswerder eingefallen, wovon die Worte beym HELMOLDO *d. l.* lauten:

> Comes igitur animatus vel potius inſtructus eorum verbis, contracto exercitu in Hammenburg, invaſit inſulam vicinam, quae Goerieswerder dicitur.

Alle Elbinſeln waren *Henrici Leonis*, und ohnedis Verdiſchen Dioeceſis, und wurden bey der Vergleichung *Henrici Palatini* mit Graf Adolph, dieſer von Henrico Palatino belehnet mit GAMME L. VI. c. 22. Eben dieſe Inſel hat Graf Adolf von Schaumburg A. 1307 ſeiner Gemahlin geſchenkt, laut Briefs beym SPANGENB. *Chron. Schaumb. p.* 214.

> titulo donavimus donationis · — libere poſſidenda ſc. medietatem civitatis Hamburgenſis. Item Inſulam, quae dicitur Gorriſwerder.

Bey denen Elbinſeln iſt zu betrachten:
  1) In wie viel Hauptſtröme die Elbe ſich getheilet,

Obf. II. De Paludibus & Infulis Albiae.

2) wie sie sämtlich sowol bis an die Ufer, da sie *Trans-Albingiam, Slavicam Polabingicam,* als *Saxoniam Trans-Albingicam* vorbey gehet, nicht zu den Ueber-Elbi'schen Sachsen, sondern ad *Saxoniam Cis-Albingicam ad Ducatum Saxoniae Familiae Billinglanae* & *ad Patrimonium Henrici Leonis* gerechnet.

3) Zu der Herzoge von Sachsen Lauenburg Zeiten, die Herschaft und Vogtey Bergheborp, welche a) ältere Gamme b) und Roslau c) neuere Gamme d) und Kirchwerder begriffen, welche, nachdem die Lübecker und Hamburg selbige durch den Perleburgischen Vertrag de Anno 1420 an sich gebracht, bis noch itzo die 4 Lande genant werden. Alten Gamme aber nicht unter die Elb-Insuln befangen, sondern in *Slavia Trans-Albiae Polaborum* belegen.

4) Daß unter den Elb-Insuln die mit Pfarr-Kirchen versehen zu rechnen:
a) Neuere Gamme zwischen der Doven und Gosen Elbe.
b) Kirchwerder und Ochsenwerder bey denen zwischen der aus dem Lüneburgischen hergehenden Elbe und der Gose Elbe Dioecesis Verdensis.
c) Seilhorn unter Ochsenwerder zwischen der Norder, Süder und Droger Elbe. Dioeces. Verdens.
d) Alten Werder an der Süder Elbe gegen Marburg.
e) Fincken Werder an der Süder Elbe gegen das darüber belegene Kienfelde.
5) Daß der Verdische Dioeces von dem Ausfluß der Lue die Horneburg Olden Kirchen vorbey gegen das Lue Sand in die Elbe fliesset, die Elbe hinauf alle Elb-Insuln befangen, und der Dioecesis Ratzeburgens. vor dem Elb-Ufer und der Bille zugekehret.

Der *Caroli M.* Zeiten und in folgenden unter *Henrico Leone* machen sich zwey Hauptstrohme der Elbe ganz sichtbar und kentlich:
1) Die Elbe, die an der Nordseite an *Slaviam Trans-Albingicam ad Provinciam Polaborum* bis zum Einfluß der Bille in diese Elbe und weiter vor den Einfluß der Bille an *Saxoniam Trans-Albingicam* in specie *Pagum Stormariorum* hergeflossen und dieser Hauptstrohm ist derjenige, welcher a) die Bille eingenommen b) die Hamburgische Parochie beschlossen und novissimo suo cursu die Bremische und Hamburgische Parochie vor ihrer Vereinigung von einander unterschieden HELMOLDUS L. l. c. 2.
2) Die Elbe, die an der Süderseite an dem Lüneburgischen und Bremischen Lande ihren Lauf gehabt, a) welche die Seve (Sevinam) eingenommen, b) woran Harburg gelegen, und worin die Este und Lue ihren Einfluß hat.

Obs. II. De Paludibus & Insulis Albiae.

Von denen Elb-Inſuln überhaupt melden CHYTRAEUS in *Chron. Sax. p. 548.* daß die Elbe zwo Meile über Hamburg ſich in zwey alveos theile, und zwiſchen dieſen beyden Ströhmen viele Elb-Inſuln, ohngefehr an die dreyßig, erwachſen. Der eine Strohm, die Norder-Elbe genant, flieſſet

    a) Gamme, b) Kirchwerder, c) Oſſenwerder, d) Billen-
       werder, e) Hamburg, f) Altenau, g) Neuenſted und h)
       Blanckeneſe vorbey.

Die andere, die Süder-Elbe,

    a) die Lüneb. Länder, Winſen, Nieland, Harburg,
    b) Morburg,
    c) und den Bremiſchen Diœces vorbey, und lauten davon ſeine Worte:
       *Albis enim duobus ſupra Hamburgum milliaribus in duos alveos
       (multis interjectis inter ſe ſtipatis Inſulis circiter triginta, quarum
       pleraeque Ducum Lüneb. imperio ſubjectae ſunt) diſtinctus ſcinditur.
       Quorum alter Bareus* (die Norder-Elbe) *Gammam, Kirchwer-
       der, Oſſenwerder, Billenwerder, urbem Hamburgum, Altenaw,
       Newenſtedt & Blankeneſum; Alter Norſus* (die Süder-Elbe)
       *Praefecturam ditionis Luneburgenſis Winſenſem, Nieland, Harburg,
       Morburg & Bremenſem ditionem allabitur.*

Die Beſchreibung der beyden Elbſtröhme Chytræi iſt nicht deutlich und accurat, und wenn er die Norder-Elbe für diejenige nimt, die an der Gamme, an Ochſen- und Billwerder flieſſt, ſo nimt er die Dove Elbe zwiſchen alten Gamme und Billwerder und neuen Gamme, ſo dann die Goſe Elbe zwiſchen neuen Gamme an einer, und Kirchwerder und Ochſenwerder an der andern Seite von der Norder-Elbe.

Zur Zeit Herzogs Johannis von Sachſen Lauenburg A. 1278. iſt der gewöhnliche Weg von Lüneburg aus der Ilmenau nach Hamburg geweſen. Bey hohem Waſſer und der Fluht hat man andere nicht ſo gewöhnliche Wege auf der Doven oder auf der Goſe Elbe genommen, als welches ſich aus dem Privilegio Herzoges Johannis A. 1278. in *App. deduct. dictae n. 20.* abnehmen läſſet in clauſ

    *Si aqua per ſui inundationem & magnitudinem littus ſive terminum
    ſive modum exciderit ita quod naves extra Elminowe & viam non
    conſvetam tranſfrent noſtra tibomano in Eislinge in telneo nihilo-
    minus reſpondebunt.*

Die Elbe theilet ſich bey dem Mohrwerder der Inſul Stilhorn oder Wilhelmsburg etwa gegen Bullenhuſen und dem neuen Lande in zwey Stränge:

    1) in der Süder Elbe, welche das neue Land vorbey nach Harburg
    flieſſet,
                                                                                                  2) in

Obf. II. De Paludibus & Infulis Albinae.

2) in der Norder Elbe, welche zwischen Ochsenwerder und Billhorn aus Norden nach Hamburg gehet.

Weit oberwerts, da ehe die Elbe bey Mohrwerder der Insul Stilhorn sich in die Norder und Süder Elbe getheilet, hat die Elbe sich noch in zwey Stränge getheilet, als:

1) In die jetzt genante Dove Elbe, welche von dem Gammerort bey der alten Gammer Kirche zwischen alten und neuen Gamme hergeflossen, und unter Bergdorf den lincken Arm von der Bille und in dem Strang der Norder-Elbe, wo sie den rechten Arm von der Bille eingenommen, sich ergossen, und in charta Erici Sax. d. ap. Staphorst L. I. Vol. III. genant wird in clauf. ex a6 ingeribus fitis prope Dove Elbe in nova Gamma.

2) Die Gose Elbe, welche von Ripenberg her zwischen der neuen Gamme und Kirchwerder geflossen, über dem Ort, wo die Dove Elbe in den Norder-Elbe-Strang getreten, sich in selbiger auch ergossen, wobey dieses zu bemercken, daß in der Gegend, wo die Gose Elbe an dem Spadenland in die Elbe fliesset, zwischen einem kleinen Werder ein Strang vom Ufer des Wassers gehe, welcher genant wird die Gammer Elbe, welches bey mir eine Gedancke erwecket, ob auch die Gose Elbe, welche zwischen der neuen Gamme, Kirchwerder und Ochsenwerder geflossen, ihren Lauf an der Gammer Elbe hat fortgesetzet.

Auch zeiget sich

Die Droge Elbe, welche aus dem Süder-Elbstrang sich zwischen Stilhorn und dem Reigersteig zeiget, und am Ende des Reigersteiges bey der Diddel in die Elbe fliesst, wo sich der Norder Strang, die Dove und Gose Elbe conjungiret.

Daß die Dove Elbe, welche bey dem Dammerort zwischen der alten Gamme und Bilwarder eines, und der neuen Gamme andern theils hergeflossen, und der lincke Arm der Bille, auch Ende von Billwarder der rechte Arm der Bille ein Hauptstrohm gewesen, lassen alle Umstände schliessen, weil 1) sie die Bille eingenommen, von der sub Carolingicis gemeldet wird, daß sie in die Elbe sich ergiesset, 2) weil eben die Daube Elbe mit dem rechten Arm der Bille Bilwarder zum Werder machen, und 3) am Tage, daß bey dem Dammerort gegen den Einfluß dieses Stranges der Gammer-Teich vorgeleget, und dadurch dieser Fluß gesperret, und 4) wie seine Benennung anzeiget, daub gemachet worden. Eben dis heissen die Teutschen taub, die Niedersachsen dove, was untüchtig und ohne Krafft, wie die taube Nessel, die nicht stichet, taubes Feld, die kein Ertz führet. Vid. FRISCH. b. v. welches bey den Flüssen, wenn der Fluß gantz gehemmet, eine gar schickliche Benennung

Obſ. II. De Paludibus & Inſulis Albiae.

nung findet. Des Kaiſers Fried. III. Mandat de. A. 1488. bey LÜNING R. A. T. XIII. p. 345. und SCHILTER Scriptor. Rer. Germ. enthält von der Verlegung beſagten Dammes, daß die Lübecker und Hamburger einen Damm auf der Elbe, genant Gammerort, vorgenommen, und dadurch einen großen Theil von dem Lüneb. Lande abzuziehen, und dem Strohm ſeinen Gang zu nehmen ſich unterſtehen wollen.

Die Goſe Elbe heißet ihrer Bedeutung nach, wie die Droge Elbe, wo der Strand aus natürlichen Urſachen leicht austrocknet, der ſo ſeichte wird, daß er entweder gar nicht oder nicht zu aller Zeit ſchifbar.

Da man jedoch 1) aus den Diplomatibus Carolinis weiß, daß die Elbe da gefloſſen, wo bey Wullenburg die Seeve in ſelbige fällt, 2) aus dem Diplomate Ludov. Pii, daß Hamburg an der Elbe ſich gefunden, 3) in dem Briefe Thielmann von Verden A. 1142. die Elb-Inſuln von Hoſeburg an, bis Amenenberg gnant, wovon 4) beym HELMOLDO IL 7. A. 1164. HOREBURG ſuper ripas Albiae angegeben, 5) nicht weniger die Diplomata Carolina und Ludovici Pii zu erkennen geben, daß der Alveus fluvii Albis dahin ginge, wo die Bille ſich in die Elbe ergießet, ſo haben ſich, ſo weit die Documenta und Autores reichen, zwey Hauptſtränge von alter Zeit hervorgegeben, welche ohne Unterſcheid ſimpliciter mit dem Namen der Elbe beleget worden, als:

1) Die eine, die an der Nordſeite zwiſchen alten Gamme und neuen Gamme nach Hamburg gangen, und nach gehemmtem Fluß zur Doven Elbe worden.
2) Die andere, die an der Süderſeite nach Harburg, und ſo weiter nach Lauenburg, Morburg, und dem alten Lande hergangen, nachdem er vorher nach Norden drey Stränge abgiebet, als:
   a) Den Norder Strang Vulgo die Norder Elbe zwiſchen Stilhorn und Ochſenwerder,
   b) Die Droge Elbe zwiſchen Stilhorn und dem Reigerſteig in ſpecie Harrigen Hof und thon Tadenhuſe,
   c) und der dritte Strang zwiſchen dem Reigerſteig und ſo genanten Kirchhof.

Danckwerts in ſeiner Beſchreibung von Holſtein p. 249. führet von dem Hauptſtrohm der Elbe und deſſen zwey kleinen Armen oder *diverticulis Albis* dieſe Gedanken:

1) Der Hauptſtrohm der Elbe habe nie zwiſchen der alten und neuen Gamme in der Doven Elbe, noch zwiſchen der neuen Gamme und Kirchwerder in der Goſe Elbe ſeinen Lauf gehabt.
2) Die kleinen Arme von der Elbe, als die Dove und Goſe Elbe wä-

Obs. II. De Paludibus & Insulis Albiae. 87

wahren zwar in den ebenen und niedrigen Marschländern von
Anfang hergangen, daß es Inſuln geweſen, welche jedoch,
ſo lang keine Teiche herum geführet, gemeiniglich blank ge-
ſtanden, alſo, daß die Einwohner in dieſen Marſchländern
die Inſuln a) Alt Gamme b) Neu Gamme, c) Kirchwerder &c.
nur werſt, wie Halligen, das iſt, unbeteichte Eylande, den
Sommer über genoſſen, ſo gut ſie gekont, nachgehends aber
Sommerreiche gemacht, welche eine ziemliche Fluth abhalten
können; endlich aber, um das Land beſtändig zum Kornbau
zu gebrauchen, den Gammer Teich gemacht.

Von dem unzertheilten Elbſtrohm aber hat er p. 248. kurz zuvor ange-
führet:

Die Elbe läuft in einem unzertheilten Strohm von Lauen-
burg herunter bis an den Schwanen Buſch, oder bis an das
Flüßlein Lindhorſt, welches aus dem Lande Lüneb. in die
Elbe fällt, welches geſchicht gerade gegen über, da die Bille
vor Zeiten ihren linken Ausgang in die Dove Elbe gehabt und
das Land zu Sachſen von Holſtein ſcheidet.

Wie ſich die Elbe vordem in den Norder und Süder Arm theile, bezeich-
net er alſo:

Der Norder Arm iſt der rechte und tiefſte Strohm, derſelbe
geht auf Hamburg, und wird daſelbſt ſehr breit, alſo, daß
ſonder Zweifel dieſer Arm die rechte Elbe zu nennen. Der Sü-
der Arm, ſo etwas flach und untief, ſtreichet an dem Herzogthum
Luneburg, die Fürſtl. Reſidenz Harburg vorüber, und
vermiſchet ſich bey dem Fußland ſchier beym Einfluß der Eſte,
worin Burtehude gelegen, in die große Elbe.

Von der Bille aber hat er p. 242. gemeldet: Die Bille gehet fort auf Rein-
beck, dann auf Bergendorf - - - Ein wenig beſſer hinunter hat ſich die
Bille vor Jahren getheilet, und iſt mit dem linken Arm zwiſchen dem Bil-
werder und Rosleck hindurch in die Dove-Elbe, folglich in den gro-
ßen Elbſtrohm gangen, zu welcher Zeit der Bilwerder ein umfloſſener
Werder oder Inſul geweſen, welcher Arm aber vorlängſt abgereichet
worden: mit dem rechten Arm aber gehet ſie auf Hamburg zu, und nimt
zuvor die Seillow, woran Steinbeck belegen, zu ſich, fleuſt an der Schip-
becke vorüber und nahe bey Hamburg unter einer Brücke durch in die Elbe.
(nach LAMBEC. Abriß von Hamb. die Hamburger Bilſchanz vorbey
zwiſchen die Hammenbruch zur Linken, und Bilwerder zur Rechten ge-
gen den Sees-Dench in die Elbe.)

Bu-

Obf. II. De Paludibus & infulis Albiae.

Zuförderſt bemerke ich bey der Bille, daß dieſer die Polabingos von Saxonia Transalbingica, in ſpecie von den Stormariis geſchieden, und der verus Scholiaſtes ad ADAM. BREM. c. VIII. notiret:

Stormarios ab oriente Billena fluvius, qui mergitur in Albiam flumen.

In dem Hamburgiſchen Privilegio Graf Adolphs von Schaumb. A. 1190. apud LAMBEC. *Origin. Hamburgenf. L. II. p. 5.* wird der Stadt Hamburg
  a) in *rivulo Billa* ad vnius ſpatium milliarii,
  b) in aqua dicta *Albia* ex utraque parte civitatis ad duo milliaria, die Fiſcherey gegeben.

Daraus iſt zu urtheilen, daß der rechte Arm der Bille als ein gar kleiner Rivus nach Hamburg gefloſſen. Die Elbe aber, weil der Stadt Hamburg von beiden Seiten der Stadt, von der einen Seite, da ſie von Oſten an dem Ufer Slaviae & Saxoniae trans Albingicae auf die Stadt, und von der Norderſeite, da ſie von Hamburg an das Ueber-Elbiſche Sachſen nach Weſten in die See gefloſſen, daß ein Hauptſtrom vom Gammerort in dem Alveo der ſo genannten Doven Elbe nach Hamburg gangen, nemlich die Elbe, worin die Bille mit dem linken Arm ihren Einfluß in die Elbe gehabt.

RICHEI *de loco Hochbuchi* p. 779. bemerket gleichfals, daß die Bille ſich in 2 *Alveos* getheilet: den einen, der bey Bergdorf mit ſeinem rechten Arm gerade Südwärts in die Elbe fält, nennet er *Alveum minorem*; den andern, der nach Weſten fließet, und unter Hamburg in die Elbe tritt, nennet er *Alveum maiorem*, als welcher ſchifbar geweſen, und worauf die Waaren nach Hamburg häufig zu Schiffe angefahren, und woran der Graf Albert von Orlamünde bei Schifbecke A. 1216 über Hamburg das Schloß gebauet. Allein daß dieſer rechte Arm der Bille Alveus maior und ſchifbar geweſen, halte ich gar nicht, weil Graf Adolph A. 1190 ihn nur *pro rivulo* angiebet. Das alte *ſtatutum Hamburgenſe* beym WESTPH. T. IV. p. 3066. ſpricht auch nichts von der Schiffahrt auf der Bille, ſondern nur von dem Gut, das nach Hamburg komt:

ut dem Lande von Sadelbendigen;

welches auf dem linken Arm der Elbe gleich auf der Doven Elbe nach Hamburg geſchiffet werden können, und iſt das Abſehen Alberti Orlamundani, um die Zufuhr auf der Elbe den Hamburgern beſchwerlich zu machen. Wenn RICHEI *d. l.* dieſem noch beyfügt, daß in dem Verfolg der Zeit der kleine Canal, als der linke in die Dove Elbe gehende Arm der Bille, tiefer ausgegraben, mit Dämmen und Schleuſen verſehen, der große Arm der Bille aber, welcher ohnweit Bergdorf obſtruiret, den Namen der Bille zwar behalten, aber jetzo nicht weiter als mit Kähnen beſchiffet werden kann: ſo iſt dabey dieſes zu erin-

Obſ. II. De Paludibus & Inſulis Albiae. 89

......., eines Theils daß der rechte Arm auch in der älteſten Zeit nicht mal
als ein Rivus, ſondern als ein *rivulus* angegeben werde. Die Dove-Elbe, wor-
in die Bille ihren Einfluß hat, iſt allemal der Elbſtrom geweſen, iſt nu durch
.... des Dammes vor der Doven-Elbe, gleichwie eine daube Fluß,
........., geworden, eine Dove Fluth, wo der Fluß des Stromes gehem-
...... Wie kömt es bey dem rechten Arm der Bille ſo vor, daß damit viele
.... durch Waſſerleitung, Stauung, Mühlen und Müh-
lenwerder vorgegangen, wie denn auch in Diplomate Rarbeccenſi ap. WEST-
PHAL. T. IV. p. 3422. 3423. darin dieſes enthalten, als
   a) 1315 ſoll der Damm zu Bergendorf nicht höher geſtauet wer-
      den, als die Säulen da geſetzet,
   b) 1325. Herzog Erich giebet dem Kloſter Reinbeck, wegen
      ...... erlittenen Schadens, ſo ihnen wegen des durchgebro-
      chenen Mühlendammes zu Bergendorf zugeſtanden, 13 Hu-
      fen Landes in Dolſtorf, und verpflichtet ſich o Pfähle, als
      den einen zu Bergendorf und den andern zu Hinſchendorf
      .... und darüber das Waſſer nicht zu ſtauen.
......werder und Finkenwerder ſind beide gegen das alte Land im
.... Inſeln, die ohnſtreitig in Dioeceſi Verdenſi gelegen, weil
.... des Vertiſchen Sprengels von dem Ausfluß der Lue die Elbe
.... an dem Einfluß der Bille in die Elbe gauam, und Wilhelmsburg
.... Ochſenwerder, imaleichen Kirchwerder mit befangen. Das
.... Land hat nach dem Zeugniß der Geſchichtſchreiber mitler Zeit durch die
.... ein groſes verloren. Wenn aber gleich daher die Ver-
.... werden wolte, daß insbeſondere Finkenwerder in älteſten
.... zum alten Lande gehöret, weil der Dialect, die Tracht und Sit-
................., ſo würde es dennoch als zum alten Lande gehörig mit un-
.... Diœces von Verden geſtanden haben, nachdem das alte Land zum
.... Diœces gehöret, und der Præpoſitus Verdenſis zu Buxtehude
.... Baunn gehalten, und hat eben daher die ſo genante Sa-
.... nach an die Bille gegränzet, wovon die Worte in Ch. Erici de Lau-
.... A.1312. *In inductione de Advoc. Molnenſi* lauten:
.... und geenſet an de voret uppe die Billen.
.... wieder die Offenkundigkeit, daß der Elbſtrom ſich bey Schwar-
.... bern Einfluß der Sepe ſchon in die Süder- und Norder-Elbe,
.... on einer Seite Kirchwerder und Ochſenwerder, an der
.... ſich ſo ihr alten Charten erweiſet, voven over Nelange Her-
... und Billenhauſen noch paſſiret, und ſich bey dem Moriwerder eine Spitze
.... Ochſenwerder in 2 Arme, als in die Süder-Elbe, die

M

das neue Land vorbey nach Harburg fließet, und die Norder-Elbe, die zwischen Ochsenwerder und Stilhorn nach Hamburg gehet, theilet. Wiewol in Ansehung der an der Nordseite an Stormarn, am Gammerort jäher hergeflossene Bille dieses *Albis in septentrionali ripa*, und die an Lüneburg-Seite auch jäher hergegangene Elbe, *Albis in Australi ripa* gewesen, und also wohl genant werden mögen. Bey dem linken Arm der Bille, welcher jetzo hart vor Hamburg bey Hammerbruch und Grasbruch in die Elbe fällt, und woselbst die Bill-Schanze vorgeleget, halte ich, es sey noch von mehrer Prüfung, ob der so genante linke Arm daselbst einen Ausfluß in die Elbe gehabt, und ob nicht etwa eigentlich bis die Stelle bey Reinbeck sey, welche von dar in die Elbe geflossen, und in dieser der linke Arm von der Bille eingeleitet. Die Gedanken, die mir dabey eintreten, sind diese: 1) wenn der linke Arm der Bille, *Saxoniam Trans-Albingicam*, und also Stormarn, und also auch den Diœcesin Hamburgensem beschlossen, so würde der Strich von Billwerder als jenseits der Bille gelegen bis an die Dove Elbe nicht zu dem Ueber-Elbischen-Sachsen, sondern ad *Slaviam Trans-Albingicam* gehöret haben, auch die Diœcesis Hamburgensis nicht über die Bille an die Dove Elbe gegangen seyn; und nachdem bey Fundirung des Stifts Ratzeburg die Bille die Gräntzen gemacht zwischen der Hamburgischen und Ratzeburgischen Diœces, Billwerder als jenseit des rechten Arms der Bille belegen zum Ratzeburgischen Diœces gehöret haben. Da es im Gegentheil in allen Urkunden mitler Zeit zum Hamburgischen Diœces gerechnet.

Daß *Slavia trans-Albingica* so nahe an Hamburg gereichet, wo jetzt der rechte Arm beym Hammerbruch und Grasbruch hart vor Hamburg in die Elbe gehet, finde ich nirgend gemeldet, ADAMUS BREMENSIS L. II. c. 11. sagt: *Versus nos Polabingi*, das ist, die Polabingi strecken sich gegen Hamburg, welches nicht folgen läßt, daß sie an Hamburg selbst gereichet. ADAMUS BREMENSIS L. I. II. c. 10. setzet auch den Anfang von Slavien nicht von Hamburg, sondern von der ripa orientali Albiæ ad rivulum, quem Slavi *Mescenriza* vocant, wo die Gräntze von Slaven die Mescenriza hinauf durch den Wald Delvundez zu den Fluß Delvundam gehet.

Die Slavische Benennungen des kleinen Bachs Mescenriza, des Waldes Delvundez und des Flusses *Delvundas* haben sich zwar verloren, und eben deswegen haben DANCKWERTS L. III. c. I. p. 160. HELMOLDUS L. I. c. 57. und Herr von BEHR L. I. c. 3. p. 170. diesen Fluß und Wald nicht bestimmet, außer, daß Danckwerts durch den Fluß Delvunde die Bille vorstehen will.

So weit ich absehe, ist orientalis Ripa Albiæ von Hamburg gerechnet die

Cap. II. De Paludibus & Insulis Albiae.

die Dove Elbe, die von Osten herflüsset, und die Mescenitza der Bach, der in die Dove Elbe von Bergdorp abfliesset, welches die Bille. Da nun die Gränze von dem Bach Mescenitza den Bach hinauf durch den Wald Delvundez gehet, so kan dies kein ander Strich seyn, als die Bille hinauf durch den nachher so genanten Saxen Wald, welcher Slavica Appellatione Silva Delvundez genant, und allem Vermuthen nach seinen Namen von den im Sachsen Wald oder *Sylva Delvundez* hergeflossenen Fluß Delvunda erhalten. Weil nun die Sächsische und Slavische Gränze die Bille hinauf durch den Sachsen Wald in die Delvunde gehet, so muß die Delvunde ein Fluß seyn, welcher beym Saxen Wald in die Bille fällt, und auf welcher Delvunde hinauf man in Horchembeck und Heilspring komt. Dieses aber ist nicht anders, als aus einer genauen Kentniß des Orts und dem Lauf der dortigen Bäche und Flüsse mit Beyhülfe mehrerer Urkunden, auszumachen.

So wie mir es scheinet, hat der linke Arm der Bille die Gränze von der Parochie oder Dioecesi Hamburgensi ausgemacht, und sind also die Oerter disseits des linken Arms der Bille und der Dove Elbe als *paludes infra five iuxta Albiam* der Hamburger Parochie bengegeben, Diploma Ludov. Pii in *Priv. Hamb. Lindenbr. n. 1. in claus.*

omnes quoque paludes infra sive iuxta Albiam positas cultas sive incultas infra terminos eiusdem Parochiae penitus, ut trans-Albiani se & sua ab incursu paganorum, qui saepe simundas, securius in his locis occultare queant.

Dieses wird auch im Briefe Pabst Adriani A. 1150 ap. STAPHORST. P. I. Vol. I. p. 518. mit Bestimmung der Gränze von der Elbe und mit Beylegung der *Paludion infra & iuxta Albiam* der Hamburgischen Parochie wiederholet. *terminos videlicet ab Albia flumine — — Paludes quoque cultas & incultas infra S. iuxta Albiam sicut bonae memoriae Ludovicus quondam Imp. Hamb. Ecclesiae rationabiliter dedit & ipsa Ecclesia possidet — — confirmamus,*

Gleichergestalt in Privilegio FRIDR. I. Imp. ap. STAPHORST P. I. p. 560. *termini eiusdem Ecclesiae ab Albia — — omnes quoque paludes infra sive iuxta Albiam positas cultas sive incultas infra terminos eiusdem parochiae sicut ab Imp. Ludov. positae sunt, & nos ponimus, ut trans Albiam se & sua ab incursu paganorum securius in his locis occultare queant.*

Bey Fundirung des Bisthums Ratzeburg von Hertzog Heinrich dem Löwen eröfnet sich aus denen Briefen mittler Zeit,

s) daß Hertzog Heinrich der Löwe dem neu fundirten Bisthum nach

Obf. II. De Paludibus & Infulis Albiae.

des Pabsts Adriani IV Briefe A. 1157 beym Hrn. von Westphal T. II. p. 2021. bengegeben

Sadelbanchiam & Polabiam *totam cum earum ecclesiis & earum decimis atque subjectis sibi plebibus,*

und Ratzeburgensis Episcopatus umher so gestrecket, wie sie in den alten Annalibus und privilegiis Hamburgensibus bezeichnet, und von allen Klagen des Verdischen Bischofs, nachdem ihm Borgertwerder und Reinerswer, der zur Vergütung gegeben, frey gemacht, Charta Henr. Leonis A. 1158. ap. WESTPH. T. II. p. 2031.

in perpetuum designamus & terminos ejus circumquaque, sicut in antiquis Annalibus & privilegiis Hamburgensis Ecclesiae reperiuntur olim designati protendimus, & ab omni querimonia Verdensis & collatis & dignis recompensationibus videlicet Borchertwerder *&* Reinerswerder *terminos Raceburgensis liberos reddidimus.*

Wie er denn auch in eben diesem Briefe dem Bischof von Ratzeburg brugegeben
a) in terra BUTIN Ecclesiam in *Nusee,*
b) Ecclesiam St. Georgii in Raceburg,
c) alle durch ganz Sadelbandien und in Gamma fundirte oder noch fundirende Kirchen,
d) alle Zehnten von Sadelbande und Gamme
in clausula:

Libere praestandas remittimus omnes Ecclesias cum jure praescripto in terra Butem Ecclesiam in Nusee, Ecclesiam S. Georgii in Raceburg & Ecclesias adhuc in sylva fundandas & insuper omnes tam fundatas quam fundendas per totam Sadelbandiam *& in* Gamme *& in silva nondum culta Ecclesias & ejusdem* Sadelbandiae *&* Gammae *decimas, quas de gratia & permissione Episcopi sine feudo tenemus, liberas esse episcopi cum sibi placuerit recognoscimus.*

Eben dies Diploma A. 1158. welches der Deductioni Molnensi aus dem Ratzeburgischen Copialbuch genommen, hat für Borchertwerder Georgenwerder, und für Reinerswerder Reinerswerder. Auch noch weiter im Briefe d. A. 1167. ap. Westphal T. II. p. 2041. den Ratzeburgischen Sprengel also bestimmet:

per cursum Eldene *in Albim usque quo* Billena Albim *influes.*

und von der Ostsee nach der Bille zu:

in Bilnam *& per decursum* Bilnae *usque* Albim *influit quicquid infra*

Obſ. II. De Paludibus & Inſulis Albiae. 93

infra hos terminos comprehendimus Episcopatui Ratzeburgenſi aſ-
ſignamus.

Aus dem Diplomate Henrici Leonis A. 1158 läſſet ſich es anſehen, als ob in Beſtimmung der Gräntzen des Ratzeburgiſchen Dioeces dem Verdiſchen Dioeces was abgangen, indem ihm mit Borchert- und Reinerswerder eine Vergütung geſchehen. Der Verdiſche Dioeces hat nun zwar bey Beſtimmung ſeiner Gräntzen in Diplomate Carolino von dem Einfluß der Bille in die Elbe ab *Slavia Trans-Albingica* bis an die Pene befangen, als welches die clauſula *Diplomatis Caroli A.* 786 de terminis Dioeceſis Verdenſis

debine trans Albiam *ubi* Billena *mergitur in Albiam, debine in* ortum Billene, *inde ubi* Travena *absorbetur a Mari, deinde quoque perveniatur, ubi* Pene *fluvius currit in* Mare Barbarum

eröfnet. Allein dies diploma iſt offenbar falſch, und war es noch nicht einſt ſub Ludovico pio bey der in Saxonia Nord-Albingica A. 831 fundirten Hamburgiſchen Metropoli ſo weit mit der chriſtlichen Religion in partibus Slaviae gediehen, obgleich Anſcharto ex Bulla Gregorii IV die Legation mit aufgetragen. In dem Verfolg hat ſich auch der limes Parochiae Hamburgenſis, ad *Wimithes* usque ad flumen *Panim* & urbem *Dimin* erſtrecket HELMOLDUS L. 2. c. 6. n. 1. und bezeuget zugleich Henricus Leo, daß nach den alten *Annalibus* und *Privilegiis* Hamb. bis dahin die Gränze des Hamburgiſchen Dioeces gangen, nichts deſtoweniger habe er dem Verdiſchen Biſchof mit Borcherswerder und Reinerswerder eine Vergütung gethan; und dadurch die *terminos Ratzeburgenſis Dioeceſis* von allen *Querimonia Verdenſis Epiſcopi* frey gemacht.

Die *Parochia Slavoniae Trans-Albingicae* hat von ihrem erſten Anfang bis zu ihrer Vereinigung mit dem Stift Bremen dieſe Abwechſelung gehabt:

1) Unter *Carolo Magno* iſt der *primitivae Eccleſiae provinciae Nord-Albingiae* ab Amalario dedicatae ein Prieſter Namens ERIDACUS vorgeſetzet, der gantz Nord-Albingien procuriret, auch Biſchof werden ſollen, aber noch vor *Carolo Magno* verſtorben.

2) Nach deſſen Tode iſt von Ludovico Pio Nord-Albingia beiden Biſchöfen zu Bremen und Verden commendiret und in dem Verdiſchen Antheil dem Biſchof zu Verden Hamburg mit zugetheilet.

3) A. 831 iſt ANSCHARIUS auf die *Provinciam Nord-Albingiae* als *Metropolitanus* ordiniret.

4) Nach der *devaſtatione Danica in A.* 845. da Bremen A. 849 vacant geworden, hat *Ludovicus Germanicus* ANSCHARIUM ins Stift Bremen einführen laſſen, und es dahin gerichtet, daß nach der von Ludovi-

M 3

Obf. II. De Paludibus & Insulis Albiae.

dovico Pio gemachten, und oben n. 2. bemerckten Eintheilung ANSCHA-
RIUS in *Trans-Albingia* den hiebevorigen Bremischen Antheil und
der Bischof von Verden den Verdischen Antheil behalten solte.
5) Weil aber bey dieser Eintheilung Hamburg in den Verdischen Antheil
gefallen, so ist in dem zwepten Concilio geschlossen, daß Hamburg als
Sedes metropolitana, worauf er A. 831 autoritate papali dimal ordiniret,
ANSCHARIO bleiben, und dem *Episcopo Verdensi* aus dem Bremi-
schen Dioeces Erstattung geschehen, welches A. 858 vom Pabst
Nicolao also bestätiget, welches Rembertus c. XX. ex bulla papali
also bemercket:

Si quid (Anscharius) ultra Albiam ex Verdensi ipsi retineret Dioecesi
ex Bremensi Ecclesiae Parochia illius sedes restitueret Episcopo.

Hiernächst ist vom Kaiser Ottone M. bey Fundirung des Aldenburgischen
Bischums und Ansetzung des Bischofs Edwardi Oldenburgischen Sprengels
der Dioecesis Aldenburgensis über die *provincias Wagirorum Obotritorum &*
Kyzinorum, die bis an die Pene gewohnet, gangen, HELM. L. I. c. 12. n. 9.
seq. daß also dem Hamburgischen Sprengel schon unter Ottone Magno
diese *partes Slaviae trans-Albingicae* abgangen. Worüber indessen der Bischof
von Verden bey Bestimmung der Gräntzen vom Ratzeburgischen Sprengel
Beschwerde geführet, und wofür er eigentlich von Henrico Leone die Vergü-
tung erhalten, erscheinet so klar und eigentlich nicht. Weil aber zur Zeit der
fundirten Ratzeburgischen Sprengels die Dioecesis Verdensis sich nicht weiter
als von der Lue auf der Elbe über die Elbinsul *ad ripas Albiae Septen-*
trionalis bis zum Einfluß der Bille in die Elbe erstrecket, so konte es seyn,
daß er sich ratione der neuen Gamme und der *Paludum infra Albim*, daß
darin bey Fundirung der Ratzeburger Parochie zu weit geschritten sey, vielleicht
auch aus dem Diplomate Karolino A. 786 auf die darin dem Stift Verden
bis an die Pene zugetheilte *partes Slaviae* eine alte Prätension hervorgesuchet.
Indessen um zu verhüten, daß der Bischof von Ratzeburg von Verdischer
Seite keinen injusten Widerspruch zu befahren, bezeugt Henr. Leo in Diplom.
A. 1167 beym WESTPHAL T. I. p. 1040. daß er die Gräntzen des Ratzebur-
gischen Dioeces mit Zuziehung und Consens des Verdischen Bischofs bestim-
met in cl.

terminos Episcopatus Raceburgensis ex omni parte constituimus prae-
sente & nobis etiam consentiente Hermanno Verdensi Episcopo
diligenter praecavere volentes, ne novella Plantatio in suis terminis
aliquam in posterum patiatur iniustae contradictionis molestiam.

Nachdem der Ertzbischof Hartwic von Bremen mit des Bremischen und
Hamburgischen Capitels Consens A. 1162 nach Henrici Leonis Bestimmung
die

Obf. II. De Paludibus & Infulis Albiae. 95

die Bille und Elbe zu Gränzen des Ratzeburgischen Dioeces gesetzet, so hat derselbe, damit darüber weiter kein Zweifel entstehen möchte, die Villas in *Billnemuthe* in *Palude*, die dem Ratzeburgischen Bißthum angehörig, in der maßen benaust im Briefe A. 1162. ap. WESTPHAL T. II. p. 2039.

   Bilnam & Albim termino & Episcopatus Ratzeburg. Ecclesiae statuimus, & designamus. Ne igitur in nostris successoribus ordinationis nostrae ulla possit oriri dubitatio, quasdam villas a Billnemuthe in palude infra sitas denominamus scilicet Boycene, Wilredesfteth, Urenflet, Hasfleth, Stove, Anremuthe, Ragit, Walzin, Getorp, Cuclix, *& inhabitantibus eas Evermodo Raceb. Episcopo obedire in omnibus, quae ad spiritualia spectant, sub anathematis vinculo praecipimus.*

auch darauf A. 1163 dem Sacerdoti in Bergdorp kund gemacht, daß die Einwohner in diesem palude zwischen der Bille und Elbe, nach denen vorher von Herzog Heinrich dem Löwen gesetzten Gränzen, zu dessen Sprengel gehörig, laut des Erzbischof Hartw. Briefes d. A. 1163. ap. WESTPHAL T. II. p. 2040. in clausula:

   Hartwicus - sacerdoti de Bergerdorp & omnibus parochianis ejus civibus quoque de Boicene, *de* Wilredesflet, Wensflet, Hosflet, *de* Stove, *de* Anremuthe, *de* Ragit, *de* Walingestorpe, *de* Culiz *& universis in Palude illa habitantibus infra* Albim *&* Bilnam - - *Postquam ex praecepto Domini Papae, & Imperatoris & mea petitione Dux vester Henricus Evermodo Raceburgensi Episcopo terminos Episcopatus sui assignavit, vestras villas parochias ipsius devenerunt.*

Die vielen Oerter in dem *palude* zwischen der Bille und Elbe, die sich in *flet* endigen, als Wilredesflet, Wensflet (Vrensflet), Hustleth, wovon noch Wohnstätte zwischen der Bille und Dove Elbe übrig, als welches *flet* den Angel-Sachsen *aestuarium, gurges, sinus*, BENSON *h. v.* GIBSON *ad Chron. Sax. in Regula de Nominibus locorum*, und eben so das Wort LACE Sax. & Fris. lorus LACKE *palustris campus irriguus*. GIBSON *v. lieresfeld* WACHTER *h. u. in Carrilace* und Afterslace, *Brun islace* in dem Strich unter der alten Gamme an der Doven-Elbe, geben die paludes an der Elbe zu erkennen, und ihre Art und Beschaffenheit eröffnet auch das Diploma Ludovici pii *de fundatione Hamburg. Ecclesiae*, daß sie den trans-Albianis Saxonibus dazu gedienet, bey denen Invasionen der Slavorum dahin ihre Zuflucht zu nehmen. Das CHRON. MOISS. ad A. 795 gedenket auch der Einwohner

   circa Paludes Albiae & in Varnodingas (Winnodi) die nicht gänzlich von Kayser Carl sich anfinden wollen, weil sie an der hintersten

Obf. II. De Paludibus & Infulis Albiae.

terliſtigen Eroberung des Obotriten Königes Wiljan auf der Elbe, wie er über die Elbe ſchiffen und nach Bardowic zu Kaiſer Carl gewolt, Theil gehabt CHRON. MOISS. *ad A.* 795. worunter die auf den Dietlanden viele Wahrſcheinlichkeit nach) mit belangen geweſen ſeyn können.

Nach dem Diplomate Henrici Leonis A. 1158. auch des Erzbiſchofs Hartwici beide Briefe, de A 1162. 1163. hat Bilwerder ſchon dero Zeit der linke Arm von der Bille und Dove Elbe umſchloſſen, auch in beſagten Diplomate A. 1158 den Biſchof von Ratzburg

aqua Steuowe ſupra & infra

frey gegeben. Dieſen allen ohngehindert hat ſich in der Folge der Zeit eröfnet, daß der tractus zwiſchen der Bille und Dove Elbe unter der *dioeceſi Hamburgenſi* begriffen, und der Ratzeburgiſche Sprengel in ſpecie der Bannus Praepoſiti Ratzeburgenſis weiter nicht als *Curam Banni* in *Gamma* & *Sadelbandia* gehabt. Diejenige Bille, die noch ungetheilet auf Bergdorp gangen, hat die Gränze von Stormarn ausgemacht, und in Rückſicht auf dieſe Bille iſt das Kloſter Reinbek, ob es ſchon jenſeits des rechten Arms ſich gefunden, jedoch als diſſeits der Hauptebille befragen, zu Stormarn und zum Bremiſchen Dioeceſi gerechnet. In Diplomatario Reinebec. ap. WESTPH. T. IV. A. 1344 p. 2404.

Reinebecke *Ciſterc. ord.* Bremenſis dioeceſis.

A. 1388. p. 3417.

Reinbeke dat belegen is in den Lande to Stormaren und in den Stichte to Bremen.

welche Reinbecker Pfarre, unter der Hamburgiſchen Bremiſchen Probſtey, auch Schibbeke incorporirt geweſen, nach dem Briefe Jo. Hummerbutle A. 1388. Diplom. Reinbeci ap. WESTPHAL. T. IV. p. 3413.

Een Dorp Schibbeke — dat belegen is in den Ketſpele to Stembeke in der Proveſte to Hamborch.

bey welchem Schipbek an der Bille, nach LAMBECII *Orig. Homb.* p. 31. Zeugnis, noch die rudera übrig von dem Schloß, welches Graf Albert von Oraſamunde A. 1216 über Hamburg erbauet, CHRON. SLAV. *ad A.* 1216. HIST. OIL. ARCHIEP. Brem. *ad A.* 1216. Aus der ſogenannten TAXA *beneficiorum Praepoſiturae in Stormaria* ap. STAPHORST *P. I. Vol.* 1. p. 467. erhellet, daß der Probſt in Stormarn A. 1347 die jura Synodalia von Steinbeke erhoben, als eine Anzeige, daß der Hamb. Bremiſche Sprengel über Seeinbek, welches ohnweit des rechten Arms der Bille an der Stolly Heide gegangen. Die Kirchen, die in Dankwerts Charte von Stormarn auf Billwerder zwiſchen dem rechten Arm der Bille und Dove Elbe, als a) Allemohe b) Mohrenfleth al. Ukenfleth. c) Bilwerder gezeichnet, werden nun Ham-

Obs. II. De Paludibus & Insulis Alsiae.

Hamburgisch Bremischen Dioeces auch gerechnet, weil sie über der Elbe ad ripas der Doven Elbe gelegen, als welches der rechte Elbstrohm, welcher schon zu der Carolingischen Könige Zeiten die Bille eingenommen.

In der TAXA *Beneficiorum Praepofit. Hamb.* A. 1347 ap. STAPHORST P. I. Vol. I. p. 467. heißen die Oerter in Billwerder und in der Haseldorper Masch *in palude*, und werden angegeben
   in PALUDE: *Haseldorp Afulete.*
In Asflet waren eingepfarret die Bilenberge, Inventar. Niehusen ap. STA-PHORST P. IV. I. p. 517.
   villani in Bilenberge *Parochiae* ASFELTH

und gehöreten die Zehnten von Uppenfleth und Stropen laut des Ertzbischoffs Briefes d. A. 1100 in Niehus. invent. ap. STAPH. P. I. Vol. I. p. 507.
   Bulla Archiep. Hamb. super decima duarum villarum Uppenfleth & Bropen *ad Ecclef.* in ASFLETE *pertinentibus de* A. 1100.

Auch werden in Billwerder angegeben laut Richaufen Invent. ap. STA-PHORST P. I. Vol. I. p. 495.
   decima major & minor 7 manforum in parochia Urenflet.
noch Dafelbst p. 496.
   Bulla Adolphi Comitis super quatuordecim jugeribus in Billenwerder *circa aquam* Urenfleth (*Morenfleth Staph. d. l.*) & *decimis majoribus & minoribus ultra septem menfes.*

Allermohe, Allermude ist eine Parochie, deffen Plebano in ALLERMUDE die von Gruben einen Zehnten von vier Morgen verkauft. Invent. Niehus ap. STAPHORST d. P. I. p. 493. in welchem Inventario auch N. 316. ein Brief vom Grafen von Holstein angezogen
   super decimis manforum in Allremude.

A. 1247 hat Bischof Gifrid von Ratzeburg im Briefe beym WESTPHAL T. II. p. 2080. aufgetragen
   Praepofito Ratzeburg. curam banni in Sadelbandia & *in* Gamma und ratione der Pfarre zu Bergedorf bezeigt Jefridus Bischof von Ratzeburg im Briefe 1183 beym WESTPHAL d. T. II. p. 2048. daß vor Alters zu der Pfarre zu Bergdorf gehöret, und in seiner Confirmation darunter befaffet und beftätiget
   Waldighedorp Alerberke Delvervorde & *omnes infra* Branislake & *luxino habitantes.*

In der Charte von Lauenburg findet sich bey Bergedorp Wobldorp. In beyden Briefen des Ertzbischofs Hartwich A. 1162. A. 1163. 1) daß UBEFLET hodie *Merofet* HASFLET AUREMUTHE in Billwerder belegen, und es sich damit geändert haben müsse, weil sie als in Stormarn und Saxonia *Grup. Origin. German.* 2ter Theil.   N   trans

trans Albingica gelegen, dem Bremischen Hamburgischen Dioeces zugerechnet
blieben. MUTHE heist den Angel-Sachsen Ostium, und so würde Bille-
muthe so viel seyn, als ab oftio Bille.

Laut schon zuvor angezogenem Briefes Bischofs Jsfridi zu Ratzeb. d. A.
1247 gieng auch die cura banni Praepoſit. Ratzeburg. auf eben diese beyde Pro-
vinzen in *Sadelbandia* & in Gamma, und scheinet in literis Leonis 1158 und
Jsfridi A. 1247 unter Gamma auch Bergerdorf mit begriffen zu seyn.

A. 1282 hat der Bischof Ulrich von Ratzeburg dem Probst und Convent
daselbst das *jus patronatus in Bergedorf* conferiret Ch. Ulrici Ep. A. 1284 ap.
WESTPHAL T. III. p. 2204. A. 1302. laut Briefes Herzog Ioh. & Alberti
ap. WESTPHAL hat das Capitel zu Ratzeburg
*bona quae possidens plena proprietate & ecclesiastica libertate scilicet
in nova & antiqua Gamma & Curslake & Achterslake & in O*
mit Sifrido de *Palude* gegen dessen Güter in Planckestorpe und Slabrugge ver-
tauschet. Curslake und Achterslake zeigen sich in den Charten bey einander.
A. 1452 rechnet der Bischof Detlef von Ratzeburg die Kirche zu Bergdorp
mit der Capella St. Crucis zu seinem Dioeces
*jus patronatus Ecclesiae Parochialis St. Petri in Bergerdorpe nostrae
Dioecesis & capellae St. Crucis ad eandem ecclesiam appertinentis.*
Und A. 1389 haben die von Bergke Bischof Gerd zu Ratzeburg ihren Hof in
der alten Gamme resigniret, laut Briefes beym WESTPHAL T. II. p. 2294.
Der Strich von der Dove Elbe nach Bergdorf heist insbesondere in der
Roslake oder Curslake, und wird dabey auch noch in obbesagtem Briefe
d. A. 1302 der Achterslake gedacht, worin die Korlakerkirche besangen. In
der Urkunde A. 1505 ap. STAPHORST P. I. Vol. 2. wird genant Kurslake
Ratzeburger Stichtes, sie liegt an der alten Gamme, wird aber davon in Brie-
fen separiret, wie denn auch Geist-bache über Alten-Gamme, etwa gegen Mas-
schache und Reemen über der Elbe, davon unterschieden.

An dem nördlichen Ufer Saxoniae & Slaviae Trans-Albingicae stie-
ßen, nachdem Herzog Heinrich der Löwe das Stift Ratzeburg fundiret, und
dessen Gränzen bis an die Bille erstrecket, drey Dioeceses zusammen:
1) Der *Dioecesis Hamburgensis* disseits der Bille an dem nördlichen Ufer in
Stormarn,
2) der *Dioecesis Ratzeburgensis* jenseits der Bille an dem nördlichen Ufer der
Elbe in Slavia Polabingica,
3) der Dioecesis Verdensis, welcher über alle Elbinseln gieng, usque ad
Ripas Albiae Stormariam & Polabingiam alluentis.

Von den Hamburgischen Bremischen und Ratzeburgischen Dioecesen

Cap. X. De Paludibus & Insulis Albiae.

im vorigen gehandelt. Jetzo ist annoch zu erörtern, wie der Verdische Diœcis sich über die Elb-Insuln erstrecket.

Ja PONTIFICALIBUS stunden die Elb-Insuln, nach den primis litteris fundationis A. 786. ap SLOPKEN *Histor. Bardw.* p. 130. unter Verden. Die Gränze des Verdischen Sprengels lief vor der Lue oder Lia bey Horneburg vorbey, aus dem Bremischen in die Elbe hinein, und an dem Ort, wo die Bille bey Bergdorf in die Elbe fällt, über die Elbe, verba Diplomatis Carolini:

iterumque LIAM *fluvium, qui absorbetur ab Albia fluvio,* a) *dehinc* trans Albiam *fluvium ubi* BILENA mergitur in Albiam, b) *dehinc in Ortum* Bilenae (dessen unum cornu aus dem Billingbrock zwischen Nendorp und Sirichsdorp, das andere bey Schopstorp entspringet, und die Gränze zwischen Holstein und Sachsen Lauenburg ausmacht DANKW. p. 242.) c) *inde ubi* Travena *absorbetur mari* (ap. Travemünde) d) *dainde quoque perveniatur ubi* Pene *fluvius currit in Mare Barbarum* (über Wolgast) e) *inde in Ortum ejus fluminis* PENE (im Fürstenthum Wenden bey Grubenhagen) f) *hinc in Eldam*, welche aus der Plauer See im Fürstenthum Wenden kömt, und bey Domitz in die Elbe gehet, g) *dehinc in* ALBIAM von Domitz die Elbe hinauf, h) *inde in Rivum* ALEND bey Schnakenburg.

Der Bremische Sprengel an und vor sich, vor seiner Conjunction mit Hamburg, ging nach dem Diplomate Carolino A. 788. beym ADAMO BREMENSI c. 10. nicht weiter als von der Nordsee bis an die Lia, und von da nach der Oste, und von der Oste in die Weser, verba Diplom. *bes terminus mare Oceanum Albiam fluvium Liam -- -- Ostam; ab* Hosta -- -- *usque in* Wiseram.

Die Hamburgische Metropolis, worauf Anscharius A. 831. zum Erzbischof ordiniret, befasset nach dem Privilegio LUD. PII A. 831. ap. LINDENBR. *privil. Hamb.* p. 126. und Pabsts GREGORII IV. ap. Lindenbr. p. 126. PROVINCIAM NORD-ALBINGIAE in den 3 Pagis Saxoniae Trans-Albingicae, Stormarsen, Ditmarsen und Holstein, mit einer Päbstlichen Legation *in Danos, Sueones, Slavos, & omnes Septentrionales & orientales Nationes*, diese annoch zur Annehmung der christlichen Religion zu bringen, da denn in dem Verfolg der Zeit sich der *Diœcesis Hamburgensis*, was das Ueber-Elbische Sachsen und die Mecklenburgische Lande betrifft, vor die von *Henrico Leone in partibus Slaviae* fundirte Bißthümer, sich erstrecket.

a) *ab*

Obſ. II. De Paludibus & Inſulis Albiæ.

a) *ab* Albia *flumine deorsum usque ad mare oceanum*, das ist, von Hamburg die Elbe hinunter bis an die Nordsee,

b) *super omnem* Slavorum provinciam *usque ad* mare orientale (Oſt-See)

c) jenseit der Elbe die *paludes infra* ſive *juxta Albim* poſitas, welches Dioeces was er von A. 831. für Abwechſelung gehabt, und wie er unter *Ludovico Germanico*, und A. 858 unter Autorität des Paſts Nicolai mit dem Stift Bremen combiniret, in einer besondern OPSERVATION de ORIGINIBUS HAMBURGENSIBUS in mehrers Licht geſetzet.

Die Pene, welche im Fürstenthum Wenden bey Grubenhagen entspringet und durch die Malchimee und Crummer See nach Demmin und zuletzt bey der Penemünder Schanze gegen der Inſul Rügen in die Oſtſee gehet. KLUVER Beſchr. von Mecklenburg *P. I. p. 44.* macht

1) Die Gränze vom Verdiſchen Dioeces, ſowol wo ſie bey der Penemüder Schanze in die Oſtſee gefallen, als wo ſie bey Grubenhagen entſpringet, als wovon die Verdiſche Schnede in die Elbe gehet *Diploma Carolinum Diœc. Verd. A. 786.*

2) Die Gränze von dem Hamburgiſchen Sprengel, als welche bis an die Pene gegangen und die *Wagros Abodritos Rerigos Polabingas Sinoges (Linoges) Warnabos Circipanos* begriffen ANNAL. SAXO. *ad A. 952.* unter Kaiſer Ottone Magno aber, da von ihm der *Episcopatus Aldenburgensis* fundiret und Eduard zum Biſchof von Aldenburg angeſetzet, dieſem die Provincia *Wagirorum Obotritorum* und *Cicinarum* an der Pene untergeben worden, HELMOLDUS *L. I. c. 12. n. 11.*

3) und macht mit Demmin die Scheidung zwiſchen den *Chizzinis* und *Circipanis* und den *Tholosantibus* und *Rhetariis* ADAMUS BREM. L. *II. c. 10.*

4) und werden *in ostio Panis Demin* und die daſelbſt geſeſſene *Rani* angegeben ADAM. BREM. L. *II. c. XIII.*

5) die Gränze von dem Sveriniſchen Dioeces gehet *per Tolenze usque Groewin & Penem Fluv. — & per ipsam Rujam Insulam usque ad Ostum Pene*, Ch. ALEX. *A. 1177. Priv. Hamb.* LINDENBR. *n. 61.*

6) die Gränze von der Magdeb. Dioecs ADAMUS BREM. L. *II. c. VIII.* Magdeburgensi Episcopatui ſubjecta eſt *tota Slavonia usque ad Penem* fluvium.

Aus obigen allen erſcheinet, daß weder die termini Diœceſis *Bremensis* als *Hamburgensis*, nachdem auch beyde coadunivet, die Elb-Inſeln befaſſet. Daher meldet auch ADAMUS BREMENSIS L. *II. c. 8.* daß die Ue-

be-

hat, Elbischen Völker allein, dem Hamburgischen Sprengel gehörig, die
sie von der Mittäglichen Seite von der Elbe beschlossen werde, und
so wie Kaiser Carl die Gränzen von den Ueber-Elbischen Sachsen bestimmet,
solche von dem Ostlichen Elb-Ufer hinunter nach dem kleinen Bach, wel-
cher von den Slaven Mescenraza, das ist nach dem Diplomatibus Caroli
Magni de terminis Dioecesis Bremensis & Verdensis die Bille, und die Bille
hinauf durch den Silvam Delvundez in die Delvundam läuft. Die
Worte ADAMI BREM. d. l. lauten:

> Utile videtur exponere quae gentes trans Albiam Hamburgensis
> Ecclesiae pertinentes sint parochiae haec clauditur ab occidente Oce-
> ano Britannico a meridie Albia fluvio — — Invenimus quoque
> limitem Saxoniae qui trans Albiam est praescriptum a Carolo &
> ceteris imperatoribus, ita se continentem hoc est ab Albia ripa ori-
> entali usque ad rivulum quem Slavi Mescenretza vocant a quo sur-
> sum limes currit per Sylvam Delvundez usque in fluvium Del-
> vundam.

Durch diesen Schneide-Zug werden offenbar alle Elb-Inseln von
den Ueber-Elbischen und Slavis trans-Albingicis abgeschlossen, nachdem Sa-
xonia trans Albingica von Saxonia Cis Albingica von dem Elb-Ufer, bis
sie die Bille einnimt, abgeschlossen, und eben daher die Elb-Inseln Saxo-
niae Cis Albingicae zugerechnet blieben. Der Bischof Theatmarus zu
Verden, wie er in dem unter Kaiser Ottone von dem Bischof Brunone etwa
A. 911 fundirte Kloster zu Ulsen anstatt der Kloster Chanoinessen auf
Befehl Kaisers Lothari Mönche von Corvey eingeführet, hat dem Kloster
unter vielen andern Zehnten auch den Rodezehnten in den Elb-Inseln,
welcher ihm als Episcopo Dioecesano ordinario gehörig, beygelegt und von Ho-
reburg, jetzo Harburg, an die Amenberg, laut Bischofs Thietmari Brief de
A. 1142. ap. MARTENE T. I. Collect. Coll. 769. in el.

> decimas earum haud Ecclesias permittimus & insuper decimas de No-
> valibus in insulis Albiae usque Amerenberg.

Ich vermuthe, daß Auenberg in insula Albiae quae dicitur Ossenwer-
dere im Briefe des Bischofs Thietmari in Amoenenberg corrumpiret sey:
indessen erscheinet doch daraus so viel, daß die Elb-Insel unter des Bischofs
zu Verden Sprengel gestanden. Aus dem Briefe des Decani und Capituli
zu Verden d. A. 1714. ap. Stephorst P. IV. 2. aber erscheinet noch mehr,
daß noch außer Ochsenwerder auch die übrigen Elb-Inseln an den Verdi-
schen Dioeces gehöret. Nachdem der Pastor der Kirche zu Auenberg in
Ochsenwerder darin allen Priestern und Kirchen auf den Elb-Inseln Verdi-
schen Dioeces, wo sie liegen, parificiret worden, daß er nur einmal im

Obs. II, De Paludibus & Insulis Albiae.

Jähe dem Archidiacono in Zlefeld die procurationem Synodalem exhibret, wenn seine parochiani mehr als einmal im Jahr den Synodum besuchen sollten. Der Brief d. A. 1254 ist allhier eingerückt:

Henricus Dei gratia Decanus totumque majoris ecclesiae in Verda Capitulum omnibus praesentem paginam inspecturis salutem in Domino. Cum omnium habere memoriam divinum sit potius quam humanum, ideo necesse est, ut ea quae geruntur in tempore ne oblivionis fragilitate labantur cum tempore scriptis annotari. Veniens igitur ad praesentiam nostram Rudolphus Plebanus Ecclesiae in Avenberge sitae in Insula Albie quae dicitur Ostenwerdere et suas et hominum praedictam insulam inhabitantium exposuit necessitates, conquerendo, quod cum eadem insula propter mundationes et fluminum tempestates pateretur sepius detrimentum, non posset idem plebanus & quicunque eiusdem ecclesiae esset Rector pro tempore bis in anno secundum quod fuerat hactenus servatum Archidiacono procurationem Synodalem exhibere nec etiam parochiati propter dictam causam bis in anno possent ad synodum convenire, humiliter itaque idem plebanus nobis supplicavit ut cum et suam ecclesiam aliis sacerdotibus omnibus & Ecclesiis suis ubicunque in Insulis Albie per Dioecesin Verdensem volumus parificare ita cum Plebani aliarum ecclesiarum non teneatur nisi semel in anno unam procurationem ratione synodi exhibere suis Archidiaconis, ipse etiam predictus Plebanus & quicunque fuerit pro tempore non teneatur nisi unam procurationem nomine synodi suo Archidiacono prestari, nos itaque predicti rectoris petitionem fore rationabilem ex praedictis causis consideratis statuimus quod quicunque fuerit Rector dicte Ecclesie in Auenberge ratione synodi exhibere, nec etiam parochiani eiusdem Ecclesie in Auenberge teneatur nisi semel in anno tempore praedicto, ad synodum convenire. Et quia statutum hoc perpetuo volumus observari, ideo presens scriptum super hoc confectum, sigillo nostri Capituli ac sigillo Gerardi scholastici, tunc Archidiaconi in Hesuelde, qui consentit statuto predicto, placuit communiri. Actum Verde in capitulo nostro Anno Dni 1254 in decimo Calend. Juny.

(L.S.)   (L.S.)

In Riechwerder finden sich:
1) Krautel an der Osten Elbe Einfluß,
2) Ripenburg,

3) Col

Obs. II. De Paludibus & Insulis Albiae. 103

3) Tollenspieker,
4) und die Kirchwerder Kirche,
5) der Munchehof, samt den unter der Kirchwerderschen Amts Harburgischen Vogtey gehörigen Unterthanen.

In Ochsenwerder unter Kirchwerder sind auf den Charten gezeichnet
1) Thom Hagelte gegen ovet
2) Thom Gowerk gegen Morwerder über,
3) die Ochsenwerder Kirche,
4) und in der Spitze herunter das Spadeland.

Alle diese Orte in Kirchwerder und Ochsenwerder haben ein von der Gose- und Norder-Elbe umflossenes Werder ausgemacht. Die Gose-Elbe ist an das Spadeland nach Ripenborch herunter, und die Norder-Elbe an Gouwerk und Hagelto herunter auf den Tobenspiker geflossen. Kirchwerder und Ochsenwerder hat jedoch jedes seine Kirche beide Verdischen Dioecesis gehabt. In den Briefen Henr. Decani Verdensis A. 1244. ap. STAPHORST Vol. II. P. I. p. 32. Ja, und Gerardi Grafen von Schaumburg A. 1255. ap. STAPH. d. Vol. II. P. I. p. 34. wird Ochsenwerder und der darin belegenen Kirche in Avenberg als einer insulae Albiae gedacht, wovon, so viel die Insel Ochsenwerder betrifft, dieses laut besagten Briefes d. A. 1255. denen Grafen von Schaumburg zugestanden. Da es nun schon dero Zeit als eine Elbinsel angegeben, so ist auch dahero gewiß, daß sie von der Gose Elbe an einer Seite nach Neuen Gamm beflossen, wie denn auch Ostenwerder viele inundationes erlitten, laut Briefes des Decani in Verden A. 1254. Ossenwerder ist laut vorbesagter Briefe d. A. 1254. und A. 1388 Verdensis Dioecesis gewesen, woselbst das Stift Verden den Zehnten gehabt, SPANG. Verd. Chron. p. 131. p. 134. Und ein gleiches bezeuget STAPH. P. IV. 1. aus öftigen Urkunden, daß Kirchwerder mit allem Zubehör dem Bischof von Bremen unterworfen gewesen, wie nun auch der Bischof zu Verden als Episcopus dioecesanus den Zehnten in Kirchwerder gehabt. SPANG. Chron. Verd. p. 114. p. 127. welchen der Bischof Joh. zu Verden A. 1429 zu Einlösung des Schlosses Rotenberg an das Kloster Schornbeck verkauft, laut dessen Briefes beym Hofr. Scheidt in der Einleitung zum Staatsrecht p. 819. in dem:

vendidimus decimam majorem cum minuta & earundem decimarum fructibus redditus et proventus in Kerckwerder.

Noch wird beym WESTPHAL in summa Copiarii Reinbecensis T. IV. p. 3426. das Redebrock zwischen dem neuen Gamme und Ochsenwerder im Karspel (Kirchspiel) Curade angegeben. Das Reidbrol, ein District über neu Gamme, ist in Dankwerts Charte von Ditmarsen ad p. 246. und von Stormarn ad p. 240.

p. 240. zwischen der Gose und Dove Elbe daselbst gezeichnet, zwischen Bill-werder gegen Altermoch und Ochsenwerder.

Stilhorn hat vor Alters den Groten gehöret, als wovon dieselben Schat und Zehnten erhoben und worin sie ihren Vogt gehabt, wie folgender Extract Brieffes Erich Groten A. 1363. beym Pfeffinger Vitrier. illustrato T. II. p. 885. ergiebet:

Wy Otto Grote Hern Geverts Graten, des RIDDERS Sone WA-PENDRAGERE bekennen und betugen openbare in dussen jegenwardigen Brove dat Wy eindrachtiglich, unde mit wol vorbedachtem beratem mode, alle User Erven und Unsere nexte Blotsvorwanden over enkamen sin mit den Erliken Mannen Eler Pannen Borger tho Hamborg Vakern Offen-Prester UNSEME Vagde; Detrich Rodern Vagdt in Offenwerder Christiaen Jungen, dat alle inwonere de nun syn und noch kamen wegen UNSES Landes STILHORNE UNS und UNSEN Erven edder Nakomen geven scholen, vor jeden Morgen Ploglandes enen Schilling Penningh vor Schatt unde enen Schilling vor den Tegeden alle jar up S. Martins Dagh der Bischops; unde vor jedem ungebowden edder wosten Morgen nichtes mehr als enen Schilligh vor Schatt &c. Hamburg Anno 1363. am wende Margrethen der billigen Junfer und erliken Marteler schen.

Ich bemerke hiebey dieses, daß Stilhorn nach der unter Henrici Leonis Söhnen A. 1203 zu Paderborn gemachten Theilung nicht zu der Lüneburgischen Portion Wilhelmi Ducis, als welche vor der Seve zugekehret, sondern zu Henrici Palatini Portion, welche bis an die Seve gangen, gehöret.

In Engelland sind der Oerter Stil-ton mehr, und werden der Bedeutung nach so viel heissen als villa serena tranquilla v. BENSON. v. Berks. Der Ort Stillhorn ist vor A. 1387 nach Arenberg in Offenwerder eingepfarret gewesen. A. 1387 hat Otto Grote unternommen darauf eine besondere Stilhorner Pfarrkirche zu erbauen und zu dotiren. Da aber hierüber zwischen dem damaligem Kirchherren Johannes zu Arenberg in Ochsenwerder und Otto Groten Streit entstanden, indem der Kirchherr zu Arenberg solches seiner Kirchen als wozu Stilhorn gehöret, präjudicirlich gehalten, ist die Sache zwischen Otto Groten und den vornehmsten Einwohnern zu Stilhorn Beyderseits Diocesen und den Kirchherren zu Arenberg von dem Bischof Johan von Verden dahin verglichen: Nachdem der Weg nach Arenberg denen Stilhornern bey hohem Wasser und Innundationen gefährlich und eine Pfarrkirche zu Stilhorn anzulegen gestattet, so daß der Stilhorner Kirchherr und Inraten, der neu zu erbauenden Kirche, dem Kirchherren zu Arenberg, zum Zeichen, daß sie von der Arenberger Pfarre erlassen, auf beschehene Anmahnung

Obs. II. De Paludibus & Insulis Albiae.

des Rectoris zu Avenberg jährlich zu Weynachten in den zwölfften eine Pension von 6 Marck Lüneburg. Pfenningen, andere Einkünfte, die der Kirchherr von Avenberg sonst von ihnen gehabt, vorbehältlich entrichten, allenfals in poenam retardatae solutionis nach Art der wachsenden Zinsen die jährliche Pension von 6 Marck Lüneburg. Pfenningen nach dem zwölfften oder breyzehnten aufs duplum, den vierzehnten aufs triplum aufschlagen, und so weiter der numerus mit der reduplication multiplicando hinan steigen solte; im übrigen die geistlichen *jura ordinaria* und *Archidiaconalia* über die Stillhorner Pfarren dem Bischof zu Verden und *Archidiacono* zu Hitfelde reserviret bleiben sollen, alles laut Briefes Bischof Joh. A. 1388. welcher aus dem STAPHORST *P. 1. Vol. 2. p. 665.* alhier eingerücket:

Johannes Dei & Apostolice Sedis gratia Episcopus Verdensis. Ad notitiam omnium & singulorum deducimus, quos nosse fuerit oportunum. Quod nuper constituti in nostra presencia discretus Vir Dn. Johannes, Rector Ecclesie parochialis in *Auenberghe*, pro se & Ecclesia sua parte ex una, ac strenuus famulus Otten Grosen & nonnulli coloni pociores insulam dictam Stillehorn inhabitantes, scilicet Johannes Rode, Johannes Junghe, Gherlasf, Johannes Beyge & Johannes Segemann, nostre dioecesis, parte ex altera. Post dissensionis materiam super instauracione nove Ecclesie parochialis in dicta insula exigende, cujus instauracionem idem Rector in *Auenberghe* Ecclesie sue preiudicare, cum utriusque sexus homines inibi morantes, quoad jura parochialia recipienda & reddenda ab antiquo, cuius contrarii memoria non existeret, ecclesie sue predicte pertinuissent & pertinerent, dicebat, coram nobis diutius suscitatam, nobis humiliter supplicarunt, ut circumstanciis universis & singulis, maxime periculis viarum, que aquis inundantibus in illis partibus non improvide timeri poterint consideratis predictam dissensionis materiam tollere, ac perviam concordie et permanentis amicitie decidere, cum interpositione nostre auctoritatis ordinare curaremus. Nos igitur, cum simus in partem sollicitudinis vocati præsertim hiis, que amplificationem divini cultus respiciunt, operoso studio intendere debeamus, habita tamen semper ratione, ne ampliatus egestate depereat cum spiritualia sine temporalibus diu, secundum canonicas sanxiones, subsistere non possint, de multorum sapientum consilio, partibus hinc inde presentibus & consentientibus, taliter duximus ordinandum, eosdem amicabiliter concordando, quod Rector & jurati dicte nove Ecclesie instaurande in insula Stillehorn, qui pro tempore fuerit, vel fuerint, coniunctim vel divisim, prout super hoc à predicto Rectore in *Auenberge* moniti fuerint, singulis annis, singu-

Grup. Orig. Germ. ater Theil. O lis

in festivitatibus Nativitatis Christi duodecim diebus pro festivitate Christi, continue computandis perpetuis temporibus, predicto Dno Johanni Rectori, suisque in dicta Ecclesia Auenberge successoribus sex marcas denariorum Luneburgensium integraliter et expedite in signum dimissionis jurium Ecclesie Auenberge in dictam insulam *Stikehorn* competentium exsolvant, quam quidem pensionem sex marcarum predictarum, si dictis duodecim diebus Nativitatis Christi non solverint, extunc in penam retardate solutionis tridecima die duplum, & quartadecima die immediate sequente triplum, & sic ulterius numerum multiplicando cum reduplicatione pene, semper ascendendo, prout dicti coloni pro se, Rectore & juratis futuris sepe dicte Ecclesie instaurande perpetuo observare et exsolvere, fide data, promiserunt, salvis aliis redditibus & pensionibus, quos ante instauracionem hujusmodi nove Ecclesie, Rector dicte Ecclesie parochialis in Auenberge, in dicta insula Stikehorn percipere consuevit, in quibus ipsi Rectori, vel suis in posterum successoribus per dictam nostram ordinacionem nolumus derogare. Ceterum ordinamus, quod medio tempore, quo dicta ecclesia fuerit instaurata, nec etiam consecrata dicti coloni, Johannes Rode, Johannes Junghe, Gherlaff, Johannes Beyge, & Johannes Stegemann, sepe dicto Dno Johanni Rectori in Auenberghe, vel suo successori, de dicta pensione sex marcarum eodem modo, ut superius expressum est, respondebunt. Preterea omnia premissa predictis colonis sic observantibus, maxime ad instantiam dicti Ottonis Groten famuli, novam Ecclesiam parochialem in Stikehorn instaurandi, ac in titulum erigendi, ipsamque prout juris est, dotandi, consecrandi ac alia faciendi, que de jure fuerint facienda, auctoritate nostra plenariam concedimus facultatem. Juribus tamen ordinariis & Archidyaconalibus nobis & successori nostro nec non Archidyaconis in Hitvelde, qui pro tempore fuerint, reservatis, prout hec omnia & alia premissa in literis confirmationum super dicta Ecclesia conficiendis plenius deducentur. In quorum omnium et singulorum evidens testimonium presentes literas nostri sigilli munimine duximus roborandum. Acta sunt hec Buxtehude A. Dni MCCCLXXX octavo, ipso die b. Vitalis Martyris, sub nostro sigillo, presentibus honorabilibus & discretis viris Dnis Hinrico de Leze, Archidyacono in Sotzenbus, Tyderico Preposito in Buxtehude, nec non Roberto, Plebano in Kerkwerder, Castellario nostro, testibus ad premissa vocatis specialiter & rogatis.

(L.S.)

Wer.

Cap. II. De Paludibus & Insulis Albing.

Worauf Otto Grote die Stilhorner Kirche erbauet und dotiret, und hat der Archidiaconus Jo. de Elze, als in dessen Archidiaconat die Elbinseln Ossenwerder und Stilhorn liegen, in seinem Briefe A. 1397. in Die B. Elisabeth beym PFEFFINGER *Vitriario illustrato T. ll. p. 885.* darüber, daß dieses also geschehen, folgende Urkunde ausgestellet:

> Nos Johannes de Elze Archidiaconus in Hetfelde *notum esse cupimus publice protestantes quod admodum venerabilis in Christo Pater Dn.* Johannes *Episcopus Verdensis ad instantiam* Ottonis Groten & *suorum filiorum armigerorum,* fundum & dotem *observantiam in insula* Stelhorn *novam ecclesiam parochialem instauravit, creavit & erexit & sumtibus dictorum armigerorum constructam auctoritate dicti domini Episcopi finita est & consecrata &c.*

Der Bischof Johann zu Verden gedenket in seinem Briefe d. A. 1388. worin er den Groten die Vergünstigung giebet, in Stilhorn eine neue Pfarrkirche zu erbauen, und sich und dem Archidiacono die iura ordinaria & Archidiaconalia vorbehält, daß über die neue Pfarrkirche noch ein besonderer Confirmationsbrief ausgefertiget werden soll, welcher, so viel ich weiß, noch nicht ans Licht kommen.

Der Brief des Bischofs Joh. zu Verden A. 1388 betrifft die Fundation der Wilhelmsburger Pfarre in der vorhin genannten Insel Stilhorn jetzo Wilhelmsburg, und zeiget, daß Wilhelmsburg Dioecesis Verdensis und nach Svenberg eingepfarret gewesen, wegen der gefährlichen Wege, die von der Inundation zu besorgen, aber zur besonderen Pfarre errichtet, jedoch dem Rectori Ecclesiarum zu Apenberg insignis dimissionis iurium Ecclesiae in Avenberg jährlich 6 Mark Lüneburg. Pfennige zu bezahlen.

Die Insel Stilhorn, welche die so genante Norder-Elbe an, over, und den neuen Lande nach Harburg; und an der Seite zwischen Stilhorn und Ossenwerder die Süder-Elbe umfließet, enthält 4 Districte in sich:

1) gegen das neue Land, die Neuländer Kornweyde,
2) gegen Harburn, die Harburger Kornweyde,
3) den sogenanten Schlusgraben,
4) Stilhorn gegen der Süder-Elbe und darüber Ossenwerder

Stilhorn ist vor A. 1388 nach Svenberg in Ossenwerder eingepfarret gewesen. In A. 1397 ist in Stilhorn eine besondere Parochie fundiret. In neuer Zeit ist Sinsfeld die Ecclesia *matrix* oder Mutterkirche von Apenberg gewesen. Eben so ist es auch mit Gothausen gegangen, wovon, laut Briefes Bischofs Hinrich zu Verden, A. 1419 sp. SLOPKE *Hist. Bardon. p. 502.* Edescorpe, Thundoff, Eckensdorpe, Delde, Gudgesmus

Obs. II. De Paludibus & Insulis Albis

mulen und Soderendorpe (Sarenborf) abgenommen und zu Odestorpe eine Pfarre, der die übrigen Oerter incorporiret, angelegt. Das neue Land ist zu Herzog Ottonis strenui Zeiten A. 1296 als eine *novella plantatio* allererst angeleget und jetzo an die Harburger Pfarre eingepfarret. Mohrwerder zeiget sich in Dankwerts und Schenken Charte auf der Insel Stilhorn, und heißet der Ort, wo er von einem Einwohner bewohnet wird, die Saßenburg, auf den Charten aber ist Rickenhus in diesem Mohrwerder gezeichnet. Bey Mohrwerder theilet sich die aus dem Lüneburgischen herfließende Elbe in die Süder- und Norder-Elbe. Die Norder-Elbe macht nach Dankwerts und Schenken Charten zwey Arme. Ein Strang, welcher auf den Charten Norder-Elbe gezeichnet, fließet an einer Seite an Stilhorn und Reyger-Strieg; an der andern Seite an neu Stilhorn und so weiter die Peute und Veddel herunter. Der andere Arm fließet zur rechten aus Spadeland und weiter an Tarenberg unter Ochsenwerder belegen, an der linken Seite an neu Stilhorn an die Peute und Veddel herunter, und werden die Peute und Viddel durch ein Siel geschieden.

Altenwerder, eine Insel Amts Harburg, an der Süder-Elbe gegen der Mohrkirch sonst Morenfl-elber Kirche von Grendes-Mohr jetzo Mohrburg, welches unter Herzog Ottone Strenuo nach der darüber vorhandenen Urkunde im Deichband gebracht worden, hat allem Ansehen nach zu der veteri *comitia Stadensi*, die sich auch über Harburg bis an die Seve erstrecket, gehöret, und ist merklich, daß die vorstliche nach Bremen gehörige Seite sich mitten im Predigerhause, wodurch die Scheidung gangen, terminiret, und die ehemalige Stiftshelfte noch jetzo besondere Vorrechte genieße, in Ecclesiasticis aber zum Verdischen Dioeces gehöret. Daß es unter den Elbinseln ein von der Süder-Elbe umflossenes Werder gewesen, zeiget der Name an. Der dasigen Altenwerder Pfarre sind eingepfarret

1) Dradenau, eine Insel bey Reusenbusch, gegen Finkenwerder, woselbst auch die Tradenauer Weide und Griesswerder, welche von Traubenau, ein Hamb. Cämmereygut, durch das Traubenauer Fleth separiret,

2) Roß sonst Roswerder, worauf etwa sieben Häuser, auch ein Hamburgisch Cämmereygut, welches unter dem so genanten Kirchhof nach den Grevenhof nach Hamburgwerts liget, und durch ein Flet, der Kohlbrand genant, von Griesswerder unterschieden wird,

3) der Rugenberg, Hamburg. Gerichtsbarkeit, eine Insel zwischen dem Kirchhof und Roß zur rechten nach der Reygerflege Seite und Dradenau,

4) Reusenbusch, eine Insel Amts Harburg.

5) Rad-

Obſ. II. De Paludibus & Inſulis Albiæ.

5) **Radwic,** beym hohen Schaar, ein Herrſchaftl. Vorwerk Amts Harburg.
6) **Neuhof,** ein adeliches Grotiſches Gut.

Finkenwerder, eine Inſel zwiſchen der Süder-Elbe an das neue Feld im alten Lande, und der norder an Neuenſtedten fließenden Elbe und durch einen Strang von der Elbe, die Ow genant, von Trabenow getheilet, hat nach allen geſchriebenen Charten begriffen:
1) das bedeichte Finkenwerder, worauf die Kirche,
2) die Oſten buten dicker Weyde,
3) die weſten buten dicker Weyde,
4) das unbedeichte Finkenwerder gegen Neuenſtedten und vor Neuenſtedten liegenden neuenſtedtner Sand.

Daß es eine terra continens vom alten Lande geweſen, ſteht nicht zu behaupten, da die Süder-Elbe allemal Harburg vorbey gegangen, die ESCHEDE beym Cranz in dieſen Strang gefallen, und die vielen der Orten belegenen Inſuln den Süder-Strang aufweiſen. Daß es aber mit zum alten Lande gerechnet, ließt ſich aus ihren mit den alten Landen gleichen Trachten, gleichem Dialect, Sitten und Weiſe wohl einiger Art vermuthen.

Das ſo genante unbedeichte Finkenwerder iſt der Hamburgiſche gegen Neuenſtedten belegene Theil, welcher ſich zu Finkenwerder hält. Zu Neuenſtedten kan das Hamburger Finkenwerder nie gehöret haben, nicht vor der Reformation, zu welcher Zeit die Elb-Inſel Verdenſis Diœceſis, Nienſtadt aber Bremenſis Diœceſis & Praepoſiturae Hamburg. in Stormaria geweſen. STAPHORST P. I. Vol. I. p. 467. nicht nach der Reformation, als nach welcher die Einpfarrung nach Neuenſtedten auf den Dominum Territorialem, welcher die Epiſcopal Rechte über Neuenſtedten exerciret, als auf Holſtein beruhet haben würde. Nach der von STAPHORST P. I. Vol. 2. p. 29. angezogenem Regiſtratur haben Sibrand und deſſen Frau A. 1248. dem Hamburgiſchen Hoſpital St. Spiritus 8½ Gehöfde in Finkenwerder. In den Urkunden der Memorie im Dom ap. STAPH. P. I. V. 3. p. 594. ſteht von Finkenwerder:

14 Pfen. in Finkenwerder *vacat quia terra* deſolata *eſt.*

Die Elb-Inſeln, über der Elbe *Slavis* und insbeſondere *Terra Polaborum*, die an der Elbe bis nach dem Einfluß der Bille in die Elbe ſich geſtrecket, war alles in *patrimonio Henrici Leonis*. In dejectione viri praepotentis Henrici Leonis, wie Kaiſer Friedr. I. beym HELMOLDO L. II. c. 35.

Obſ. II. De Paludibus & Inſulis Albiae.

§. n. 4. ſpricht, hat alles nicht in offenbahrer Fehde, nach nach der Völker Recht, juſto & aperto bello, ſondern RAPINIS & DEPRAEDATIONIBUS, zugegriffen. Von Lauenburg ſchreibet HELMOLDUS L. II. c. 16. ad A. 1192. daß, wie dieſes ent ehret, es geſchienen, daß ihm Gott noch einige Ueberbleibſel aufbehalten wollen.

Sicque praeter ſpem liberata eſt Lauenburg -- — quia Duci Henrico aliquas reliquias transalbinas Deus reſervari voluit.

Daß Henrici Leonis Söhne auch noch patrimonia in Saxonia transalbingica, usque ad Slaviam, und in Slavien ſelbſt souteniret, erſcheinet daraus, daß in brüderlicher Erbtheilung A. 1203 dem jüngſten Bruder WILHELMO zugetheilet:

qui:quid eſt ultra Albiam & usque ad Slaviam proprietatis.

und HENR. PALATIN. mit ſeinem patrimonio circa fluvium Gamma Graf Adolph von Schaumburg, wiewol ohne ſeiner Agnaten Conſens, belieben. Bergerdorpe iſt vorhin Patrimonium Henrici Leonis in Slavia Transalbingica geweſen, wie Gamma auch war, als womit Henricus Palatinus Graf Adolph von Schaumburg beliehen. Im 14ten Seculo war es ein von der Hauptburg Lauenburg abhängiges Schloß Weichbild, eine Herrſchaft und Voigtey, wovon die dazu gehörige Maſch und Geriſtländer abhingen, welche Herzog ERICH der Eltere Herzog Alberti Sohn an Lübeck anſetzet, laut Briefes de A. 1310 ih deduct. Molnens. p. 57.

Conſulibus Civibus & univerſali civitatis Lübec. rite ac rationeliter obligavimus & oppignoravimus — — Caſtrum & oppidum noſtrum Bergerdorpe cum Advocatia cum bonis terrae dictis Merſch & Ghrſſ.

Zu welcher Vogtey Bergerdorp auch gehöret de Krowel zwiſchen den Coſſenſpieker und Rupenberg und Kirchwerder an der Elbe belegen, laut Diedrich von dem Berge A. 1533. DEDUCT. MOLN. p. 56.

Dat Dorp than Krovel am Elfſtrom in der Vogdy tho Bergerdorp.

Es hat aber A. 1296 Palmarum Horeburg. Herman Ribo junior Herzog Otteni Sitennip ferream & caſtrum KERKWERDER & teloniam in EISLINGE gegen Güter in Lüwb. vertauſcht, OSSENWERDER aber haben A. 1298 die Grafen Johan und Albert von Schaumb. unter ſich gehabt, und in ſelbigen laut ihres Briefs d. A. 1295 abgethan:

Obf. II. De Paludibus & Infulis Albiae.

quasdam irrationabiles Confuetudines tute jus dantes, quod ſi forte quod abſit aliquem occidi vel vulnerari contingat parentes vel conſanguinei ipſius occiſi vel vulnerati non poſſint, quamquam de cognatione partis adverſae, qui huic pacto perſonaliter non interfuit ad duellum vocare vel impetere ſicut antea hoc ſolebat.

Von denen Gütern und Zehnten in Oſſenwerder ſpricht der Brief des Grafen von Holſtein, welchen STAPHORST *P. I. V. I.* in dem Niehauſiſchen Inventario *n.* 299. mit ſpecificiret. Die nächſt unter Ochſenwerder befindliche Inſul Stillhorn iſt auch von den Grafen von Schaumburg zu Lehn gangen, jedoch iſt A. 1313 das Dominium directum von Werner GROTEN erlanget. A. 1672 iſt Stillhorn nach Herzog Georg Wilhelm Namen Wilhelmsburg genant, der ſie von denen Groten gekauft.

Was die Herrſchaft Bergdorf betrift, ſo wird in Charta Detlevi Epiſc. Lazeb. A. 1452. ap. WESTPHAL *T. II. p.* 2327. angezogen ERICUS SENIOR Reſidens in Bergerdorpe. In dem Briefe Herzog Erich und Bernd. A. 1418. ap. WESTPHAL *T. II. p.* 2322. wird geſagt, daß ihr Vetter Herzog Erich von dieſem Bergerdorp Herzog von Bergerdorp genant, in verbis:

unſe liebe Veddern Hertog Erichs von Saſſen anders genant Hertog von Bergerdorp.

Dieſer Herzog Erich der Eldere hat laut ſeines Briefes de A. 1370. *Dominium ſuum Bergerdorpe cum attinentiis* an Lübeck verſetzet. Laut Uhrkundes de A. 1401. Deduct. Molnceaſi *p.* 61. haben die Lübecker Herzog Erich wieder aus geantwortet:

Schlott und Wykebelde tho Bargedorpe und de ewe Ketſpele Korslake und olde Gamme, vortmer Gſthachede und den halwen Wald.

Alle dieſe Oerter liegen in der Ordnung an der Elbe, und an der Doven Elbe herunter:

a) Geiſthacht an der Elbe gegen Reme und Marſchacht.

b) De olde Gamme un de olde Gammer Retke ohnweit davon und an dem Gammer-Ort.

c) An der Doven-Elbe die Koßlacker Kirche und zwiſchen der Koßlacker

lacker-Kirche und den linken Arm der Bille an der Doven-Elbe ohnweit Bergerdorp der Ort genant (in der) Korslacke.

A. 1420. haben die Lübecker und Hamburger die Stadt Bergerdorp belagert, verbis Korneri:

Cum bombardis & Petroriis pice & pulveribus Subpetrinis.

Laut des Perlebergischen Vertrags d. A. 1420 am Barthol. Abend ap. LÜNING R. A. T. X. p. 353. sind den Lübeckern und Hamburgern von dem Herzog Erich Albrecht *Magno* Berend und Otto abgetreten.

Die Schlösser Bergerdorp und Riepenburg und der Zoll zu Eßlingen samt der Lehre.

Diese Oerter Ripenburg, ein Schloß an der Elbe, wo die Gose-Elbe daraus ihren Abfluß nimt, hart dabey Krewel und dabey Tollenspiker in Kirchwerder, wovon Hermannus Miles de Kirchwerder, der den König Erich von Dännemark ertrenket, Histor. Gent. Danos. ad A. 1250. LAMB. *Orig. Hamb.* L. II. p. 35. den Namen gehabt.

In dem Lehnbriefe Kaisers Sigismundi d. 1414. ap. LÜNING d. l. werden den Herzoge von Sachsen Lauenburg noch belieben

mit den Schlössern Ertenberg (jetzo Atlenburg) Ribenborch, Bergendorf item die Berkwerder.

welches alles patrimonia Henrici Leonis, die ex rapinis in dejectione Henr. Leonis zum Theil verflogen, zum Theil noch in Brocken vero suo & justo Domino übrig geblieben. Im Kirchwerder hat das Amt Harburg annoch seinen District als zur Hausvogtey Harburg nebst Ober- und Neuen-Lande gehörig. Die so genante Lübeckische und Hamburgische Communion vier Lande, jetzt zum Amte Bergerdorp gehörig, begreifen

1) die alte Gamme trans Albiam in *Slavia trans Albina*,

2) den Roslae unter alten Gamme auch in *Slavia trans Albingica* als über der Elbe gelegen,

3) Neue Garn, darin die neue Gammerkirche in *Saxonia cis Albingica* zwischen der Dove- und Gose-Elbe,

4) Kirchwerder zwischen der Elbe und Gose-Elbe, worin Ripenborch der Krauel, Tollenspiker und Kirchwerderkirche.

Obs. II. De Paludibus & Insulis Albiae. 113

Von Herzog Wilhelm zu Lüneb. hat Krantzer ad A. 1362 notiret, daß dero Zeit Ripenburg Herzog Erich von Sachsen Lauenburg zugehörig mit Sturm erobert, Gamm und Kirchwerder verwüstet, und an dem Gammer Ort eine Feste angelegt, auch Arlenburg eingenommen in cl.

Folgendes 62ten Jahres zog Herzog Wilhelm von Br. und Lüneb. für Ripenburg, welches dero Zeit Herzog Erich zu Sachsen zugehörig, eroberte das Haus mit Sturm, verbrante und verwüstete die Gamme und den Kerckwerder, und legte eine Festung an der Gammer Orth, darnach zog er vor Ernebuig, gewann das Städtlein und besetzte es.

Die alte Gamme finde ich in Schenken und Valken Charte in dem District, wo oben die alte Gammerkirche und unten Koslach mit einem Fluß und nach wo Bergdorf, adleer Schlach und die Horst gezeichnet, mit einem Fluß umzogen, beide aber sind nicht genant. In Danckwerts Charte von Tritow findet sich auch die beiden kleinen Flüsse, welche beide bey Bergdorf in die Bille gehen, maxepiret, und in der Charte von Lauenburg zeiget sich nur einer, welcher unter Bergdorf in den rechten Arm der Bille tritt. In meiner alten Charte ist zwischen dem Sachsen Wald und der Doven Elbe die alte Gamme, als ein großer District, ohne besagte beide Flüsse gezeichnet. Dies wird von Gelehrten des Orts am besten zu erläutern stehen. Bey diesem allen aber ist merklich, daß HELMOLDUS L. VI. c. 12. des PATRIMONII HENRICI PALATINI CIRCA FLUVIUM, der Gamme genant, gedencke in cl.

Ita ut Dux patrimonio suo quod circa fluvium qui GAMME dicitur habebat eum infoedciaret.

welches KRANER ad A. 1204. aber mit Uebergehung des Flusses, so ausgedruckt:

ut Henricus Palatinus patrimonio suo quod prope Albiam habebat dictum Gamme ipsum (Comitem Adolphum) infoedaret.

In den Urkunden des Hamburgischen Dohms ap. STAPH. P. I. Vol. 3. werden beide Gammen unter die *paludes Albiae* gerechnet

in PALUDIBUS terrae in veteri & nova Gamma.

Nach dem Kieler Erbvertrag d. A. 1390 beym GOLDASTO Memor. Hofsat. in WESTPHAL T. IV. p. 1663. sind Graf Otten von Schaumburg gegeben, wie die clausul lautet:

Obſ. II. De Paludibus & Inſulis Albiae.

geve wi ene dat Land der Billenwerder und alle de Werder
do dar tho gehören - - Dat tho geve wy en alle Ge-
rechtigkeit die unſe Vedder Greve Aleff vorbenombt hadde
in deme Tegenden tho dem Oſſenwerder dar de von Me-
damge ene an bewah. e.

Welchem Theilungsvergleich auch SPANGENBERG in *Schaumb. Chron.* L. II.
c. 20. p. 106. angezogen.

Wie Billwerder an Hamburg verſetzet, und auf einem Wiederkauf ge-
ſtanden, davon hat GOLDASTUS in *Memor. Holſaticis* ap. WESTPHAL
T. IV. p. 1114. folgenden Extract aus des Raths Briefe d. A. 1395 einge-
rückt:

Wie B. v. Rathmanne der Stadt Hamburg bekennen und
betügen openbar ꝛc. dat unſen leven edlen Herrn Herr Ot-
to Greve tho Hollſtein Schomberg und Her Berend ſin
Broder Provſt tho Hamborch uns gezent und geven heb-
ben vollenkommene Macht, da wy ohr Land geheiten der
Billenwerder de tyde de ohres Veddern Graven Aleſo ſeh-
lig Gedechtniß wendages Graven tho Hollſtein und tho
Stormarn und nach Verdrachte und Villkort ohrer Vet-
tern Grafen Clauß Hertzogen Gerds Hertogen to Schles-
wy und Greven Alberts Greven der fürgeſchrieben Lande
tho Hollſtein und tho Stormarn ohme erſtlicken tho
kommen und anfallen is mögen to uns kopen und loſen ꝛc.
Hamburg 1391.

Ueber die Ablöſung Billwerders ſind bey Kaiſerl. Cammergericht beſondere
acta ergangen, deren Goldaſtus in Memorandis Holſaticis verſchiedentlich ge-
denket. Was Herr Syndicus Kleſeker von Billwerder angeführet, daß
der Brief d. A. 1385 die Hamb. Poſſeſſion erweiſe, dem juri reluitionis
nachher verziehen, und eben die Bewandniß habe mit den Inſuln Ochſen-
werder, Mohrwerder, und dem halben Finkenwerder, lautet daſelbſt
alſo:

Charta quae poſſeſſionem Billwerderae *docet A. 1385 cum reluitionis*
jus (cui poſtea renuntiatum eſt) Comitibus ſalvum adhuc relinqueretur.
Legitur ad remonſtrationem Danicam Hafniae A. 1742 d. 16 ſept.
Vulgatum lit. G. GG. Eadem ratio eſt inſularum Ochſenwerder, Mohr-
werder & dimidiae partis Inſulae Finkenwerder, uti patet ex conven-
tione

Cap. II. De Paludibus & Insulis Albiacis

...... *clause de dividendis terris inter comites inita A. 1390 & sub lit. N.*
N. Mantissae ad Remonstrationem Danicam A. 1643 adjectas.

Zum Amte Reinbek rechnet DANKWERTS p. 248.

1) den Reitbrok zwischen der Doven und Gosen Elbe,
2) Krauel und Kirchwerder,
3) die Höfe in Billwerder,
4) und die Höfene in der alten Gamme,

welche Güter des ehemaligen Jungfern Klosters Reinbeks, wie aus dem *Diplomatario Reinbec.* beym WESTPHAL *T. IV. p. 3415.* ersichtlich. Die bey dem Hrn. von Westphalen daselbst bemerkte jenseit der Bille belegene acht Dörfer, Rotel, Mollenrade, Sulhagen, Telkan, Branzen, Escheburg, Wentorf und Wolvorf, liegen also bekäntlich nicht, wie Reinbek, in *Germania*, als welches sich mit der Bille terminiret, sondern in *Slavia Trans Albingica, Terra Polaborum Henrici Leonis olim dicta*, jetzo im Herzogthum Sachsen Lauenburg. Und wenn diese Dörfer gleich ex pactis privatorum erlanget, wie der Herr von Westphal daselbst *p. 3432.* notiret, so bleibt dennoch das territorium Lauenburgicum & quod *publici iuris* est pactis privatorum immutabile.

GAMME in specie *Nova Gamme* prope Doven-Elbe wird in Niehusen invent. Diplom. *nr. 608.* ap. Staphorst *P. IV. I. p. 504.* aus dem Briefe Erici D. Saxoniae also bezeichnet:

prope Dove-Elbe in nova Gamma.

Dieses Gamma hat vor Alters *ad patrimonium* Henr. *Leonis* gehöret, und hat dessen Sohn Henricus Palatinus bey seiner Aussöhnung mit Graf Adolph von Holstein diesen gegen ausgezahlte sieben hundert Mark. A. 1204 damit beliehen, HELMOLDUS *I. VI. c. 12.* KÖRNER *ad. A.* 1204. GAMMA wird unterschieden in antiquam & novam Gammam. In Gamma Antiqua hat A. 1303 Grubo einige Güter gehabt Charta Hartwici de Retserow A. 1303 ap. WESTPHAL *T. II. p.* 2238. Dabey wird in Diplom. Coenob. Reinbeccens. ap. WESTPHAL *T. IV. p.* 1323. aus einem Briefe d. A. 1339 proprietas & libertas perpetua *antiquae Gammae* angezogen. Dagegen wird *novae Gammae* gedacht im Briefe Ludolphi Ep. *Ratzeburg.* A. 1238. ap. WESTPHAL *T. II. p.* 2072. unter dessen Dioecesi Ratzeburgensi Bergdorf an der Bille stund. A. 1293 hat Margrethe, Herzog Albrechts zu Sachsen Witwe, den Zehn-

Obf. II. De Paludibus & infulis Asboldi

teilt zween Höfe in der neuen Gamme Kloſter Reinbek, und in eben demſelbigen Jahr Jo. Grube demſelbigen Kloſter zwanzig Morgen Landes in der neuen Gamme verkauft, Diplomatarium Reinbec. ap. WESTPHAL. *T. IV.* p. 3422.

Das Wort Gamme legt DANKWERTS *p.* 250. aus, da es ſo viel, wie Hamme, welches den Frieſen ein wäſſeriche Land, als wolte die Alte und neue Gamme wie eine Gehamme Geamme genannt werden. Wenn es eine *vox Slavica*, bleibt es mir unbekant, wenn es aber ein teutſches und Sächſiſches Wort, ſo heiſt Gam bey den teutſchen Völkern Laſus *amoenus*, und bey den Dänen *Gaudium*. JUNIUS *Etymol. Angl.* v. *Gam.* In Engeland, ſind auch verſchiedene Oerter, die den Namen Gam führen, als *Gam-lesby* in Cumberland, *Gamlingbey*, in Cumb. Gamſton in Noll, *Spelmann Villar. Anglic.* 4.

Bey Hamburg finden ſich bey einander ſo wol Ham in Hamberg Hamburg, als Gam in der alten und neuen Gamme Gamma ſ. Gammer Elbe, an welchem Ort es zwey differente Wörter unterſchiedener Bedeutung zu ſeyn ſcheinen.

OBSER-

OBSERVATIO III.
DE ORIGINIBUS HARBUR-GENSIBUS.

Paludes Albies.

Horeburg jetzo Harburg geschiehet zwar unter diesem Namen in *Expeditionibus Karoli M.* auch nicht nachher unter den Carolingischen, auch unter denen Sächsischen Königen keine Meldung. Der Ort und die ganze Gegend an der Elbe so wol in dem Strich nach Winsen

1) worin nächst an Haarburg das neue Land und Bullenhusen, nach Harburg

2) und weiter nach Winsen zu, Wolenburg, Flegenberg, zum Hop, nach Winsen eingepfarret,

als in dem Strich von Haarburg ins alte Land nach Stade, imgleichen die auf den Elbinseln und die jenseits an dem Nordlichen Ufer der Elbe gesessen, waren unter denen, die *in paludibus* gewohnet, begriffen, und zwar namentlich

1) das alte Land (olim Pagus ROSINGABI) in inventario Jo. Niehusen ap. STAPHORST *P. I. Vol. I. p.* 506. in PALUDE ANTIQUAE TERRAE in parochia Eßhede hodie Estebrugge

2) Castrum HOREBORG munitur propter PALUDOSAS VORAGINES, HELMOLDUS *L. II. c.* 9.

3) Reu-

Obf. III. De Originibus Harburgensibus.

3) Reußischen im alten Lande im alten Briefe: VETERIS REGIONIS PALUDES
4) Der Elbſtrich von dem Hadeler Lande an in Chr. Slaviae A. 1164. TERRA PALUSTRIS ALBIAE.

Dies ſind diejenigen, welche *circa paludes Albiae* geſeſſen, und mit den Bremiſchen in *Pago Wimodi* den Obotritiſchen König bey dem Trajeet über der Elbe, da er nach Lüneburg zu Kaiſer Carl gewolt, auf der Elbe getödtet, ANNAL. LAMBEC. *A. 795.*

Sed alii circa paludes Albiae *& in Wihmuodinggal ad eum pleniter non venerunt.*

Chron. MOISSIAC. *A. 798.*

alii circa paludes Albiae *& in* WICMODIUGAR *ad eum pleniter non venerunt.*

wobey die Ueber-Elbiſchen Sachſen auch Helfershelfer mit abgegeben. Die Urſach, warum ſie nicht nach König Carl kommen, wird gleich hernach angeführet:

eo quod Vaſſum Domni Regis Wizzin Regem Abotridorum occidiſſent, ideo non credebant, quod in gratia ejus pervenire potuiſſent.

Dieſe ſind es auch, welche daher aus dem Bremiſchen und Paludibus Albiae von König Carl eben in dieſem 795. Jahr in ſo groſſer Menge in die Fränkiſche Lande verſetzt ANNALES LAMBEC. *A. 791.*

tantam multitudinem obſidum inde tulit, quantam nunquam in diebus ſuis aut in diebus patris ſui aut in diebus Regum Francorum inde aliquando tulerint.

Dieſe *Paludes Albiae* haben die Sachſen ſich dazu dienen laſſen, die Saxen disſeits der Elbe contra invaſiones Francorum, die Sachſen jenſeits der Elbe contra invaſiones Normannicas & Slavicas darin zu flüchten, und in inviis paludibus die feindlichen Perſecutiones zu unterbrechen.

Unter Henrici Leonis Söhnen in DIPLOM. Kaiſer OTTONIS IV. *A.* 1203. iſt ex patrimonio Henrici Leonis Stade & omne praedium quod eſt infra comitiam Stade usque In ſwinam Henrico Palatino zugeſchrieben. Wie nun dieſe ſich bis an der Swe, die bey Wullenburg in die Elbe fällt, erſtrecket: ſo iſt auch die Gegend von Harburg in patrimonio Henrici Leonis und nachher deſſen Sohnes Henrici Palatini mit befangen geweſen, Wilhelmi Ducis Portion aber iſt gegen die Swe zugekehrt. Das ſo genante alte Land wird nach der uhralten Altenlandes Teichordnung Art. 1. in drey Teichbände oder Meilen eingetheilet.

1) Der erſte Teichband erſtrecket ſich
a) von der Mohr-Schleuſe vor Stadsbis zur Bremerkirche
b) und

b) und von dar an der Lühe hinauf bis nach Horneburg an dem Häsefelder neuen Hof.
2) Der andere Teichband oder die andere und Mittel Meile
   a) von Hoffe zur Oste von Horneburg an der Lühe hinunter
   b) den Elbreich ins Osten bis Cranz entlang
   c) und weiter den Weser Estreich nach Burtehude hinauf bis an Vogelfangs Hocke Rätkenburg genant bey dem lücken neuen Lande.
3) Der dritte Teichband sonst Oster oder letzte Meile
   a) vom alten Burtehuder Mohr an die Este uff Osten hinunter
   b) den Elbreich hinunter bis Mohrburg.

Es ist aber in voriger Zeit von diesem alten Lande durch die Wasserfluthen vieles verlohren gangen, als wovon das CHRON. VERDENSE ap. LEIBN. T. II. p. 220.

Sepultus in novo claustro Gredenbeke prope Boxtehuden, cui plura bona contulit in veteri terra, quae tamen postea per inundationem aquarum ex majori parte perierunt.

Es ist dieses alte Land ein Stück der Grafschaft Stade, welche sich bis an die Seve, die bey Wullenburg in die Elbe fließt, gestrecket, und obschon die Bremische Land-Scheide zwischen Camentrode und Mohrburg nach der Elbe zugegangen, so ist doch Mohrburg, nachdem es vom Bremischen an Hamburg gekommen, aus dem alten Lander Teichband abgangen. Mohrburg hat Gryndes-Mohr geheißen, und ist mit Unwillen Hrtzog BEHREND und HINRICH A. 1390. Harburg zuwieder gebauet. KÖRNER d. A.

Cives de Hammeburg secundum Chr. Saxonum teutsch. Bernh. & Henr. Ducibus de Lüneb. struxerunt castrum novum Gryndes-Mohr contra Harburg castrum eorum.

Es gehören diese Lande zu denen in Annalibus Francicis genanten Paludibus ad Albiam, worunter die Maschländer bey Stade und Harburg mit befangen, wovon Hackeman in gar merkliches Siegel mit der Umschrift: *Sigillum Paludis Stadensis.* bemerket. Von dieser terra palustri Albiae und der über sie ergangenen großen Wasserfluth bemerket das CHRON. SLAVIAE

A. 1164 orta est tempestas maxima XIV Kal. Martii & aqua involvit omnes fines terrae Hadeleriae & terram palustrem Albiae.

MUSHARD p. 469. hat dabey angemerket:
   Daß A. 1422 die Meile im alten Lande, worin das Dorf Ridele Estibrugger Pfarre belegen, noch wüste und unbewohnet gewesen.

Obf. III. De Originibus Harburgenſibus.

Die Kirche Neukirchen im alten Lande heißt in MSS. *Parochia nova Lbu*; und da Winters-Zeit im Kirchſpiel Neukirchen das Land mehrentheils unter Waſſer ſtehet, ſo heißt auch dieſer Ort im alten Briefe
Veteris Regionis paludes.

ROTH geographiſche Beſchreibung vom alten Lande. Es ſind ſolche Maſch- oder Warder-Länder an dem Meer oder großen Flüſſen ſowol was das ſo genannte Buten- und Binnen-Land betrift, die nach ALTINGS *P. I. p. 15.* Anmerkung zweyerley Art:

1) Dasjenige, ſo unmittelbar ohngedeichet an der See oder Strohm lieget, und bey der Ebbe bloß, und bey der Fluth oder Sturm beflossen, heißet bey den Römern *Vadoſa*, bey den Frieſen Wadde, bey den Teutſchen Lachen.

2) Diejenigen, welche von dem Fußboden mit Graſe wohl bewachſen und im Mangel des Teichs die Ereißung großer Fluthen ausſtehen, mit Graben unterſchieden, wie die Lauenbroke und N.ulaude *ductis meatibus* Privil. Ottonis Strenui Accolarum terræ Novæ A. 1296. heißen beym Tacito AESTUARIA, bey den Frieſen Hammer Hamlanden Hamricken Alting. d. l. welcher Art die *Terræ Marſiæ* Marſchländer, Uehländer, Uitlande, Waterlande, Werderlande, Schadelande, Hackman *de jure agger. c.* IX. §. 49 ſq.

Diejenigen Oerter, welche ſich in Fler terminiren, ſcheinen auch ihre Benennung *a terra æſtuariorum* zu haben, weil Fler den Angelſaxen *Aeſtuarium* BENSON *b. v.* welches SOMNER *b. v.* erkläret: *an arm of the ſea: a place where the ſea ebbes and floweth*. Den Gothis Scandicis heißt daher der Strich, ſo weit der Fluxus über die Aeſtuaria reichet, *Flaeder mal* und *Fluxus Flaed* VEREL. *b. v.*

Die unbedeichten Länder als wüſte wurden an beyden Seiten der Elbe Wildniſſe geheißen, Privilegium Chriſtiani IV. R. Daniæ A. 1617. *vp.* WESTPHAL. *T. IV. p. 326 ſ.*

als auch zugleich unſers Amts Steinburg einen wüſten Ort ſo für dieſem die Wildniß genant worden unlängſt in einen richtigen und beſtändigen Teichland zu bringen zu gutem Acker und Sehe-Land bereitet.

Dergleichen Land, als außer Deichs gelegen, insgemein Butenland, Uehland, oder auch ſimpliciter Uter genant, mit welchem Namen DANKWERTS auch in der Charte von Stormarn und Tritrow oder bey Haarburg die Uter genant, welches ſonſt in andern Charten Papenover marquiret. Uter iſt nichts anders, als was nach der Niederſächſiſchen Sprache Uten oder Buten liegt, Ueh oder Butenland, welches mit HA-

Obs. III. De Originibus Harburgensibus.

HACKEMAN *de jure Agger. c. IX. n. 49.* von UIT EUT *aqua* nicht breite holen; UTSUK Gothis Scandicis *Insulae a continenti remotiores Utskäp* Sueth. *Utjord l. Uten Erde partes fundi extra limites* VEREL. *b. v.*

BAXTER *Gloss.* in *concavata* erkläret RESEN-DALE *Surgens Convallis,* und in voce *Cornoviora* Friceum pascuum, und in voce magi *Kostia super aquis* wie *Ungoumager* Pictis *Campestris Regio ad fluctus* vel die in das so genante alte Land fället. Der Pagus, welcher zu Caroli Magni Zeit ROSIN-GAVI geheißen und worin das Kloster Rosen-Feld gelegen, sollte nun Roßgau so viel wie *pagum ad fluctus* oder *pagum aestuariorum* bedeutet haben, wie denn auch den Nordischen Völkern KOST RUST *aestuarium vortex* VEREL. *b. v.* so würde diese Benennung an sich der Art des alten Landes nicht ungemäß fallen. Auf einer alten gestriebenen Charte, worauf die Oerter disseits der Elbe von Hagrburg ab bis an die Nord-See ganz eigentlich und genau gezeichnet, sind zwischen Haarburg bis an die Este marquiret

1) Harburg, worauf der Fluß de Loze, wie er unter Sinstorp ohnweit von solchem Ort auf Haarburg und zwischen Haarburg und Lauenburg in die Elbe fließet, gezeichnet.
2) Laggenbrok,
3) Grindes Mohr,
4) Mohrkerke und vor der Morker ein Ort up den Horne,
5) up der Lechten,
6) Westermohr,
7) Rüengraven, dahinter notiret Franckop: ein Dick scheder dat Lant tho Lüneborch und dat Stift tho Bremen.
8) d. v. Westespicker up der Gras,
9) von der Gras über die Wehr süle Schliuse vor der Haselwarder Kirche bis nach den Rosengarderore an dem Ostio der Este, ein District vor dem Dicke (Albis Aestuarii),
10) Hakelwarderkirch,
11) Rosengarder Ohrt,
12) thun Cranze hart *ad ostium* der Este.

Unter den Elbinseln findet sich auch Roswerder oder auch Ros genant. Es kan übrigens auch seyn, daß an einem oder andern Ort von Ros von Pferden solcher Name beygeleget, wie denn auch die Elbinseln von Ochsen und Pferden, die darin geweidet und gezogen, scheinen ihre Benennung erhalten zu haben; als Ochsenwerder, Pagensand bey Mohrburg, Pagensand über Stade, obschon für gewiß es nicht auszumachen seyn möchte.

De Parochia in palude antiquae, terrae in Esibede wird in Joach. Niehusen

Obſ. III. De Originibus Harburgenſibus.

Inventario ap. STAPHORST *P. I. Vol. I. p. 506.* ein Brief angezogen N. 645. unter der Rubric:

> Bulla *Borchardi Brem. Epiſcopi ſuper curia* te *dem Mohr prope* Bi-ſterfeld *in palude antiquae terrae in Parochia* Eſchede *cum eſſe venditam ab illis de Heimbruch cum attinentiis cuidam Canonico* Hamb.

und N. 7.

> Bulla *de Heidenreich Parochianorum* in Tzeſtenfleth *ſuper decem marcarum annuis redditibus ex curia ver den Hof in Parochia* Eſchede *et ſuper quindecim jugeribus terrae arabilis eidem curiae adjacentibus.*

Eſchete iſt Eſtebrugge, wovon SPANGENB. in *Chron. Verd. ſub Iſonne p. 74.*

hat ein Thumb-Capitul zu Verden gekauft — den halben Zehnten zu Eſchete jetzo die Eſtrbrugge genant · A. 1227. und die Eſte wird Latine *Eſcheda* genant, woran gelegen Villa Buxtehude ſuper flumen *Eſcheda* MUSHARD *Monum. Brem. p. 458.* in welcher Kirche Rupke eingepfarret, die Kirche in Eſchebrugge aber war Verdenſis Dioeceſis, und wird alſo angegeben in Charta Burchardi Archiepiſcopi Bremenſ. A. 1335. ap. STAPHORST *P. I. Vol. 2. p. 245.*

in parochia Eſchebrugge Verdenſis dioeceſis.

und in Chr. Ottonis Grote A. 1381. ap. STAPHORT *P. I. Vol. 2. p. 246.*

in veteri terra- prope Eccleſiam *Zeſtervleth* ſicut iſtis de Cimeterio trans aggerem dictae *Verdenſis Dioeceſis.*

Haſſelwerder diſſeits der Eſte gegen Altenwerder jetzo Neuenfelde iſt *Dioeceſis Verdenſis*, als wovon der Biſchof Herman zu Verden als Epiſcopus Dioeceſanus den Zehnten gehabt, den er A. 1153 der Verdiſchen Cleriſey gegeben, SPANGENB. *Chron. Verd. p. 13.* CHRON. VERD. *T. II. Scriptor. Brunſv. p. 218.* wovon die Worte in *Chron. Verd. T. II. Script. Brunſv. p. 217.* lauten:

die pontifex contulit Eccleſiae dimidietatem Decimae in Haslewerder A. D. 1155:

und vom Iſone:

dimidietatem in Haslewerdere — *ecleſia providens.*

Dieſe Kirche heißet jetzo die Kirche zu Nienfelde und iſt das äuſſerſte Kirchſpiel im alten Lande der drey Gerichte, als des Sächſ. Haſſelwerder Gerichts, des adelichen Gerichts zu Francop, und des adelichen Gerichts zu Neuenfelde, in welcher Pfarre auch Haſſelwerder, wovon die Kirche vorhin den Nahmen gehabt und in den Charten marquiret: Haſſelwerder Kirche. Das alte Kloſter vor Buxtehude hat der Biſchof Rodolphus zu Verden A. 1199

Obf. III. De Originibus Harburgenfibus.

1199 confirmiret und Zehnten beygeleget, SPANGENB. *Verd. Chron.* p. 71. A. 1286. ift das A. 1277 (al. 1270) im Kirchfpiel alten Kirchen zwifchen Horneburg und Buxtehude fundirte neue Klofter mit Confens Bifchof Conradi zu Verden von der Lühe nach Bredenbeck verlegt MUSHARD *Momum. Bremens.* p. 459.

Die ganze Gegend um Harburg und an dem Elbftrich um Bardowik, Winfen, Hitfeld, Wilftorf, Buxtedathufen fcheinet mir in das graue Alterthum des A. 449. aus Sachfen aus diefer Gegend in Britannien übergangenen Sächfifchen Volks zu reichen, nachdem in diefen Sächfifchen Gegenden eben folche Oerter gleiches Namens vorfindlich, die in Engelland auch gehöret werden, als:

1) BARWICK in Northumberland in York in Schrop, Norf, Sommerf. Wilt. Effer.
2) WILSTHORP Linc. in York. alhier im Amte Haarburg.
3) HETHFELD in *Som. & Suff.* alhier im Amt Haarburg.
4) LINDHURST *in Hund.* alhier im Amt Haarburg.
5) MICKLEFEILD in York, alhier Meklenfeld im Amte Haarburg.
6) TADU Ort in Engelland, alhier im Amt Winfen an der Luhe Tadten.
7) WINSHAM in *Surrey Sommerf.* WINSLADE in *Hunt.* WINSLEY in *Wilt.* und *Hereford.* WINSLOWE in *Bucking. Heref.* WINSLOWHEATH in *Bucking.* alhier Winfen im Amt Winfen.
8) LUG Fluß in *Hereford*, worin auch Winsley und Winslowe belegen, alhier die Lue, welche durch Winfen fließet.
9) CHEAPSIDE ein Vicus in London, alhier in Haarburg *Chepfe.* Die Angli Normanni fagen Chepe: to buy Cheapen Cheapnes of Provifions Gloffar. CHAUCER. *in Chepe* v. CAMBDEN *in Britannia* p. 106.
10) SEVE ein Fluß in Yorkfhire, alhier die Seve latine Sevena bey Haarburg.
11) SINDROP in Northumberland, alhier *Sindrop* ohnweit Haarburg.
12) HOPE in *Kent* in *Hereford Dartifh Shrop York*, alhier Hopen im Amt Harburg.
13) OVER, fo heißen die am Fluß belegene Oerter, als *Bruns-Over* in agro *Warwicenf.* Over eine Stadt in agro *Glocefrenfi* ad Ripam Sabrinae GIBSON de *Nom. locorum* h. v. alhier im Amte Haarburg Over an der Elbe.
14) STOCKET in *Shrop.* und andere des Namens in der Menge: alhier Stockete im Amt Winfen.

15) Ja

Obf. III. De Originibus Harburgensibus.

15) In England ist CHESTERFEILD in *Darby Shire*, auch die Familie gleiches Namens CAMBD. p. 590. auch noch ein Chesterfeild in Staphorst. Im Bremischen wird nicht nur A. 1383 das Dorf Zesterflebt genant, sondern die adeliche Familie derer von Tzesterviltth. Zestevleeth finden sich auch noch im alten Lande v. MUSH. p. 566. ob nun gleich diese das suffixum *flett*, die in Engelland das suffixum field haben, so wird dennoch vielfältig das Wort *Field* und *Fleth* promiscue mit einander verwechselt. Dabey ist das praefixum *Chester* in Engelland gar gemein, woselbst *Chester-eston* in Darby Shir *West-chester* in Chesh. *Chesterford* in Essex *Chester over* in Warwic *Chester-ton* in Cambr. Warw. Hunt Oxford Stafford *Chesterwood* in Northumberland gehöret werden.

16) In England finden sich mehrere Oerter die ROSSE genant, als ROSSE in *Hereford*, *York*, North. ROSSENDAL in *Lanc.* ROSLAND in *Cornwal* ROSSEHAL in Lanc. Von der Wortbedeutung hat gehandelt CAMBDEN p. 17. Alhier ohnweit Harburg im alten Lande ist unter Kaiser Carl der *Pagus Rosengabi* gehöret, bey dem Einfluß der Elbe in die Elbe ist ein Ort ROSENGARDEN ORTH, und unter den Elbinseln eine bey Dwernewerder und dem Kirchhof Ros in Lembecii Chart Roswerder gnant.

17) In England wird der Name FLEETE bey Flüssen und Oertern gehöret, FLEETE fluvius in Notting. FLEETE in *Kent*, *York*, *Devon*, *Linc*. Alhier unter den Elbinseln heißen die kleinen Wassergänge Trade-nowerflet Molenflet, auch eben so Oerter in paludibus Albiae, als Mohrenflet.

18) In England sind von SPELMAN mehrere Oerter angezeiget, die den Namen NEWLAND führen. Die Wörter *Wildnes* unverdenlich, *Wilderness* desertum, eine öde Mark Wäldly, sine cultura, sind in England gänge und gebe. In Privilegio Ottonis strenui A. 1296. das dem Neuenlande an der Elbe hart bey Harburg verliehen, welches vorhin Rewenworsot genant, und ex patrimonio Henrici Leonis auf seinen Sohn Henricum Palatinum kommen, wird das neue Land *terra Horeburg terra novae plantationis*, und die Campi infra Albim als deserta & sine cultura *Wiltnis* genant. Einen gleichen Namen hat auch das Wolöberech bey Harburg, und im Briefe Otto Groten A. 1361. heißen die Wildniße in Stillhorn jetzo Wilhelmsburg wegen einer in der Elbe gegen das neue Land liegenden Insel: *angebowde adder woste Morgen*.

19) CADECOTCK in *York* in *Hangwest Wapentac*, und noch Catwic in York, in Holdernes Wap. alhier unter den Elbinseln ohnweit Harburg große und kleine Catwig.

20)

Obſ. III. De Originibus Harburgenſibus.

20) VIDDEL. In England werden von Spelman in Villari Anglicano angeführet:
a) WHITHEL in *Northumb.*
b) WITLE in the woods in *Lancaſter.*
c) WHITTELEY in *Will.*
d) FITTEL-FORDS in *Dors.*
e) FITTLETON in *Wilt.*

Den Angelſachſen heißt WIDL *illuvies*, WIDLAN *polluere*, ietzo den Engliſchen FILTHY *sordidus ſqualidus*, FILTHINES *illuvies*, AINSWORT in *Filthy* & in *illuviis*. SOMNER *in Widl*. Denen Schweden iſt FILTHINES *Slemhet*, FILSKA olim *inquinare*, SEREN. *in Filſy*. Unter den Elbinſeln gegen Hamburg iſt diejenige, welche genant *up der Viddel* alſ *ſqualida & ex colluvie nata.*

21) PUTE ietzo PEUTE. In England finden ſich die Menge der Oerter, denen vorgeſetzet a) Pudde als *Puddlemore* in Somerſ. *Pudletown* in Yorc.
b) *Putte*, *Putteley* in Herford und *Putford* in Dev. Unter den Elbinſeln findet ſich bey der Viddel eine Inſel, die genant olim *up de Peute* ietzo die Peute, und findet ſich dabey in meiner alten mit der Feder gezeichneten Charte an der Peiſte nach dem Brock eine kleine Sande notiret, mit der Aufſchrifft:

up der ſulen boren.

PUDDLE. bedeutet von England *locum coenoſum, limoſum, lutoſum* JUNIUS *in Puddle*. PUDDLE WATER Suedis *Lortwatr* SEREN. *s. v.* Belgis *madderig Water* HEXHAM *in Puddle water:* von PUT als *ſordida* heißet die Hure, den Franzoſen *Pute* ietzo *Putain*, denen Niederſachſen *Pudſe de ſu l.* ein Schweiniſcher Drechammel, und im Koth und Dreck gehen heißet Saxon. inferioribus *pudgen* und *padgen*. Das Wort BUDR *ſqualidus ſordidas* FWDR *putridus* wird ſchon in Celtiſcher Sprache bey den Cambris gehöret, und iſt bey den Cornub. PODAR *putridus*. Den Niederländern und Niederſachſen heißet die Putte, in formula: übel in die Putre kommen, palus Pfütze. KILIAN's Putte, und eben daher ſcheinet, es werde der Huer Belgis *Putrier* und die Hure Italis Potta genant. KILIAN *in Putter* in gleicher weiſe wie man dieſelben a ſorditia colluvie Viddel genant.

22) Elbſanden. Die kleinen Eylande in der Elbe die Sanden genant werden, als
1) das Dradenauer Sand
2) das Neſer Sand bey Finkenwerder
3) Thienſtädter Sand zwiſchen Finkenwerder und Nienſtedt
4) Der

Obf. III. De Originibus Harburgenſibus.

4) Voet Sand bey dem Ulſer Sand
5) Habnen Cloſter Sand
6) Manhoder Sand
7) Lue Sand gegen den Ausfluß der Lue in die Elbe
8) über Stade Steder Sand
9) Aſeler Sand gegen Aſſel
10) Kreid Sand oder Pagen Sand
11) Freiburg Sand
12) Pagen Sand über Mohrburg
13) Horn Sand
14) Blumen Sand
15) Kruet Sand.

Dieſe Sanden ſind urſprünglich die in dem Elbſtrohm aufgeworfene Sandhügel, welche den Angel-Sachſen SAND GEWEORP *Syrtes* BEN-SON *b v*. Die Niederländer nennen auch ihre novos agros aeſtuariis obiici ſolitos *Sande*, als Sande ohnweit Gröningen ALTING *P. II. p. 154* der Oerter SPELMANN *Villari Anglicano* viele angeleget, als Sandwich in Kent. Dor. *Sandwich-bay* in Dorc. Den Niederländern, die die Sanden im Meer Duin-Sand und die Sanden im Fluß Rivier-Sand nennen, ſind ZAND BAY Angl. *a Sand to foard*. ZAND BARGH, ZAND DUYN Angl. *a Sand Hil*, *Sand Downe* ZAND PLATE Angl. *a Bancke or a Schelfe of ſand in the ſea*.

23) RAMES-LO hat ein Praefixum *Ram*, das ſich vorgeſetzet findet, ſo wol in hieſigen Landen denen Dörfern und Holzungen, als

a) in Rameslo bey Erbauung der Cellae Anſcharii eine ſilva, welche auch in dem Wort Lo angedeutet
b) in Rammelshorſt eine Holzung in der Amtsvogtey Fallingboſtel
c) Ramlingen ein Dorf im Amt Burgtorf
d) Rame-huſen ein einzeler Hof in der Born Sittenſen
e) Ramſerhohe Holzung im Elbingeroder Wald

In England

a) in *Ramſeytown* Man Island.
b) *Ramſyde* Lane.
c) *Ramſey* Hunt.
d) *Ramſey-vea* Hunt.
e) *Ramſey moor* Hunt.

und andere unzählige mehr. Ich weiß nun zwar nicht zu beſtimmen, was eigentlich Ram, welches dieſen Oertern vorgeſetzet, ſagen wolle. Es hat Anſchein, daß das praefixum *Ram*, wenn es den Oertern, denen villis und

ſilvis

Obs. III. De Originibus Harburgensibus.

silvis bygesetzet, ein *Proprisium, Conceptionem*, *Bivang*, einen befriedigten mit Hecken, Hagen, Zäunen, Graben begränzeten Ort, einen *locum firmum circumseptum*, und eben das, was den a) Angel-Sachsen, den Teutschen und Nordischen Völkern Zaun, denen b) Cambris CAC *Clausum Sepes*, c) Armoricis *Quae*. Garza. d) den Franjosen *Haye*, Germanis Hecke, Hagen, e) den Engländern *an Hedge a Fence* i. Seps Vallum *to fence* munire SEREN. *in Fence*. f) Svethis *gärds gärd* Bolwerk SEREN. *d. l.* g) Danis *Giaerde*, welches die Teutschen in v. *Garten* beybehalten JANUS in *Sepes*. RAM heist den Teutschen *Aries, machina bellica* Mauerbrecher, Aries, fistuca, qua pali adiguntur, womit die Pfäle eingerammet werden. Es heißet aber auch den Angel-Sachsen *Hremman impedire* Germanis Verrammung. Gothis Scandicis RAMA *arripere* RAMGIOS *firmo & compacto opere factus, Verelius*. RAMEN *collimare* bezielen RAM ora Angl. Sax. SAERIMA *ora maritima*, *Somner. b. v.* Den Teutschen ist berahmen in einen Rahm von Fenster, von Portrait, *margine includere, circumferentia munire* v. WACHT. *in Ram* RAMEN RAM Gothis Scandicis *robustus, firmus, validus* VEREL. *b. v.* Die Begrenzung, Befriedigung, die *conceptiones locorum propriisa*, *Bivang*. Die Berahmung waren Impedimenta, munimenta, firmitates, die auf die Bewahrung des Fundi abzielten. *Ram Rame* ist eben das, was ein Pfahl, ein Zaun, Hagen, Hecke, eine Befestigung des Fundi oder Holzes, und werden *Symbolo festucae* auch andere Handlung befestiget Sax. Verdingpalet, Longob. adrhamiret v. teutsche Alterthümer C. II. §. 3.

24) **Stilhorn jetzo Wilhelmsburg.**
Dergleichen Oerter, die wie in Stil-Horn das praefixum STYL führen, finden sich in Spelmans Villari Anglicano mehr, als
 a) *Stilling-ton* in Iorkshire
 b) *Stil-ton* in Hunt Stilton sen Hunt. *Stilton mil.* Hunt
 c) *Stilling Fleet* Yorkshire.
In Stil-horn würde die Wortbedeutung so viel sagen, als *Cornu in ripa Albis quieta*, welches dem alveo fluminis inquieto ohnweit Stilhorn auf den Kälberdanz contradistinguiret seyn könte. Still heist den Teutschen wie den Angel-Sachsen *quietus, pacatus*, auch *Stillen disponere* MINSHEW. *b. v.*

25) **Schluß Grove** ein Herrschaftlich Vorwerk im Amt Wilhelmsburg. Die Seuse-Groven buten Weide, und der Strang der Elbe, der daran herfliesset, genant up der Grove, sind Angel-Sachsische Benennungen. *Graef* heist *Locus*, Spelunca, Sepulchrum, *Grove locus*. Die Nieder-up Origin. German. 2ter Theil. R sach-

Obs. III. De Originibus Harburgensibus.

sachsen haben die Wörter Graft, Grufe, Grube noch in gleichem Gebrauch. Den Engländern ist GROOVE *fria fodina*, denen Isländern GROF *Lacuna* JUNIUS in *Groovr*, Gothis Scandicis GROFTUH|Fossa VEREL. *h. v.* Germanis GRUOUA *Lacus* GLOSSAE *Lipſ*. Auch ist den Angel-Sachsen GROWAN *Germinare* GROWNESSE *viriditas* BENSON. *v.* SLUSE Schleuse. Sluse Locus ubi concluduntur aquae. In SPELMAN *Villari Anglicano* werden Oerter des Namens angezeiget: Grove, Grove Ferrie i. e. Gerde-Grovehurst, Grove place. Und in hiesigem Lauden findet sich Grofe ein Dorf im Amt Schwargenbeck.

26) Hohe Schar eine Insel an der Süder-Elbe gegen Lauenburg ohnweit Harburg, dessen Alveus an der andern Seite nach dem Reigerstieg: vor den hohen Schar genant wird SCARE Anglis *Svore* Germanis Schaire Schare, Suethis *Skér* ist *littus, ora, Vorland,* JUNIUS *in Shore* SEHEN. *h. v.* VETUS TEUTONISTA *in Schaire,* Anglis's *High Shori* i. e. hohe Schar *praerupta ripa*. Die Engländer führen auch nach SPELMAN *villari Anglicano* in Benennung der Oerter *Shorland Shore Ham*.

Diese gleiche Benennungen der Oerter, die in Engelland so wol als den Environs von Harburg und der Lüneburgischen Nachbarschaft mit einander zutreffen, die Schiffart auf die weiten Seeküsten in ihren Keelen oder Chiolis, und die platte Lüneburgische Sprache, die der Angel-Sächsischen gar gleich, wenn schon der Dialect, wie unter den Angelsachsen, also unter den Niedersachsen, differiret, haben viele Vermuthungen vor sich, daß die Sachsen aus der Gegend um Harburg, sonderlich aus dem Strich an der Elbe, das den so genanten *Paludibus Albiae* A. 449 und in folgenden Jahren in Britannien mit übergangen und mit der weitern Ueberschiffung nachgesetzet.

In dem Diplom. Hartwici Arch. Brem. A. 1149 ap. LINDENBROGIUM in *Privilegiis Hamburg. p.* 47. und ap. STAPHORST P. I. Vol. I. p. 119. ist aus dem Fluß HURSEBE, wie sich ein und andere beygehen lassen, auf Horburg oder die Sebe im mindesten keine Deutung zu machen.

Das Argumentum Privilegii lautet in der Aufschrift:
de l'alude sita infra *Oldene Berne & Horsebe.*

Oldene ist die Aldena, welches nach jetziger Aussprache die so genante alte Ohe oder Aue seyn würde, und dadurch von der warmen Au distinguiret wird. Die Warme-Aro Latine barbare *Warmna* heißt jetzo simpliciter die Au und fließet über Liebenau in die Weser. Das Diploma Hartwici spricht von einem *Palude* oder Brock, der terminiret werde

a) a plaga orientali von dem Fluß Hursebe.

h) zu

Obf. III. De Originibus Harburgenfibus.

b) in occidentali von einem andern Fluß Bewa genant.
c) in feptentrionali von dem Fluß Aldena.
d) von Süden durchs Huefibere Mor.
und mit Leuten in der maße concediret, wie bey Stade den Holländern. Das Diploma Henr. IV. A. 1063 ap. STAPHORST d. P. I. Vol. I. p. 425. worin dem Erzbischof Adelberto von Kaiser Henrico IV zu der Forst zu Ertenebrock noch zugelegt, was zwischen den vier Flüßen, als:
 a) der Warmenau, die bey Liebenau in die Weser fällt.
 b) der Weser.
 c) der Aldena, welche beym WOLTER Chr. Bremens. p. 57. versus Laringos angegeben.
 d) und der Hunte, welche im Stift Oßnabrück im Amt Gronenberg entspringet, und durch die Aemter Wielag und Huntebura, ferner durch die Dummer-See auf Diepholz und so weiter in die Weser fällt,
belegen. Die allhier benante Flüße, als die Warmenau, die Weser, die Hunte, zeigen an, daß so wol die A. 1063 dem Erzbischof gegebene Forst als A. 1149 zu einer Holländerey verliehene Mobe, beyde jenseit der Weser belegen und von Harburg weit entfernet. Die Forsten, die Kaiser Henr. IV. dem Erzbischof Adelberto gegeben, werden von WOLTER d. l. bezeichnet in Ambrien und *Terra Saxonum Antiquorum*:
 Contulit Ecclefiae Bremenfi Forefta in *Ambria & terra Saxonum antiquorum* fcilicet *Frifonum Widam & Ertenebrok.*
Daß diese Forst in Westphalen oder *Antiqua Saxonia* und gegen den Pagum LARIS belegen, worin nach dem Regiftro des Abt Sarrachomis von Corvey im Münsterland und Amt Wildeshaufen angegeben werde
 1) HUNDLOUN n. 148. jetzo Hundlosen im Amte Wildeshaufen.
 2) EMSTECHI n. 574.
 3) FISBECHI n. 734. beyde im Münsterschen bey einander belegen.
 4) SINIVELDEN n. 640. Senvelde im Münsterschen ohnweit der Dummer-See.
 5) GNIDUN 574. Eneten ohnweit Wildeshaufen
zeiget WOLTER d. l. an. Alle die Flüße, die die Forst beschließen, als die Warmenia bey Liebenburg, die Hunte, der Weser Fluß, sind in Westphalen oder in dessen finibus. Die Aldena führet jetzo den vollen Namen nicht mehr, sie befchließt aber das zur Holländerey verliehene Mobe an der Nord-Seite und das Huesibere Mohr van der Süd-Seite, und in Privilegio Henr. IV. A. 1063. da sie die Forst begrenzet, wird sie zwischen der Weser und Hunte benant. In dieser Gegend zwischen der Weser und Hunte fließet die Aue Buberg vorbey, woselbst sie das Winger and dorple Mohe

Obl. III. De Originibus Harburgensibus.

Mohr zur Linken liegen lässet, und fällt unter Hudemohl in die Hunte. Ob dieses die alte Aue oder ALDEN-A sey, stehet zur weitern Prüfung.

In dem Diplomate Hartwici A. 1149 wird in der Gräntze des Mohrs gegen Morgen der Fluß Hursebe, und gegen Abend der Fluß Bern angegeben. Diese Namen sind aus der Kunde kommen. Ein Flecken Bern aber, und eine Amts-Vogtey Bern ist in der Grafschaft Delmhorst, und ein Dorf Namens Hurrel und das Hurler-Holz in eben der Grafschaft in der Haußvogtey Delmenhorst. Ob nun, wenn auf diese Spur weiter nachgegangen wird, sich des Orts der Fluß Bern und Hursebe werden ausfinden lassen, wird die Zeit lehren. Der Pagus AMBRIA oder Ammeri liegt in der Grafschaft Oldenburg an der Hunte, da sie ihren Weg nach der Weser nimt, und wird darin in Diplomate Adelberti A. 1049 beym HAMELMAN *Oldenb. Chr. p. 37. Rastede* in Pago AMMERI, welches Rastedt, belegen, wo die Oerter, die dem Kloster im besaaten Diplomate beygegeben, als Lore, Hannichus, Wivelstede, Beckehusen, in den Charten noch erscheinen, wozu Wolter auch Oppidum Ammirorum Oldenburg auch rechnet. Aus allen obigen liegt indessen am Tage, daß das Wort HOR-SEBE so wenig auf Horburg als auf die Seve zu ziehen.

De Castro Henrici Leonis HOREBORCH b. Harburg.

Es sind bey der Stadt Harburg, vor Zeiten genant Horburch, die Oerter gleiches Namens, wider welche Hertzog Henrich der Löwe und seine Descendenten stark agiret, wohl auseinander zu setzen, da sie von ältern und neuern Scriptoribus mit einander confundiret, die Namen selbst auch corrumpiret worden. Die Oerter gleiches Namens sind:

1) HORNEBURG an der Ise im Halberstädtschen, dessen Paludis im Briefe Ottonis III. A. 994. ap. KETNER *Antiq. Quedl. p. 33.* schon Erwehnung geschiehet, welches das Schloß, welches Henricus Leo zweymal zerstöhret, und woraus er den Bischof Ulricum von Halberstadt gefangen nach Atlenburg gegen Lauenburg führen lassen.

2) HORNEBURG, welches *Henricus Leo* mit dem Schloß Langenstein ohnweit Halberstadt A. 1181. gebauet, um sich von selbigen gegen seine Feinde zu wehren KÖRNER *ad A. 1181.*

3) HORBORCH, jtzo Harburg, welches schon a) A. 1142 und A. 1154. in seiner Consistentz gewesen, als in welchem 1154 Jahr Horeborg und Friburg als Castra Episcopi gegen Henricum Leonem befestiget AR-NOLD LUBEC. *L. I. c. 79.* aus welchen Castris Horeborg und Friborg die milites Episcopi viele Ravagen gethan HELMOLDUS *L. II. c. 9.* daß auch Henricus Leo Friburg geschleifet, in Horeburg aber die milites Episcopi sich bis auf die Wiederkunft des Ertzbischofs gehalten,

weil

Obſ. III. De Originibus Harburgenſibus.

weil der Ort *propter paludoſas voragines* ſo ſehr verwahret geweſen HELM. d. c. 9. b) in welcher urbe HOREBORG *super ripas Albiae* A. 1164 der Ertzbiſchof Hartroke den neu conſecrirten Biſchof Conrad zu Lübeck bey ſich behalten HELM. L. II. c. 1. welches HOREBORG. c) A. 1219 zu Henrici Palatini Zeiten vom Graf Alberto von Orlamunde uſurpiret, d) jedoch A. 1220 zerſtöhret, e) A. 1226 von Henrico Palatino wieder gebauet, f) in der Pacification Hertzog Ottonis Pueri mit dem Ertz-Stift Bremen A. 1235. neben Ottersberg wieder dirnitet, g) von Hertzog Alberto M. von Braunſchweig A. 1253 wieder aufgebauet, h) und auf Anſuchen ſeines Sohnes Hertzog Ottonis Strenui A. 1288. vom Kaiſer Rudolpho mit dem Stadt-Rechte begnadiget.

4) HORNEBURG an der Lühe, welches Walderus A. 1107. um ſeinen neu gewählten Biſchof zu unterſtützen, auf das feſteſte zugerichtet HELMOLDUS L. VII. c. 6. A. 1250 aber von einigen Burgmannen neu gebauet, entweder weil es verfallen, oder zerſtöhret, oder dieſelben ein neues Schloß daſelbſt an einen noch haltbarern Ort, wie der Otterburg zu Horneburg geweſen, ſolches neu anzulegen dienſam gefunden.

1) Horneburg im Halberſtädtſchen iſt gar alt, und wie deſſen ſchon unter Kaiſer Henr. IV. worunter beym ANNALISTA SAX. A. 1040. ſchon Conrad von Mareslewe und Hornaburch genant wird, gedacht. A. 1113. hat der Kaiſer dies Caſtellum Episcopi Halberſt. Reinhardi belagert und verbrant ANNAL. SAXO. ad A. 1113. A. 1179 hat der Biſchof Ulricus von Halberſtadt das Schloß Horneburch wieder gebauet ANNALES BOSOV. d. 1179. Zu Henrici Leonis Zeit iſt dies Horneburg von *Henrico Leone* zweymal deſtruiret, und iſt der Biſchof Ulricus von Halberſtadt dabey A. 1181 darüber gefangen nach Certeneburg jetzo Artlenburg geführet, woſelbſt er jedoch von Henrici Leonis Gemahlin wohl aufgenommen und verpfleget, HELMOLDUS L. II. c. 29. CORNER. A. 1181. Nachdem indeſſen des Biſchof Ulrici Mannſchaft in hieſige Lande geſtreifet und ſolche verheeret, hat Henricus Leo das Schloß in Brand geſteckt, endlich, da er in Lüneburg das Weynachts-Feſt geſeyret, mit dem Biſchof Frieden geſtiftet und mit allen Ehren wieder heim geſchickt HELMOLDUS d. l. - Nach dem Abſterben Ulrici, da ſein Succeſſor Theodericus vom Kaiſer Friderico, welches der Kaiſer belagert, die Regalia empfangen, hat der Kaiſer dieſem befohlen, gegen weitere Anfäll Henrici Leonis bey Halberſtadt ein Schloß zu bauen, welches nachher Langenſtein genant CHRON. HALBERST. p. 178. A. 1189. im Feldzuge Königs Henrici, Friderici I. Sohn, wider Heinrich den Löwen hat die Königl. Armee von Hornburg ab alles um Braunſchweig verheeret Annales BOSOV.

Obs. III. De Originibus Harburgensibus.

2) Zu was für ein Horneburg das Schloß zu bringen, das Henricus Leo nach dem bey Norchausen A. 1181 erfochtenen Sieg CHRON. SAX. & KÖRNER ad. A. 1181. mit dem Castro Langhenstein und Horneburg A. 1181 sich darin gegen seine Feinde zu vertheidigen gebauet, wovon KÖRNER de A. 1181. sagt:

Illis autem diebus aedificavit Henricus Leo duo castra in terra sua puta Langhensteen & Horneburg, *ut ab ipsis se defenderet ab hostibus suis.*

ist noch in Frage. Das Bischöfl. Halberstädtsche Schloß hat Henr. Leo nach Helmoldi Bericht bey Gefangennehmung des Bischofs Ulrici abgebrant. Ob er dies Horneburg an einen neuen Ort, und wo aufgerichtet, wird nicht gemeldet. Wo er Langenstein A. 1181 erbauet, ist eben wenig bemerket. Dasjenige Schloß, welches des Bischofs Ulrici Successor auf Befehl des Kaisers Friderici bey Halberstadt bauen sollen, und in folgender Zeit erst Langenstein genant, kan auch dasjenige nicht wohl seyn, welches Henricus Leo zu seiner Defension A. 1181. aufgerichtet. BOTHO *Chron. Sax. A.* 1178. bemerket, daß der Bischof Ulrich die Burg Langenstein schon in dem Jahr gebauet, Henr. Leo aber sie wieder abgebrant. A. 1239 hat der Bischof Ludolph von Halberstadt Markgraf Otten von Brandenburg in Castro Langensteen so lange gefangen gehalten, bis er ihm Halberslieben mit seinen Zubehörungen resigniret, EGGHARDUS ap. KÖRNERUM A. 1239. Von dem Schloß, das der Bischof Ulricus A. 1178 auf dem Horpelberg gegen Henricum Leonem mit Hülfe der Orientalium gebauet, Henricus Leo aber zerbrochen, zeiget HELMOLDUS *L. II. c.* 20. daß sie mit verstärkter Macht die Arbeit fortgesetzt und Henrico Leoni überlegen gewesen, welches CÖRNER ad A. 1179. CRANTZ *Sax. L. VI. c.* 38. wiederholet.

Horeburg jetzo Harburg an der Elbe ist gar alt, und wird mit denen Elbinseln und daraus geheuden Rottzehenden genant A. 1142 im Briefe des Bischofs Thietman von Verden ap. MARTEN *T. I. Coll.* 769.

& insuper decimas de Novalibus in insulis Albiae a Horeburg *usque* Ameneberge.

Ferner beym HELMOLDO *II.* 7. A. 1164. in welchem Jahr der Erzbischof Hartwig zu Bremen den neu consecrirten Erzbischof zu Bremen Conradum von Lübeck noch eine Zeitlang zu Horeborg an der Elbe bey sich behalten:

cum albuc (Conradus Episc. Lubec.) *consisteret secus Archiepiscopum in Vrbe* Horeborg, *quae est* super ripas Albinae.

Noch beym ALBERT. STADENS. A. 1178. bey der zwoespaltigen Wahl des Erzbischofs zu Bremen, da der ungewählte Sigfridus, Markgraf Alberti Sohn, nach Oldenburg, die übrigen nach Horburg geflüchtet:

Obf. III. De Originibus Harburgensibus.

ut Sifridus electus in Aldenburg cum Ottone Praepofito se transferret, alii fugerunt Horburg.

Ferner beym HELMOLDO *ll. s. p. A.* 1167. da der Erzbischof Hartwig von Bremen Friborg und Horeburg befestiget und mit Proviant und Ammunition versehen, des Erzbischofs Mannschaft aus Friborg und Horeborg häufige Ausfälle und Ravagen in Herzog Henr. Leonis Lande gewaget; Hertzog Hinrich darauf Friborg und Horeborg belagert, Friborg erobert und geschleifet, in Horeburg aber des Bischofs Besatzung, weil es *paludosis voraginibus* verwahret, gehalten:

cap. VIII. castra sua Friborg & Horeborg communire coepit Archiepiscopus & congestu illic apparatum armorum & escarum, quae sufficerent in menses & annos.

c. IX. Milites Hartwici Archiepiscopi, qui erant in castris Horeborg & Friborg faciebant frequentes excursus & faciebant incendia & praedas in possessionibus Ducis. Quam ob rem Dux transmissa militia occupavit Friborg & fregit munimenta eius et adaequavit eam solo & fecit tolli omnes reditus episcopales, non reliquit ex eis parvas reliquias soli qui erant in castro Horeborg *continuerunt se usque ad reditum Episcopi eo quod locus esset munitus propter paludosas voragines.*

Ad A. 1170. bemerket ALBERT. STADENS, die Destruction des Schlosses Horburg:

Castrum HORBURG *destruitur.*

Die CHRON. SLAVICA *Lindenbrog.* bemerket in diesem Jahre eben dasselbe:

A. 1170. castrum HOREBORCH *destruitur.*

beide aber führen weiter keine Umstände an. KÖRNER hat in dem Jahr 1170 nichts von der Destruction des Castri Horeborg, sondern allein von der Schleifung Freiburg, die von Henr. Leone A. 1167. geschehen. Diese Zerstörung wird von Alberto Stadensi in dem Jahr bemerkt, da der Kaiser selbe curiam zu Goslar gehalten und Albertus Marchicus verstorben.

4) Horneburg, welches A. 1207 der König Waldemarus von Dännemark, wie er ins Bremische gangen, befestiget. HELMOLD VII. 6. ist dasjenige, welches an der Lühe, und auch den Werdermohr belegen, und vom CRANTZIO *in Vandalia L. VII. c. 25. arx palustris* genannt wird, und noch jetzo Horneburg heisset. Es ist die Frage, ob das Horeburg, welches inter castra Episcopi gerechnet, und A. 1154. wie Henricus abwesend in expeditione Italica war, gegen ihn befestiget, Horneburg an der Lühe seyn könne, wovon ARNOLDUS LABEC. L. I. c. 79. schreibt:

eo quod Dux occupatus esset in Expeditione Italica & communita sunt adversus eum Castra Episcopi Stadem, Verden, HOREBORG, Friburg.

und

Obf. III. De Originibus Harburgensibus.

und eben so, ob das Castrum HOREBORG, welches A. 1167 der Erzbischof Hartwig nebst Friborg befestiget, HELMOLD II. 8.

Verum tamen castra sua Friborg & Horeborg communire coepit Archiepiscopus et congessit illic apparatum armorum & escarum quae sufficerent in menses & annos.

Horneburg an der Lühe, und auf dieses Horneburg zu deuten, was WOLTERVS *Chron. Bremensi* in Archiepiscopo Hartwico ap. MEIBOM. *T. II. p. 52.* in der Zeit, da das Kloster B. Mariae Virginis bey Stade dedicieret, nach dem ALBERT. STADENS. *ad A. 1165.* von den Schlössern Harburg und Friborg, daß er sie mit Lebensmittel versehen, anführet, in cl.

eodem tempore Archiepiscopus Hartwicus fuit in Hamborch & cibari fecit castra sua Harborg & Friborg.

Aus welchen Castris *Horeborg & Friborg* die milites Archiepiscopi in Henrici Leonis Lande gestreifet, daß auch Henricus Leo genöthiget, Friburg und Horeborg zu belagern, Friburg zu schleifen, jedoch HOREBORG *propter paludosas voragines*, womit es befestiget, zu verlassen. HELMOLD. II. 9.

Veruntamen milites Hartwici Archiepiscopi qui erant in castris HOREBORG & Friborg faciebant frequentes excursus & faciebant incendia & praedas in possessionibus Ducis. Quamobrem Dux transmissa militia occupavit Friborg & fregit munimenta eius & adaequavit eam solo - Soli qui erant in castro HOREBORG continuerunt se usque ad reditum Archiepiscopi eo quod locus esset munitus propter paludosas voragines.

Welche Befestigung der beiden bischöflichen Schlösser d. A. 1167 und ihre Belagerung und insbesondere die Eroberung des Schlosses Friburg an der Elbe und dessen Schleifung CRANTZIUS *Saxonia L. VI. c. 21. 22.* aus dem HELMOLDO *L. II. c. 8.* mit eben den Umständen recensiret:

arces suas HOREBURG & Friburg communire coepit Archiepiscopus & congessit in eis apparatum armorum & escarum qui sufficeret in menses & annos. - - Quo tempore milites Hartwici Archiepiscopi ex arcibus HOREBURG & Friburg eruptiones facere more militari in vicinas Ducis provincias, quibus rebus provocatus Dux arcem Friburg oppugnavit, expugnatamque solo aequans. - - HOREBURG autem inexpugnabile fuit praesidium propter voragines & paludes.

CRANZIUS *Saxon. L. VI. c. 26.* nennet dieses HOREBORCH ein *inexpugnabile praesidium propter voragines & paludes* und in VANDAL. *L. VII. c. 5. arcem palustrem.* Bey der Frage, ob dies Horeborg, wie es Helmoldus und Cranzius nennen, Harburg an der Elbe oder Horneburg an der Lühe sey?

Obf. III. De Originibus Harburgensibus.

sey? kömt in einiges Augenmerk, welches von beiden Harburg oder Horburg für ein Castrum *paludosum voraginibus & paludibus munitum* anzusehen. Horneburg liegt im niedrigen Grunde unter einem nach Stade zugehenden hohen Geestrücken, von welcher Seite der Ort überall zugänglich ist. Zur rechten umher nach dem alten Lande liegen überall Morast und sumpfigte Wiesen, welche durch das aus der Lühe und Este bey Stürmen und Fluthen auch sonst aufsteigende Fluth und Elbwasser überströhmet werden: allein Harburg liegt hart an der Elbe und zu beiden Seiten, sowol zur linken nach Lauenbrock, als zur rechten nach dem neuen Lande, oder vorhin sogenanten Erwenwerder in paludibus, und eben das Horeburg, welches der Erzbischof Hartwic mit Proviant versehen, hat WOLTER *Chron. Brem. d. l.* für Harborg genommen. Nach Harburg sind auch die an der Elbe liegende Maschörter loci paludosi, Bullenhusen, Neuland, Lauenbrusch, Mohe eingepfarret, und das Innere der Festung Harburg selbst liegt bekantlich auf einem moraftigen Grund und Boden. Wenn auch hieben auf die Wortbedeutung von Hore-burg und Horneburg einige Attention genommen wird, so ist Horeburg der Wortbedeutung nach ein *Arx palustris*, das von Natur *voraginibus & paludibus* befestiget Anglo Sax. HORG HORH, *fimus, limus,* HORIG *sordidus, mucidus,* HORTIC *sordidus,* und so auch dem *Gothis Scandicis* HOR *mucor,* Anglis HOROWE *sordidus, squalidus,* EDVARD LYE in JUNII *Etymol.* v. *Horowe* HOARI *mucidus,* Islandis HOR *mucor,* SEREN. in Horay v. Anth. HALL Gloss. CHAUCER in HORE HOROW HORRIBLETE. Auch gleicher Art heißen die Franci, weil sie in paludibus gesessen, als *lutosi, paludosi, squalidi,* Brocker-Mohe, und Maschländer *Salii.* ORIGINES FRANCOR. p. 35. HORN in *Horneburg* Cambris *Corn.* Cornu ist bey allen Nationen auf Oerter erstrecket, worin sie wegen der Winkel und Ecken, wegen der Spitzen und Hervorragungen und Krümmen mit dem Horn eine Gleichheit gefunden. Wie nun ohnedis HELMOLDUS Horeburg und Horneburg genau distinguiret, so hat man um so vielmehr auf Horeburg als eine arcem paludosam sowol seiner alten Lage als seiner Wortbedeutung nach zu schließen.

Von Horneburg an der Lühe und dem Erzbischof Gifilberto, der A. 1277 dem Erzbischof Hildeboldo succediret, und A. 1306 zu Verden gestorben, bemerket das CHRON. RADSTAD. in *Alberto XI Abbate* ap. MEIBOM T. II. p. 101. daß der Bischof von Verden Jo. de Tzestervlete wider die Castrenses in Horneburg den Herzogen von Lüneburg zu gute das Schloß Mogeseborg v. l. Matzburg erbauet:

Tunc enim, cum *Gifelbertus* civitatem *Buxtehude* aedificavit, adhuc, castrum Mogeseborg *nondum constructum fuerat in territorio Bremensi,*

Grup. Origin. German. 2ter Theil.   S.

Obſ. III. De Originibus Harburgenſibus.

menſi, quod per decurſum temporum a quodam Canonico Bremenſi Dn. Jo. de Tzeſtervlete *vaſallo Eccleſiae Bremenſis nato, ſed poſtmodum in Epiſcopum Verdenſem electo, contra ſuos cognatos & caſtrenſes in* Horneborg, *pro ſubſidio Ducum praedictorum, ad refrenandas eorum inſolentias conſtructum fuerat.*

A. 1380 werden von den Burgmännern zu Horneburg angegeben die Schulten, Giverdes von Borch, Mauritius Marſchalk, Hinrich van der Oſten Musbard p. 461. A. 1383 ſchreibet ſich brom Musbard p. 567. Helmerd van Tzeſtervlet Mauritius Marſchalk, Goderwert und Otto von Borch Brüdere, Bertolt de Schulte, Frederik, Herman Bödder Hennel, Johan alſe Schulten Herman von der Oſte und Zeghelade Marſchalck Borchmanne van Horneborch. Bey dem Schloß Horneburg ſtehen beym Musbard bemerket

  a) A. 1513 Joh. Schütten Haus in der Vorburg zu Horneburg p. 473.
  b) A. 1425 to Horneborch de averſte Borg p. 469.
  c) A. 1364 zu Horneburg auff dem Damm ins Inlager zu kommen p. 460.

Der König Waldemarus von Dännemark hat A. 1207. um den Dohmprobſt Burchard von Bremen, dem er die inveſtituram Epiſcopalem gegeben, gegen den Biſchof Woldemar zu ſoutoniren, Horneburg auſs feſteſte zugerichtet HELMOLD *L. VII. c.* 13.

infuſus partibus Bremenſium per ſuos ad ſupplementum ſui electi caſtrum Horneburg *firmiſſime aedificavit.*

CRANTZ *d. c.* 25. ſteht in den Gedanken, daß dies Horneburg allererſt A. 1250 gebauet, und alſo, wenn vor A. 1250 Horneburg genant werde, dies von Harburg an der Elbe zu verſtehen, auf welchen Irthum auch MUSHARD *Memum. Nobil. Brem. p.* 458. nachſtehet. Was indeſſen CRANTZ in *Vandalia L. VII. c.* 25. vor der Erbauung des Schloſſes Horneburg an der Luh, daß dieſe A. 1250 geſchehen, und ſolches Horneburg genant, auch daß von ſelbigem Schloß viele Auſtreifereyen ins Lüneburg geſchehen in clauſ.

hoc eſt illud tempus Anni quinquageſimi poſt mille ducentos, quo miniſteriales Eccleſiae Bremenſis in flumine Lu *in ſundo Harſfeldenſi extruxerunt praeſidium* Horneburg *vocitantes inde poſteris annis multae ſunt factae excurſiones in terram Lüneburgenſem.*

Damit iſt auch RENNER *Chr. Brem. ad b. A.* einig, nur daß er von einer Wiedererbauung ſpricht, und dadurch zu erkennen giebet, daß vorhin ſchon ein Schloß des Namens geweſen in cl.

A. 1250

Obf. III. De Originibus Harburgenſibus.

A. 1250 haben etliche Edelleute im Stift tho Bremen tho Horneborch en Schlot weder.

MUSHARD d. l. hält dafür, daß dies A. 1250 wieder gebauete Horneburch ſey dasjenige, welches A. 1236 deſtruiret, wovon ALBERTUS STADENSIS ad A. 1236 ſchreibt:

Bremenſis Archiepiſcopus & Dux de Brunsw. reconciliati ſunt, & promiſſa eſt pax perpetua inter eccleſiam & Ducem, & Duci quaedam feoda porrecta. Otternberge & Horborch deſtruuntur.

Von eben dieſer Deſtruction beider Schlöſſer Horneburg und Otersberg, die A. 1236 geſchehen, ſagt CRANTZ Saxonia L. VIII. c. 5. daß unter dem Biſchof und Hertzog eine Veralichung getroffen, und dieſer gemäß mit beider Bewilligung Otersberg und Horneborg zerſtöret, daß das eine dem Biſchof, das andere Hertzog Ottoni puero bleiben ſolle:

Arcem OTTERSBERGE quidam ab Eccleſia captam Duci tradunt, ſed anno ſequenti facta inter Epiſcopum & Ducem reconciliatione quaedam feuda donantur ab eccleſia Duci & communi utrinque conſenſu HORNEBORG & OTTERSBERG arces evertuntur quod alteram tenerent Archiepiſcopus alteram vero Dux in alternum praejudicium.

Das Horborg, das A. 1236 von dem Ertzbiſchof von Bremen und Octone puero nach dem unter ihnen gemachten Friedensſchluß deſtruiret, iſt Harburg an der Elbe, welches A. 1220 zerſtöret, aber A. 1226 von Henrico Palatino wieder gebauet, und laut Vertrags des Stift Bremens mit Ottone puero de A. 1236 wieder deſtruiret werden ſollen. Horneburg hingegen, welches König Waldemarus A. 1207 auffs feſteſte angerichtet, iſt A. 1250 von einigen der Horneburgiſchen Männer wieder neu gebauet. Horburg an der Lü war vor A. 1236 noch in ſeiner Conſiſtenz, und meldet ALBERTUS STADENSIS A. 1228. daß in dem Jahr der Ertzbiſchof ſich nach Hoeburg, i. e Horneburg, begeben. Das A. 1250 von einigen Bremiſchen Miniſterialibus wieder auffgebauete Horneburg kan Harburg nicht ſeyn, weil Harburg A. 1235 deſtruiret, und Albertus magnus ſolches A. 1253 wieder aufgebauet. CHRON. SLAV. ad A. 1253.

Albertus D. de Brunswick HOREBORCH reaedificat & hoc contra patris promiſſum Ottonis,

ALBERT. STADENSIS ad A. 1253.

A. D. 1253 Dux Albertus HOREBORG reaedificat patris violans iuramentum,

worüber ſich auch zwiſchen Ertzbiſchof Simon A. 1257 ein Krieg erhoben, je doch wieder in Stilleſtand geſetzet CHRON. SLAVICA ad A. 1257.

Obs. III. De Originibus Harburgensibus.

Qui (Simon Archiep.) statim impetiit Albertum D. de Brunsv. pro eo quod Horeborch reaedificans contra fidem patris & sui ipsius venit, sed Dux super eo Treugas impetravit.

Die Wiederaufbauung Horburgs (Harburgs), die von Alberto M. Duce Br. A. 1253 geschehen, weiset auf die Destruction Harburgs an der Elbe, die A. 1235 geschehen. Auf Horneburg an der Lühe weiset sie nicht, als wovon nicht bekant ist, daß sie geschehen, welches vielmehr A. 1256 neu erbauet worden.

CRANTZII Anmerkung in *Vandalia L. VII. c. 25.*
1) daß Horneburg an der Lühe, welches er eine *arcem palustrem* nennet, erst A. 1250 gebauet
2) und daher, wenn vor A. 1250 Horneburg genant werde, wie häufig geschehe, unter der Benennung Horneburg Harburg an der Elbe gedacht werde,

ist in beiden Stücken irrig. Beym Arnoldo Lubecensi und Helmoldo wird allemal Horeborch genant, und dazu beym Helmoldo solches Castrum so genau und eigentlich bezeichnet, daß es an der Elbe gelegen.

An einem einzigen Ort beym HELMOLDO *L. VII. c. 6.* wird Horneburg genant, welche diverse Benennung bey einem Autore auch zwey unterschiedene Castra andeuten.

A. 1207 sagt HELMOLDUS *d. l. VII. c. 6.* von Waldemaro, König von Dännemark:

infusus partibus Bremensium - - castrum HORNEBURG firmissime aedificavit.

Horneborch, das Waldemarus, um seinen erwählten Erzbischof von Bremen zu soutentiren, A. 1207 befestiget, steht nicht leicht für Horeburg oder Harburg zu nehmen, welches sonsten Helmoldus so nicht genant, auch zu Henrici Leonis Zeiten A. 1164 in seiner Consistenz gewesen, A. 1218 von Henrico Palatino gebauet, A. 1219 von *Alberto Comite Orlamundano* besessen und A. 1219 nach dem Vergleich Henrici Palatini mit dem Erzbischof destruiret werden sollen, auch A. 1220 wirklich destruiret worden. Bey diesem allen giebet sich bey der in A. 1207 geschehenen Befestigung des Schlosses Horneburg kein Umstand hervor, woraus zu schliessen, daß unter Horneburg nicht das Bremische Schloß dieses Namens, sondern Horeburg d. i. Harburg zu verstehen. Wenn nun also unter dem von König Waldemaro bestätigten Schloß Horneburg, an der Lühe, zu verstehen, so ist auch am Tage, daß Horneburg schon vor A. 1250 existiret, und von Crantzio nicht geschlossen werden können, daß, so oft Horneburg vor A. 1250 genant werde, darunter Harburg gemeinet. Nach der Destruction des Schlosses Horburg

von

Obſ. III. De Originibus Harburgenſibus.

von A. 1170 bis 1219. da Henr. Palatinus mit dem Erzbiſchof Gerard von Bremen einig worden, Graf Albert von Orlamünde dahin gütlich zu vermögen, Horburg zu deſtruiren, in Verbleibung deſſen es beide conjunctim zu zerſtören, Charta Transact. Origin. Guelf. T. III. p. 662.

> *Dominus Epiſcopus amicabiliter comitem Albertum, ut caſtrum Horburg deſtruat usque ad quadrageſimam habebit. Quod ſi noluerit per cenſuram eccleſiaſticam compellet usque in Paſcha: quod ſi usque tunc non acquieverit, ex tunc ad deſtructionem Caſtri mutuum ſibi Palatinus & Epiſcopus ferent* auxilium.

worauf A. 1220 nicht nur die anderweite Deſtruction geſchehen, ſondern A. 1220 der Erzbiſchof Otterenberg auch belagert und eingenommen, Chron. Slav. A. 1220.

HORBORCH *deſtruitur.*
Albertus Stadenſis A. 1220.

A. 1220 HORBORG deſtruitur A. 1221 *Caſtrum* Otterenberge a *Bremenſi Archiepiſcopo obſidetur & capitur.*

Nach ſeiner erſten Deſtruction in A. 1170 muß es von neuen wieder aufgebauet ſeyn, weil es A. 1219 nach dem Vergleich Henr. Palatini mit dem Erzbiſchof in des Graſen Alberti Händen geweſen, und darauf A. 1220 von neuen deſtruiret. Nach des Helmoldi Anmerkung iſt der König Waldemarus, um ſeinen gewählten Biſchof Burchardum zu ſoutiniren, A. 1207 ins Bremiſche eingedrungen, und hat das *Caſtrum Horneburg* befeſtiget. Nach Alberti Stadenſis Anführen A. 1209 hat der neugewählte Bremiſche Erzbiſchof Stade eingenommen, A. 1216 der König von Dännemark bey betroffner Elbe Stade einzunehmen, zugleich in ſelbigem Jahr Biſchof Girard und Graf Albertus ein neu Schloß an der Schwinge aufzubauen geſucht, welches Henr. Palatinus ſo gleich wieder zerſtöret. Nach Henrici Leonis Tode wurde A. 1203 in der brüderlichen Erbtheilung zu Paderborn Henrico Palatino Stade mit der Grafſchaft Stade zugetheilet; des caſtri Horburg aber wird darin beſonders nicht gedacht. Von A. 1201. da der alte Graf Adolph vom König Waldemaro und Graf Alberto in der Gefangenſchaft gehalten wurde, und A. 1225 der junge Adolph wieder ins Land kam, und ſich ſeiner Lande bemächtigte Chron. Lüneb. ap. ECCARD T. I. p. 1404. ALBERT. STADENS. A. 1201. haben Waldemarus und Graf Albertus allemal auf das Bremiſche ihre Anſchläge gehabt, und insbeſondere iſt Harburg A. 1219 in Graf Alberti Händen geweſen: von wem es nach der Deſtruction in A. 1170 wieder gebauet, davon iſt mir noch nichts vorkommen. Warum es aber in der brüderlichen Theilung in dem Erbtheil Hinrici Palatini nicht genant, es ſey, weil es noch nicht wieder gebauet, oder weil es

Obl. III. De Originibus Harburgensibus.

In des Graf Alberti Händen gewesen, weiß ich, ohne mehrere Nachricht vorzufinden, nicht zu sagen. A. 1226. da Graf Adolph mit Hülfe des Erzbischofs Gerard zu Bremen, des Graf Hinrich von Swerin, Hinrich von Werle, auf Einladung der Mächtigsten in Holstein wieder über die Elbe gangen, und terram Trans Albingicam eingenommen, Graf Albert von dem Grafen Henr. von Swerin gefangen, ALBERTUS STADENSIS *ad A.* 1216. hat nach dem CHRON. LÜNEB. ECCARD. T. *I p.* 1404. Henricus Palatinus Horeburg, das A. 1220 destruiret gewesen, gebauet, wovon die Worte lauten:

> Van der tit dat de Röning den alden Greven Alve vieng, wente an de tit, dat de junge Greve Alf wider in dat Land quam, so hadde de Röning dat land gehat, unde Greve Albrecht van eme 23 Jahr. . . . . da gaven oc de van Lübeke de Star deme Rike. To denselven Vastelavenden, do vor Greve Alf vor Hamburg und stormde ene Burch, de Greve Albrecht darvore gebuet hadde, do gaven oc de von Hamburch de Star deme Greven Alve, be buede oc de Hertoge Hinric Horeburch. In den anderen Jare darna wart grot Hunger.

Von den Lübeckern, wie sie A. 1226 die Stadt dem Reich submittiret und per diplomata Fridr. II. A. 1226 zur freyen Reichsstadt declariret v. BANGERTUS *Origin. Lubec.* §. 49. A. 1227 ist *Henricus Palatinus* ohne Söhne verstorben, und darauf die Grafschaft Stade an den Erzbischof kommen ALBERTUS STADENS. *ad A. 1227.* Aus dem CHRON. LÜNEB. *ad A. 1219.* erhellet, daß man schon dero Zeit die Veräußerung der Grafschaft Stade, die vom Henrico Palatino ohne seiner Agnaten Gelof geschehen, in Contestation gesetzt.

> Do ward versönt, dat lange Oeloge twischen deme Stifte to Bremen unde deme Hertogen Heinrike von Brunswic, also dat de Hertoge sine Dienstman, unde sin egen in der Grafschap to Staden, dem Godes Huse to Bremen gef. Do lech ene de Bischop wider datselve Egen unde de Denestman unde de Grafschap to Staden. Do spracken etteliste Lüde dat he nicht von ne mochte ane erven los: ettelicke, dat he von mochte sunder erven lof. Dat ward enes erdeles umbe gevraget: do rant men to rechte, were he en Swaver, he mochte it wol don. Dat is wol witlic dat he nen Swaver ne was, wane en recht Graf von allen sinen alderen.

Es eräuget sich auch in dem Verfolg, daß Herzog OTTO PUER, Henrici

Obs. III. De Originibus Harburgensibus. 143

rici Palatini Bruder Sohn, von dem Vertrag mit dem Stifte Bremen unzufrieden gewesen, in der Stedingischen Krieges Unruhe A. 1233. die Graffschaft Stade verheeret Albertus Stadensis A. 1233. A. 1235 Bremen belagert CHRON. CORNERI. A. 1231.

    Otto autem Dominus de Brunsw. & Lüneb. attulit subsidium eiusdem Stedingiis *et incendiis vastavit & munitiones universas usque ad portas urbis Bremensis,* causa *enim huius* discordiae *erat* donatio comitatus Stadensis, *quam Henricus Comes Palatinus & Dn. de Brunsw. fererat ecclesiae Bremensi.*

und nach diesen exactionen und Brandverheerungen zurück gegangen, jedoch Otterenberg, nachdem es bey Nacht eingenommen, Hertzog Ottoni Puero übergeben ALBERT. STADENS. A. 1235. jedoch A. 1236 unter dem Hertzog und Bischof ein Friede getroffen, ihm einige Lehne gegeben, Otterenberge und Horborch aber destruiret, ALBERTUS STADENS. *A. 1235. A. 1236.*

    Dux Otto de Brunsvic circa Festum Martini Bremam obsedit, & sollis exactionibus et incendiis rediit. Castrum *Otterenberge Duci traditur a quibusdam qui illud ceperant quadam nocte - - A. 1236. Bremens. Archiep. & Dux de Brunswich* reconciliati *sunt & promissa est pax perpetua inter Ecclesiam & Ducem & Duci quaedam feoda sunt porrecta.* Otterenberg, & Horborch destruuntur.

  Von eben dieser Vergleichung schreibt JO. OTTO Lüneb. Catalog. Arch. Bremensium ap. MENKEN. T. III. p. 794.

    Anno deinde 1236. Archiep. Duci reconciliatur, cui ut pax diuturnior esset quaedam feuda ecclesiae conceduntur, Otterebergum vero & Hamburgum (scribendum Horeburgum*) eversa & excisa sunt. Albertus tamen Dux Brunsw. Ottonis filius post quinquennium* Harburgum *de novo extruxit, & controversiam de Comitatu Stadensi renovavit.*

Die Wiederaufbauung von Harburg ist nicht 5 Jahr nach 1236. welches ins Jahr 1241 treffen wollte, sondern A. 1253 geschehen, ALBERT. STADENS. *b. A.*

    Dux Albertus Horeborch *reaedificat patris violans juramentum.* CHRON. SLAVICA *b. A. 1253.*

    Albertus D. de Brunsw. Horeborch *reaedificat & hoc contra patris promissum Ottonis.*

Was KORNERUS *ad A.* 1254 vor der Wiederaufbauung Harburg, die von Hertzog Alberto von Braunschweig geschehen, erzählet:

    Albertus D. de Brunsvic *reformavit* Castrum Hartesburg *jam duobus vicibus destructum, hoc tamen promiserat Gerardo Archi-*
                                                       episcopo

Obf. III. De Originibus Harburgenfibus.

episcopo Bremenfi fe nunquam reſtouraturum eo quod ſtratae communi eſſet oneroſum *& ſui* inhabitatores *frequenter coeperune eſſe* raptores.

Imgleichen das CHRON. RASTEDENSE ap. MEIBOM T. II. p.' 105. von Harteeberg, gleich Körnero, und vom Erzbiſchof Giſelberto bemerket:

Aedificavit civitatem ſ. oppidum Buxtehude contra Duces Luneburgenſes qui retroactis temporibus de Dioeceſi ſua Hartesborg *Caſtrum abſtraxerunt.*

Das iſt allem Anſehen nach nicht auf die Wiederaufbauung Harteshurg, als welches vom Stift Bremen abgelegen, wobey das Stift Bremen nicht wohl ein intereſſe führen konte, ſondern auf Harburg oder Horburg zu ziehen, von welchen die Chronica Slavica ad A. 1253. und A. 1257 den Vorgang, daß Albertus Herzog von Braunſw. Horeborch wider ſeines Vaters Ottonis Verſprechen wieder aufgebauet, melden. Es ſcheinet demnach Horeborch beym Körnero in Harteeburg, welches auch ſonſt die Chronica Slavica Haresburg geſchrieben, corrumpiret zu ſeyn, ſo aber würde Harburg nach Korneri Angabe A. 1253. wie es Herzog Albertus wieder aufgebauet, ſchon vorher zweymal deſtruiret geweſen ſeyn. Von der erſten Deſtruction in A. 1220. ſind die Zeugniſſe der Chron. Slav. und Alberti Stadenſis da. A. 1225 iſt Harburg an der Elbe von *Henrico Palatino* wieder aufgebauet. Da nun nach dem Zeugniſſe ALBERTI STADENSIS ad A. 1236 in dieſem Jahr nach dem unter Herzog Ottonem puerum und dem Erzbiſchof geſtifteten Frieden Horborch beſtruiret, und der Angabe nach Herzog Otto puer verſprochen, es nicht wieder aufzubauen, ſo wäre dieſes die vierte Deſtruction von Harburg, als welches 1) A. 1170 und hinwiederum 2) A. 1220 abermals 3) A. 1226 und 4) A. 1236 deſtruiret worden. Wenn hiebey KORNERUS A. 1254. als in welchem Jahr Herzog Albertus das Schloß Harburg wieder gebauet, mit 2 deſtructionen anführet, ſo wird er nur auf die zwey zunächſt vorhergegangenen rechnen, die übrigen beyden aber vorüber gelaſſen haben. BÜSCHING in der Erdbeſchreibung *Vol. III. p.* 2423. giebet das Jahr 1222 an, da Harburg von Ottone puero geſchleifet, und das Jahr 1252 da es vom Herzog Alberto wieder aufgerichtet. Das letzte trift nach dem ALBERTO STADENSI und CHRON. SLAV. ins Jahr 1252, das erſte ins Jahr 1220. weil aber Henricus Palatinus vor A. 1227 verſtorben, ſo iſt nicht abzuſehen, auch kein Grund vorhanden zu urtheilen:

Das Otto puer bey Henrici Palatini Leben ſich der Deſtruction unternommen haben ſollte.

A. 1288 wurde es auf Anſuchen Herzog *Ottonis Strenui* mit dem *jure libertatis*

Obſ. III. De Origine Harburgenſium. 145

unter ſeinem Hauße RODOLPHO begnadiget, ſind die von Hoſtro à Varior. Saxon. MSS. T. III. recenſirten Extractu Privilegii:

    A. 1288 Prid. Non. Maj. Ind. I. Conſtantiae Rudolfus Romanorum Rex & A. Regni ſui An. XV. ad preces Ottonis D. de Bruns. & Lüneborch clari viri oppidum eius HORBURCH *libertatem & libertatis jura concedit, quibus alia oppidi libertate gaudent ſalvis tamen Orbitis moribus ac hæredum eius in oppido iſto, pro facultate rectorium juribus ſerviliis & honeſtis conſuetudinibus, quo gaudent cives de Luneborch.*

A. 1296 hat ſich Otto Strenuus gefunden HORBURGI die Palmarum, und ſind mit gegenwärtig geweſen nobilis vir COMES ADOLPHUS HOLSATIAE, Conradus de MEDINGE, Henr. de SVERIN, Geveh. & Henricus fratres de MONTE, Georg de MIDSACKER, Gevehardus de BORTVELDE Ech. protonotarius Ducis de Lüneb. Wittikinus de GUSTEDE, Henricus ARIES Wittikinus de STADIS Jo. de BEDENDIKE, W. de Monte Henr. BECKENDORP, Hunerus de ODEM Henricus RIBO MILITES Wilh. de BODENDIK Henr. de HEIMBRUCK Wernerus de MEDING Otto de LOWENBERG & frater ſuus omnes Famuli CHARTA ſtandem ſicut retulit HOFM. *Varior. Saxon. Vol. 3.*

Daß ſo genante Neuelande zwiſchen Harburg und Eſſer olim *Levenwilker* wird in Privilegio Ottonis Strenui A. 1296 ap. PUFEND. T. II. *Append. p. 4.* von ihm genant

    Terra noſtra, juxta Horebotg, novellæ plantationis.

Im Kriege Herzog Alberti von Sachſen, der zu Ruſſingen in der Belagerung getroffen wurde, worden Herzog Magnum Torquatum, worin Lüneburg Herzog Alberts anhieng, Harburg aber bey Magno Torquato blieb, von daher die Lüneburger vielen Anfall erlitten, wurde auf Anhalten der Lüneburger Harburg von Herzog Alberto mit Hülfe Graf Nicolai von Holſtein, der Herzog Alberts Mutter zur Gemahlin hatte, belagert, mit denen damals üblichen Machinen erobert und vom Graf Nicolao eine Zeitlang für die angewandte Koſten unterpfändlich behalten *Acceſſ. Hiſtor. Chron. Holſat.* c. 27.

    (Comes Nicolaus) mediantibus illis de Wiſſeria cum pro illo tempore bære paluos fuerat plena dominibus & divitiis roſtrum Harborg cum Machinis vicit & aliquamdiu pro expenſis proinde factis in pignus retinuit ad cuſtodiendum.

Das jetzige Harburg nennt Kornerus tok Arnoldus Lubec., Helmoldus Albertus Stadenſis, gleichwie Henrici Leonis Söhne und Otto Strenuus nec ſeiban, Horeborch oder Horborch, von welchen Kornerus ad A. 1396 ſchreibt:

    Die .... Bürger nobilis ſi velis malignari

Oeconom. Orig. Germ. 2ter Theil.   T

quasi decurrunt ab quorlibet Lapicrosis & Hamburgensem quidem Idelos vicini eis astiterunt & exercitum fagum mittentes Harborg obsiderunt.

Bey welchen Umständen denn, wenn bey den Geschichtschreibern auch in Diplomatibus Horeborg oder Horborg genant wird für Harburg, daß von diesem die Rede sey, und nicht für Horneburg die Vermuthung zu fassen. Die Campi infra Albiam qui dicuntur Wildnisse iuxta Seserstede in Corp. bonor. Eccles. Hamburg. ap. STAPHORST P. I. Vol. I. p. 463. wie oben ausgeführet sind, die in latinitate barbara Vassinas hiessen attester in succesus KILIAN. b. v. Ich zweiffle im übrigen nicht, die Historie von Harburg und dessen ganzen Gegend werde sich noch am besten mit erläutern aus denen Briefen, die Burgmänner von Harburg gewesen, und ihr Burglehn noch zu Lehn tragen, worunter die von Heimbruch, welche mit ihrem Burg lehn, wie der Lehnbrief ausweiset, wie folget, beliehen:

Von Gades Gnaden, wi HINRICK de Junger to Brunswig und Luneborch Hertoge bekennen openbar in dessem breve vor uns und Eruen sämtlich nahemlingo, dat wi Hinrike van Heimbroke, unsen leven getruwen, to enem rechten Erve Manlehne hebben belehnet und belehnen one also jegenwardigen in macht dusses breves mit dussen nabeschrevenen Guederen bi namen Enem BORCHLENE TO HARBORCH, Enem Hove thom Karocksborstell, enem hove tho Lindhorst, mit der Holtgrevesschop drift, pandinge so werne also das Holzing to groten Klecken geit, Twen bouren und ener Kotstede im Dorpe tho Lindhorste, dem Meigerhove tho Winsen up der Alre und fewraein fürsteden darsuluest, enen See und enen Weg darbi dem see, enen Leewer upp der Ortzen enen Koten to Helmeste enem Koten tho groten Klecken, dem Tegeden Enen hove und ener Koten to lutken Klecken, enem hove tho Nendorp Twen bouren tho Herdesbuttel und den Boteshop vor enen frien Sunder, Twen bouren und dem drudden deile das boltes tho Edestorpe, Twen bouren tho Eitzendorp, dren Houen und ener Kotstede tho Marmedestorp, Enem hove tho den Gaarden, dren bouren und ener Kotstede to Westede, Twen bouren tho Hitfelde, dem hove tho der Hude, enem hove up den Horsten, der fewren up der Hude wente in de Elve, dem haluen Verban mit den Wateren de darto horet, den twen deelen up dem Sunder bouen Edellen der Jucht in alle den Holtern in der Vogedige to Harborch unnd Moisedeborch dem drudden bome und der Holtgrevesshop over de Todtmarke pandinge, und al drift up dem Johann Holte, Twen bouren tho dem Eilersen unnd dem Sunder darsulvest, dem hove tho Welde, dem hove tho Tostede, dem hove tho Absmesen, enem hove tho Engestorpe, enen hove tho Höllinde

[...] bowe wnnd Kotwthe tho Hoiuerborstell, dren Hauen to Engelshorstell, dem Dorpe thom Appell, dem dorpe tho Euersen, einem bowe tho Growinge, enem bowe to Podendorpe, den hogen und siden Forsten vor Moisedeborch, dren Katen im Dorpe to Moysedeborch wnnd dem Karklehue dasulurst, enem bowe to Dodeden enem Huse thom Heimbroke, enem Hous to Ketzendorp, dren bouen wnnd dren Kotstedes to Walmerstorp, Twen bouen tho Dackelstorp, vier koten tho Elstorp, Twen bouen und den Tegeden to Valendorp, dem Dorpe to dem Aluersen, dren Houen to Wockstorp, enem bowe tho Emmendorpe, enem bowe tho Marschen und wat de genante HINRICK van HEIMBROCK van unser Herschop to lebene hebben schall in dem Olden-Lande tid utbwisinge sines vorsegelden Breues mit allen oren nutten Rechtikheiden und thobehoringen nichtes darvan gesundert, unnd in aller mate also de van Heimbroke de vor van unsen olderen und Vorsahren ebo lebene gehat hebben und wi schullen wild willen ene sodane Gader Rechte bekennige Heren unnd warende wesen war und wen ene des noth und behuff deit unnd se dat van uns eschen este eschen laten, dorh uns an unsern und enem Idermanne an sinem Rechten unschedalick. Des to bekantnisse hebben wi unse Ingesegel witliken beneddern an dussen breff gehenget heten. Na Christi geborth vertein hundert wnnd im achten und seuentigesten Iharen, am fridage na sante Gorgonii Dage.

Aus einem annoch vorhandenen und unten im Append. N. 5. beygefügten Fundationsbriefe A. 1406 am Tage der Kreuz-Erfindung erscheinet:
1) daß die Harburger Kirche geheissen die lieben Frauen Kirche,
2) Tibbecke Tideken Lindemans Witwe dem Gotteshause zur Harburg das geweyhet in die Ehre der lieben Frauen Marien für ihre Seele und ihrer beiden Ehemänner Jo. Lickes und Tideken Lindemans Seele.
 a) einen vigen Kolgarden de der belegen bi deme Schepeses in dat Juden unde to Harborg in dat Norden,
 b) unde den Molendike to Harborg,
in dieser Weise gegeben van der Heuer das Stilmissenlicht an dem Gotteshause zur Harburg, wenn man Gott benedeyet, zu halten,
3) noch dieselbe gegeben zum Bau oder ad *Fabricam* der Kirche zu Harburg und der Kirche St. Nicolai in Wilstorf den Acker, die vor dem Damm zur Harburg belegen, der geheissen ist Schepeses.
Daher, daß Tilemanns Witwe ihren Acker vor dem Damm zur Harburg, geheissen der Schepeses A. 1406 ad *fabricam* der Kirche gegeben, ist nicht zu schliessen, daß die Harburger Kirche und diese noch nicht ausgebauet gewesen. Der Kirche zu Harburg wird darin gedacht als einer Ecclesiae in honorem B. MARIAE VIRGINIS CONSECRATAE, und die Dedicatio-

nes geschehen nach vollends getödigten Bau; und mit allem Legatis quæ Bau oder ad fabricam hat es keinen andern Verstand, als daß ex fabrica die Kirchenreparationes bestritten werden sollen. Aus dieser Fundation ist auch das bemerklich, daß dieser Acker vor dem Damm der Schepese gehören, wovon die beiden Harburgischen Straßen, die große und kleine Schepese den Namen haben.

Harburg Dioeces Verdens.

Daß dieses Harburg in *Dioeces Verdens* belegen, hat am wenigsten Zweifel, nachdem 1) die Gränzen des Dioecesis Verdensis Diplomate Caroli A. 786 nicht nur Harburg, sondern auch 2) die ganze Elbe und die darin befindliche Elbinseln bis an das nordliche Elbufer, als Wilhelmsburg, Ochsenwerder und Kirchwerder, befangen, 3) auch von der Bremischen Lue ab alle im alten Lande nach Harburg liegende Klöster und Kirchen, als Burtehuder alte und neue Kloster, Estebrüggen und Hassewerder jetzo Nienfelder Kirche als Verdischen Dioeces angegeben, 4) hierbey Harburg mit denen Bannis der Archidiaconate in Sittfeld und Zollenstedt und der Burtehudischen Præpositur, welche Verdensis Dioecesis, umgeben, 5) von Sinstorf in specie als Harburg nahe auch aus einem alten bey der Pfarre zu Sinstorf liegenden Brief A. 1421 ins offene tritt, daß dieses Verdischen Dioeces gewesen, in cleaf.

De Here Hinrich (von Estorp) . . . beste beholden mit Bitcop Corde (Ep. Verd.) dat he mit Vulbord der Schleffer der Groten und Estorpe heft gheleget de beyden Vicarien Sancte Joh. Evangelisten, und Sante Catharinen in de Wedeme so ewigen Tiden mit allen Rechteicheit und alle dane Dryheyt, als vrig Wedem Gud sunder Tegeden Denst und Schat edder Bade.

Ob nun zwar der Erzbischof von Bremen in dem Verdischen Dioeces Gerichte, Schlosse, Lehne im alten und Reddinger Land, auch Districte, JOH. RODEN, *Excerps. Chr. Brem. T. II. Script. Brunsv. p. 263. § 15 passim*, und Patronatkirchen, als die Kirchen zu Wildesdorp hodie zu Wilstorf, welche jetzo der Kirchen zu Harburg eingepfarret, und Gervesborn jetzo Jesteborg, wovon jetzo Princeps Patronus, in ihrem Dominio und Besitz gehabt, wovon, was diese beide Kirchen Wilstorf und Jestburg betrifft, der Brief des Erzbischofs Geradhi zu Bremen beym STAPHORST A. T. *Fol. 4. p. 117.* zeuget, so ist dennoch dadurch dem Episcopalrecht des Episcopi Verdensis Dioecesani ordinarii nichts benommen, und ist am wenigsten von Scribus Secular. und Kirchenlehrern, die jeder privatum gehabt, auf die Episcopalrechte den Schluß zu machen, um so viel weniger, da Jesteborg in vicinia

des

Obs. III. De Originibus Harburgensibus. 149.

des Archidiaconats zu Hollenstedt, und Wilstorf in vicinia des Archidiaconats zu Hitfeld, welches Simstorf befangen, gelegen, hierüber, welches das Hauptmoment ausmacht, der Dioecesis Bremensis vor dem Elbe Fluß bey Horneburg zugekehret und nicht weiter ins alte Land und auf Harburg ins Lüneb. gangen, sondern von der Elbe jenseit des Flusses ab sich nach der Oste, Mede, Bevet, Otter, und wieder nach Osten gestrecket, nach der Clausul des Diplomatis Carolini beym ADAMO BREMENSI L. I. c. 10.

    Liam *Steinbach, Hasalam Wimarcham Schneidbach* Ostam *Mulenbach, Motam,* (Mede) *Paludem, quae dicitur Sigifrides mor, Quissimam Aschbroc, Wisebroch,* Hivernam, Uternam iterumque Ostam.

Der Erzbischof Jo. Rhode von Bremen in Excerptis Chron. Bremensis beym LEIBNIZ T. II. Scriptor. Brunsw. p. 262. stehet die Gräntzen des Dioecesis Bremensis nur von der Weser ab
a) nach der Womme,
b) von der Womme nach der Oste,
c) von der Oste bis zum großen Mohe und zur See.

In clausula;
    ab alia parte Werrae *ad partem aquilonarem primum ad fluvium* Womme *deinde a flumine* Womme *usque ad* Ostam *ab* Osta *usque ad latissimam paludem dictam* Grotmoer *usque ad mare* Oceanum.

Der Comitatus *Stadensis* Marchionis Udonis machte das jetzige Hertzogthum Bremen nicht aus, sondern war nach dem Ausdruck ADAMI BREMENS. L. IV. c. 5.

    per omnem parochiam Bremensem sparsim diffusus maxime circa Albiam.

Wie er also größtentheils an der Elbe belegen war, der *Comitatus* in pago WIMODI, worin die Curtis Regia *Liestmuons* jetzo Lessen ihm auch gehörig, Chr. Henr. IV. A. 1262. ap. LINDENBR. p.140. so traf er auch in die Pagos, die zu Caroli-Magni Zeiten in Chron. Moiss. genant werden Hostingabi und Rosogavi, welche seinem zu Halberstadt geschlagenen Lager gantz nahe waren, und wohin er von da seine Corps detachirte, um daraus die Sachsen aufzuhohlen und in seine Lande zu versetzen. In dem Pago Rosogavi war auch die Gräfliche Residentz Hersefeld, wo das Kloster Rosevelt gestiftet. Diese Comitia Stadensis gieng auch an der Elbe über Harburg fort bis an die Seve. Der Comitiae Stadensis war auch angewachsen *hereditas* IDAE Kaisers Heinr. III Bruders Tochter, die zu Elstorp gewohnt und Graf Udo von Stade zu seinem Erben gemacht, HISTOR. ARCHIEP. BREM. *in Archiep. Frid.* p. 15.

Aus dem Adamo Bremensi und aus der historia Archiep. Bremiens. erscheinet, wie sehr die Familia Heremanni Billingiorum Hertzog Bernhard und dessen Söhne mit dem Ertzstift von Bremen, als einer Ecclesia rebelli, die ex

T 3

Obſ. III. De Originibus Harburgenſibus.

tra Pontificalia die weltliche Herrſchaft und ad inſtar Epiſcopatus Würzburg. einen *Ducatum* affectiret, wie der herrſchſüchtige Biſchof Adelbertus ſich bey gehen laſſen, zu ſtreiten gehabt. Herzog Bernhardus hat von dieſem Erzbiſchof Adelberto, der ſich beym Kaiſer einen Rücken zu machen geſucht, öfters zu ſagen pflegen, wie deſſen Worte beym Adamo L. III. c. 6. lauten:

> *illum quaſi exploratorem poſitum in has regiones qui infirma terrae alienigenis, & Caeſari eſſet proditurus, ideoque dum ipſe aut aliquis filiorum eius adolaxerit, Epiſcopum nunquam bonum in Epiſcopatu diem habiturum.*

welches auch Bernh. Söhne Ordulphus und Hermannus dem Erzbiſchof empfinden laſſen, als wovon ADAM. BREM. L. IV. c. 1. ſagt:

> *Illi (Ordulfus & Hermannus) memores odii quod patres eorum contra eandem licet occulte exercuerunt Eccleſiam, ſtatuerunt aperte jam idoneum repetendam eſſe in Epiſcopum, totamque Eccleſiae familiam.*

Die Streitigkeiten über die Grafſchaft Stade und dieſer zugewachſenen ſo genanten Iden Guth recenſiret Herr Rath GEBHARDI in *March. Septr.* unter dem Biſchof Hartwic *p. 70 ſqq.* A. 1144 hat der Dohmprobſt Graf Hartwic von Stade, nachdem ſein Bruder Rudolf ermordet, hereditatem principum Stadenſium und der Idae und Hartwici der Kirche zu Bremen zu eigen gegeben, iſt jedoch damit nebſt Friderico Palatino wieder beliehen und hat vom Kaiſer Conrado dero Behuf auch den Königsban empfangen, worüber Henrici Leonis Vormünder ſich beklaget, daß Adalbert ſeiner Mutter verſprochen, nach Rudolfi Tode die Grafſchaft Henrico Leoni zu verleihen, worüber es im Convent zu Ramesloe zu den Waffen kommen und der Biſchof gefangen nach Lüneburg geführet, *Hiſtor. Archiep. Brem. d. A. p.* 90. A. 1146 hat der Graf Hartwic von Stade, Rudolphi M. Sohn, in Diplom. Adaberon. ap. LINDENBR. p. 156. ſich bereits unterſchrieben:

> *Hartwicus Bremenſis Eccleſiae Praepoſitus* Stadenſium Dominus.

A. 1168 mit des Erzbiſchofs Hartwig von Bremen Tode iſt *Henricus Leo* zum völligen und ruhigen Beſitz der Grafſchaft Stade kommen, wovon HELM. L. II. c. 11. ſagt:

> *obiit Archiepiſcopus & extincta eſt morte illius vetus controverſia quae fuit ſuper* comitia Stadenſi *& poſſedit eam Dux de cetero abſque omni contradictione.*

A. 1180 da Henricus Leo ſchon im Gedränge war, und das Corps von Henrici Leonis Feinden zu Erford verſamlet war, wurde von Kaiſer Friderich I. dem Erzbiſchof Sifrido *Caſtrum Stadii liberali donatione* conferiret, Ch. Frid. Imp. privil. Ham. ap. LIND. n. 62. p. 108. A. 1182 zur Zeit des zu Queduinburg gehaltenen Reichstages hat nach Anführen HELMOLDI L. II. c. 36.

Erz-

Obs. III. De Originibus Harburgensibus.

Erzbischof Sifrid zu Bremen Stade mit allem, was er vom Stift Bremen zu Lehn gehabt, *plenaria restitutione* wieder erlanget, jedoch dem Erzbischof Philip von Cöln 600 Mark Silbers gezahlet, welcher mit einem Corps angerücket Stade zu belagern. Und A. 1199 da Henr. Leo schon verstorben, wurde es dem Erzbischof Sifrido so viel leichter, die Grafschaft Stade, die Patrimonia Rudolphi Marchionis, Henrici Marchionis, Comitis Fridrici de Stadio & hereditatem nobilis matronae Idae, die Henricus Leo eingenommen Privilegio & decreto Philippi Imper. A. 1199 ap. LINDENBR. p. 170. an sich zu ziehen. A. 1192 war Graf Adolph von Schaumburg bedacht sich von Stade Meister zu machen; und hat A. 1192 Stade sich an Graf Adolph ergeben. Und obgleich der Erzbischof Hartwig darüber sehr zornig worden, auch desfals mit dem Bann losgebrochen, so ist dennoch endlich Graf Adolph A. 1195 beliehen, wie Koerner von diesem Jahre zeuget. Nichts destoweniger ist Comitia *Stadia* jure feudali in Diplomate Ottonis A. 1003. Henrico Palatino zugetheilet, bis endlich Henricus Palatinus nicht A. 1223. wie aus dem CHRON. RIDDAGESH. T. III. Script. Brunsw. p. 79. geschlossen, nicht A. 1224. wie CORNER Chr. A. 1224 aus dem EGGHARD angeführet, sondern nach dem zu Stade A. 1219 errichteten und in *Assert. Liberr. Brem.* p. 786. und *Orig. Guelf.* T. III. n. 77. p. 262. eingerückten Vertrag dem Stift Bremen zu eigen abgetreten.

A. 1205 bey der zwiespaltigen Wahl zu Bremen hat zuerst der neugewählte Erzbischof Waldemarus, hernach der andere, der Dohmprobst Burch-Stade eingenommen.

In dem *Diplomate Ottonis IV. A.* 1203 wird Henrico Palatino zugestellet
 1) STADIUM oppidum,
 2) OMNE PRAEDIUM quod est INFRA COMITIAM STADII USQUE in SEVENAM,
 3) & PRAEDIUM quod est IN TERRITORIO BREMENSI,
 4) & PRAEDIUM quod est CIRCA VERDEN,
 5) quae COMMUNIA habuerunt in HADELE,
 6) COMITIA quoque STADIA successit ei, sed haec *iure feudali*, respectu aliorum feodorum.
 7) praeter hoc PRAEDIUM IN WALTSATIA,
 8) & OMNES MINISTERIALES qui sunt INFRA TERMINOS ipsos.

Nachdem nun in dem Vergleich, welchen Henricus Palatinus mit dem Erzbischof Gerard von Bremen A. 1219 der Comitiae Stadensis halben eingegangen, nichts weiter enthalten, als daß Henricum Palatinum

Obl. III. De Originibus Harburgensibus.

1) dem Stift omnem *hereditatem* quam possideret *iure proprietatis in comitia Stadensi* tam *in ministerialibus* quam *praediis & mancipiis*,
2) *Praepositurum Wildeshusensem* abgetreten,
3) auch von allem Recht im Zoll in der Münze und Vogtey im neuen Lande abgestanden:

so sind auch darunter nicht befangen und Henrico Palatino verblieben,
    a) dessen praedium in *territorio Bremensi*,
    b) communia in *Hadele*,
    c) praedium in *Waltsatia*,
    d) ministeriales infra hos praediorum in territorio Bremensi in communibus Hadeliae & in Wortsalia terminos.

Inter *castra Henrici Palatini*, die in divisione Paderbornensi A. 1203 sonst genant stehen, geschiehet von Horburch oder Harburg keine Erwehnung. In dem Vergleich *Henrici Palatini* mit dem Erzbischof Gerard de A. 1219 wird solches als ein castrum angezogen, das Graf Albertus von Orlamunde unter sich gehabt und usurpiret, und dahero wieder destruiret werden sollen, wie auch A. 1220 geschehen. Zur Zeit der von Henrico Palatino A. 1219 mit dem Erzbischof Gerard zu Bremen wegen der Grafschaft Stade getroffenen Vergleichung war sein jüngster Bruder Herzog Wilh. schon A. 1212. und Kaiser Otto schon A. 1218 verstorben, Wilhelmi Sohn, der A. 1204 geboren, erst im funfzehnten Jahr. A. 1223 aber übergab Henr. Palatinus *Cuphea sua a capite demto* ihm Braunschweig zu eigen, beurkundete auch, daß er seine vom Stift Bremen relevirende Lehne von seinen Händen empfangen, laut seines Briefes de A. 1223 in Palatio Brunsw. datirt, Orig. Guelf. T. IV. A. 1236 aber hat *Otto Puer* selbst. ihm von dem Grafen Sifrid von Osterburg eine neue Acquisition gemacht, da dieser ihm verkauft und zu eigen gegeben
    a) omnem *proprietatem & ministeriales* in *comitia Stadensi*
    b) totam *proprietatem* cum ministerialibus omnibus inter *Saltzwedele*, BREME & *Gardelege*
    c) omnes ministeriales a *Tselle* usque *Bremam* iuxta *Aleram & Wiseram* in utroque litore demorantes
    d) & omnem proprietatem *Walbekr*.

Die Chron. Oldenb. comitum ap. MEIBOM T. II. p. 129. 131. beschreiben die *termines Terrarum March. Udonis*
    a) a flumine *Tzeua* (Sevina) castrum *Horborg*
    b) & descendendo *usque ad barbaricum mare* per Albiam *Waltsatiam*
    c) & partes *circa Wurnam*
    d) & *terram antiquorum Saxonum Laringiam, Rustringiam* id est *Brokdensem*

Obf. III. De Originibus Harburgenfibus. 153

denfes & Stadlandenfes Stedingiam & Ambriam Thetmarffagam id eſt *Ditmarfiam, Wurſtriam, Hadeleriam*

e) & ceteras infulas fcilicet *Kedingiam* & *Antiquam* (terram)

Die Loetze, Letze, die von der neuen Schleuſe bis Lauenbruch in dieſem Tractu von etwa hundert und zwantzig Ruthen lang in fünf bis ſechs Ruthen breit ſolchen Namen führet, und ſich bey Lauenbruch in die Elbe ergieſſet, iſt eigentlich der Fortlauf des Seven-Canals oder Seven-Grabens, der aus der Seve opere manu facto abgeleitet, und zwiſchen den Karnap und den Werder durch Harburg unter der Brücke Mühle paſſiret, daſelbſt die Mühle treibet, an dem Harburgiſchen Kaufhauſe und weiter das Schloß vorbey nach der neuen Schleuſe ihren Lauf fortſetzet. Die Seve, bis dahin die Graffſchaft Stade reichet, und welche die Scheidung zwiſchen beyden Aemtern Harburg und Winſen macht, fällt bey Wullenburg in die Elbe. Die Harburgiſche Seve, ob ſie gleich den Namen führet, iſt die eigentliche Seve nicht, ſondern nur ein *diverticulum Sevinae*, ein gemachter Sevegraben, wodurch mittelſt eines unter Horſten vorgelegten Weers ein Strang aus der Seve, um die Harburger Mühle zu treiben, dahin geleitet, alle Jahr geſäubert und ausgebracht wird, wie ich in Originibus Luneburgicis nach eingeholter genauen Nachricht in mehreren gezeiget.

Karnap, woran der Seve-Graben zur Rechten herfließet, iſt ein Teutſches, Sächſiſches und Schwediſches Wort, und bedeutet *Moeniana projecta ſuggrundiae*, von welchen in lexico Briſſoniano und Vitruviano gründlich gehandelt. Das Wort Karnap findet ſich dahin erkläret, als:

a) *Moeniana* KARNAP *utbbygning* Dictionarium Sveth. Hamb. ed. A. 1700. h. v.

b) KARNAP Sax. i. *Arckner Montanum* Kilian h. v.

c) KARNAP *Ueblucht Erkner Moenianum* Chytraeus Col. 404.

Wenn ſich aus Urkunden mittler Zeit die innerliche Einrichtung von Harburg und die Local-Umſtände e. g. von dem Dam zur Harburg, vom Werder, von Karnap, von Chepele näher hervorgeben, ſo wird ſich auch von Urſachen und Gründen ihrer Benennung näher urtheilen laſſen, bis dahin muß man dermalen noch in Significationibus verborum ſubſiſtiren.

In meiner alten gezeichneten und beſchriebenen Charte iſt bey dem Bach, der neben Sinſtorf her und Harburg zur rechten Seite vorbey unter Lauenbrock zur Linken fließet, ſchon ehe er noch nach Harburg komt; notiret die Lotze. Von der Lotze beſonders, die von der Harburger neuen Schleuſe ab, auf einen Strich nach Lauenbruch von hundert und zwantzig Ruthen jetzo den Namen führet, habe ich von Harburg dieſe gantz zuverläſſige Nachricht eingezogen;

Grup. Origin. German. 2ter Theil. U Die

Obs. III. De Originibus Harburgensibus.

Die Loge, oder wie man es hier ausspricht, die Loege, heißet das Wasser von der neuen Schleuse bis Lauenbruch, und das sich daselbst in die Elbe ergießet. Es nimt einen Raum von ohngefehr 120 Ruthen in der Länge und von 5 bis 6 Ruthen in der Breite ein. Es entstehet aus der Seve, die von Willstorf komt, zwischen dem Karnap und dem Werder die Stadt durchströmet, und die Königl. Schleuse treibet, woraus hernach der Canal entstanden, der das Kaufhaus vorbey bis an die Schleuse gehet, und bey der neuen Schleuse den Namen Loke bekommen hat.

Wie in der dortigen Schiffer und Fischer Sprache ein jedes Wasser, das zum Aus- und Einlauf der Schiffer bequem ist, den Namen Loge vulgo Loeze führet; wie bey der Neuenländer Fehrde, beym Reiger-Stieg und anderwerts: so würde auch auf der Loke, die von der Harburger neuen Schleusi nach Lauenbruch gehet, diese Benennung zutreffen können. Indessen da in Harburg selbst schon die Loke und Logenbrugge gehöret wird, so wird die Loke allein von einem Tractu von 120 Schritt von der neuen Schleuse nach Lauenbrug nicht schlechterdings verstanden werden können. Von der Loge, die in Harburg unter der Logen Brücke hergangen, ist in der mir zugekommenen Nachricht folgendes bemerkt:

In Ansehung der Loege ist so viel gewiß, daß das Wasser von der neuen Schleuse bis an Lauenbruch noch so genant werde, -- es ist aber auch gewiß, und Privilegium Ducis Bernhardi von A. 1458 entscheidet es, daß in Harburg eine Loge Brücke gewesen ist. Diese hat nun, wie ich aus dem Zeugniß alter glaubwürdiger Einwohner, welche die Erzählungen ihrer Voreltern bewahret, erfahren, zwischen dem Rathhause und dem jetzo so genantem Roße - ihren Platz gehabt über ein Wasser, das vom Mohre kommend hinter den Karnap und den Häusern an der West-Seite der Schloß-Straße weg, zwischen genanten beyden Häusern, quer über die Gasse geflossen, und hernach da, wo jetzo noch ein Gang nach dem jetzigen Canal ist, indem der übrige Platz bebauet, in dem Mühlenteich seinen Abfluß genommen. Die alte Loge ist also das Wasser, so aus dem Mohre komt hinter dem Karnap und den Häusern an der West-Seite der Schloß-Straße weg, jetzo unter der Schwensbrücke nach dem Canal und von da nach beyden Schleusen zu fließet, da es vormals zwischen dem Rathhause über die Gasse geflossen und mit einer Brücke bebauet gewesen.

Die

Obſ. III. De Originibus Harburgenſibus. 155

Dieſer Fluß über die Gaſſe iſt zwiſchen 1620 und 40 gantz verſtopfet, und an beyden Seiten Häuſer gebauet.

Bey den Angel-Sachſen heißet LEOD *lucidus, clarus*, und die Bäche führen insgemein ein helles klares Waſſer, dahero nicht von Bedenken, ob nicht die Loye, als welche dieſen Namen geführet, ehe ſie noch in den Seven-Graben eingenommen, und mit dem Seven-Graben bey der Harburger Schleuſe ſich in die Elbe ergoſſen, von ihrem klaren Waſſer den Namen erhalten.

Die Loye-Brügge macht, nach dem Privilegio des Hertzog Berend ſub dato Chriſti Gebordt vertein hundert darna in dem acht vnd viftigſten Jahre am Tage Sante Thomas Cantelberg, einen *terminum* des Harburgiſchen Stadt Weichbildes aus.

Dat Anbeginne und Ende, da tho deme rechte des vorgeſchreven Wickbildes horen ſchal: in de lenge van der Loye-Brügge an wente to den ſteerſten Schlagebome, unde vore neven deme Louwenbroke, und tho deme ſkerſten Graven by deme nygen Wege. Bann allen vorgeſchreven Enden van allenthalven loke daſe to metende recht uth; und vorder en ſchall dat Wickbelde nicht gahen, noch er recht ſchall vorder nicht geſtrecket werden.

Laut eben dieſes Privilegii hat die Stadt Harburg die Beſſerung des Dammes, des Steinweges und der Brücke auf dem Dam belegen, allein beſorgen müſſen, und iſt dagegen von allen Hovedienſt befreyet, in el.

Den Dam, Steinwegh unde Brügge midden uppe dem Damme belegen, ſchall dat Wickbelde allene beſorgen unde ſchaffen, davor ſcholl et von allen Hovedenſt, deß ſe verplichtet wehren, enniglich los unde fry weſe.

Es erſcheinet daraus, daß mit dem der Stadt Harburg concedirten Weichbilds-Recht, derſelben alle Meinewerken binnen der Stadt Mark mit auferlege, dagegen aber haben auch alle Burglehne binnen Stadt Weichbild auf dem Dam belegen nach jetzt gemeldetem Privilegio mit andern Bürgern Bürger-Rechts pflegen müſſen in verbis:

alle Borchelen uppe den Dam belegen, ſchallen mit andern Börgern Börger Rechts plegen.

weil es zu Stadt Weichbilde gelegen und alſo der Stadt mit pflichtig, welches in Privilegio Hertzog Otten vom 1 Aug. 1599 alſo beſtätiget. Aus dem vorangezogenen Fundations-Briefe de A. 1406 iſt zu erkennen, daß vor dieſen Dam der Acker, der geheißen der Schepſe, gelegen. Auf dem Damm zur Harburg haben ſich nicht nur Borgher, ſondern auch laut Raths-Briefes

d. A.

Obs. III. De Originibus Harburgensibus

d. A. 1470 andere bürgerliche Häuser mehr, und laut vorgemeldeten Privilegii Ducis Bernh. A. 1458 eine Brücke mitten auf dem Dam gelegen. Der so genante Karnap liegt zwar binnen Stadt Weichbild, der Ort aber ist in der Folge der Zeit allererst neu gebauet, und werden in dem Reces de A. 1556 die Anbauer nur als Würthe oder hospites geachtet, welche bey ihrer Anbauung die Mühude nur auf gewissene Art vergönnet. Verba Recessus a. 17. et 18.

    De wile dat Bleck (so wird Harburg verschiedentlich in privilegiis Ducum genant) de Karnap samt den Molenbul breit an den Twedul so wit sich des Bleckens Gerrechtigkeit erstrecket, von olders ynn Kewenuge geholden, vnde noch dualikes bewen moth; so scholen sich de Karnappers Lüde der Drift aver den Moken-Dul by Strafe 3 ß entholden, danne gemelt dick meht vorpedder werde — — Ein yder Karnaps Wred schall nicht mehr Vees als 2 Koe 1 Rindt 2 oddes 3 Schwine hebben, solches alles ys bewithiget dat de Karnap betuwer ward.

In Privilegio Herzog OTTEN vom 6 Aug. 1593 ist geordnet:
    Daß alle diejenigen, so zwischen den beyden Thoren, vor unsern Garten seithero gebauet haben, oder künftigh an demselben oder einem andern Ort bawen, wohnen, und von uns nicht sonderlich privilegiret und gefreyet seyn (deren Befreyung wir hiemit nichts benehmen, sondern solche vielmehr confirmiret und bestätiget haben wollen) und Handwerk oder andere bürgerliche Nahrung treiben werden, andern Bürgern gleich, die Bürgerschaft wie hergebracht üblich und gewöhnlichst ist zu gewinnen.

nicht minder im Privilegio Herzog Wilhelms vom 1 Dec. 1623 fest gestellet:
    Daß hinführo nicht allein die Häuser, so daraus zwischen beyden Thoren zur Contribution des Schatzes und bürgerlichen Unpflicht, denen vorigen Privilegiis nach, nicht gehörig seyn, sondern auch alle diejenigen, so in unserer und unser gnädigen geliebten Frau Mutter gewesenen Behausung wohnen, Huie und Weyde mit treiben, auch in bürgerlicher Nahrung sitzen, so wohl unsere Diener (die Räthe und Beamte allein ausgenommen) zu Schatz und aller bürgerlichen Unpflicht mit gezogen werden, Bürgerrecht thun und davon nicht weniger als andere entfreyet seyn sollen.

    Das so genante Hawland von Stilhorn bis an den Schloß-Grove,
                             worauf

Obs. III. De Originibus Harburgensibus.

worauf die Bürger Korn und anders bauen, hat die Stadt gegen einen Zins von jedem Stück 4 ßl. lübisch. vom Fürsten, v. Privil. Bernh. A. 1458. & Ortenis. 1525. Das Vieh von dem Vorwerk des Schluß-Grobe aber ist nach gemäheten Korn in diese Harburger Weyde auf die Stoppeln und Nachweyde getrieben, welches die Stadt vermöge Briefes Herzog Wilhelms vom 22 Febr. A. 1608 mit 200 Rthlr. abgekauft. Die gemeine Had und Weyde bis an das Fürsten-Thal ist der Stadt Harburg laut Priv. vom 1 Dec. 1603 bestätiget.

Uebrigens habe ich gegenwärtiger Abhandlung De Originibus Harburgensibus annoch beygefüget:

1) Einen Rahtsbrief *de A. 1470* unter dem Harburgschen Großen Stadt-Siegel, welches die Umschrift hat:
   Sigillum civium de Horborg.

2) Einen Rahtsbrief *d. A. 1511* mit dem kleinen Rahts-Siegel und der Umschrift:
   Sigillum Consulum Horbourg.

3) Einen Rahts-Brief *de A. 1406.* worin des Rolgartens bey den Schepseß, des Mühlen-Teichs, und des Uckers, der vor dem Damme zur Harburg belegen, der geheißen is Schepsens, der Lieben Frauen Kirche zu Harburg und der Nicolai Kirche zu Wilstorf gedacht.

4) Ein Brief Ghesecken Stals A. 1477. worin die Kirche zu Harburg gegeben:
   En *Schip-Waters de Hamenvot* genömet — *Schype Waters* inde veseven genömet.
   Schip-Water ist Nautea KILIAN *b. v.* nach der Erklärung JUNII in *Nomenclatore p. 166. Putridae aquae in sentina sunt* die Grund-Brüse im Schif-Wasser; Frisch in Nautea, nach der Erklärung HEXHAM *sub. v. Pumpe Water that stinks*. Es bedeutet also nicht nur das faule Wasser im Grunde des Schifs, sondern auch das Pump Wasser AINSWORT in *Nautea*, welches alhier gemeinet zu seyn scheinet, da die Einkünfte davon an die Kirche gegeben.

5) Eine Urkunde von den Hergewedt und Fraw Rade, in welcher Art es daselbst per Statuta und Landesherrliche Abscheide geordnet, und beschrenket gewesen.

6) Das *Diploma* der Grafen Jo. und Gerhard von Schaumburg *de A. 1255.* in welchem in der Harburgschen Nachbarschaft in Ossenwerder die darin gemeldete *irrationabiles consuetudines juris Germanici* abgethan.

Obf. III. De Originibus Harburgensibus,

7) Und das *Diploma Ottonis D. A. 1296.* welches denen neuen Ländern bey Harburg ertheilet, und vom Herrn Oberappellationsrath PUFENDORF *T. II. Observ. App.* aus dem Original ediret, und mit wohl zutreffenden Anmerckungen erläutert.

Dies Diploma, welches viel merkliches enthält, zeuget unter andern dies:
1) Daß A. 1296 das neue Land Lewenwordher geheissen,
2) unter den Neuen Ländern als eine novellam plantationem funicula distributionis vertheilet, wobey ich bemerke, daß in der Teutschen Uebersetzung das Wort Veerschüchtere so viel sage als verschichtet, vertheilet.
3) Daß ich die Clausulam privilegii:

item incola hujus terrae per terminos nostros de lignis & pascuis a theloneo sunt excepti, etiam infra Albeam in campis, quae dicuntur *Wiltnis*, lignis & pascuis liberi potientur,

in verbis finalibus nicht auf eine *immunitatem a thelonio in campis, quae dicuntur Wiltnis*, sondern auf eine libertatem in lignis & pascuis. Was sie befugt seyn sollen in den Wildnissen Holtz und Buschwerk zu hauen und darin zu weiden.

Am Ende des Diplomatis produciret sich der Rath und das CONSILIUM DUCIS OTTONIS, und in selbigem:
a) Dominus *Conradus* de BOLDENSAL,
b) Dominus *Thidericus* de ALTEN,
c) Dominus *Thidericus* de MONTE,
d) Dominus *Hinricus* SVERIN,
e) Dominus GEVEHARDUS *Pincerna*,
f) Dominus *Wernerus* de MEDINGHE MARSCHALCUS,
g) Dominus *Hinricus* de MONTE,
h) Dominus *Georgius* LONGUS,
i) Dominus *Gbrvardus* de BORFELDE,
k) Dominus *Eggehardus* Notarius (Cancellarius)
NOSTRI CONSILIARII.

N. 1.

Wy Borgermestere unde Radmanne des wicheldes to Horborg bekennen unde betugen apenbar vor alsmeme in dessen breue dat vor uns is gewesen Hermen Koster unse medeborger unde hefft mit willen wolberaden mode unde vulborde siner rechter eruen verkofft unde vorkope in crafft desses breues deme vorsichtigen Hansi Holsten zinen Eruen effte deme Hebbere desses breues mit orem willen vor vestein Marck Lunenborger weringe De de vorbenomede Hans Holste

Obſ. III. De Originibus Harburgenſibus.

ſte deme ergenanten Hermen Koſtere wol to danke an gudem harten Gelde vernuget unde betalet heſſt de Hermen in zine und ziner Eruen nudt unde behuff gekeret heſſt. In ſmeme Huſe Houe unde vord alſe dat mit alle ziner tobehoringe *up deme damme to Herborg* tuſchen Hanſs Scrod up de ene Ziden unde ywen molewerken Huſe up de anderen Ziden qwid unde vryg ſmider remgertere renthe belegen iſſ, Eine mark geldes Iarlike renthe De Hermen Köſter vorbenemet ſine Eruen edder de beſitter des Erues ſchullen unde willen alle Iar up de paſchen na date unde giffte deſſes breues ſunder ienigerleie Hinderinge efte thynringe der renthe wol to danke vormlgen unde betalen worde aner deme ergenanten Hans Holſten zinen Eruen effte deme Hebber deſſes breues mit orem willen ienigerley Hinder van der Betalinge der mark geldes nodammerſſ dat dar jenich Schade off queme mogen de deme Beſitter deſſ Erues mit rechte off manen aner Hermen erynant ſine Eruen edder beſittere des Erues mogen alle Iar up de Paſchen de marck Geldes vorgeſtren uthkopen mit der bedageden renthe wo Hermen Köſter zine Eruen effte beſitter deſs

Erues dem vilgnten Hans Holſten zinen eruen offt hebber deſſs breues mit orem willen em verndelichs to de Koſt verkundigen were ock dat dem upgnten Hans Holſten zine eruen offt Hebber des breues er ienich veſpeſinge offte Hindernige in deſſ vorgenomde marck geldes ſchege mogen ſe dem vorkegenomeden Hermen Köſtere zinen Eruen offte beſittere des Erues ein verndel Iares to norme de loſſe kundigen unde ſodan bouengeſcreuene marck geldes mit deme Schaden In allermate ſo vorſcren iſſ uff manen. Deſſes to tuge unde merer Bewiſinge dat dot vor uns gehandelt unde ſo geſchin is hebben wy Borgermeſtere unde Radmanne upgeſcreuen unſſes wicbeldes Ingeſegel withken hangen laten neden an deſſen Breff de gegeuen is na criſti gebord *duſenth ulr hundert* dar na in deme *ſeuentigeſten Iare* an Sante Iohans Baptiſten Dage.

N. 2.

Wy Borgermeſter unde Ratmanne des Wychbeldes tho Harborch bekennen unde betugen apenbar an deſſeme breue vor alſſbeme dat vor uns iſſ geweſen Hermen Husſcher unſe Borgher unde myt vryen wolberaden moede vor unſſ bekande dat he myt willen unde vulbort alle ſiner rechten Eruen hebbe vorkoſſt unde regthenwardich in macht deſſes breues vorkope den werdigen Berend *Dekene* Heren unde gemeyned broderen des *Kalendes* darſulueſt to Harborch offte heber deſſes breues myt eren willen

Obſ. III. De Originibus Harburgenſibus.

vor vyfteyn marck Luneborger weringe de Hermen vorſtre tor noghe an reden guden Golde van den vorſtre Heren untfanghen hefft, unde vort an ſyne unde ſyner eruen nuth unde vramen gekerei heibe an ſynem Huſe erue Hanewurth unde lande alſſ dat myt alle ſiner tobehorunge tho Harborch belegen iſſ twiſchen Arend Schapeſtrop tom Slote unde Hanſſ ruſener tom Douwart eyne marck ialiker renthe de de vorgnte Hermen offte beſitter deſſ Huſes den Vorſtre Heren unde gemeynen broderen des Kalandes wol tor noghe in den achte daghen to Paſſchen an gudem gelde bynnen Harborch me ienigerleye inſage wol betalen ſchal. Wer oner dat den vorben. Heren unde broderen effte hebber deſſes breues myt erem willen ſchade teringhe eſte unkoſt van albader betalinghe weghen ſchude moghen ſee degher unde all van Hermen upgunte effte hebber des huſes an rechte vormanen. Ock mach Hermen vorger eſte beſitter deſſes huſes alle iar in den hilghen achte dagen to Paſſchen de Vorſtre eyne mark geldes uthkopen vor vyfteyn marck gudes geldes Luneborgher weringhe myt der bedagheden renthe wo Hermen dutregenometh effte de Beſitter des Huſeſſ den vorber Heren unde Broderen an den hylgen Daghen to Wynachten de Loſſe tovoren verkundigen. Deſſes to merer bekantniſſe unde betuchniſſe der Warheyt dat alle dink ſo vorſcrewen vor uns al duſſ ghehandelt iſſ ſo hebben wy Borgermeſter unde Ratmanne Vorſtre unſes Wickbildes ingeſegel heten hengen an deſſen breff de gheſcreuen unde ghegheuen iſſ na der borth Chriſti duſent vyfhundert unde elben iaren deſſ donnertedageſſ vor dem Sondage to Palmen.

N. 3.

Wielik ſy alß weme de deſſen Breef ſeen, ofte hörn leſen, dat wy Everd ſnyder, vnde Hinrich wilckens raad-man des wickbeldes to Horborch dar ane vnde onerwezen hebben vnde ſündertlicken to ghebeden ſyndt, dat Tibbeke de Tibecken londemans huſurolve wegen hadde, de me God gnedich ſy, ghaf vnde gheuen heft, vnde ewighen gheuen bloten ſchal, myd enerne ſünderghen beradene mode, alſo ſe er vor deme Rade vnde rechte to Horborch, gheuen heft, dem Godes huſe to Horborch, dat dar wyet iſſ an de ere vnzer leuen vrowen marien, vor ire ſele, vnde vor Johanne Cockes vnde Tydeken londemannes ſele, de ere Manne wezen hebben erth broen Roldbarden, de darbeleghen iſ bi dem ſchepeſeſſ in dat ſüden, vnde ſo Horborch in dat norden vnde dem molendike to Horborch, in deſer wiße, wat dar enes gewelcken Jares van komen mach von hure, dat ſhal me von holden dat ſtilniſſe Licht an deme Godes huſe to Horborch, wan me vnſer leuen Heren God benediet, vnde wo dicke me dat Licht maken ſchal, ſo
ſchal

Obs. III. De Originibus Harburgensibus.

schal me den bromen gheuen enen schilligh, de dat Licht helpen macken, to bere, vnde alle Jar men schilling deme cüstermanne, dar sol he dat Licht van entfanghen, vnde nsh ten, vnde deße twe schillinahe schall me nemen van deme ghelde dat van deme gharden komen mach. Vortmer so hebbe wy darbi wogen dat se hefft gheghroen deme Godes huse to deme Luure to Horborch an de Ere vnser lenen vrowen vnde deme godes huse to wildestorpe an de Ere sunte Nicolaiwestes vnde deme kerkheren, we dar nu und tokumenden Jaren kerkhere is, den acker de vor deme Damme to Horborch belegen is, de heim is schepesen, in desser wyse, dat de helfte de beleghen is to Horborch wart, de schal vnse vrowe hebben to erene buwe, vnde de ander helfte, de bileghen is teghen wildestorpe, de schal dat Godes hus to wildestorpe mud deme kerkheren like desen, und dat schal de kerkhere vor son del vor Joedsen luydemannes sele bidden van dem predikstole to Horborch alle sondaghe, vnde wan Libbeke vorkumpt, so schall me bidden vor euer beyder sel, vnde deßen vorscreuenen gharden vnde schepesers wil se bruksach weyen de wile dat se leuet, na terme dede schal deße ghaue anghann. Hir hebbet ouer vnde an ghewegen her Johan Duneman Vicarius to sunte Nicalawege to Hamborch de wandaghes kerkhere to wildestorpe weyn hadde, vnde Hinze Schomacker van Butzehude Arnold Meckelstäde, deße ghaue is ghescheen oppe deme Damme to Horborch, dat deße ghaue stede vnde vast schal weyen, so heft de Raath van Horborch a groteste Jngbeseghel, doch Libbeken vorgonnet bede willen, vor deßen Breef gehengahet laten da gheuen vnde screuen is na den Jaren Gods dusend veerhundert in deme sesten Jare an deme hilighen daghe des hilighen Cruces, also id ghewunden ward.

N. 4.

Ich Gheseke Stals nalaten wedeme Hermen Stals Seliger Dechtnisse wonastich to Hamburg Bekenne vnde betuge opentbare In mit dessem mineme breue, vor als wenne dat ick geue vnde vorlate na mineme Dode In de Kerken to Horberch Ein Schip waters, de Hawenvot genomet, to ewigen tiden quit vnde vrig by der kerken bliuende woruan de Kerksworen vnd ere nakomelinge der vpgenomden kerken scholen vnde willen mines seligen Husheren Hermen stale, vnde my wanner dat ick von dodes wegen vorwallen bin alle Jar ens begaen laten mit vigilie vnde mit solemnissen na wönlicker wiese, to ewigen tiden vnuorsumet to holdende. Vortmer geue ick in de vpgenomden Kerken ses pund waßes vthe minem schepe waters in der vehsouen genomet, welcker was schal to deme lichte dat dar berennet vor de

me hilgen lichamme wenir bey uphobt, vnde also dan licht Jarlikes twige
tovornigende vnde to ewigen tyden in wesent loholdende, dat scholen vnde
willen bestellen vnde Jarlikes bewanen de Kerkswoene der vpgenomden kerken
to Horborch Als min testament vnde lateste wille Jarlicken deße vorbewörde
puncte vormeldet vnde vthwiset So orkunde vnde willicheit deßer vorscreuen
artikele hebben wy Hinrick von dalinen radmann vnde Clawes togeling
Borger to Hamburg Fastamentary der vpgemelten Ghesekken vnse Jngesegele
Bau bede wegen hengen laden benede an deßem breff De gegeuen vnde screuen is
nach Cristi gebort vierteyn hundert darna Im Souem vnde souentigesten Jare
Am midwecken na sunte Ecyburcius Dage des hiligen Marteiers.

N. 5.

Harbürger Stadt Recht des Hergewets vnnd Frawengerade.

Vnser Stadt Recht ist also, daß wir kein Hergewer auß der
Stadt geben, auch keinen frembden Leutenn, sondern alleine vnsern Bur-
gern, die vnnß schoß vnnd schuld geben; Seindt da Söhnen binnen denn
Währenn, die sollenn haben Jhres Vatters Hergewer.

Seindt da Töchter binnenn denn Währenn, vnnd keine Söhne, die
sollen haben Jhres Vatters Hergewer.

Ob Jemandt were außer denn Währenn, so negste were, des schwerdts
halbenn angeporen, der soll haben daß Hergewet.

So aber keine Erben binnen denn Währen seint, ist Jhrer mehr dann eine,
vnnd sie seint alle gleich nahe, darzu gebohren, vnnd gefreundet, so sol-
len sie daß gleich theilen. Stirbt einer vnser Bürger in der Stadt, vnndt
left er Weib vnnd Kindt hinder sich, vnnd die Frau nimbt einen andern
Mann, so soll sie zuuor außgeben denn Kindern, Jhres Vatters Herge-
wette, vnnd soll das frawengerade halb behaltenn, vnnd gleich theilenn,
mit denn Tochtern. Jedoch ihre tägliche Kleider behäldt sie zuuornn.

Wann

Obſ. III. De Originibus Harburgenſibus.

Wann ein Mann an ſeinem Todtbette ligt, So mag er ſeinn Hergewerre nicht vorgebenn, Es geſchehe dann mit Wiſſen vnnd wiſſen der Jenigen die es Erben ſollen.

Stirbt ein Mann in der Stadt, der vnſer Bürger iſt, vnnd hat keine Erben, die ſein Hergewette ſollenn vffnehmenn, So mag ſich ein Rahtt deſſelbigen vnterwindenn vnnd mann ſolſ den Raht überandtwortdtenn, In Monats friſt, daß magh der Raht vffhaltenn Jahr vnnd Tagh, Kompt denn ſeiner Erben einer binnen der Zeitt, vnndt gewinnet es mit recht, mann ſoll es Ihm zuſtellenn, kompt aber Niemandt von ſeinen Erben binnen ſolcher zeitt, So bleibet es bey dem Raht eigenthümblich.

Dieſes iſt das Recht vnnd das zeugk, daß zum Hergewet gehöret.

Einn pferdt, Sattell, hindergrabte, zaum. Sein beſter Harniſch Plate, mütze, ſchilde, ſchwerdt. Seine Axe, Peill, gleuen, Inn den Hauße Keſſelhacken, Seinn Helm oder Eiſenn huet, Ein Keſſell, da man die ſchulter in ſieden kann, Einn grapenn, darin man ein Huen ſieden magh, Sein beſtenn Kleider, Sein beſter gürtell mit der Taſſchen, Sein bratzenn für dem Hembde, Sein ſilberne Schale, Einn bett, negſt denn beſtenn, Einn Pfüell, ein Küſſenn, zwey lacken negſt denn beſten, Ein Küſſen vff denn ſtuel, Ein tiſch, ein tiſchlacken, darauff ein Handt quele, Ein Badelacken, Ein Pahr leinnenn Kleider, ein Hembt, vnnd ein Niederwachhoſen, ſchue, ſtieffelen, Sporen, Seine Pfennnig Kiſte.

Dieſe Dinge die benandt ſeinndt, ſoll man gebenn zum Hergewädt, ſo ſie verhandenn ſeinn, was nicht verhandenn iſt darf mann auch nicht geben.

Dies iſt das Frawengerade:

Ihr beſte pahr Kleider, Ihr beſtes Tuch, ihr beſte Kagell, ihr beſtes Hembt, Einn pahr ſchue, Ihr beſtes Bette mit dem Haupt-Phuel, Ihr beſte zwey Ohrküſſenn, Ihr beſtes pahr lacken, ihr beſte Decke, Ihr beſte Kiſte, Ihr Tuchladenn, Ihr beſtes geſpann, Ihr beſtes fingerleinn negſt der Hand trew, Ihr beſtes föſftige, oder *Pater noſter*, Ihr beſtes Perlenn bindleinn, Ihr beſtes Bethbuch mit denn buchbeuttel, Die beſten Sechs Stuelküſſen, Ein tiſch, Ihr beſtes tiſchlackenn,

Die

Obs. III. De Originibus Harburgensibus.

Die beste Hanndtquele, Ihr bester grapenn, Ihr bester Keßell, Angeschnittenn Leinewandt, ungewundenn gabrenn, Ihr bester Kesselhacken mit dem Ringe, Ein Branndteisen, Ihr bester Leuchter, Ihr bestes Badelackenn, vnnd ein Badebeckenn.

Stürbe eine Frau vnnd lebt ihr Kindt so lange nach ihren Todte, daß es die vier Wände beschreiete, vnnd daß es die Nachtbahrenn beide Obenn vnnd vnden hörenn, vnnd bezeugetten es, So behält der Vatter die frawengerade in den Hause,

Stirbt aber ein Mann, vnnd lebet das Weib nach seinen Tode, gebehret sie ein Kindt, vonn denn selbigen Mann, vnnd lebet es so lange daß es die vier Wände beschriet, also daß es die Nachtbahrenn oben vnnd vnden hörredenn, vnnd bezeugtenn eß, die fraww soll das heergewäte behalten in dem Hauß.

Seinn nur Söhne vnd keine Töchter binnen denn Wähern, Sie sollen nehmenn der Mutter gerade, Seindt aber keine Erben binnenn denn Währenn, So nimbt alß dann daß frawengeräht, die negste blutes freundin, so binnen der Stadt von frawens Nahmenn gebohren ist, die schoß vnnd schuldt gebenn, Ist Ihrer dann mehr, die gleich nahe darzu gebohrenn seinndt, die sollen sich gleich darin theilenn. Wähern aber keine Erbenn binnenn der Stadt vorhandenn so mag sich der Rath deß vnterwinden, und mann soll es dem Rahtt überantworten in Monats Frist, daß magh der Raht offhaltenn, Jahr vnnd Tagh, kompt dann einige frau, in der Zeit, die es fordert, vnnd gewinnet es mit Recht, so soll man es ihr zustellen, vnnd folgen laßen. Kompt aber binnen der Zeit keine frawes Person, So bleibet es bey dem Rath eigenthümlich, Wir geben auch kein Frawengerade auß der Stadt, des ienigen die vnnß weder schoß noch schulde gebenn.

Extr. Fürstl. Abscheides von 22 Aug. A. 1614. Herzog Wilhelms.

Darmit auch vnder denn Bürgernn in der Altern vnnd newen Vorstadt, vmb so vielmehr einigkeit sein, vnndt fürter auf die Nachkommenn gepflantzet werden müge, Ist ferner verabscheidet, daß daß Heergewehde vnndt Frawen gerähte von einem Ort, zum andern ohne Vnderscheide, Gleich

Obf. III. De Originibus Harburgenfibus.

Gleich war keine Lohre darzwischen, Sondern es nur eine Stadt wehre gezogen, vundt wehme es vonn Schwerdt, vnndt Spießmagschaft halben gebühret, gefolget werden, Im gleichen dem Rahdt sich ihrer gerechtigkeit an denen Erbloß Sterbendenn heer- vnnd Frawengerähde, wie sie dieselben in der Stadt alhier habenn, auch in der Vorstatt zu gebrauchen vergönnet seyn, Jedoch J. Fl. Gdl. Räthe, Beambte, vnnd sonst gemeine Dienern, so woll Inner- alß außerhalb der Alten Stadt, So daselbst gebaut oder noch bauem, vnnd un wohnen sich begeben mögten, vnndt keine Bürgerliche nahrung treiben, auß genomenn, Alio daß sich der Radt bey dennen weder des Heer- noch frawen gerehdes anzumaßen haben, sondern darinne J. Fl. Gdl. dero gnädig gefallenn nach zu disponirn vnndt anzuordnen, jederzeit frey vnnd bevorstehen soll. Die Andere Hoffdiener aber So Bürgerliche nahrung treiben, Sollen nicht damit gemeint sein besonderen der Rath daß Heergewehre vnnd Frawen gerähte vonn dennen zuziehen macht habenn,

So geschehen am 22 tage des Monates Augusti, Nach Christi vnsers Herrn geburth Im Eintaußen Sechs hundert vnndt vierzehenden Jahre.

Wilhelm

Herzog zu Braunschw. vnnde Lüneb. (Locus Sigilli)

N. 6.

Johannes & Gerhardus Dei gratia *Comites Holfatie, Stormarie & de Scowenborg*, univerfis hoc fcriptum cernentibus falutem & plenitudinem omnis boni. Noveritis quod nos omnibus in *Oftenwerdere* commorantibus fpecialem gratiam facientes quasdam *irrationabiles confuetudines*, ibidem *pro jure hactenus obfervatas*, ad petitionem ipforum proborum virorum, mediante confilio, decrevimus immutandas, ipfis tale jus dantes: 1) quod fi forte, quod abfit, aliquem *occidi* five *vulnerari* contingat, parentes vel confanguinei ipfius occifi vel vulnerati, non poffint quemquam de cognatione partis adverfe, qui huic pacto perfonaliter non interfuit, *ad villam vocare, vel impetere*, ficut antea fieri folebat. Dummodo idem per septem testes idoneos, scilicet viros bone fame, in ipsa insula hereditatem habentes probare possit, quod personaliter non interfuerit huic facto. 2) Volumus insuper ut hereditates eorum, qui de illegitimo thoro nati sunt, ad eorum heredes post ipsorum obitum devolvatur. In cujus rei testimonium presentem paginam sigillorum nostrorum munimine duximus roborandam. Hujus rei testes sunt Georgius de Hammenborg, Hartwicus prefectus Holsatic, Henricus de Hamme milites. Gebertus Advocatus, Sifridus Thelonearius, & alii quamplures. Datum & actum in Hammenborg anno ab incarnatione Dni 1255. Indictione 12ma tertio Kalendas Maji.

N. 7.

In nomine sancte ac individue trinitatis. OTTO Dei gratia *Luneburgensis ac Brunesswichensis Dux* omnibus In perpetuum. Quia omnium memoriam habere & in nullo penitus hesitare divinum est potius quam humanum. Ne ergo rei gesste veritas minoretur decretum a prudentibus ut literis autenticis & idoneis testibus perhennetur. Hinc est quod notum esse volumus universis tam presentibus quam futuris ut maturo fidelium nostrorum potiti consilio amore speciali ducti pariter & favore Terram nostram juxta Horeborg novelle plantacionis distributionis funiculo distributam ut homines inhabitatores incole acole sceu agricole discernant facienda facere & fugere fugienda iure seu jurisdictione libertavimus secuturo modulo talis forme. Quicunque igitur ad terram hujus *Lewenwordber* dictam spe fortune melioris confluxerint, arbitrio proprio iudicem eligent causas eorum que ingruerint judicantem nec advocatus quidquam iuris sibi quicunque pro tempore fuerit usurpabit. Et idem iudex ab incolis eligetur & ab ipso principe si placitum fuerit annis debet singulis renovari. Terram hujus quicunque fuerint possidentes omni iure libere possidebunt excepta decima & iudicio que nos tangunt. Si aliquis a dominio alterius principis ad terram hanc inhabitator venerit & per annum perseveraverit habitando licet proprius fuerit reputabitur esse liber. Quicunque vero pro tribunali solitam infregerit disciplinam VI denarios iudici dabit in reverentiam & honorem. Qui vero in sententia inventa fuerit redargutus quatuor solidis negligentiam emendabit. Qui vero alterum

vul-

vulneraverit ad alicujus membri mutilationem VIII. folidos dabit iudici & tot lefo. Qui vero alterum facie leferit fexaginta folidis punietur quorum due partes lefo & iudici tertia conferetur. Item fi libere conditionis homo occidetur triginta Marcis emendabitur. Amici duas tollent partes tertiam vero Judex. Si vero proprius occiditur eodem modo triginta marcis emendabitur. de quibus amici tertiam iudex tertiam & cujus fuit proprius tertiam tollet partem. Quicunque vero pede vel manu truncatur quindecim marcis emendabitur. Lefo cedent due partes iudici cedet tertia. Si vero aliquis membris truncatur minutis, fexaginta folidis emendatur. Lefus duas iudex tertiam tollet partem. Quicunque vero in hac terra agros fuos locaverit fi colonus tempore ftatuto tributum non dederit poffeffor agrorum licenter & absque confenfu iudicis a fuo tributario fufficiens tollere poteft pignus. Qui vero pacem domefticam infregerit, vel aufu temerario virginem vel feminam oppefferit fubjacebit fententie capitali. Item qui in hac terra hereditatem feu res alias alius impecierit fi mediante forma iuris fubcumbens non profecerit tantum quantum lucri conceperat vadiabit. Item fi fuper hanc terram terra nova fuerit complantata. per terram talem meatus feu rivuli non ducentur. Quicunque quocunque cafu deliquerit fi fortuna ducente effugerit res illius iudex minime ufurpabit. Omnis incufatus homicidio, latrocinio, furto vel maleficio qualicunque fi patenti caufa non deprehenditur fuo iure evadet potius quoniam vitam & innocentiam fuam iurejurando feptimus expurgabit viris prudentibus fide dignis. Incufatus pro debitis & vulnere fimplici ipfe tertius expurgatur. Sequitur de forma de terre hujus decima colligenda. In campis quartus *decimus cumulus* qui *Vyme* vulgariter dicitur colligetur. De paledro dabitur denarius tantum unus. De vitulo dimidius. De examine apum due denarii. De fetu porcorum undecimus. De turba aucarum una dabitur five multe fuerint five pauce. Incufatus pro debitis fi fatetur quatuordecim dierum inducias obtinebit. Defervitum pretium fuo iure quilibet obtinebit & die qua acquiritur eft folvendum. In hac etiam terra hereditatem qui per annum integrum poffederit ab extraneo nullo iure privabitur. Si met feptimus per annum fe probaverit poffediffe. De conjugatis additur ifta forma. Si vir moriatur relicta cum parvis de hereditate tollet fimilem portionem. Item incole hujus terre per terminos noftros de lignis & pafcuis a theolonio funt exempti etiam infra albeam in campis qui dicuntur Wiltnis. Lignis & pafcuis libere pocientur. Quicunque extra aggerem plus habuerit quam tres virgas inter communitatem inhabitantium dividetur. Ut autem hujus

Obf. III. De Originibus Harburgensibus.

jus noftre libere voluntatis inviolabiliter perpetuo confervetur prefentem literam inde confectam noftri figilli munimine fecimus communiri. Hujus rei teftes funt comes Adolfus de Scowenborg nofter avunculus. Comes de meynerfen. Dominus Hinricus præpofitus frater nofter. Dominus Conradus de Boldenfal. Dominus Thidericus de Alten. Dominus Thidericus de Monte. Dominus Henricus Suerin. Dominus Ghevehardus pincerna. Dominus Wernerus de Medinghe Marfcalcus. Dominus Henricus de Monte. Dominus Georgius Longus. Dominus Ghevahardus de Borfelde. Dominus Eggehardus notarius noftri confiliarii. Dominus Wilkinus de Guftede & ceteri fide digni. Acta & data funt Anno Domini MCCLXXXXVI. dum nofter filius Otto Dux iunior nafceretur fub temporibus Werneri de Medinghe famuli per nos advocatie tunc temporis preftituti.

OBSERVATIO IV.
ORIGINES LUNEBUR-
GICAE.

Capita
Der Abhandlung de ORIGINIBUS LUNEBURGICIS.

Die Abhandlung von den ORIGINIBUS LUNEBURGICIS enthält folgende Capita:

Cap. I. Von der Römer Feldzügen an die Elbe.
Cap. II. Von den Sächs. Landen mitler Zeit vor Carl dem Großen.
Cap. III. Von den *Expeditionibus Caroli M.* in Sachsen und über die Elbe gegen die Slaven.
Cap. IV. Von dem P. *Bardengo* und deſſen *Pagis Minoribus*.
Cap. V. Von der *Visiris* des P. *Bardengo*.
Cap. VI. Von den Flüſſen der Lüneb. Lande.
Cap. VII. Von den geiſtlichen *Diœcesibus* des Fürſtenthums Lüneb.
Cap. VIII. Von den Lüneb. Klöſtern.
Cap. IX. Von den alten Oertern des Fürſtenthums Lüneburg sub Carolingiis, Ottonibus und *Henrico Leone*.
Cap. X. Von *Henrici Leonis* Patrimonialherrſchaften und der Paderbornſchen Erbtheilung A. 1203. unter ſeinen Söhnen.
Cap. XI. Von der Lüneb. Ritterſchaft.
Cap. XII. Von den Freyen im Fürſtenthum Lüneb.
Cap. XIII. Von den Herren von Depenau.

ORIGINES LUNEBURGICAE.

CAP. I.

Von der Römer Feldzügen an der Elbe.

§. 1.

De Expeditione Drusi ad Albim A. V. 743.

Das Merkwürdigste, das zwischen der Weser und der Elbe von den Römern tentiret worden, trift
1) die 4 EXPEDITION DRUSI A. V. 743. (744) da er von den Cheruscern ab über die Weser bis an die Elbe gangen,
2) die 2te EXPEDITION Kaisers TIBERII A. V. 758. da er über die Weser gangen, die Chaucen sich ihm submittirten, und die Longobarden, worauf er getroffen, gebrochen,
3) die 4te EXPEDITION GERMANICI, da er über die Weser gangen, und in Campo Idistaviso mit Arminio ein Treffen gehalten, und daselbst ein Trophaeum errichtet, nach dem Ausdruck Taciti, cum superbo titulo:

Debellatis inter Rhenum Albimque *nationibus, exercitum Tiberii Caesaris ea munimenta Marti & Jovi, & Augusto sacravisse.*

Was SUETONIUS *in vita Augusti c. 21.* angeführet:

Germanos ultra Albim fluvium *submovit, ex quibus Suevos & Sigambros dedentes se traduxit in Galliam.*

trift allenfals in den Strich, da die Suevi oberwärts vom Rhein sich bis an die Elbe gestrecket, STRABO *L. VII. p. 445.* nicht den Strich zwischen der Weser und Elbe im Braunschweig-Lüneburgischen Lande, als dahin Augustus sich nicht gewaget. Mit der *Expeditione Drusi A. 744.* der im Fluge nur einen Zug nach der Elbe gethan, und sogleich zurück geeilet und zwischen der Isalam und dem Rhein vorgangen, will es nichts sonderliches vorstellen, und wenn dem Kaiser Tiberio bey seinem Uebergange über die Weser die Chaucen sich ehrerbietigst bewiesen, und die Longobarder gebrochen: so ist dennoch dieser Vorgang nicht von minderster Folge gewesen. Das Treffen des Germanici in *Campo Idistaviso* ist zwar, nach Taciti Bericht, glücklich für ihn ausgefallen; Tacitus aber hält es pro superbo titulo:

daß er die *Nationes inter Rhenum & Albim* als *debellatas* angegeben.

Ob

Cap. I. Von der Römer Feldzügen an der Elbe.

Ob nun zwar gar wohl seyn kan, daß die Nationes zwischen der Weser und Elbe auch bey dem Treffen in *Campo Idistaviso* mit agiret, so ist dennoch daraus abzunehmen, daß Inguiomirus kurz nach der Bataille in *Campo Idistaviso* Germanico auf der Rückkehr nach der Ems das zweite Treffen geliefert, das so wenig die Macht der Teutschen noch ihre Kräfte gebrochen, auch Germanicus wieder nach der Ems zurück gegangen, um seine Trouppen einzuschiffen, dennoch beide Treffen die Teutschen ihm noch nicht unterwürfig gemacht. Ueberhaupt laufen bey den Römischen Expeditionen viele Pralereyen mit durch, und ist der Römischen Generalen Hauptabsicht, mehr auf einen Triumph, als auf die Subjugirung der teutschen Lande gerichtet, und macht TACITUS *L. II. c. 88.* dem Arminio selbst nach seinem Tode die gröste Ehre, daß er ihn als einen solchen Helden preiset, der sich an das *florentissimum Imperium Romanum* gemacht, und niemals von den Römern überwunden:

> *Liberator haud dubie Germaniae, & qui non primordia populi Romani sed florentissimum Imperium lacesserit, praeliis ambiguus, bello non victus, septem & triginta annos vitae, duodecim potentiae explevit, caniturque adhuc barbaras apud gentes.*

Von des Drusi Uebergang über die Weser aus der Cherusker Lande in Westphalen bis an die Elbe, die er mit einer Verheerung gethan, von seinem vergeblich gethanen Versuch über die Elbe zu gehen, von seiner Rückkehr von der Elbe, mit Errichtung einiger Trophaeorum, von seinem nach dem Rhein ohne Unterlaß fortgesetzten Rückmarsch und seinem bey der Zurückkehr beschlossenen Ende seines Lebens meldet DIO CASSIVS *L. 55. p. 548.*

> *Inde in Cheruscos converso itinere Visurgim transgressus, omnia populando ad Albim usque pervexit, qui ex Vandalicis Montibus profluens, in Oceanum septentrionalem, magnus admodum factus, effluit. Hunc cum frustra conatus esset transire trophaeis constitutis recessit. Etenim mulier quaedam humana amplior forma ei obviam facta: Druse, inquit, quo tandem nullum cupiditati Tuae modum statuens, contendes, non tibi satis concessum omnia videre, quin Tu abi, iam enim operum tuorum & vitae instat Tibi terminus. Oblatam a Deo hanc vocem miram pro ficto est, neque tamen mihi fides abroganda videtur huic rei, quam statim eventus comprobavit. Nam & continuo retroire Drusus coepit, & in itinere, priusquam Rhenum attingeret, morbo decessit.*

Eccards de Orig. Germanorum §. 106. p. 234. Gedanken, daß Drusus bey Münden über die Werra nach der Elbe gangen, weil Dio sage, daß Dru.us über den *Erygium amnem*, welche aus der Werra corrumpiret, über die

Obf. IV. Origines Luneburgicae.

die Weser gangen, sind von weniger Attention. Dio sagt, daß Drusus von den Suevis in Cheruscos gangen, und von dar über die Weser gesetzet; die Chauker aber haben sich bis an die Werra nicht gestrecket: hiernächst, obgleich in einigen Codicibus gelesen wird Ἐρύγων, so hätte dennoch FABRICIUS schon bemerket, daß zu lesen Ὀυισούργων, welches in Ἐρύγων corrumpiret.

Ptolomäus recensiret unter den Oertern in Teutschland in inferiori climate
1) *Munitium* ALTINGIO Holzmünden.
2) *Tutefurdum* ALTINGIO Lunefurde an der Lune Fluß, ohnweit Lüneburg.
3) *Ascatingium* ALTINGIO Ulzen.
4) *Tutisurgium* ALTINGIO Luneburgense oppidum *Titiser*.
5) *Feugarum* bey dem Zusammenfluß der Sale und der Elbe ALTING.
6) *Candaum* ALTINGIO *candida rupes* Weißenfels.
7) *Tropaea Drusi* ex Marcomannorum spoliis, welche ALTING und CELLARIUS *de Exped. Drusi c. 74.* bey Stendel, und ECCARD *de Orig. Germanor.* §. 105. p. 233. bey Magdeb. setzen, wiewol mit den übrigen Anecdoten Altings, daß Stendel von dem Stender des Trophæi den Namen habe, und Eccardi, der die via militaris auf Magdeburg ohne allen Grund setzet, und dieses von den Trophaeis Drusi Stender genant zu seyn hält.

Hieben setzt ALTING *Expositione Tabulae Ptolomaei* p. 4. Faberanum alias Fabiganum an den Mund der Elbe im Bremischen, etwa wo jetzo Bakia im Lande Kedingen, und hält Ascatingium bey den Ptolomäo. Allein bey denen Exemplaribus mendosis Ptolomaei, wenn auch Ptolomäus selbst sich nicht geirret, und der Oerter Benennung richtig ausgedrucket, ist die Ermessung der Distantiae ad Parallelos Ptolomaicos überaus mißlich, die Bestimmung der Oerter aber noch ungewisser. Was die Trophaea Drusi, die er in seinen Heerzügen an die Elbe gesetzet, betrifft, so gehören die Trophaea ex Marcomannorum spoliis, deren Florus L. IV. c. 12. n. 21. gedenket:

  Marcomannorum spoliis insignibus quendam editum in tropæi
  modum excoluit.

In den Tropaeis, die Drusus in seiner 3ten und letzten Expedition A.] 743. bey Verheerung dieser Lande und bey seinem vergebens über die Elbe tentirten Uebergang daselbst aufgerichtet, gar nicht. Nachdem Drusus aus der Cherusker Lande, die in Westphalen an die Angrivarier, nicht gar weit von dem Weserstrich an den *Campum Idistavisum* gewohnet, der Uebergang über die Elbe Druso nicht erwindlich gewesen, und Dio Cassius der Elbe, die so groß und nach der Nord-See fließet, hieben erwehnet, in clausula:

                    In

Cap. I. Von der Römer Feldzügen an der Elbe.

In oceanum septentrionalem, *Magnus admodum factus*, effluit, und dieses aus der Römer Kundschaft insonderheit von ihr bemerklich macht, so wird hieraus und aus allen übrigen hierbey zusammen tretenden Umständen anscheinlich, daß Drusus in seiner Expedition von der Elbe in diese Lande und ins Lüneburgische getroffen.

Was dabey FLOR. *L. IV. 12.* anführet, daß Drusus zu Beschützung der Provinzen an der Maaß, Elbe und Weser Besatzungen gehalten in Clausula:

> Victor Drusus in tutelam provinciarum *praesidia* atque *custodias* ubique disposuit.

ist von dem Elb-Strich im Lüneburgischen Lande nicht erstdlich, davon erwähnet auch Dio Cassius gar nichts, der baldige Rückmarsch Drusi, und da er in solchem Feldzug nur eine bloße Verheerung ausgeführet, der Lande zwischen der Weser und Elbe sich auch gar nicht bemächtiget, dissipiret des Flori Idee von den Praesidiis & custodiis ad Albim von selbst; um so vielmehr, da STRABO *L. VII. p. 294.* der zu der Zeit, da Drusus in Germanien agirte, schrieb, zeuget:

> neque quae ultra Albim sita Romani adiverunt, sed ac terrestri quidem itinere illa perlustravit.

§. 2.
De Expeditione Tiberii ad Albim A. V. 758.

Des Kaisers Tiberii zweyte Expedition *A. V. 758* ist diejenige, was den Augustus in Monum. Ancyr. *p. 175.* saget:

> *a Gadibus* ad ostium Albis *fluminis armis perlustravi*.

und enthält verschiedenes merkliches, welches insbesondere hiesige Lande, das Lüneburgische und den Elbstrohm betrifft. Von dieser Expedition macht VILLEJUS PATERCULUS *L. II. c. 106. 107.* ein großes Aufhebens, wovon dessen Worte lauten:

> *Ad caput Lupiae sumtis hiberna digrediens Princeps (Tiberius) lucaverit. Pro Dii boni quanti voluminis opera insequente aestate sub Duce Tiberio Caesare gessimus. Perlustrata armis tota Germania est, victae gentes pene nominibus incognitae. Receptae Chaucorum nationes, omnis eorum juventus, infinita numero, immensa corporibus, situ locorum tutissima traditis armis, una cum ducibus suis supra subjecti armataeque militum nostrorum agmine ante imperatoris procidit tribunal. Fracti Longobardi gens etiam germana feritate ferocior.*

recidit. Denique quod nunquam antea spe conceptum, nedum opere tentatum erat ad quadringentesimum miliarium a Rheno usque ad flumen Albim, qui Senonum & Hermundurorum fines praeterfluit, Romanus cum signis perductus exercitus & eodem mira felicitate & cura Ducis temporum quoque observantia, classi quae Oceani circumnavigaverat sinus, ab inaudito atque incognito ante mari flumine Albi subvecta, plurimarum gentium victoria; cum abundantissima rerum omnium copia Caesari se junxit.

Alle diese Pralereyen fallen aus des DIONIS CASSII s. 55. p. 567. Erzählung gutermaßen weg, wenn er von dieser Expedition schreibet:
Processurus (Tiberius) primo ad Visurgim, deinde ad Albim nihil-que tamen magnopere memorandum actum.

Es erhellet indessen aus des VELLEJI PATERCULI Erzählung so viel, 1) daß Tiberius in seinem Zug über die Weser nach der Elbe auf die Chaucen von einer immensen Größe mit ihren Ducibus getroffen, Tiberius nach der Römischen Charletanerie ein prächtiges Tribunal aufschlagen lassen. Ob nun zwar Vellejus eine *innumerabilem multitudinem* Chaucorum angiebet, so scheinet mir dennoch die Anzahl der Chaucen, da Tiberius einen Kreis um sie schlagen lassen, nicht so gar groß gewesen zu seyn. Weiter ist Tiberius in diesem Zug nach der Elbe auf die Longobarder getroffen, welches ich nur als einen bloßen Choc ansehe.

Es ist anscheinlich, daß Tiberius in seinem Zug nach der Elbe eben den Zug, welchen Drusus genommen, als den Römern schon bekanntlich, wieder angetreten. An welchem Ort er an die Elbe gerücket, ist präcise nicht zu bestimmen, weil er sich aber an der Elbe mit der Flotte, die den Ocean schon beschiffet, und wie das Monumentum Ancyranum spricht, in das Ostium Albis eingelaufen, und die Vivres für die Armee zugebracht, conjungiret, so ist in Rücksicht auf der Chaucen ihre Lande wol vermuthlich, daß die Flotte nicht so weit die Elbe hinauf penetriret. Es ist hiebey merklich, daß Tiberius an der Elbe an einen solchen Ort gerücket, wo er die *fulgentia arma* der Ueber-Elbischen Völker, die über diese Expedition in Allarm kommen, gegen über an dem Elbufer schimmern sehen, an welchem Ort einer von Ueber-Elbischen Magnaten ganz allein auf einem Kielschif (ex arbore cavato) hervor geschiffet, und auf der Mitte des Elbstrohms Erlaubniß gebeten, vor Tiberio kommen zu dürfen, auch von Tiberio admittiret.

So wie anscheinlich, hat Kaiser Tiberius in Terris Chaucorum, als die sich in dieser Expedition ihm submittiret, in dem so genanten alten Lande, welches zu Kaiser Caroli M. Zeiten der Pagus Rosogabi hieß, an einem Strich, wo die Elbe aus denen Elbinseln heraus getreten, und von dem Ein-

fluß

Cap. I. Von der Römer Feldzügen an der Elbe.

fluß der Este an der Elbe bey dem so genanten Kranz einen Hauptstrohm ausmacht, wo die Römer über der Elbe an dem Ditmarsischen Ufer die fulgentia arma der Ueber-Elbischen Völker haben glänzend gesehen, an dem allen Lande diesseitiger Ufer Lager geschlagen. Die Elbe fliesset am Lüneburgischen Lande von Marschbacht noch in einem Strohm herunter, und vertheilet sich darauf in drey Arme:

1) Der eine Arm ist gangen gegen Drenhausen an die so genante Dove-Elbe beym Damme-Ort, welcher durch Vorlegung des Dammerteichs zugetrieben.
2) Der andere gehet bey Ripenburg in die Gose-Elbe zwischen neum Gamme und Kirchwerder.
3) Der dritte um Ripenburg, Krauel, und den Tollenspiker jenseits an Kirchwerder und diesseits an dem Lüneburgischen Ufer den Einfluß der Seve in die Elbe bey Wußenberg vorbey bis ans Mohrwerder von Wilhelmsburg, wo sich dieser dritte Strang wieder in zwey Arme theilet,
    a) in die Süder-Elbe, die nach Harburg gehet,
    b) und in die Norder-Elbe, die zwischen Stilhorn und das Ochsenwerder ins Norden nach Hamburg ihren Lauf nimt.

Diese verschiedene Stränge machen die Inseln in der Elbe, woraus sie sich in die Gegend, wo die Este in die Elbe trit, wieder entwickelt, und in einem Hauptstrohm wieder vereiniget. Die Elbinseln nehmen ihren Anfang von dem Gammerort, und haben sich in der Gegend, wo die Este in die Elbe trit, und die Elbe einen Hauptstrohm ausmacht, wieder geendiget. So lange als die Elbinseln entgegen stehen, weiß ich keinen Ort, wo die Römer von dem diesseitigen Ufer an dem jenseitigen Ufer *fulgentia arma* sehen können. Zu Harburg, sonderlich auf einem Berge, wenn man nach Heimfeld gehet, kan man über die Elbe Hamburg und Altona vor sich sehen, auch die verguldete Krone an der Catharinenkirche und die verguldete Kugeln am Nicolaithurn, bey hellem Wetter, als so hoch erhaben, wahrnehmen; allein ob man von der Erde den Schimmer von den Waffen an dem Ufer sehen kan, daran zweifele ich gar sehr. Der Ort ist auch an dem Elbstrohm so zu conciperen, daß der Cimbrische Fürst den vollen Elbstrohm und *Castra Romanorum*, frey von allen Eylande, im Gesichte behalten, und in der Mitte des Strohms um Erlaubniß zu Tiberio kommen zu dürfen bitten, und bey seiner Zurückschiffung Tiberium in seiner beständigen Rücksicht unter Augen behalten können, als wohin beide Ausdrücke bey dem Vellejo d. l.

    a) *ad medium processit fluminis & petiit, ut liceret sibi sine periculo egredi ripam.*

b) *reversus in naviculam suae sene respectans Caesarem ripae suorum adpulsus est.*

Wenn das Monumentum Ancyranum spricht:
  ad Ostium Albis armis perlustravit.
so ist das präcise auf *Ostium Albis*, die daselbst fließet, nicht zu restringiren, sondern nach dem Ausdruck Velleji d. l.
  Classis flumine Albi subvecta cum abundantissima rerum omnium copia exercitui Caesarique se junxit.
Doch lässet sich aus dem Monumento Ancyran. und übrigen Umständen so viel urtheilen, daß die Flotte so gar tief in die Elbe und Elbinsuln nicht penetriret.

Nach dem Damme, wo die Elbe auch zwar einen Hauptstrohm ausgemacht, würde ohne diese die Römische Flotte, die Tiberius bey sich gehabt, auch schwerlich haben penetriren können.

Bey dieser Expedition Tiberii *A. V.* 758. war die Römische Flotte, wie VELLEJ. *II. 106.* anzeiget, von einem inaudito atque incognito antemari zurück kommen und in die Elbe eingetroffen, als die, wie Plinius II. 67. meldet:
  Germaniam circumvecta ad Cimbrorum Promontoria (bis an Schagen.)
Dadurch war die Cimbrische junge Manschaft unter die Waffen gebracht, die jedoch unter jeder Bewegung der Römischen Schiffe flüchtig wurden. Nach VELLEJI Erzehlung hat einer von ihren Magnaten sich nach ihrer Weise in einem Alveum cavatum in ein Boht oder Kahn gesetzet, den er allein zu regieren gewust, und in der Mitte des Elbstrohms gebeten, daß er, ohne etwas zu befahren, ans Ufer, wo die Römer Lager geschlagen, kommen möchte. Nachdem ihm die Erlaubniß gegeben, hat er Tiberium lange mit Stillschweigen betrachtet, endlich aber von Munde gegeben:
  a) ihre junge Mannschaft, ob sie gleich Numen Tiberii verehre, fürchte jedoch mehr die Römische Waffen, als ein Zutrauen zu fassen;
  b) auf des Kaisers Tiberii Erlaubniß und Gnade werde er jetzo die Götter ansichtig, die von ihm vorhin nur gehöret worden;
  c) und habe er sich keinen glücklichern Tag seines Lebens gewünschet, als er jetzo empfände.
Nachdem er Erlaubniß erhalten, Tiberio die Hände zu reichen, ist er mit seinem Kahn zurück gekehret, und hat in der Rückfahrt nicht abgelassen, Tiberium beständig anzuschauen. Velleji Paterculi L. II. c. 107. Worte lauten hievon:
  Cum citeriorem ripam praedicti fluminis castris occupassemus, &
  ulte-

Cap. I. Von der Römer Feldzügen an der Elbe. 179

ulterior armata hostium juventute fulgeret, sub omnem motum
nostrarum navium protinus refugientium, unus e barbaris, æta-
te senior, corpore excellens, dignitate quantum ostendebat cultus
eminens, cavatum, (ut illis mos est) ex materia conscendit
alveum, solusque id navigii genus temperans, ad medium pro-
cessit fluminis; & petiit, liceret sibi sine periculo, in eam, quam
armis tenebamus, ripam egredi. Data petenti facultas. Tum
adpulso littere, & diu tacitus contemplatus Cæsarem: Nostra
quidem, inquit, furit juventus, quæ, cum vestrum numen
absentium colat, praesentium potius arma metuit, quam sequi-
tur fidem. Sed ego beneficio & permissu tuo, Caesar, quos an-
tea audiebam, hodie vidi Deos, nec feliciorem ullum vitæ meæ
aut optavi aut sensi diem. Imperatoroque ut manum contingeret,
reversus in naviculam sine fine respectans Caesarem.

Vellejus Paterculus d. c. 107. setzt noch von dieser Expedition hinzu:
Omnium Gentium locorumque quos adierat victor (Tiberius)
cum incolumi inviolatoque exercitu, & semel tantummodo
magna cum clade hostium fraude eorum tentato exercitu, in
hiberna legiones reduxit.

welches auf das vorhergehende weiset, daß sich die Chaucen, die er mit einem
Kreis umschlossen, sich submittiret, und mit den Longobarden einen Choc ge-
habt. Mehr als die Chaucen und Longobarden macht Vellejus Paterculus c.
107. in dem Strich zwischen der Weser und Elbe nicht namhaft: er rühret
sie zu Anfangs
victas gentes pene nominibus incognitas.

§. 3.

De debellatis a Germanico inter Rhenum & Albim nationibus, & ab
Augusto ultra Albim submotis.

In der *Expeditione Germanici* 4ta, die von der Ems nach der Weser, und
über die Weser in campum *Idistavisum* im Schaumburgischen gangen, werden
zwar in superbo titulo Trophæi die Debellatae inter *Rhenum & Albim* Natio-
nes angezeiget, und hat Germanicus auf den in modum Tropaeorum eingerich-
teten Damm die Waffen der überwundenen Völker subscriptis eorum nomini-
bus setzen lassen Tacitus L. VII. c. 19. meldet auch, daß die im Treffen in
Campo Idistavifo geschlagene Teutsche solchen Unmuths gewesen, daß sie von
dannen über die Elbe gehen wollen, jedoch noch ein zweytes Treffen bey dem
Rück-

Rückmarsch der Römischen Armee nach der Ems angetreten. Allein Germanicus ist in dieser Expedition nicht weiter als in campum Idistavisum kommen, und von dar so gleich wieder zurück nach der Ems gangen. Was SVETONIUS von *Aug. c. 21.* meldet, Germanos ultra Albim fluvium submovit, das findet sich in keiner Expeditione Drusi und Tiberii, die unter Augusto vorgenommen, und ist dem nicht allerdings gemäß, was in Monumento Ancyrano ap. CHISHUL *Antiquitatibus Asiat. p. 175.* von Augusto, daß er a Gadibus biß zum Mund der Elbe mit Waffen perlustriret:

<blockquote>a Gadibus ad ostium Albis fluminis armis perlustravi.</blockquote>

VALES. in *Valer. p. 85.* hält es auch unglaublich, daß die Teutschen über die Elbe getrieben, in so lange die Römer der Lande zwischen der Weser und Elbe sich nicht bemächtiget, welches daß es geschehen mit der Wahrheit streite. Burmanns Erläuterung dieser Stelle de summotis ultra Albim Germanis:

<blockquote>his verbis tantum indicari, illos *victos compulsos* fuisse, Albim transire, non quod tractum illum in Provinciam redegerit, sed illorum incursiones coercuerit prohibendo Albis transitu.</blockquote>

Allein so wenig das eine, daß die Teutschen über die Elbe getrieben, als das andere, daß Augustus ihm den Uebergang über die Elbe verwehret, findet sich gar nicht. In der Situation war es in diesen Landen noch gar nicht, daß Augustus das eine oder andere zu thun bestand seyn kante. Sonsten hatten die Römer:

1) unter Tiberio und Germanico in Chaucis sub Mennio praefecto Castrorum TACIT. *I. A. IV.*

2) *Hiberna* Tiberii ad *Caput Luppiae* Vellejus II. 101.

3) Castellum *Alisonis* Luppiae Flumini impositum Dio Lib. 54. p. 544.

4) *Stationem ad Amisiam* in Expeditione Germanici ad Amisiam Tacit. *I. A. 8.*

5) In Frisiis *Castellum* Flavum sub *Apronio* a Frisiis obsesso Tacit. An. IV. 73.

<blockquote>*Munimentum Cortulonis* L praesidium, quod Cortulo immunivit in Frisiis An. XL 19.</blockquote>

Cap. I. Von den Römer Feldzügen an der Elbe.

Allein da unter Augusto so wol Drusus in seiner 4ten Exped. von der Elbe gleich nach dem Rhein wieder zurück gekehret, als Tiberius in seiner Expedition A. 758. seine Legiones wieder *in castra hiberna* bey Lipspring geführet, der Kaiser Augustus noch gar nicht gestattet die Völker über die Elbe zu verfolgen, STRABO L. VII. p. 447. so haben dergleichen Castra *hiberna*, Stationes, Praefecturae, Praesidia, Castella, Munimenta an der Elbe im Braunschweig-Lüneburgischen Lande bey so gleich zurückgehenden Heerzug theils nicht eintreten, noch weniger aber fortdauren können. Wo aber das *Castellum in Chaucis* unter Germanico gelegen, ist bey dem Tacito so eigentlich nicht bezeichnet. Von einem Feldzug Domitii, wovon Jöcher dissert. *de Domitii Expeditione* gehandelt, schreibt TACITUS IV. An. 44.

Exercitu flumen Albim *transcendit.*

Die Zeit aber, wenn sie vorgangen, zu bestimmen, hat noch Schwierigkeiten, wovon ich in *Orig. Germaniae P. I.* ausführlicher gehandelt.

CAP. II.

Von dem Sachsenlande in mitler Zeit vor Caroli M. Zeiten.

§. 1.

Die Historie, die WIDECHINDUS Monachus Corbeiensis Annal. L. p. 629. 630. zu Markt gebracht:
1) daß die Sachsen zuerst ans Land Hadeln zu Schiffe angelandet,
2) die Thüringer als Einwohner dieser Lande daraus vertrieben,
3) und der Ruf von dieser Action veranlasset, daß die Sachsen von den Britten nach Britannien eingeladen,

ist eine Legende, welche von den Scriptoribus coaevis nirgends gemeldet, und in der Historie mitler Zeit nicht den mindesten Grund, sondern vielen Widerspruch hat.

Widechindus giebet die Occupation dieser in Thüringen angeblich abgenommenen Lande kurz um die Zeit, da bald darauf die Sachsen A. 449 in Britannien immigriret. Von solcher Zeit waren die Sachsen schon in solchem Ruf, daß sie zu Lande und See in das Römische Reich eindrungen, und auf der Seeküste von Franckreich, Niederlanden und Britannien so stark gekrauzet, daß solches von ihnen das litus Saxonicum genannt wurde.

Procopius L. 1. Belli Gallici thut eine Anzeige, wo sie gesessen, nicht zu seiner, sondern zu der Zeit, wie die Burgundiones noch ohnweit den Thüringern ins Süden, ehe noch die Westphalen im Verfolg der Zeit einen Einbruch in das Imperium Romanum gethan, in clausula:

> Et in Oceanum Rhenus immittit. Paludes praeterea hisce in locis non paucae, ubi primitii Germani gens barbara habitabant, nec magni tunc momenti viri qui Franci nunc vocabantur. His finitimi Arborichi accolae erant, qui cum cetera Gallia atque item Hispania jam pridem Romanis parebant. Post hos in orientem solem Thuringi Barbari sunt, qui Caesaris Augusti permissu sedes has tenuere, ab his Burgundiones haud procul ad Notum ventum vergentes inhabitabant. Suevi deinceps & Alamanni gens valida, liberi omnes & jam diu ea incolunt loca.

Procopius hat zu Justiniani Zeit gelebt, und da er ein beständiger Gefährte

von

Cap. II. Vom Sachsenlande in mitler Zeit vor Caroli M. Zeiten. 183

von Marfere war, so konten die sedes populorum ihm nicht verborgen seyn. Er redet aber von denen sedibus Thuringorum, Borgundionum nicht zu seiner, sondern von älterer Zeit, weil er sogleich hinzusetzet:

> Temporis vero proceſſu Viſigothi irruptione in Romanum Imperium facta Hiſpanias omnes & Gallias ultra Rhodanum flumen ſuae ditioni ſubactas victi gallique reditus tenuerunt.

§. 2.
De Thuringorum Sedibus.

Kurz nach A. 449. da die Sachſen in Britannien übergangen, werden die Thüringer in A. 451. 458. 467. 491. gehöret:

a) A. 451. da ſie mit in Exercitu Attilae befangen gewesen Sidon Panegyr. Aviti.
und in folgenden Jahren, als
noch nach Attila Tode A. 451. da ſie bey Paſſau in Noricum eingebrochen Eugip. c. 24. und zu Feletheu König der Rugier Zeiten daſelbſt Verheerungen gethan. Eugip. c. 31.

b) A. 458. da der entſetzte Franciſche König Childericus in Thüringen ſich retiriret und A. 465 zurück gekehret,

c) A. 467 die Thüringer die Franken überfallen und gegen dieſelben viele Grauſamkeiten ausgeübet,

d) A. 491. da die Thüringer unter Clodovao von den Franken bekrieget, mit ihnen tributair geworden, Gregor. Turon. l. II. c. 27. Rorico ap. du Chesne T. I. p. 804. Gesta Francor. p. 698.

und A. 528 ist das Excidium Regni Thuringorum erfolget, zu welcher Zeit ſie Nord-Thüringen mit beſeſſen, welches den Sachsen zu Theil worden. Jornandes de R. G. ſetzet ſie den Suevis gegen Norden:

> Regio illa SUEVORUM ab oriente Boiorios habet, ab occidente Francos: a meridie Burgundios, a septentrione Thuringos.

Wenn man nun hiebey in Betrachtung ziehet, ſo läſſet ſich daraus abnehmen, eines Theils, daß die Thüringer in der älteſten Zeit denen Burgundiern und nachher denen Alemanniern gegen Norden gewohnet, andern Theils dieſelbe der Endes ſchon geſeſſen geweſen, zur Zeit da beym Ammiano Marcellino unter Valente der Teurvingorum in Dacien Erwehnung geſchiehet, und dieſe, ohne mehrern Grund zu haben, nicht wohl für Thüringer angeſehen werden mögen.

Was Thüringen betrift, ſo hat daſſelbe vor und nach Clodovaeum ſeine

Königl.

Könige gehabt, obschon GREGOR. TURONENS. L. II. c. 27. von Clodovåo schreibet:

> Decimo Regni suo anno (legi) Thoringis bellum intulit, eosdemque suis ditionibus subjugavit.

So ist dennoch dieses nicht weiter gangen, als daß er sich solche tributair gemacht RORICI ap. du CHESNE T. I. p. 804.

> Adversus Toringos eundem duxit exercitum & eos nimia caede prosternens, post innumeras caedes, post populi totius deminutionem, post patriae devastationem, residuos tandem, qui vitam fuga protexerunt, redire praecepit, & eos Francorum tributarios fecit.

GESTA FRANCORUM p. 698.

> Decimo anno Regni sui commoto exercitu magno valde in Toringiam abiit, ipsasque Toringos plaga magna prostravit, devictaeque ipso populo totaque eorum terra vastata ipsos Toringos tributarios Francorum fecit.

Was aber die ältesten Scriptores Francici mitler Zeit und insbesondere GREGOR. TURONENS. L. II. c. 9. von dem Eingang der Francken in Thüringen und Clodovæi Sitz in castellio *dispargo* aus bloßem Hörsagen geschrieben, als

a) *Tradunt multi eosdem de Pannonia fuisse digressos & primum quidem litora Rheni amnis incoluisse, dehinc transacto Rheno Thoringiam (al. Tongriam) transmeasse ibique iuxta pagos vel civitates Reges crinitos super se creavisse. — Ferunt etiam hinc Chlogionem — Regem Francorum fuisse, qui ap. DISPARGUM castrum habitabat, quod est in termino Thoringorum.*

So viel Sachsen betrifft, geben sich vor Caroli M. Zeit keine Oerter im Lüneburgischen hervor; jedoch eröfnen sich lange vor Carolum M. Provinzen, Oerter und Flüsse in Saxonia orientali *Nordthuringiaca*, in Westphalen, im Calenbergischen, im Wolfenbüttelschen, die in der Historie mitler Zeit genant werden:

1) A. 514 giebt sich hervor West-Saxen, i. e. Westphalen, woraus nach der Immigration der Sachsen Zeuf und Witgar in Britamnien übergangen, GIBSON. Chron. Saxon. A. 514. Und da BEDA hiebey meldet, daß der Uebergang der Sachsen in Britannien aus Altsachsen, welches ihm Westphalen, mit Conjunction der Frisen und *Boructuariorum* geschehen, so lieget hieraus im offenen, daß man sub Immigratione Saxonum A. 449 in Britanniam schon eine Sächsische Provinz, die bey den Sachsen Westsaxen, von den Francken aber von einer ihnen auswärts gesessenen Nation Westphalen genant, gehabt habe. Ueberdies sind *in Originibus Harburgensibus*. Oerter an der Elbe, die eine girde

Cap. II. Von dem Sachsenlande mitler Zeit vor Caroli M. Zeiten. 185

che Benennung mit den Oertern in England haben, angezeiget, daß überall von vielem Anschein, daß die Sachsen von der Elbe ausgangen und in England Oerter ausgesuchet, die sie mit gleichen Sächsischen Namen beleget.

2) A. 528 bey dem Anmarsch des Fränkischen Königs Theodorici I. Regis Austrasiae nach Thüringen, welcher von Cöln ab, wo die Austrasischen Könige residiret ECCARD *Franc. orientali T. I. p. 33.* in den Calenbergischen Pagum Marstenheim gegen den Thüringischen König Irmenfridum angerücket, und denselben von Ronnenberg bis an die Ocker zurück geschlagen, Chron. Quedlinb. und die Thüringer auf ihrer Flucht weiter bis an die Unstrut verfolget, GREGOR. TURON. *L. III. c. 7.* manifestiren sich

a) der Calenb. Pagus *Marstenheim*
b) Ronnenberg in solchem Pago belegen,
c) und die Ocker.

Es eröfnet sich auch bey dem Einmarsch in den Pagum Marstenhelm eine Annäherung zu den Thüringischen Gränzen, als welche sich in Nordthüringen und in den Pagum DARLINGO bis an die Ocker gestrecket.

Der Autor Chron. Quedlinb. ist zwar kein Geschichtschreiber der Zeit, da er aber den *Pagum,* worin Ronneberg belegen, anzeiget, so ist die Angabe aus einer ältern Urkunde aufgeholet. Hier aber sind alle Umstände, in ihrem Zusammenhang damit zutreffend, als

1) der Anmarsch *ex regno Austrasiorum* von Cöln durch Westphalen über die Weser in Pagum *Marstenheim,*
2) die Lage Ronnenbergs in *Pago Marstenheim,*
3) die Annäherung Theodorici zu den Thüringischen Gränzen,
4) die erste Schlacht bey Ronnenberg,
5) die Zurückschlagung der Thüringer bis an die Ocker ad pagum *Darlingo & terminos Thuringorum,*
6) die Verfolgung der Thüringer auf ihrer Flucht bis an die Unstrut, da denn, wenn die Verfolgung auf der Flucht an die Unstrut erst nach der Schlacht bey Ronnenberg geschehen, Ronnenberg der Orte bey der Unstrut nicht zu suchen.

Eben bey diesem Untergang des Thüringischen Reichs zeiget sich das Thüringische Sachsen oder Saxonia orientalis, welches den Sachsen für ihre Hülfleistung gegen die Thüringer von Theodorico zugetheilet.

3) A. 554 hat Chlotarius die Sachsen, welche mit Hülfe der Thüringer einen Aufstand gemacht, an der Weser geschlagen, und zugleich ganz

Obſ. IV. Origines Luneburgicae.

Thüringern verheeret, GREGOR. TURON. c. 9. App. Chron. MARCELL. p. 217. HERMANNUS CONTRACTUS ad A. 557. A. 535 aber hat Chlotarius gegen die Sachſen unten gelegen GREGOR. TURON. c. 14. App. Chron. MARCELL. ap. du CHESNE T. I. Script. Franc. p. 217. GREGOR. TURON. L. IV. c. 14. A. 557 haben die Sachſen durch Childebertum ſich in Bewegung geſetzet, & exeuntes de Regione ſua in Franciam venerunt & usque ad Nuilam (alii Divitiam civitatem hodie Deutz) praedas egerunt GREGOR. TURON. L. IV. n. 16. woraus erſcheinet, daß der Tractus zwiſchen Sachſen und Deutz gegen Cöln ein Stück von Francia antiqua oder Auſtraſien geweſen.

4) Bey dem Zug der Sachſen mit Albuino nach Italien im Jahr 568 eröfnet ſich in dieſem Sachſen-Thüringen,
   1) daß die Sachſen daraus mit 20000 Mann gangen,
   2) und König Chilbidertus dagegen die Svavos in die verlaſſene Oerter der Sachſen gelegt PAUL. DIACONUS de geſtis Longobard. L. II. c. 6.
   3) A. 573 aber die Sachſen bey ihrem Zurückzug durch Gallien von Sigiberto die Erlaubniß erhalten, ihre verlaſſene Sitze wieder zu beziehen, Fredeg. Epitom. Eccard. Franc. orient. T. I. p. 100.

5) A. 627 iſt die Expedition Dagoberti Königs von Auſtraſien gegen Berhoaldum Saxoniae Ducem, der ein Corpus plurimarum gentium zuſammen gebracht, und nachdem Clotharius zu ſeinem Sohn Dagobertum an der Weſer geſtoßen, Berhoaldum erſchlagen, Geſta Dagoberti n. 14. bey welchem Vorgang keine Oerter in Sachſen genant worden.

6) A. 693 iſt Sviddertus ordiniret, und nicht lange hernach zu den Boructuariis gangen, wovon er viele zum Chriſtenthum gebracht. Nachdem aber nicht lange hernach die alt Sachſen ſich ihrer Meiſter gemacht, ſind die bekehrte Boructuarier von dieſen ausgetrieben und zerſtreuet, Svidbertus aber iſt zu Pipino gangen, und hat von dieſem einen Ort ſeines Aufenthalts auf der Inſel Kaiſerswerd erhalten, BEDA L. V. c. 12. Das Jahr, da die Sachſen ſich der Boructuarier bemächtiget, iſt von Pagi ohngefähr aufs Jahr 695 ermeſſen. Nach der Vertreibung Svidberti und der Seinen Diſſipirung ſollen die beiden Gebrüder Ewaldi nach der Zeitrechnung Pagi 695 in Boructuarien eingegangen ſeyn, und daſelbſt ihr Martyrium mit Einbußung ihres Lebens gelitten haben, v. PAGIVS d. l. Alfordus ad A. 693.

Es iſt in Obſ. de Miſſionibus Anglo-Saxon. in Friſiam gezeiget, daß beyde Ewaldi bey der Miſſione I. Willibrordi A. 690. ſchon in Altſaxen gangen. Swidbertus aber, nachdem er aus Engeland, woſelbſt er A. 693

§. 3.

De Expeditionibus PIPINI SENIORIS, CAROLI MARTELLI, CAROLOMANNI, REGIS PIPINI in Saxoniam ante Carolum M.

Vor Caroli Magni Zeiten im 8 Seculo unter PIPINO *Seniore,* Carolo *Martello,* Carolomanno und unter König Pipino haben die Francken mehrmalen ihre Heerzüge und Verheerungen in Sachsen vorgenommen, welches die Annales TILIANI & PETAVIANI anzeigen, als:

a) *A. 718 Fuit tum prius* CAROLUS *in Saxonia, & vastavit eam plaga magna usque ad* Wiseram.
b) *A. 720 quando bellum habuit* Carolus *contra* Saxones.
c) *A. 728 item* Carolus *fuit in* Saxonia.
d) *A. 729 quando* Carolus *voluit pergere in* Saxonia.
e) *A. 738.* Carolus *intravit in* Saxoniam.
f) *A. 744. bestes in* Saxonia ANNALES TILIANI *auctiores: A. 745.* Carlomannus *&* Pipinus *contra Idolonem Ducem Bajoariorum inierunt pugnam, &* Carlomannus *per se in* Saxoniam *ambulavit in eodem anno & cepit castrum, quod dicitur* Saochseburg *per placitum, &* Theodoricum Saxonem *placitando conquisivit. A. 744. iterum* Carolomannus *&* Pipinus *perrexerunt in* Saxoniam, *& captus est* Theodoricus *alia vice.*
g) *A. 745.* Carolomannus *&* Pipinus *abierunt in* Saxoniam.
h) *A. 747* Grippo *fugit in* Saxoniam *Annales Tiliani.* Grifo *fugit in* Saxoniam *&* Pipinus *iter faciens per* Toringiam, *in* Saxoniam *intravit usque ad fluvium* Missaha, *in loco qui dicitur* Schahaningi, *& * Grifo *collectam fecit, una cum* Saxonibus, *supra fluvium* Obacro, *in loco qui dicitur* Orhaim.
i) *A. 753.* Pipinus Rex *in* Saxoniam *iter fecit &* Hildegarus Ep. *occisus est a* Saxonibus *in castro quod dicitur* Viberg *, et tamen* Pipinus Rex *victor exitit & pervenit usque ad locum qui dicitur* Rime.
k) *A. 758. Rex* Pipinus *venit* Saxonia. ANNALES TILIANI *Auctiores.* Pipinus *in* Saxoniam *ivit, & cepit civitates eorum & polliciti sunt ei dare equos* CCC. *per singulos annos* ANNAL. LOISSEL. Pipinus Rex *in* Saxoniam *ibat, & firmitates* Saxonum *per virtutem introivit, in loco qui dicitur* Situnna *(al.* Sitina) *& multas strages factae sunt*

Obf. IV. Origines Luneburgicae.

sunt in populo Saxonum, & tunc polliciti sunt contra Pipinum, omnes voluntates ejus faciendum, & honores in placito suo praesentandum usque in equos trecentos per singulos annos; welches *Sitine* SCHATEN und nach ihm ECCARD *Fr. Orient. T. I. p. 566.* für das Schloß Sitten der Herren von Ketler in Westphalen halten.

Allein diese Expeditiones haben nur Saochseburg, die Westphälische Oerter A. 753. Diberg und Kimen an der Weser A. 758 Sitten und die Braunschweig. Oerter Schöningen an der Missau betroffen, und findet sich nicht, daß vor Carl dem Großen die Franken ins Lüneburgische penetriret.

So viel aber das Castrum *Hocseburg* betrift, so habe ich zwar in *Originibus Osnabrugensibus* seine Lage in Westphalen in *Confiniis Francorum* vermuthet: aber auch zugleich die Rationes angeführet, wie aus der Marschrouthe Pipini A. 748. da er in *Nordo-Squavos* gangen, in eben dem Marsch von den Nordo-Squavis in Pago SVEVON vor Hocseburg gerücket, von dar an die Ocker marschiret, und daselbst sein Lager geschlagen, anscheinen wolle; daß *Soesseburg* in *Saxonia Orientali* treffe.

Aus obigem erscheinet, daß schon vor Caroli Magni Zeiten in Sachsen Burge, Schlösser und Vestungen gewesen. Die Annal:s Bertiani ad A. 779 nennen solche *Firmitates Saxonum*, und die Annales Francorum Auctiores Tiliani ad A. 779 civitates Saxonum. Diese Städte oder Burge waren Vestungen, von welchen unterschieden waren die *Mercatus, mansiones mercatorum* Capit. Caroli M. *de Minist. Palat.* T. I. BALUTZ. *p.* 342 und viel publici.

Cap. III. Von Kaisers Caroli M. Feldzügen in Slavien.

CAP. III.

De EXPEDITIONIBUS CAROLI M. in SAXONIAM & trans Albim IN SLAVOS.

Ima. A. 739. in WILZOS.

IIda A. 805. cum navibus usque Magdeburgum ibique in Regionem GENEWANAM (Wenedoniam.)

IIItia A. 806. super Albiam & Salam in GUERCHAVELDO.

IVta A. 811. in LINONES restituto Castello HUBOCHI.

Von Kaisers Caroli M. Feldzügen in Slavien.

§. I.

Expeditiones Caroli M. juxta Annorum seriem, in Saxoniam.

In dem von Kaiser Carl A. 772. biß A. 804. gegen die Sachsen geführten 32 jährigen Kriege sind von Kaiser Carl 20 Feldzüge, und in A. 782. 784. 792. in jedem dieser Jahre zwey besondere Feldzüge vorgenommen, als:

1) A. 772. nach Eresburg und so weiter.
2) A. 775. nach Sigiburg, Erichsburg, Brunesberg und so weiter.
3) A. 776. nach Lipspring.
4) A. 777. nach Paderborn.
5) A. 779. nach der Lippe und vom Treffen bey Buchholz an der Weser.
6) A. 780. durch Eresburg nach Lipspring, weiter nach der Ocker und Orum und nach der Elbe.
7) A. 782. nach der Franken Niederlage beym Suntel Kriegeszug nach Verden.
8) A. 783. nach dem Treffen bey Deermold und an der Hase über die Weser nach der Elbe.
9) A. 784. in erster Expedition nach der Weser.
10) durch Thüringen nach der Elbe und Sale und Schoningen. In 2ter Expedition nach Schiderburg nach Reine und wieder zurück nach Eresburg in die Winter-Quartiere.

11) A.

Obſ. IV. Origines Luneburgicae.

11) A. 785. in pagum Bardungo, von dar zurück in Attigni, in den Jahren 786. 787. 788. 790. 791. 792. war es ruhig. Dem Feldzug A. 793. iſt der generale Abfall der Sachſen gefolget.
12) A. 793. Expedition von einem dreyfachen Corps eines des jüngern Caroli nach Sinefeld.
13) A. 795. in pagum *Wimodi* & *Bardungi*.
14) A. 796. nach Drackenburg, wo er Geißel angenommen, und nach *Aelisni* (Leſe), wo er von der A oder Us jetzo Stolzenau oder der Weſer gegen Leſe Brücken geſchlagen, und in den Bremiſchen Pagum *Wimodi* gangen Annales Tiliani.
15) A. 797. erſter Feldzug ins Land Hadeln, 2ter Feldzug an der Diemel und Winter-Quartier zu Herſtel.
16) A. 798. von Herſtel nach Minten, nach Bardowic, von da nach Nord-Thuringen zurück in Francien.
17) A. 799. Kaiſers Carl nach Paderborn und ſeines Sohns Caroli über die Weſer in Bardungo.
18) A. 804. nach Holenſtedt mit Ausführung der Ueber-Elbiſchen und Bremiſchen Sachſen. In den Jahren 774. 786. 787. 788. 790. 791. 792. ſind keine Expeditiones in Sachſen geſchehen.

In der zweyten Expedition in Sachſen, die A. 775 geſchehen, da der Kaiſer von Brunesberg ab an die Ocker gieng, und dieſſeits der Weſer ein Corps zurück ließ, die inzwiſchen mit den dortigen Sachſen bey Lidobach h, Lobach getroffen, haben an der Ocker die *Auftreludi* Oſtphälinger unter ihrem Führer Haſſinone dem Kaiſer gehuldiget, auch ihm Geißel gegeben, und auf der Rückkehr die Angarier mit ihrem Duce *Brunone* in Pago BUCKI im Schaumburgſchen Geißel abgeliefert. Otto Zeit aber iſt der Kaiſer noch nicht ins Lüneburgiſche oder in *Pagum Bardungo* gerücket, Annales Loiſſel, A. 775. A. 777 hat der Kaiſer zu Paderborn einen groſſen Convent mit den Sachſen gehalten, daſelbſt ſind auch viele 1000 getauft. Die Sachſen haben auch Kirchen gebauet; es wird aber insbeſondere der Bardogavenſium nicht erwehnet.

A. 779. da der Kaiſer an die Weſer gangen, haben daſelbſt an dem Ort, welcher Medofulli genant, die Angarier ſo wol als die Oſtphälinger dem Kaiſer gehuldigt, auch ihm Geißel gegeben. Ueber der Weſer und beſonders in *Pagum Bardungo* iſt der Kaiſer noch in dem Jahr nicht eingerücket.

A. 780. da der Kaiſer von Lipſpring nach der Ocker und Orum gangen, ſind die Oſtphälinger daſelbſt getaufet, der Bardingauer insbeſondere wird zwar in Annal. TILIANIS & *Loiſſelianis* erwehnet, in clauſulis

a) In

Cap. III. Von Kaisers Caroli M. Feldzügen an der Elbe. 191

a) In ipso itinere omnes Bardengavenses & multi de Nordlendi baptizati sunt An. TILIANI h. a.
b) venit ad fluvium magnum *Hailba*, divisit ipsam patriam inter presbyteros, & episcopos & Abbates, ut in ea baptizarent & praedicarent, welchen die Annales Loissel den Ort Orahim über der Ocker, wo die Taufe geschehen, beyfügen.

Allein daraus ist noch nicht zu befinden, daß in dem Jahre 780 der Kaiser in Bardingo selbst bis an die Elbe kommen, A. 782. da die Franken am Suntel unter Anführung Witekinds eine gewaltige Niederlage erlitten, und darauf Kaiser Carl in großer Eile an der Aller bey Verden kommen, und dahin die Sächsischen Magnaten berufen, auch der aufrührischen Sachsen bey Verden 4500 enthaupten, andere aber gefangen abführen lassen, ist zwar ganz vermuthlich, daß die Bardengoer bey diesem Handel mit interessiret gewesen. Allein besonders ist ihrer nicht gedacht, der Kaiser ist auch noch in diesem Jahr in pagum *Bardungo* nicht eingerücket.

A. 783. aber bey dem gänzlichen Abfall der Sachsen, da der Kaiser über die Weser bis an die Elbe gangen, und alles verheeret, hat der Kaiser nothwendig auf den *Pagum Bardungo* treffen müssen.

A. 784. obgleich Kaiser Carl zu Lippenheim über den Rhein gangen, der *Westphalorum Pagos* verwüstet, an die Weser gangen, und zu HUCULBI in *Diplomate Adalgi Archiepiscopi Bremensis* A. 987. *Oculen* jetzo *Oyel* oder *Ogel* ein Dorf von 34 Feuerstäten jenseit der Weser bey Nienburg, Loherr-Pfarre Lager geschlagen, von dar durch Thüringen in die *campestria Saxoniae* an der Sale und Elbe, von der Elbe nach Steinfort und Schoningen, und wieder in Francien zurück kommen; seinen Sohn Carl aber in Westphalen subsistiren lassen, der auch praelio equestri in Pago DREINI gegen die Sachsen einen Sieg erfochten, und darauf nach seinem Vater zu Worms zurück gekehret, der Kaiser auch noch in eben demselben Jahr auf seinem zwenten Feldzug von Seir, wo er Lager geschlagen, nach Kemen an die Weser mit Verheerung dieses Strich Landes marschiret, und von dar nach Eresburg in die Winter-Quartiere zurück gekehret, so ist er doch in diesem Jahr über die Weser ins Bremische und Verdische und Lüneburgische gar nicht gezogen.

A. 785 ist der Kaiser zum ersten mal in den PAGUM BARDUNGO gangen, als dessen namentlich gedacht wird; und nachdem er daselbst vernommen, wie Witekindus und Albio sich in dem Ueber-Elbischen Sachsen aufhielten, hat er sie durch Sachsen zu bereden gesuchet zu ihm zu kommen, auch auf ihr Verlangen ihnen durch den Missum Regium *Amaluvinum* Geißel zubringen lassen, zur Versicherung, daß mit ihrer erlangten Begnadi-

Obf. IV, Origines Luneburgicae.

gnädigung ihnen kein Leides zugefüget werden solte. Worauf Amaluvinus bey de nach Attingii, als wohin der Kaiser vorher abgangen, geführet, woselbst sie der Kaiser bey ihrer Taufe von der Taufe gehoben, und mit großen Geschencken beehret. Es ist dieser in PAGO BARDUNGO, als im jetzigen Lüneburgischen mit Wittekindo und Albione getroffenen Vermittelung von denen Scriptoribus Carolingicis so beträchtlich angesehen, daß sie mit Wittekindi und Albionis Submission ganz Sachsen Kaiser Carl unterwürfig gemacht zu seyn gehalten, der Kaiser selbst auch deren Unterwerfung so wichtig gehalten, daß er dafür Gott in den öffentlichen Litaneyen den Preis gemacht. Von Wittekindo und Albione wird nach der Zeit weiter nichtes gehöret; daß er Herzog von Sachsen gewesen, ist unerfindlich. Es war derselbe eine Herrn-Standes-Person, unus *ex primoribus Westphalorum*, der daselbst seine Güter gehabt. Er war an sich ein großer General und Anführer der Sachsen, von großem Ansehen, und dem ehemaligen Arminio nicht ungleich, und ein großer Eiferer seiner Alt-Sächsischen Heidnischen Religion, und starker Verfolger der Christlichen Religion.

Indessen hat dennoch des Witikindi Uebertritt zur Christlichen Religion die Frucht gehabt, daß in den Jahren 786. 787. 788. von Kaiser Carl kein Feldzug gegen die Sachsen vorgenommen, und im Jahr 789. da der Kaiser einen durch Sachsen gegen die Wilzos an die Ostsee vorgenommen, gegen die Sachsen selbst keine Feindseligkeiten ausgeübet, auch weiter in A. 790. 791. 792. gegen die Sachsen keine *Expeditio bellica* angetretten. A. 793 ist hinwiederum der generale Abfall der Sachsen vorgangen, da denn in dem folgenden Jahre 794 die Sachsen sich bey Sindfeld in Westphalen versamlet, und nach ihrer Niederlage von ihnen der dritte Mann ausgeführet.

In den folgenden Jahren von A. 795. 796. 797. 798. 799. 804. hat der Kaiser Carl hauptsächlich mit den Bremern und Hadlern und mit den Bardungern oder jetzigen Lüneburgern in PAGO BARDVNGO und Ueber-Elbischen Sachsen zu schaffen gehabt. A. 795. da der Kaiser in den Pagum WIMODI und BARDUNGO gangen und zu LÜNE jetzo Lüneburg und Bardowic ohnweit der Elbe Lager geschlagen, und der Obotriten König Wilzan, der zu Kaiser Carl gewolt, in dem Traject über die Elbe hinterlistig getödtet, hat der Kaiser eine so große Ausführung der Sachsen als vorhin nicht gehöret, vorgenommen.

A. 796. Da er zu Lese über die Weser gangen und zu Drackenburg Geißel genommen, ist er ins Bremische in Pagum WIMODI penetriret. A. 797 ist er in dem ersten Feldzug desselben Jahres ins Bremische bis Badeln penetriret, und hat Geißel genommen, in dem zweyten Feldzug aber nur bis Herstell an der Dimel bey Carlshaven kommen, und hat da

Cap. III. Von Kaisers Caroli M. Feldzügen an der Elbe.

sein Winterquartier gehalten. A. 798 ist er von Hersfel nach Minden, von dar ins Lüneburgische in *Pagum Bardungo*, und von dar zurück durchs Magdeburgische als Nord-Thüringen wieder in Franciam zurück gekehret.

A. 799 da der Kaiser nach Paderborn gegangen, und seinen Sohn den jungen Carl ins Lüneburgische in Pagum BARDUNGO geschickt, hat er sich mit den Slaven besprochen, und daselbst die Nord-Länder, d. i. die Ueber-Elbischen Sachsen angenommen, wobey die Annales LAMBEC. und das Chron. MOISS. ad A. 799 melden, daß Kaiser Carl eine grosse Menge Sachsen mit Frau und Kindern ausgeführet, und zu Paderborn ein Kirche gebauet. Der junge Carl hat nach dem Befehl seines Vaters ihm, so viel er von den Sachsen in den Theilen über der Weser abfällig und treulos befunden, ihm unterwürfig gemacht. Die Annehmung der Nordleute, die der junge Carl in Pago Bardengow empfangen sollen, wird hauptsächlich bemercket; ohne zu melden, daß die Bardunger darunter mit begriffen.

A. 804 ist der Kaiser im Sommer mit der Armee von Acken über den Rhein nach Lipspring, und nach gehaltenem generalem Convent von dar über die Aller nach Hollenstede an die Elbe nicht weit von Moißburg und Buxtehude gegangen, und hat daselbst Lager geschlagen. Aus dem Lager zu Hollenstedt sind nach die anarenzende Pagos WIMODI, HOSTINGABI (an der Ost), ROSOGABI (alten Lande) drey Corps detachiret, um aus selbigen die Sachsen auszuführen.

Zugleich sind die Sachsen über der Elbe, wie die aus dem Pago WIMODI, HOSTINGABI, ROSOGABI, ausgeführet. Diese Ausführung aus Sachsen aber ist gar nicht universal gewesen, sondern hat nur hauptsächlich

1) die *Saxones Transalbingicos*,
2) und die Sachsen im Bremischen an der Elbe, nicht aber alle in Pago *Wimodi*, noch in Pago *Bardungo* betroffen.

§. 2.

De Expeditione Caroli M. A. 789. in WELETABOS, sive WILSOS.

In der Expeditione Caroli M. A. 789 in WELETABOS Francica lingua *Wilsos*, worin Kaiser Carl über die Elbe gangen, und bis an die Peene gerücket, findet sich beym EGINH. A. 789. daß er über die Elbe zwey Brücken geschlagen, und lauten davon Eginhardi Worte:

Inde per Saxoniam iter agens, cum ad Albiam pervenisset, castris *in ripa posuit, amnem duobus pontibus junxit, quorum unum ex utroque capite vallo munivit, & imposito praesidio firmavit, ipse statim transito, quo constituerat, exercitum duxit ingressusque Wilsorum terram.*

Der Ort, wo Kaiser Carl übergangen, wird sich aus denen von Eginhardo angezeigten Umständen schwerlich ausmachen lassen, indessen da er in Wilsos gehen wollen, wird der Uebergang in Stormarien, welche bis an die Bille gereiffet, und in Polabingos, welche an der Elbe, wo Gamme und dahinter Sadelbandia, gesessen, nicht wohl ausserweges in Witzos gerichtet gewesen seyn können. In der Gegend von Marschacht hält die Elbe bis dem Gammer-Ort, wo die Dove-Elbe ihren Abfluß zwischen alten Gamme und neuen Gamme nimt, und da gehet der Uebergang über die Elbe nach der in Witzos zu. Von dem Brückenbau und von dem von Holz und Erde an beiden Seiten angelegten *Castello* saget Annal. LOISSEL A. 789.

ad Coloniam transiens, per Saxoniam usque ad Albium fluvium venit, ibique duos pontes construxit. Quorum una ex utroque capite castellum ex ligno & terra aedificavit.

Diese Expedition gegen die Witzos ist gar starck gewesen, da sich die Friesen zu Schiffe auf der Elbe mit einigen Francen vereiniget, die Sachsen, ingleichen die Sorben, Wender und Obotriten unter ihrem Fürsten Wiz-m mit des Kaiser Carls Armee wider die Wilzen zu Felde gangen. Annal. LOYS. A. 789.

Et fluerunt cum eo in eodem exercitu Franci & Saxones. Frisiones autem navigio per Labola fluvium cum quibusdam Francis ad eum conjunxerunt. Fuerunt etiam Slavi cum eo, quorum vocabula sunt haec: Suburbi nec non & Abatrici, quorum Princeps fuit Wizzan.

Auf dem Marsch nach den Wilzen sind dem Kaiser Carl die Fürsten mit ihrem Könige Tranquito entgegen kommen, und haben sich ergeben Chron. Moiss. n. A.

& venerunt Reges terrae illius cum Rege eorum Tranquito et obviam, & petita pace tradiderunt terras illas universas sub dominatione ejus & se ipsi tradidi sunt.

Von dieser Expeditione Caroli Magni A. 789. in Witzos saget Eginhardus ap. Adamum Bremensem L. II. c. 9.

Sinus quidam ab occidentali Oceano orientem versus porrigitur (Ost-See) ad littus australe Slavi. & alias seorsum nationes incolunt, inter quas vel praecipui sunt, quibus tunc a Rege bellum inferebatur, Witzi quos ille uno tantum & quam per se gessit expeditione ita contudit ac domuit, ut ulterius imperata facere minime renuendum judicarent.

Die

Cap. III. Von Kaisers Caroli M. Feldzügen an der Elbe.

Diese Wilzi sonst auch Leuricki, Adamus Bremen. L. II. c. 12. haben gewohnet an der Ost-See, Einhard d. L. und zwar wie sie vier Völker ausgemacht, 1) Chizzini und Circipani diesseits der Pene Hamburgischen Dioecesis und die Tholosantes und Rheteri jenseit der Pene ADAMUS BREMENS. L. III. c. 24. der Hamburgischen Dioeces hat sich zuerst bis an die Pene erstrecket. HELMOLD. L. I. c. 20. Zum Bremlichen Hamburgischen Dioeces haben bis zur Pene gehöret, nach dem ADAMO BREM. L. II. c. 21. (& L. III. c. 21).

1) WAGRI quorum civitas Aldenburg Slavonia Stargard HELMOLD L. I. c. 12.
2) OBOTRITI vel *Reregi* quorum civitas *Mecklenburg*.
3) POLABI quorum civitas *Ratzeburg* versus Hammaburg a *Bilowa* fl. Ann. Sax. (An. 973.)
4) LINGONES.
5) WARNABI.
6) CHIZZINI.
7) CIRCIPANI.

Wie man *ultra Polabos* die Lingones und Warnabi gewohnet, diesen bald gefolget die Chizini und Circipani, wo der Fluß Pene und die Stadt Dimine von den Tholosantibus geschieden, ADAM. BREM. L. II. c. X. & L. III. c. 24. ANNAL. SAX. ad A. 773. nach dem HELMOLDO L. I. c. 2. die Wagri gegen die Insul Vemeern und Wilzi gegen die Insul Rügen gewohnet, im übrigen die Oder auch die Pomeranos von den Wilzis gesondert, HELMOLD L. I. c. 2. die Slavischen Völker von der Pene ab in gleicher Ordnung von Helmoldo c. 2. angegeben, als:

1) KIZZINI terrae Kizine, wo das Castrum Werlo juxta flumen *Warnow* prope terram Kizine L. L. c. 87. In welchem Kizin *Wotsericha* prope Demin Bulla Caelestini Priv. Hamb. Lindenbr. n. 63. & CIRCIPANI *cis Panim*, welche von der Havel ab, als welche in Leuticiae litora gereichet, nach Demmin zugegangen VITA OTTONIS BAMBERG und bey Demmin den Kizinio angegränzet.
2) Ultra hos sunt LINGONES & WARNABI.
3) Hos sequuntur OBOTRITI.
4) Inde adversus hos POLABI.
5) Inde transitur fluvius *Travena* in nostram WAGIRENSEM PROVINCIAM.

So erscheinet aus dem Adamo Bremensi im Helmoldo so viel:
1) Daß die Kizini und Circipani als beyde Wilzi, wider welche Caroli M. Expedition bis an die Pene gangen, diesseits an der Pene ge-

Obf. IV. Origines Lunebugicae.

seßen, sich nach dem Adamo Bremenst und Helmoldo an die *Lingones* und *Warnavos* geschlossen, auch auf ihnen nach dem Helmoldo die Obotriten gefolget.
2) Die POLABOS nach dem Adamo Brem. an die Obotriten, und nach dem Helmoldo gegen Wageien, und nach dem Adamo gegen Hamburg gewohnet, und von den Polabis man mit Uebergang über die Traue in Waarien kommen.
3) Die LINGONES und WARNABI, nach dem Adamo, zwischen den Polabis und weiter nach der Pene, den Warnabis und Chizinis geseßen; und nach Adamo sich auch an die Obotriten gestrecket.

Die LINAI, LANAI, LINONES, die in der *Historia Caroli M. ad A.* 808 und A. 811. sich hervor geben, und in deren Lande über die Elbe das *Castellum Hobuchi* gebauet, haben über und an der Elbe gewohnet.

Das Chron. MOISS. ad A. 808. meldet von den Slavis Linais:
  Imperator misit Karolum filium ad illos Slavos qui vocantur Linai
  & vastavit maximam partem Regionis ipsius.

Annales BERTIANI & *Loifel* & EGINH. ad A. 808.
  Filius autem Imperatoris Carolus Albim ponte junxit, et exercitum, cui praeerat in Hilinones *& Smeldingos, qui & ipsi ad Godefridum R. Danorum defecerant, quanta potuit celeritate, transposuit.*

Und von der in *A. 811.* über die Elbe in *Linones* mit Wiederaufbauung des Castelli HOBUOCHI vorgenommenen Expedition lauten die *Annales* EGINHARDI *A. 811.*
  In tres partes Regni totidem exercitus misit: unum trans Albim in Hilinones, *qui & ipsos vastavit, & Castellum* Hobuochi *superiori anno a* Wilsis *destructum in ripa Albis fluminis restauravit.*

Chron. MOISS. ad A. 811.
  Misit Carolus Imperator exercitum Francorum & Saxonum ultra Albiam ad illos Slavos qui nominantur Lanai *& Bethelcereri & vastaverunt Regiones illas, & aedificaverunt iterum Castella in loco qui dicitur* Abochi.

welche Expedition in *Linones* der Vorgang im Jahr 810. da das Castellum Hochbocki Albiae flumini adpositum, in quo modo legatus Imperatoris & Orientalium Saxonum erat praesidium, von den Wilzen destruiret, wie Annales *Laiffel.* Eginh. Chron. MOISS. ad A. 810. veranlaßet. Aus welchem allen erscheinet, daß die Linones an der Elbe gewohnet, und zwar nach dem Adam. Bremens. über die Polabingos, und sich an die Warnabos und Chizinos nach der Pene gestrecket. An der Elbe und zwar über die Polabingos sind die Linones zu sehen, obgleich præcis

der

Cap. III. Von Kaisers Caroli M. Feldzügen an der Elbe.

der Strich nicht leicht zu bestimmen, um so viel weniger, weil man nicht weiß, wie weit die Polabingi von dem Einfluß der Bille in die Elbe sich die Elbe hinauf gestrecket; obgleich HELMOLD. L. I. c. 38. c. 53. der Polaborum Land von einem großen Befang angiebet. Der Ratzeburgische Diderk, welchen Henr. Leo in Diplomate A. 1167. ap. WESTPHAL. T. II. p. 2041. an der Elbe, von der Elbe bey Dömitz, bis nach der Bille nach seinem Belieben bestimmet, lässet auch auf die terminos *Polabingorum & Linonum* zu Caroli M. Zeiten nicht schließen, die auch Adamus Bremens. und Helmoldus zu ihrer Zeit an der Elbe nicht bemerket.

Der Herr von BEHR in seiner de *Robur Mecklenb.* vorgezeichneten Charte setzet die LINONES etwa über Lauenburg und Atzenburg, so wol jenseits als diesseits der Elbe, woselbst im Lüneburgischen in specie im Amt Bleckede sich Oerter von Wendischer Benennung finden, als Wendewisch, Radegast, Wendisch Blecke, Wendisch Thun.

Allein obgleich in dem vom Hrn. von Behr angezeigten District über die Elbe Linones wohl gesessen haben, auch in der Folge der Zeit von ihnen Colonien aus der Gegend an der Elbe bey Grabo im hiesigen Lüneburgischen Lande versetzet seyn können, welches sich aus dergleichen Benennungen der Oerter Grabo und Brezger einiger Art muthmaßen lassen könte, so findet sich doch kein hinreichender Beweis, daß die Linones jenseit der Elbe sich ins Lüneburgische gezogen, und die Lüneburgische Wenden ungezweifelt pro *Slavis Linonibus* zu halten. Da indessen nach dem CHRON. SLAVICO Lindenbr. c. XV. die *Linones* in confinio Britannorum & Stoderanorum, die Havelberg und Brandenburg bewohnet, angegeben in cl.

> *Subegit populos* Britannorum, & Stoderanorum, *sc. qui habitant* Havelberg & Brandenburg & *etiam Linos f. Linoges* ibi in confinio.

Helmoldus L. I. c. 37. ihrer bey den *Britannis* und *Stoderanis* mit erwehnet, welche Adamus Bremensis unter die Völker zwischen der Oder und Elbe recensiret, so wird hieraus sich noch so viel herfür geben, daß die *Linones in confinio Brizannorum* der Prignitze zu setzen, und trit also der Elbstrich gegen die Lüneburgischen Aemter Dannenberg und Bleckede Scharnbeck ratione dieser Linorum in Augenmerk.

In dem Pago BRIZANI werden noch in CHRON. GODW. p. 565, angezogen sine mentione chartae sive autoris

1) *Leontium*, welches nach dem Chron. Slavico c. 14. Lentzin an der Elbe.
2) *Pochluftini* Chron. Godw. Putlist ad Stepenizam.
3) Pritzwalk.
4) Witstock.

Obl. IV. Origines Luneburgicae.

5) Zemhini Zamiki Zemhiki hat der Auctor Chron. GODWIC. p. 877. Ueber pro pago minori non Brizanorum sed *Kevellerum* halten wollen, STODERANIA aber hieß vulgo HEVELDUN An. Saxo. A. 997. welches der Pagus HEVELDUN in *Marchia Gerondi*, wovon Kaiser OTTO *A. 995.* laut seines Briefes bey Eccard in Prov. *Marchiae Orientalis* p. 130. dem Stift Brandenburg.

In Pagis MORAZIANI CERVISTI, *Plani* ZIPRIABOANI, HEVELDUN, WUEHRACIANI Zamorci VASSIA LUSICI.

Diese Terminos bestimmet:
a) *Orientem* versus ad flumen *Odera*,
b) ad *Occidentem* ac *Austrum* versus usque ad *Albium* flumen,
c) ad *Aquilonem* vero usque ad fines provinciarum *Vuveri Rioriani Vassia*.

Mit dem Prignitzer Bricen aber ist nicht zu confundiren die *Terra Brixen*, welches Henricus Leo laut Briefes N. 1167. bey dem Westph. T. II. p. 2041. zum Ratzeburgischen Dioeces gelegt:

In compensationem Terrae Suerinensium.
worin das Diploma Henrici Leonis A. 1167.
a) Lulimare.
b) Maliante.
c) Gressowe.
und der Brief Ludolphi Episcopi Raceb. A. 1230. apud Westph. T. II. p. 937.
d) Procetz.
e) Honterken.
f) Begentorp.
g) Gressowe.
h) Grewesmulne.
i) Clurse.
k) Thomashagen Domshagen.
l) Eimenhorst.
m) Calchorst.
n) Rhuting.

angiebet, welche im Amt Gervesmuhlen, worin Domshagen, Ruting, Eimenhorst, Gressowe. Die Brizani, welche HELMOLDUS L. I. c. 37. mit den Stoderanis conjungiret, und deren Sitz in der Maße bezeichnet: BRITANNORUM & STODERANORUM *populi, qui Havelberg & Brandenburg inhabitant*, und abermals L. I. c. 88. da er von Alberto Urso sagt: *Omnem terram* BRIZANORUM, STODERANORUM *multarumque*

gen-

Cap. III. Von Kaisers Caroli M. Feldzügen an der Elbe.

gentium habitantium HAVELAM & ALBIAM *misit sub jugum*, sind also die Briten nicht, die im Amt Groevemühlen gesessen. Weil er aber diese Briten L. I. c. 2. unter den Slavischen Völkern nicht mit recensiret, so scheinet er diese unter den Heveldis oder Stoderants d. l. II. c. 1. mit zu begriffen, auf Maßen wie Stoderanti auch unter den Heveldis begriffen werden, LUNKINI beym WITICHINDO L. I p. 639. Luncin beym DITMARO L L. p. 32. Lunkini CHR. QUEDL. A. 930. woselbst die Sachsen bey der Elbe nahe bey Lunkini wider die Slaven einen Sieg erfochten, wird insgemein für Lenzen angesehen, auch in Provincia *Redariorum* zu seyn gehalten, als welche sich also nach Lenzen erstrecket, und die Prignitz begriffen haben soll.

Aus dem Wedekinde erhellet, daß der Ort Lunkini nahe an einer See, und einer andern Stadt gewesen, daß wider alle revoltirten Slaven der Krieg geführet, daß Bernhardo Redariorum provincia untergeben gewesen, dabey von Henr. L. ihm und seinen Collegen aufgegeben Lunckini zu belagern. Aus diesem folget so wenig das eine, daß *Lunckinum provinciae Rhedariorum gewesen*, als das andere, wenn es noch nahe der Elbe gelegen, Lunkini oder Luncin Lenzen sey, daher dem Herrn v. BEHR *Rabur Merkleub.* LUNKINI Lichen zu seyn gehalten, als welches *in finibus Rhodaviorum inter alta stagna & paludas* gelegen. Da nun bey Lenzen eine solche See nicht anzutreffen, so fällt dies von selbst weg, und hat der Auctor Chron. Quedlinb. sich entweder in der Lage an der Elbe geirret, oder er ist dahin zu erklären, daß das Treffen nicht weit von der Elbe vorgangen, wie man communi usu, wenn man von ganzen Armeen spricht, daß solche am Rhein oder an der Elbe Lager geschlagen oder Treffen gehalten, es so genau nicht nimt, obgleich eine Distanz von einigen oder mehr Meilen eingetreten.

So viel ist gewiß, daß die Redarii an der Peene und an Dervenin also jenseits gewohnet, ADAMUS BREMENS. L II. c. 10. daß die Pene *terminus Parochiae Hamburgensis gewesen*, und also die Tholosantes und Rhetarii, als die jenseits der Peene gesessen, dazu nicht gehöret, ADAM. BREM. L. II. c. 11. saget, daß ihre *civitas vulgatissima* Rhetore *sedes idololatriae* und vier Tagereisen von Hamburg abgelegen gewesen, daß sie unter den Völkern, die zwischen der Oder und Elbe gewohnt, als den Heveldis an der Havel, Doxanis, Lubugiis, Vilinis, Stoderantis, MEDII gewesen, und also als *Medii* zwischen der Elbe und Oder an der Elbe nicht gesessen, ADAM. BREM. L. II. c. 11. und wie nach dem Auctore *Vita Ottonis Bambergensis* die Havel hinauf in *Leutitias Rhedarios Lutitos* geführret, und von da den Weg in *Laurias herum* nach Demmin gangen, also auch die Rhedarii an der Elbe nicht zu versetzen.

F 2

Obſ. IV. Origines Luneburgicæ.

§. 1.

Tractus ad Albim a provincia Polaborum usque ad provinciam Brizanorum.

Die Regiones und Pagi ſind durchgehends in Teutſchland in ſolchem Bezirk nicht geblieben, ſondern ſo wie die Principes und Magnates ſich hervor gethan, ihnen Dominia geſchaffet, und eine Superioritaͤt angemaſſet und von ihren Dominiis und Caſtris, und nicht weiter von ihren verruckten und dismembrirten *Pagis* genant, daher denn auch zu Henrici Leonis Zeiten, wie ſeine Diplomata zeigen, nicht weiter die Sedes und Pagi populorum, ſondern Terrae, Provinciae, territoria Dominorum zum Vorſchein kommen, die ad priſtinas ſedes ſo leicht nicht zu reduciren, um ſo viel weniger, da HELMOLDUS L. II. c. 14. beruͤhret, daß die *Slavorum regio* quae extenditur inter *mare Balticum* & *Albiam* per longiſſimos tractus usque ad *Svevia* olim inſidiis horrida & pene deſerta, nunc, dante Deo, tota redacta velut *in unam Saxonum coloniam.*

Der Strich an der Elbe von den Polabis bis an die Brizannos in der Prignitz, nach den Benennungen der Provinzen, wie ſie in Diplomatibus Henrici Leonis, der Paͤbſte und Biſchoͤfe uͤber die Fundation der Biſthuͤmer benennet ſtehen, wo die Linones ohngefehr geſeſſen geweſen, trift

1) *in provinciam* BOIZENBURG, worin nach dem Regiſtro Parochiarum Ratzeburgenſium ap. WESTPHAL. II. p. 2020. die noch in den Charten ſich zeigende Oerter
   a) Grancin,
   b) Bauſerſtorp
   c) Darſenowe,
   d) Blugger,
   e) Bennin ohnweit Grancin,
2) in Terra WANINKE inter *Walerowe Albiam* & *Eldenam*, worin zwiſchen Grabo und Domitz umweit Eldena
   a) *Malche* curia Epiſcop. Ratzeb.
   b) *Brezegore* h. Breſiger.
3) Provincia YLOWE worin nach des Pabſt Coeleſtini Confirmation uͤber das Bisthum Swerin A. 1191. Privil. Hamb. Lindenbrog n. 63. p. 169.
   a) Curiviz,
   b) Mentrina,
   c) Quazentin,

Cap. III. Von Kaisers Caroli M. Feldzügen an der Elbe.

d) **Jnstiz.**
Jlow, wovon die Provinz den Namen hat, Mecklenburg, Zoren, Dabin, Werla das Land zu Werla genant, waren *Castra Nicoloti*. Von *Pribislav Rege Obotritorum* sagt HELMOLDUS L. II. c. 14. daß er die Städte Mecklenburg, Jlowe und Rostock gebauet, und in terminis eorum Slavorum populos gelegt, Clüver in der Beschreibung des Herzogthums Mecklenb. p. 212. rechnet Criwiz zum Amt Criwiz, und Jloy zum Amt neuen Buckow.

Das Diploma Henr. Leonis A. 1171 ap. CHEMNIT. *Mecklenb. Chron. Vol. I. c. 5.* und Hr. von BEHR *Reb. Mecklenb.* p. 113. recensiret von diesem Jlow zehn villas, als 1) *Antiqua Ilow* bey Mecklenburg 2) *Morda der Sitz* 3) *Gugudnosci* 4) *Jazrrowe* 5) *Niechitz* 6) *Pancoust* 7) *Gnesditz*. 8) *Mentina* 9) *Quatzutina* 10) *Linzechowe* v. WESTPHAL *in notis ad diploma Henr. Leonis A.* 1171. T. II. p. 890.

Der Tractus an der Elbe von der Provincia Polaborum bis ad provinciam Brizanorum, und in selbiger Leontium oder Lenz trift nur gegen die Lüneburgische Aemter Bleckeda, Hizacker, Dannenberg in dem Strich, welchen die Linones besessen, und worin das Castellum Hochbuchi zu suchen, worin Kaiser Carls Expedition de A. 789. und A. 801 dessen Uebergang über die Elbe vorgegangen zu seyn scheint. Dieser Strich muß auch allem Ansehen nach Kaiser Carl seinem Sohn dem jungen Carl und dem Fränkischen Corps ganz bekantlich geworden seyn, als

1) A. 789 aus der Expedition über die Elbe gegen die Wilzen bis an die Peme,
2) A. 811 aus dem Feldzug über die Elbe gegen die Linones,
3) aus denen in Linonibus an der Elbe von Kaiser Carl erbauten und A. 811. nach seiner Destruction wieder hergestellten Schloß Huochbuchi.

Das Chron. GODWIC. p. 661. setzet die Linones an die Elbe zur Linken, wo die Oerter Rockeln und Wirstock, und zwar
a) *inter Rhetarios*, die gegen Norden über der Elbe,
b) *Hevelios & Bilinos* item *Doxanos*, die gegen Mittag gewohnet,
c) *Brizanos & Smeldingos*, die gegen Abend an der Elbe gesessen,
und meinet, daß aus der Stelle beym HELMOLDO L. I. c. 37. n. 3. so viel sich hervor gegeben, daß der Linonum Land mit vielem *paludibus & fluviis* gefüllet gewesen, wobey er aus den An. FULD. A. 877 anmerket, daß die Linones von denen Siuslis Nachbarn gewesen. Allein was in Annalibus Fuldensibus gesagt wird, Slavi qui vocantur *Linones & Siusli* eorumque vicini defectionem molientes solitum dare censum renuunt; das macht die *Li-*
Grup. Orig. Germ. 1ter Theil. C c no-

Obs. IV. Origines Luneburgicae.

wenes noch nicht zu Nachbaren, wenn sie gleich und bey den Nachbaren in Versagung des Tributs einen Strang gezogen, dabey sind die Gelehrten wegen der Siusler ihrer Sitze noch nicht gewiß, und hat SCHÖTGEN in seiner *Diplomat. Nachlese P. III.* zwey Pagos des Namens Siuolt, einen an der Elbe, den andern ohnweit der Mulde angegeben, auch in seiner Charte gezeichnet.

Die Linones sind nach dem Scriptoribus Carolingicis näher an der Elbe gesessen, und nach dem Adamo Bremensi und Helmoldo an die Polabingos zu schließen. Witstock setzet das Chron. GODWICENSE p. 165. nicht in Linonibus, sondern in Brizanorum regione, und sind also die Linones an einer Seite mit den Polabis, an der andern Seite mit dem populo Brizanorum vicini. Die Stelle bey dem HELMOLDO L. I. c. 37. enthält nicht, daß die Linones in denen difficultatibus nemorum und an denen aquis & paludibus maximis gewohnet, welche Mistue, ein Sohn von Henrico Principe Slavorum, von Lübeck ab passiret. Sie enthält auch eben wenig, wohin sie Bangertus und Chron. Slav. c. 15. deuten wollen, daß Mistue die Linones überfallen, unendliche Beute und Gefangene gemacht. Gegen Henricum Regem Slavorum, der zu Lübeck residiret, hatten nach dem Helmoldo nur zwey Völker, die Brizani und Stoderani, rebelliret, worauf Henricus von Lübeck durch der Slaven Lande marschiret, und mit großer Gefahr nach Havelberg kommen, nachdem ihm sein Sohn Mistue von Lübeck ab gefolget mit zwey hundert Sachsen und drey hundert Slaven, so verstehe ich Helmoldum nicht anders, als daß die drey hundert Slavi Linones gewesen, als von denen er gesaget:

Gens e vicino fertilis habitatores quieti & nullius turbulentiae suspecti.

Die er gestalten Sachen zu überfallen nicht gemeinet seyn können. Die Völker, die Mistue überfallen, sind allem Anschein nach Brisantini gewesen, welche, nachdem Mistue zu seinem Vater vor Havelberg gestoßen, wenig Tage hernach Frieden gebeten. HELMOLD. c. 37. Der SMELDINGORUM Sedes eröfnen sich einiger Art aus der Expedition A. 708 des jungen Carls bey seinem Uebergang über die Elbe in *Linones & Smeldingos*, wovon die Annal. LOISSEL ad A. 808. die Anzeige gethan:

Filius Imperatoris Dominus Carolus Albiam ponte junxit & exercitum in Linones & Smeldingos - quanta potuit celeritate, transposuit.

Und aus der Expedition Trasconis Ducis Obotritorum, da er seine vicinos Wilzos angegriffen, und auf der Zurückkehr nach Haus mit noch stärkerer Hülfe der Sachsen, *Maximam civitatem Smeldingorum* erobert, wovon die Annales LOISSEL ad A. 809 melden:

Trasco Dux Abodritorum - vicinos suos Wilzos aggressus - regressusque

Cap. III. Von Kaisers Caroli M. Feldzüges an der Elbe.

que domum cum ingenti praedá, accepto iterum a Saxonibus validiori auxilio, Smeldingorum maximam civitatem expugnat.

Aus obigen lässet sich urtheilen, daß die Smeldingi bey den Linonibus gesessen, wie denn das Chron. MOISS. ad A. 808. da es der Expedition des jungen Carls in Linones erwehnet, ohne die Smeldinges zu nennen, diese unter den Linonibus begreift.

Von dem Feldzug A. 809. wovon in den Annalibus Francicis maximae civitatis Smeldingorum destructae erwehnet, findet sich in Chron. MOISS. auch eine Clausul, die singulare Umstände in den Worten: *Guinildinis* und *Conenburg*, gedenket, an sich aber zerstümmelt:

si aliqui de illis Saxones venerunt, ultra Albiam fugerunt. Ibi unam civitatem cum nostris Guinildinis *qui appellantur* Semeldini* Cononburg.

Wenn aber das, was die übrigen Francischen Annalisten in diesem Jahre von diesem Vorgang erzählet, damit verbindet, so scheinet mir, es finde das Chron. MOISS. ad A. 809. diese Auslegung:

ita unam maximam civitatem Slavorum, (qui appellantur Smeldini) Cononburg *cum nostris* Guinildinis *expugnavit*.

Im Chron. MOISS. ad A. 798. heissen die Obotriten *Slavi nostri*, qui dicuntur *Abotridi*, und A. 795 der von den Sachsen getödtete Obotriten König *Vasfur Domini Regis*. Eben so heissen die Sorm, die es mit Kaiser Carl hielten, und dessen auxiliares copiae waren *Guinildini nostri*, d. i. *Gildini* oder Gildae nostrates sive auxiliares, von denen die Französischen Annales sagen *auxilio Saxonum* maximam civitatem Smeldingorum expugnavit &c. Trasco Abotritorum Dux. Dieser Trasco Obotritorum Dux hatte den Feldzug in seine Vicinos Wilzos schon zurück geleget, und war wieder zu Hause gekommen, da er vom Hause ab mit Hülfe der Sachsen in Smeldinges, die bey und unter den Linonibus sassen, gieng, und ihre grosse Stadt Cononburg eroberte. Also ist diese Stadt weder Hamburg noch Hochbuchi, aber dennoch in Linonibus oder deren Vicinia zu suchen.

In der Expedition Caroli M. A. 811. da er ein Corps in Linones detachiret, sie verheeret, und das Schloß Hochbuchi wieder an die Elbe gebauet, werden in Chron. MOISS. den Linonibus die Betheleiereti beygesetzet in cl.

misit Carolus Imp. exercitum Francorum & Saxonum ultra Albiam ad illos Slavos, qui nominantur LANAI & Betheleiereti, & vastaverunt regiones illas.

Eben dasselbe sagen die Annales Francici, nur daß sie die Betheleiereti unter den Linonibus begriffen, und ihrer besonders nicht gedenken, ECCARD. T. II. *Franc. Orient.* p. 67. nachdem er *Bellogereti* gelesen, und dies Slavica significa-

Obſ. IV. Origines Luneburgicae.

ficatione Wittenberg ausgelegt haben will, bringt ſeine Rellegeretos in Terra Brizanorum nach Wittenberg an der Stepniz, ex ingenio & ingenii luſu ipſi ſolito. Provincia Wittenburg jetzo in der Graiſchaft Swerin und deſſen Parochie, worin beym WESTPHAL. T. II p. 2011. Wittenburg Corvete Luzow Warſekove, in welchem Territorio Wittenburg auch Benetin angegeben, und Terra Witteburg dem Grafen Gunzelino attribuiret wird. Charta Philippi Archiep. Razeb. A. 1205. ap. WESTPHAL T. II. p. 2055. Dieſe provincia *Wittenburg*, weil ſie denen Linonibus näher gelegen, würde vielleicht Eccard in ſeiner Auslegung noch ehender die Hand bieten. Aus allen iſt indeſſen ſo viel gewiß, daß die Smeldingi und Bethelederen in Linonibus an der Elbe geſeſſen, auch von denen Scriptoribus Carolingicis darunter begriffen, und den Obotriten nahe geweſen, als welche ſie nicht in vicinia Wilzorum, ſondern nach ihrer Zurückkehr von den Wilzis, von Haus ab angegriffen.

§. 4.
De Terra JABEL & WANINGE.

Von der Terra JABEL und WANINGE hat der Graf Volrad von Dannenberg verlanget, daß ihm von dem, was er darin bauen und bewohnen konte, der ganze Zehnde vom Biſchof von Razeburg gelaſſen werden möchte. Nach dem Briefe des Biſchofs Jsfridi A. 1183 ſind ſie ſo vertragen: *quod eidem comiti, praeter villam Malche & termines ſuos terminat, in terra illa, quae eſt inter* Wallenove & Albiam & Eldenam *in beneficio libere poſſidendam praeſtaremus,* mit der Condition, wenn teutſche Coloni eingeführt, und ſie von Slavis nicht weiter bewohnet würden. Von dem Lande zwiſchen Zude und Walenede iſt es dahin gerichtet, wenn der Graf Henrich ſolches binnen 10 Jahren zehendbar gemacht, der halbe Zehende dem Stift Razeburg verbleiben, die andere Helfte der Graf vom Stift zu Lehn nehmen ſolte. Nach dem Brief Henr. Leonis A. 1167. hat die Terwitze bey ihrem Einfluß in die Zude, und wo ſie entſpringet, die Gränze der Rageburgiſchen Diöces ausgemacht, und wo die Terwitz weiter in die Elbe gehet, haben ſich die beyden Lande Wanzeburg und Sverin geſchieden in cl.

ad meridiem vero diſtinximus ubi aqua Terwitza Zudam *influit & regerit in Orientem uſque ad Paludem, ubi eodem* Terevitza *ſortitur* originem *& ſe directi uſque in* Eldenam *ubi terra* Sverin *& Wanzeburg inter ſe termines faciunt.*

Jn

In der Charte von Teutschland des Chron. GODWIC. ist der Fluß Zude ohnweit Hagenow gezeichnet. Das Land Jabel zwischen Zuden und Walinowe haben die Grafen von Dannenberg durch Teutsche bebauet, Diplomata Ratzeb. ap. WESTPHAL T. II. p. 2018. und im Lande Wanincke zu Weigol hat Theod. v. *Hidesacker* den Zehnden vom Bischof von Ratzeburg zu Lehn getragen.

Die Mecklenburgischen Flüsse, ihre Fontes und ihren Lauf, als:
1) der Warnow.
2) der Nebel.
3) Radegast im weitern Lauf vom Kloster Rehn die Seepnig.
4) die Havel.
5) die Elde.
6) die Recknitz.
7) die Peen.
8) die Schal.
9) die Sude.
10) die Bevesse.

hat bemerket Bernh. LATOMUS *Geneal. Chron. ap. Westphal T. IV. p. 226. seqq.* woselbst er p. 529. von der Sude, welche bey der Bluchre-Mühle die Scale einnimt, sagt:

Die Sude, welche ihren Ursprung hat aus dem Dummerowschen See zwischen Berlin und Wittenberg, und läuft auf Walsmulen - auf Hagenow - Radewen-Bundekow auf Quasel, auf Garlist, auf Bluchen, und endlich mit der vereinbarten Scalen in die Elbe.

§. 5.

De Expeditione Caroli M. A. 805. in Regionem Genewanam.

A. 805. hat der Kaiser mit dem 4ten Corps auf die Elbe zu Schiffe eine Expedition vorgenommen, worin er bis Magdeburg penetriret, und daselbst Regionem GENEWANAM verheeret, Chron. MOISS. A. 805. Diese Expedition übergehen Eginhard und Annales LOISSEL h. a. und gedenken nur einer Expedition, die der junge Carl gegen die Böhmen vorgenommen. Die Annal. Metenses und andere Scriptores Carolingici melden auch dieser Expedition wider die Böhmen, gedenken aber, daß sie in 3 detachirten Corps geschehen, wovon jedes eine besondere March-Route genommen;
1) des jungen Carls Corps durch Franken, *Hircano Saltu* trajecto;
2) das

2) das 2te durch Sachsen, um mit den Sachsen und Slaven von der Nordseite durch diesen Wald hervor zu brechen;
3) das 3te durch Bayern in Böhmen einzubrechen.
Wovon es in Annalibus METENSIBUS A. 805. also lautet:

> Cum esset imp. in Palatio quod situm est in Aquis, misit exercitum cum filio suo Carolo in terram Slavorum, qui vocantur Bohemi, & per tres vias in eandem Regionem exercitum penetrare praecepit. Partem autem exercitus cum Carolo Rege filio suo per orientalem partem Franciae seu Germaniae ire praecepit, ut Hircano Saltu transjecto jam dictos Slavos invaderet. Aliam vero partem per Saxoniam dirigens, ut ex altera parte cum Saxonibus, & innumerabilibus Slavis, transito ab Aquilone jam dicto saltu, in Slavos prorumperet. Tertia quoque ex parte expeditionem totius Bajoariae in eandem regionem intrare jussit. Venientes autem undique in planitiem Behemi universi principes diversarum gentium in conspectu Regis Caroli pervenerunt. Castra metati sunt autem haud procul a se illi innumerabiles exercitus distantes; Caroli autem Regis & principum qui cum eo erant imperio usus totus ille exercitus ipsam regionem invasit — Vastata autem & incensa per 40 dies eadem regione Ducem eorum nomine Lechonem occidit.

Das Chron. MOISS. b. A. sagt von dem ersten Corps des jungen Caroli:

> Carolus Imp. misit filium suum Karolum Regem super Wendones (al. super Linones.)

Von dem 2ten Corps der Sachsen in Chron. MOISS.

> Tertium vero misit cum Saxonibus super Werinefelda & Dervellion & ibi pugnaverunt. Contra Regem eorum nomine Semela — & tunc perrexerunt super Fergunna, & venerunt ad fluvium Agara ibi tres hostes insimul.

Von dem 3ten durch Bayern:

> et alium exercitum cum Adolpho & Werinario i. e. cum Baguariis.

Diesen fügt das Chron. MOISS. noch hinzu:

> quartus vero exercitus perrexit cum navibus in Albia & pervenit usque Maquedeburg & ibi vastaverunt Regionem Geneuuanam & postea reversi sunt in patriam.

Dergleichen Expedition auf die Elbe zu schiffen A. 789. auch durch die Friesen und Franken vorgenommen worden.

Dieser Feldzug A. 805. gegen die Böhmen in drey Corps nach dem Ausdruck in latinitate Barbara in 3 hostibus, verdienet, so viel die Geographie mitler Zeit unter den Carolingicis betrift, eine mehrere Erläuterung, um
so

Cap. III. Von Kaisers Caroli M. Feldzügen an der Elbe. 207

so vielmehr, da die Erklärung ECCARDS in *Franc. Orient. T. II. p. 31. et 39* nicht allerdings zutreffen. Das erste Corps des jungen Caroli ist von Acken ab durch Franciam Orientalem, das ist, durch Hessen-Land, und immensen Buchwald, Silvam Bochoniam, gangen, als welcher in Francia Orientali gelegen, EGIL. *in vita Sturmi*. Es ist dis der Silva BACONA, welcher die Cherusker von den Svevis CAESAR *de B. G. L. VI. c. 10.* geschieden, v. *Origines Franc. c. IV.* und der *Hercinius Saltus*, wodurch Drusus bey seiner Expedition in *Svevos* und darunter begriffene *Hermunduros per Cattos* bis auf die Svevos penetriret DIO CASSIUS *L. 55. p. 548.* Der Weg von Acken fällt gerade durchs Hessen-Land auf den Buchwald, weiter auf die Laube und Thüringer-Wald, und der Auctor Annal. Metens. scheinet aus Bock in Bochonia entweder Hircanus gemacht, oder Herzinium Saltum in Hircanum deflectiret zu haben. Von dar geht der Weg nach Böhmen auf *Agram* fluvium auf Eger, wo der junge Carolus sich mit den Friesen, die übrigen aus Sachsen und Bayern zugestossenen Corps conjungiret.

Das 2te Sächsische Corps, welches eine unendliche Anzahl von den Slavischen Völkern mit sich gehabt, und durch eben diesen Silvam Hircanum von Norden Annal. Metens. d. l. und durch Worinefelda und Dervellion gangen, und haben mit dem Slavischen König Samela getroffen, und sind weiter über Fergenna nach dem Fluß *Agra* marschiret. Werenfeld ist ein Ort, wo die Weser bey Gemünd in den Mayn fällt, und wo in Bochonia Silva der Pagus *Weringewe* an der Werl gelegen. Dieser ist die March-Route per Franciam orientalem & Silvam Hircanum nach Eger ganz gelegen v. CHRON. GODWIC. in *Pago Weringewe Dervellion* und Fergunna weiß ich nicht auszulösen, es muß aber auf den Weg von Werinefelde nach Eger sich gefunden haben. Aus Werinefeld mit Eccard Weißenfels, und aus Dervellion Durnburg bey Zeitz zu machen, finde keinen Grund.

Das 3te Corps ist von Bayern ab nach Egern zu den übrigen beyden Corps gestoßen.

Das 4te Corps ist auf der Elbe zu Schiffe, aber nicht weiter als bis Magdeburg kommen, und hat daselbst die Regionem *Genewanam* devastiret, daselbst bey Magdeburg ist die Regio *Genewana* gewesen, als welches das Chron. Moiss. ausdrücklich giebet, und sihe ich daher nicht ab, wie Eccard sich begehen lassen können, dieses Corps habe zu Fuße nach Jena abgeschweiffet, bey Magdeburg ist kein Genewana, aber *Gwetidia Gvendiana Provincia*, oder wie es in *Brevi Chron.* BEDAE *Cod. Dionys. ap. du* CHESNE *T. III. p. 129. Wenedonia*, und wie der Auctor Chron. MOISS. die teutschen Wörter elendiglich corrumpiret, so spricht die Sache selbst, daß er Wende-Land

und

und Genewana verdorben, welches in so lange zu vermuthen, bis eine Provincia Genewana bey Magdeburg ausfündig gemacht wird.

§. 6.

De Expeditione Caroli M. A. 806. in Guerchaveldo.

Die Expedition Caroli M. A. 806. durch seine detachirte Corps über der Elbe und Caroli M. eigener Uebergang über die Sale über Guerchaveldo, wo der König der Slaven Mistue getödtet, und Caroli M. Rückmarsch über die Elbe, und dessen Befehl gegen Magdeburg eine Stadt, und gegen die Östlichen Theile der Sale zu Halle Städte zu bauen, wird in Chron. MOISS. h. A. so erzehlet:

> *Carolus Imper. celebravit Pascha ad Neumaga, & misit filium suum super Buringa ad locum, qui vocatur* Waladala, *ibique habuit conventum suum & inde misit Scaras suas ultra Albiam. Ipse vero movit exercitum suum ultra Sala super* Guerchaveldo, *& tunc interfectus Nusito* (Misito) *Rex superbus, qui regnabat in Suirbis, postea remeavit Albiam, & vastavit regiones illas & civitates eorum destruxit. Et ceteri Reges ipsorum venerunt ad eum & promiserunt, se servituros Domino - - & mandavit eis Rex Carolus aedificare civitates duas, unam in Aquilone parte* Albiae *contra* Magadabourg, *alteram vero in orientalem partem Salae ad locum, qui vocatur* Halla.

Die Annales EGINH. h. a. erzehlen diese Expedition also:
1) Daß Kaiser Carl von Achen seinen Sohn Carl in Slavos Sorabos über die Elbe abgeschicket.
2) In dieser Expedition Miliduoch Dux Slavorum getödtet.
3) Von der Armee zwey Schlösser gebauet, eines an der Sale, das andere an der Elbe.
4) Der junge Carl in dem Rückmarsch zu Silī an der Mosel zu seinem Vater zurück kommen.

ohne Kaiser Carls und des Uebergangs über die Sale über Guerchaveld zu gedenken.

> *Post non multos dies Aquisgrani veniens Karolum filium suum in terram Slavorum qui dicuntur Sorabi & sedens super Albim fluvium, cum exercitu misit. In qua expeditione Miliduoch Slavorum Dux interfectus est,* duoque Castella ab exercitu aedificata, *unum super ripam fluminis* Salae, *alterum juxta fluvium* Albim, *Slavisque*

Cap. III. Von Kaisers Caroli M. Feldzügen an der Elbe. 209

quo pacato Karolus cum exercitu regressus in loco qui dicitur Sili *super ripam* Mosae *fluminis ad patrem venit.*

Von der Detachirung des jungen Carls nach *Buringia*, und des jungen Carls Convent zu *Waladala* sagen die Annales Francici nichts, sondern melden, daß Carolus Magnus von Nimwegen ab gegen die Slavos Suratos geben lassen, dahero mir scheinet, daß *Subürbinga*, sive *Slavorum Provincia* in Buringa corrumpiret seyn müsse. Waldala wird in Sivalorum Provincia nicht zu Walchusen in Saxonia orientali zu suchen seyn.

Es treten alhier die Umstände zusammen, a) daß der Feldzug gegen die Sorben-Wenden gangen, und dahin der junge Carl von seinem Vater abgesandt, b) daß er über die Sale super Guerchaveldo gangen, und daselbst der Sorben-Fürst Misilo erschlagen Chron. MOISS. die SORBEN von den Scriptoribus Carolingicis zwischen der Sale und Elbe angegeben werden, so wie sie EGINH. ad A. 782. bezeichnet:

Sorabi *Slavi, qui* campos inter Albim & Salam interjacentes incolunt *in fines* Euringorum (*Thuringorum*) ac Saxonum, *qui iis erant* contermini, *praedandi causa fuissent ingressi.*

Der junge Carl auch von der Sale und Guerchaveldo zurück über die Elbe gangen, und die beyden Schlösser gegen Magdeburg und bey Halle zu bauen befohlen, und scheinet es daher nicht anders, als daß alle diese Oerter, *Buringia, Waladala, Guerchaveldo,* in *Slavia* zu suchen.

Von der Expeditione Caroli Magni A. 801. in LINONES und wieder hergestelltem Castro *Hohbuchi* ist bereits ausführlich gehandelt in *P. I. Observ. Miscell. Observ. 32. de Castello Hochbuchi in Linonibus,* wohin ich mich alhier beziehe.

CAP. IV.

Von dem Pago BARDENGO und deſſen PAGIS MINORIBUS.

§. 1.

De Pago Bardungo & vocis Significatione.

Die Einwohner des Pagi BARDUNGO waren zu Tiberii Zeit die Longobardi, Vellejus Paterculus. Zu Caroli Magni Zeiten heißen ſelbige Bardogavenſes, und Herzog Magnus familiae Billingiae heißet ſelbige Bardes ſuos. Bey den *Gothis Scandicis* heißt BARDAGI *pugna.* BARDAGO-MADUR *Miles praeliator*, BARDUT *percuſſus* VEREL. *b. v.* bey *Islaendern* BARATTA *praelium* BARDO FULLER MENN *pugnaces viri*, den *Anglo-Normannis* BARRATER *Vir litigator* ITALIS BARATTA *pugna* HICKES. JUNIUS *in Barregter*. Den Schotten iſt BARNAGE *Juventus militaris*, BARNAGO *militia, agmen, phalanges, turmae*, welches Duglas aber von *Barne ſoboles* abzuleiten ſcheinet. Wie denn *juventus* Scotis *viri militares*, und in Gloſſis ISIDORI: *Iuveneſtres fortes viri*, JUNIUS in *v. Barnage*. Den *Gothis Borealibus* iſt auch Bard Berd margo VEREL. *b. v.* und den *Cambris* BARGODIEN *limitares*. Außer dem iſt bekant, daß den *Celten* BARDD latine *Bardus propheta, Poeta*, DAVIS. *b. v.* Meibom führet das Wort Bardus her von BARDE, welches ſo viel als BAUERDE *terra culiui apta*, oder wie Baurart *terra frumentaria*, und wäre alſo Bardi ſo viel wie Börder, die a fundis feracibus ihre Benennung erhalten, worauf SCHOTEL von der Teutſchen Hauptſprache p. 336. SAGITTAR. *Hiſtor. Bardov.* §. 43. WACHTER *b. v.* nachſitzen. Barder und Border ſind Wörter von diverſer Origination und Bedeutung, ich finde auch keinen Beweis, daß Borde campum uberem bedeutet. Borde heißet eigentlich *Margo, finer,* und bedeutet Borde nichts anders, als den Bezirk von dem Diſtrict, den es terminis ſive finibus ſuis befangt, und iſt einerley in der Mark, in *terminis & finibus* belegen zu ſeyn. So viel Bardus betrift, ſo würde das Etymon von BARDUS *Miles praelialis pugna* auf den Charakter, den Vellejus Paterculus den Longobarden zueignet:

Longobardi genus etiam Germani *feritate ferocior,*

zutreffen.

Cap. IV. Von dem Pago Bardengo und dessen Pagis Minoribus.

In *Frigonum* Patria ad Septentrionalem Plagam, juxta Oceanum quae juxta litus oceani conjungitur cum Saxonia, sagt der Geographus Ravennas, daß er keine Stadt gelesen, als *Bordoncbar & Noedac*, und nehmen die Gelehrten *Bordoneriar* für Bardowic, als welches der Geographus Ravennas *Frigonum patriae* zurechnet. Allein obzwar die Friesen wol für die Sachsen, und die Sachsen für Friesen genommen, so zweifele ich doch sehr, daß er bey dem Patria Frigonum ad plagam Septentrionalem, juxta oceanum quae juxta litus Oceani cum Saxonia conjungitur, auf Bardovic sein Absehen gehabt, weil er in der Plaga Septentrionali ad oceanum solches setzet, und noch dazu von dem Patria Saxonum, die der Chaucorum Lande schon occupiret, unterscheidet. Der locus beym Geographo Raven. scheinet corrupt zu seyn, und wird von Noedao sonst nirgends gehöret. Der Marcomirus Philosophus, dem der Geographus Ravennas vorzüglich folget, scheinet auch von Sachsen wenige Kundschaft zu haben. EINHARDUS *apud Adamum Bremensem*, da er die Suevos und ihre Nachbaren an der Elbe angiebet, unterscheidet die *Bardos & Longobardos*. Der Name der Bardorum ist denen Sachsen in Pago Bardungo gegeben, und will der Pagus Bardun-gow nicht anders als *Pagum Bardorum* andeuten.

Der Pagus Bardengo ist ein Pagus Major oder Provinz, die vom ANNAL. SAX. ad A. 997 *Bardangoo provincia* genant wird, und andere *pagos Minores* unter sich begriffen. Es wird dieselbe in den Expeditionibus Caroli M. in Saxoniam von den Scriptoribus Carolingicis genant *Bardangou* EGINH. *Annales* A. 795. *Bardine* pagus *Annales* TILIANI *auctiores* A. 795. *Bardengavia* Monach. ENGOLISM. ad A. 799. *Burthunga* in charta Arnolf A. 992. ap. ECCARD. *Geneal. Princip. Sax.* p. 297. *Bardungoa* Bulla Nicolai P. P. A. 862 ap. LINDENBR. *Scriptor. Rerum Septentr.* p. 129. BARDENGAU, REGINO A. 799. *Bardangau* DITMARUS T. I. *Script. Brunsv.* p. 354. *Bardengow*, ANNAL. SAX. A. 799.

§. 2.

Villae & civitates Pagi Bardungo.

Der Pagus Bardungo ist ganz und gar nicht, wie das Chron. Godwicense angiebet, zwischen der Elmenau, Luhe, woran Winsen, der Seve und Elbe beschlossen gewesen. Das Chron. Godwic. folget auch diesem Jrthum nach, als ob die Elmenau vorhin Luna geheißen.

Im Pago BARDUNGO werden angegeben

1) Von

Obf. IV. Origines Lunebugicae.

1) Bor den Scriptoribus *Carolingicis*, vom Pabst Nicolao und Bischof zu Birden Thietmar,
   a) BARDENWIG in Pago Bardengau EGINH. *Annales A.* 795. LUINI *Monachus* ENGOLISM. Annales TILIANI, LOISSEL. Bertiani Metenses, ad A. 795. jetzo Lüneb.
   b) ULLESHEIM in P. *Bardungiae* charta Thietmari Epist. Verdensis A. 1142. ap. MARTEN. T. I. *collect. col.* 769.
   c) RAMESLOA in Pago *Bardengen* Bulla Nicolai P. P. ap. LINDENBR. *Script. Septentr. p.* 129.
2) In Charta Henr. S. A. 1004 mit Bardowic
   d) ROTMANSEN,
   e) WITHORP Amts Winsen an der Luhe,
   f) BRITLINGEN Amts Burtingen.
   g) BIANGI - BUDIBURG, womit Borelburg Amts Winsen einiges Art gleichet.
   h) ADUNESTHORP, die im Fürstenthume Lüneburg befindliche Oerter, als Adendorf Amts Lüni, Addenstorf Amts Medingen, worauf Falke räht, Adelstorfer Lahr, Adelstorfen See, Adelstorf Amts Moisburg kömm alle in Pagum Bardengo treffen, welches davon Adunnesthorp sey, steht zur weitern Prüfung.
   i) HATHERBIKI, Haverbeck ist im Amt Winsen, Kackerbeck aber liegt im Bremischen in Pago minori *Likungo* & terminis Rotogavi. Kackerbeck Amts Kackbeck nach Wiltmgen eingepfartet.
   k) BODANHUSEN, wo es nicht eine Villa desolata, die SLOPKE bey Ulzen anzeiget, so fällt das Augenmerk auf Bodensen Suderburger Pfarre um so vielmehr, da in Schedula Stabulensis Monasterii ap. MARTEN. T. II. *Collect. Col.* 235. Bodenhusen und Suiherburg als bryde Verdensis Dioecesis conjungiret stehen.
   l) SUTHERBURG Amts Bodenbrich.
3) Nach dem Corvoischem Register Abts SARRACHONIS und dessen beygefüeten Numeris,
   m) NIANTHORPE n. 151. wovon jedoch mehr Oerter des Namens in Pago *Bardengo* vorfindlich, als Nindorf Amts Medingen, und Amts Oldenstad, Niendorf Amts Blekede, Nendorf Amts Harburg.
   n) WULFHERSTORPE n. 151. Wulstorf Amts Garze, Wolsdorf Amts Schernbeck.
   o) PATTIHUSEN n. 151. Pattenhusen Amts Winsen.
   p) HOLTHUSEN n. 152. Holthusen Amts Ebstorf, Holtsen Amts Winsen.

q) BAR-

Cap. IV. Von dem Pago Bardengo und dessen Pagis Minoribus. 213

q) BARDANTHORPE n. 152. Barentorf Amts Lüne, Barndor-
pe Amts Hiddetacker.
r) DALHEM n. 152. Dahem Amts Blekede.
s) DEDI n. 153. In der Vogtey Amelinghusen liegen bey einander Dee-
kensen und Tadensen, und ist Dedensen nach Amelinghusen einge-
pfarret, und Tedendorf ist in der Amtsvogtey Soltau.
t) ALDANTHORP n. 153. des Namens Örter Oldendorf im
Amt Ebstorf, Bleckede, Hermansburg und Moisburg und
Winsen alle in Pago *Bardengo* vorhanden.
u) STEINABICKE, Steinbeck n. 153. im Amt Winsen und Amt
Harburg.
v) EBBESTHORPE n. 154. im Amt Ebstorf.
w) ARNALDESTHORPE n. 154. von welchem Namen sich ein Ar-
nestorff im Amt Moisburg und ein Ahrendorf im Amt Eb-
storf zeiget.
x) GRIMOLDESHAGEN n. 154. worauf das Grimhager-Holz im
Amt Medingen einschlägt.
y) ZUNLENTHORPE n. 155. Suhlendorf Amts Bodenteich.
z) CATELINTHORPE n. 153. Kalstorf Amts Oldenstad und Amts
Bodenteich.
aa) MASENTHORPE n. 155. Massendorf Amts Oldenstad.
bb) ADELIGERESTHORPE n. 155. Edelstorf Amts Medingen.
cc) EPPENHUSEN n. 156. Eppenbusen Amts Winsen, Eppen-
sen Amts Medingen.
dd) SETHORF n. 56. Sedorf im Amt Winsen und im Amt Ble-
ckede.
ee) STOTENHUSEN n. 205. Stutenhusen im Amt Bodenteich.
ff) MALDESSEN n. 206. Mahlden Amts Scharnbec.
gg) GERWIGESHUSEN n. 339. Gerbus Amts Hermansburg.
hh) SASHELMESHUS n. 377. Salshusen Amts Winsen.
ii) MESSINTHORPE n. 392. Messendorf Amts Harburg.
kk) WETHIUN n. 392. Wetzen Amts Winsen an der Luhe.
ll) OHLENHUS n. 407. Ohlsen Amts Winsen an der Luhe.
Diesen thut FALCKE *Tradit. Corbeiens.* p. 256. 257. noch aus Cor-
veyischen Urkunden, die er aber nur in genere anziehet, hinzu:
mm) SCELTESTORP im Amte Medingen und 2 Seckeldorp und
Solartorp.
nn) WERTSTIDE, dem Westenstede in Amt Ebstorf, Westede
und Overstede im Amt Bodenteich gleich kommen.

oo) EMMENTHORP, Emmendorf Amts Medingen, wobey auch das Emmendorfer = Holz.

Aus obigen Oertern, die in Pago BARDUNGO angegeben, und sich unter solcher Benennung zeigen
1) im Amt Harburg,
2) im Amt Winsen an der Luhe,
3) im Amt Moißburg,
4) im Amt Bleckede,
5) im Amt Garze,
6) im Amt Scharnbeck,
7) im Amt Ebstorf,
8) im Amt Medingen,
9) im Amt Oldenstade,
10) im Amt Bodenteich,
11) in der Amtsvogtey Hiddesacker,
12) in der Amtsvogtey Hermansburg,

wird auch ungefehr ermessen werden können, wie weit der Pagus BARDENGO sich erstrecket.

Ob er bis an die Aller mit Einschließung der *Pagorum minorum* gereichet, ist aus denen darin angegebenen Oertern noch nicht erscheinlich, nach welchen er sich in die Amtsvogtey Hermansburg und Amt Bodenteich und bis an die Ise, woselbst das Isenbroc die Bardungaos und Wiltingaos geschieden, sich erstrecket. Nahe an der Aller zeigen sich:
1) Pagus MULSIDE bey Hanckensburle,
2) der Pagus MULHWIDE bey Muden an der Aller,
3) der Pagus GRETHE bey Bedenborstel.

Daß er bis aufs Verdische und Bremische sich gestrecket, ergeben der Pagus STURMI Verdensis und der Pagus WIMODI und dessen Pagi minores *Ostungabi* & *Rosingabi*. Daß auch Holdenstedt im Amt Moißburg in *Wimodi* und dessen pagis minoribus noch nicht belegen, erscheinet daraus, daß der Kaiser Carl von Hollenstedt ab, seine Scaren zu Ausführung der Bremischen in den Pagum *Wimodi* und in specie in pagum *Ostingabi* & *Rosingabi* abgeschicket.

§. 3.

De Praelio Ebstorfiensi A. 880.

Das Jahr A. 880. ist für die Lüneb. Lande überaus merklich, als worin in der unglücklichen Bataille b. h Ebstorf ihr Leben eingebüsset

1) Her=

Cap. IV. Von dem Pago Bardengo und deffen Pagis Minoribus.

1) Herzog Bruno, und unter den Grafen Wigman, 3 Bardones, und dieser ihre *Sequentes*, ihre Mannen.
2) Der Bischof Friedrich von Minden und Marquard von Hildesheim.
3) Die *Satellites Regii* mit ihren Mannen.

Die Stelle in Annalibus FULDENSIBUS ad A. 880. ist zuverläßig und lautet hievon:

> In Saxonia cum Nordmannis infeliciter dimicatum est. Nam Nordmanni superiores existentes duos Episcopos quorum ista sunt nomina Thiotrich & Marcuvari, & duodecim comites his nominibus appellatos, BRUN. Ducem & fratrem reginae, Wigmannum, Bardonem, alterum Bardonem & tertium Bardonem, Thiotherium Gerricum, Liutolfum Folequartum, Avan, Thjotricum, Liulbarium, cum omnibus, qui eos sequebantur, occiderunt. Praeterea XVIII Satellites Regios cum suis hominibus prostraverunt, quorum ista sunt nomina, Aderam, Alfuvini, Addusta, Aida, Aller, Aida, Dudo, Bodo, Wal, Adallovini, Weirnhart, Thiothrich, Ailuvart, exceptis innumerabilibus, quos in captivitatem duxerunt.

Welches in Chron. Corb. ap. FALCKE p. 495. mit selbigen Worten wiederholet.

In *Tradit. Corb. p. 156*. ap. FALCK. *p. 495*. findet sich bey der Uebergabe von einer Hube Landes, die zu Belles in der Grafschaft Schwalenb. in Pago HUVETAGO geschehen, unter den Zeugen *Bardo Comes*.

In Traditionibus Corbeiens. ad A. 817. wird von einem Comite *Bardone* gesagt:

> Tradidit Bardo Comes pro remedio animae Luidolfi familias XVII. in Pago BARDENGO.

Daß Wichman, der in diesem Treffen geblieben, ein Sächs. Graf familiae BILLINGIANAE ist vermuthlich, ob er aber ein Vater von Billungo und Großvater von Herrmanno D. Sax. wie Gundling und Eccard dafür gehalten, wartet auf hinlänglichen Beweis v. *Opusc. VI. de Famil. Billung. T. IV. Histor. Guelf.*

Die *legenda Ebbekestorp ex Ms.* Hildes. und das Fragm. Martyrum in Ebbekestorp, die LEIBNIZ *T. I. Script. Brunsv. p. 184*. ehstet, haben lauter Unwahrheiten mit starken Metachronismis handgreiflich zusammen gestoppelt, als:

1) Dero Zeit waren 2 Castra in Hamburg, welche vorhin Buchburi genant,

nant, gewesen, eines ins Süden, wo nun die Ecclesia Mariae erbauet, das andere an der See, die Affalstria genant worden,

2) daß Lewenburg schon gewesen,
3) daß Pabst Benedictus, sieben Bischöfe, sieben *Duces*, funfzehen Grafen in dem Comitatu mit gewesen,

ist von andern widerlegt, auch ohne dies keiner Attention werth. Indessen geben die ANNALES FULD. *ad A.* 880 nur überhaupt Sachsen an, worin das Treffen vorgangen. WITICH. *annal. L. I. p. 634.* DITMAR. L. *II. p. 335.* ANNAL SAXO *ad A.* 879. ADAMUS BREM. L. I. c. 34. sagen nichts von Ebstorp, daß die Bataille daselbst vorgangen. Die *Annales Hildesh. T. I. Scriptor. Brunsu.* sagen auch nichts weiter, als daß ihr Bischof Marquard im 4. Jahr seiner Ordination von den Slaven erschlagen, und An. 880 Wibertus an seiner Stelle erwehlet. Das *Chron. Mindens.* MEIBOM. T. I. p. 517. Sec. XIV. gedenket dieses Orts Ebstorf, wo jetzo das Closter, daß daselbst die Niederlage vorgangen. Das *Chron. Hild. Episc. & Abbatum S. Mich.* spricht von ihrem Bischof Marquart, daß dieser von den Slaven erschlagen, und zu Ebstorp begraben. Die *legenda Ebstorp* c. 18. und das *Fragm. Martyrii* gedenken auch nur, daß die gesamleten Körper der erschlagenen Martyrer nach Rom und die Oerter ihres vorigen Aufenthalts gebracht werden wollen, die Wagen aus Ebstorf, divino Miraculo, nicht fortgerücket werden mögen. Im übrigen hat es damit seine Richtigkeit, daß die Expedition A. 880 wider die Dänen gangen, und die Sachs. Bischofe der Sachs. Dux *Bruno*, und die Sachs. Grafen eine grosse Niederlage erlitten. Weil aber dennoch Witikindus sagt, daß die Sachsen *inundatione repentina* überschwemmt gewesen, ANNAL. SAXO und DITMARUS es ausdrücklich de *inundatione fluminis* genommen, und nicht für eine Ueberrumpelung und Umzingelung der Dänen, wofür es ECCARD *Franc. orient. T. VI. p.* 649 angesehen: so hat es das Ansehen, daß die exercitus contra Danos ductus in *Paludibus Albiae* durch plötzlich eingetretene Fluthen überschwemmet, und bey dem Ueberfall der Dänen, womit die Slaven sich vielfältig conjungiret, das Sächs. Corps sich nicht zu sehen und durchzuschlagen vermögend gewesen. Da denn der von Eccard gerührte Umstand, daß zu Ebstorf als in dem Felde belegen keine Inundation vorgehen könne, ausser Attention tritt. Und wie eben die Sächs. Grafen aus dem Pago *Bardungo* gegen die Dänen ihr Leben eingebüsset, Ebstorf so wol als Wigmansburg nicht so gar weit von der Elbe gelegen, so hat es füglich fallen können, die erschlagenen Körper zu Ebstorf zu begraben, wiewol bey den Scriptoribus coaevis davon solche und nähere Umstände nicht angezeiget worden.

Sonst

Cap. IV. Von dem Pago Bardengo und deſſen Pagis Minoribus.

Sonſt iſt Eberſthorpe ein alter Ort, der in Regiſtro Sarrachonis n. 151. in Pago Bardengo angegeben.

§. 4.

PRIMORES Pagi Bardengo & LOCA in Tradit. Corbeienſibus.

In *Tradit. Corb.* ſelbſt geſchieht dieſes Pagi Erwehnung in cl. p. 129.

Tradidit BARDO *Comes pro remedio animae Luidolfi familias ꝛc in P.* BARDENGO.

§. 156. in clauſula:

Tradidit ALDGER *in Pago* BARDENGO *quidquid ibi babuit,* Aldger §. 48. und Aldger §. 166. Den einen bringt Falcken ad familiam Bellingianam, den andern ad familiam Brunonis.

§. 217. in clauſ.

Tradidit SUITGERUS (*Frater Amilungi III. Falcke*) *manſum cum familia in* BARDENGO *pro filio ſuo.*

§. 276.

Tradidit ODA *unam familiam in* Geruvigeshus (*in Pago* BARDENGO *Reg. Sarrach.* Odam *uxorem* Ludolfi *cenſet Falcke.*)

§. 303.

Tradidit BILLING *pro fratre ſuo Brunbardo unam familiam in Sarbelmeshuſ.* (*in P. Bardengo Reg. Sarrach*) & *30 jugera,*

wobey Falck notiret:

quod ſi ponimus Ierbetham Brunhardum viſendi gratia acceſſiſſe Corbeiam inde omnino probabile redditur Ierbetham fuiſſe ſororem Billingi Brunbardi & Sibodae.

§. 313.

Tradidit IERBETH *pro ſe & matre ſua 1 familiam & 10 jugera & 4 jugera in* Meſſinthorpe (*in P.* BARDENGO *R. Sarrach.*)

§. 323.

Tradidit SIBODA *pro Patre ſuo Amelung duas familias in* Silihem (*in Pago* LAINGA *R. Sarrach.*) & *1 familiam in* Whetium (*in P.* BARDENGO)

§. 325.

Tradidit Hilling *pro ſe in* Olenhus *unam familiam & 30 jugera.*

was dieſe

1) Ludolf & Bardo Comes,
2) Adalger,
3) Suit—

Grap. Origin. German. 2ter Theil.   Ee

3) **Suitgerus,**
4) **Oda,**
5) **Billing** und sein Bruder **Brunhard,**
6) **Jerberh,**
7) **Siboda** und der Vater **Amelung.**

für Personen gewesen, ist niemand zu sagen im Stande, weil sie nur den bloßen Namen nach ohne alle Umstände und Charakter bezeichnet. Allein Falke bringt alle mit einander, die auch nur ein oder zwey Familien und wenige Morgen Landes an Corvey ex Pago Bardengo geschenkt, zur Familia BILLINGIANA, und macht

1) aus *Ludolf* LUDOLF DUCEM,
2) aus *Adalger* einen, der der Familiae BILLINGIANAE zugehörig,
3) aus *Suitgero* einen Bruder seines *Amelungi III.*
4) aus *Oda* LUDOLFI DUCIS Gemalin,
5) aus Billing und Brunhard, aus dem ersten Herman Billing, und dem andern einen Mönch zu Corvey Herman Billings Bruder,
6) aus Jerbet eine Schwester Brunhardi Billungi und Sibodä.
7) aus Siboda einen Sohn Amelungi, und noch aus Siboda eine Schwester Herman Billings.

Hiebey versiegelt Falke p. 539. seine Sätze dergestalt:

hæc omnia tam plana & perspicua sunt, ut nemo sanae mentis negare possit.

§. 5.

Pagi Minores in Provincia Bardungo.

Der Pagus BARDENGO als ein *Pagus Major* hat unter sich begriffen verschiedene *Pagos minores*, als:
1) LINGEWE oder LAINGA, worin Soltaw,
2) GRETHE, worin Bedenbostel, und wie es anscheinet, Muden an der Oerze, in der Amtsvogtey Hermansburg, worin der große Pagus Bardengo sich nach Gerhus auch erstrecket,
3) MUTHWIDE an Muden an der Aller,
4) MULSIDE bey Handfesburle.

Wenn nun auch gleich der *Pagus Major Bardengo* sich nicht an die Aller erstrecket, wie ich denn noch keine Oerter an und bey der Aller in Urkunden mittler Zeit in Pago Bardengo angezogen finde: so ist dennoch andern, daß die Pagi GRETHE, MUTHWIDE und MULSIDE sich in *confinii pagi Bardengo* gefunden.

PA-

Cap. IV. Von dem Pago Därdengo und dessen Pagis Minoribus. 219

PAGUS LINGEW Fürstenthums Lüneb. als derjenige, wovon Lüneburg den Namen zu führen scheinet, und woraus die familia Billingiana ausgangen, und worin Stubeckshorn jetzo belegen, verdienet ein besonderes Augenmerk.

Diesen Pagum Lingewe eröffnen
1) das Diploma OTTONIS MAGNI A. 937. ap. KETNER *Antiq. Quedl.* p. 5.
2) Das Diploma der Abtissin ADELHEIDIS zu Quedlinb. A. 1063. ap. KETNER *Antiq. Quedlinb.* p. 165.
3) *Eberhardi Summar. Tradit. Fuld. c. V. n. 73. in cl Ego* Irminwal comes trado *S. Bonifacio in Pago* LINGEWE *villam quae dicit.* Dinherloha *summ.*

Beyde Diplomata aus KETNERI *Antiquit. Quedlinb.* die verschiedenes merkliches in sich halten, habe ich alhier eingerücket:

N. 1.

In Nomine Sanctae & Individuae Trinitatis. Otto Divina favente clementia Rex: Monasterium itaque Winethahufun; nuncuparum, fitum in pago Hartagao in Comitatu Thiadmari cum omnibus, quae Sanctimoniales ibidem antea in fuum habuerunt fervitium praedictae Congregationi in Qvidilingoburg in proprietatem condonamus, & *curtem Salta* fitum in pago LAINGA in *Comitatu Liudgeri*, cum univerfis ad eandem curtem jure pertinentibus, hoc eft, familiis ac mancipiis, Curtibus & Curribus, aedificiis, terris cultis & incultis, agris, pratis, campis, pafcuis, fylvis, aquis aquarumve decurfibus, molinis, viis, & inviis exitibus ac reditibus, quaefitis ac inquirendis mobilibus & immobilibus, & quicquid haereditatis *Adrad* mater HARDONIS Domino & genitori noftro beatae memoriae Henrico Sereniffimo Regi, cum praefato loco *Salta* in proprietatem condonavit, ex integro totum illi in proprium conceffimus, Data id. Sept. Anno DCCCCXXXVII Actum in Quidilingoborg.

N. 2.

In nomine Sanctae & Individuae Trinitatis. Notum fit omnibus Fidellibus tam Praefentibus & Futuris, qualiter nos Adelheidis Dei Gratia Quidelingeburgenfis Ecclefiae Abbatiffa hoc nomine per fucceffionem Secunda, una cum fororibus noftris, Venerando Duci Magno villam SALTOWE in pago LOINGE fitam a Domino venerando primo *Ottone* Rege, magnae memoriae, Anno regni ejus primo cum omnibus appendiciis fuis Ecclefiae noftrae traditam a maiorum hominum infeftatione commifimus tutandam,

dam. Adeo nimirum a praedicto Domino Ottone Rege libere sunt haec & caetera bona Ecclesiae nostrae tradita, & Privilegii sui testamento firmata, insuper sanctorum Apostolicae sedis Pontificum Sylvestri, Johannis, Agapiti, Leonis, caeterorumque plurimorum apostolica auctoritate roborata, ut nullus ea hominum praesumat sibi sine nostra concessione vendicare sive aliquo modo inquietare, nisi forte, quod absit, Dei offensam velit incurrere seseque in aeternam damnationem praecipitare. Verum propter quorundam iniquorum infestationem, qui nuper emerserunt, placuit nobis, quia in vicinia praedicti *Ducis Magni* jam praefata villa cum suis appendiciis est sita, eam suae tuitioni in hunc modum committere, ut semel in anno, si forte illuc veniat, ab incolis illis servitium ei tale exhibeatur. Octo videlicet mensurae, quae vulgo dicitur *Malder*, sexaginta *urnae cerevisiae*, quinque de *Medone*, duo *boves pasquales* precio X solidorum, sex *oves* totidem solidos valentes. Viginti *Gallinae*, octies sexaginta manipuli de pabulo, quod vulgo dicitur *Scuc*. Praeterea semel in anno, si in expeditionem ire disposuerit *contra Slavos*, tres equi ad vehendas sarcinas ei exhibeantur praetaxato pretio eorum, ut, si forte non reducantur, incolis, qui eos commodaverant, eodem pretio restituantur. Si vero ipse aliquando in anno villam eandem *Saltwe* dictam pertranseat, similiter ei vehiculis & equis servire non recusent, sed sarcinas in haec loca perferre sint parati de Saltowe in *Allendorp* vel *Steinlaga* sive *Udirssenebu stalde*, cum aliqua necessitas incolis illis ingruerit, aut villico, quem nos illis praefecerimus sive successores nostrae, Dux jam saepe dictus, si fuerit vocatus, & ipse venerit, ita ut praedictum est ei serviatur, si autem ipse non venerit, sed nuncium suum miserit praeut visum fuerit villico & incolis honorifice duae refectiones tribuantur. Qui autem obnoxius Duci sive Legato ipsius ex queremonia villici fuerit, si is qui incusatur se excusare aut expurgare nequiverit, III solidos componat, & si noluerit persolvere, crinibus turpiter abscissis iurgis EXCORIETUR. Quicquid autem ex debito praeceptum coipiam illorum ab illo videlicet nuncio fuerit, & ille neglexerit, cui praecipitur, VI nummos componat, & persolvat, aut si persolvere noluerit, totidem verbera sola virga patiatur, si vero Dux statutis temporibus illuc venire distulerit, nec a villico vocatus venerit, nihil de praedicto servitio ei persolvatur nec aliquo modo in posterum suppleatur. Interdicimus autem tam ipsi Duci quam & caeteris hominibus ex parte DEI omnipotentissimi & auctoritate Venerabilium Institutorum nostrorum, ne aliis sibi praesumant in bonis illis & populo jura ad libitum suum disponere sive potestative secum placitare, ut vel insidiose jurare cogantur, sive per Bannum constringantur, vel testimonio convincantur." Cum autem aliquis

illo-

Cap. IV. Von dem Pago Bardengo und deſſen Pagis Minoribus.

illorum obaliquam infolentiam incuſatus fuerit, five querimonia viſticl ac. cuſatus, *ferro igniio* examinetur aut frigida aqua vel juramento ſimpliciter ſola manu expurgetur. Acta autem funt haec in Quidelingeburg Anno a Dominica incarnatione Milleſimo Sexageſimo VIII Indictione VI. Regnante Henrico Rege Quarto, Anno regni II. Et venerabili Adelheide Abbatiſſa Qvideliogeburgenſis Eccleſiae hujus nominis ſecunda, praeſentibus Sororibus, Fratribus, & Miniſterialibus Eccleſiae: Evezza praepoſita, Cilica Decana, Friederich Cuſtos, Tiodo: Pr. Himo Laicus, Friederich, Ulderic, & aſii quam plures, feliciter Amen. Ut autem haec firma & inconvulſa permaneant, juſſimus hoc Privilegium ſcribi & ſigillo noſtrae Eccleſiae ſigillari.

Es iſt dieſer Pagus LINGEWE belegen in dem Pago Majori *Bardingao*, und weil in ſolchem Pago LINGEWE oder LAINGA Soltau und Dinbarloba jetzo Timelroh aunehmen, gleich nahe bey Timerlohe ſich auch Sripeborn olim STUBEKE HORN zeiget, welche alle dem Derter heutiges Tages zur Amtsvogtey Soltau gerechnet werden, ſo eröfnet die Lage dieſes Pagi Lingewe ſich nach dieſen Dertern in der Amtsvogtey Soltau, in der jetzo ſo genannten Soltauer Heide, von der Örze an der kalten Hoſſhube liegt ein groſſer Diſtrict von einer gleichen Benennung die Heidmark genant.

Dieſe Wohe LINGEWE führet ihren Namen von Lin, welches Wort bey den Engländern und den Nordiſchen Völkern Heide bedeutet. Die Heide heiſſet b y den Anael-Sachſen Haeth,

vel *Brija* latino Barbare *Marica* vel *Brogus* Gl. Æſr.

Bey denen Anglo Normannis, und jetzigen Engländern LING auch Brom und Heath. SERENIUS *in v. Liwng*. SKINNER *in ling*. Ed. LHUYD. *Etymol. Junii Angl. v. ling*. Bey denen Scandis LING. Sveth. LIVNG auch LIVNG-HET, VEREL. *v. ling.* SEREN. *d. l.* bey denen Island. LING. LHUYD. *d. l.* bey denen Dänen LIVNG *Erua* LIVNGHEDE *ericetum* JANUS *v. Erica*. Bey denen Cambris bril *Frutex Chyſg-Lugn*. Ed. LHVYD. *Arch. v. Frutex* a CLYSG *virgula* Vwge *Arboretum*, Lucus, *nemus, Saltus* DAVIS. h. VWGN, OLLYSIA Thom SVILIENG *h. v*.

Das Wort HEIDE heiſſet ſonſt bey den Gothis Borealibus *Sylva*. In codice Argenteo VLPHILAE *ager*, als a) BLOMANS HAITHJOS *lilia agri* Mathaei c. VII. v. 28. b) HAVI HAITHJOS *foenum agri* Math. V. 30. c) af HAITHJAI *ab agro* Luc. XV. 15. Bey denen Finnen heiſſet ager ſylveſtris ein unfruchtbarer Acker. *Auteo* ERICVS SCHROEDER Upſal. *Lex latino Scandico p. 7*. Bey denen Dänen *Campus* HAED, und compaſi HAED-BOE, Heidbauren JANUS *v. campus*. Bey denen Angelſachſ.

Obſ. IV. Origines Luneburgicae.

Sachſen *haedb* Gl. Aelfr. und *Haethfeld, ericetum*, campus ericetis tectus SOMNER *b*. Bey denen Niederländern und Nieder-Sachſen HEYDE. Es ſey nun der Pagus LINGEWE von der Heide, oder von *Campis* oder *virgultis* benant, ſo iſt dennoch die Benennung auf das eine oder andere zutreffend.

Ich bemerke aus den Diplomatibus Ottonis M. A. 937.
1) Daß *curtis* SALTA unſer Flecken Soltau, und darin das Wort *Salt* ausgeſprochen *Salt* und *Au. A. Lin-gewe Lain-ga*.
2) Daß der Graf in Pago LAINGA An. 937. Luidgerus geheiſſen, welcher dem Anſehen nach ſchon unter Henrico Aucupe als Graf in dieſem Pago geſtanden, und daß deſſen Name Luidaerus von Herzog Hero gleiches Namens aus Billingſchen Stam geführet worden.
3) Daß *Curtis* SALTA ohne Zweifel das jetzige Flecken Saltau, als deſſen in Charta Ottonis mit allen ſeinen Zubehörigen:

Cum familiis ac mancipiis, Curtibus & Cortilibus, aedificiis, terris cultis & incultis, agris, pratis, ſylvis, aquis, aquarum decurſibus, Molinis, viis, inviis exitibus, ac reditibus, quaeſitis ac inquirendis mobilibus & immobilibus.

gedacht wird. Der Curtis war auch Northeim, als welcher *curtis Sigfridi* genant wird, woraus in Teutſchland viele Städte erwachſen.
4) Daß dieſes Soltau vorher unter Henrico Aucupe einem mächtigen Herrn Namens Bardone gehöret, welcher ſich mit Burchardo einem Eidam Henrici Aucupis dieſem widerſetzt, beide aber von Henrico Aucupe zu Paaren getrieben, wovon WITEKINDVS *L. 1. p.* 636. ſchreibet:

Burchardum *quoque* & Bardonem, *quorum alter* gener Regis *erat, in tantum afflixit & bellis frequentibus contrivit, ut terra credens eorum omnem poſſeſſionem ſuis militibus diviſerint.*

Das Diploma Ottonis An. 937 meldet, daß die Mutter des Bardonis Namens Ured dieſes Salta Henrico Aucupi zu eigen gegeben. Merklich iſt es, daß dieſer Bardo einen Namen geführet, welcher ſo wol mit dem Pago Majori Bardongao als mit Bardowic gleichſtimmig, und daß er in Pago Bardungo Güter gehabt, und von ſolchen Mächten geweſen, daß er frequentibus bellis von Henrico Aucupe aufgerieben werden müſſen.

Der Brief der Abtiſſin Alheidis zu Quedlinburg de An. 1068 ap. KETNER *Antiq. Quedlingburg. p. 167.* nach welchem dieſelbe A. 1068. Herzog *Magno* Soltau mit allen Zubehörigen, als in ſeiner *vicinis* belegen, in ſeinen Schutz übergeben, enthält auch viel merkliches, welches den dermaligen

Cap. IV. Von dem Pago Bardengo und deſſen Pagis Minoribus. 223

Zuſtand a) der Bauersleute Herr Knechtſchaft b) die Art ihrer Beſtrafung c) das Brauwerk von Bier und Medeno, (welches wie Honigwaſſer zum Getränk zugerichtet, und ein Waſſer Meer wie ein Wein-Meer von Wein und Honig, oder Bier-Meth cerevisia melita FRISCH. WACHTER in *Met Vetus Teutonista*, vocab. MS. A. 1421. in Medo.) die Maßen, Malter und Schrotern. d) die Dienſtleiſtunge, welche die von Soltau, wenn der Herzog Magnus gegen die Slaven zu Felde gieng, und wenn Herzog Magnus ſonſt Soltau paſſirte, zu Fuße in *perferendis ſarcinis*

a) bis nach Allendorf, welches unter mehrern Oertern, die Allendorf oder Oldendorf im Fürſtenthum Lüneburg heißen, nicht leicht præciſe zu beſtimmen,
b) Steinlage an Stellegade castrum Ducis bey Walsrode,
c) Uberaſine burſtald an Orten Amts Winſen,

thun ſollen, e) ihre *excoriation* crinibus turpiter abſciſſis, ihre Beſtrafung mit Schlagen *ſola virga* f) ihre Examinirung *ferro ignito* aut frigida aqua g) oder Purgirung, *iuramento ſimpliciter ſola manu* allenthalben erläutert.

In dieſem Pago LINGEWE producirt ſich auch in EBERHARDI *ſummarii Trad. Fuldens. d. l.* Graf Irminward *regni* ſeiner in ſelbigen in Timberloh gehabten, und an das Stift Fulde geſchenkten Güter. Um Timberloh findet ſich Harmeling und das notable Dorf Stipehorn olim STUBBEKESCHORNE, wovon BOTHO *Chron. Sax. ad A. 968.* meldet:

To dem STUBBEKESCHORNE by Soltaw wonede ein man, de het Billick te Stubbeſchorne, da hadde ſeven hove landes und ſeven underſaten armer lude, unde hadde twey Sone de eine dẏ het Wichman de ander Hormen.

Diſen Tand hat ADAMUS BREMENSIS L. II. *Hiſtor.* c. 4. ſo viel die 7 Hufen Landes und die 7 *Colones* betrift, die Herzog Herman nur gehabt haben ſollen, nicht aus eigener Wiſſenſchaft hervorgebracht, als wovon er ſelbſt nichts gewuſt und wiſſen können, weil er ſub Henr. IV. A. 1077 gelebt, und in dieſem Jahre Canonicus in Bremen geworden, wie er ſelbſt *L. III. c.* 1 ſchreibet, ſondern von Hörſagen in clauſula:

Vir iſte pauperibus ortus natalibus primo, ut ajunt, VII manſis totidemque manentibus ex hereditate parentum contentus.

und wegen auf der Annaliſta Sax. ad A. 936 nachgeſetzet:

Fuerunt ambo (Hermannus & Wichmannus) nobilibus ſed pauperibus orti natalibus. Sicut a Senioribus comperimus & Hermannus ut ajunt

Obs. IV. Origines Luneburgicae.

ajunt primo 7 mansis totidemque colonis ex hereditate parentum suri contentus.

Die Ertzbischöfe von Bremen, insbesondere der von lauter Herrschsucht aufgeblasene Ertzbischof Adelbertus, waren die ärgesten Feinde von der *familia Billingiana*, die dergleichen Verrückungen ausgebrütet, wohin denn auch gehöret, was ADAMUS BREMENSIS *L. II. c. 32.* dem Hertzog Bernhard einem so hoch im Reiche angesehenen Fürsten aus seinem Hoffagen in seinem Unmuth vorwürffig macht:

> *Bernhardus Dux tam* avitae humilitatis *quam paternae religionis oblitus.*

Der gelehrte Meibom hat nun zwar diese Historiette in *vindiciis Billingianis* schon widerlegt. Da mir aber eines theils noch einige starke argumenta von der Macht, hohen Geburt und grossen Ansehen der Familie Hertzog Hermanni von Sachsen und seines Bruders Wigmanni beytreten, welche Meibom nicht angebracht; hiernächst ich noch zur Zeit gantz unerwiesen zu seyn halte, daß HERMANNUS Hertzogs von Sachsen Vater BILLUNG geheissen, welches man bisher für eine bekantliche Wahrheit gehalten: so will ich beydes nur mit wenigen ausführen.

Die Namen der Teutschen haben an sich eine Wort-Bedeutung, ob uns gleich solche am wenigsten bekant. Den Angel-Sachsen heist BILL *chalibs* BILL*metnesse Simplicitas*, BILL-WET, mansuetus, BENSON *b. v.* den nordischen Völkern BILL *vomer* BILDÖR *sagitta lati cuspidis instar vomeris*, BILLINGS MEY Sveth. *Bedlegran mö* procax in thoro puella VEREL. *b. v.* und ist möglich, daß von einer daher aufgeholten Qualität auch jemand benant seyn können. Bey den Gothis Scandicis ist BIL calibs auf *arma* erstrecket, VEREL. WACHTER. *b. v.* Allein bey dem *Hermanno* duce Saxoniae tritt das in consideration, fürs erste, daß dero Zeit regulariter keine Zunamen geführet, fürs andere der Name Billing in Teutschland ein gängiger Name gewesen, der in allen Theilen von Teutschland von vielen geführet. Woraus denn weiter zu urtheilen, daß in der Zeit der Name Billing als ein Zuname nicht zu agnosciren, und der Name Billing keine agnationes Familiarum erweist.

Da indessen ALPERTUS *de diversitate temporum* von WICHMAN hoher Geburt, und dessen Vorfahren, daß diese *circa litora oceani* in einem grossen Theil Teutschlandes ihre Herrschaft geführet hätte, zeuget, dessen Worte lauten:

> ditissimi *& longe nobilissimi Wicmanni cujus majores* magnam partem Germaniae, *& maxime* circa littora oceani imperia *tenuerunt.*

Ue-

Cap. IV. Von dem Pago Bardengo und deßen Pagis Minoribus.

Ueber dieses Wichmanni kleinen Sohn hat Herzog Bernhard, nachdem Wichman vom Graf Balderico ohnweit Uplade ermordet, die Vermundschaft geführet. ALBERTUS c. 14.

Henricus (Imp.) Burgundia rediens Murmam & omnia, quae Wicmanni erant, Bernhardo duci, ut filium suum parvulum nutriret, donec adolesceret, commisit.

Hermanni Ducis Bruders Sohn *Wichmannus junior*, als des Kaisers Ottonis Magni Familie angehörig, ist so hoch, und wie ein Sohn, gehalten, daß er im Kaiserlichen *Palatio* erzogen Annal Saxo. Der junge Wichmann aber Hermanni Bruders Sohn, wie er A. 967 sich mit den Wilinis zusammen gethan, Muscam s. Miscam Kaiser Ottonis Freund einen König der Slaven, die Licikaviki gehessen, Witichindus L. III. p. 660. anzugreifen, ist in einem Eyde geblieben, und hat, wie er bald den Geist aufgeben wollen, noch dies dem Kaiser Ottoni sagen lassen:

Quod scias aut hostem occisum irridere vel certe propinquum deflere.

Es ist auch würklich anderm, daß die Familia Wichmanni nicht nur mit dem Kaiser Ottone alliirt, sondern auch durch seine Mutter von dem grossen Wittekind fortstamme, wie in *Observ. de Familie & Possessionibus Wittikindi* erwiesen, hierüber auch ein Wichman in dem ad litora oceani reichenden Pago WIMODI, zu Oettingen und Oel, seinen *Comitatum* gehabt, laut Briefes Kaisers Ottonis A. 937. bey dem SAGITTARIO *Antiq. Magd.* §. 49. in clausula:

In PAGO wimoti (leg. WIMOTI) in comitatu WIGMANNI duo loca urlaha & otinnga- & decimam de iisdem locis.

nicht weniger Graf Wichman Herzog Herimanni Bruders Sohn in Pago HOGTRUNGA zu Calenberg und Aun. seine Güter besessen, des Wigmanni Vater Herimanni Bruder WIGMANNUS SENIOR ist derjenige, welcher beym ANNALISTA SAX. ad A. 937. so hoch erhoben:

Erat namque Wigmannus vir fortis & potens, magnanimus belli gnarus, & tantae scientiae, ut a subjectis supra hominem plura nosse praedicaretur.

Der Ort Stipshorn, worin er seine Possessiones auch gehabt, liegt in Pago LINGOW und in Pago LAINGA hat A. 937 Graf LUDGERUS auch seinen Comitatum gehabt, zur Zeit da Hermannus Dux geworden, und sein Bruder Wigman in grossem Ruf gestanden. Der Name LUIDORUS wird auch in Familia Bellingiana gehöret, ob und wie weit aber Ludgerus A. 937. Comes in pago LAINGA und die Familia Billingiana connectirt, lässet sich ohne nähern Grund zu haben nicht beurtheilen.

Obſ. IV. Origines Luneburgioae.

Da auch der Corveyiſche Mönch BRUNO, welcher Hermanni Ducis Verwandter, und A. 972. dem Biſchof zu Verden Amelungo Herimanni Bruder ſuccediret, ANNAL. SAX. *ad A. 972.* ſein Allodium in Hiddeſtorp dem Stift Verden gegeben, CHRON. VERDENS. *T. II. Scriptor. Brunſ. p. 215.* welches Hiddeſtorp ECCARD *Hiſt. Princip. Sax. p. 271.* dasjenige zu ſeyn hielt, welches im Amt Thedinghauſen belegen, aber auch Hiddeſtorp im Pago MARSTENHEIM jetzo Amts Coldingen ſeyn können, als welches *Brun-Hiddeſtorp* genant wird in Charta Conr. III. A. 1033.

In pago *Merſtem* in villa quae dicitur Brun Hiddesdorf *Mauri &* in Hupide *Maurur.*

ſo erſcheinet daraus, daß die Cognatio Herimanni, es ſey im Pago WIMODI oder Pago MERSTEM, ihre Allodia gehabt.

Die familia HERIMANNI DUCIS BILLINGIANA hatte nicht nur *Ducatum Saxoniae*, ſondern auch groſſe und viele *Comitatus* im Sachſen-Lande, als:
1) in *Marca Saxoniae Septentrionali*, in Pago *Mofide* in villis Wigmanneis burſtal & *Beunedeſtborp.*
2) in Pago BARDENGO Luneb. *Bardenwte Hotmanneſſun, Witborp, Britlingi Biangibudiburg, Adduneſtorp, Haterbiki, Bodanbuſen, Sutberburg.*
3) in Pagis Bremenſibus tempore Comitum Stadenſium,
   a) in Pago HOGTRUNGA *Hollane Aunn. Setila,*
   b) in HEILANGA ſ. *Widila Wialderfidi Kokerbiki, Rado.*
4) in Pago THILITI ad viſurgim *Keminatum, Barigi, Tundirum, Otbere.*
5) in Pago AUGA ad viſurgim *Varſtan.*
6) in Pago WIKANAVELDE *Rotbe.*
7) in Pago DREVANI Slavico Praefecturae Luchow, *Clanili.*

Von allen dieſen Oertern, die aus Wigmanni, Herimanni Brudern Sohn Wigmanni Erbſchaft, ſchon vor Kaiſer Ottone Magno an das Cloſter Remnaden gegeben, ſagt das Diploma Henr. S. A. 1004. ap. FALCK *p. 905.*

quae vero ſita ſunt in comitatu Bernhardi Ducis.

In dem ganzen Weſerſtrich zu beyden Seiten erſcheinen in mittler Zeit die *Comitatus Familiae* BILLINGIANAE, als:
1) Pagus ANGERI in Comitatu MAGNI DUCIS Ch. Henr. IV. A. 1063. ap. PISTOR. *Tomo III. p. 828.* welcher ſich von der Weſer ab an die Aller erſtrecket.
2) Pagus ENTERGOWE A. 1029. in Comitatu BERNHARDI DUCIS, welcher Pagus ſich jenſeit der Weſer, über das Amt Hoye, Nienburg,

Cap. IV. Von dem Pago Bardengo und deſſen Pagis Minoribus.   227

burg, Stolzenau, alten Beuchhauſen, nach dem Amt Ehren-
burg erſtrecket.
3) Pagus OSTERBURG und Mulenbechi bey Rinteln ſub BERN-
HARDO DUCE Ch. Ottonis A. 979, ap. MARTEN. T. I. Colleſt.
p. 336.
4) Pagus ASTRINGA Friſiae in Comitatu BERNH. v. Ch. Ottonis
imp. A. 983. in privil. Hamb. ap. LINDENBR. p. 133.
5) Pagus ANGERI, in quo Abbatia Corbeienſis in Ducatu OTTONIS
Ducis Ch. Henr. IV. A. 1065. ap. LINDENB. in Auſluar. Dipl. p. 179.
6) Pagus GRINDIRIGA in Comitatu MAGNI DUCIS Ch. Odalrici Ep.
Mind. Orig. Hannov. p. 121.
7) Pagus WIMOTI, in villa Ottingen in Comitatu WIGMANNI A. 937.
ap. SAGITTAR. Ant. Magd. §. 49.
8) Pagus THILITI in Villa Gelantorp in Comitatu BERNHARDI DU-
CIS Vita Meinwerci §. 81. p. 537.

Nicht minder vole in Orig. Hanover. aus dem Fundations-Brie-
fe Biſchofs Berwardi und Confirmation des Kaiſers Henr. Sancti. A.
1022. gezeiget, hat BERNH. Herzog des Billingiſchen Stammes
1) den Pagum SCHOTELINGEN zwiſchen Hildesheim und Roßfing,
wo Himmelsthür und Heuerſen,
2) den Pagum ASTPHALO zwiſchen Hannover und Hildesheim,
3) den Pagum MERSTEM, und darin Haringehuſen, Limbern, Zer-
de, Parrenhuſen, Davenſtadt, Coblinghuſen, Nättizede, Walesrode,
Everdesheim.
In Weſtphalen war auch
    der Pagus HAMELAND an der Jſel in Comitatu WIGMANNI,
    über deſſen Sohn Wigmannum juniorem Herzog Bernh. als deſſen
    Verwandter die Vormundſchaft führte.
II. Pagus minor Provinciae Bardungo Pagus GRETE, GRETINGE.
GRIOT Suethis Gryte iſt den Gothis Scandicis lapis und GRIOTOG-
JORD agger fabuloſus VEREL h. v. Ob des Orts ein ſandigter, ſteinig-
ter Grund zu ſolcher Benennung Anlaß gegeben, weiß ich nicht zu ur-
theilen.

Nach dem Diplomate Kaiſers Henrici Sancti A. 1022. Orig. Hanov. iſt
im Pago GRETINGE. Murba, und abermals nach dem Briefe Kaiſers Henr.
IV. A. 1051. in Pago GRETHE Baginburſtalle. Murbe iſt Muden
und Baginburſtalle iſt Bedenboſtel in der Amts-Vogtey Bedenbo-
ſtel. Es ſind aber zwey Muden; ein Muden an der Orze der Amts-
Vogtey Hermansburg, das andere an der Aller in der Amts-Vogtey
Ff 2   Eick-

liegt gegen dem Flottnebel jenseit der Aller, Bedenbostel, Muden an der Orze und an der Aller stehen alle drey unter Cellischer Inspection. Bedenbostel ist in Pago Grethe. Wenn nun Muthe an der Orze auch dazu gerechnet werden will, so würde der Tractus von Bedenbostel nach Hermansburg und Muden unter diesem Pago begangen werden, so aber würde Villa Mutha in pago MUTHWIDE in Ch. Henr. II. A. 1022. Muden an der Aller Amtsvogtey Eidlingen seyn können.

III. MUTHWIDI.

Worin in Charta Henrici S. A. 1022. angegeben Villa Mutha in PAGO MUTHWIDE, welches, wenn Muden an der Orze, dem Pago GRETHE zuzurechnen, Muden an der Aller seyn werde. Wobey aus der Charta Henr. S. wahrzunehmen, daß alle drey nahe bey einander liegende Pagi minores, als der Pagus FLUTWIDE, der Pagus MUTHWIDE, und der Pagus GRETINGE. in praefectura Thammonis, welches der Bruder Bischof Berwardi, den Berwardus legitimum heredem suum & dulcissimum Germanorum nennet, in Ch. Fundationis A. 1022. *Modlig*. Gothis Svion. VEREL. *b*. Saxonibus *Maddig. Mathe. Muth*. Angl. Sax. *Os*, ostium Fluminis BENSON, *Moda* Svio-Goth. *amnis faventum* VEREL *b*. Ob daher eine Derivation des Pagi *Muthwide* oder Villae *Mutha* aufzuholen, muß ich einem weitern Bedenken überlassen. Eine gleiche Composition des *Modi* und *Wi* findet sich in Pago *Wimodi*. Hermansburg, worin Muden an der Orze belegen, ist unter Henrico IV. A. 1058. in Comitatu *Wittekindi* gewesen CHRON. VERD. T. II. *Scriptor. Brunsv. p. 216.*

§. 6.

Pagi SLAVICI.

Die Pagi SLAVICI im Fürstenthum Lüneburg sind nach Kelslers Reisebeschreibung p. 1167.

1) Der Pagus DRAWEEN von Drawa oder Drewo Holz oder Wald, Dravenea Luchov vel Buchi, zwischen Luchow, Dannenberg, und Ulzen, jedoch nur bis nach Rosche, welcher Pagus wieder abgetheilet
   a) in den Over-Drawän, welcher begreift die Kirchspiele Zebelien und Crumasel und Vogtey Arefen, und was von dar nach Rosche liegt,
   b) in den untern Drawän, wozu der Kirchspiel Clenz Zeetz, so der Buhtzer Pfarre zugelegt, Cüsten mit den Filialen Mendhesy und Satemin gerechnet.

Cap. IV. Von dem Pago Bardengo und deffen Pagis Minoribus. 229

Dieser Pagus DRAEVEN, der sich nach Görde gestrecket, und worinn nach Hofman Not:t. Eccles. viele Oerter gelegen, als Marwedel, Gerau, Römen oder Rimen, Riekow, Retmitz ꝛc. die nach Hitzacker eingepfarret, ist um so viel merklicher, weil nach dem Diplomate Henrici S. A. 1004. ap. Falck. p. 905. das Kloster Kemmenaden in Pago DREVANI *slaviki* gehabt, welches nach Ableben Wigmanni junioris Familiae Billingianae aus dessen nachgelassener Erbschaft an Kemmenade kommen. In den Unter-Oerdern liegt das Kirchspiel Kleutz und diesem ist eingepfarret Glantz.

2) der Pagus GEYN, von welchem die Bulitzer, Besemscher, Rostbuder, Göstenbeerbecker, und die Einwohner von andern daßigen Dörfern die Grynschen genant, woselbst auch an der Dümme ein Holz die Cheyme genant.

3) der Pagus LEIMIGAW (*Lmgaw*) darin nicht nur die Dörfer, die KEISLER d. l. angibet, als Preegier, Crievitz, Prödoc, Dockleben, Wiebzel, Tralutin, Smarsow, Schleeow, sondern auch in einigen geschriebenen Charten annoch Bribodel, Hobekirck, Hobekrug, Wendisch Guden, Femedorp, Dmeburg gezeichnet.

4) Der Pagus OERING oder *Nering*, worin Keisler angiebet, Nebendorf, Woltersdorf, Quebbow, Danaemsdorf, Lichtenberg. In der geschriebenen Charte sind noch im OERING, Bosel, Tepling, Radewitz, und fließet durch diesen Pagum die Jetze.

5) Pagus BROEKING, worin Woltersdorf, kleinen und großen Perse, Oerenburg, Turaw, Lichtenberg. Diesen Pagum hat Keisler nicht gerühret.

6) In der Heiden ein District, worin Pamike, Dantzo, Kistruw, und großen Lipe, Marleben, Klowtze, großen und kleinen Trebbel, Nemitz, Tobringe, Posentin, welchen Pagum Keisler eben wenig genant.

Collect. Etymol.

Aus dem Vocabulario venedico beym Eccard Histor. Studii Etymol. p. 179 seqq. ist zu wissen, daß bey den Lüneb. Wenden geheißen:

Lobi die Elbe,
Weytchey villa, Wüst Dorf,

Waas Village,

Koreyz Tschoreize Vorstadt, Dravanisch Kauriz Luchau Vorstadt.

Losdy Saltzwedel,

Lieuschu Lougewitz Luchow,

Draveneu Busche Stadtholz,

Glein Luneburg, Bohemis,

Lin Linum,

Woikam, Dannenberg,

Warrern, Zaun.

Diese Lüneburger Wenden, wenn gleich die Slavische Völker beständige Invasiones und Ravagen in diesem Lande gethan, so viel deren ins Lüneburg. sich gesetzet, haben vor sich keine Autonomiam gehabt, sondern sind ordentlicher Weise der familiae Herimanni Billingianae, und insonderheit dem grosen Stamvater vom Hause Henrico Leoni unterwürfig gewesen. Der Pagus DRAEVEN, als ein großer Pagus zwischen Luchau, Dannenberg, und Ulzen ist schon A. 1004 unter Kaiser Henrico II. in comitatu Bernh. Ducis gewesen, und die Castra Henrici Leonis, als Heddisacker, Dahletburg, Bergen, Dannenberg sind ex patrimonio Henrici Leonis seinem jüngsten Sohn Wilhelmo zugetheilet, welchen die Grafschaften angehangen, so wie sie sämtlich von den dominiis in Luneb. als Henr. Leonis eigenem Patrimonialguth, abhängig gewesen. Die Slavischen Völker haben im Lüneb. und in Saxon. orientali, in der Gegend von Magdeburg, Oertern Sächsischer Benennung Wendische Namen gegeben, und z. B. Luneburg. Glein, Dannenberg, Woicam und Saltwedel Losdy genant, und wenn sie, wie in Pago *Barduugo* und noch dazu unter dem Gesicht und vor der Residenz Herzog Hermanni Dörfer gebauet, solche von den Wenden benaut, wie vor Luneb. Wendisch Elvern bey Teutsch Elvern. In den Pagis Slavicis selbst zeigen sich noch Dörfer von Sächsischer Benennung, als im Amt Hiddesacker Kolendorf, Harling, Breitenbeck, Hagen, Marwedel. Im Amt Dannenberg Kaltenhop, Wolfshol, Brandsleben, Langedorp, Hohen Wendorp, Niendorp, Schaphusen rc. Im Amte Luchau Kolbern in de Huden, Gorleben, Marleben. In Pago BROCKING Woltersdorp, Oerenburg. Im Lengau, Hohekirch, Hohekrug, Teutsch

Guden

Cap. IV. Von dem Pago Bardengo und deſſen Pagis Minoribus.

Guden, bey Wendiſch Guden, im Oering, Revensdorf, Tangesdorp. Allein dieß alles giebt zu erkennen, daß ſie unter der Sächſ. Superiorität achalten, wie denn auch die *Notitia Stabulenſis Monaſterii* ap. Martene T. II. Collect. p. 234. zeiget, daß die *familia Billingiana* viele villas *Slavonicas* gehabt, die aus WIGMANNI Erbſchaft ans Kloſter Remmenaden kommen ſind. Das Kloſter Ulzen, welches von Brunone Biſchof zu Verden erbauet und von *Ottone M.* beſtätiget, CHRON. VERDENS. *T. II. Script. Brunſv.* p. 215. hat auch laut Extractbriefes A. 1289. in die Scholaſtica ap. HOFMAN *Vol. II. Var. Saxen.* an Herzog Ottonem Strenuum verkauft ihre *bona Slavicalia*, die das Kloſter ſchon vier hundert Jahre von den Fundatoribus beſeſſen, nemlich:

a) in Zinlendorp. b) in Novenre. c) in Rolowe.
d) Aonowe. e) Soltendike. f) Moylen.
g) Sterſtorpe. h) Sumene. i) Zturone. k) Dulau. l) Gromazle. m) Telene. n) Mulozene.
o) Arodige. p) Malolere. q) Zachene. r) Tzabekin. s) Zine. t) Potleuze. u) Nendorpe.
v) Ganzove. w) Slikene. x) Kardeſtorpe.
y) Honlechen.

CAP.

Obf. IV. Origines Luneburgicae.

CAP. V.

Von der Vicinia des P. Bardungo.

§. 1.

Von denen dem Pago Bardungo in *Saxonia cis Albingica*, in *Saxonia & Slavia Trans Albingica* nächst angränzenden und diſſeits der Aller von Magdeburg bis Verden ſich zeigenden Pagis.

I. In *Saxonia cis Albingica* haben dem Pago BARDUNGO zunächſt gelegen:
  1) der PAGUS WIMODI und der Pagus minor die ſub Carolo M. ROSENGABI, jetzo das alte Land geheißen,
  2) der PAGUS STURMI jetzo das Verdiſche,
  3) gegen die Marck der Pagus WITTINGA und TERRA BALSAMARVM und Pagus Moſide bey Tangermünde,
  4) im Fürſtenthum Lüneburg
    a) um Bevenboſtel und Muden an der Ortze der Pagus GRETHE,
    b) um Hauckesbuttel der Pagus MVLSIDE,
    c) um Muden an der Aller der Pagus MVTHWIDE.
II. In SAXONIA TRANS ALBINGA, gegen Hamburg Sturmaren. In SLAVIA TRANS ALBINGICA die Polabingi, und über dieſe die Linones

Ob der Pagus BARDUNGO, wenn er bis Bahrindorf ohnweit der Görde ins Amt Hiddesacker ſich erſtrecket, auch die *Pagos Slavicos* um Luchow befangen, davon habe noch keinen klaren Beweis, daß der Pagus Badengo um Uelzen bey Suderburg villas Slavicas befangen, auch ins Amt Bodenteich ſich erſtreckt, davon iſt der Beweis beygebracht. Daß der Pagus *Bardungo* bis nach Wieringen gegangen, und daſelbſt ſich die Wittingai und Bardungari geſchieden, iſt erwieſen. An das Amt Lüchau hat das Balſamer Land, worin Salzwedel angegeben, gegränzet. In dem Pago Moſide in der alten Marck werden die Oerter angegeben:
  a) RINCKHURST, das in der Charte ſich um Ringfurt an der Elbe bey Löbleben unter Tangermünde zeiget.
  b) COBBELICI, von welchem Oertern ſich in den Charten finden, Cobilitz ohnweit Stelmcke und Cloſte Cobellz, Corbelz jenſeits der Elbe, und Tangermünde in der Inſpection Jerichow.
  c) BITFINI *Bitsi* jetzo Bigo, woſelbſt die von Bartensleben, laut Marck-

Cap. V. Von der Vicinia des P. Bardungo.

Markgraf n Albrecht Lehnbrief A. 1473 ap. Walter Singul. Magd. P. VII. c. 4. §. 4. mit einigen Hufen beliehen, welche FALCKE an der Elbe unter Tangermunde gebracht,

d) SWARTELOSE, in den Charten von der Mark ohnweit Tangermunde und Buch gezeichnet,

hat allem Ansehen nach um Tangermunde sich gefunden und scheinet ein *pagus minor* provinciae *Balsamorum* zu seyn, wenn unter Kobbelici scheinet Cobeliz ohnweit Klose, Steimbke und Gardelgben genennet zu seyn, woselbst die von Bartensleben laut vor angezogenen Lehnbriefes mit dem Dorpe to Kobbeliz beliehen. Allein jetzt angeführten Umständen nach, hat der Pagus MOSIDE in *Provincia Balsamorum* Saxoniae Orientalis über die darin benante und ihrer jetzigen Lage nach angezeigte Oerter sich erstrecket.

Wenn nun gleich der Pagus BARDENGO in der alten Mark sich nicht erstrecket, wie es denn auch vor dem Pagum WITTINGEN zugekehret, so hat dennoch Ostphalen bis an die Elbe gereichet, und wird daher Werben an der Elbe noch *in confiniis Saxoniae* angegeben. Aus dem, was unten weiter ausgeführet, erscheinet auch, daß die *familia Billingiana* in der altem Mark viele Villas Slavicas und Pagos Slavicos in Saxonia orientali sub Ottone M. besessen, die ihnen tributarii gewesen, auch um sie unter dem Joch zu halten, beständige Feldzüge gegen sie angetreten, sub Henr. S. aber die Slaven von beiden Ufern Meister gewesen. Um die Viciniam des Pagi Bardungo über der Länd. Lande ins Licht zu setzen, habe ich

1) von dem Pago WIMODI und dessen minoribus Pagis *Hoßungabi, Rosengabi, Hostrungo, Heilanga, Walfatias,*
2) von dem Pago STURMI Verdensi,
3) von dem PAGIS SLAVICIS TRANS ALBINGICIS, & Pagis SLAVICIS ALBINGICIS,
4) von dem Balsamer-Land,
5) und von den *Pagis*, da sich an den Aller Strich disseits vom *Pago Northuringen* bis nach Verden und den Pagum *Sturmi* hervorgeben,

folgende Anmerkung beygefüget:

In Pago *Wimadi* waren nach dem Zeugniß ANSCHARII in *vita & miraculis Willehadi* ap. MABILLON Sec. III. P. II.

a) MIDLESTAN FADAWRD. p. 416. an *Mißwerden* in Warfatia mit *Fahwurt,*
b) WESTKIFTAN BEVERIGISAETI p. 416. villa *Beverste westerbeverstede* vulgo westebeverte in der Börde Beverstede,
c) MEDEMAHEM p. 417. an *Mittelheim* hodie *Mitlum* bey Depstede,

234　　　Obſ. IV. Origines Luneburgicae.

im Lande Wurſten, Ch. Comitum de Dhefholte A. 1219. Mushard Monum. Bremens. p. 49.

Nach dem Regiſtro Sarrachonis und Tradit. Corb.
d) OCHTMVNDI in Pago Uwimodia n. 677.
e) NEDDERSENBVREN n. 678. Im Werderlande Ch. Henr. Abb. Corb. ap. FALCK p. 565.
f) MIDDELBVRCH n. 679. im Werderlande,
g) LIUSEI (ad Wiſeram) n. 737.
h) WERIHEM in P. Wimon Trad. Corb. I. 12. an Wieren an der Ramme in der Börde Sittenſen.

Bey den Autoribus und in Diplomatibus werden genant:
i) BREMON, Diploma Carolinum de Terminis Bremenſis Dioec.
k) OTTINGEN, in Pago Uwimoti (Wimoti) Ch. Ottonis A. 937. ap. SAGITTAR. Antiq. §. 48. in Praefectura Rotenburg.
l) VRLAHA d. Ch. Ottonis A. 937. in der Börde Ohrel. Praef. Bremervörde, ein ander Orel iſt in der Börde Selſingen,
m) LIESTMVONE in comitatu March. Vdonis in Pago Wimodi.
n) Inſulae Bremenſes & Lechter - - item PALVDES Linebroch, Aſcbroch, Aldenebroch, Weigertbroch, Huttingebroch, Hrinſcimibroch, Weigenbroch. Chart. Henr. IV. A. 1062. j. to Leſſin Gericht Brome, wo die Wamme unter der Brücke der Burch-Schanz ſeinen Namen in Leſum ändert, v. MVSHARD Monum. Famil. Brem. p. 18. Georg. de ROTH Geograph. Bremens. & Verdenſ.

Welche Oerter FALCK Trad. Corbeienſ. p. 13 zum Theil ſchon angemerket, aber zum Theil nicht zuverläſſig ausgelegt.

Der P. LAERGO oder Laras hat ſich dieſſeits und jenſeits der Weſer erſtrecket, ſowol an dem partem orientalem fluminis Viſurgis, das iſt in dem Oſtphäliſchen Uſer, als an den occidentalem partem, das iſt dieſſeits an das Weſeruſer im Bremiſchen. Nach dem Diplomate Karolino aber ſind bey Beſtimmung der Terminorum Bremenſis Dioeceſis die Namen und Diviſiones der alten Pagorum bey Seite geſetzt, und iſt der Dioeceſis Bremenſis in zwey Provinzien abgetheilet, in WIGMODIAM, welcher in Oſtphalen und alſo einem Theil des alten Pagi Lorgo an dem Oſtphäliſchen Uſer unter dem Namen Wimodi befanget, und in LORGOE, welcher von dem Weſtphäliſchen Uſer an dem Namen des Pagi LORGOE beybehält und den Theil des Dioeceſis Bremenſis in Sachſen jenſeit der Weſer befäſſer. Anſcharius in Vita Willehadi:

conſtituit ꝫc cum Paſtorem atque Rectorem ſuper *Wigmodiam* & *Laras*.

Der Theil des Pagi LORGOE an dem Oſtphäliſchen Uſer, welcher mit unter Wimodi begriffen, bezeichnet das Diploma Karolinum in der maße:

a) ab

Cap. V. Von der Vicinia des P. Bardungo.

a) ab HOSTA (von der Oste) *usque quo perveniatur ad paludem* quae dicitur CALDENBACH. Dieser Caldenbach hat nach dem Diplomate Karolino Dioecesis Verdensis A. 786 gelegen an der Verdischen Schnede, und zwar zwischen der Wumme und Oste.
b) *deinde ipsam paludem* (Caldenbach) *in* WEMPNAM *fluvium*, also muß sich palus Caldenbach an der Wumme erstrecket haben.
c) *a* WEMPNA *vero* BICCINAM, FARISTINAM *usque in* WIRRAHAM *fluvium*. Diese Schnede gehet also von der Wumme nach Farste bis in die Weser. Faristina, welches SLOPKE in *Charta Chron. Bardup.* für Paste im Amte Thedinghausen angesehen, hat nicht am Westphälischen, sondern am Ostphälischen Weserufer zwischen der Wumme und Weser gelegen, in welchem District jetzo das Werderland, Hollerland und Gericht Achim sich setzet.
d) dehinc ab orientali parte eiusdem *fluminis* VIAM PUBLICAM *quae dicitur* HESSEWEG STURMEGOE & LEORGOE *disterminantem*. Von Faristina läuft also die Bremische Schnede an den Ostphälischen Weserufer in den HESSEWEG, welcher STURMEGOE des Verdischen Dioeces von Lorgoe scheidet, wo der alte Name LORGOE zwischen dem Ostphälischen Ufer und dem Pagum *Sturmi* Verdensem beybehalten.
e) SECBASAM ALAPAM CALDOWA *iterumque* WIRRAHAM. Die Oerter Secbasam, Alapam, Caldowa stehen zwar noch nicht im offenen, man siehet aber aus dem Context, daß die Bremische Schnede von dem Ostphälischen Ufer nach dem Pagum *Sturmi*, von da auf Caldowa, und von Caldowa sich wieder an das Ostphälische Weserufer anwandt.
f) *ex* OCCIDENTALI *autem* PARTE *viam publicam quae dicitur* FOLEWEG DERVE & LORGOE *dividentem usque in* HUNTAM *fluvium* von dem Weserufer in Westphalen gehen die termini Dioecesis Bremensis in Westphalen in der ordinairen Landstraße, welche Derve und Loergoe scheidet, welche der Westphälische pagus Loergoe bis an die Hunte.

§. 2.

Provinciae Wimodi Pagi minores.

Der Pagus WIMODI, welcher eine große Provinz ausgemacht, hat verschiedene Pagos minores begriffen, als:

Obf. IV. Origines Luneburgicae.

1) den Pagum HOSTENGABI oder Hochtrungabi an der Oste, wor-
in die Charta Henrici II. angegeben:
   a) Holana.
   b) Aun.
   c) Setila.
2) Rosingabi, wo jetzo das alte Land.
3) Heilanga, worin die Charte Henr. II. angegeben:
   a) Widila.
   b) Waldersloh.
   c) Rokerbiki.
   d) Rade, welches hinter in *Registro* n. *393. Radi* in Pago HEI-
   LANGA.
4) Hadeln, welches von den Carolingicis Scriptoribus auch unter Wi-
modi begriffen.

In Hogtrunga giebt das Diploma Henr. II. A. 1004. ap. FALCK
   a) Holana, jetzo Holn in der Borde Lamstedt,
   b) Aun,
   c) Setila, Seth und Alben-Seth in der Borde Lamstedt. Setel
   Sotel in der Amtsvogtey Scheffel, Sotel in der Borde Sitten-
   sen, Sotel im Amt Rotenburg sind Verdische Oerter und vom
   Pago *Hogtrunga* entfernet.

Weil der Pagus an der Oste, bin ich auf die Gedanken kommen, daß
usu vulgari aut vitio scribentis *Hostrungabi* leicht in *Hostrunga* corrumpiret
werden können. Es sey aber allen, wie ihm wolle, so zeiget sich der Pagus
Hochtrunga in der Gegend, wo unter Carolo M. der Pagus OSTINGABI
angegeben. Holana scheinet Holle in der Borde Lamstedt zu seyn. AUN wird in
der Notitia Stabulensis Monasterii ap. Martene T. II. Collect. col. 234. ge-
nant Curia AN in *Cadenberg,* welches Cadenberg im Amt Neuhaus, in der
Nähe vom Lande Hadeln belegen, woselbst die Herren von Bremer, die sich Erb-
herren von Cadenberg und Bentwisch nennen, ihre Güter haben. In Ker-
dingenbruch zwischen dem Fluß Aue und Landmare ist ein Tractus an der
Bilkaue, der genant Au-stade.

Setila scheinet auch in der Borde Lamstedt zu treffen, nicht weit von
Cadenberg, in welchem Cadenberg die Notitia Stabulensis Monasterii d. L.
die curiam AUN anzieht, bey welchen Umständen *Setila* in Pago HOG-
TRUN-GA in Charta Henr. II. A. 1004. scheinet auf die heutige villam Al-
ten-Seth und *Curiam* Seth zuzutreffen. Hierzu kömt, daß ODICO *Advoca-*
tus Thidericus Reinerus, dem die Abtissin Judith zu Kemnade AUN in be-
neficium verliehen, nach dem Zeugniß Pabst Eugenii in seinem Briefe, wel-

chem

Cap. V. Von der Vicinia des P. Bardanga.

chen er dem Bischof M. Heroni von Bremen geschrieben, bey MARTENE *d. T. II. col. 741.* alle dem beneficiatos Advocatum Odiconem, Thiderum Reinerum als *parochianos* Archiepiscopi Bremensis anglebet. In dem Autographo Henrici II. A. 1004. woraus FALCKE *Trad. Corbeienf. p. 905.* eine Abzeichnung in Kupfer producieret, ist sowol hinter die Oerter in jedem Pago, als hinter die Pagos selbst mehrentheils ein Punct gesetzet, so wie alhier zu sehen:

Keminetan Hegen. Barigi. Fandirum. Otbere hec sunt in TILITHI. *Varsian.* in AUGA. *Rothe.* In UUIKANAVELDE *Bordenwic. Hotmannessun. Vuittborp. Britlingi. Biangibudiburg. Addunestborp. Hatberbiki. Bodanbusen. Susberburg.* In BARDANGA. *Clambi.* In DREVANI. *Vuigmannesburstal. Bennedestborp.* in MOSIDI. *Vudalderfidi. Kokerbiki.* In HEILANGA. *Holana. Auon. Setila.* In HOGTRUNGA. *Hepsidi. Simigas.*

Alle Oerter und Pagi laufen gleich hinter einander fort, den Absatz habe ich gemacht, um die Pagos mit ihren darin belegenen Oertern so viel leichter zu unterscheiden. Nach diesem Diplomate also sind

I. in Pago TILITHI:
   a) *Keminetan.*
   b) *Hegen.*
   c) *Barigi.*
   d) *Fandirum.*
   e) *Otbere.*
II. in P. AUGA.   *Varsian.*
III. in WIKINAVELDE.   *Rothe.*
IV. in BARDANGA.
   a) *Bordenwic.*
   b) *Hotmannessun.*
   c) *Wittborp.*
   d) *Britlingi.*
   e) *Biangibudiburg.*
   f) *Addunestborp.*
   g) *Hatberbiki.*
   h) *Bodanbusen.*
   i) *Susberburg.*
V. in DREVANI: *Clambi.*
VI. in MOSIDI:
   a) *Wigmannesburstal.*
   b) *Bennedestborp.*

VII. in HEILANGA:
  a) *Widila.*
  b) *Wialderfidi.*
  c) *Kokerbiki.*
VIII. in HOGTRUNGA: *Holana, Aun, Setila.*
IX. *Hepſtidi* SINIGAS: Hipſteat iſt ein Dorf im Amt Bremervörde, ob aber Sinigas ein *l'agus minor provinciae* Wimodi, iſt weiter zu forſchen.

Die Abſchrift, die bey dem MARTENE *T. I. collect. col.* 355. auch aus dem Autographo dargeſtellet werden wollen, wenn ſie bey dem Kupferſtich aus dem Autographo beym Falk gehalten, iſt gar vitiös. Die l'agi und Villae ſind nach dem Autographo nicht accurat ausgedruckt, die villae nicht zu ihren gehörigen pagis gebracht, die interpunctiones irrig, mehrere villae in eins gezogen, auf maße wie folget:

Keminadam, Hogen, Barigi, Fundivium, Otheri. *Hoec ſunt in* THILICHI Warſtan, *in* AUGA *Robten, in* WAKENASALDE Bardewic, Hotmaneſſun, Wintorp, Britlingi, Biangi, Budibug, Addunestorp, *Hatterbiki, Bodenbuſen, Suterburg, in* GARDANGA Clomkey; *in* DREVAN Wigmannes Burgſcal Beneſtorp; *in* MOSIDI Widela, Walderſidi, Kokerbiki; *in* HEILANGA *Holana, Aun Setila; in* HOSTRUNGA Hepenſti Sungad.

In dem Falkiſchen Kupferſtich diſparitet Widila in ſeiner Abſchrift, *ex* Autographo aber findet ſich):

in MOSIDI *Widila Walderſidi Kokerbiki.*

Widila findet ſich auch in der Abſchrift bey dem MARTENE *in Curia in Widila in der Schedula Stabulenſis Monaſterii.*

Alle dieſe Oerter ſind um ſo viel merklicher, weil ſie aus WIGMANNI Erbſchaft an das Kloſter Keminaden kommen, von der abgeſetzten Abtißin Judith aber zum Theil veräußert. Die l'agi THILITI, AUGA, WIKINAVELDE, BARDANGA, der Pagus Slavicus *Drevani*, und die darin bemeldete Oerter ſind bekant, und der Pagus MOSIDI in der alten Mark hat ſich ſchon aus andern darin gemeldeten Oertern manifestiret, obgleich das in Pago MOSIDI gemeldete Wigmanneoburſtal und Bennedeſthorp, welches FALCK Tradit. Corb. p. 256. Berndorf iſt, in der alten Mark noch nicht ohngezweifelt ausgemacht. Ein Wickmanneoburg liegt im Amt Medingen und in *Pago Bardengo*: alc i deswegen könte es nichts deſtoweniger in einem *Pago Minori* wol gelegen haben. Aus den übrigen Oertern der alten Mark in Pago MOSIDE iſt nicht unſcheinlich, daß dieſer Pagus veteris Marchiae nach Wigmansburg im Amt Medingen gereichet. Der Oerter, die von Wigman

Cap. V. Von der Vicinia des P. Bardungo.

man die Benennung haben, sind auch mehr, als Wigmans-Bode eine Holzung im Amt Oldenstad. Dieser Wigman, ein großer Fürst Familiae Billingianae, hat viele Slavische Dörfer nicht nur in Pago Drevani, sondern auch in Pago Mosede besessen, und in diesem Pago Indominicatas terras cum Domibus & curtibus, und zwanzig villas Slavicas, die zu der Curia Wigmansburg gehöret, gehabt, *Notitia Stabulensis Monasterii* ap. MARTENE T. II. p. 135.

in curia Wichmannisburg dedit in Beneficio XXIX mansos, & de indominicata terra VIII mansos cum tribus domibus & curtibus earum, dedit insuper XX Villas Slavicas ad eandem curiam pertinentes.

Der Pagus HEILANGA trift ins Bremische,
1) Widela würde nach jetziger Aussprache Wedel seyn, dergleichen Wedel ein Dorf von vier und einen halben Hofen in der Borde Mulsum, Wildes-torb in der Borde Lamstedt,
2) Wialdersidi, darauf schlagen zwar ein a) die Vogteykirch Walsede, worin belegen Wester Walsede, Suder Walsede, diese liegen aber im Verdischen b) Westersode ist in der Borde Lamstadt, dieses aber ist von allen in Pago *Heilanga* gemeldeten Oertern entlegen, die Borde Lamsted hingegen trift in Pago Hogtrunga,
3) Rokerbike jetzo Kackerbeck ein Dorf in der Vogtey Mulsum, in Registro Sarrach. n. 393. *Radi* in pago *Heilanga* im Bremischen, Rade in der Borde Rade. Noch ist ein Rade, ein Dorf in der Borde Lamsted, welche in P. HOGTRUNGA gelegen. Healingen das sechste unter Adaldao von der virgine Wendilgard und ihrem Vater Graf Holt in honorem S. Viti im Bremischen fundirte Kloster DITMARUS L. II. p. 340. ANNALISTA SAXO *ad A.* 969. ADAM BR. L. 13. c. 8. heißt in charta Henr. II. A. 1014. *Hestinga*, in Charta CONR. A. 1038 *Hestingoa* in P. EILANIGOA und in Ch. Henr. IV. A. 1040. *Hestingea* in Pago EILONGOA, in welchen Diplomatibus diesem Ort ein *Mercatus* in festivitate St. Viti verliehen. Das Kloster ist A. 1136 nach Seven transferirt.

§. 3.

Pagus Heilunga & Darlingo supra Aleram in Luneburgicis nullus.

Den Pagum HEILANGA hat FALCKE in *Tradit. corbriens.* in seiner CHARTE de *parte Sax. Antiquae in orientali Regione* im Lüneburgschen zwischen der Ise und Oee eingeschoben, und darin bemerket:

a) Wi

Obſ. IV. Origines Luneburgicae.

a) Widila,
b) Radi,
c) Ordorf,
d) Rokerbiki.

Welcher nach seiner Zeichnung an dem Theil des Pagi DARLINGO, welchen er sich über der Aller im Amt Gifhorn nach seiner Idee concipiret, gegränzet haben solte. Beydes ist irrig, sowol das erste, daß der Pagus HEILANGA in solchem District sich gefunden, als das andere, daß der Pagus DARLINGO sich über der Aller im Amt Gifhorn erstrecket. Widila deutet FALCKE Tradit. *Corbeienſ. p.* 544. auf die dasige Oerter, die sich in Wedel, als in Langwedel terminiret, Radi auf das Filial von Ordorf Amts Künseleib, Rokerliki auf Kakerlack Amts Künseleib, welches bey Suderwittringen belegen, welche Oerter vielmehr in Pago WITTINGEN sich eröfnen in confiniis P. Bardengo. Hiebey ist auch Cap. V. *de vicinia P. Bardingo* gezeiget, daß der Pagus *Heilanga* im Bremischen gewesen, und daselbst die Oerter Widila, Radi, Kakerbiki sich auch hervorgegeben.

Aus dem Diplomate Kaiser Ottonis M. A. 939. ap. SAGITTAR. *Antiquit. Magd.* §. 69. worin des Pagi HELINGE und MOSIDI, und darin des Orts Buckstadin und Rinkhurst gedacht in cl.

quasdam res nostrae proprietatis hoc est in PAGO qui vocatur HEILINGE & MOSOLE in locis sic nominatis *Buckſtadin* & *Rinckhurſt* in comitatu & Legatione *Hinrici* comitis,

führet derselbe in *Tabula III. Ducatus Saxoniae Superioris* den Pagum *Moſide* zwischen der Elbe und Oee ohnweit Magdeburg auf, und marquiret darin:

a) *Burgſtade*, alias Burgstat,
b) Lindhorst, welches er für Rinkhorst genommen zu haben scheinet,
c) *Moſeburg* al. Melleborg,
d) Mosole ohnweit Burgstat.

In der serie verborum, worin Kaisler die beyden Pagos und beyde Oerter angiebet, würden

1) in Pago HELINGO *Burſtadin*,
2) in Pago MOSIDE *Rinckhurſt*,

gelegen haben.

Was Buckstaden für ein Ort sey, ist nicht ausgemacht, dieser wird auch nicht in Pago Moside, sondern in Pago Helinge angegeben, und ob zwar in charta Henr. II. A. 1004. *Wigmanneskharſtal* in Pago MOSIDE genant wird, so steht dieselbe dennoch ohne Grund und Beweis nicht für-Burgstadt

Cap. V. Von der Vicinia des P. Bardungo.

ſtade aufzunehmen, zumalen da dieſer in einem andern Pago nemlich in Pago HELINGE liegt. Aus Rinkhorſt ſteht auch, ohne hinlänglichen Grund zu haben, nicht Lindhorſt zu machen. Hinter Magdeburg hat ſich auch der Pagus MOSIDI nicht gefunden, viel weniger werden die Oerter Moſeburg und Moaße in Pago *Moſide* angegeben.

Der Pagus WALDSATORUM iſt ein *Pagus minor* vom Pago WIMODI, worin ANSCHARIUS *vita Willehadi ap.* MABILLON *Sec. III, P. II. p.* 415. angegeben

Willianſtedi.

Wenn dieſes Willianſtedl noch übrig in *Witſtedi*, Wirſteder See, Olden Wiſte, unter den freyen Dant Caſſebrug nach dem Kirchſpiel Bramſted gehörig, dem es nahe liegt, und in den Charten mit Namen Wiſte gezeichnet,

ſo würde die Lage des *pagi Waldſatorum* ſich daraus hervorgeben. Im Briefe Borchardi Erzbiſchofs von Bremen, A. 1336. ap. Mushard. Monum. Brem. p. 422. wird angezogen Villa Wilſtede, worin Jo. de Oumude Güter gehabt, und den Decimam Praedialem in WILSTEDE & *Bockholte*, & Domorum in *Debbeshorn* & *Oſterbrugge* dem Kloſter Lilienthal verkauft, welche Oerter Wilſtede, Dipshorn, Bucholz, nahe bey Lilienthal im Amt Ottersberg belegen, wobey Willianſtedi beym Anſchario dieſem Wilſtede der Gleichlautenheit nach am nächſten komt. Im Briefe Chriſtofs von Iſſendorf ap. MUSH. p. 311. wird die Kirchſpielkirche zu Wiſtede, die bey dem Iſſendorfſchen Hofe zur Oſe belegen, welches Olden Wiſte unter den freyen Dant Caſſebrug von Iſſendorf.

Dasjenige, was die Gelehrten, von dem Pago WALZATIA, deſſen Lage und Inbegrif angegeben, iſt bishero noch nicht hinlänglich erwieſen.

Das CHRON. GODWIC. p. 868. giebet deſſen Lage an:

in Archiepiſcopatu Bremenſi ad fluvium Albim, *ſupra Regionem* Kedingerland *inter fluvios* Swinge *& Eſchede* Eſte, *qui etiam terra antiqua & adhuc hodie* dat Oldeland *nominatur*.

und bringet in dieſen Pagum
a) Stade,
b) Herſeveld ſ. Roſſevelde Monaſterium.

Der Geheimte Rath von Weſtphal Praef. in T. IV. Rer. Cimbricarum p. 87. legt die Wurſatos aus terrae antiquae, terrae allodialis incolas. Der Rector Georg de Roth in ſeiner Geographiſchen Beſchreibung der Herzogthümer Bremen und Verden, p. m. 175. geht dahin:

die Wurſter hießen bey den Scribenten mittler Zeit die Wurſati item Pagus Wolfſatorum.

Grup. Orig. Germ. 2ter Theil. und

Obf. IV. Origines Luneburgicae.

und bezeichnet dieses Land Wursten so, daß es gegen Norden das Amt Rige-
buttel, gegen Abend die Weser, und gegen Süden den großen Fluß gehabt.
Und Slopke in seiner *Charte Hiſtor. Bardow.* ad p. 44. zeichnet

<blockquote>
die Wolfsatos an der Elbe von beyden Seiten der Stadt
Stade, ohngefehr bis nach dem Kloster Hersveld,
</blockquote>

und auf solchem Strich setzt er über die Wolfsatos die Comitiam Stadensem
bis zu Hersveld.

MEIBOM, PAULINI in *h. pago* und MUSHARD in *Diſſ. de Antiq. ur-
bis Stadae §. 12.* setzen gleichfals Stade in Pago WALDSATORUM, und be-
ziehen sich Meibom und Paulini desfals auf den DITMARUM *Libro IV.* Bey
dem MUSHARD §. 12. ist in margine manu viri docti diese Note gemacht:

<blockquote>
Waldſati dicitur populus citra Albim *in primis vero* die Geeſtlüde
in der Amtmanſchaft Seeven *&c.* von den Wäldern, *ultra ve-
ro flumen Albiam vocantur Holtſati,* von dem Gehölze.
</blockquote>

In dieser ganzen Diſſert. ſind in margine gelehrte Noten beygefüget, und iſt
das ganze volumen Diſſ. aus von Staden Bibliothek.

Das CHRON. HASTADENSE ap. MEIBOM. *T. II. p.* 89. nennet
in Bezeichnung der Gränzen von dem Patria Marchionis Udonis auch Waltſaci-
am mit in clauſula:

<blockquote>
qui (Udo Marchio) tunc poſſedit totam iſtam patriam à flumine Tze-
vena (Seve) in caſtro Harberg, & deſcendendo usque in Barbaricum
Mare per Albiam poſſedit.
</blockquote>

a) Waltſaciam,
b) *partes circa* Wimmam,
c) terram antiquorum Saxonum,
d) Laringiam,
e) Ruſtringiam,
f) Stedingiam,
g) *& Ambriam,*
h) *Tichtmarſiam,*
i) *Worſatiam,*
k) *Hadeleriam,*
l) *Kedingiam,*
m) *antiquam terram.*

In welcher clauſul, welche bey dem Schiphovver Chron. Oldenb. co-
mitum ap. Meibom. *T. II. p.* 159. auch zu leſen, gar nicht geſaget wird, daß
Waldſatia an der Elbe gelegen, vielmehr Waldſatia von Land Wurſten,
Redinger- Hadeler- und alten-Lande, unterſchieden wird, wie denn
auch

Cap. V. Von der Vicinia des P. Bardungo.

auch gleicher maße in Diplomate PHILIPPI *imper.* A. 1186. ap. HAMEL Chron. OLDENB. in *Proem.* in clausula;
 a) puta Pagum *Wolfatorum,*
 b) *terram antiquam,*
 c) *Hadelerlae,*
 d) *Wurfatorum,*
 e) *Keddingorum,*

von dem Pago WOLSATORVM das alte Land, das Hadeler Land, das Land Wursten und Redingen separiret stehen. Bey dem DITMARO L. IV. p. 353. wird keines Pagi Waldfatorum erwähnet, sondern nur allein Civitas *Herseveld* und urbs Stethin genant.

Das Chron. Radstadense ap. MEIB. T. II. p. 91. welches sich mit 1463 schließet, giebet das von Graf Habbone fundirte Kloster Heslingen *apud Wolsatos* ultra Wimmar versus comitiam Palatinam Stadensem an.

Bey obigen allen albier zusammen tretenden Umständen

1) ist der Pagus WALDSATIA an der Elbe nicht zu bringen, weil an dem Elbstrich das alte Land olim ROSSINGABI, und weiter hinauf das Redinger Land, olim Pagus OSTUNGABI, und bey Radenberg Pagus HOGTRUNGA belegen: das alte Land aber so wol, als das Redinger Land in den Diplomatibus und bey den Scriptoribus ausdrücklich von dem Pago *Woldsatorum* distinquiret wird.

2) ist eben wenig der Pagus *Woldsatorum* in Pagum *Wursatiae* zu bringen, als wovon er in Diplomate Philippi imp. A. 1186 unterschieden, wenn aber *Willienstede* in Pago WOLDSATORVM bey dem Anscharia Wilstede unter dem freyen Dam Cassebrug, wie anscheinlich, so würden dieselbe zu Anscharii Zeit der Endes gesessen haben. Das Wort Wald Wolt in *Waldsatia, Wolfsatia, Waldsatii* stehet in Wort nicht zu destructiren, noch aus dem Worte Ward, Worde auszulegen.

3) Obzwar von dem autore CHRON. RADSTADENSIS als einem neueren Scriptore, dessen Chron. sich mit A. 1463 schließet, gesetzet wird, daß das Kloster Heslingen ap. *Wolfatos* fundiret, so setzen dennoch die Urkunden mitler Zeit Heslingen in Pago EILANGOAE oder P. Heilanga, der sich in die Burde Heslingen, Borde Mulsum bey Rackerbeck und Borde Rade bey Rade erstrecket. Und wenn sich gleich zu Zeiten des autoris Chron. Radstadensis Wolfsaten bey Heslingen in der Geest gefunden, so ergiebet sich dennoch, daß daraus das Heslingen so wenig, als der *Pagus* HEILANGA an dem Elbstrich gelegen. Indessen zweifele ich nicht, es werden sich noch in Bremischen Urkunden hervorgeben, die die Sedes Wolfatorum in näheres Licht setzen.

Ro-

Obf. IV. Origines Luneburgicae.

Rofaveldon alias *Rosveldon* ap. ADAMUM BREMENS. *L. IV. c. 26.* Abbas *Roſſeveldenſis* in *cb. Adalberonus* Archiep. Bremens. A. 1140. in Privil. Eccl. Hamb. n. 42. Monaſterium *Roſenfeld* in Bulla Palchali A. 1104. ap. ROTH. *d. Diff. c. 11.* iſt gar alt, und wird deſſen und des erſten Abts Weinheri und der clericorum, die vor A. 1101 daſelbſt ſchon geweſen, und ausgetrieben, ſchon bey dem Annaliſt. Saxon. ad A. 1101 gedacht, auch von ihm gemeldet, daß A. 1106 Udo Marchio Aquilonaris daſelbſt verſtorben; unter dem Biſchof Adalberto war es eine Praepoſitur ADAM. BREM. *L. IV. c. 28.* incert. Aut. *Hiſtor. Archiep. Bremenſ.* ad *A.* 1068. Der Ort heiſſet bey den Scriptoribus promiscue Roſſel, oder Herſefeld, und iſt aus einer Praepoſitur zur Abtey gedieen. ANNAL. SAXON. ad *A.* 1087.

    expulerunt clericos de loco ſuae conſtructionis *Herſefeld* & poſuerunt illic Monachos, ſic quae erat praepoſitura facta eſt deinceps Abbatia.

Der Ort, wie er vom Campo Roſefeld genant zu ſeyn ſcheinet, hat dem Anſehen nach einen ganzen *Tractum* angedeutet, und haben die in England immigrirte Sachſen dergleichen Namen auch ihren Oertern gegeben, als Rosland in Cornw. Roſſendal in Lancaſtre, Roſſes Hal in Lancaſtr. v. SPELM. in *Lancaſt*. Aus obigen allen kan ich nicht anders urtheilen, daß ECCARD *Franc. oriental. T. II. p. 34.* Meinung, daß Roego auf alte Land treffe, ob er gleich ſie mit nichts begründet, dennoch aus obangeführten Urſachen alle Wahrſcheinlichkeit für ſich habe. Und wenn auch andere wäre, daß die Pagenſes terrae antiquae Wollaten geheiſſen, ſo würde dennoch dieſes nicht erheben, weil die im Land Hadeln ſich auch Landſeten genant wiſſen wollen. Von der Benennung des Worts Ros in Pago Roſingabi habe ich übrigens in Originibus Harburgenſibus bemerket, daß das Wort Ros in Benennung der dortigen Oerter üblich geweſen, und im alten Lande an dem *Oſtio* der Eſte ſich ein Ort Roſingaerder Ort genant finde, unter den Elbinſeln ſich eine Roswerder oder auch Ros genant zeige, ob das Wort ROS voce Svio-Gothica Roſt ein aeſtuarium VEREL. *b. v.* oder ROS das Wort HORS equus, welchen Namen der Dux Saxonum *Horſus* geführet, und von einigen Gelehrten aus der Benennung des Kloſters Rosveld alias Herſefeld entwickelt werden will, weiß ich auf zuverläſſige Art nicht auszumachen. Der Pagus STURMI iſt das Stift Verden, worin angegeben:

1) villa *Ekina Ekonon* ANSCHARIUS *vita Willebadi* ap. MABILLON. *Sec. III. P. II, p. 416.* hodie Eigen-borſtel, eine Forſt im Amt Verden.
2) *Aula* in Pago STHURMEDI Regiſtrum Sorrach. n. 207.
3) *Herion* in P. STURMEDI Regiſtrum Sarrachonis.

Cap. V. Von der Vicinia des Pagi Bardungo.

Die Jagd im Stift Verden ist von Ottone III dem Bischof Erponi gegeben, *per totum pagum* STURMIUM, CHRON. VERD. *sub Erpone n.* 17.

Unter Kaiser Carl dem Großen ist die Gegend bey Verden, und über der Aller bey denen Scriptoribus Carolingicis ganz bekant worden.

- a) Die große Execution, die der Kaiser Carl A. 782. nach der verlornen Bataille beym *Suntel* ad *confluentem Alerae & Visurgis* mit Decapitirung 4500 Sachsen.
- b) Dessen Marchroute von Minden über der Aller nach Hollenstede im Jahr 804.
- c) von der Lippe nach der Aller und dessen castra stativa im Jahr 810 an der Aller, wo sie in die Weser fliesset, wo er erwartet, welchen Ausschlag die Bedrohung des Königs Godefridi gewonnen, und woselbst die Zeitung bey ihm eingangen, daß die Wilzi das Castrum Hochbuoki an der Elbe eingenommen, lassen erkennen, daß der Kaiser den Pagum STURMI mehrmalen bezogen. Und aus dem Feldzug, den er A. 804 von Minden über die Aller nach Holenstade vorgenommen, lassen muthmaßen, daß er den Pagum STURMI oder dessen Gränzen passiret. Und daß bey Ausführung der Sachsen aus dem Pago WIMODI diejenige, die in Pago STURMI gesessen, ob sie schon an dem Aufstand der Bremischen Einwohner keinen Theil gehabt, zum Theil unschuldiger Weise mit ausgeführet, davon zeugen die Beschwerden, welche die Eingesessenen in pago STURMI *Eling, Ruotmar, Thaucinar*, bey den *Missis Regiis* zu ihrer Exculpirung ausgeführet, nach Inhalt des Diplomatis Ludovici pii A. 819. bey dem SCHATEN h. Anno.

Der Pagus STURMI wird vom Pago WIMODI unterschieden, und findet sich unter den *pagis minoribus* PAGI WIMODI nicht begriffen, und ist in Observ. Misc. P. I. Obs. V. p. 56. zu lesen: nicht den Pagum Sturmi begriffen.

Nach dem Diplomate Carolino de terminis dioecesis Bremensis hat der Hesseweg den Pagum LOERGO i. e. Pagum WIMODI der Enden von dem Pago STURMI geschieden. Und das Diploma de *terminis Verdensis Dioecesis* zeiget die Gränzen an, wo an einer Seite der Pagus STURMI gegen der Bremischen Diöces, und Pag. WIMODI an der andern Seite, im Lüneburgischen, gegen den Mindischen Diöces, und gegen den *Bannum Archidiaconatus* in *Aldem* zugeführet. Das Diploma Ludovici A. 819 auch das Registrum des Abts Surrachonis separiren auch allerorts beyde Pagos *Wimodi & Sturmi*.

§. 4.

§. 4.
De SLAVIS TRANS-ALBINGICIS.

Ueber der Elbe haben gegen die Sachsen an der Elbe gewohnet:
1) die Stormarier bis an die Bille,
2) die Polabier von der Bille ab der Stadt Ratzeburg,
3) über die Polabinger die Linai oder Linones, als die an der Elbe gesessen, und in deren Lande an der Elbe das Castrum Hobuochi gelegt, welches die Wilzi A. 810 zerstöret, und A. 811 Kaiser Carl wieder aufrichten lassen.

Nachdem der Kaiser A. 810 im Lager zu Werden die Zeitung erhielte, daß die Wilzi das Castrum Hobuochi eingenommen und zerstöret, schickte Kaiser Carl ein Corps über die Elbe in Linaos oder Linones, verheerete ihre Länder, und ließ das Castellum Hobuochi wieder aufrichten. Annales Eginh. LOISSEL & Vita Carol. M. cod. Thuan. Annales METENSES, BERTIANI A. 811.

> *Imperator — in tres partes regni totidem exercitus misit, unum trans Albim in* Hilinones, *qui & ipsos vastavit & castellum Hobuochi superiori Anno a* Wilsis *destructum in ripa Albis fluminis restauravit.*

Chron. MOISS. A. 811.

> *Misit Carolus imper. exercitum Francorum & Saxonum ultra Albiam ad illos Slavos, qui nominantur* Lanai *&* Bethelclereri *& vastaverant regiones illas, & aedificarunt iterum castella in loco, qui dicitur* Abochi.

A. 808. war der junge Carolus schon in Linaos mit Verheerung eines grösten Theils ihrer Lande beschädiget Chron. Moiss. d. A.

> *Misit Carolum filium super* Saxonia *ultra Albiam ad illos Slavos, qui vocantur* Linai, *& vastavit maximam partem regionis ipsius.*

welcher Uebergang über die Elbe mit Schlagung einer Brücke in Linones & Smeldingos mit einer Geschwindigkeit geschehen. Annales METENSES, BERTIANI, EGINH. ad A. 808. Vita Karoli Bibliothecae *Thuanae*, Monach. ENGOLISM. d. Anno.

Daß die Expedition über der Elbe in Linones geschehen, und daselbst an der Elbe mit Verheerung der Linonum Lande das Castellum Hobuochi wieder aufgerichtet, giebet zu erkennen, daß dies Hobuochi nicht in Saxonia Trans-Albingica in *Stormariorum* terra, wo Hamburg, nicht in *Polabingerum pago*, der sich von der Bille nach Ratzeburg erstrecket, sondern in *Linenibus*, welche über die Polabingos gesessen, gebauet, und daher dem AL-
BER-

Cap. V. Von der Vicinia des Pagi Bardunga. 247

BERTO STADENSI, KORNER *ad A. 913.* und dem Hrn. von WESTPH. *p. 51. Not. V. Praefat. in T. I. Rerum Cimbricarum*, die Hobuochi von Hamburg nehmen, nicht beyzutreten. Denn fürs erste findet sich kein Grund, woher auf Hamburg zu schließen, der terrae Stormariorum wird auch bey dieser Expedition in Linones, und Wiederaufbauung des Castelli Hobuochi mit keinem Wort gedacht; fürs andre zeiget klar genug, daß das Corps Caroli M. über die Elbe in Linones gerücket und daselbst Hobuochi wieder hergestellet. Daß in der Benennung Hocbuochi und Hamburg von einer Bedeutung, welches Hr. von WESTPHAL geglaubt, zeigt sich gar nicht. Wenn Hocbuochi ein teutsches Wort, so würde es so viel sagen als Hohenbuchen, *alta fagus*, dergleichen Ort dieses Namens Hohenbuchen in hiesigem Lande vorfindlich: ist es aber eine Slavische Benennung, so bleibt uns noch die Bedeutung des Worts unbekant. Hamburg hat allem Vermuthen nach vor erbaueter Burg Ham geheißen, wie Ham in Westphalen, nach erbauter Burg Hamburg, wie in hiesigem Lande Tracia und Luini, welche nach gebauter Burg Drackenburg und Lüneburg genant. Daß in Hamburg Ham eine *silvam* bedeutet, ist noch lange nicht ausgemacht. HAM heißt bey den BELGIS *Domus, habitatio*, KILIAN *h. v.* ANGEL-SAXEN Domus, HAMFAEST *domi se tenens*, HAMORA *domestici*, BENSON *h. v.* ANGLIS *Home* Alem. Heim. DANIS *Hiemme*, JUNIUS in *Home*, HAMELET *viculus* diminutivum von Ham. JUNIUS h. v. SERENIUS in *Hame*: Daher GIBSON *Regulis generalibus de nominibus locorum* von der initiale oder terminale Ham urtheilet:

    Ham *sive* initiale *sive* terminale *profluit a Sax.* HAM *Domus, praedium, villa, Borealibus Heam, Austerialibus Heome.*

Hiernächst ist noch nicht dargethan, und wird von WACHTERN *h. v.* nicht zugestanden, daß *Ham* in genere *Sylvam* bedeutet, wobey er denn auch in specie von Hamburg anführet, daß dieses eben so leicht Burgum pratense bedeutet haben kan, wie denn bey den Niederländern auch HAM *prata eluvionibus exposita*, Hammericken *prata* genant werden. ALTING *P. I. p. 44.* KILIAN *h. v.* WACHTER *h. v.* Und wenn auch Hamburg so viel heißen solte als Waldburg oder Hohenbuchen, so würde dennoch auch daraus nichts weiter folgen, als daß es 2 Oerter des Namens Hohen-Büchen gegeben, das eine in *Stormariis*, das andere in *Linonibus*, auf die Linones aber die Expedition Kaiser Carls de Anno 811 gangen.

    Die Gelehrten, um den Sitz der Linonum auszufinden, schweifen auf mancherley Oerter gleiches Namens herum, concipiren sich auch Oerter solches Namens, die an solchem Ort und Stelle nicht gewesen. Hiebey ist ein für allemal in Augenmerk zu halten, daß die Linones über der Elbe und nahe

Obl. IV. Origines Luneburgicae.

an der Elbe, und zwar nicht in Saxonia Trans-Albingica, sondern in Slavia trans Albingica gewohnet, und so fallen auf einmal weg:

1) Das Raubschloß LUNAU, welches in der Lüneburgischen Charte bey dem Bilkrock diesseits der Bille gezeichnet, und also in Stormarien in dem Ueber-Elbischen Saxen sich gefunden, welches nach TRAZIGERS *Hamb. Chron. A. 1352.* von den Hamburgern geschliffet, welches, daß es schon A. 1349 von Graf Jo. von Schaumburg geschehen, SPANGENB. *in Schaumb. Chron. L. II. c. 19.* angegeben, sonst aber in Diplomatario Ratzeb. beym WESTPHAL. *T. II. P. II. p. 2088.* zur Parochie Nus gerechnet, und also, wenn es auch nicht zu Stormarien gehöret, zur Terra Polaborum zu rechnen seyn würde.

2) Die LINOW, welche bey Lauenburg nach der Lauenburger Charte jenseits der Bille in Terra *Polaborum* in die Stöcknitz gehet.

3) Die LINOW, ein kleiner Fluß, der bey Trittau in die Bille fält, welchen das Chron. Godwicense vielleicht für die Schönbeck nimt, worin das Raubschloß Linow gelegen, und die bey Trittow in die Bille fält, solchergestalt aber als diesseits der Bille ad Stormariam zu rechnen.

4) Das Kloster Luni, welches aber außer aller Consideration trit, weil es in Saxonia cis-Albingica orientali in Pago Bardungo belegen, und überdies zu Caroli M. Zeiten noch nicht fundirt gewesen.

Die Gedanken, die der *Autor Chron. Godwic. p. 662.* über die nach Zeitverlauf von den Linonibus veränderte Sitze geführet, a) daß sie sich zwischen der Elbe und Havel gezogen, als welches sich aus den Oertern in der Niedermark Lenzin, Lennewitz, Lengwisch, Linow, Linum vermuthen lasse, b) daß sie mit Anfang des 2ten Seculi, da die Heveldi, Brizani, Durani inclarescirct, in einen kleinen von Wald und Mohren gehäuften Winkel getrieben, welcher in *Diplomate Ottonis, de Fundatione Eccl. Havelb.* An. 946. *Linagga,* und im 11ten Sec. *Linoges* genant, HELMOLD *L. I. c. 37.* sind weiter nichts als Gedanken, die der Autor nach seinem concipiendi modo bey sich aufgehen lassen, und mit nichts zu begründen. Es ist eine überaus trügliche Sache, aus einer Gleichlautenheit eines particulairen Orts auf die Sedes der Völker zu schließen. In der Vogtey Soltau in pago maiori BARDUNGOW ist der Pagus *Lingewe* in dem Amt Luchau der Pagus Slavicus *Lengau* gewesen. Luneburg heist in Annalibus Carolingicis vor erbaueter Burg LUINI, im Bremischen im Amt Asburg ist die Linebrock. In Engeland sind viele Flüsse, die den Namen Lun führen, in Lancaster Sh. Jork Sh. Westmorland. SPELMAN *villar. Angl. h. v.* Also erfordert es alle Vorsicht auf solche Namen abzuschweifen, welches dem Autori Chron. Godw. gar zu leicht und gar oft ohne allen hinreichenden Grund angetreten.

Die

Cap. V. Von der Vicinia des P. Bardugo.

Die Annales LOISSEL An. 808 melden von den Wilzis, daß sie mit den Obotriten eine alte Freundschaft gepflogen. Der Autor vitae Caroli Magni A. 809. daß sie der Obotriten Vicini geworfen. EGINH vita Caroli M. C. XIV. daß sie Francico vocabulo *Wilzi*, Slavonico *Wiletabi* genant, und ad litus australe Maris occidentalis, hodie die Ostsee, Slavi & Aistii, und unter denen die vornehmsten die *Wiletabi*, gewohnet. ADAM. BREMENS. *l. c. 11.* und der Vetus Schol. d. l. bemerken, daß die Leuticii *Wilsi* genant würden, insbesondere ADAM. *d. l.* daß ultra Leuticos die Oder fließe, und der Vetus Scholiastes, daß die Chizzini und Lurcipani diesseits der Pene, und die Tholosantes vel *Redarii* jenseits der Pene, alle viere a viribus WILZI vel LEUTICII genant würden. Die Chizzinos und Circipanos setzt ADAM. BREM *c. XI.* nächst den Lingonibus und Warnabiis. Ob nun gleich zu Arnoldi Lubec. und zu des Adami Bremensis Zeiten die Wilzi an der Oder, welche sie von den Pomeranis geschieden, gewohnet, ARNOLD L. 1. c. 2. auch gegen die Insel Rügen gesessen, ARNOLD l. c. 2. mithin die Annales Tiliani von Kaiser Carls Expedition in Wilsos & Reg. Winidorum de A. 789. melden, daß der Kaiser usque ad *Panam* fluvium kommen, so hat es annoch kein ander Ansehen, als daß die Wilzi von der Elbe so gar nicht entfernet gewesen, da in Einhardi Annalibus von der Expeditione A. 789 gemeldet wird, daß des Kaisers Truppen mit dem Uebergang über die Elbe in der Wilzorum Lande gerücket:

ipse flumen transito — ingressus Wilsuroum terram.

Die Provincia BALSAMORUM ist vorhin von den Sachsen besessen. AR-NOLDUS Lubec. *L. 1. c. 88.*

Sed & australe littus Albiae ipso tempore (orientalis Slaviae Marchionis Adelberti, Marchionis cognomento Ursi) coeperunt incolere Hollandienses Advenae ab urbe Salveldele (Salzwedel) *omnem terram palustrem atque campestrem terramque quae dicitur Balsemer lande & Marscinerlande — Siquidem has terras Saxones olim inhabitasse sa unser tempore scilicet Ottonum, ut videri potest in antiquis aggeribus, qui congesti fuerunt super ripas Albiae in terra palustri Bollamorum. Sed praevalentibus postmodum Slavis Saxones accisi & terra a Slavis usque ad nostra tempora possessa.*

und hat nach dem Zeugniß WITTEKINDI Annal. L. 1. p. 84. A. 932. Henr. Auceps die Ungern; auch abermals unter Ottone II. Theodoricus Dux & Marchio mit den übrigen Grafen die Slavos in pago BELXA oder in loco, qui BELXEM dicitur, geschlagen.

Der Ort Riade (Riede), wo Henricus Auceps gegen die Ungarn Luper geschlagen ANNAL. SAXON. A. 934. hält FALCKE. trad. Corb. p. 465. Rabe ein Dorf, das nach Ordorf Amts Knesebeck eingepfarret, zu seyn.

In Pago BARDUNGO haben die Bardi insbesondere von den Leuticiis großen Anfall gelitten. Unter Kaiser Ottone III. sind A. 997 zur Zeit, da der Kaiser Stoderaniam vulgo Heveldun verheeret, haben die Vulotabi die Provinz Bardungo mit Raub und Brand überfallen, daß auf einen Tag 2 Treffen vorgangen. ANNAL. SAXON. A. 997.

  dum imperator Hilveldun *devastando decurrit, praelium bis in Bardungo contra Slavos una die commissum est, nam congregati Vulotabi Bardungo Provinciam improvisi rapinis aggressi sunt & incendiis.*

An. 1035 haben die Leuticii Werbinam castellum in *confinio Saxonum*, juxta HELMOLDUM & KORNER *A. 1012 oppidum terrae Saxonum juxta Albiam* eingenommen, worauf der Kaiser über die Elbe gangen, und ihre Provinz verheeret. HERM. CONTRACTUS A. 1035.

  Pagani qui Luitici *vocantur* Werbenam *castellum in* confinio Saxoniae *multis Christianis occisis, & captis, obtinent.*

ANN. SAX. *d. Anno.*

Die Wenden, die im Lüneb. diesseits der Elbe zu beyden Seiten der Jeze, die auf Wustrau, Dannenberg geht, und bey Hiddesacker in die Elbe fällt, gesessen, rechnet der Hr. Rath Gebhardi die *Aquilonarem Marchiam* in der Abzeichnung, die er auf dem Titulblat gemacht, der *provinciae Redariorum* zu, die er von Jeze über die Elbe zwischen der Elbe und Dosse bemerket, und urtheilet p. 4. von dem Bezirk der *provinciae Rhedariorum*:

  Daß der Fluß und die See Tollentsee der Redariorum sich eröfnet, und die Provinz der Redariorum sich von diesem *Lacu tollene* nach Lunkina (Leonstum, Lanzen), welches Wittekindus in dieser Provinz angegeben, erstrecket, und den grösten Theil von der Prignitz begriffen, er auch nicht zweifele, daß die alte Mark darin befangen.

  Das letztere, daß die alte Mark in provincia Rhedariorum befangen, und die Lüneburgische Wenden, wie MEIBOM. *Chron. Walbecensis* angegeben, von den Rhedariis gewesen, ist nicht erwiesen.

  Nach dem ADAMO BREMENS. *L. II. c. 9.* nach den ANNAL. SAXON. *ad A. 983.* der seine Beschreibung von Adamo genommen, sind unter den Völkern, die zwischen der Elbe und Oder gesessen, als die Heveldi an der Havel, die Doxani, Leubuzi, Wilini, Wabani und Stoderani mit vielen andern, die Rhedarii in der Mitte *medii & potentissimi.* Nach dem HELMOLDO *L. I. c. 2.* hat sich

                     post

Cap. V. Von der Vicinia des P. Bardungo.

post Oderae *lenum meatum & varios Pomeranorum populos ad occidentalem plagam Provincia* Winulorum *eorum, qui Thalenzi five Rhedarii dicuntur,*
gezeiget, in welchen ihre Civitas vulgatissima mit neun Thoren, allenthalben mit einem lacu profundo umschlossen, nach dem ADAM. BREMENS. c. 11. eine viertägige Reise von Hamburg gesunden, welches einige für Robel an der Marig, andere für Malchow an der Elde, andere Malchin an der Pene, LATOMUS *Geneal. Megapolitan.* aber ap. *Westphal T. IV. p. 83.* nicht ohne Anschein für Pribug an der Tollense angesehen.

Daß Kaiser Carl gegen die Slavos, und in specie gegen die Wiljos An. 789 zu Felde gezogen, auch bis an die Pene gekommen, und die Sächsischen Kaiser, auch die Herzoge zu Sachsen beständig mit den Slaven zu schaffen gehabt. An. 997 die Bulotabi und Wiltzi in Pagum Bardungo gefallen, und auf einen Tag 2 Treffen mit ihnen gehalten.

Herzog *Magnus* seine Expeditiones Slavicas gehabt, und die Curtis Salta dabey die Servitia zu präftiren gehabt. Ch. ap. KESTNER ANTIQ. Quedl.

Ordulfus, Herzog von Sagen, in den zwölf Jahren, da er mit den Slaven gekrieget, niemals den Sieg davon getragen. *Hifter. Arch. Bremenf.* ap LINDENBROG *Script. Septentr.* p. 85.

Dux Ordulfus faepe contra Slavos dimicavit per 12 annos, quibus patri fupervixit; nullam obtinuit victoriam.

Daraus folget nicht, daß es allein die Rhedarii gewesen, und diese sich an der Jetze und in der alten Mark gesetzet, vielmehr lässet sich aus den villis Slavonicis, die die familia Hermanni Ducis der Endes besessen, und in specie aus der Erbschaft Wichmanni an die beiden Klöster St. Mich. und Kemnaden kommen, urtheilen, daß die in villis Slavonicis gesessene Slaven unters Joch gebracht, und ad servitia praeftanda verpflichtet, als welches sich aus der Notitia Stabulensis Monasterii ap. MARTENE *T. II. Collect. col.* 234. 235. une der denen Gütern des Klosters Kemnienaden, die die Abtissin Judith verdussert, hervorgeben, als wie es in gedachter Notitia lautet:

in curia in Wichmannesburg *dedit in beneficio XXIX mansos*
- - dedit insuper XX villas Slavicas ad eandem curiam pertinentes. Inter Bodenhusen *&* Sutherburg *dedit XXV mansus*
- - & villas Slavicas XIII.

Diese *villae Slavicae* liegen sämtlich im Lüneb. welche allem Vermuthen nach das Kloster Kemuaden aus des Wigmanni Herzogs Heremanni Brudern Sohns Erbschaft erlanget.

Die Leuticios sonft Wilsos oder Weletabos hat EGINH. *d. c. XII.* als

Obf. IV. Origines Luneburgicae.

als die vornehmſten unter den Slaven angegeben, und beweiſet DITMAR. L. VIII. p. 420. unter dieſen die *Abotritos* & Waros, und ſagt von ihnen, daß ſie more Luiticio ihre Freyheit vindiciret, und im Monat Febr. auf ihrem ſolennen Heidniſchen Feſt (Feſto Juteo), welches von ihnen luſtratione & maneris debiti exhibitione gehalten worden, die Kirchen verheeret und verbrant. Bey dieſen allen ab. r ʒiget die merkliche Stelle, die PAGIUS *ad Baron.* T. III. p. 456. ex vita Ottonis Bamberg. Pomeranorum Apoſtoli anführet, und GUNDLING *Henr. Aucupe* §. 24. Lit. c. p. 174. celebriret, daß OTTO BAMBERG. die Schiffe mit Victualien auf der Havel in *littora Leuticiae* gebracht, von dar aber mit Wagen *per terram Leuticiae* nach Demmin geführet, wovon die Worte in vita Ottonis Bamberg. lauten:

Per Saxoniam iter dispoſuit, & apud Hallam *naves victualibus onerans, per* Albam *flumen in* Habulam *perlapſus* Leuticiae *littora usque adductus eſt, cunctaque* Hallae *coemta & navigio usque in* Leuticiam *portata curribus & quadrigis quinquaginta cum annona imponent ibi per terram* Leuticiae *usque* Timonam *civitatem Pomeraniae tranſportavit.*

Ich ſehe alſo den Zug, den Otto Bambergenſis genommen, ſo an:
1) er ſey von Halle auf der Sale und Elbe, welche beyden Flüſſe die Sachſen in Saxonia orientali beſchloſſen, ʒu Schiffe gangen,
2) und ſey bey Werben als ein Caſtellum Saxoniae in die Havel kommen, welche bey Werben in die Elbe fält,
3) auf die Havel iſt er bis ad *littora Leuticiae* geführet, in Habulam perlapſus *Leutitiae littora* usque adductus.

Alſo urtheile ich, litora *Leuticiae* haben bey Werben, als wo die Habel in die Elbe gehet, nicht ſo gleich ihren Anfang genommen, weil noch ein tractus intermedius, bis dahin er die litora Leuticiae erreichet, eingetreten;
4) von den Litoribus Leuticiae aber an, hat er ſeinen Proviant auf der Axe per terram Leuticiae usque ad Timonam (Demmin an der Pene auf der Mecklenb. Gräntze) transportiret.

Die *Heveldi* Slavi ſaßen nach dem HELMOLDO L. I. c 2. juxta *Habelam* (Havel) *flurium*, welche Henricus Auceps überfallen, und ihre Stadt Brennaburg eingenommen, und werden in Charta Ottonis A. 949. ap. ECCARD, *Hiſtor. Princip. Sax.* 129. in terra Slavorum in Pago HEVELDUN angegeben:
a) Civitas *Brennenburg,*
b) *Pricervi* h. Prezerb,
c) *Eseri.*

Cap. V. Von der Vicinia des P. Bardungo.

und in Chron. Ottonis III. A. 939. ap. LUNING. *Spec. Eccl. contin.* T. III. p. 189.

d) *Potzduptmi.*

Hieraus denn erscheinet, daß Otto Bamberg erst auf der Havel dem Pagum *Meveldun* paßiren müßen, ehe er auf der Dübel an *Terram Leuticiorum* gelanget. PAGIUS *b. l.* setzt daher Leuticiam terram zwischen Demmin und Zedrnie, und urtheilet, daß sie einen Theil von Mecklenburg, von der Uckermark und *ducatu Stitinensi* besorgen. Daß bey Zedenic Leuticia angienge, läßet sich präcis nicht sagen.

Was es für Slaven und Wenden, die sich im Lämburgischen eingedrungen, obgleich Meibom und Hofman im *Rerum-Saal* solche für Redarier angesehen, läßet sich, wie vorhin angeführet, nicht bestimmen. Die Slaven haben ohne Unterlaß in gantz Sachßen von der Elbseite Einbrüche gethan, und sind Meister von beyden Seiten der Elbe gewesen, als wovon der *auctor vitae Bernwardi T. I. Scriptor. Brunsvic. p. 444.* schreibt:

> *Cum ejusmodi irruptiones sedari nulla modo possent, quippe cum barbari, qui utrumque littus Albiae & naves omnes sua ditione tenebant, navali evectione per omnem Saxoniam facillime se infunderent.*

Welches denn auch Bischof Bernwardum veranlaßet, nicht nur ein klein Vestungswerk in confluente *Alerae & Ocokarae* anzurichten, sondern auch zu *Verinbolt* (Werenbolt cod. MS.)

> *ubi tutissima illorum* (Barbarorum) *statio fuerat, liber quoque latrocinii cursus, munitissimum praesidium*

anzuordnen. Darenholtz liegt an der Ise in der Vogtey Darenholtz, Amts Giffhorn, welche vorhin zu Hankesbüttel eingepfarret gewesen, welche aber mit 2 kleinen Villis, die die Slaven bewohnet, eine eigene Kirche erlanget, die in honorem St. Nicolai & Cathrinae consecriret. Wovon die bey dem Hofm. in jus Sax. recensirte Urkunde lautet:

> Warenholtz, *cujus ecclesia in honorem* S. Nicolai *& D.* Cathrinae *consecrata, olim pertinuit ad majorem Ecclesiam in* Hannekesbutle - - Conr. Ep. Hild. *utpote Dioecesanus* Wambolanum *cum duabus parvis villis, quas Slavi colebant, a* Hannekesbutelensi *hac ratione avulsit.*

Was auch die albier im Lande gesessenen Slaven anlanget, so sind auch solche nicht suae potestatis gewesen, sondern Henricus Auceps hat selbige zum Theil tributair gemacht, die in dem Verfolg der *familiae ducis Billingianae* unterwürfig gewesen. Also hat Bernhardus Dux Saxoniae sub Henr. S. den Pagum Slavonicum DREVEN und darin villam *Clavitki* in seinem Comita-

Obf. IV. Origines Luneburgicae.

zu gehabt, Ch. Henr. B. A. 1004. ap. FALCK Tradit. Corbeienf. p. 905. welche ex hereditate Wigmanni Herimanni Ducis Bruders Sohn von Kaiser Ottone M. ans Kloster Kemnaden gegeben. Im Fürstenthum Lüneburg finden sich Oerter und villae Slavonicae sowol an der Elbe im Amt Bleckede, als Wendisch Beckede, Wendischthun, und im Amt Lune war bey Luneburg, wo die familia Billingiana resideret, Wendisch Evere, welche, wie das Amt Lüne und Bleckde zum *pago Bardengo* gehöret. Dieses beweiset noch mehr, daß die villae Slavonicae dem Herzoge von Sachsen unterwürfig gewesen, und zum Theil als Slavische Colonien an Oerter, wo sie das Land bauen sollen, deduciret, welche die familia Billingiana sonst so nahe unter ihren Augen und hart vor der Residenz sonst nimmer würde geduldet haben.

Es ist hiebey bemerklich, daß in dem Strich der Elbe an der Elbe und im Grabo, welche die Schneide des Verdenschen Diöces abgegeben, und in welcher Gegend unter den Carolingicis die Linones gesessen haben, im Lüneburgschen Lande viele Oerter benamt stehen, als:

a) Grabow, ein Dorf im Amt Hitzacker,
b) Grobau, ein Dorf im Amt Schwarzenbeck,
c) Grabau, ein Dorf im Amt Luchow,
d) Grabau, ein Dorf im Amt Boden-Teich,
e) Burg Grabau, ein adelicher Sitz im Amt Luchow,

auch in Provincia Waninke zwischen der Walerow, Elbe und Elde sich Bresigore jetzo Beesiger zeige, die mit Brizer im Amt Dannenberg in der Benennung einige Gleichheit hat. Es kan nun seyn, daß zu Henrici Leonis Zeiten einige Slavische Colonen in hiesige Lande versetzet, und dagegen, wie der Graf Volrad von Dannenberg gethan, man die Mecklenburgische Regiones Jabel und Waningen durch teutsche Christen cultiviren lassen wolle, die Teutsche wieder in Jabel und Waninge gebracht, *Charta Isfridi A. 1183. in Diplom. Ratzeb.* ap. WESTPHAL. Eben dieser Graf Volrad von Dannenberg hat die Neustadt Grabau angeleget, mit Christen besetzt, mit privilegiis begnadiget, An. 1259 das Dorf Karsted zu Unterhaltung der Festungswerke und übrigen Bedürfnissen verkaufft, laut Briefes von A. 1259 beym Hrn. von BEHR *Rebus Meckl.* p. 542. Und hat A. 1293 Markgraf Otto ihre von Graf Volrad der Stadt verliehene Privilegia bestätiget, laut Privil. A. 1293. bey Hrn. von BEHR p. 543. LATOMUS *Genealochron. Mecklenb.* ap. WESTPHAL *T. IV. p. 250.*

§. 5.

Cap. V. Von der Vicinia des P. Bardungs.

§. 5.

Pagus BALSAMIAE s. BELISEM.

Der Pagus BELISEM, BELXEM, BALSAMIA gieng so weit ins Fürstenthum Lüneburg, so weit der Halberstädtsche Dioecesis
    a) bey Gifhorn und der Ise an dem Hildesheimschen Diöces,
    b) und bey dem Fluß Aland und bey Ordorf, an dem Verdischen Diöces

hergieng. Er war auch ein *Pagus Saxoniae orientalis*, der dem Halberstädtschen Diöces mit beygegeben, in welchem Werben an der Elbe auch als ein oppidum Saxoniae angelegen. In diesem Pago werden angegeben
1) Arnaburg in Ripa Albiae, in Pago BELISEM. Bulla Bened. P. P. A. 774. ap. NOLDEN *de familia de Vehheim* & *Ch. Henr. II. A. 1008.* ap. EUND.
2) Bremesbe.
3) Ellerdesdorp.
4) Steinedal A. 1022. alle drey in Pago BELSHEIM in *Praefectura Marchißs Bernhardi*, Ch. Henr. S. A. 1022. In dessen praefectura auch waren in Pago NORDTHURINGEN, Badenleve, item Vadenleve, Dudilegon, Wermeresdorpe, Emmode, Hagendorp, Adelegeresdorp. In Pago OSTERWALDE, Kalendorp.
5) Melbesdorpe, in Pago BELXA, Regist. Sarrach. n. 724. Die Vogtey Mesdorf an der Biese, wohin Beslingen gehörig.
6) Salevessele, in terra, quae dicitur Balsamer-Lande & Marchiner-Lande, Heimold I. 88.
7) Villa Slaariz in BALSAMIA, welche Albertus Ursus gekauft, und seinem Sohn Ottoni Marchioni zu Dotirung des Klosters H:Jesuven gegeben, Chr. Adalberti March. A. 1160. ap. FALCK *Tradit. Corbeiens. p. 922.*
8) Riade Amts Knesebeck bey Ordorf, wo Henricus Auceps A. 934 Lager geschlagen, und des folgenden Tages in Pago BELXEM in die Flucht getrieben. *Annal. Corbeiens.* ap. FALCK p. 544. p. 461.
9) Congera, wo A. 983 die Slaven in loco BELXEM geschlagen. DITMAR. L. III. p. 346. ANNAL. SAX. A. 983.

Das so genannte Brilken oder Boldeken Land ist der District um Imuicke, worin begriffen 1) Ossellesse, 2) Wehufen, 3) Dappebeck, 4) Bockesdorp, 5) Jemicke, 6) Warwide, die vormals unter dem Halberstädtschen Diöces befangen gewesen.

Der Prediger Falcke hat allem Ansehen nach die Gränzen des Pagi BELISEM unrichtig gezeichnet, denn

1)

1) läſt er die Gränze des Pagi DERLINGO unter der Suppoſition, daß die in Pago Derlingo angearbeite Oerter:
Bocklo, Bockelhof bey Gifhorn,
Dallengebütle, Dannenbuttle,
Ernum,
Odenhus,
ins Amt Gifhorn in Pagum Beliſem hinein lauffen.

2) ſetzt er den Pagum MOSIDE nächſt an den pagum Northuringen, und hinter den Pagum MOSIDI an der Elbe, Tonger und Priſarine, wo
a) Gardeleben,
b) Bremeze,
c) Stendel,
d) Arnaburg,
e) Werben,
den Pagum BELXA oder Beliſem.

3) und den Teithmining (Drömling) ſcheinet er in Pago OSTERWALDE zu bringen.

Daß das Balſamerland Salzwedel an der Jeſna mit begriffen, leugnet HELMOLDUS d. c. 88. daß der Halberſtädiſche Sprengel über den Pagum *Belincehem*, *Beliſem* oder *Belxem* gegangen, enthält das Diploma Ludov. Pii A. 814. apud LEUKFELD *Antiq. Halberſt.* p. 614. Daß der Halberſtädiſche Sprengel hinter den Pagum Northuringen, an welchem der Pagus Beliſem gegräntzet, von dem *Hunda Paluds*, von der Ore, *Milde, Preckina* und Elbe beſchloſſen worden, bezeuget das *Chron. Halberſt.* T. II. *Scripe. Br.* p. 111. und *Annal. Saxe ad A.* 803. woraus ſich denn eröfnet, da hinter dem Pago NORDTHURINGEN kein ander Pagus, als der Pagus *Belineshem* angegeben wird, daß ſolcher Pagus Beliſem in ſolchen terminis, worinn Dioeceſis Halberſtad. beſchloſſen, als zwiſchen dem Iſenbroek, der Ore, Milde, Preckine befangen geweſen.

Die Gränze des Halberſtädiſchen *Dioeceſis* wurde An. 804. in Palatio Saltz terminiret, mit den Pagis *Darlingowe, Northuringowe, Belineseheim, Harlingowe*, Suavia & *Haffingowe*. Das Praec. Ludovici Pii A. 814. enthält die Worte:

Cujus parochia determinata eſt his pagis Darlingowe, & Northuringowe & Belinesheim, Haſtingowe, SUAVIA & Haffingowe.

Und wenn gleich das Diploma Ludovici Pii nicht ächt, ſo wird dennoch der Satz, daß die Dioeceſis Halberſtad. mit dieſen Pagis beſtimmet, beſtätiget. *Chron. Halb.* p. 111.

...nia des P. Bardungo.

...est his pagis Darlingowe, & Northuringowe & Belinesheim, Harlingowe, Swavia & Hassingowe.
auch zugleich angezeiget, in welchen Gränzen diese Pagi, und folglich auch die Dioeceſis Halberſtadenſis beschloſſen geweſen. ANNAL. SAX. ad A. 804.

Hi ſunt autem termini, fluvius Albia, Sala, Unſtruda, Foſſa jux... ..., Altitudo Silvae, quae vocatur Hart, Ovaera, Daſaneck, ...nk Terbike (Druterbeke), Eleva (Elera), Iſunna Palus, quae ...oidit Hardengaos (Bardengaos) & Witingaos, Ara, Milda, Preceking & iterum Albia.

CHRON. HALBERST. p. 111.
Hi autem sunt termini Halberſtadienſis Dioeceſis, fluvius Albia, Sala, Unſtruda, Foſſa juxta Grone, altitudo silvae, quae vocatur Hart, Ovaera, Scuntra, Taſaneck, Drut-beke, Alera, Iſunnae Palus, qui ...dit ...nagaos (Bardungaos) & Witingaos, Ora, Milla, Precekinga, & iterum Albia.

...war Biſchof ...mann zu Halberſtad A. 967 auf das Erſinnen ...es Ottonis des Stiffung des Ertzſtift Magdeburg an selbiges obe...:

"Parochiam ...am, quae ...cera inter fluvios Albiam, Salam, ..., & Bodam.
...Paroſis ap. SAGITTAR. Antiq. Arch. Magd. S. 97. dieses auch aus Hall. p. 116. bezeuget, in clauſ.
Parochias igitur ſuae partim inter Oram & Albiam & Bodam flu... & inſuper viam, quae Friderici dicitur, deo ejuſque militi S. ...uritio & Imperatori conceſſa.
... Sax. ad A. 968 mit ſelbigen Worten anführet:
Partemque Parochias, quae ſita eſt inter Aram & Albim & Bodam fluvios & inſuper viam, quae Friderici dicitur, Deo conceſſit, ſanctoque Mauritio & Imperatori.

...Henrico V. die Gränzen des Halberſtädtschen Sprengels nicht ...ert, als mit Ausnahme deſſen, was davon an das Ertzſtift Magdeburg A. ...Heerſtraſſe oder Wege und den drey Flüſſen, Elbe, Bode ...e, abgetreten, beſtätiget, und nach dem Chron. Halberſt. p. 121. deſſen ...es beſtimmet:

...) per aſcenſum ejus ... &) usque Stoken.
... ad medium, ... dicitur Nockenſtein.
... usque ad terminos Witinge villae.
... usque ad Piliam juxta O...
...tia usque in viam, quae dicitur ...-Weg.
...raſſe. 2ter Theil. Kk

Obs. IV. Origines Luneburgicae.

f) & per viam usque ad ortum fluvii Rodowe.
g) & per descensum ejus usque ad fluvium Iesne.
h) & per descensum ejus usque in fluvium Prisatine.
i) & per descensum ejus usque quo ipse influit Albiae.

So hat dennoch der District, welcher von der Aller und Ore, und den Confiniis Pagi *Nordthuringon* (als welche über die Aller und Oder getreten) in den übrigen den Isenbrock, die Ore, Milde, Preeckn und Elbe beschlossen, zum Pago Belisem gehöret.

Der Dioecesis Verdensis ist auf dem Pagum Belisem zugangen, dessen Gränzen gegen den P. Belisem nach dem Diplomate Carolino waren, in dem Strich, da der Dioecesis Verdensis nach dem Diplomate Karolino A. 786. von der Elbe ablief:

    a) in rivum *Alend*,
    b) inde in rivum *Bese*,
    c) inde in *Rodowe*,
    d) usque in Paludem, quae dicitur *Rockesford*,
    e) inde in Horam fl. *Cellenvorde*,
    f) inde in ortum *Orae*.

Der Hr. Hofrath Lenz hält dafür im Grafen-Saal p. 324.

1) Morassau läge theils an der Ostseite der Elbe, theils an der Westseite derselben, sonst Marsciner Land, welches das Oberstück von der alten Mark, zwischen der Elbe, Aland, die Biese und einen Theil der Ucht belegen, daß also die alte Mark Morassau, Tangermünde, Garleben, das Amt Bürgstat, Calbe und Osterburg in sich begriffen.

2) Belckesheim oder das Balsamer Land, wovon die Wisch ein Stück gewesen. Das Schloß Arneburg mit den Städten Seehausen und Werben sey das ganze Balsamerland.

HELMOLDUS L. I. c. 88. bestimmet solchergestalt die Gränzen vom Balsamer-Lande und Marschiner-Lande gar nicht, und saget nichts weiter, als:

    a) Das südliche Ufer der Elbe hatten dero Zeit A. 1162 zu bewohnen anzufangen die *Hollandenses advenae*.
    b) Von Salveld an alles Mohr und Feldland, das Land, welches genant wurde Balsemer-Land und Marsciner-Land.

Seine Worte lauten:
    Sed & australe littus Albiae *ipso tempore coeperunt incolere* Hollandienses advenae, *ab urbe* Saleveidele, *omnem terram palustrem*

Cap. V. Von der Vicinia des P. Bardungo.

strem & campestrem *terram, quae dicitur* Balsemer-Lande & Marsciner-Lande.

Die Oerter, die in Pago *Belisem* angegeben, und die termini Pagi Belisheim, als die in terminis Diœcesis Halberstadiensis kenntlich und sichtbar, als welcher nach den terminis Pagi Belisem limitiret, machen obige Bestimmung von Balsamer und Marsciner Lande hinfällig. Der Pagus MORASSAU ist so wenig das Marsciner Land, wovon HELMOLDUS d. l. spricht, als in dem Strich von Tangermunde, Gardeleben, Burgstat, Calbe und Osterburg gewesen. Der Pagus *Morassaw,* Mortsan, ist ein gar bekannlicher Pagus über der Elbe hinter Magdeburg, der sich aus den vielen Oertern, die der Abt zu Godwic in seiner Charta in diesem Pago aufgeführet, eröfnet.

Der Pagus BELISEM war übrigens ein Pagus major, der Pagos minores befangen. Unter den Pagis minoribus war der Pagus MOSIDE oder MOSDE, worin mittler Zeit bey Gardeleben, Stendel und Tangermunde angegeben:

    a) Kinkhorst an Rinsutt bey Cobdlig.
    b) Cobbiliji Cobelig.
    c) Billimi Bige.
    d) Swartelose bey Tangermunde.

Dieser Pagus MOSDE liegt mit allen darin angegebenen Oertern diesseits der Elbe: der Pagus MORASSAU aber hinter Magdeburg, jenseit der Elbe, daß beyde nicht mit einander zu confundiren.

Um die Origines Lüneburgicas um so viel in das graue Alterthum zu bringen, finde ich dienssam:

Den ganzen Alterstrich von dem *Pago* NORDTHURINGON an bis nach Verden in den Braunschweig-Lüneburgischen Aemtern zu den *Pagis,* welche sich darin zu erkennen geben, zu bringen, oder wenigstens die Oerter, welche in dem Strich ohne Benennung ihrer Pagorum, worin sie belegen, sich finden, anzuzeigen.

Amt CAMPEN Pagus DARLINGO.

Im Wolfenbüttelschen Amt Campen werden angezeignet in Ch. Ottonis A. 980. ap. Ludew. Reliq. MS. T. VII. p. 426. Bodenrod, welches Bergenrod zu seyn scheinet, welches nach Ochsendorf eingepfarret.

Amt FALLERSLEBEN P. *Darlingo.*

Im Amt Fallersleben

a) Da-

Obs. IV. Origines Luneburgicae.

a) Valaresleben in charta Ottonis A. 966. ap. LEUBER. *in Sepola n. 1608.*
b) Elmen jetzo Elmen bey Falkersleben Ch. Ottonis A. 966.

Amt Gifhorn POPPENDIC P. *Darlingo.*

Im Amt Gifhorn diesseits der Aller in Poppendick,
a) Meinen in ch. Berwardi Ep. Hild.
b) Wurdorf hod. Vordorf in ch. Berw.

Den Pagum DARLINGO hat Falcke in seiner Charte de Parte Sammiae in orientali Regione ohne hinlänglichen Grund und Beweis über die Aller ins Lüneburgische im Amt Gifhorn erstrecket.

Die Oerter in *Registro Sarrabonis*, als
a) Odenhus n. 28.
b) Dallenbudli n. 28.
c) Boclo n. 29.
d) Ernum n. 488.

die Falcke über die Aller gebracht, so daß er
a) Odenhus für Osselse bey Dannenbuttel im Amt Gifhorn,
b) Dallengebudli für Dallenbudle,
c) Bocklo pro villa desolata über der Aller an der Ise,
d) Ernum für Eheren im Amt Knesebeck bey dem Benckensteim

genommen, sind nach seinen Selbstbegriffen ausgelegt, welches ich Originibus Pyrmontanis p. 160. ratione Barwedel noch in Frage stehen lassen. Bey näherer Ueberlegung finde ich nicht, daß alle vier Oerter über der Aller zu suchen, da im Gegentheil alle Corweyische Güter, die Oddoni comiti in Beneficium verliehen, in specie Dallengebudli Berowidi so bezeichnet worden, daß sie über der Ocker belegen. Bockli hat auch offenbar diesseits der Aller gelegen, so wie es in CHRON. HALBERST. p. 123. auf dem Schnedezug des Halberstädschen Diöces bezeichnet, als

a) per viam, quae descendit per villam *Bockli*,
b) *a Bockli* vero usque in *fluvium Aleram*,
c) in fluvium *Aleram* per descensum ejus usque quo ei influit *Irse*.

Ein Eherum findet sich bey Königslutter.

Amt MEINERSSEN in der Vogtey EICKLINGEN P. *Flotwide.*

Im Amt Meinerssen diesseits der Ocker
a) ein Theil von dem P. *Flotwide*,
b) und in der Amtsvogtey Eicklingen, noch ein Stück des Pagi *Flotwide*.

Cap. V. Von der Vicinia des P. Bardunge.

Die hinter dem großen und kleinen Flotwedel und hinter dem Amt Meinersen zwischen der Ocker und Leine nach den Hildesheimschen Stiftsämtern, und zunächst den so genanten Freyen auch im Amt Steuerwald belegenen Oertern in Praefectura Fanimonis Bischofs Bernardi Bruders in P. Astfalo

1) Ñitelouim h. Netlingen im Amt Steuerwald,
2) Smithenstide im Amt Peine, jetzo Schnedested,
3) Lafsordi großen und kleinen Laffordo Amts Peine,
4) Dorden jetzo Wöhtoni Amts Peine;

und in Praefectura Bernhardi Ducis

a) Oslevissen, Offelse im Amt Rute,
b) Hottonem jetzo Hotteln im Amt Rute,
c) Heside jetzo Heise Amts Rute,

sind in Diplomatibus Henrici S. und Berwardi von der Fundation des Klosters St. Michaelis allesamt in Pago ASTFALO, und zwar in der engern Bedeutung, da er andern speciellen Pagis Ostphaliae als dem Pago FLOTWIDE contradistinguiret, aufgeführet, wovon in Originibus Hildes. ausführlich gehandelt.

Burgvogtey Zelle confinia P. Flotwide.

In der Burgvogtey Zelle treffen zwar die Confinia P. FLOTWIDE, es wird auch in Praecepto Ludovici Pii sub ipsis Karolingicis, darin Wester-Zelle, aber dabey nicht der Pagus gemeldet.

Amt Winsen Villa levura sub Ludovico R.

Im Amt Winsen diesseits der Aller wird in Praecepto Ludovici Pii schon Gevern und Via Gevaingi der Jewersche Weg, aber kein Pagus angegeben.

Amtsvogtey Esel Pagus SELLESSEN.

In der Amtsvogtey Esel zwischen der Leine und Aller concipiret sich Falcke zwar den Pagum Selessen, aber aus eigenem Gehöre, hat auch in diesem Pago keine Oerter marquiret.

Amtsvogtey Bissendorf villae & loca, sine memibus Pagi sub Lud. R. & Henrico S.

In der Amtsvogtey Bissendorf, wo die Charten Praefectura Brüling gezeichnet, habe ich keinen Pagum genant gefunden, jedoch dieses bemerket:

1) Daß diese Striche in confinio pagi Langinga belegen,

2) Daß

Obf. IV. Origines Luneburgicae.

2) Daß die Gränzen des Hildesheimschen Diöces in der Amtsvogtey Dissendorf an der Gräntz des Mindischen Diœcesis nach Wester-Zelle gelaufen, in clausula:

    a) inde ad *sant fordi*,
    b) in *Geveringa viam*,
    c) per *Eiswardinga Paludem*,
    d) usque *Lacmaria Hornan*,
    e) inde ad *Runtber Hornan*,
    f) inde ad *Hedener fontem*,
    g) inde ad *Willanfole*,
    h) inde in *Wiggenam paludem*,
    i) inde in Lakaveld,
    k) inde in *lacum* unum ad occidentalem partem *occidentalis Kiellu*.

Welches in Praecepto Henr. II. mit Vorüberlassung einiger Oerter also in die Kürtze gezogen:

    a) *Mesenstene* inde usque *Gewringaweg*,
    b) *Willant sole*,
    c) in *Wikinabroc*,
    d) inde in lacum in occidentalem *wester Kiellu*.

Die Gelehrten dieses Orts, die den Strich von dem Geverschen Weg nach Wester-Zelle in genauer Kundschaft haben, werden vielleicht den Schnedezug noch in mehrers Licht setzen.

Amt Neustadt und Wölpe Pagus Laingo.

Im Amt Neustadt am Rübenberg und Wölpe an der Leine jenseits treffen die Oerter, die in Ch. Conradi Imp. nach der Anzeige Orig. Hanover. p. 128. angegeben:

    a) *Triburi Stöcken* Stöcken-Drebri Amts Neustadt und in ch. Werneri Ep. Mund.

    b) *Nui*

Cap. V. Von der Vicinia des Pagi Bardengo. 263

 b) *Unibeke* jetzo Nöbeke Amts Wölpe,

 c) juxta *Hacben* jetzo Hagen Amts Wölpe.

Amt Wölpe ohnweit Nienburg P. Grindiriga.

Im Amt Wölpe werden in charta Odalrici Ep. Mind. Orig. Hanover. p. 121. gnant der Pagus *Grindiriga*, und darin genant

 a) *Holtorpe* im Amt Wölpe ohnweit Wölpe,

 b) *Hebbenni* hod. Hebensen Amts Wölpe,

 c) *Staveron* hod. Stavern.

Der Grinder-Wald findet sich auch im Amt Wölpe bey Lindeburg.

Amt Westen. Pagus Sturmi Verdensis.

Das Amt Westen zwischen der Weser und der Aller hat zum Verdischen Pago *Sturmi* gehöret, wozu die Oerter Harbergen, Wahnbergen, Ahnibergen, Steheberg, Barnstede, Bostel, Hiddinghausen, Westen an der Aller; Dohlbergen, Rihde, Gestefeld, Lohof, Dorgsen, Barme, Drubber an der Weser, zu rechnen. Ben Hanischen Gegend ist der *limes territorii Verdensis*, Luneburgensis, und Hoyensis. In dem Westlichen District produciren sich in mitler Zeit die Herren von Westen und Wahnebergen als Viri Nobiles und Dynastae, welche von Westen und Wahnebergen Amts Weilen den Namen führen, wovon die Gemahlin des Herrn von Wahnebergen Luchardis als nächste Erbin von Volrado de Depenow von Graf Burchard von Wölpe agnosciret werden. Hirvon zeugen auch die *Acta Synodalia Osnabrugensia* p. 224. nach welchen dem Dioecesi *Verdensi* in Satrapia Verdensi zugerechnet Westen, Doerverden, Witelo, und am Ende bemercket wird, daß der Dioecess Verdensis sich erstrecket

  in aliquam *partem comitatus Hoya ultra Aleram*.

Die Gräntze des Pagi *Sturmi* und Dioecesis Verdensis, wie sie in Diplomate Karolino de terminis Dioeceßs Bremensis in der maße gezogen:

 1) in das Snederbrock bey Snaveren oder Sneverding an der Amts Rotenburgschen Gräntz;

 2) von dar in Leernan jetzo Lere, welche bey Witelo in die Aller fliesset;

               3) mit-

Obl. IV. Origines Luneburgicae.

3) mitten durch Campebroch, eine Forst im Amt Rethen, woselbst auch zwey Dörfer Süder-Campen und Nord-Campen den Namen führen;

4) von dar über die Aller in die Weser, durch welchen letzern Schnebezug über der Aller in die Weser das Amt Westen in dem Pagum *Sturmi* eingeschlossen wird:

ist keine Landscheidung des Verdischen von den Lüneburgischen Landen, sondern eine Scheidung der Dioecesium, des Verdischen und Mindischen Diöces. Zum Verdischen Diöces werden gerechnet im Amt Rotenburg Sneverdingen, Nienkirchen: zum Mindischen Diöces des Archidiaconats Ahlden-Soltau, Fallingborstel, Walsrode, *Acta Synodalia Osnabrug.* p. 253. 256.

Was nun weiter zwischen der Weser nach ihrer Vereinigung mit der Aller und der Wumme von der Verdischen Gränze ab, in Block-Holler- und Werder-Lande und Gerichte Achim liegt, ist in Diplomate Carolino von Fundirung des Stifts Bremen zum Stück des PAGI LOERGO diesseits der Weser, beym ANSCHARIO *in vita Willbadi* zum Stück des Pagi WIMODI gerechnet, unter welcher Benennung des Pagi Wimodi dies Stück des alten Pagi LOERGO mit gezogen.

CAP.

CAP. VI.

De Fluviis agri Luneburgici.

§. 1.
Aller.

Die Aller ist ein Fluß, der in den *Expeditionibus Caroli M.* in Sachsen mehrmalen vorkomt, als

1) A. 782. da Kaiser Carl bey Verden an der Aller die am Sintel erlittene Niederlage mit Enthauptung 4500 Sachsen geahndet,
2) A. 804. da er von Lipspring über die Aller nach Hollenstedt Amts Molsburg gangen,
3) A. 810. da er zu Verden an der Aller ein Standlager gehabt, und von der Destruction des Castri Hobuochi die Zeitung bey ihm eingegangen.

Diese Aller ist auch daher merklich, weil nach dem Zeugniß des Annalistae Saxonis die Schiffahrt von Friesland auf der Weser, auf der Aller und Leine noch hinter Hannover bis nach Elz gegangen, die Aller auch in *Praecepto Ludovici Pii de terminis Hildes. Dioecef.* genannt wird, und die Schniede des Hildesheimischen Dioecesis von Wester-Zelle über solche Aller continuiret. Sie wird auch in dem *Diplomate Karolino de terminis Verdensis Dioecesis* genannt, wo die Gränze des Verdenschen Dioecesis gehet, mit durch Campernbrock über die Aller in *Werrabam*, in die Weser. Die Aller entspringet oberhalb Gerader zwischen Egenstedt und Brenaleben, gehet von Walpke ins Märksche aufs Flecken Weseling unter Lockstedt und Gerendorf auf Vorsfeld, von Vorsfeld auf Warnau, wo sie sich mit der kleinen Aller conjungiret, fleußt bey Weihusen und Oster hart am Barenteich weg, gehet unter Dannenbüttel weg, fleußt weiter an den Pagenstedtsbusche der Sassenberg, unweit dem Gifhornschen Holz der Pocken genant, theilet sich im Gifhornschen Felde der Borstel genant in 2 Stränge, wovon einer nach dem Bremischen Thor, der andere aber den Weg in die Stadt nimt, wo bey der Osterbrück die Aller die Ise einnimt.

Bey der Aller sind noch einige Oerter und einige Pagi, die diesseits und jenseits derselben gelegen, als

1) A. 1275. *Jeshorne* in Ch. A. 1275. ap. SLOPKE *Hister. Bardov. p. 240.*

Grup. Orig. Germ. 2ter Theil.   L l   Giff-

Obſ. IV. Origines Luneburgicae.

Gifhorne in Ch. A. 1388. ap. PFEFFINGER *Hiſtor. Dom. Brunſv. Vol. I. p. 369.*

2) Nortburg, am Schwarzen Waſſerfluß in der Vogtey Ecklingen im Flotwedel, welcher gegen Offenſen ohnweit Oberthauſen in die Aller fält, welches Nortburg, wovon noch Rudera des Schloſſes übrig, in die Schnede von Herzogs Henrici Palatini und Kaiſers Ottonis Erbportionen, die vor dieſem Nortburg über die Aller in den Pagum Flotwide läuft, in den brüderlichen Erbtheilungsverträgen benant wird.

3) Boldecken und Beilcken Land an der Aller um Jeimcken. Zwiſchen Dannenbüttel und Gifhorn werden zwey gegen einander über gelegene und von der Aller geſchiedene Oerter geſetzet, wovon der eine Beilckenberg, der andere Gaſſenberg genant, HOSEMANN *Regenten-Saal p. 731.* Ich habe allezeit vermuthet, daß der Pagus BELISEM ſo weit wie die Dioeceſis Halberſtadienſis, als dem er beygegeben, und dieſer iſt über die Aller an dem Hildesheimiſchen Dibersbergenangen. Der Pagus Belſem iſt ein Pagus Saxonicus. Daß aber die Slaven auch in dieſem Strich, wo das Belcker Land, ſich gewaget, läſſet ſich aus dem Diplomate Henr. S. A. 1013 urtheilen, nach welchem der Biſchof Bernwardus zu Hildesheim das Caſtellum Mundburg an der Aller gebauet, wider die Incurſiones der Slaven:

caſtellum aedificandi quod *Mundburg* vocatur in ripa Alare fluminis permiſſum fuiſſe *ad munimentum & tuitionem contra* perfidorum *incurſionem & vaſtationem Slavorum.*

§. 2.

Elmenau.

Elmenau, jetzo die Ilmenau, ihrer wird ſchon gedacht unter dem Kaiſer Ludovico Pio und Henrico Sancto in *Praeceptis de Terminis Hildeſ. Dioeceſis,* und zwar auf den Zug, da die Schnede ans Amt Bodendeich hergehet, ehe ſie noch nach Uelzen gelanget, dahero denn auch die gemeine Hiſtoriette, die HOSEMANN im Regenten-Saal *p. 709.* auf guten Glauben mit durchgehen laſſen,

daß die Elmenau bey Uelzen allererſt von denen eingenommenen Elf-Auen den Namen Elſen-Au erhalten, vor deren Einnehmung ſie die Aue genant worden,

nichts anders als eine *ex ingenio* ausgebrütete Erfindung. SAGITTARII *Hiſtor.*

Cap. VI. De Fluviis agri Luneburgici.

Hiſtor. Bardov. §. 43. Derivation der Elvenau von der Elbe, als in welcher ſie eingenommen werde, iſt eben von ſo leichtem Grunde. Wir haben in Sachſen viele Flüſſe, Dörfer und Forſten, welche Jlme, Elme, Alme, genant werden. Ulmus hieß bey den Angel-Sachſen und Engländern Elme, bey den Schweden Alme, v. JUNIUS *Etymol. b. v.* ob ſie daher benant, weiß ich nicht zu ſagen. Sie heiſſet in Praecepto Ludovici Pii Elmenan und in Praecepto Henr. S. A. 1013. Elmenau, und macht die Schnede Dioeceſis Hildeſienſis gegen den Verdiſchen Diöces aus, in dem Schnedezug von Weſten gegen Morgen, da ſie an das Amt Bodendeich zur Linken, nach dem Iſenbrock an der Iſe zugehet, nach der Clauſula *Praecepti Ludovici Pii:*

Inde Elmanam *usque in* Arumbcke *inde in* Rumeſcap *inde in* Iſundebrock *et illa* Iſunda *in* Eſere *et inde in* Helde.

nach der clauſ. *Praecepti Henr. S.*

Sic Elmenan, Arbiki *per* Iſinnebroc, Malere & Helde.

Nach Hofmanns Bericht *p. 709.*

entſpringet die Elmenau unweit Bockel im Kirchſpiel Hanckensbüttel in dem Walde der Maſſel genante, wendet ſich ins Kirchſpiel Bodenteich, alwo ſie ſich an den daſigen See hänget, und reiſet von dannen zwiſchen Lembcke und Mettelncampe an Ove Wiren und Poßenſen weg, geht auf Steterdorf, nime die Steter-Au, ferner die durch die bey Verſen mit der Hard-au geſtärkten Gerd-au an ſich, läuft unter Halchdorf und Hambruch an der Stadt Uelzen weg, bis die von Oldenſtedt herfallende Wepper-au in ſie gehet, da ſie denn ferner ihren Lauf nach Medingen, Bienenbüttel, Lüneburg continuiret, alwo ſie vormals die Lunau, jetzo gemeiniglich die Aue geheiſſen, unter Bardovie, Wittorf, St. Dionys, auf Dreckharburg ihren Gang fortſetzet, alda die Barummer-See, einen Arm der Netz, in ſich trinket, durch die im Kirchſpiel Handorf gelegene Dorfſchaften Oldershauſen, Fahrenholz, Mevern an Tohnſen forteläuft, bey Stecke mit der Luhe ſich verbindet, und bald darauf ihren Guß in die Elbe ſchütter.

In dem Strang, da die Hildesheimiſche Schnede von Weſten ins Oſten an der Elmenau oder an den Gränzen des Amts Bodenteich nach der Iſe gezogen, läuft hingegen die Schnede des Verdiſchen Sprengels nach dem Diplomate Carolino von Oſten ins Weſten

a) von dem Urſprung der Obre zu Ordorf,

b) nach

b) nach dem Ursprung der Ise bey Schwelmbecke,
c) von dar nach dem Schar-bach, welche mit Arumbecke in Praecepto Ludovici Pii und Aebele einerley zu seyn scheinet, und in der heutigen Benennung Hardau, Au, oder Becke von einer Bedeutung, so setzet sich die Hardau in Augenmerk.

§. 3.
Seve.

Die rechte SEVE, olim *Sevina*, ist diejenige, die bey Wullenburg in die Elbe fält. Die so genante Seve, die zu Harburg bey der Mühlenbrück in die Elbe fält, ist nur der Seve-Grabe, wodurch mittelst eines unter Horsten vorgelegten Weehres ein Strang der Seve, um die Harburger Mühle zu treiben, dahin geleitet wird, welche alle Jahr gesäubert und ausgebracht wird. Diese wahre Seve, die zwischen Over und Wullenburg in die Elbe fließet, ist überaus merklich, als

1) Bis dahin die Grafschaft Stade gereichet, Diploma Ottonis IV. A. 1203.

praeter haec provenit sibi Stadium oppidum & omne praedium nostrum quod infra comitiam Stade usque in Sevinam.

2) Wovon in Henrici Palatini Portion die Gränze gezogen von der Seve, wo sie bey Wullenburg in die Elbe fließet, und wieder die Seve aufwärts, wo sie Danto näher komt:

Incipit itaque loco, in quo fluvius Sevine influit Albiam —— & Sevinam sursum usque ad locum, ubi ipsa vicinior est Danto.

3) Wovon Wilhelmi Portion an Henrici Palatini hergangen, nemlich von dem Ort, wo die Seve in die Elbe fließet und diesseits der Elbe von dem Ort, wo sie dem Danto näher ist:

Fratrem nostrum Wilhelmum contigit, Luneborch & tota Provincia Luneburg usque ad fluvium Sevena, & ab eo loco, ubi Sevena influit Albiam —— & citra Albiam ab eo loco, ubi Sevena propior est Danto, usque Danto.

4) Welche Seve noch jetzo die Scheidung zwischen den Aemtern Harburg und Winsen macht.

Die Comitia in Staden bis an die Seve, und also Harburg und das Amt Harburg haben Henrico Palatino gehöret, allein es damalen unter der Herzog Wilhelmo zugetheilten Provinz Luneburg nicht mit gerechnet. Diese Seve entspringet oberhalb Wehlen bey Heimbrug in der Vogtey Pattensen, die Gränze von Henrici Palatini und von Wilhelmi Portion, welche

an

Cap. VI. De Fluviis agri Luneburgici.

an einander hergehen, läuft von dem Ort von der Seve ab, wo die Seve Danto näher ist.

Von Danto hat sich bishero noch keine deutliche Spur hervorgegeben. Aus dem Diplomate Kaisers Ottonis IV und Henrici Palatini ist so viel zu urtheilen:
1) daß von Henrici Palatini Portion die Schnede von der Seve auf Danto, und von Danto nach Nortburg an der Aller gangen, und also Danto zwischen der Seve und Nortburg gewesen;
2) daß von Wilhelmi Portion die Schnede von der Seve nach Danto, und von dar auf Wittingen gangen, und also Danto zwischen der Seve und Wittingen erfindlich gewesen.

Wie nun die Seve an einem Ort dem Danto näher geworfen, so tritt in der Vogtey Amelinghusen das Wilferholz, sodann die Raubkammer bey Bispingen und an der Lue in Augenmerk. Der Benennung nach würde DAN-TO ein Dannenholz andeuten.

§. 4.
Wumme.

Die Wumme oder Wimme ist ein merklicher Fluß, welcher in dem Diplomatibus Carolinis de terminis Dioecesis Bremensis & Verdensis die. beiden Diöcesen scheidet. Sie heißt in dem Diplomate Carolino de terminis Dioecesis Bremensis die Wempna, und geht die Schnede von dem Caldenbacher Mohr in die Wempnam, nach Bicinam Farstinam in die Weser, in clauſ.
ad paludem quae dicitur Caldenbach. Deinde ipsam paludem (Caldenbach) in Wempnam (al. Wemnam) fluvium, a Wempna vero Bicinam Farstinam usque in Werraham fluvium.

In dem Diplom. Carol. de terminis Verdens. da die Schnede im Gegentheil von der Weser ab nach der Wumme gezogen, geht dieselbe von der Weser nach Farestinam Bicinam bis in die Wumme, von der Wumme in das Caldenbacher Mohr bis an die Oste:
Werraham fluvium Farestinam Bicinam usque in Wiemenam, a Wiemena in Paludem, quae dicitur Caldenbach, deinde usque quo perveniatur ad Hostam.

Von ihrem Ursprung und Lauf nach der Weser sagt ROTH in seiner Geographischen Beschreibung:
Die Wumme entspringet bey Bart und Juhrberg in der Östlichen Spitze des Herzogthums Verden, fließet, nachdem sie die Rodau und Wiedau bey Rotenburg eingenommen,

Ottersberg vorbey nach der Burgschanze, wo sie den Namen Lesum annimt und in die Weser fält.

Den Strich, den die Wumme durch hiesige Lande aus dem Verdischen in der Vogtey Tosted nimt, hat HOSEMANN im Regentensaal p. 680. noch deutlicher bemerket in cl.

Die Wimme, die in dem Winter-Mohr eine Weile sich verlieret, ihren Cours durch das Wesseler-Mohr fortnimt, an der Lauenbrügge unter den Ostenhornschen Mohr sich ins Bremische wendet, die Oerter Rotenburg und Ottersberg berühret, unter den Düvels oder Rotten Mohr über Borchfeld und dem Hollerland und Blockland ihre Reise nach der Weser fortsetzet, da sie unfern St. Magnus bey Bruch erreichet.

Culdenbach oder Caldenbach halte ich der Benennung und Lage nach, eben das Winter Mohr oder kalte Mohr zu seyn, unter welchem Namen das Wesseler und Ostenhornsche Mohr begriffen zu seyn scheinet. Eben dies sind die Mohre, wovon die Schnede, von der Oste durch das Mohr nach der Wumme, oder umgekehrt, von der Wumme nach der Oste zugehe.

Der Wumme geschiehet auch Erwehnung Chron. Radstedense MEIBOM. T. II. p. 89. in Beschreibung der Gränzen von der Grafschaft Stade in clausula:

possedit Waltsaciam & partes circa Wimmam, & terram antiquorum Saxonum,

Noch beym Wolter Chron. Wolteri T. II, Meib. p. 37. in vita Henr. S.

Hic distinxit terminos Dioecesis & Udonis Comitis a Winenome flumine fluente in Wesseram usque in mare Barbarum ad insulam sanctarum virginum Ursulae & sodalium, dictam Hilgelands.

§. 5.
Luhe.

Die Luhe, welche mit der Lia oder Luh im Bremischen nicht zu confundiren, entspringet nach HOSEMANNS Beschreibung im Regentensaal p. 686. etwas oberhalb Bispingen und nimt sodann von der Rechten die Wittenbeck, und von der Linken die Brunau in sich, läuft unter Hunzel, Steinbeck und Grevenhof ins Kirchspiel Raven, unfern Swinebeck, Thiansen und Gerdsdorf, schwinget sich rechtswärts ins Kirchspiel Amelinghausen unter Helenbüttel und Oldendorf, verschlingt die von der Rechten herschießende Lopau, und streicht abermals gegen die linke Seite in eine Ecke des Kirchspiels Raven, nimt einige Bäche an, und richtet ihren Lauf durch die Salzhäuser

Cap. VI. De Fluviis agri Luneburgici.

haufer Pfarre, in welcher sie an Pattensen und die Lohmühle, wo die Norbeck in sie fält, weggehet, mit Einnehmung der in die rechte Seite des Ufers einfallenden Brunbeck auf Loep und Gastede, weiter im Kirchspiel Pattensen auf Baalberg, Lutolf und Rendorf zufließet, sich auf Winsen wendet, bey Bleckede in die Jlmenau fält, die sich in die Elbe ergießet. Der Fluß Luhe ist mir in den ältesten Zeiten noch nicht vorkommen. Die Stadt hat A. 1322 ihre Weichbilds-Gerechtigkeit erhalten. A. 1371 im Kriege Alberti, Herzogs von Sachsen, hat dieser das Schloß Winsen belagert; Herzog Magnus aber wieder entsetzet, KORNER *b. A.* Es ist das Schloß Winsen nach der im Theilungsbrief Kaiser Ottonis und Henrici Palatini A. 1203 über Herzog Wilhelmi Portion von der Seve ab gezogenen Schnede in Wilhelmi Erbtheil: es wird aber Winsen unter denen Urbibus, welches Bürger sind, nicht gedacht, obgleich die übrigen in diesem Strich liegenden Henrici Leonis Bürger als Hedercackere, Dalenburg im Amt Bleckede, Berge.

§. 6.

Oste.

Die Oste entspringet in der Vogtey Tostedt, gehet durchs Offenhornsche, Bissenhornsche Mohr, Bremervörde vorbey, und fließet unter Neuhaus in Osten in die Elbe. Auf die Oste trift die Schnede des Bremischen und Verdischen Diöces in zweyen unterschiedenen Schnedezügen:

1) von dem Caldenbach oder Winter-Mohr in der Vogtey Tostedt in die Oste;
2) von der Oste auf die Otter, die Mede, wieder auf die Oste, den Steinbach und die Lub.

Diploma Carolinum Dioecesis Verdensis:

> Culdenbach *deinde usque quoque perveniatur ad* Hostam, *ab* Osta Uternam, Bivernam, Willenbroc, Asebroc, Chistenmohr, Quistinam, Motam, *Paludem quae dicitur Sigesfrides mor, Mulenbach, iterumque Ostam, Sneidbach, Wimarcam, Hasulam, Steinbach, Liam fluvium.*

In dem Diplomate Carolino Bremensis Dioecesis, wo die Schnede inverso ordine von der Elbe ab nach der Weser gezogen wird:

> *Albiam fl.* Liam, Steinbach, Hasulam, Wimarcham, Sneidbach, Ostam, Mulenbach, Motam, Paludem *quae dicitur* Sigefridesmor, Quistinam, Chesenmor, Aschbroch, Wisebroch, Biver-

Bivernam, Uternam, iterumque Oſtani, *ab* Hoſta *vero usque quo perveniatur ad* l'aludem *quae dicitur* Chaldenbach. Es iſt dieſe *Oſta* ſo viel merklicher, weil nicht nur unter Carolo M. A. 804. ſchon hierunter Pagus HOSTUNGABI an der Oſte benant worden, ſondern auch das Kirchdorf Oſten im Gericht Oſten davon den Namen führet.

§. 7.

Jesne, Jetze.

Die Jesne, jetzo Jetze, welche nach der Gränzbeſchreibung Biſchof Arnulphi zu Halberſtad *Chron. Halberſt.* ap. LEIBNITZ *T. II. p.* 121. die Gränze vom Stift Halberſtadt in dem Schnedezug von dem Urſprung der Rodow, die Rodow hinunter in die Jesne, und die Jesne hinunter in die Priſarine, jetzo die Biſe, ausgemacht, in clauſula:

ad ortum fluvii Rodowe, *& per deſcenſum ejus usque in fluvium* Jesne, *& per deſcenſum ejus in fluvium* Priſatine, *& per deſcenſum ejus usque quo ipſe influit* Albiae.

Das Diploma Carolinum A. 786. ziehet die Verdiſche Schnede im Lüneburgiſchen an der Halberſtädſchen Schnede zur Linken her:

a) von der Elbe in *Rivum Aland*, welcher Gehuſen umgiebet, und bey Schnackenburg in die Elbe fält;

b) von dem Rivo Aland in *Rivum Biſe*, woran die Bartenslebenſche Vogtey Mezendorf liegt, und welche bey Oſterburg die Uchte einnimt;

c) von der Biſe in Rodowe bis in den Paludem Rockesford.

Dagegen ziehet das Chron. Halberſt. die Schnede an der Verdiſchen Gränze umgekehrt von der Rodow

1) die Rodow herunter per deſcenſum ejus bis in den Fluß Jesne (Jetze),

2) die Jesne herunter bis in den Fluß Priſarine,

3) die Priſarine herunter bis dahin, da die Priſarine in die Elbe flieſſet.

Die Jetze entſpringet bey Kikernitz und Euſen im Amt Klötze, gehet auf Salzwedel, auf Wuſtrau, durchs Amt Lücbau, Amt Dannenberg, und fält bey Hitzacker in die Elbe, *Hoſemann Regenten-Saal p.* 792. Die Rodow muß nach dieſer Beſchreibung, worauf von Ordorf der ſo genante Heckerikes-Weg zugegangen, in ſeinem *deſcenſu* in die Jetze gefallen ſeyn.

Die

Cap. VI. De Fluviis agri Luneburgici.

Die Halberstädsche Schnede aber ist nicht ganz die Jetze hinunter gangen, sondern ist in descensu auf die Prisatine, und in der Prisatine hinunter, bis sie in die Elbe gefallen, zugangen.

Die Schnede des Halberstädschen Dioecesis ist in obiger Clausul an dem Verdischen Sprengel zur Linken liegend von Oedorf und weiter auf der Rodow nach der Elbe zu gezogen. In dem Diplomate Carolino hingegen wird eben diese Schnede, aber von der Elbe ab an den zur Linken hergehenden Halberstädschen Sprengel gezogen in clausula:

> *debinc in Albiam, inde in rivum* Alend, *inde in Rivum* Befe, *inde in* Rodowe *usque in Paludem qui dicitur* Rokesford, *inde in* Horam *fl. Callensorde.*

In Chron. Halberst. p. 121. wird in der Halberstädschen Schnede gegen dem Verdischen Dibers die Prisatine und deren Einfluß in die Elbe angegeben in clausula:

> *versus* Verden (*Verdensem Dioecesim*) *contra Aquilonem, ubi* Piscine (Prisatine) *fluvius influit* Albiae.

Eigentlich fließt der Aland in die Elbe: die Bise aber, nachdem sie sich bey Osterburg mit der Ucht conjungiret, fließet in den Aland, und dieser ist auch ein *terminus Verdensis* Dioecesis. Von der Bese geht die Verdische Schnede in die Rodowe bis in den Paludem *Rockesford,* von Rockesford in die Ohre nach Callensorde. Der Rector WALTHER *Singul. Magd. P. I. §. 13.* erkläret die Oerter in dem Halberstädschen Schnedezug in *Chron. Halberst. p. 121.* und zwar

1) Verden sey vermuthlich Werben an der Elbe. Diese Erklärung ist ganz irrig, das Chron. Halberst. sagt in den Worten versus Verden contra aquilonem nichts weiter, als die Gränze des Halberstädschen Sprengels gehe versus Verden, das ist gegen den Verdischen Dibers von dem Einfluß der Bise in die Elbe.

2) Die Prisatine, vermuthet Walther, sey die Bise, Diploma Carolinum de terminis Dioecesi. Verdens. nennet auch die Bise an dieser Schnede klar und deutlich.

3) Die Ohre sey vor diesem bey Wolmerstedt in die Elbe gefallen.

4) Nientorf sey an dem Ort, wo die Bever in die Ohre fält, sey jetzo wüste.

5) *Bivera* sey Bever, die bey Bregenstedt entspringe, und bey Nieuburg in die Ohre fließe.

6) *Alpha,* ein Bach von Drackenstedt herfließend. In dem A. 1732. dem Geheimten Rath von Alvensleben dedicirten Tractat *de Saxonia Ori-*

ent. habe ich bemerket, daß die *Alpha* die Alve sey, wovon Alvensleben als *Mansio ad Alpham* genant.

7) Friederichs Weg zwischen Druckenstedt nach Wandsleben. Dieser Weg ist in Chron. Halberst. p. 121. deutlich bezeichnet, nemlich daß von dem Ursprung der Alphe die Schnede in Friederichs Weg nach Wanslenben geht.

8) Wansleben, wovon Hävecker eine Historie geschrieben.

9) *Seera* die Sorre oder Saat, ein Bach, der aus dem Felde bey Dreyleben durch Wansleben gehet, und bey Germersleben in die Bode fält.

10) Bleckendorf, Dorf vor Engeln.

11) Benckenstein in der Dickelsteiner Heide.

12) Wittingen bey Ohrdorf.

13) Jesne, die Itze, die von Isne, Ise, in Chron. Halberst. unterschieden.

§. 8.

Ortze, URSENA.

URSENA, die Ortze, diese macht in dem Diplomate Carolino A. 786. de terminis Verdensis Dioecesis, in dem Schnedeweg, da der Verdische Diöces, von Morgen gegen Abend, an dem Hildesheimischen Sprengel zur Linken gehet,

    a) von dem Ursprung der Ise bey Schweimbcke in den Scharbach;
    b) von dar in den Ursprung der Geltbach;
    c) und diesen Bach hinunter in die Ortze;
    d) und die Orge hinauf in die Wiege;
    e) und die Wietze hinauf, da sie bey Witzendorf entspringet;

und zwischen dem Verdischen und Hildesheimischen Diöces die Scheidung macht, wovon die Worte in Diplomate Carolino lauten:

    a) in ortum *Hisnae*. Hinc in rivum *Scarbach*,
    b) inde in *ortum Geltbach*,
    c) & ipsum Rivum (Geltbach) *in descensu*, URSENAM,
    d) & in *adscensu* URSENAE in *Witzenam*,
    e) hinc in *ortum* ejusdem fluminis (*Witzenae*).

Die beyde Bäche Scharbach und Geltbach, die zwischen der Ise und Ortze

Cap. VI. De Fluviis agri Luneburgici.

ge gemeldet werden, haben diese Namen nicht mehr. Die Gelsbach aber, da sie in die Ortze fliessen soll, scheinet die Angerbeck zu seyn, als von deren Einfall in die Ortze die Schnede in der Ortze hinauf in die Wietze gehet.

Die Ortze, nach Hofmans Recension im Regenten-Saal p. 771. entspringet in der Raub-Kammer unweit Bredelau, gehet auf Münster, Sutring, Tobing, durchs Kirch'piel Müden auf Pögen, nimt zur linken Seite die Hamickenborsteler Beck, welche bey Hamickenborstel aus dem Zusammenfluß der Schmarbeck und Sorbrinder Beck entstanden, und fleust auf Müden zu, nimt daselbst die von der Rechten herrinnende Wietze ein, fält nach Willegenhülsen, trit ins Caspel Hermansburg, und verschlinget bey Lutter die Brünau; ferner aus der kalten Hofstube durch den Wesensunder bey Wesen herkommenden Weselerbeck, eilet nach Hermansburg und Schlupcke, und läst bey Oldendorf die aus dem Holze, die Angerbeck geheißen, herschiessende Angerbeck in ihr linkes Ufer fallen, treibt zu Beusen eine Mühle, läßt Sevelo, Mielen, Rehwinkel etwas zur Linken liegen, fleust zwischen Sulze und Eoerse nach der Amtsvogtey Winsen zu, läuft an Feuerschützenbostel her, lässet zur Linken Wulthausen, und eilet nach der Aller, wovon sie zwischen Winsen und Sieden ihr Forellen reiches Wasser hineinschüttet.

§. 9.

Jse, ISUNDA.

Die Jse, Latine *Isunda*, ist ein mercklicher Fluß im Fürstenthum Lüneburg.

1) Sie entspringet bey Sweimbke im Kirchspiel Hanckensbücke;
2) nimt das Wasser aus dem Stocknerteich mit ein;
3) geht auf alt Jsenhagen und nimt die von Knesebeck kommende Hochenbeck mit ein;
4) und fließt in den Hölzungen Kickenbrock, grosen Leu und Espen Leu, und wieder zur andern Seite an die Dörfer Kahlstorf, Gamsen her, und zuletzt unter Gifhorn in die Aller.

Ihren Lauf von ihrem Ursprung an hat *Hofemann* p. 735. noch genauer bemerket.

Obs. IV. Origines Luneburgicæ.

ket. Es ist dieser Fluß um so viel merklicher, weil er mit in den Schnedezug, welcher alle daran stoßende drey Dioeceses, den Verdischen, den Hildesheimischen und Halberstädschen, scheidet.

In dem Verdischen Schnedezug, wie er von dem Alend an der Elbe bey Schnackenburg gezogen, läuft die Verdische Schnede nach dem Diplomate Karolino A. 786.

    inde in Rivum Alend: inde in Rivum Bese: inde in Rodowe usque in Paludem qui dicitur Rockersford: inde in ostium Orae (bey Ordorf): hinc in ortum Hisnac.

Von dem Ursprung der Ise läuft die Verdische Schnede weiter fort ins Lüneburaische nach der Orze. Die Hildesheimische Schnede läuft von Westre Zelle über die Aller in die Ilmenau, von dar durch den Isebroch, Diploma Hene. II. A. 1022.

    in occidentem Wester Kiella in Eleie (Aller) — sic Elmenen (Ilmenau) per Isnebroe.

Unter den terminis des Halberstädischen Diöes werden in Chron. Halberstad. T. H. Scriptor. Brunsv. p. 211. angegeben

    Aere, Ilsanna, Palus, qui dividit Hardangaoe & Wiringaoe, Ora.

In Diplomatibus Henr. Leonis der Söhnen wird zwar die Ise nicht namhaft, es laufen aber

1) Wilhelmi Gränzen von Danto auf Wiringen,

2) und Kaiser Ottonis IV. von Danto auf Hanckesbükele und auf Sewible.

Alle solche drey Oerter liegen der Orten, wo die Ise entspringet. Die Flüsse in den Lüneburgischen Landen schifbar zu erhalten und nicht die Vorgassen in den Wehren zu beengen, ist im Reverfalibus Bernh. & Henr. A. 1392. so viel die Elbe, Elmenau, Ilage und Jesne betrift, denen Lüneburgischen Ständen ausdrücklich wohl verwahret, in clausula:

    Wy scholen ock, und willen beden (gebieten), dat me de Vorgate in den Wehren uppe der Elve, Elmenau, Ilne und Ische

Cap. VI. De Fluviis agri Luneburgici.

Itzt, also wir make, dat de grotesten Luneborger Schepe, und andere Schepe, na der Water Gelegenheit, sunder Jahre und Schaden dar doe fahren mogen, Schipbrocke und Grundrorunge und ander alsulcke Mißgefälle und Hoke forde to der Stadt Luneborg scholle wy yd umme holden und darum holden laten, alß de Beefe uthwyset, de darup sind gewesen.

woben den Städten in Privil. 1392. nachgelassen, mit Willen derer, denen es anrühret, mehr Wasserwege und Schiffahrten zu machen, in casu

wen ock de Radmanne und Burghere unser Stedte und Wigbelde Waterwege und Schippore vynden und macken konner, an welcken Jegbenen unses Landes dat were, des schulle we im ghönnen und dat vorderlyck to wesen, deß mit des willen, du dat anrörende were.

CAP. VII.

Von den Geistlichen Diœcesen, als dem Verdenschen, Mindenschen, Hildesheimschen, Halberstädtschen, des Fürstenthums Lüneburg.

Es ist der Mühe wehrt, die Geistlichen Dioeceses der Bisthümer, wie sie sich über das Fürstenthum Lüneburg, Herzogthum Bremen und Verden erstrecket, in Licht zu setzen; hiernächst auch zu bemerken, wie weit der Mindische Diœces, in specie die Archidiaconatus in Ahlden; der Hildesheimische Diœces, in specie der *Archidiaconatus* in Winhusen, und der *Archidiaconatus* im Halberstädtschen in das Lüneburgische gangen, weil daraus die bey den Kirchen im Lande in den Städten und Archiven liegende Briefe der Bischöfe, die Officialate, und die Banna der Archidiaconate, und die Competenz der geistlichen Gerichte zu entwickeln.

Es haben sich bis zur Reformation erstrecket

1) Der Dioecesis BREMENSIS diesseits der Weser über den Pagum WIMODI als ohngefähr das jetzige Bremische, denn diesen Pagum, wie die Scriptores Carolingici melden, hat Carolus M. dem Stift Bremen beygegeben.

2) Der Dioecesis VERDENSIS über den Pagum STURMI, das jetzige Verdische, als welcher Pagus an den Pagum Wimodi hergangen. Es hat sich aber dieser Dioecesis Verdensis über den grössesten Theil des Fürstenthums Lüneburg erstrecket, und zwar ist derselbe, so viel von denen in *Diplomate Caroli M. de terminis Dioecesis Verdensis A. 786.* noch bekant:

    a) Von der Oste auf die Uternam (Oter), Bibernam (die Bever), auf die Moram (Mede), und so wieder auf die Oste.

    b) Von der Oste auf die Strinbach, ein Bach bey Hersfelt, und die Luhe bey Hornburg, welche in die Elbe fält und den Verdischen Sprengel von dem Bremischen abschliesset und das alte Land in dem Verdischen Sprengel besänget.

    c) Von dieser Luhe oder Lie gehet der Verdische Sprengel auf der Elbe über selbige bey Hamburg in die Bille und komt über die Elbe diesseits zurück in den Fluß Alend bey Schnackenburg, und ist also al-

C.VII. Von den Geistlichen Diöcesen des Fürstenthums Lüneburg.

les von der Luhe ab bis an den Aland bey Schnackenburg Verdischen Diœcesis. Die Luhe, woran Horneburg, nimt SAGITTAR. *Hist. Bardev. p. 43.* für die Luhe bey Winsen, und meinet, die Ilmenau selbst, welche bey Lüneburg und Bardewick einiger Meinung nach die Lunow geheißen, könne darunter gemeinet seyn. Es fält aber dies alles auf einmal weg, weil bis an die Lia oder Luhe bey Horneburg, als den terminum Dioecesis Verdensis, sich der Verdensche Sprengel offenbar erstrecket; überdies sich nicht zeiget, daß Ilmenau der Endes Lunow genant worden.

d) Von dem Aland Fluß gehet die Schnede von der Dioecesi Verdensi nach der Mark zu 1) in die Bese 2) in die Rodow 3) und aufs Mohr, im Diplomate Carolino *Rorbeford* genant, 4) von dar in die Ore auf Callenforde, 5) von dar, wo die Ore bey Ordorf entspringet, 6) von dar in ortum Isnae, die Ise, die bey Schwemcke entspringet, 7) von dar in die Scharbach, 8) weiter in den Ortum Geltbach, 9) die Geltbach hinunter in *Ursenom* (die Ortze) hinunter, die in der Gegend der Raubkammer bey Bredelau entspringet, und nachdem sie bey Muden die Wige eingenommen, zwischen Winsen und Sueden in die Aller fält, HOSEMANN Regenern. *Saal p. 772.* 10) und die Oetze wieder hinauf in die Wiege bis dahin, wo sie entspringet, in der Nachbarschaft Witzendorf.

e) Von dem Ursprung der Wige an dem Mindischen Diöcß zur Rechten her, worin die Kirchen in der Amtsvogtey Birga, Fallingborstel und Woistrote besangen, von Soltau Mindensis Dioecesis ab.
  1) auf den Schnederbrock bey Schnarern oder Schneverdingen Amts Rotenburg,
  2) in Lernam jetzo die Erre, welche bey Witloh in die Aller fließet,
  3) mitten durch den Camperebroc im Amt Rethen, wo die Dörfer Süd Campen und Nord Campen.

Und wie also auf dieser Gränze des Verdischen Sprengels und des Pagi STURMI der Mindische Diöcß und in specie der Bannus *Archidiaconatus* in *abiden* gestehen, so sind auch in diesem Strich Soltau, Frillingen, Eldingen, Wittingen, Fallingborstel, Walsrode und die dieser Kirche eingepfarrete Dörfer dem Archidiaconat zu Ahlden unterraben gewesen.

Das Stift Minden in specie der ARCHIDIACONATUS Banni in Ihlden hat im Fürstenthum Lüneburg nach den Actis Synodalibus Osnabrug. p. 254. besangen die Kirchspiele des Fürstenthums Lüneburg
  1) Ahlden Amts Ahlden.
  2) Schwarmeßen Amts Rheden.
  3) Nien-

3) Nienstad Amts Neustadt.
4) Bassen Amts Neustadt.
5) Wahlnigen Amts Rheden Gerichts Walsingen.
6) Dollingborstel Amtsvogtey Fallingborstel.
7) Darpemarck Amts Fallingborstel.
8) Dusborne Amts Fallingborstel.
9) Bergen Amtsvogtey Bergen.
10) Winsem Amtsvogtey Winsen an der Aller.
11) Helen in der Burgvogtey Zelle.
12) Wissendorp, Witzendorp in der Amtsvogtey Bergen.
13) Meinerding Amtsvogtey Fallingborstel.
14) Soltau in der Amtsvogtey Soltau.
15) Hermbueg in der Amtsvogtey Hermansburg.
16) Hussen, Husum Amts Neustadt.
17) Walsrode.

Die mehresten von obigen Oertern des Archidiaconats Ahlden sind die Walsroder Inspection. Die Kirchspiele Wiegendorp und Winsen sind der Inspection Zelle beygelegt.

Der Verdische Dioeces lässet sich auch guter maßen abmessen aus seinen *Praepositris* und *Archidiaconaten*, die in mittler Zeit in Verdensi Dioecesi angegeben, und in der *Observ. de terminis Hildes. Dioecesis* aufgeführet. VERDENSIS Dioecesis sind gewesen

1) Praepositura BARDOVICENS.
2) Archidiaconatus Heldensted Amts Moisburg.
3) Archidiaconatus Bevensen Amts Medingen.
4) Archidiaconatus in Modestorp.
5) Archidiaconatus in Solzhausen Amts Winsen.
    In Diplomate Helenae und Ottonis Pueri A. 1233. Orig. Guelf. T. IV. n. 44. wird der Scholasticus Verdensis als Archidiaconus in Pattenhusen angegeben, welches bey Solzenhusen.
6) Archidiaconatus in Sokrum Amts Rotenburg.
7) Archidiaconatus in Hitfeld Amts Harburg.
8) Archidiaconatus in Schesto Amts Rotenburg.
9) Praepositura in LUCHOW.
10) Praepositura in SNEGEN.
11) Praepositura in SOLTWEDEL.
12) Praepositura in BUXTEHUDE.
13) Praepositura Banni in Colwelde ohnweit Saltzwedel Amts Dambeck.

In

C. VII. Von den Geistlichen Diöcesen des Fürstenthums Lüneburg.

In der alten Mark giengen der Verdensche und Halberstädtische Diöces neben einander her. Nach den Urkunden mittler Zeit waren

DIOECESIS VERDENSIS

a) Propstei Praepositurae in Sehusen.
b) Biste Plebanus.
c) Cohoelte Sedes Archid. prope Salzwedel.
d) Praepositura in Salzwedel.
e) Monasterium Crevesse.
f) Distorf Monasterium Augustini.
g) Monasterium Dambeck.

DIOECESIS HALBERST.

1) Monasterium in Niendorf.
2) Stendel.

In *Pago* BELISEM Salervelvele und Seeinebal. Da nun Salzwedel *Verdensis ecesis*, Stendel *Halberstadiensis Dioecesis*: so lässet sich daraus erkennen, wenn schon bey der ersten Stiftung der Pagus *Belkesheim* dem *Dioecesi Halberstadiensi* untergeben, daß dennoch in dem Verfolg der Zeit auch ein Bezirk in diesem Pago dem Stift Verden zugerechnet.

Von dem Ursprung der Ile von Osten ins Westen nach der Orye ist der Verdische Sprengel zur Linken an dem Hildesheimschen Diöces hergangen, an der Ilmenau zwischen dem Kloster jetzo herrschaftlichen Vorwerke Bockeln als Hild. Dioeces, und Hoferingen Dioecesis Verdensis, und weiter hin nach der Orye und Witze in der Amtsvogtey Hermansburg und Bergen zur Linken ins Osten an den Mindischen Sprengel.

Woraus denn insonderheit erscheinet, daß auch die Stadt Harburg und die *Comitia Stadensis* bis an der Löh im Verdischen Sprengel befangen. Wie denn auch in specie der Bischof Conrad zu Verden, wegen der Tracht der Klosterjunsern in *novo Claustro Löh*, und dessen Verlegung nach Bredenbeck in seinem Briefe A. 1286. ap. VOGT Vol. I. P. IV. p. 372. n. 28. u. 29. seine Genehmigung ertheilet, als welches durch die Bever Dioecesi Verdensi eingeschlossen.

Die Acta Synodalia Osnabrugensia p. 224. geben die Ordnen des Verdischen Sprengels im Fürstenthum Lüneburg an:
1) von der Aller bis an die Elbe,
2) die Ise und die Jeze,
3) einen Theil der Grafschaft Hoye über der Aller.

Die Worte lauten:

Obſ. IV. Origines Luneburgicæ.

In diſtrictu Ducatus Luneburgenſis extendit ſe juriſdictio Diœceſana Epiſcopatus Verdenſis cis Aleram *fluvium usque ad* Albim, *Iſam & Ietzen fluvios, nec non in aliquam* partem comitatus Hoyenſis.

Der Bremiſche Diöces hat in hieſigen Fürſtenthum Lüneburg außem Anſehen nach nicht wohl treten können, weil der Pagus Sturmi, das jetzige Herzogthum Verden, in den Bremiſchen Diöces hergangen; der Verdiſche Diöces aber die Graffſchaft Stade ſich bis an die Lü erſtrecket; dabey die Wumme, die Oſte, die Orter, die Bever, der Steinbach und die Lü oder Lie die Scheidung zwiſchen dem Bremiſchen und Verdiſchen Diöces gemacht. Der Diœceſis Hildeſienſis hat ſich im Fürſtenthum Lüneburg
1) an den Mindiſchen Diöces,
2) an den Verdiſchen Diöces,
3) und an den Halberſtädſchen Diöces angeſchloſſen.

Der Hildesheimiſche Diöces, und insbeſondere der Archidiaconatus in Winhuſen ſtreckte ſich von der Iſe bey Gifhorn zwiſchen der Aller und Ilmenau, und gieng an der Ilmenau zur Rechten an dem Verdiſchen Sprengel auf großen und kleinen Heelm als Diœceſis *Mindenſis* & Archidiaconatus in *Abiden*. Von kleinen und großen Heelm gieng die Hildesheimiſche Schneede von Süden ins Norden an den zur Linken liegenden Archidiaconat zu Ahlden Mindiſchen Diöces, auf den Verdiſchen Diöces, und an dieſem Verdiſchen Diöces von Weſten nach Oſten, nach dem Diplomate Carolino de terminis Verdenſis Dioeceſis, von dem Urſprung der Wige bey Wigendorf in die Orge, von dar in den Urſprung der Geltbach, weiter in die Schaarbach, von dar in den Urſprung der Iſe. Da ich indeſſen von dem Hildesheimſchen Diöces, wie derſelbe im Fürſtenthum Lüneburg
1) an den Mindiſchen,
2) Verdiſchen
3) und Halberſtädſchen Diöceſen

hergangen, in *Originibus Hildeſienſibus* ausführlicher gehandelt, ſo muß ich mich dahin remittiren.

CAP. VIII.

Von den Lüneburgischen Klöstern.

§. 1.

St. Michaelis in Lüneburg.

Das Kloster St. Michaelis ist unter Ottone M. dono & autoritate Caesaris von Herimanno D. in Lüneburg, und wie aus dem Diplom. Ottonis A. 956. beym PFEFFINGER in *Vitriarium* T. I. *p. 891.* erscheinet, schon vor A. 956. fundiret. Daß die Erbauung des Monasterii von ihm geschehen, zeugen ANNAL. SAX. *ad A. 965.* und *ad A. 970.* und DITMARUS.

Ueberhaupt aber meldet von ihm *Annal. Sax. ad A. 937.* daß er, nachdem er von Kaiser Otten zum Herzog von Sachsen gesetzet, insonderheit der Bremischen und Hamburgischen Kirche devotus gewesen, und
   in fratres & omnes Saxoniae Congregationes
sich gütig bewiesen.

§. 2.

Ramezlo.

Ramezlo im Lüneburgischen ist zwar schon nach der Hamburgischen Devastatione Danica A. 880. von Anschario fundiret, und haben in Sachsen sich hin und wieder contubernia und congregationes Monachorum gefunden, wovon die Priester, die das Bekehrungswerk getrieben, sich enthalten. Die oftmalige Abfälle der Sachsen und die invasiones Normannicae haben, sonderlich im Lüneburgischen und Bremischen, noch unter Lothario das Religionswerk in einem kläglichen Zustande gehalten, wie Lotharius in seinem an den Pabst Leo geschriebenen Briefe beym MEGINHARD *p. 9.* bezeuget:
 Est enim gens in partibus Regni Saxonum sc. & Frisonum com-
 missa in confinibus Nordmannorum & Obodritorum sita, quae
 Evangelicam doctrinam jam dudum audierat & acceperat, sed pro-
 pter vicinitatem paganorum ex parte firma in vera religione constat,
 ex parte jam pene defecta.

Unter Ottone M. und folgenden Kaisern hat man mit Erbauung der Klöster

ſter im Lüneburgiſchen den Anfang gemacht. Unter den Cellis aber, die vor der Erbauung der Klöſter geweſen, iſt Ramelslo und Cellerfeld, vielleicht auch Celle zu rechnen.

§. 3.
Walsrode.

Das Kloſter Walsrode, wenn gleich daſſelbe nach dem Diplomate Kaiſers Ottonis A. 986. Diplomatarii Amelungsbornenſis ap. FALCK *Trad. Corb.* p. 859. von dem Graf Wal und ſeiner Gemalin Odiline erbauet, und Kaiſer Otto die Curiam in Remming, die der Graf Wal von ihm zu Lehen gehabt, in Pago CIRIMUNDI in *Comitatu Geronis* zu dieſem Kloſter gegeben, ſo iſt dennoch des P. Falkens Angabe, daß dieſer Pagus CIRIMUND bey Wolfenbüttel, welcher Fluß Ciri in die Ocker fließet, gelegen, unrichtig. Cirimunt iſt der PAGUS SLAVICUS *Scrimunt*, worin der genante Graf Gero ſeinen Comitatum gehabt. Die Gegend um Wolfenbüttel trift in den Pagum Darlingo, in welchen Environs nie vom Pago *Cirimunt* gehöret, und Remlingen in der Gogräfſchaft Birwenden Amts Wolfenbüttel, welches für Remminge nimt, liegt ohnweit Wolfenbüttel zwiſchen der Nerre und der Büwendenbeck, welche beyde in die Ocker fließen; und ſehe ich in keiner Specialcharte daſelbſt einen Fluß Ciri, der bey Wolfenbüttel in die Ocker gehe. Er ſelbſt hat auch in ſeiner Charte daſelbſt weder einen Pagum *Cirimunt* noch den Fluß Ciri bemerket.

Was Walsrode betrifft, haben A. 1237 der Probſt Sifrid und der ganze Convent zu Celle Herzog Ottoni puero als ihrem Herrn ſich gänzlich untergeben, wovon die von Hofmann ſummirte Urkunde lautet:

A. 1237. Ind. X. Sifridus Praepoſitus *in* Walsrode *totus monialium conventus multis malorum inſultibus compulſi* Ottonem Ducem Brunsu. *& ejus filios Cenobii ſui & omnium bonorum Tutores Dominos & defenſores elegerunt. Actum* TZELLIS *Praeſentibus* Balduino *de* Blanckenburg, Henrico *de* Oſing, *ejusque filiis* Job. Winhuſen *ejusque filio*, Hartmanno Obernerhuſen, Winando Advocato *& aliis.*

§. 4.
Ulßen.

Ulliesheim iſt von BRUNONE *conſanguineo* Herim. *Ducis* DITMAR.
p. 28.

Cap. VIII. Von den Lüneburgischen Klöstern.

p. 13. der A. 950 nach den Urkunden Corveyischen Archivs ein Mönch zu Corvey, A. 962 Bischof zu Verden gewesen, *An. Sax.* A. 973. Herim. Ducem überlebt, und A. 976 verstorben, Jalke p. 163. hat sein Erbe Ullesheim zu Gottes Ehren gegeben, und das Kloster Ultzen in seinem Erbe in honorem beatae virginis & Joh. Bapt. unter Confirmation Ottonis M. gebauet, Chron. Verd. T. II. Scriptor. Brunsv. p. 215. In dem Briefe de A. 1289 bey dem Hofmann werden sehr viele *villae Slavicales* genant, welche das Kloster Ultze schon vierhundert Jahr von den fundatoribus besessen. Die vierhundert Jahr werden von A. 1289 zu weit zurück auf das Jahr 889 gerechnet. Zu der Zeit ist weder Bruno Bischof, noch das Kloster Ultze fundiret gewesen. Es erscheinet aber aus allen, daß der Bischof Benno als consanguineus Herim. Ducis, Ditmarus p. 337. eius cognatus, Annal. Saxo. A. 972. in Familia Billingiana an Ullesheim in Pago BARDUNGO in eben den Gegenden, wo Wigmannus junior seine Possessiones und villas Slavicales gehabt, seine Güter und Slavischen Dörfer, die in grosser Menge an das Kloster Ultzen gegeben, besessen. Aus denen Erbgütern Wigmanni junioris, die Kayser Otto M. A. 967. als im Jahr, da Wigmannus junior umkommen, in 2 Theile gertheilet, und einen Theil an das Kloster Michaelis in Lüneburg, einen Theil an das Kloster Kemnade gegeben, Annal. Sax. A. 967.

> Hereditatem Wigmanni *Imperator divisit in duas partes, & unam ex his tradidit* Monasterio quod Herimannus Dux *in* Liuneburg *construxerat, alteram concessit Abbatiae quae dicitur* Keminade *juxta* Wiseram *fluvium. Haec duo Cenobia dono Imperatoris maxime fundata sunt, & regali autoritate corroborata.*

nicht minder aus denen Gütern Bischofs Brunonis zu Verden eines Cognati Herimanni ducis, der A. 962 Bischof zu Verden worden, und sein Erbe nemlich Ullesheim, welches er gebauet und unter Confirmation Ottonis M. zum Kloster gestiftet, an das Kloster gegeben, lässet sich erkennen, wo die Familia Billingiana ihr Erbe gehabt und die Menge von denen Villis Slavicalibus mit begangen, welches in die Zeiten trift, wovon Annal. Sax. ad A. 960 sagt:

> Otto Rex fortissimus universos Slavorum populos suo imperio subjecit, & quos pater eius uno grandi bello domuerat, ipsi tanta deinceps virtute constrinxit, ut tributum — gratantes susciperent, baptizatusque totus gentilium populus Ecclesias in Slavonia aedificata Monasteria --- plurima construcla.

§. 1.
Ebſtorf.

Ebſtorf an ſich iſt ein altes Dorf, das ſchon unter dem Abt Sarra‐ chone zu Corvey, die von A. 1053 bis 1071 dem Kloſter Corvey vorgeſtanden, in ſeinem Regiſtro Corbeienſi p. 11. mit Grimoldeshagen gehöret. Ob das letztere im Amt Medingen, woſelbſt das Grimhager Holz briegen, beruhet auf näherer Kundſchaft. Gerwaſii Praepoſiti in Ebſtorf geſchiehet Erweh‐ nung in Ch. Ottonis D. A. 1226. Orig. Guelf. T. IV. p. 105. Es liegt der Ort, ſowol Ebſtorf als Alten Ebſtorf an der Schwinnau, von welcher die baſigen drey Dörfer, Wittenwater, Stadorf, Suſte, die Schwinnauer ge‐ nant werden. Vor der Reformation ein Nonnenkloſter Benedictiner Ordens wird in der legenda Ebſtorpienſi, die von wenigem Wehrt und von vielen Unwahrheiten, als eine villa angezogen, worin tempore devaſtationis Da‐ nicae A. 880 ſich der Zeit aufgehalten

Religioſi *viri in* Albo habitu.

Canonici Albi hießen Canonici ſecundum Regulam Auguſtini viventes, JO. a VITRIARIO *Hiſt. occid. c. 13. Ordo Albus*, Gallis *Ordre Blanc*, wodurch ſie von den Benedictinern als *Monachis nigris* unterſchieden, von den Ciſter‐ cienſern. Der Ciſtertienſerorden iſt von dem Roberto Abbate Molismenſi A. 1098. Ordericus L. VIII. p. 711. ibique Paglus BRIT. L. VIII. *Philip.* nen‐ net daher die Ciſtercienſermönche

Monachos, quos Ciſtertienſis ordo candidat,

So wenig im Fürſtenthum Lüneburg als im Bremiſchen zeiget ſich ein Kloſter, das unter den Carolingiſchen geſtiftet. Die Hoyiſchen Klöſter Bu‐ cken und Baſſen, Diploma Ottonis A. 937. ap. STAPH. *T. I. p.* 284. Ha‐ ſelinge, Heslingen, Ch. Ottonis III. A. 988. ap. STAPH. *T. II. p.* 312. rei‐ chen nicht über die Zeiten der Ottonum. *Anſcharius* ſelbſt hat zu Ramslo ein Kloſter aufgerichtet, Bulla Nicolai Papae in LINDENBR. *N. IV.* ADAMUS BREM. *L. I. c.* 23. und wird von ihm geſagt, daß er 4 aufgerichtet, worun‐ ter begriffen a) Turholt eine Cella, die ihm in privilegio Ludovici Pii A. 834. gegeben, b) die in Bremen, c) in Ramslo, d) in Briti‐ men (Baſſen), die von der matrona Ludgardi geſtiftet, ADAMUS BREM. *L. l. c.* 29. 37. ADAMUS BREM. *L. l. c.* 37. meldet von Anſcharii Succeſſo‐ re REMBERTO, der von A. 865. drey und zwanzig Jahr geſeſſen, daß zu den vier Klöſtern, die Anſcharius gebauet, er Rembertus das fünfte fun‐ diret, und in ſolitudine Bukkin gebauet; zwar nach der Hiſtoria Arch. Bre‐ menſ. p. 72. eine conventualem Eccleſiam cum praepoſitura & canonicis

ſe‐

Cap. VIII. Von den Lüneburgischen Klöstern.

ecularibus, und von ADALGO *L. II. c. VI.* daß er das sechste, nemlich Hestingen hinzugethan. Unter LIBENTIO, der von A. 938 gesessen, ist Herseelbe, sonst Rorafeldan, fundiret, und zu einer Präpositur gerichtet. ADAMUS BREMENS. *L. II. c. 32.* Hist. Archiep. Brem. p. 75. *Reperbols* in Pago Astringo in C. Bernh. D. A. 983. und 988. unter Confirm. Ottonis III. ap. LINDENBR. in privil. Hamb. N. XII. XIII. *Rastad* ein Benedictiner Kloster in Pago Ammer ist allererst unter dem Erzbischof Adelberto A. 1059 gestiftet, laut Adelberti Briefes A. 1059. ap. STAPHORST T. L p. 415.

Die Lüneburgischen Klöster sind fundiret:
1) **Ramelo** von Anschario.
2) **Das Kloster St. Michaelis** von *Hermanno Duce*, unter Kaiser Ottone Magno.
3) **Ulzen**, unter Kaiser *Ottone M.*
4) **Walerode** unter Kaiser *Ottone III.* A. 986.

Die übrigen Klöster, als:
a) **Bardowic.**
b) **Lune** fundiret A. 1172.
c) **Winhusen** fundiret A. 1233.
d) **Isenhagen** fundiret A. 1243.
e) **Medingen** A. 1242.
f) **Scharnbeck** A. 1243.
g) **Ebstorf.**

werden später gehöret, und reichen in die Zeiten der Carolingischen Könige nicht, noch in die Zeiten der Sächsischen Kaiser.

§. 6.

Bardowic.

Bardowic ist zwar unter Carolo Magno als ein Handlungsort, und wo Carolus Magnus in seinen Expeditionibus bellicis Lager geschlagen, bekant genug. Allein was beym SLOPKEN *Historia Bardov. c. X.* von dem daselbst zuerst in loco *Konende* bey Bardowic fundirten und nach Verden transferirten Bisthum c. X. von dem Zustand des Stiffts Bardowic unter Widekindo bis auf Ottonem angeführet, sind unerfindliche Dinge, wovon die Urkunden und Scriptores coaevi schweigen. Des Pabsts *Sixti IV.* Zeugniß in *Bullis A.* 1478. A. 1485. des Bardewicer Archivs, daß die Bardewicer Kirche *Cathedralis*, welches auf so weite Secula zurück gehet, und der

Wahr-

Obf. IV. Origines Luneburgicae.

Wahrheit ganz und gar zuwiderlaufend, ist nicht von der allermindesten Attention, und daß der Pabst Paulus III. in Bulla A. 1536. Episcopum Bardovicensem auf das Mantuanische Concilium berufen wollen, zur Zeit, da von keinem Bischof von Bardewick gehöret, und die Reformation schon vorgangen, ist abentheurlich, am wenigsten daß zu Anfangs das Bißthum zu Bardovic fundiret, nachhero nach Verden transferiret, welches, und alles, was PFEFFINGER *Hist. Domus Br. P. I. p. 63.* aus dem *libello de Fund. Eccl.* aus des ehemaligen Verdischen Syndici von der Hude angeben angezogen, ohne Bew is von selbst erlieget. Wenn nun gleich in Kaiser Ottonis M. Brief A. 965. ap SLOPKEN *c. XII.* des Bardewicer Zolles gedacht, so lässet sich dennoch daher auf ein Bardewicer Stift nicht sch l ßen. Im zwölften Seculo wird in denen Diplomatibus des Verdischen Bischofs Thitmari ap. SLOPKEN p. 177. gedacht, und zwar in dem ersten, sine Die & Anno, daß er nach dem Inhalt der ersten institutionis zum Nutzen der fratrum, die in der Kirche Gott dienten, eine Parochie, cum speciali cura, dabey gelegt:

> *quod, secundum tenorem* primitivae institutionis Bardovicensis Ecclesiae Sancti Petri Parochiam *cum speciali cura assignavimus, ad solatium fratrum in Ecclesia militantium.*

In dem zweyten, daß der Probst Siaho zu Bardovic die *Ecclesiam Beati Petri* in Bardovic in usus fratrum de suo dotiret, auch des Probstes Antecessor Fridericus schon die Kirche St. Viti in Bardowic offeriret. Das Diploma Hermanni Bischofs zu Verden A. 1154. *Originum Guelf. T. III. n. 40. p. 477.* enthält auch, daß der Bischof nicht nur denen fratribus die Erwählung eines *Diaconi* gestattet, sondern auch die Portiones zwischen den Praepositum und fratres mit mehrerm Temperament verglichen, und denen fratribus besonders zugetheilet die Zehnten

    a) in Vogelsen Amts Winsen,
    b) in Mechlessen in der Börde Sittensen,
    c) in Ludorf Amts Winsen,
    d) in Rendorf Amts Winsen,
    e) Winsen,
    f) Handorf Amts Winsen und Amts Harburg,
    g) Hesebeck minori Amts Meding,
    h) Rapeldestorf,
    i) Goldern (Gollere) Amts Meding,
    k) Hintberg Amts Meding,
    l) Quattendorf Amts Winsen,

und werden zugleich von Bischof von Verden am Ende des Diplomatis genant Probst *Conradus* und der DECANUS *Albertus*, auch die CANONI-

Cap. VIII. Von den Lüneburgischen Klöstern.

CI und *Comes Conradus* ejusdem ECCLESIAE ADVOCATUS. Es erscheinet auch aus diesem Diplomate, daß der Probst Hiaho schon zu Thitmari Zeiten verstorben gewesen, und vor Hiahonem hat schon Fridericus als Probst gestanden, wie das Diploma Thiatmari secundum bey dem Slopken vermeldet. Der Bischof zu Verden Thitmarus reichet schon in die Zeiten Lotharii, und in den Zeiten Lotharii und Henrici V. Imper. eröfnen sich auch die Bardowicer Pröbste, die prima institutio aber, dessen der Bischof zu Verden erwähnet, hat sich noch nicht gezeiget.

§. 7.
Lüne.

Die Nachrichten von der Fundation des Klosters Lüne; die eine in den Fenstern des Schlaffaals im Kloster Lüne:

Anno Domini 1172. fundatum est monasterium LYNE. *Fundator istius Astitit* THEODORICUS *Sacerdos & Monachus de Monasterio S. Michaelis. Prima Priorissa* Hildewich *de* MARCKBOLDESTORP.

die andere aus einem *Libello Memoriarum* in Hannov. Anzeigen A. 1764. St. 61. p. 963.

In Altari SS. Matthie celebrabitur omni sebdomade una missa, & habeatur memoria fundatoris videlicet Domini Theodorici de Bützowe *quondam decani in Rameslo. Similiter quondam prepositi* Hinrici. Gyseltrudis *priorisse totiusque conventus in Lune.*

Aus beyden erhellet, daß der erste Fundator Theodoricus gewesen, nach der im Fenster des Schlaffaals notirten Nachricht ein Mönch aus dem Kloster S. Michaelis, nach dem Libello Memoriarum decanus in Rameslo: aus keiner Urkunde von beyden aber erhellet, daß die erste Priorin von Marckboldestorp das Kloster Lüne mit fundiret. Die Nachrichten in den Fenstern in Hannover in der Marktkirche sind verschiedentlich alte und nach der Schrift der Zeit gemäß: zuweilen sind sie von neuerer Zeit, und von einem neuern Autor nach eigenen Selbstbegriffen an die Hand gegeben. Die Libelli Memoriarum sind zuverlässiger, und wenn sie gleich a Seculo posteriori, so sind sie dennoch aus ältern Urkunden verschiedentlich aus der Stiftung selbst gezogen. Was Meibom. Hist. Bardev. T. III. opp. p. 59. von dem Luini, worauf Carolus M. in Expedit. A. 795. sich gefunden, sich beygehen lassen, ist irrig, und das Kloster Luini nicht, sondern Lüneburg selbst; übre das ist der Obotriten König Witzan nicht zu Lüne, sondern auf der Elbe ums Leben gebracht.

§. 5.
Winhusen.

Das Kloster Winhusen ist aus der Kirche zu Hugenhusen, die A. 1233 vulgo Winhusen, und dessen Pfarr- und Kirchen-Güter, die sie gehabt, als:

a) in ipsa villa (Hugenhusen) XV jugera non decimalia cum dote & tria prata.
b) in Broclete 19 solidi pro exemtione.
c) *Nortedetha*, Mansus unus solvens 4 solidos, Kirch-Dorf in der Amtsvogtey Sicklingen, wohin Wienrod: eingepfarret.
d) *Bodescampen* decima parva & magna, nach Winhusen gehörig.
e) *Bennenborstolt* decima parva & magna in Zell'scher Burgvogtey.
f) Ecclesia *Wester Zelle* cum reditibus suis, velut servia mellis & manso, qui solvit 20 denar.
g) in *Lachtenbusen* decima parva & magna in der Burgvogtey Zelle.
h) *Osbransbusen* mansus unus & domus cum decima parva & magna persolvunt 4 sol. & Pratum, jetzo Obershusen, Oppershusen, nach Winhusen eing·pfarret.

A. 1233. von Henrici Palatini Gemahlin AGNES *Ducissa de Tzelle* mit Consens des Archidiaconi Sifridi de Baren und des Plebani Conradi auf einen neuen Convent des Cistertienser Ordens fundiret, und von Bischof Conrado zu Hildesheim bestätiget, auch zugleich dem Probst des Klosters Wenthusen das bonnum Sedis Archidiaconi mit verliehen, laut Fundationsbriefes Bischofs Conradi A. 1233. ap. LINEFELD *Antiquit. Winbus.* p. 724 In dem Autographo nach dem Abdruck in Orig. Guelf. T. III. p. 715. wird gelesen: *Nortededha*, welches noch auszukundschaften; wo es nicht Northbura, welches mit Erbauung der Burg den Zunamen von der Burg erlanget haben könte. Herewerdesburstole, welches noch nicht erkentlich. *Urna mellis* pro *Jerna* Mellis. Agnes Ducissa de Schielle, *Westerscielle*.

Gegen dem Abtrit des Schlosses Zelle, welchen die Herzogin Agnes an Herzog Ottonem Puerum gethan, hat Herzog Otto puer dem Kloster Winhusen von seinem Erbe gegeben:

a) unam sartaginem in *Salina Luneburg*.

b) Mo-

b) Molendinum in *Lachtenhusen*.
c) 4 domos in *Gakenholte*.

auch die Kirche in Winhusen der Herzogin Agnes Schenkung der Häuser in Hovere und Schaenhorst bestätiget, laut Briefes Herzog Ottonis Pueri A. 1235. *Orig. Guelf. T. III. p. 718.*

Mit dem Kloster Winhusen an der Aller Hildesheimschen *Dioecesis* ist nicht zu confundiren Winhusen *Verdensis Dioecesis* an der Luhe des Archidiaconats zu Pattensen. Dieses ist Winsen an der Luhe, über deren Kirche das Kloster St. Michaelis in Lüneburg das jus Patronatus gehabt, und solches an Herzog Ottonem Puerum und seine Mutter Helenen gegen die Capelle St. Kanuti abgetreten. Dieses Winsen ist zuvor nach Pattensen eingepfarret gewesen, und von der Pfarre zu Pattensen eximiret, und mit Consens Bischofs Luderi zu Werden Hermanni Archidiaconi in Pattensen und Adeoldi Kirchherrn in Pattensen zu einer Winser Pfarrkirche gemacht, jedoch daß dem Kirchherrn zu Pattensen für diesen Abgang jährlich zwey Mark von Rotrorp und Sanckenstede beyde Amts Winsen gezahlet werden sollen, wie alles das Diploma Helenae Ducissae A. 1233. *Orig. Guelf. T. IV. N. 44.* vermeldet.

§. 9.

Isenhagen.

Isenhagen, welches die Grafen von Dannenberg von Herzog Ottone Puero zu Lehn gehabt, und laut Briefes A. 1245. *Orig. Guelf. T. IV. p. 196.* demselben im Kloster Ulzen ausgelassen, hat Herzog Ottoni puero gehöret, welches derselbe mit den Zehnten, Dörfern und Curien

a) Windersbutle,
b) Clusinge Amts Isenhagen,
c) Danhorst, und die Mühle daselbst,
d) Rikenhagen,
e) Wenedorpe Hankeshohler Pfarre,
f) Olessem,
g) Isenbecke,

an Henrici Palatini Wittwe Agnes A. 1243 abgetreten, darauf das Mönchenkloster Cistertienser Ordens zu Isenhagen gestiftet, laut beyder Briefe Herzogs Ottonis pueri A. 1243. *Orig. Guelf. T. III. p. 719. 720.* Diese hat hierauf laut ihres Briefes von besagtem Jahr 1243 d. T. III. p. 721. dem Abt

Arnold in Ribbersbaufen Isenhagen, der daselbst ein Mönchenkloster Cistertienser Ordens anrichten lassen, resigniret.

A. 1245 ist von Ribbersbaufen mit dem Abt Dethmaro ein Convent nach Isenhagen abgegangen. Zwölf oder dreyzehn Jahr nach des Klosters Isenhagen ersten Stiftung ist fast das ganze Kloster in die Asche gelegt, BERNTINII *Chron. Marienrod.* c. 2.

A. 1259 ist der Abt Thetmarus zu Isenhagen mit seinem Convent nach Marienrode, vorhin Backenrode oder Bezingerode genant, versetzet, Diploma Translationis Ioh. Episcopi Hild. A. 1259. ap. LEUCKFELD *Antiq. Poeldenf.* c. 18. §. 5. 6. p. 107. HEINEC. *Antiq. Goslar.* p. 278. nachdem aus Backenrode oder Bezingenrode die Augustiner Mönche und Klosternonnen wegen übeler Lebensart ausgetrieben v. Orig. Hannov. p. 345. Das vom Abt Thiatmaro und seinem Convent verlassene und in manus Fundatorum & Episcopi resignirte Kloster Isenhagen haben darauf auf beschehene Anordnung Cistertienser Nonnen wieder eingenommen, BERNTINIUS *Chron. Marienr.* c. 6. die is vom Dorf alten Isenhagen A. 1345. nach dem jetzigen Isenhagen versetzet, und aufgeführet. In *Orig. Guelf.* T. III. p. 244. wird die Versetzung des Klosters alt Isenhagen nach neu Isenhagen so angegeben, daß sie noch vor dem Brande geschehen, und neu Isenhagen es sey, das im Feuer aufgegangen. Allein hievon finde ich keinen Beweis, vielmehr findet sich in BERNTIN. *Chr.* c. 3. daß das alte Kloster etwa zehn oder eilf Jahr nach A. 1245. als seiner ersten Fundation, und also A. 1255 oder 1256 aufgebrant, und nach dem Brande auf die Aussuchung eines bequemern Orts bedacht gewesen, A. 1259 die Cistertienser Mönche nach Backenrode versetzet. Die Angaben von diesem Kloster, daß es nach Hankesbüttel geleget, beym Leuckfeld *Antiq. Poeld.* c. XVIII. p. 105. und beym Pfeffinger Histor. Domus Br. T. I. p. 110. daß Herzogin Agnes schon alda ein Jungfernkloster angeordnet, sind irrig und unerwiesen.

§. 10.

Medingen.

Vom Kloster Medingen, einem adelichen Nonnenkloster Cistertienser Ordens hat Hosenian im Regenten-Saal p. 717. angeführet:
1) daß es zuerst in Stedekensdorf von einem Laienbruder Cistertienser Ordens A. 1228 gestiftet,

2) daß

Cap. VIII. Von den Lüneburgischen Klöstern.

2) von denen nach Plate gebracht, ehe der Probst im Kirchspiel alten Me-
ding eine Capelle erbauet zu dem Dinze genant,
3) es A. 1261 von Loendorf nach alten Meding transferiret.
Woher diese Angaben ausgeholet, und wie sie mit Urkunden oder Scriptori-
bus coaevis zu begründen, finde ich bey dem Hosemann nicht gemeldet. A.
1293 hat Kaiser Wilhelm, laut Schutzbriefes Orig. Guelf. T. III. N. 112.
 Monasterium Sanctimonialium in *Medinge Cistert. Ord.*
in seine Protection genommen. A. 1264 haben der Bischof Gerard zu Ver-
den, und das Capitel der Kirche zu Medingen das Eigenthum des Zehntens
in Honestorpe, welchen die Grafen Bernhard und Adolf von Dannenberg
von Verden zu Lehn getragen, geschenket, laut Briefes Bischofs Gerardi zu
Verden A. 1264 bey dem PFEFFINGER *P. II. p.* 318.

Das Kloster ist A. 1333 von alten Medingen wegen Mangel an Was-
ser und Mühlen, und wegen der nächtlichen Invasionen und Verheerungen,
die von den Slaven geschehen, nach dem Dorf Tzellense sonst Cellenhusen
Archidiaconatus & Parochiae Bevenensis an der Elmenow verlegt, und
zugleich von Bischof Johan zu Verden mit Consens des *Archidiaconi* zu Be-
vensen Conradi de *Hemwida* und Thitmari Rectoris Ecclesiae in Bevensen
zur Pfarkirche gemacht, mit der Auflage, daß dagegen der Probst zu Medin-
gen einen Zins von 2 Pfund bis zu ewigen Zeiten dem Kirchherrn zu Bevensen
geben solle, laut Briefes Johannis Bischofs von Verden Io. Decani und des Ca-
pitels A. 1333 beym PFEFFINGER *Hist. Domus Brun. L. II. c.* 9. qu. 3. Das
ganze Dorf Tzellensen mit der Mühle und der Hölzung Brudzenneholt samt
dem dominio nemoris oder Holzherschaft haben die Gebrüder Werner und
Everhard Grote dem Probst, Prioren und Convent zu Medingen verkauft,
laut Briefes Herzog Ottonis und seiner Söhne Ottonis & Wilhelmi A. 1323.
ap. PFEFFING. *Hist. Dom. Brunsv. L. II. c.* 19.

§. 11.

Scharnbeck.

Das Kloster Scharnbeck, welches auch sonst gnant Domus St. Ma-
riae, Domus S. Mariae in Rivo, ist fundiret A. 1244 von Bischof Ludero zu
Verden, der in seinem Fundationsbriefe von diesem Jahre bey dem *Pfeffinger*
P. II. p. 36. anführet, daß er den Grund des coenobii, welches genant do-
mus S. Mariae, vorhin Steinbeck genant, gelegt, und auf den Cistertienser
nach dem Paderbornschen Kloster Hirswith eingerichtet, und es dotiret:

1) Mit

1) Mit dem Zehnten des Orts,
2) Mit dem Zehnten in Barneding von der Kirche zu Ulsten erkauft.
3) Mit dem Zehnten zu Osterstich, den er von Alverico mit Consens Hildemari und dessen Sohns, denen er gehörig, redimiret.
4) Mit einer Hufe in Honsile, von Riemaro Seniore redimiret.
5) Mit einer Hufe in Jezele, die er von Lippold seinem Bruder redimiret. Ein Jessel ist im Amt Luchow.
6) Mit der Villa *Bisjoping* und dessen Zubehörigen; mit der curia Huzelo und Zubehörigen, die er von Henrico milite de Bisjoping gekauft, wofür er ad Mensam Episcopalem curiam in Rotersberg gegeben. Im Amt Lüchow findet sich ein Dorf Bischop.
7) Mit seinen Gütern in Salina und in Gheldersen, die er vom Stift Minden gekauft, im Amt Winsen ohnweit Lüneburg.
8) Mit seinen Gütern in Godehus, von Hartwico erkauft.
9) Mit seinen Zehnten in Waltbure.
10) Mit seinen Gütern in Wermeburg, von Herman Burch erkauft, ein Warmeburg im Amt Bleckede Barskamper Pfarre.
11) Wobey er die Güter in Salina, die von Ermengardis de Monte, Thid. Gallo und Hermanno Simode dabey gegeben, bestätiget.

Hiebey hat Herzog Otto Puer laut Briefes de A. 1252 bey dem PFEFFINGER P. I. p. 254.

> was er in villis *Scherenbeck* und Erbstorp an praediis agris und Nutzung gehabt, mit der Advocatie und Exemtion a jure Seculari dem Abt und fratribus de Domo St. Mariae Cist. Ord. geschenket.

In der in *Orig. Guelf. T. IV. N.* 40. edirten Abschrift steht für Erbstorp Ebstorf; ich vermuthe aber, daß es Erbstorf ein Dorf bey Schernbeck sey, noch jetzo größesten Theils an das Amt Schwebeck gehörig.

Die Worte, die der Bischof Luder zu Verden in dem Fundations-Briefe A. 1244 einfließen lassen:

> Coenobii cujusdam, quod Domus S. Mariae dicitur, quod ante Stenbecke vocabatur, se fundamenta jecisse.

Cap. VIII. Von den Lüneburgischen Klöstern.

zeigen an, daß in diesem Coenobio, vorhin Stenbeck genant, ein conventus gewesen, er aber es von Grund auf neu gebauet, und wie die Fundation weiter zeiget, auf den Cistertienser Orden fundiret. Das privilegium Ottonis A. 1252 ist keine fundatio secunda, sondern eine Schenkung seiner Güter, mit der Advocatie und Exemtione a potestate Seculari. Aus der Fundation des Bischofs zu Verden A. 1244. und aus dem Schenkungs-Briefe Ottonis de A. 1252 ist auch nicht zu befinden, daß Domus St. Mariae, vorher Steinbeck genant, an einem andern Orte gestanden, wie denn nirgends einer Verlegung von Steinbeck nach Scharenbeck gedacht wird. Die Gedanken des Hosemans im Regenten-Saal p. 718. daß aus Domo Mariae, Marienbeck, Scharenbeck erwachsen, ist ein lusus ingenii. Scharenbeck ist A. 1244 schon ein Dorf gewesen, mit dessen Zehnten das Kloster dotiret, und weiß ich nicht zu fassen, wie aus Domo St. Mariae das Haus unser lieben Frauen, oder aus Domo Mariae de Rivo und Marienbeck das Wort Scharenbeck erwachsen seyn möge. Scharenbeck liegt an einer kleinen See, der sich mit der Unze vereiniget. Der Verdische Dioeces gieng von der Lue im Bremischen ab über das alte Land und über die Elbinseln, daher es denn auch kommen, daß vom Stift Verden dem Kloster Scharnbeck

der Zehnte in Brye an der Este gegeben.

Von dem Zehnten in Brye an der Este im alten Lande enthält der Extract Briefes A. 1486 bey dem Hofm. in Var. Sax. Vol. 3.

Fridericus de Berge Vogt to Winsen up der Lue famulus (A. 1486. 1489.) Raht Henrici Ottonis D. filii, accepit ab eo in feudum decimam in *Brys ad Estam* in *antiqua terra*, quam antea Scarnbeccenses habuerant. A. 1505. eam reddidit Scarnbeccensibus.

Von dem Zehnten in Kirchwerder mit der Curia decimali, welche von Bischof Johan zu Verden dem Abt und Convent zu Scherenbeck A. 1429 verkaufet, handelt der Kaufbrief bey dem SCHEID *Cod. Dipl.* zu Mosers Staats-Recht n. 104. p. 818.

§. 12.

Bockeln.

Das Kloster Bockeln bey Gifhorn ist A. 1152 von LIEMARO einem *Ministeriali Henrici Leonis*, mit Einwilligung seiner Söhne *Liemari, Arnoldi,*

di, *Iseri*, *Walderi*, zu einem Abteylichen Kloster fundiret, und ihm bey‑
gegeben:

1) Bocla,

2) Wilstede, Wilsche bey Gifhorn,

3) Rerestorf, jetzo Råstorf, nach Gifhorn eingepfarret,

4) Rerdingen,

5) Gellersen.

Wenn der Ort Bockeln, wie von ihm ausdrücklich gesagt wird, Dioece‑
sis Hildesiensis gewesen, so muß derselbe diesseits der Ise gelegen haben, wie
in Diplomate Bernh. Ep. Hild. A. 1152 angezeiget wird, als wo nicht nur
Bockel ein Herrschaftliches Vorwerk, Bockelberg ein Dorf nahe dabey,
und in der Nachbarschaft Råhstorf bey Gamensen, alle im Hildesheimischen
Diöces belegen. Die Oerter Rerdingen und Gellersen finde ich nicht, und
sind vielleicht ausgegangen. Von diesem Kloster Bockeln und dessen
Aebten aber ist mir in folgender Zeit nichts vorkommen, v. Observ. de Term.
Dioecef. Hildesiensis.

CAP.

CAP. IX.

Von den Oertern des Fürstenthums Lüneburg unter den CAROLINGICIS, OTTONIBUS und HENRICO LEONE.

Die unter Kaiser Carl dem Großen auch unter seinem Sohn *Ludovico Pio* bekantlich gewordene und von den Scriptoribus Carolingicis namentlich genante Oerter des Fürstenthums Lüneburg sind:
1) Bardovic.
2) Luini oder Lüneburg.
3) Holdenstedt.
4) Wester Alellu.
5) Geveringa via, der Jeversche Weg, von Jevern Amts Winsen genant.
6) Hradobandle, welches in dem Schnedrug des Hildesheimschen Diöces auf das jetzige Ribbelo oder Ribbele Amtsvogten Bestenborstel trift.
7) Scuranlo, jetzo Sturlo, Holtzung ohnweit Ribbelo.

Die drey ersten treffen in die Zeiten Caroli Magni, als woselbst er Lager geschlagen; die Oerter sub n. 4. 5. 6. 7. in die Zeiten Ludovici Pii.

8) Ramelo, in die Zeiten Ludovici Germanici und Anscharii.

Unter den Handlungsorten gegen die Slaven und *Avares*, als so weit die Kauf- und Handelsleute unter Aufsicht der geordneten Missorum Regiorum nur kommen dürfen, werden in *L. Salica a Carolo M. emendata* ap. ECCARD p. 180. in *Cap. 2. Karoli M. A. 805. T. I.* BALUTZ p. 421. *Cap. L. III. c. 6. L. VI. c. 273.* genant *Bardenuvic & Schesla. Cap. L. III. c. 6.* ist *Schesla* außgelassen, jedoch *Capit. L. VI. c. 273.* wieder eingerücket, und Chestic genant. *Indict. capit. 2. Karoli M. A. 8. 5.* lauten die Worte:
De Negotiatoribus, qui partibus Slavorum & Avarorum pergunt, quousque procedere cum suis negotiis debeant, id est, partibus Saxoniae usque ad BARDENUVICH; *ubi praevideat* Hredi, *& ad* SCHESLA, *ubi praevideat* Madalgoz; *ad* MAGADOBURG *praevideat* Hatto; *ad Erpisfart praevideat* Madalgaudus; *ad* FORACHEIM, *ad* BREEMBERG *& ad* RAGENSBURG Audulfus, *& ad* LAURIACUM Warnarius. *Et ut arma & Brunias non ducant ad vendendum, quod si inventi fuerint portantes, omnis*

Grup. Orig. Germ. 2ter Theil. Pp sub-

Obl. IV. Origines Luneburgicae.

substantia eorum auseratur ab eis, dimidia quidem pars partibus Palatii, alia vero medietas inter dictos missos & inventorem dividatur. ECCARD ad *Legem Salicam* p. *179.* hat diese Clausul erkläret, und *Franciae Orient. T. I. p.* 773. hält er dafür, daß diese Capitula in der Expeditione Karoli M. A. 779 zu Medofulli an der Weser, nach dem in diesem Jahr zu Deuten gehaltenen Synodo, worin c. 4. der Hungersnoth und des Sterbens gedacht, publiciret. Das *Capitulare* A. 779. das in Decreto *Synodali* zu Deuten ergangen, enthält zwar, daß

de Brunis, ut nullus foras nostro regno vendere praesumat, nichts aber von allen übrigen, was Capit. 2. Karoli Magni A. 805 verordnet, zu Medofulli hat Kaiser Carl nur einige Tage *stationem castri* gehabt, und nachdem die Ostphälinger und Angarier dahin kommen, und dem Kaiser Geißel gegeben, ist der Kaiser in Francien zurückgekehret. In dem Capitulare Saxonum A. 797. beym Bischof Ferdmand Monum. Paderb. p. 331. und beym BALUZ T. 1. ist zwar enthalten, daß in dem Convent zu Acken die Sachsen von verschiedenen pagis, so wol aus Westphalen als Angarien und Ostphalen das *Capitulare Saxonum* bewilliget und angenommen. Allein auch darin ist obiger Oerter und der Handlung mit den Slaven nicht gedacht. A. 797 und in folgenden Jahren war es in Pago *Bardunge* in vieler Unruhe, daß auf eine Negotiation wol wenig gedacht worden.

Was Schesla betrift, so hat ECCARD *ad L. Salicam* sich bedünken lassen, es sey Celle. Dies heist aber in Praecepto Ludovici Pii *Kielli.* Nach der Ordnung, worin die Oerter genant, würde Schesla zwischen Bardevic und Magdeburg gegen Slavien zu suchen seyn. Sonsten liegt ein Schesla im Stifft Verden, wo vor der Reformation der Archidiaconus residirte. Dieser Ort aber liegt nicht in confiniis Slavorum, wie Bardovic und Magdeburg.

Den Ort LUINI ap. Monach. ENGOLISM. Vita Karoli Magni ad A. 795. *Hluini* Annal. TILIANIS, *Lunis* Annal. LOISSEL, *Hiluni* Annal. BERTIANI, Annal Fuldensibus setzen die Scriptores Francici an der Elbe, welches auch Slopken bewogen, in seiner der Bardewikschen Chronik praemittirten Charte noch ein besonder *Hiluni* bey Arlenburg an der Elbe zu setzen, welches daselbst unerfindlich. Die Scriptores Francici melden von diesem Ort A. 795.

    a) *Rex Carolus in Saxoniam intrans, pervenit ad fl.* Albim *in locum* LUINI, *ubi facto praelio Winuzin Abodritorum Rex a Saxonibus occisus est.* Monach. ENGOLISM. ad A. 795.

    b) *Saxoniam ingressus est, & usque ad fluvium Albiam pervenit ad locum qui dicitur* HLUINI, Annal. TILIANI ad A. 796.

c) cum

Cap. IX. Von den Oertern des Fürstenthums Lüneburg.

c) *cum exercitu in Saxoniam ingressus est, & usque ad fluvium Albim pervenit ad locum qui dicitur* LUNIS, *in quo tunc Wizim Abodritorum Rex a Saxonibus occisus est*, Annal. LOISSEL A. 795.

d) *cum exercitu in Saxoniam ingressus est, & usque ad fl.* Albiam *pervenit ad locum qui dicitur* Hiliuni, *in quo tunc Witzin Abodritorum Rex a Saxonibus occisus est*, An. BERTIANI A. 795.

e) *Carolus cum exercitu Saxoniam ingenti populatione vastando pervenit ad locum quem vocant* LIUNI, *ubi Wizan Dux Obodritorum ad regem pergere volens a Saxonibus occisus est.* An. FULD. A. 795.

Ich halte, daß es offenbar Lüneburg sey, und Kaiser Carl sein Lager zwischen Lüneburg und Bardewick und in solcher Gegend geschlagen habe, und die fränkischen Scriptores die Gegend von der Elbe bezeichnet haben, als ohnweit der Elbe belegen, EGINHARDUS *ad A. 795.* als dessen Recension insgemein die accurateste, saget:

> *Cumque in pagum* Bardengau *pervenisset & iuxta locum, qui* Bardenwig *vocatur, positis castris,* Slavorum, *quos ad se venire insserat, expectaret adventum, subito ei nuntiatum est,* Wiltzen *Regum Abotritorum, cum* Albim *traiiceret, in dispositas a Saxonibus insidias, in ipso flumine incidisse. - - - In hac Expeditione dum castra super* Albim *haberet, venerunt ad eum legati de* Panonia, *unus ex primoribus Hunorum, qui apud suos vocabatur* Thudum.

Daß Kaiser Carl bey Bardenwich sein Lager geschlagen, als beynahe an den äußersten Gränzen Sachsens versus Slaviam, sagt auch AN. SAX.

> *Eius in extremo tandem prope limite castris*
> *Consedit positis, vicus qua nobilis extat*
> *Nomine* Bardenwich *dictus.*

Damit kan allewege bestehen, was die übrigen Scriptores Francici sagen, daß Kaiser Carl an der Elbe bey Lune kommen.

Was Eginhard saget, daß Kaiser Carl bey Bardewic sein Lager geschlagen, das ist nach der fränkischen Autorum Redensart an der Elbe, oder ohnweit der Elbe. Und so expliciret sich Eginhardus selbst, und nimt beydes für eins:

a) ponere castra *iuxta locum Bardenwig.*
b) habere castra *super Albiam.*

Lüneburg und Bardewig liegen bekentlich bey einander, und obschon nicht hart an der Elbe, doch ohnweit selbiger. Dahero es denn geschehen, daß die fränkischen Geschichtschreiber von den Ungerschen Gesandten promiscue sagen, daß sie nach Luini kommen, Annal. LOISSEL *ad A.* 795. daß sie in Kaiser Carls Lager an der Elbe, welches bey Bardewic, oder bey Luni geschlagen, angelanget, EGINH. *ad A.* 795.

Obf. IV. Origines Luneburgicae.

daß Kaiser Carl zu Bardewik gestanden, und von dar mit Nehmung unendlicher Geißel seinen Rückmarsch genommen, und daß unter den Sachsen, die an der Elbe und am Bremischen als im Pago WIMODI gewohnet, die an der Erschlagung des Obotritischen Königs Wiltzan Theil gehabt, von Bardewic zurückgeblieben. Solches alles meldet das schöne Chron. MOISSIAC. welches öfters particularia von Sachsen hat, die bey allen übrigen Schriftstellern nicht anzutreffen, ad A. 795. in verbis:

  Et ipse cum exercitu ad *Albiam* pervenisset, alii circa *paludes Albiae* & in *Vacmodingas* (Wimodinga) ad eum pleniter non venerunt - - - Dominus Rex tamen recedens apud Bardanawil (Bardenwic) tantam multitudinem obsidum inde tulit, quantam nunquam in diebus suis, aut in diebus patris sui, aut in diebus Regum Francorum, inde aliquando tulerant, sed tunc omnes ad eum venientes, exceptis his, quos iam supra commemoravimus.

ECCARD nimt LUINI für das Kloster Lüne, dessen A. 1204 Henrici Leonis Sohn gedenket im Briefe beym PFEFFING. *Histor. Domus Br. P. I. p. 360.* Allein das Kloster Lüne nahe bey Lüneburg hat A. 795. noch nicht existiret, und ist A. 1172 von THEODORO *Monacho S. Mich.* erst gestiftet. Lüneburg ist eigentlich Lüne, welches cum exstructione *Burgi*, so sich sub Ottone M. schon zeiget in den Chartis Ottonis Magni A. 916. 959. 960. ap. PFEFFING. *d. P. I. p.* 308. 309. 310. auch beym ANNAL. SAX. A. 970. und wo Hermannus Dux Saxoniae, teste DITMAR. *p. 337. A. 973.* begraben, den Namen Lüneburg angenommen.

  Der ehemalige Senator und Patricius zu Lüneburg Franz Henrich Wlgendorf, der A. 1659 eine Disquisition *de Etymo & primordio Luneb.* geschrieben, die von A. B. mit einigen Noten vermehret, und den *parergis Goettingensibus* inseriret, hat schon angemerket, daß Luini, wo Carolus Magnus A. 795. Lager geschlagen, wo Witzan Dux Obotritorum von den Sachsen getödtet, und wohin Thudum einer von den angesehnsten Magnaten der Hunnen aus Pannonien zu Kaiser Carl kommen, das jetzige Lüneburg sey: wie denn dis auch die nachherige Zubenamung von der Burg nicht in Zweifel setzet; nachdem auch andere Oerter von ihrer Burg zubenamet, wie Tracia an der Weser, welches jetzo daselbst Drackenburg ist. Es haben zwar SLOPKE in *Chron. Bardov.* in der Charte vom Pago *Bardungo* ein ander *Hluni* bey dem Castro Henrici Leonis Ertenburg, jetzo Artlenburg, gezeichnet, wobey der Autor Notarum ad Witzendorfii Disquisitionem §. 5. Lit. B. annoch in Frage stellet:

  Ob nicht Liuni post confluentes der Lue und Ilmenau, welche
                 hinter

Cap. IX. Von den Oertern des Fürstenthums Lüneburg.

hinter Winsen zwischen Stockete und zum Hal zusammen fließen, wo die Charten einen Ort Namens Lajonam zeigen, zu suchen, nachdem Reineccius an diesem Ort die Linones setzet, von welche das castrum Linow über der Elbe den Namen bekommen.

Allein fürs erste, wenn die Annales Francici, als die BERTIANI, TILIANI, LOISSEL. Monachus ENGOLISM. sagen, daß Kaiser Carl in Sachsen bis an die Elbe an einen Ort Hluini kommen, in clausula:

A. 795 Saxoniam ingressus est & usque ad fluvium Albiam pervenit ad locum, qui dicitur Hluini *(Lunis) in quo (Lune) Wizin Obodritorum Rex occisus.*

so weiß man erstlich aus andern Stellen der Scriptorum Carolingicorum, wenn gesagt wird, daß der Kaiser mit seiner Armee an einem Ort oder Fluß gestanden, daß darunter die Environs, in welche sich eine Armee sicher verbreitet, gemeinet; 2) weiß man aus den Annalibus EGINH. welche umständlich und genau die Expeditiones Caroli M. recensiren: a) daß A. 795 Kaiser Carl in pagum Bardingau kommen b) und bey Bardowic Lager geschlagen, dies ist zu Luini jetzo Lüneburg, c) und daselbst bey Kaiser Carl die Zeitung eingelaufen, daß der König Wizan in dem Traject über die Elbe auf dem Elbstrohm in die Hinterstellung der Sachsen gefallen und von ihnen getödtet, in clausula:

Nuntiatum est Wiltzan Regem Abotritorum, cum Albim trajiceret, in dispositas a Saxonibus insidias in ipso flumine incidisse & ab eis esse interfectum.

Daß diese Ermordung des Obotritischen Königs nicht in Luni selbst geschehen, erscheinet daraus, weil bey Kaiser Carl nach Lüne die Zeitung als lererst hinterbracht, und hierüber die Annal. Eginh. ausdrücklich melden, daß die Tödtung des Obotritischen Königs auf der Elbe bey dem Traject geschehen; auch aus dem Chronico MOIS. erscheinet, daß eben diejenigen, welche *in paludibus Albiae,* das ist, in den Inseln der Elbe und in den Maschen daselbst gewohnet, mit denen in pago *Wimodi* als im Bremischen und über der Elbe Gesessenen an dieser Mordthat Schuld, zu Kaiser Carl, wie er bey Bardowig gestanden, zu kommen gescheuet, Annal. LAMBEC. & Chron. MOISS.

ipse cum exercitu suo ad Albiam pervenit, sed alii circa paludes Albiae & Whimnodingas *ad eum pleniter non venerunt.*

Was das zweyte ex ingenio post confluentes *Luae & Ilmenaviae* bey *Lajona* in Frage gestellete *Luni* betrift, so erinnere ich zuförderst, daß das in der Landcharte gezeichnete *Lajona* in solcher Benennung unerfindlich, der Ort Läerunni heiße und nach Winsen eingepfarret, bey diesem Ort, wenn er auch Lagana hieße, keine Anzeige sich hervorgebe, womit daselbst ein Ort Luini zu bestimmen.

Obf. IV. Origines Luneburgicae.

Der Ort Hollenstedt an der Este, welche die Oerter 1) Böterfen derer von Weihe, 2) die alte Burgstadt, 3) Hollenstede, 4) Moisseburg, 5) Buxtehude, Estebrück vorbey durchs alte Land als in Pagum ROSOGAVI in die Elbe fliesset, ist der Ort, wo A. 804 Kaiser Carl sein Lager geschlagen und wo er drey Corps von dem Lager ab, in den Pagum *Wimodi*, *Ostungabi*, an der Oste, und ROSAGABI im alten Lande, detachiret, um von dar die Sachsen auszuführen.

Es war zu Hollenstedt vor der Reformation ein Archidiaconus des Verdischen Sprengels, jetzo stehet derselbe unter Harburgischer Inspection, und sind der Kirchen viele Dörfer der Harburgischen und Moisburgschen Aemter, auch aus dem Bremischen Brickhorst und Lohe eingepfarret, und liegt der Carls-Stein und das St. Clueholz und Rosengard nicht weit davon.

Bey dieser Expedition in Sachsen de A. 804. da der Kaiser sein Lager zu Holdenstedt geschlagen, ist noch merklich:

a) Daß er in solchem Jahr die Ueberelbischen Sachsen, und die aus dem Pago WIMODI, HOSTUNGABI, ROSOGAVI mit Frau und Kindern ausgeführet und in Francien verleget.

b) Daß, wie Kaiser Carl zu Holdenstedt gesessen, König Gottfried von Dännemark mit seiner Flotte nach Slierroep kommen, um mit Kaiser Carl sich zu unterreden, jedoch der König Gottfried davon abgerathen und durch eine Gesandschaft es auszumachen gut gefunden; Kaiser Carl auch eine Gesandschaft an ihn gesandt und die Geflüchteten zurück gefordert.

c) Zu Hollenstedt der Obotriten König Thersosuc zu ihm kommen und ihm viele Geschenke gebracht; in des Kaisers Lager der Slaven Fürsten gegenwärtig gewesen, und Kaiser Carl ihnen Trafconem zum König gesetzt.

Celle, insbesondere WESTERKIELLU in *Praecepto Ludovici Pii de terminis* Hild. Dioec. *Occidentalis Kiellu* in Chart. Henr. S. sive *Wester Kiellu*. CHELLE *castrum* Henrici Leonis, das A. 1203 in der brüderlichen Erbtheilung seinem Sohn Henrico Palatino zuertheilet, reichet, seinem Alter nach, in die Carolingische Zeiten. Und der Aller, woran Celle liegt, wird unter Carolo M. in Expedition de A. 782 und des Pagi Bardungo, in dessen confiniis Celle gelegen, wird namentlich in Expeditione Karoli M. A. 785 gedacht, wiewol der Kaiser Carl schon A. 783. da er über die Weser nach der Elbe gangen, auch auf die Aller treffen müssen. Die alte Geographie dieser Länder, und zwar schon unter den Fränkischen Carolingischen Königen, lässet sich aus den expeditionibus *Pipini* und *Caroli M.* in Sachsen, so dann aus denen *Diplomatibus Caesareis de terminis Bremensis, Verdensis, Hildesiensis, Halberstadiensis, Magdeburgensis* Dioecesis, auch dabey ex actis Sanctorum ziemlicher maßen entwickeln. Die Flüsse

Cap IX. Von den Oertern des Fürstenthums Lüneburg. 303

bey Celle, als die Aller, die Oeze, latine *Ursena*, und andere im Fürstenthum Zelle belegene Flüsse und Bäche geben sich aus dem Praecepto Ludovici Pii hervor, als die Wieze, die Ise, die Elmenau, nicht weniger der Wiezenbrock, das Dorf Gever und der darin benante Geversche Weg, *Geveringa via*.

Bey Celle unterscheiden sich

1) Alten Celle, wovon Hofmann in *notitia ecclesiastica Ducat. Luneb.* notiret:
   Templum D. Gerdrutis, Patronus est princeps, continet Altencelle 44 Osterloh 5 Burg 5 Mottenhus 7 *Immenzenn* 7 *Dand* 7.
   Hofemann im Regenten-Saal p. 767. ziehet die Stelle aus Graf Siegfrieds Briefe A. 1236. worin er Herzog Otten verkauft
   Ministeriales suos a Tselle, *usque* Bremam,
   auf alten Zelle. Allein es ist weder Alten Zelle noch die jeßige Stadt neuen Zelle, sondern das *Castrum Celle*, welches aus der Erbschaft Henrici Leonis Hinrico Palatino A. 1203 zugetheilet.

2) *St. Georgius-Cellensis suburbii Blumlage* und *Marsch*, notante HOFMANNO:
   Fundator & Patronus Magnificus Dn. Henricus Langebeck Cancellarius Cellensis, post cuius mortem Princeps suburbia Blumenlage & Marsch.

3) Wester-Zelle ist noch ein Dorf in der Burgvogtey Zelle, und geht der Weg von Müggenburg dadurch auf Celle. Es ist dies das Dorf, das in Praecepto Ludovici Pii schon unter dem Namen Wester-Zielle gehöret und vom Bischof Conrado im Briefe de A. 1233 Wester-Scielle genant wird. Der Probst in Wienhausen war darüber *Patronus* und der Ort *Hildesiensis Dioecesis*. Beschreibung der Pfarkirchen Hildesheimischen Sprengels.

4) Neuen-Zelle, welches die jeßige Stadt Celle, die in mitler Zeit genant *Nova Cellis*, Beschreibung der Hildesheimischen Pfarkirchen; niegen Zelle, literae B. v. Rahts to niegen Zelle A. 1451. ap. HOFMAN *Notit. Ecclef. Ducatus Luneburgensis*; oder simpliciter Celle, in der Umschrift des an des Raths Briefen hängenden Stadt-Siegels X. 1288. *Orig. Hannov.* p. 156.
   Sigillum Burgensium in Csellis.
   Die Kirche in neuen Zelle heißt *Ecclesia St. Mariae Civitatis Novae Cellensis*, worin Herzog Otto schon einen Altar in honorem St. Crucis fundiret, HOFM. *d. Tract.*

5) *Castrum Celle*, welches schon zu Henrici Leonis Zeiten gewesen, und worin die *Capellani* der Schloßcapelle die *oblationes de altaribus* an den Pfarherrn in Celle, *Dominicae Gregis Pastorem in Tzellis*, liefern müssen,

Ch.

Ch. Annae de Naſſau Duciſſae Br. & Luneb. A. 1503. ap. HOFM. *Notit. Eccleſ. Ducat. Luneb.* Die *Patroni* dieſer Kirchen ſind geweſen
1) in alten Celle von der Eccleſia St. Gertrudias dieſſeits der Alter Dioeceſ. Hild. Banni in Winhuſen *Princeps*, Verzeichniß der Pfarren Hildesheimiſchen Sprengels.
2) in der Vorſtadt Zelle vor der Kirche St. Georgii auf der Blumlage jetzo *Princeps*.
3) in neuen Zelle Nova Cellis Hildeſ. Dioeceſis Banni Winhuſen *Princeps*.
4) in Weſter Zelle Hildeſ. Dioeceſ. Banni Winhuſen der Probſt in Winhuſen.
5) die Schloßcapelle iſt der Zeller Pfarrkirchen incorporiret geweſen.

Die andern Zelliſchen Inſpectiones der dieſſeits und jenſeits der Aller belegenen Kirchſpiele und deren eingepfarrten Dörfer haben nach den *Actis Synodalibus Osnabr.* und nach dem *Regiſtro Mindenſi Obedientiarum Synodalium A.* 1525 im Mindiſchen Diöces, und zwar im Archidiaconat des Banni in Ahlden gelegen, als
1) Winſen an der Aller, wovon Reuckenberg in der Amtsvogtey Winſen ein Filialdorf.
2) Hölen, Großenhelen, wovon Garſen ein Filialdorf, wovon Patronus Princeps, wohin Kleinen Helen, Buy, *Huſtede*, *Schugen* (Scheuen), *Garrer* (Garſten), wo eine Capelle Hornungs Hof des Zelliſchen Raths Ziegelhof, Boſtel die Schäferey oder Sunder, der Entenfang und andere kleine Oerter der Burgvogtey eingepfarret.

Cella iſt denen Lateinern ein *locus recluſus* a celando dicta, wovon Feſtus ſaget:

Cella, *quod ea celentur, quae volumus occulta.*

Beym LIVIO L. XXVII. c. 25. *de rebus geſtis Marcelli,* wird es auch de aede ſacra gebraucht in clauſula:

Negabant unam CELLAM amplius, quam uni Deo recte dedicari.

Deren in Capitolio drey waren: Media Jovis, dextra Minervae, laeva Junoni ſacra. v. SALMAS, *Exerc. Plin.* p. 857. DRACKENB. ad LIV. L. V. c. 50. p. 221.

In Celtiſcher Sprache bey den *Cambris* iſt

CIL *Seceſſus, receſſus*, CILIC ſecedere DAVIS *b. v.* KELY *cella* EDUARD LHUYD *b. v.* KELH *cella* connubienſ. ſelda, ED. LHUYD.

Ger-

Cap. IX. Von den Oertern des Fürstenthums Lüneburg. 305

Germanis KALIDI f. KELIDE *discedat.* KERO *c. 61.* i. SCHILTER in *Kelid & Kelitl.* So heißen auch abgeschlossene Kammern *Cubicula* CELLEN Kilianus h. v. heimliche Celle, heimliche Kammer Vetus TEUTONISTA *b. v.*
Und in den alten vocabulariis wird *Cella* übersetzet Eyn Selle Vocab. Io. Hagen, En Celle, en Cammere GEMMA Vocab. edit. Davent. h. v. Denen Gothis Ponticis KELICK *turris* Marc. XII, 1. *coenaculum.* Marc. XIV, 15. Helvetis KILEH überhaupt *Domus dominica,* in specie templum STIERNH. *Glaß. Gothico* v. *Kelick,* auf die Maßen wie bey denen Franzosen CELLE ein Haus, worin die Kinder noch mit Vatern-Haus und Brodt, und davon genant werden *Enfants en celle,* und besonders emancipirte Kinder Enfants hors de celle LAURIER *b. v.* Cymr. notante JUNIO *Etymolog. Angl.* in v. Cellar.
  CELL cella, repositorium, CELLU *occultare, celare,* CEL *occultatio, secretum,*
In mittler Zeit sind
  a) CELLAE *loca sacrata,* solitaria, quae ab hominum separata convictu sunt, ad contemplandum, & Deo vacandum specialiter deputata, BONIF. *VIII. c. III.* de V. S. Du CANGE. *b. v.* unde *Cellarius* inclusus, VITA ELEGII. *L. II. c. 38. Cellano,* Eremita, ACTA SS. *May T. VI. p. 51.*
  b) *Congregatiunculae Monachorum,* Concil. Aurel. I. c. 22. *Cellae,* quae habere Abbatibus licebat, in quibus aut Monachi essent, aut Canonici Addit. I. ad Capit. Lud. Imp. c. 44.
  c) *Abbatiolae* vel OBEDIENTIAE, quae Majoribus tuberant.
  d) *Cella* interior *ambitus* vel *clausus Monasterii,* INNOC. III. *L. XIV. Ep. 155.*
  Aus denen *Cellis* oder *Abbatiolis* sind verschiedentliche ganze Klöster und Abteyen erwachsen, als
  a) Gutzencelle auf dem Hart, jetzo Cellerfeld,
  b) L. ABBAYER DE MONTIER LA CELLA,
  c) Ramesloe, wovon die Bulla Nicolai PP. Privil. Hamb. ap. LINDENBR. von der Matrona IKIA sagt:
    possessiunculam *ei tradidit in Silva Ramesloa nominata in* Pago Berdungaa *in Episcopatu Waldgerii Verdrusii Ecclesiae Episcopi, ubi & Cellam construxit.*
  In denen *Traditionibus* FULDENSIBUS in ERERHARDI *Summariis Tradit. Fuld.* in *Tradit. Corbeiensibus,* bey dem Adamo Bremens. in dem von ihm verschiedentlich angezogenem *libro Tradit.* und sonst in den bekeflichen Grup. Orig. Germ. 2ter Theil. Q q Ur-

Urkunden, und Geschichtschreibern mittler Zeit eröfnen sich viele Oerter, die in die Zeiten der Ottonen, auch noch weiter in die Zeit der Carolingischen Könige reichen. Wohin denn auch die gehören, die in pagis angegeben werden, auch die Klöster Walsrode, welches A. 986 fundiret, und Ulleoheim, welches der Bischof Bruno zu Werden, *cognatus Herimanni Ducis*, in seinem Patrimonio unter Kaiser Ottone M. gestiftet, an welches eine Menge Slavischer Dörfer gelegt. Der Pagus LAINGA oder *Lingewe*, worin Solvau, Timbarla, Stubekeshorn angegeben, und worin die Familia Billingiana ihre Possessiones gehabt; und der Pagus BARDENGO, worin Herimanni Brudern Sohn Wigmannus Junior, der A. 967 im Treffen ums Leben kommen, große Güter besessen, die nach seinem Tode von Kaiser Ottone Magno an die K. öster St. Michaelis und Kemnade gegeben, sind mirkliche Pagi, aus welchen das graue Alterthum vieler Lüneburgischen Oerter olim Patrimonii Billingiani aufzuholen stehen.

Die *Curia* WIGMANSBURG an der Ilmenau jetzo Amts Meding ist zwar jetzo nur ein Dorf von zehn Feuerstätten, es ist aber ein Ort, der unter Kaiser Ottone M. Wigmanno Juniori, Herimanni Ducis Saxoniae Bruders Sohn, gehöret, mit dessen Absterben A. 967 dessen Verlassenschaft ans Kloster St. Michaelis und Kloster Kemnaden kommen. Zur Zeit Henrici Leonis, da die Abtissin Judith, wie Henricus Leo in seinem Briefe A. 1148. ap. MARTEN. *T. II. Collect.* p. 214. dem Pabst Eugenio zugeschrieben, ihren Liebhabern mehr denn hundert Hufen zu Lehn gegeben, die der Abt Wibaldus wieder herbeygebracht, in verbis Epistolae:

> Juditha *Abbatissa adjutoribus & Amatoribus suis post depositionem sui* plusquam ad centum mansos *in* beneficio concesserat, (Wibaldus) *tanquam vir strenuus Dei* adjutorio & nostro *fere* ad integrum recollegit, *& usibus Ecclesiae* restituit.

war Wigmansburg seiner Zubehörungen halber von einem großen Inbegrif. Die Notitia Stabulensis Monasterii von denen von der Abtissin Judith verschleudertem Klostergütern ap. MARTEN. *T. II. Collect.* p. 234. eröfnet, daß die Abtissin Judith verliehen

a) 29 Hufen,
b) und von der *terra in dominica* 12 Hufen mit drey Häusern und curtibus,
c) und noch dazu weggegeben 20 *villas Slavicas* an Wigmansburg gehörig.

in clausula:

> In curia Wichmansburg *dedit in Beneficio* 29 mansos *& de* indominicata *terra* 12 Mansos *cum tribus domibus & curtibus eorum*,

Cap. IX. Von den Oertern des Fürstenthums Lüneburg.

rum, dedit insuper 20 villas Slavicas *ad eandem curiam pertinentes.*

Im 14ten Seculo sind die von Sverin Besitzer vom Dorfe Wigmansburg gewesen, welche A. 1332 vor Herzoge Otto und Wilhelm gelobt, um den freyen Wassergang auf der Ilmenau herzustellen, die Mühle in Wigmansburg herunter zu brechen, und die Wasserfahrt auf der Ilmenau zwischen Lund und Cellenhusen alias Tzellensen frey zu lassen, und was ihnen auf der Ilmenau in Wasser und Wassergange zugestanden, auf das Kloster St. Michaelis und Medingen völlig zu transferiren, laut Briefes der Herzoge Ottonis und Wilhelmi A. 1332. in *Orig. Guelf. T. II. p.* 563. Nach obgedachtem Tzellensen oder Cellenhusen ist das folgende Jahr A. 1333 das Kloster Medingen verlegt.

A. 1357 an S. Benedicti Tage d. p. 563. hat Otto *de* SVERIN mit Consens seiner Erben, in specie der von Medingen, denen Gebrüdern Didrich und Joh. *Hogheberten familiae Patritiae Luneb.* v. BUTNER (im Anhang der *Luneb. Patritiorum* sein Dorf zur Wigmansburg verkauft. Unter den Kemnadischen Klostergütern des Fürstenthums Lüneburg werden in Diplomate HENR. II. *A.* 1094. ap. FALCK. *p.* 905. & *A.* 1017. ap. SCHATEN *T. I. p.* 423. und in Diplomate CONRADI *A.* 1024. ap. PAULINUM *Diss. XI. de Monasterio Kemmenadensi p.* 101. 102. welche die Abtissin Frederuna und ihre Schwester Gräfin Imma an das Kloster gegeben, nahmhaft gemacht:

1) Bardewich.
2) Hatmansen.
3) Wittorp.
4) Brilinges.
5) Biangibudiburg.
6) Abunestorp.
7) Bodenhusen, welches Slopke bey Ulsen gezeiget.
8) Suterburg.
9) Klanken im Drabon, welches dem Dorf Klannow, nach Wustrow eingepfarret, nahe kömt.
10) Wigmannesburg.

Von welchen Oertern, deren graues Alterthum in die Zeiten Ottonis M. und Hermanni und Wigmanni *Familiae Billingianae* reichet. SLOPKE *Hist. Bardov. p. 163.* anmerket, daß das Kloster Kemnade bis A. 1333 und 1337 von diesen Oertern einen *censum* erhoben.

Unter den *Carolingicis* ad A. 877 wird auch im Lüneburgischen in Trad. Corbeiens. §. 279. genant Gerwigeshus nach dem *Registro Sarrachonis* in P. Bardengo, welchem nach heutiger Aussprache Gerdeshaus oder Gerhaus

haus nach Muden an der Orhe eingepfarret ohnweit Hermansburg nahe kommt. Gleichergestalt wird des Orts Salshausen Amts Winsen schon sub Carolingicis in Trad. Corb. §. 303. gedacht:

Tradidit Billingus pro fratre suo Brunbardo unam familiam in Sasheimeshus & 30 jugera.

Wigman war unter den Teutschen ein gängiger Name, und heist bey den Angel-Saxen *Wig-man* und den Gothis Scandicis *Wig-madur* so viel als *heros, vir bellicosus*. BENSON in *Wigman*, VEREL. in Wigmadur. Daher denn auch sich mehr Oerter finden, die von Wigman benant stehen.

Im Lüneburgischen Amt Oldenstadt ist Wichmanssode ein Interessenten Holz, Wigmannes-burstal im Pago MOSIDE, welches in Charta Henr. II. A. 1004. dem Kloster Kemnade bestätiget, ist zwar Wigmannesburg in Pago Bardango nicht, ob es aber *Bursal* in der Mark sey, ist noch nicht ungezweifelt klar.

Unter Kaiser Henr. II. in Diplom. A. 1002. *Orig. Hanov.* p. 10. kommen im Lüneburgischen zum Vorschein in Pago GRETHE Muden, und aus dem FLOTWEDEL Alenhusen, Eddinghusen, Seelhusen, Wende, Lingeroth, Hardesheim, Utisson, Sirdissen, Scelipe, Wadielagen.

Unter Henrico Leone kommen die Menge Oerter aus diesen Landen zum Vorschein, und reichen die Oerter, woraus der Zehnden von Bischof Tiemare an Bardewic gegeben, welche c. VIII. namhaft gemacht, als. Vogelsen, Mecklessen, Winsen, Ludolf, Rendorf, Handorf, klein Hesebeck, Rapeldestorf, Goleren, Zintbergen, Quarrendorf, noch über die Zeiten *Henrici Leonis*. Diejenigen, worauf die Landscheidung, die A. 1203 unter seinen Söhnen gemacht und in den Schnedezug getroffen, sind in c. X. erkläret.

Unter Henrico Leone hat insonderheit das Schloß Ertenburg in großem Ruf gestanden, woselbst er mit den Bischöfen von Razeburg, Lübeck und Sverin, mit dem Abt zu St. Michaelis in Lüneburg, mit den Grafen von Sverin, Reinstein und Schaumburg, auch mit vielen andern mehr, als SCACO *de Ertenburg*, OTTO *Advocato de Ertenburg* gewesen, auch seinen Brief ap. Westphal T. II. p. 2044. datiret: *datum* ERTENEBURG. Der Ort heißet jetzo Atenburg.

Das Schloß Ertenburg hat Herzog Bernhard von Sachsen A. 1182 heruntergebrochen, und mit den Steinen der zerbrochenen Mauer zu Ertenburg sein Schloß Lauenburg, welche Ertenburg gegen über gegen Morgen gelegen, gebauet, HELMOLD L. III. c. 2.

Dux Bernhardus in ipso tempore coepit aedificare Lawenburg *super litus Albiae ad orientalem plagam Erteneburg. Ex desolato hoc castro murum,*

Cap. IX. Von den Oertern des Fürstenthums Lüneburg.

murum, quo cingebatur, destruxit & ex lapidibus eius castrum formavit.

Nachdem der Herzog die Fehrde von Atlenburg nach Lauenburg verlegt, die Lübecker aber sich hierüber wegen der dadurch erschwereten Fuhr beym Kaiser gemeldet, ist von diesem verordnet, daß die Fehre zu Atlenburg bleiben solte, HELMOLD *l. c. 1.*

Von Herzog Bernhard meldet am angezogenen Orte Helmoldus, daß Herzog Bernhard an diesem Orte sich mit seinem Bruder eingefunden und daselbst die *hominia* oder die Lehnseide einnehmen wollen, der Graf von Ragebuurg, Graf von Dannenberg, Graf von Luchow und Schwerin sich auch daselbst eingestellet.

Diese Castra sind zum Theil unter denen, die aus Henr. Leonis patrimonio dem jüngsten Sohn Wilhelmo bey der brüderlichen Erbtheilung zu Paderborn zugetheilet, als Heddisackere, Dalenburg, Berghe, Luchow, Dannenberg, Bremen, Niemwald, laut *Briefes Kaisers Ottonis IV. und Henrici Palatini A. 1203.* ORIG. GUELF. T. III. n. 351. 352. p. 852. 853. In charta Lothar. Imp. A. 1137. ap. STAPHORST P. I. Vol. I. p. 539. wird genant

Sifridus C. de Ertelenburg.
in Chart. Fundation. Ep. Swirinensis A. 1170.
Otto de Ertheneburg.

Nach diesem Erteneburg hat Herzog Heinrich der Löwe den Bischof Ulrich zu Halberstadt A. 1181. als einen Kriegesgefangenen führen, welchen jedoch seine Gemahlin Mechtildis an diesem Orte sehr wohl halten lassen, KORNER *h. An.* Daselbst ist auch A. 1136 Swynicke Princeps Slavorum, Henrici Enkel und Swentepols Sohn, getödtet, KORNER A. 1136. Es heißt jetzt Atlenburg und ist ein Flecken von 69 Feuerstellen, und gehöret mit dem Atlenburger Werder einer Forst ins Amt Lauenburg.

A. 1182. wie der Kaiser Friedrich I. bey Lüneburg gegen Westen Lager geschlagen und Henricus Leo bey dem Kaiser angesuchet, unter seinem Geleit zu ihm kommen zu dürfen, hat der Kaiser Henricum Leonem von Atlenburg bis Lüneburg geleiten lassen, da er denn bey seiner Ankunft im Kaiserlichen Lager, wie er daselbst salutiret, die Worte fallen lassen:

non consuevimus in his partibus alterius conductum accipere *sed magis dare.*

Henricus Leo hat, wie der Kaiser gegen ihn im Anzuge war, das Schloß Erteneburg mit Unmuth verbrant, und ist zu Schiffe nach Stade gegangen, HELMOLD L. II. c. 34. Es ist übrigens mit Erteneburg nicht zu verwechseln Ertenebrock, in welchem Ertenebrock Kaiser Henricus IV. A. 1363.

Obs. IV. Origines Luneburgicae.

1563. laut seines Briefes beym STAPH. P. I. Vol. I. p. 425. den Erzbischof von Bremen der Forst in Ertenebrock annoch beygegeben, was belegen
  a) inter *Wermonen* i. e. die Wermenau, die bey Liebenau in die Weser gehet,
  b) Aldenaw,
  c) Sundam, die in die Sunder-See fält.

Der Graf Albert von Orlamünde Comes Trans-Albinus hat seinem Brief de A. 1211. ORIG. GUELF. T. IV. p. 102. worin er seinem Rechte am Hechberge renuntiret, datiret:

Facta prope *novum Erteneburg super litus Albiae.*

Das Schloß Arlenburg ist A. 1182. bey Erbauung Lauenburg von Herzog Bernhard destruiret, es muß aber nachmals wieder einiger Art restauriret worden seyn, welches der König Waldemarus A. 1238 von neuen von Grund aus schleifen lassen. Da aber Graf Albert A. 1211. des *novi Erteneburg* gedenket, so muß es wieder von neuem gebauet seyn. Der ehemalige Sächsische Historiographus KNAUL in seinen Anmerkungen über Schneiders *Saxoniam* p. 269. bezeuget, wie er sich nicht überreden lassen können, daß Wittichindus zu Attingi in Frankreich getauft, welches die weite und gefährliche Reise, da in Sachsen die Elbe, Weser und andere Flüsse Wasser genug dazu gehabt, nicht glauben ließen, daher er denn auch *Attiniacum* für Arlenburg nimt. Allein man hat sich am wenigsten bey dergleichen ganz leeren und unrichtigen Vorstellungen aufzuhalten, da die Scriptores Francici rund plat und klar *Attiniacum in Francia* als den Ort, wo Wittikindus getauft mit allen Umständen, daß Carolus Magnus aus dem Pago Bardungo vorher dahin abgegangen, und Witikindus mit denen ihm zugegebenen Geißeln nach Attigni gefolget, und Kaiser Carl daselbst Weynachten gehalten, bezeuget gemacht, ANNAL. TILIAN. A. 785.

Venit (Rex) ad Bardingaugi & Widogingus ibi ad eum venit & reversus in Franciam ad ATTINIACUM, *ibi Witikingus baptizatus est, celebravit ibidem Natale Domini & Pascha.*

Annal. PETAVIAN. A 785.

Nulloque rebellante, postquam Rex rediit domum suam, WIDUCHINT, *tot malorum autor & perfidiae inventor, venit cum sequacibus suis ad* ATTINIACUM *Palatium & ibidem baptizatus est, & Karolus Rex suscepit eum, & donis magnificis honoravit.*

Annal. LOISSEL. A. 785.

(Karolus) tunc in Bardengawl venit, ibique mittens post Winderbindum & Abbionem utrosque ad se conduxit, & firmavit, ut non se subtraxissent, nisi in Francia ad eum pervenissent, potentibus illis.

Cap. IX. Von den Oertern des Fürstenthums Lüneburg.

ut credentias haberent, quod inlaesi fuissent, sicut & factum est. Tunc Dominus Carolus Rex reversus est in Franciam, & mittens ad supradictos Windochindum *&* Abbionem *obsides per Missum suum* Amalluvionem. *Qui cum recepissent* obsides *illos, secum ducentes conjunxerunt se ad* ATTINIACUM *villam ad Dominum Regem Carolum, &* IBI BAPTIZATI *sunt supra nominati* Widochindus *&* Abbio *una cum servis eorum, & tunc tota* Saxonia *subiugata est.*

VITA KAROLI M. Bibl. Thuanae A. 785.

Et tunc in Bardungavi *venit (*Carolus*), inde mittens post* Widochindum *&* Abbionem *utrosque ad se conduxit, qui firmiter ei pacti sunt, quod se non subtraherent, quin ad eum in Franciam venirent, petentibus illis* securitatem, *ut illaesi redirent, sicut & factum est. Deinde reversus in* Franciam *misit* Widechindo & Abbioni *obsides per Missum suum* Amawinum, *qui receptis obsidibus secum illos deducentes occurrerunt Domino Regi Karolo apud* ATTINIACUM *villam, & ibi baptizati sunt cum servis eorum, sicque tota Saxonia subjugata est.*

EGINH. Annales A. 785.

In Pagum nomine Bardengau *proficiscitur, ibique audiens* Widikindum *&* Albionem *esse in Transalbina* Saxonum *regione primores, per* Saxones, *ut omissa perfidia ad suam fidem venire non ambigerent, suadere coepit. Cumque ipsi facinorum suorum sibi conscii Regis fidei se committere dubitarent, tandem accepta ab eo immunitatis sponsione, atque impetratis, quos sibi dari precabantur, suae salutis obsidibus, quos eis* Amawinus *unus Aulicorum a Rege missus adduxerat, cum eodem ad eius praesentiam in* ATTINIACO *cella venerunt atque ibi baptizati sunt. — Nam Rex postquam ad eos accersendos memoratum* Amawinum *direxit, in Franciam reversus est.*

CHRON. MOISSIACENSE A. 781.

Postea Rex rediit ad regnum suum. Guiduchint *tot malorum auctor & perfidiae incentor venit cum servis suis ad* ATTINIACUM *Palatium & ibidem baptizatus est, & Rex suscepit cum a fonte ac donis magnificis honoravit.*

Von welchem Gewichte und vieler Consideration die Person Witichindi in Caroli M. Augen gewesen, ist daraus zu urtheilen:

1) Daß

Obſ. IV. Origines Luneburgicae.

1) Daß Kaiſer Carl, wie er in Lüneburg in Pago BARDUNGO, und zwar nach des *Chron.* MOISS. Anführen zu Bardowik geweſen, Witichindum, der ſich über der Elbe in dem Uebereelbiſchen Sachſen aufgehalten, durch Sachſen gütlich zureden laſſen ſich zu ſubmittiren.

2) Ihm nicht nur *ſponſionem immunitatis* geben, ſondern auch zu ſeiner noch mehreren Sicherheit aus Francien durch ſeinen Aulicum und Miſſum Regium Geißel zubringen laſſen, die Widechind mit ſich nach Attigni geführet.

3) Daß Kaiſer Carl ihn zu Attigni ſelbſt von der Taufe gehoben und groß beſchenket.

4) Auch die Submittirung und Taufe Witikind ſo wichtig gehalten, daß er nicht nur ſelbiges mit vieler Freude dem König Offâ, Regi Merciorum *T. VII. Concil. Univ. p. 1131.* zugeſchrieben, ſondern auch nach dem Briefe Pabſts Hadriani A. 786. in *Codice Carolino n. 91.* darüber das *Te Deum laudamus* geſungen und ſeriis ſolemnibus die Litaniae gehalten, vid. ECCARD *Franc. Orient. T. I. p. 711.*

CAP.

CAP. X.

Von Henrici Leonis Patrimonial - Herschaften und der Paderbornschen Erbtheilung A. 1203.

Die Patrimonial-Lande Herzogs HENRICI LEONIS und dessen Allodial-Herschaften und davon abgehangene *Ministeriales* erstreckten sich
1) durch ganz Sachsen, diesseits der Elbe, zwischen die Elbe und den Rhein,
2) durch das Ueber-Elbische Sachsen, und durch die *Pagos* Stormaren, Ditmarsen und Holstein,
3) durch *Slaviam Trans Albingicam*,
4) und außer Sachsen in *terras Francorum*.

Als welches alles nach den Reichsschlüssen Henrico Leoni als sein eigen, und von dem Reichs-Heerschilde und Reichsguth nicht abhängig, verbleiben sollen, als wovon ARNOLDI *Lubec. L. II. c. 36.* eigene Worte lauten:

> Ut patrimonium *suum*, ubicunque terrarum *suisset, sine omni contradictione liberrime possideret.*

ALBERICI *ad A.* 1193.
> Dux Saxoniae factus est Bernhardus, Ducatum Westphaliae recepit Archiep Colon. Allodium suum de Brunswic & de Rodenburgh, & ea, quae in Slavia acquisiverat, retinuit D. Henricus.

Wie denn auch der Kaiser Friedrich I. selbst nach dem Zeugniß ROGERII HOVEDENI *ad A.* 1182. der Gemahlin Henrici Leonis der Königlichen Prinzeßin Mathildis bey dem Exilio Henrici Leonis ihren *Dotem* frey und ruhig bewahret seyn lassen wollen, in clausula:

> Praeterea idem imperator concessit Mathildi *Ducissae Saxoniae*, pro amore regis Angliae patris *sui, ut ipsa* libere & in pace remaneret & totam dotem suam liberam & quietam haberet, & si mallet cum Domino suo in exilium ire, concessit ei imperator, ut custodes poneret ad dotem suam custodiendam.

Obſ. IV. Origines Luneburgicae.

Slavia trans Albingica war Henrici Leonis, das er ſuo *clypeo* jure *belli* ihm erworben, HELMOLDUS:

In omni terra Slavorum, quam vel ipſe *vel* progenitores ſui ſubjugaverint in Clypeo *ſuo & lure belli.*

Diploma fundationis Fpiſcopatus Razeb. A. 1158.

Gentes paganas noſtro ducatui contiguas Wenedos *dictas — huc usque a progenitoribus noſtris in tributum redactas accepimus — quas quin modo ſuppreſſas diu quiete cum magno noſtrarum opum adjumento poſſidemus.*

Wie denn auch durch Vermittelung des Ertzbiſchofs Conradi zu Mayn und Philippi Ertzbiſchofs zu Cöln Henrico Leoni Lauenburg unter der Bedingung, deſſen Deſtruction wieder folgen zu laſſen, verſprochen, ARNOLDUS *L. III. c.* 2. aber es nicht gehalten, GERARD STEDERB.

Sed nihil *Henrico* D. de his, quae ſibi promiſſa *erant,* conceſſum *eſt.*

Vielmehr blieben Henrici Leonis Lande einer groſſen Rappuſe, ſonderlich der Biſchöfe von Cöln, Mayn, Paderborn, Hildesheim, Verden, Bremen, Magdeburg, Minden und Halberſtadt, offen ſtehen, welche *Spolia,* wer ſich die Mühe geben will, jetzo, da ſich die Archive je mehr und mehr öfnen, ſo viel leichter heraus zu bringen, De BUNAU *in Fridr. I. p.* 265. Von dieſem Raub der Patrimonial-Lande Henrici Leonis ſagt GERARD STEDERB.

Dux Henricus pollicitum ſibi ab imp. non ſenſit pacem, ſed bona ipſius omnium expoſita erant direptioni.

In der *Expeditione Saxon.* A. 1180 haben ſich die *Caſtella ducis* dem Kaiſer untergeben, und iſt faſt gantz Sachſen von Henrico Leone abgefallen. GODEFR. A. 1181. In der Expeditione Saxonica wider Hertzog Henricum A. 1180 treten auch der Biſchof und diejenigen, die ſich a Servitio Ducis infideliter abſtrahiret, offenbar auf den Plan, und werden in Diplomate Philippi Archiep. Colon. A. 1180. namentlich genant in *clauſula:*

A. 1180 *data* in Expeditione Saxon. prope Brunſ. *in qua cum* Philippo *contra* Henr. *iverunt, fuerunt*

1) ARNOLDUS *Trev. Arch.* 2) ATHEOLOG. *Hild. Ep.* 3) SIFRIDUS *Paderb. Ep.* 4) HERMANNUS *Monaſt. Ep.* 5) ARNOLDUS *Oſnabr. Ep.* 6) ANNO *Mind. Ep.* LOTHARIUS *Bannenr. praepoſitus,* 7) ULRICUS *Riſſenſiae praepoſitus,* 8) BERNARDUS *Sacienſis Praepoſit.* 9) THEODORICUS C. *de Hoſtadia,* 10) OTTO *frater ejus,* 11) HERM. C. *de Ravensb.* 12) ALBERTUS C. *de Everſtein,* 13) WIDEKINDUS *de Waldeke,* 14) 15) Fratres de HALLERMUND *Ludolfus &* Wilbrandus, 16) 17) Fratres de DASLE

Cap. X. Von Henr. Leonis Patrimonial-Herrschaften ꝛc. 315

LE *Ludolfus* & *Adolfus*, 18) HENR. *de Lippia*, 19) HENR. *de Sconenberg*, 20) REINERE *Trotzprecht*, 21) HENR. *de Vore*, 22) RODOLFUS *de Reinvorde*, 23) Fratres de *Voldesteine*, 24) HEINR. & GERARD. GODESCALCUS *de Padberg*, 25) HERM. *Scultetus Suraciensis*, GOTWINUS de Altena.

Aus denen Urkunden mitler Zeit giebt sich hervor, daß Henrici Leonis Söhne Henricus Palatinus und Wilhelmus schon vor der Paderbornischen Theilung einige Oerter getheilet haben müssen. In Diplomate Wilhelmi A. 1200. ap. PFEFFINGER Histor. Domus Brunsv. P. I. p. 91. zieget sich, daß Wilhelmus schon zu solcher Zeit sich nicht nur Ducem de Luneburg geschrieben, sondern auch seinen Advocatum, sein judicium, seine Castellanos & cives in Luneburg gehabt, in Chartis Henr. Palatini A. 1197. ap. LEUCKFELD *Antiq. Walckenr. c. 19. p. 410. p. 421.* daß dieser schon seine eigene Ministeriales gehabt, und in dem Diplomate Henr. Palatini A. 1197. ap. REHTMEYER. St. Kirchen-Histor. P. II. Beyl. C VI. p. 57. bezeuget derselbe, daß die Präpositur St. Blasii in Braunschweig unter seines Vaters und seiner Custodia gestanden.

Ob nun zwar, nach dem Erkentniß der Stände in *curia Wurtz.* und dessen Vollstreckung in *Curia Geilenhusen*, Inhalts des Diplomatis Friderici, Henrico Leoni nichts weiter aberkant, als:

1) der *Ducatus* ANGARIAE & WESTPHALIAE, welcher, so weit derselbe über das Stift Cöln und Paderborn gegangen, mit allen *Iurisdictionibus, Comitatibus, Advocatiis, Conductibus, Mansis, Curtibus, Beneficiis, Ministerialibus, Mancipiis,* und der Erzbischof von Cöln mit diesem *Ducatu*, vexillo imperiali, belieben;

2) *reliqua pars Ducatus* aber Herzog Bernhard concediret:

So ist es dennoch nicht weiter gegangen, als daß, *feudali jure*, Diploma Fridrici I. A. 1180. und *feudali Poena*, Otto de St. Blasio C. 24. sententia principum verbis Fridr. in Diplom. A. 1180.

tam Ducatus Bavariae *quam* Westphaliae *&* Angariae, *quam etiam universa, quae* ab imperio tenuerit beneficia

ihm in *Curia Wurtzburg.* aberkant; A. 1181 in *Curia Erfordiensi* dem Bischof *Asbelhoo* Hamburg Ch. Fridr. I. ORIG. GUELF. T. III p. 548. und Stade dem Erzbischof Sifrido zu Bremen zugesprochen, Ch. Fridr. I. A. 1181. d. 7. III. p. 552. Nichts desto weniger haben Herzogs Henrici Leonis Allodial-H rschaften und die davon abhangene Ministeriales sich durch ganz Sachsen als ins Land Hadeln, Dietmarsen und Slavien auch in *terras Francorum* erstrecket. Otto puer in Diplomate A. 1239. ap. GUDEN.

Obf. IV. Origines Luneburgicae.

T. I. Cod. Diplom. p. 557. gedenket seiner *Ministerialium* zwischen dem Rhein und der Weser, wovon der Erzbischof zu Maynz ihr. r zehn wehlen sollen.

Decem quoque ministerialium nostrorum quos inter mares & foeminas inter Rhenum & Weseram eligendos duxeris.

Dabey hat derselbe dem Stift Maynz
1) seine Güter, die dem Stift Urbore waren, als frey zugestanden,
2) insonderheit die Vogteygüter zu Heiligenstadt, Geismar und Northen.

in clauf. Diplomatis A. 1239. ap. GUDEN. d. l.

Bonorum autem illorum suorum quae URBORE vulgariter nominantur & libere sibi vacant & maxime bonorum Advocatiarum in Heiligenstat, Geismare & Northen advocatiarum suarum jura sibi libere remanebunt.

URBARE Güter sind diejenigen, welche sich sonst *Salica dominicata, indominicata* und *Allodia* genant, welche die Stifte selbst in ihrer Nutzung halten, Acta Murium Monasterii:

Exceptis agris & pratis & silvis, quae ad nos ex toto quod dicunt URBARA, vel ad Clericum pertinent.

HALTHAUS, WACHTER b. v.

A. 1233. hat auch Otto puer die Ecclesiae proprietati suae in *Homburg* dem Erzbischof von Maynz Sifrido mit allen Zubehörungen conferiret, Chart. Ottonis A. 1233. ap. GUDEN d. T. I. p. 528.

Von dem hohen Reichs-Fürstenstand, welchen Henricus Leo, nach seiner hohen Geburt, in Palatio Imperatoris & Regni comitiis behalten.

Der große Stamvater von dem Hause Braunschweig-Lüneburg hat für seine Posterität, wie die Paderbornsche Theilungsbriefe de A. 1203 zeigen,
1) in *Saxonia cis & trans Albingica*,
2) in *Slavia*,
3) in Thüringen und Franken,
4) und zwischen der Landstraße von Hanstein nach Maynz und den Rhein bis zum Einfluß in die See;

auch aus dem Raube derer, die wider das Würzburgische an sich nichtige und partheyliche Erkentniß des Kaisers in seine Patrimonial-Lande gegriffen, dennoch große allodial und erbeigene Herschaften übrig behalten; wogegen die nach dem Würzburgischen Ausspruch ihm abgegangene *feuda imperii principalia*, wenn es dabey geblieben, so groß nicht zu rechnen seyn wollen. WOLTHER *Chron. Bremens.* p. 51. sagt hievon:

Im-

Cap. X. Von Henr. Leonis Patrimonial-Herrschaften 2c.

Imperator Henricum Leonem privavit clypeo, *gloria, & castris.* Und das Chron. Rastadens. p. 59.
Henricus Leo dividitur a clypeo.

Der Hofrath Scheid hingegen, in seiner Einleitung zum Staats-Rechte §. 5. in not. p. 11. hält dafür, daß darunter ein Irthum begangen, denn sein Heerschild habe Heinrich der Löwe niemalen verloren, oder auch nur erniedriget gesehen. Nach dem *libello de Beneficiis*, nach dem Sächsischen Land- und Lehn-Rechte, und nach dem *Iure feudali Alemannico* haben den Reichs-Heerschild, oder den Clypeum Regalem, oder Scutum regale diejenigen, die *imperiali beneficio investiti*, Libellus de Benef. c. 1. §. 13. c. 11. §. 4. die nach dem Ausdruck im Sächsischen Lehn-Recht beliehen, *uped Rickes God*, als welches ex *fisco publico beneficiato* verliehen wurde.

Hievon werden in *Libello de Beneficiis* im Sächsischen und Alemannischen Rechte, als zum Reichs-Heer-Schild gar nicht gehörig, unterschieden Die *beneficia proprietatis up eghen.*

Die Reichs-Lehne und After-Reichs-Lehne des Reichs-Heerschildes sind Henrico Leoni entgangen, nicht seine *beneficia proprietatis* auf eigen Gut, die er von seinen Allodial-Gütern auf seine eigene Vasallen verliehen. Es lieget auch allenthalben im offenen, daß Henricus Leo und seine Söhne, nachdem ihm die feuda imperialia entzogen, dennoch von ihren eigenen Patrimonial-Ländern ihr *corpus vasalliticum* und ihre Ministeriales behalten, obgleich dieselben von den beneficiis imperialibus des Reichs-Heerschildes, als des exercitus imperialis de bonis imperii beneficiatis, dividiret. Wenn nun gleich Henricus Leo in Clypeo imperiali nicht besangen blieben, so ist er dennoch ein *Princeps summae nobilitatis* inter magnates & proceres imperii, inter viros potentes & potestativos blieben, die, wie alle Stände des Reichs, wenn sie schon im Heerschilde nicht mit beschlossen, ad *solennes curias* mit geladen worden, und als *milites ductores* mit ihrem eigenen Corpore vasallitico in curiis regum erschienen; wie aus dem Exempel BERNHARDI von der Lippe sich hervorziehet, der ad curiam Caesaris mit gefordert, und mit seinem *corpore vasallitico* aufgezogen, und dem Kayser beygelegt, wie er *amplissima allodia* besitze.

Seine Henrici Leonis Geburt bewahrete ihm inter principes die Ebenbürtigkeit, und in seiner Patrimonial-Herrschaft hatte er, allen Leuten gleich, zu gebieten, so wie Henricus Leo und seine Söhne es allerwege in selbigen wirksam gemacht.

Ich habe bereits in der Observation *de Hereschildo regali* bemerket, daß die Dignation eines großen Fürsten

1) in

Obf. IV. Origines Luneburgicae.

1) *in curia regis*, in *comitiis*, in *Synodo*, und ſein Siß, den er darin ex ſummo nobilitate zu nehmen,

2) in *vaſatico*, in *corpore vaſallitico imperiali*, im Reichs-Heer-Schilde, die er in der Ordnung des Clypei Regalis gehabt,

unterſchieden. In dem Reichs-Schild konte ein jeder Fürſt, auch in ſo weit ſeinen Heer-Schild erniedrigen, wenn er dem Biſchof ſich in vaſaticum gab: dem ohnerachtet aber blieb er extra Hereſchildum regale als ein großer Fürſt des Reichs, als ein Princeps ſummae nobilitatis, der mit Kaiſer und Königen eines Abſtammes, wie Henricus Leo war, in *Palatio & curia Caeſaris*, in *publicis regni comitiis*, jure gentium & provinciarum in ſeiner vorzüglichen großen Dianation ſtehen.

Das iſt, was im Sächſiſchen Lehn-und Land-Recht ausdrücklich verſehen:

a) Wo de Here ſin Schild mit Manſchop nedere (erniedriget) JUS FEUDALE SAX. welches nur die *humiliationem clypei in corpore vaſallitici imperii* betrift;

b) ſeine Bort (Geburt) nah Land-Recht hevet die nicht gebreecket, ſin Herſchilt hevet aver genedere, JUS PROV. SAX. L. III.

Wie verehrlich Henrici Leonis hohe Geburt gehalten, erſcheinet aus dem Ausdruck der Pfalzgräfin Irmengard, womit ſie Henricum Palatinum Henrici Leonis Sohn

wegen ſeiner hohen Geburt
ſo hoch erhoben,

daß ihn ſein Vater habe auf hohen Aſt gezogen. v. Uxor Theotiſca p. 55.

Wenn Henricus Leo daher, daß ihm die Reichs-Lehne entgangen, eine *Declinationem* im Reichs-Heerſchild erlitten, ſo blieben ihm dennoch als einem der vornehmſten Reichs-Fürſten alle Vorrechte in *Regis Palatio* und *curiis regni*, die ſeine hohe Geburt mit ſich führet. Ich habe dieſes in *Obſerv. de Hereſchildo regali* bereits bemerket, welche Worte um ſo vielmehr anhero ſetze, da dieſe Obſervation noch nicht zum Druck gekommen.

In curia regis ut in Synodo etiam erat ex nobilitate in conſeſſu ordo, & gradus & ſella prae aliis excelſus, ut diſpoſitis ſedibus Regis principum conſanguinei a latere Principis inter primos palatinos conſiliis intereſſent, eminentiore loco conſiderent, & praeeminerent ſeſſionis ordine, ſubjecta pedibus ſuppedaneo, HUGO FLAVIANACENSIS P. II. Chron. Verdun. p. 163. VITA ADALBERONIS p. 674.

Beym HUGONE FLAVIANACENSI *Chron. Verdun.* p. 163. von dem Mo-
na-

Cap. X. Von Henr. Leonis Patrimonial-Herschaften ꝛc. 319

nacho Fridrico imperialis sanguinis und dessen *sede eminentiore* in *Regni curia* findet sich eine merkwürdige Stelle, die verdienet alhier eingerücket zu werden:

> *Henrici curiam Richardus Verdunensis Abbas adire compulsus venerabilem Fridricum (Monachum) secum duxit, qui & de imperiali sanguine procreatus, & Principibus regni erat notissimus — cui aliquando, dum esset in seculo, tota curia parebat. Verum dispositis sedibus & residentibus Pontificibus & Abbatibus, cum longe inferius resideret, pater mitissimus (Richardus) & memorabilis ejus Monachus (Fridricus) ut Regis & principum consanguineus inter primos palatinos consiliis interesset, eminentioreque loco sederet, ratus non sibi fore utile, si patri, cui parebat, praemineret sessionis ordine, rem fecit memorabilem & posteris imitandam. Surgens namque a latere Principis & suppedaneum suum ipse ferens, Abbatem suum petivit & posito ad pedes ejus suppedaneo in eo ipso resedit.*

Noch dergleichen merkliche Stelle findet sich von dem Sitz der Personen hoher Geburt in *vita Adalberonis* Bischofs von Metz, aus dem Stam Henrici Sancti, p. 674.

> *Dominus Adalbero Metensium venerabilis Praesul sanguinitate & affinitate Regi assidenti & cunctis, qui ex magni Henrici linea descenderant adprime conjunctus — sacrae Synodo intersedebat, ut erat cunctis consacerdotibus nobilior excelsiorque, sic nobiliori celsiorique sella inter suos prominebat.*

Von Henrico Aucupe, ehe er noch Kaiser wurde, wird bey dem DITMARO L. I. *Annal.* p. 325. gesagt, daß er seinem Vater Ottoni illustri succebiret

in *hereditatem* & *beneficia*,

seine Gemahlin Mathildem herein geführet

per civitates egregii Ducis Ottonis,

im Sachsen-Lande allen, was ihm eigen, eingenommen, und *Bardonem* in seinem Lüneburgischen Lande, und Burchardum zu paaren getrieben:

> *ut terrae cederent eorumque omnem possessionem militibus suis* (seiner Ritterschaft) *divideret*

Von der Theilung der Allodial-Herschaften HENRICI LEONIS unter seine Söhne meldet das *Chron. Rhytm. Br.* das zu Alberti I. Zeiten geschrieben, daß wargefallen

1) HENRICO PALATINO die Herschaft Staden und Zelle,
2) Kaiser OTTONI IV. Braunschweig,

3) WIL-

3) WILHELM Lüneburg und die Herrschaft.
BOTHO *Chron. Br.*
1) daß Kaiser OTTO zugefallen Braunschweig,
2) HENRICO PALATINO Zelle und Braden,
3) WILHELM Lüneburg, und man ihm dazu gegeben a) Lichtenberg b) Ganderseim c) Gieselwerder d) und Osen.

Nach denen *Tabulis divisionis Paderbornensis A.* 1203. worin die Theilung von Henrici Leonis Patrimonial-Landen aus einer genauen Kundschaft der mitzugezogenen Fürsten und Ministerialium gemacht, hat WILHELMS Portion Lichtenberg, Ganderheim, Giselwerder und Osen gar nicht bestanden. B. o. der Theilung Herzogs Ottonis I. ueri b. oder Söhne Alberti und Johannis, *Orig. Guelf. T. IV. Praef. p.* 13. ist die Insel Ghyselnwerder, unter ihnen in Communion geblieben. In dem *novo castro* bey dieser Insel, zwischen Lupoldesberg und Butefeld, ist Conrad von Schonenberg *castrensis* von Erzbischof Sifrid zu Maynz gewesen, Ch. Conradi d. Schonenberg A. 1241. ap. GUDEN. T. I. *Cod. Diplom. p.* 1241. mit welcher Vestung Geyselnwerder Bischof Gerlach zu Maynz A. 1267. sich bey Herzog Alberto M. zu Braunschweig rebimiret, Chron. Rhytm. Brunsv. p. 137. A. 1313 hat der Erzbischof Petrus von Maynz Herzog Ottoni die *custodiam castrensem castri & oppidi Giselwerder* verliehen, HOFMAN. *Vol. III. Var. Saxon.* Von dem Verfolg v. *Orig. Guelfic. Praef.* in *T. IV. p.* 11.

Aber hat is die Absicht zu zeigen, wie die drey Gebrüdere sich ratione des Lüneburgischen getheilet. In Originibus Calenbergicis werde ich meine ausführen, wie die Leine von Hannover bis Northeim zwischen Kaisers OTTONIS Lande zur Linken und HENRICI PALATINI Lande zur Rechten die Landscheidung gemacht.

In Lüneburgischen Landen sind von Herzogs *Henrici Leonis* erbeigenen Landen nach dem *Diplomate* Kaisers *Ottonis IV* und *Henrici Palatini A.* 1203 zu Paderborn zugetheilet

I. WILHELMO DUCI

nach der darin wörtlich enthaltenen Clausul:

Convocatis principibus & ministerialibus nostris, qui possessiones nostras bene noverunt, *plenam de ipsis possessionibus faciendi divisionem contulimus potestatem, qui amicabiliter & pacifice inter nos talem fecerunt divisionem;*

1) quod LUNEBORCH & TOTA PROVINCIA a LUNEBORCH usque ad fluvium SEVENA,
2) & ab eo loco, ubi SEVENA INFLUIT ALBIAM,
3) quie-

Cap. X. Von Henr. Leonis Patrimonial-Herrschaften ꝛc.

3) quicquid est ULTRA ALBIAM USQUE AD MARE & USQUE AD SLAVIAM proprietatis,
4) & CITRA ALBIAM ab eo loco, ubi SEVENA PROPIUS EST DANLO,
5) USQUE DANLO,
6) a DANLO USQUE WITENGHE, wofelbst Ifunda Palus Isenbrok nach dem Annal. Sax. A. 804. und Chron. Halberst. p. 111. die Bardengaoe und Wittingaoe geschieden,
7) a WITENGHE vero usque SWIBEKE,
8) a SWIBEKE USQUE WADENBERGHE,
9) a WADENBERGHE USQUE WAGERSLEBEN,
10) a WAGERSLEBEN USQUE in montem qui dicitur HART ad VILLAM REINIBECKE.

II. HENRICO PALATINO.

ex Diplomate Ottonis IV & Wilhelmi A. 1203.
1) incipit itaque loco, in quo fluvius *Sevise* influit ALBIAM,
2) inde *Albiam sursum usque in mare*,
3) & *Sevinam sursum* usque *ad locum*, ubi ipsa est *vicinior Danlo*,
4) a *Danlo* usque *Nortberg*,
5) a *Nortberg* usque in *Flotwide*,
6) a *Flotwide* usque *Hanover* oppidum quod Ducis est cum omnibus sibi *attinentibus*.

Wobey Henrico Palatino zu Theil geworden nach eben demselben Diplomate Kaisers Ottonis IV. A. 1203.
a) Chelle,
b) *Nortberg* cum omnibus *attinentiis*,
c) *praedia* communia in *Ditmarsia* & in *Hadele*,
d) *Comitia* quoque *Stadii*, welche bis an die Seve nach Wilhelmi Portion sich gestrecket.

III. OTTONI IV. Imperatori

ex Diplom.' Henr. Palatini & Wilhelmi A. 1203. als dessen Portion von Braunschweig nach Noerburg im Lüneburgischen zugehet:
1) BRUNSVICK suum est & omnia inibi *attinentia*, quicquid est *in circuitu Brunsvic*, ubi termini portionis decurrunt ad portionem Wilhelmi a) *a Vagesfelde* ad *Wadenberg* b) ad *navigium Wagerslebe* c) in montem *Hart* qui *totus suus* & castrum *Sommerscenburg*, quicquid in *hoc circuitu* est usque Brunsvic. In *alio latere* usque *Vlotwede* ter-

Obf. IV. Origines Luneburgicae.

ra fua eft & ipfum *dimidium Flotwede*, a *Flotwede* usque *Honoverre* terra fua eft,

2) & *terra* usque *Nortburg fua eft*,
3) a *Nortburg* usque *Danlo*,
4) a *Danlo* usque *Hunkesbotle*,
5) a *Hunkesbotle* usque *Swibeks*.

Hieben ist zufoderst zu bemerken:

> Alle drey Gebrüdere haben in der Theilung einen Theil aus dem Lüneburgischen erhalten.

1) WILHELMI Portion hat diesseits der Elbe an der Seve, wo sie bey Wullenburg in die Elbe fließet, gegen Henrici Palatini Grafschaft Stade, die bis an die Seve gereichet, zugekehret, und jenseits der Elbe hat dieselbe in *Saxonia Trans-Albingica* Stormarn und Dismarsen, und weiter bis ad Slaviam aus Henrici Leonis Erbschaft dessen Allodial-Herrschaften befangen, in clausula:

> *Quicquid eft ultra Albiam usque ad mare & usque ad Slaviam proprietatis.*

Worauf denn auch die Stellen beym Helmoldo einschlagen L. IV. c. 7.

> *Dux* (*Henricus Leo*) *omnia circa Albiam loca tenebat, videlicet* Stadium, Lawenburg, Boyceneburg.

und L. IV. c. 17.

> *Praeter-spem liberata eft* Lawenburg, *vel quia Bernhardum Ducem coëta fortuna deferuit, vel quia* Duci Henrico *aliquas reliquias refervare voluit.*

Diesseits der Elbe im Lüneburgischen ist Wilhelmi Portion von der Seve ab, wo sie dem Danlo näher, und von Danlo im Lüneburgischen an Henrici Palatini Portion rechter Seits nach Wirringen auf Kaisers Ottonis Portion zugegangen, und von dar weiter aus Braunschweigische an Kaisers Ottonis Lande zur Rechten gelegen, fortgelaufen.

2) HENRICI PALATINI Portion ist im Lüneburgischen an Wilhelmi Portion von dem Einfluß der Seve in die Elbe. Hieben ist zu merken, daß *Henrici Palatini* Portion mit befangen, was von dem Einfluß der Seve in die Elbe bis an die See an Elbinseln sich gefunden, in clausula:

> *inde* Albiam sursum *usque in mare*.

Wie ich denn in *Observat. de Insulis Albiae* gelehret, daß die Elbinseln nicht den U. b. r. Elbischen Sachsen, sondern *Saxoniae Cis-Albingicae* gleich dem Lüneburgischen zugerechnet, und Henricus Palatinus Elbinseln besessen.

Cap. X. Von Henr. Leonis Patrimonial-Herschafften rc.

beseſſen. Das Wort *sursum* iſt allhier offenbar für *desursum* zu nehmen; denn was von der Seve ab bis zur See zu rechnen in der Elbe lieget, lieget in *flumine defluente & secundo*. Von dem Einfluß der Seve in die Elbe gehet Henrici Palatini Landſcheide an Wilhelmi Portion im Lüneburgiſchen die Seve hinauf bis dahin, wo ſie dem Danlo näher komt, in clauſula:

& Sevenam sursum *usque ad locum*, ubi *illa* vicinior Danlo.

Von dar gehet ſie von der Seve auf den Danlo, und vom Danlo weiter bis nach Nortburg, und von Nortburg an Kaiſers Ottonis IV Portion bis in den Flotwedel, und vom Flotwedel an Kaiſers Ottonis Lande bis nach Hannover.

3) OTTONIS IV Portion iſt die mittelſte Portion, die in der Mitte zwiſchen Henrici Palatini und Wilhelmi Portionen von der Landſcheide beyder Gebrüder beſchränket wird.

Die Termini portionis OTTONIS im Braunſchweig-Wolfenbüttel-ſchen Theile, a) in *circuitu Brunswic*, b) & in *terminis Voresfelde, Wadenberg, Wagerslebe, Hard, Sommerseburg,* & quicquid eſt in hoc *circuitu usque Brunswic*, gehöret nicht ad origines Luneburgicas, als wovon hier gehandelt. Die Landſcheide von Herzog Ottonis Theil, auf der andern Seite von Braunſchweig, die in die Lüneburgiſche Lande läuft, gehet:

1) dieſſeits der Aller von Braunſchweig und in deſſen circuitu, extra terminos Henrici Palatini; und in terminis Ottonis findet ſich das caſtrum *Asle* bey Burgtorf im Amte Lichtenberg mit der dem Caſtro Asle angehörigen Grafſchaft der Grafen von Asle. Und in dem Strich dieſſeits der Aller

    a) wird das Land von Braunſchweig bis nach Nortburg OTTONI IV zugerechnet, das *Castrum Nortburg* ſelbſt aber iſt *Henrico Palatino* blieben;

    b) und hinwiederum der Diſtrict vom Flotwedel, Nortberg über der Aller gegen über, bis Hannover auch *Ottoni* IV zugeeignet.

2) jenſeit der Aller bis zum Danlo, in welchem Strich

    a) zur Linken gegen Abend *Henrici Palatini* Lande am Stift Verden,

    b) zur Rechten Kaiſers *Ottonis* Lande eintreten,

    c) und gegen Norden auf die Schnede Wilhelmi von Danlo nach Wirzingen ſtoßen.

In dieſem Strich über der Aller von Nortburg bis zum Danlo iſt OTTONI IV zugetheilt, was auf ſolcher Schnede zur Rechten liegt, und läuft

Obf. IV. Origines Luneburgicae.

die Schnede zwischen HENRICI PALATINI und Kaisers OTTONIS Antheil von Nortburg

durch die Amtsvogtey Bedenbostel, Hermansburg, Amt Ebstorf, und wenn auf einen Wald zu restectiren, welcher der Oerve näher, durch die Amtsvogtey Amelinghausen nach dem Garrelsstorferwald; und ist vermuthlich, daß, da der Danlo in allen drey Diplomatibus als eine Landscheide von allen drey Portionen so notable gemacht, daß der Danlo eine große Waldung, und die Specialbenennungen, Garrelastorferholz, Raubkammer und kalte Hoßlube, Stücke von dem großen Danlo gewesen.

Die *Comitia Stadensis* bis an die Oerve ist Henrico Palatino namentlich zugetheilet, und von der Oerve läuft die Landscheide bis zum Danlo zwischen Wilhelmi Portion nach der Elbseite zur Rechten, und Henrici Palatini Portion zur Linken. Wilhelmi Landschnede gehet vom Danlo nicht weiter in gerader Linie auf Nortberg, sondern sie schlägt sich zur Rechten Nord-Südwerts auf Wittringen, und macht in diesem Strich die Landscheidung zwischen OTTONIS IV und WILHELMI Antheil. In diesem Strich fält

1) in OTTONIS IV Antheil alles, was in dem Strich von Hankesbüttel und Wittringen bis Varesfelde hod. Foßvelde dießseits des Strichs in den Ämtern Gifhorn und Anesebek liegt. Jenseits solches Strichs gehören die Lande von Wittringen bis Varesfelde zu Wilhelmi Portion.

2) Der Schnedestrich, der von Danlo gerade auf Norberg gehet, ist die Landscheide zwischen *Henrici Palatini* und *Otronis IV* Antheilen. Was jenseits des Strichs nach Occident liegt, und bis an das Stift Verden reichet, gehöret zu HENRICI PALATINI Antheil: und was dießseits des Strichs liegt und vor Wilhelmi Portion zukehret, gehöret zu OTTONIS IV Antheil.

3) Der Schnedestrich dießseits der Aller von Florwedel bis nach Hannover ist die Landscheidung zwischen HENRICI PALATINI und OTTONIS IV Landen.

Dieser Florwedel, wie Cap. V. gezeiget, hat sich nach den Oertern, die darin genant werden, erstrecket

    a) in das Amt Meinerfen, und wie anscheinlich, bis an die Ocker, woselbst sich jenseits der Ocker bey Meinerken ein Holz findet, genant im Ouhrwedel,

    b) über die Vogtey Uye,

(c) über

Cap. X. Von Henr. Leonis Patrimonial-Herschaften ꝛc.

c) über Winhusen,
d) und ins Amt Burchdorf.

Jetziger Zeit wird der Florwedel eingetheilet
1) in großen Florwedel nach Zelle zu, worin
   a) Winhusen,
   b) großen und kleinen Eicklingen,
   c) Sandlingen,
   d) Schepelse,
   e) Polmans-Havekost.
2) in kleinen Florwedel nach Meinersen und der Oker zu, worin
   a) Winenrode,
   b) Brockel,
   c) Flettmer,
   d) Hambostel,
   e) Schelles-Havekost.

Der halbe Florwedel ist OTTONI IV zugetheilet, worunter insonderheit die Oerter im kleinen Florwedel als nach Braunschweig zu belegen mit begriffen. HENRICO PALATINO ist die andere Halbscheid vom Florwedel nach Zelle zugefallen. Solchemnach sind in dem Diplomate Henrici Palatini Kaiser Ottoni auf der andern Seite von Braunschweig die Lande von der Mitte des Florwedels zugeschrieben.

Noch zeigen die Tabulae Divisionis Paderbornensis A. 1203. daß WILHELMO die Erblande zwischen Kaisers OTTONIS Portion zur Rechten und der Mark zur Linken, zugetheilet, dabey die Landscheidung zwischen Wilhelmi und Kaisers Ottonis Landen angezeiget, nicht die Gränze von Wilhelmi Landen nach der Mark, wo Wilhelmi Portion einen *partem provinciae Wilhelminae* ausgemacht.

Die Landscheidung von der dreyen Gebrüder Erblanden sind von den Gränzörtern, die genant werden, zu bestimmen: die Oerter aber sind theils bekantlich, theils jedoch wenige annoch auszumachen.

Insonderheit tritt der DANLO, auf welchen aller dreyer Gebrüdere Portionen zugegangen, in Augenmerk. DAN-LO heißt nach der *proprietate vocis* ein Dannen-Gehölze, welche im Lüneburgischen in der Menge vorfindlich. Diejenigen, die aus Dan-lo Dalle, ein Dorf von 5 Feuerstellen in der Amtsvogtey Bedenbostel, machen, treiben nichts weiter als ein arrabebraketes Wortspiel. Wenn alle drey Diplomata der brüderlichen Theilung zusammen gehalten werden, so ist der Danlo belegen zwischen der Seve, Horberg, Hankenbüttel und Wittingen, und klust

Ss 3   1) POR-

1) PORTIO WILHELMI von der Seve, wo sie dem Danlo näher, auf Danlo, und vom Danlo auf Wittingen,
2) PORTIO HENRICI PALATINI eben so von der Seve, wo sie dem Danlo näher, auf Danlo, von Danlo auf Nortberg.
3) Kaisers OTTONIS IV Portion von Nortberg auf Danlo.

Und wenn nach diesen Gränzen die Schnede gezogen wird, so wird in selbiger befunden
  a) das Garrelstorfer Holz,
  b) die Raubkammer,
  c) mit denen Holzungen, die specielle Namen angenommen, als Suverwalsch-Holz Amts Ebstorf, kalte Hoffstube Amtsvogtey Hermansburg.

Die großen Waldungen in Teutschland verlieren guter maßen ihre generale Benennungen und nehmen von den Dörfern, woran sie liegen, specielle Namen an. Das Wort STUS-TAN-LE in praecepto Ludov. Pii de terminis Hildes. Dioecesis, jetzo Stus-la, komt dem Dan-lo nahe. Dabey sind im Lüneburgischen mehrere Dörfer und Holzungen, die sich in Lo terminiren, als Wolmers-lo, eine Holzung bey Havekost, Ripper-lo, Zum-lo, Schelp-lo, Dörfer in der Vogtey Bedenbostel. Die Seve, lat. Sevena, entspringet über Weßlen ohnweit Heimbruch aus einem Mohr. Sowol HENRICI PALATINI als WILHELMI Landschnede
  läuft von der Seve an den Ort, wo sie dem Danlo näher, nach jetzt genantem Danlo.

Daraus erscheinet, daß die Seve nicht hart am Danlo hergeflossen, jedoch dem Danlo an einem Ort näher gewesen. Sie fliesset an der Gränze der Vogtey Pattensen, Ramsloh zur Rechten vorbey, bey Wolenberg in die Elbe. In dieser Vogtey Pattensen ist die eine Meile von der Seve liegende große Haustädter, Berger und Wilser Forst. Die Raubkammer in der Amtsvogtey Amelinghausen bey Bispingen, zwischen der Luhe und Orze, einige Meilen von der Seve, trit auch in Augenmerk, und macht, wenn sie zumal mit der Suverwaldischen Holzung Amts Ebstorf, und mit der kalten Hoffstube der Amtsvogtey Hermansburg connectiret, eine große Waldung aus. Auf diesen Strich von der Seve bis zum Danlo fält zur Linken nach Verdischer Grüt HENRICI PALATINI Antheil zur Rechten WILHELMI Portion: von dem Danlo nach Nortburg aber fält zur Linken HENRICI PALATINI, und zur Rechten OTTONIS IV Portion.

Nortberg in der Amtsvogtey Eickflingen am Schwarzwasser ist ein verfallenes Schloß an der Aller, wo die alten Merkmaale noch aus

Gra-

Graben, Wall und den Ruinen der Mauren zu erkennen. Die von Schenk sind mit dem Schloß beliehen, und die Colonen von Nortberg sind von dem Herrn von Schenk abhängig. Vor nicht gar langen Jahren hat der ehemalige Landschafts-Director von Spörke aus dem dasigen unter der Erde gefundenen Gewölbe die Steine ausgraben lassen.

Der ehemalige Pagus FLOTWEDEL, welcher an der Aller Nortberg gegen über lieget, ist in den großen und kleinen Flotwedel abgetheilet, wovon zum großen Flotwedel gehöret in HENRICI PALATINI Antheil Eicklingen, Sandlingen, Schepelse, Polmans-Havekost; zum kleinen Flotwedel nach Braunschweig zu in PORTIONE OTTONIS Wienrode, Flettmer, Hanbostel, Bockelse, Schellro-Havekost. Wittingen, olim in pago WITTINGA jetzo im Amte Knesebeck, ist der Ort, worauf die Gränze von Wilhelmi Portion von Danlo nach Wittingen zugehet. Der Ort ist Ulzscher Inspection, und sind nach Wittingen eingepfarret Süderwittingen, Stöcken, und viele Dörfer mehr, alle Amts Knesebek. Von Wittingen kehret sich die Schnede *portionis Wilhelminae* nach Swibeke. Hunkesbotle jetzo Haunmarbutle ohnweit Isernhagen ist im Amt Gifhorn, und gehet Ottonis IV Portion in der Schnede von Danlo nach Hankesbüttel und von Hankesbüttel nach Schwibeck. Schwrimbke ist zwar ein Dorf im Amte Gifhorn, olim im Amt Jsernhagen, über Hankesbüttel, wohin es eingepfarret, liegt auch ohnweit der Jse, Jsenbrock, Stocken und Wittingen: allein es ist solches das Schwibeke nicht, wovon hier die Rede. Schwibek muß nach dem Schnedezug liegen zwischen Hankesbüttel und Daresfeld jetzo Hofsfeld, und in diesem interstitio zeiget sich Schwibek im Amte Jsernhaaen nicht. Wo es nicht der Bach Knirbeck alias Zogenbeck, der Knesebek vorher über Rickenbrock unter Jsernhagen in die Jse fließet, so ist vermuthlich, daß es unter denen ausgegangenen wüsten Oertern annoch zu suchen. Die Lüneburgischen Aemter und Voateyen lassen sich nun zwar ganz und gar und so genau nicht in eines jeden Erbtheil bringen, indessen hat dennoch begriffen

I. WILHELMI PORTION die Lüneburgischen Aemter, die von der Seve an gegen Norden den Elbstrich entlang belegen, als:
   a) Winsen an der Luhe,
   b) Bleckede,
   c) Dannenberg,
   d) Wustrow,
   e) Lüchow,
   f) Bodenteich,
   g) und hat sich gegen Morgen von der kalten Hofstube an Kaisers *Ottonis IV* Portion nach Wittingen gestrecket.

In diesem Wilhelms Antheil geben sich auch die *Castra Wilhelmi Ducis* aus beyden Diplomatibus Henrici Palatini und Kaisers Ottonis IV. die Wilhelmo Duci im Lüneburgischen zugetheilet, hervor, als:

    a) Hedesackere,   b) Dalenburg,   c) Berge,   d) Lichow,
    e) Danneberg,   f) Brome,   g) Nienwalde.

Berge an der Dumme fält nach der Schnede in Wilhelmi Antheil. Nienwalde ist mir in folgender Zeit nicht vorkommen, und muß also bald hernach wüste geworden seyn. Im Amte Bodenteich findet sich ein klein Dorf Nienwalde von 12 Feuerstellen, und nicht weit davon im Amte Isernhagen ein Ort von 3 Feuerstellen; ob bey dem ersten und andern Ort noch Spuren von einem Castro erfindlich, wird eine nähere Untersuchung eröfnen.

II. HENRICI PALATINI Portion
    a) die Vogtey Partensen,
    b) die Vogtey Amelinghusen,
    c) die Vogtey Soltau,
    d) die Vogtey Bergen,
    e) die Vogtey Fallingbostel,
    f) das Amt Walsrode,
    g) die Burgvogtey Zelle mit der Stadt Zelle,
    h) ein Theil der Vogtey Bedenbostel,
    i) ein Theil des Amts Winhusen,
    k) über der Aller, da dieselbe von Kaisers Ottonis Portion nach Hannover fortgelaufen, den halben Florwedel, und was über den von der Mitte des Florwedels nach Hannover gezogenen Strich zur Linken belegen.

Wie nun Henrici Palatini Antheil von der Gräffschaft Stade an bis an die Seve gereichet

    1) an der einen Seite an das Stift Verden,
    2) an der andern Seite an *Wilhelmi* und weiter an Kaisers *Ottonis* Antheill hergegangen: also ist

III. Kaisers OTTONIS Portion über der Aller
    a) das Land um Nortberg in der Vogtey Eicklingen,
    b) und was in dem Strich von Nordberg durch die Heidmark an Henrici Palatini Portion bis zur kalten Hofstube und Raubkammer gelegen,
    c) und was in dem Strich von Danlo, von der Raubkammer, von der kalten Hofstube bis nach Hankesbüttel, und weiter nach Varesfelde beschlossen, und an Wilhelmi Portion hergehet.

Cap. X. Von Henr. Leonis Patrimonial-Herrschaften ꝛc.

In welchen District auch das Amt Gifhorn trit, aus welchem Kaiser Otto IV. in Diplom. A. 1213. *Orig. Guelf. T. III. p. 648.* eine Mühle bey Gifhorn bey Gamenhusen (Gamessen) bey Bockeln, was Kaiser Otto daselbst gehabt, an die Kirche in Schoverlingsburg, jetzo Walbe, im Papendieck geschenket.

In folgender Zeit eröfnen sich aus dem Ueberweisungs-Brief Herzog Wilhelms und Heinrichs A. 1428 Dienstag nach der elfe tusent megede Tage in der Lüneburgischen Landeshoheit noch mehrere Castra, die an Herzog Bernd, dem das Lüneburgische Land zugetheilet, überwiesen, worunter folgende mit ihren Beschlossen, die sie vom Landes-Fürsten gehabt, specificiret:

   a) Tzelle mit der Herzogin Margarethe zu Braunschweig,
   b) Serllegade mit dem Bischof Johan zu Verden,
   c) Lauenbrugge Erdman Schulten,
   d) Hidzacker Hartwig v. Bülow,
   e) Dannenberg Ficken von Bülowe,
   f) Prizes derselbe Ficke,
   g) Schnackenborch derselbe Ficke,
   h) Garzau die Sunte Johannes Herre von Robig.

Die mehresten Stücke des Fürstenthums Lüneburg haben des Orts die Schlösser gehabt, und werden deren zur Zeit, da sich das Fürstenthum Lüneburg über Hannover und die Oerter zwischen dem Deister und der Leine erstrecket, in Reversal. Bernh. & Henr. A. 1378. aller Apostel genant:

a) Lüneburg,   b) Hannover,   c) Ulzen,   d) Lüchaw,   c) Dannenberg,   f) Zelle,   g) Ulenstade (am Rübenberge),   h) Pattensen,   i) Münden,   k) Eldagsen,   l) Winsen,   m) Harburg,   n) Blekede,   o) Dalenberg,   p) Hizacker,   q) Rethem.

In dem Verfolg der Schnede an die Braunschweigische Lande, woselbst auf solchen Schnedzug

   1) Kaisers OTTONIS IV. Antheil nach Braunschweig zu,
   2) und WILHELMI D. Antheil nach der Mark zu,
an einander gegränzet, wird auf solchen Schnedezug
   1) Kaisers OTTONIS IV. Antheil limitiret
      a) von Hankesbüttel bis Swibeck,
      b) von Swibeck bis Daresfelde,
      c) von Daresfelde nach Wadenberg,
      d) von Wadenberg auf das *navigium* Wagerslebe.
   2) WILHELMI D. Antheil beschrenket

Obſ. IV. Origines Luneburgicae.

a) von Wittingen auf Swibeck,
b) von Swibeck auf Wadenberg,
c) von Wadenberg auf Wagersleben.

In der Schnede OTTONIS IV. und WILHELMI iſt Swibeck und Wadeberg noch nicht gäntzlich im offenen. Da aber der Schnedezug von Kaiſers OTTONIS Antheil gegen Wilhelmi Antheil von Hanckesbüttel und Swibeck auf Daresfelde gangen, und in dieſem Diſtrict von Hanckesbüttel und Swibekl bis Daresfelde das Gerichte Brome eintrit, in welchen das Caſtrum *Brome* in Wilhelmi Portion fält, ſo iſt daraus zu erkennen, daß der Schnedzug OTTONIS IV. nach Daresfelde das Caſtrum Wilhelmi Ducis *Brome* zur linken Seite liegen läſt, jedoch dieſes ad patrimonium Henrici Leonis gehöret und Wilhelmo Duci zu Theil worden. Die Charta WALTHERI *in Singul. Magd. P. IV.* zieet an den Gräntzen des Braunſchweigiſchen Amts Calvörde und dem Halb-Gericht bey Wendiſch Flechting die Villication Warenberg. Aus dem Schnedezug von Kaiſers OTTONIS IV. Landen wird Wadenberg zwiſchen Daresfelde hod. Joßvelde, und die Jehrde zu Wagersleben, und auf dem Schnedezug von WILHELMI Landen, Wadenberg zwiſchen Swibeck und Wagersleben gezeiget. Es verſchlägt aber nicht groß, wenn man, mit Vorüberlaſſung dieſer beyden Zwiſchenörter Swibeck und Wadenberg, nur die bekanntlichen Oerter Hankesbüttel und Wittingen bis an die Jehrde zu Wagersleben im Augenmerk hält, und den Schnedeſtrich von Hankesbüttel oder Wittingen, die nahe bey einander liegen, auf Wagersleben ziehet. Den Ort Wackersleben gibet FALKE in *Tradit. Corbeienſibus* an a) in *Magdeb. Praefecturae Hotensleblienſis p. 51.* b) *Wakersleve* in Ch. Henr. 8. A. 1016. p. 453. c) *Wagersleba* olim vicus bey Schöningen p. 458. Das Wackersleue ohnweit Schöningen finde ich in einer Charte im Halberſtädtiſchen unter Hamersleben bey Gunsleben nicht gar weit von der Bode gezeichnet, und iſt an eben ſolchem Ort erfindlich, wo die *paludes Wagerslevienſes* angezeiget werden.

Das *Navigium Wagerslebe* zeiget eine Jehrde an, die über den großen Bruch zwiſchen Hornburg und Aſcherssleben bey Hamersleben, ein Auguſtiner Kloſter im Halberſtädtſchen, Aſchersleblichen und Weſſerlingſchen Kreis, gegangen, wo noch eine wüſte Doeſſtläcre Wagersleven in der Kundſchaft ſtehet; worauf eine mir communicirte *Notitia Traditionis Hamerslebienſis* einſchläget, die in clauſula lautet:

Palatinus Comes Fridricus in palude Wagersleve *Eilenardum quendam ipſum tradere detrectantem calcaribus & furca occidit, pro quo delicto menſum in Eikenburdeslove huic ecclefiæ conſulit.*

Den

Cap. X. Von Henr. Leonis Patrimonial-Herschaften ꝛc.

Von dem *Castro Varesfelde* findet sich in Ottonis Testament, *Orig. Guelf. T. III. p.* 365. folgende Clausul:

Castrum Varsfelde reddatur Gardolpho de Hathemersleve, sed si frater noster vult habere, dabit pro ipso centum marcas.

Der große Bruch, der gegen Nordwesten von Hornburg bey der Ocker anfängt, ist zu jetziger Zeit mit großen und kleinen Graben durchschnitten, und das Wasser in die Bode geleitet. An dem neuen Damm daselbst hat das Kloster Hamersleben A. 1755 das neue Vorwerk Wageroleben gebauet. Das Chron. brev. ap. LEIBN. *T. III. p.* 426. meldet, daß Henricus Auceps die Ungern bey Wageroleven geschlagen. Von Wageroleben gehet Herzog WILHELMI und OTTONIS IV Landscheide nach dem Harz bey der villa *Reinibeke*, welches eine villa desolata am Harz, dessen Feldmark von dem nächsten gebauet wird, zu seyn scheinet, und Personen, die der Gegend kundig, noch nicht erfindlich gewesen. Aus dem Schnedezug von Wageroleben ab erscheinet, daß dieselbe nach dem Harz bey Reinbeck zugegangen. Und liegen in dieser *vicinia* die Castra Henrici Leonis, die aus dessen Erbschaft Wilhelmo Duci zugetheilet, als:

1) Lewenberg ein Bergschloß in Ramberg am Harz bey Stecklberg KESNER *Antiq. Quedlinb. p.* 484. der Graffschaft Reinstein,
2) Blankenburg auf dem so genanten Blankenberg,
3) Reghenstein ohnweit Blankenburg,
4) Heymenburg im Amt Helmburg Fürstenthums Blankenburg ohnweit Blankenburg.

Unter welchen Schlössern A. 1180 nach den Annal. Bosovienss. A. 1180.

Heinenburc (Heimburg) *Lewenberc Regenstein*

dem Kaiser übergeben, das einzige Blankenburg Henrico Leoni treu verblieben. Bey dieser villa *Reinebeck* kehrte vor Kaiser Ottonis IV. Portion, dem der ganze Harz zugetheilet, zu. Wilhelmi Ducis Portion gieng jenseits Ottonis IV. Schnede nach dem Diplomate Henrici Palatini und Ottonis IV. A. 1203 in die Mark, in clausula:

Insuper omnis proprietas, quae est in Marchia, & tota proprietas Haldensleven, & proprietas tota in Nendorf, & omnes ministeriales, qui intra praefatos terminos commorantur.

Dies Haldensleben an der Ohr besing, wie die *Castra* Lüneburg und Laumburg, die dazu gerechnete Provinz. Und da Henricus Leo in seinem Testament seine ganze Lande, HENRICI PALATINI Antheil von Levenburg und Lüneburg, und OTTONIS IV. Antheil von diesem Haldensleven abhänget, in der brüderlichen Theilung A. 1203 in *merchis* TOTA PROPRIETAS HALDENSLEVE Wilhelmo Duci zugetheilet: so ist daraus

Obf. IV. Origines Luneburgicae.

der Inbegrif abzunehmen. Und da rom Wilhelmi Antheil jenseits des Schnee Bezugs Ottonis IV nach der Mark zugehet, so verstehet sich leicht, daß er ultra terminos Ottonis, wie sein Bruder, einen *ambitum provinciae* ex hereditate Henrici Leonis erlanget haben müsse; zumalen da Haldesleven so wol als Niendorf WILHELMO zugefallen. Niendorf oder Rundorf ist das *Castrum*, worein, wie zu Haldesleve, der große General Berns ro von der Lippe gelegen, welches Ertzbischof Wichman einmal geschleifet, GEORG. TORQUATUS ap. MENKEN T. III. p. 382.

Civitatem Alden haldesleve *cepit, diruit quoque* caftrum Nyendorf *A. 1167 quod postmodum a Duce Henrico reaedificatur impositio iste* nobili quodam raptore Berent von der Lippe, *qui Archiep. & Ecclesiae plurimas intulit jacturas, quam ob rem Wichmannus hanc arcem iterato solo aequavit.*

Allem Ansehen nach ist es nahe am Drömling gelegen, woselbst in dem Revier des Amts Obesfeld noch das Dorf Niendorf vorhanden, und noch Merkmaale von einer alten Burg übrig. Die gantze *Proprietas Nendorf* und alle *Ministeriales* sind nach obangeführter Clausul ex diplomate Henrici Palatini und Kaisers Ottonis IV. Wilhelmo zugetheilet. In ANNAL. BOSOVIENS. wird von Haldesleve und dem Castro *Meindorph* ad A. 1167 in dem Kriege der Sächsischen Fürsten, der dero Zeit von 1165. 1166 schon 15 Jahre gedauret, gemeldet:

A. 1167 caftrum *deteftandum* Haldesleben *& faepius nominandum* Meindorph *etiam a principibus deftruuntur*.

v. de villis Niendorp FALCK. Tradit. Corbeienf. p. 611.

Das Testamentum Henrici Leonis ex apographo antiquo bibliothecae Electoralis Moguntinae originis Guelficae, lautet *Orig. Guelf.* T. III p. 160. in clausula:

HENRICO *feniori* Brunsvic *affigno cum patrimonio attinenti*. WILHELMUS *habeat* Lüneburg & Lowenburg. OTTO *habeat* Haldesleve & omnia attinentia.

und CORNERI Recension aus selbigen:

Condito teftamento HENRICO SENIORI *dediffe* Brunsvic *cum attinentiis fuis*. WILHELMO Luneburg & Lowenburg, & OTTONI *dediffe* Haldesleve *cum attinentiis fuis*.

Es sey das Testament vollenzogen oder unvollenzogen geblieben, so haben dennoch die Söhne Hertzogs Heinrich des Löwen sich der väterlichen Lande halber eines andern nach freyem Belieben unter einander vergleichen können. Und es sey ihm auch, wie ihm wolle, so ist das *Dominium Haldesleve* tempore Henrici Leonis für gar beträchtlich angesehen.

Cap. X. Von, Henr. Leonis Patrimonial-Herrschaften ꝛc.   333

Uebrigens ist mir annoch kürzlich zu berühren, wie die Schnede von Hannover ab zwischen Kaisers *Ottonis* und *Henrici Palatini* Erblande und Domiral-Hrschaften weiter fortgezogen, und zwar
1) von Hannover ab bis nach Hanstein,
2) und von Hanstein die Landstraße nach Maynz, von dar in den Rhein, and weiter den Rhein hinunter bis zum Einfluß des Rheins in die Nord-See.

1) Von der Schnede Kaisers Ottonis Patrimonial-Lande an HENRICI PALATINI rechterseits nach Westphalen gelegenen Lande, in den Zug von Hannover bis nach Hanstein, lauten die Worte in Diplomate HENRICI PALATINI A. 1203.
   a) a *Hanovera* fluvius *Leina superius* usque *Northeim*,
   b) & juxta *Northeim* usque *ad montem Plesse* suum est,
   c) & a *Monte Plesse* usque *Gotinga*,
   d) a *Gotinga* usque *Hanenstein*.
in Diplomate OTTONIS IV imperatoris:
   a) ab *Hanover Leinam suum* usque *Northeim*, quod & sibi spectat cum omnibus pertinentibus.
   b) a *Northeim* usque in *Montem Plesse*.
   c) inde usque *Gudingen* & *Gudingen suum* est cum omnibus quae sibi attinent.
   d) inde usque *Hanenstein* quod & sibi est cum omnibus sibi pertinentibus.

Man siehet daraus, was Hannover die Leine hinauf nach Northen, von dar nach Plesse, Göttingen und Hanenstein und die Landstraße nach Maynz, rechterseits gelegen, Henrico Palatino zugetheillet, in specie Einbeck, Northeim, Plesse, Göttingen und Hanstein, und rechterseits castrum HOMBORG cum suis pertinentibus, DINSINBERG cum suis appendicibus, ALDINUELS & illi attinentia, & quae praeter praenomerata CESSERUNT PARTI SUAE IN WESTFALIA Desenberg bey Warburg, jetzo denen von Spiegel zugehörig, und in *Monum.* Paderb. *ad p.* 155. zu sehen, und A. 1070 von Henrico IV. berennet, und sich ihm ergeben, LAMBERTUS SCHAFN. A. 1070 hat Henrico Leoni gehöret, wovon er in seinem Briefe ap. MARTEN *T. II. Collect. p.* 588. an Kaiser Friedrich schreibet:

   Castrum meum Dasenberg remota omni conditione vel verbo gratia recepi, sicque is, qui prius beneficia sua beneficiali jure a me perdidit, hoc quoque a me perdidit.

und in seinem Briefe an WIBALDUM *d. T. II. p.* 596.

Obf. IV. Origines Luneburgicae.

Hanc curam caſtellanis noſtris Daſenberg diligenter injungemus.

Von Hanenſtein, daß dieſes von Henrico IV. deſtruiret, ſchreibt LAMB. SCHAFNAB. ad A. 1039.

Caſtellum Hanenſtein, a quo ad primum ſlatum belli terrorem praeſidium abductum fuerat, funditus everti juſſit.

Was Hannover ab, die Leine hinauf nach Northen, weiter nach Pleſſe, Göttingen und Hanſtein linker Seits nach dem Harz und Eichsfeld belegen iſt, iſt Kaiſer Ottoni IV. zu Theil worden, in ſpecie Schilsberg, Staufenberg, Oſterode, Herrsberge, Scharfeld, Lutterberg, Honſtein, Rodenburg, *Monaſterium Honburg & totum Patrimonium in Thuringia.* Hanſtein iſt das Schloß, wovon die Herren von Hanſtein olim Vicedomini hereditarii in Ruſteberg den Namen führen, v. GUDEN *Cod. Dipl.* T. I. p. 970.

a) Die Schnede von Hanſtein, die Landſtraße von Hanſtein per *Terras Francorum & Haſſorum* nach Mayntz, von dar den Rhein hinunter bis an die Nord-See wird in Diplomate HENRICI PALATINI A. 1003 alſo angezogen, daß von Henrico Palatino ſeinem Bruder Kaiſer Ottoni IV. zugeſchrieben wird alles, was von Hanſtein die Landſtraße nach Mayntz Unterſeits nach Thüringen liegt, in clauſula:

a Hanenſtein Regia ſtrata usque Moguntiam.

und iſt aus dieſem Schnedzug Kaiſer Ottoni IV zu Theil worden, Inhalts jetzt gedachten Diplomatis:

Honſtein, Rodenburg, Monaſterium Honburg & *totum Patrimonium in Thuringia, quod erat Patris noſtri, ſuae ceſſis parti.*

Auf das Monaſterium HOMBURG, welches gleich nach Hanſtein recenſiret wird, trift das Kloſter Rotenburg an der Unſtrut, welchem Langen-Saltz gehöret, v. Büſchings Erdbeſchreibung P. III. Vol. 2. p. 1929. Das Rotenburg, welches Kaiſer Ottoni IV. zugetheilet, trift in den Strich zur Linken, wo das caſtrum Rotenburg an der gülden Aue, deſſen Rudera noch bey Keibra zu ſehen, LAUBER *catalogo comitum*, ap. MENCKEN T. III. p. 1930.

Auf

Cap. X. Von Henr. Leonis Patrimonial-Herschaften ꝛc.

Auf eben dieſer Landſchneds hat Kaiſer Otto IV ſeinem Bruder rechter Seits per terras *Haſſorum & Francorum*, und in *Terminis Weſtphaliae* den Rhein hinunter bis an die Nordſee, alle Henrici Leonis Patrimonial-Herſchaften zwiſchen der Landſtraße nach Maynz, und von dar den Rhein hinunter bis in die Nordſee, zugeſchrieben, in clauſula:

   ab Hanenſtein *recta via & Regia* ſtrata *usque* Moguntiam.' *Inde per* deſcenſum Rheni *usque* in Mare.

Die letzte Clauſul von Maynz den Rhein hinunter bis an die Nordſee findet ſich nicht in Diplomate HENRICI PALATINI, weil die Landſcheidung an ſeines Bruders Ottonis Portion gegen Thüringen und Francken linker Seits nicht weiter bis an die Landſtraße bis nach Maynz gegangen. Von Maynz den Rhein hinunter bis in die Nordſee worden Henrici Palatini Patrimonial-Lande zwar durch das dießſeitige Rheinufer beſchloſſen, allein jenſeit des Rheins war *Francia Rhenenſis* und *Ripuaria*, worin ſeine Patrimonial-Herſchaften Henrici Leonis angegeben worden.

 Der große Fürſt und Stammvater dieſes Hauſes hatte, wie im Anfang dieſes Capitels ſchon bemerket, nicht allein

1) Ducatum SAXONIAE CIS & TRANS ALBINGICAE,
2) Ducatum BAVARIAE,

ſondern auch über ſeine *Ducatus* ſeine große und weite Allodial-und Patrimonial-Herſchaften:

a) *Slaviam*.
b) *Dominia* zwiſchen der Straße nach Maynz und dem Rhein bis an die Nordſee, welche *Henrico Palatino* zu Theil worden.
c) *Dominia* jenſeit der Straße nach Maynz, in partibus *Thuringiae & Haſſorum*, welche Ottoni IV zugefallen.

Bey Henrici Leonis Ächtserklärung haben demſelben ſeine Patrimonial-Herſchaften aller Endes gelaſſen worden ſollen, ARNOLD L. II. c. 36.

   Ut patrimonium ſuum UBICUNQUE TERRARUM FUISSET
   ſine omni contradictione liberrime poſſideret.

Und von ſeinen Henrici Leonis großen Poſſeſſionibus ſchreibt ROBERTUS de MONTE ad A. 1181.

Obf. IV. Origines Luneburgicae.

Nec est aliquis homo, qui tantas habet possessiones, sicut iste, nisi fuerit imperator. Nam 40 urbes habet & 67 castra, exceptis pluribus villis.

Aus diesen und aus denen sich hervorgebenden Urkunden mitler Zeit ist zu urtheilen, wie weit und breit, nach Helmoldi Ausdruck *ubicunque terrarum*, sich des Henrici Leonis Patrimonial-Lande erstrecket, und wie starck allein der große Tractus zwischen dem Rhein und der Weser mit den *Ministerialibus* mit Ammechts-Leuten und dessen untergebenen *Curtibus Dominicalibus* Henrici Leonis gefüllet gewesen, da Hertzog Otto puer in *Diplomate* A. 1239. ap. GUDENUM *T. l. p. 555.* dem Ertzbischof Sifrido zu Mayntz frey gegeben, sich daraus zehn seiner *Ministerialium* zwischen dem Rhein und der Weser auszusuchen, in clausula:

Decem quoque ministerialium nostrorum *quos inter mares & foeminas* inter Rhenum & Wiseram *eligendos duxerit.*

Von denen Direptionen Henrici Leonis Patrimonial-Landen, und wie der Clerus Clericorum artificio es dahin eingeleitet, daß ein Theil solcher Städt von ihnen zu Lehen empfangen, davon sind die Scriptores und Urkunden mitler Zeit voll. Es stehen dieselben auch aus ihren Windeln guter massen zu entwickeln, welches ein Werck von besonderer Ausführung ist.

CAP.

CAP. XI.

Von der Lüneburgischen Ritterschaft.

Den Namen BARDO, als einem Namen der Lüneburgischen Nation, welche Hertzog Magnus *Bardos suos* nennet, haben insonderheit Herren, Standespersonen, hohen Adels, *nobilis Prosapiae*, wie bey den Longobardis, wie bey den Teutschen, *Adalingi* geheißen, P. DIACONUS *de G. Longob. c. 21.* geführet. In dem Treffen A. 881 mit den Normännern sind alle drey Grafen Bardones geblieben:

Bardo, alter Bardo, tertius Bardo.

Von einem mächtigen *Bardone*, den Henricus Auceps durch vorfälligen Krieg zu Paaren getrieben und dessen Land unter seine Ritterschafft vertheilet, schreibet WITICHIND. *L. I. p. 636.*

Burchardum quoque & BARDONEM, quorum alter gener Regis erat, in totum afflixit, & bellis frequentibus contrivit, ut terra cederent eorumque omnem possessionem suis militibus divideret.

Nach dem Diplomate Kaisers Ottonis M. A. 937. ap. KEFNER *Antiq. Quedlinb. p. 6.* hat Adred Mater Bardonis ihr gantzes Erbe mit Soltau im Fürstenthum Lüneburg Henrico Aucupi zu eigen gegeben:

Quicquid hereditatis Adred mater Bardonis Domino & Genitori nostro beatae memoriae Henrico serenissimo Regi cum praefato loco in proprietatem donavit.

BARDA heißet ex *vocis* proprietate pugnacem Virum, auf gleiche Art, wie bey den Gothen, nach dem Bericht Jornandis p. 109. die Nobilitas Baltuarum von *Baltha*, Audax, genant worden. Die hohe Adel bey allen teutschen Völkern rechnete sich zur großen Ehre den Namen ihrer Nation zu führen. So wird beym REMIGIO Clodovaeus SICAMBER genant

Mitis depone colla SICAMBER.

Bey dem VENANTIO FORTUN. *L. IV.*

Cheribertus SICAMBER.

Eben so heißen die FRANCI SALII Herrenstandes SALICI, und Christus selbst, um seine Hoheit auszudrücken, wird *Salicus* genant. Bey andern Nationen hießen Könige, Fürsten, Grafen als Herrenstandes und hohen Adels ANGLI-GENAE, GOTHIGENAE, weil die Herren hohen Adels allenthalben dafür hielten, daß sie eigentlich Populum ausmachten, nach Art der Patritiorum Romanorum, die allein ihnen GENTEM zueigneten.

Aus dem, was in Annalibus Fuldensibus von dem Treffen Ducis

Brunonis und der Sächsischen Grafen gegen die Normänner A. 880 angeführet, erscheinet, daß in diesem Treffen geblieben

1) Dux Bruno & XII comites.
2) Vasi dominici s. Satellites Regii XVIII.
3) Sequentes Ducis & Comitum.
4) Homines Vasorum.

Der *Miles agrarius* war in den Gegenden des platten Landes gesessen. Der Miles in urbe ap. WITICH. L. I. p. 639. welcher in *libello de Beneficiis* und beym WITICH. L. II. p. 645. auch *miles urbanus* genannt wird, waren die in beschlossenen Schlötern, Milites Castrenses, Burgmann, nicht die jetzo so genannte Bürger.

A. 1235. da auf dem Reichstage zu Maynz die Braunschweig-Lüneburgischen Erblande zu einem Herzogthum und Otto puer zum Herzog gemacht, sind die Ministeriales Ducis auch zu Ministerialibus imperii aufgenommen, mit selbigen gleiches Rechts zu genießen.

In Reversalibus Wenzeslai und Alberti A. 1373. Simonis & Judae, sind nach der Errichtung des Fürstenthums Lüneburg denen Ministerialibus ihre Rechte bestätiget, in clausula:

Ock scholle wie unde mißat Drosten, Marschalke, Kemmere und Schencke der Herschop Lüneborg by ohren Ammechten beholden und laten.

In dem Lüneburgischen Zate-Brief der Herzoge Bernhard und Hinrich A. 1392. Malthai wird die Lüneburgische Ritterschaft nach denen Gegenden, wo sie gesessen, bezeichnet, als:

1) Manschop *by Dester*,
2) Manschop by der *Aller*,
3) Manschop by der *Leyne*,
4) Manschop by *Luneburg*,
5) Manschop by *Jesene* (Jetze), welche im Amt Elotze auf Salzrode, welcher aufs Amt Wustro, durchs Amt Dannenberg gehet und bey Hitzacker in die Elbe fällt.

Von der Lüneburgischen Ritterschaft, die A. 1121 Herzog Magno angehangen, werden in der Achtserklärung Kaiser Carls IV eine große Anzahl mit genannt. Ueberhaupt waren Herzog Magno adhaerentes:

Arnestus

Cap. XL. Von der Lüneburgischen Ritterschaft.

Arneſtus, frater ipſius Theodoricus de HOHENSTEIN.
Gerhardus & Johannes de HOYE.
— — — d HOMBURG.
— — — & — — de WERINGERODE Comites.
Johannes de HOLLEGE.
Syfridus Petrus & Bodo de SALDERN.
Paridamus Ludolphus Senior & Ludolphus de KNYSBEKE.
Ludolphus de VELTHEIM.
Heinricus de SYTTELTE.
Johannes de ESCHERDEN.
Anno de HEYMBURG.
Baſſo de ALVENSLEBEN.
Theodoricus de MONTE.
Conrade de HONSTEDE.
Heinricus KNYGGE.
Wernherus de MEDINGEN.
Syfridus Johannes, Conradus & Rabo de SALDERN.
Boldewinus & Paridamus de KNYSBEKE.
Ott — Rabo de BERENFELDE cum fratribus.
Otto - Rabo de WENDEN.
Rutgherus de GASTEDE.
Rabo WAHLE.
Ottravo & Johannes de WITTORPE.
Heinricus & Segebandus de DANNEMBERGE.
Manegoldus, Ludolphus & Manegoldus de ESTORPE.
Conradus & Walterus de BOLDENSEE.
Ludolphus & Conradus de MELZINGE.
Bedekinus PUSTEKE.
Otto de THUNE.
Ludolphus & Henricus MOLZANE.
Henningus & Anno de BODENDIKE.
Henningus & Eghardus de GYLTENE.
Wernherus de HOLDESTEDE.
Otto & Otto GROTHEN.
Ludolphus Bertoldus & Bertoldus de HEYMBRUKE.
Wernherus & Luderus de BERGE dictus Schilt.
Heyno de BREDE.
Thodoricus de ELLINGE.

Johannes & Arneftus SPöRCKE.
Segibandus de HODEMBERG.
Heinricus de LANGELEGEN.
Harneyt, Conradus & Everhardus de MARENHOLTE.
Johannes & Arnoldus KNYGGE.
Jordanus de ILTENE.
Conradus, Johannes & Conradus de HAMVORDE.
Ulricus & Wernherus BERE.
Syfridus de BERRUBROKE.
Thitericus, Alvericus Gerhardus, Otgyfies, Roderus, & Geverhardus SLEPEGRELLE.
Hilmarus & Roderus de ERTZENE.
Wolfradus & Johannes de HANE.
Conradus & Wernherus HULSING, cum fratribus.
Gottfridus, Henricus, Johannes & Henricus TORNEY.
Heinricus, Lampertus, Ludolphus, Rudolphus & Heinricus de ALDEN.
Clemens de HATMERE.
Frizzo, Gerhardus & Hermannus de WEDERDEN & KALENFORDE & GONSIFORDE.
Herburdus KLEINKOI.
Hartwicus de NYZZEROW.
Hartwicus SABEL.
Reftet Bredehaubt FABEL.
Dytlebus GHYMOW.
Heino BASIEL.
Henningo de HENNINGE.
Heinricus HOSERING.
Bardoldus & Otte KYNT.
Boldewinus & Jardanus de MEDINGE.
Heinricus de DANNEMBERGE dictus de Weynge.

Unter denen Ministerialibus des großen Stammvaters Henrici Leonis werden in Diplomatibus Henrici Leonis von denen annoch bis jetzo florirenden Adelichen Familien genant in ch. Henrici Leonis A. 1153. ap. HEINECCIUM *Antiquit. Goslar. p.* 150.

de HEIMBURG.
de GUSTIDDE.
Linus de WALMODEN.

in Ch. Henrici Leonis A 1180.

Botherus de VELTHEIM.

CAP.

CAP. XII.

Von denen Freyen des Fürstenthums Lüneburg und der benachbarten Oerter.

Die Freyen in Deutschland sind mancherley Art.

Die Freyen, *Ministeriales liberi* im Stift Osnabrück, wie von beseitigen Gelehrten bemerket worden, sind

1) MINISTERIALES *liberi originarii*, NECESSARII.
2) *Ministeriales* liberi VOLUNTARII.

Die *originarii necessarii*, welche für *Malmanns* gehalten werden, sind freye Personen, die ihre Güter von einem Herrn

a) in zwölf jährigen Gewinn, die Winhabe genant, haben;
b) oder davon einen jährlichen Pacht oder *Canonem* geben.

Diese, wie aus dem Hausgenossen-Brief der Wetter-Freyen zu ersehen, sind ratione ihrer Güter den Eigenbehörigen gleich, wegen ihrer Personen aber haben sie alle Vorrechte eines *liberi*, so daß, wenn sie jährlich auf dem Pflichttage erscheinen, sie sich an alle vier Oerter der Welt kehren, jedoch sich in keinem andern als der Wetter-Freyen Holde begeben können. Die *Ministeriales liberi voluntarii* oder Willkürliche Freyen, die für Mundmannen angesehen werden wollen, und unter dem Schutze der Abtißin zu Herß und des edlen Vogts des Grafen von Ravensberg gestanden haben, wenn sie diese Freyheit ein oder auskommen wollen,

3 f. ausgeben müssen, 1 f. an den Amts-Meyer 1 f. an den Voge 1 f. an die 12 Eidgeschworne.

Dabey ein Freyherr, er möge auf Klosterräutern oder Markgütern sitzen, jährlich für solche Freyheit 1 f. zu geben schuldig.

Woraus erhellet, daß er als ein freywilliger Hausgenosse sich aus der Wetterfreyen Buch ausschreiben und in eine andere Freyheit einschreiben lassen können.

Wie denn im Osnabrückischen jeder, welcher nicht vom Adel, oder Clero, oder in der Stadt gesessen, oder auf Adelichem Grund gewohnet, wenn er nicht als hudelos für Priesterfrey, *peregrino, vagabundo*, geachtet werde, in einer Hode sich geben müssen, als:

a) In der Bischöflichen Hode St. Petri waren die St. Petri Freyen.

b) Ho-

b) Hohe des Domcapitels.
c) Das Capitel St. Johannis.
d) Abt zu Iburg.
e) Die Stadt Osnabrück wegen des Armenhauses zum heiligen Geist und Sundesack.
f) Des Landdrosten Hohe.

Wovon in denen Osnabrückschen Capitulationen und einer geschriebenen gelehrten Deduction sich mehrer Unterricht findet. Dem Wort Hude=los komt das Angel=Saxische HLAFORD-LEAS, sine domino, bey, bey welchen HLAFORD-SCIPE, *dominatio*, BENSON *h. v.*

Der Strich Landes, welcher noch heutiges Tages in Hannoverscher Nachbarschaft in den Freyen genannt wird, und von den Freyen vor dem Nordwalde, oder vor dem Walde genannt wird, welches der ehemalige jetzo ausgerottete Stemwedeler Wald, hat Herzog Heinrich dem Großen vulgo dem Löwen gehöret, aus dessen Erbschaft dieser Tractus in dem Strich von der Mitte des Flotwedels nach Hannover zur Rechten HENRICO PALATINO, zur Linken nach Hildesheim und Braunschweig, seinem Sohn Kaiser OTTONI IV zugefallen, die *Comitiam minorem* aber hatten die Grafen von Lenenrode von Henrico Leone erlanget. Zur Zeit, da diese Lande, wie ganz Deutschland noch nach *Pagis* eingetheilet war, trift der Strich Landes in den Freyen hauptsächlich in 2 *Pagos*, als:
1) den Pagum FLOTWIDE.
2) und den Pagum, der zwischen Hannover und Hildesheim secundum excellentiam der *Pagus* OSTFALON genant worden.

Der Pagus FLOTWIDE behält noch heutiges Tages seinen Namen
a) in dem großen Flotwedel in dem District vor Schwaghusen ohnweit Nortburg nach Erbe in der Erbtheilung Henrici Palatini, wozu jetzo gerechnet werden, großen und kleinen Eicklingen, Sandlingen, Schepelß, Polmans=Havekost;
b) in dem kleinen Flotwedel, nach der Ocker zu, in Kaisers Ottonis Erbtheil Klermer, Schelles=Havekost, Hamboßel, Bockelse, Wienrode.

Nach dem Diplomate Kaisers Ottonis IV. A. 1203 ist die Landschnede von Henrici Palatini Erbtheil an des Kaisers Ottonis Antheil gezogen, von Nortburg bis in den Flotwedel, von Flotwedel bis nach Hannover, in verbis:

> *Portionem supra dictæ fratri nostro Henrico Duci a nostris segregatam & sibi provenientem, istis terminorum certis interstitiis distinximus — — a* Nortburg *usque in* Flotwide, *e* Flotwide *usque*

Cap. XII. Von denen Freyen des Fürstenthums Lüneburg rc.

que Honovir *oppidum, quod ducis est cum omnibus sibi attinentibus.*

Nach dem *Diplomate* HENRICI PALATINI A. 1203 über die dem Kaiser Ottoni zugetheilte Erbportion ist die Gränze von Kaisers Ottonis Erbtheil gegen Henrici Palatini Lande gegangen, von Braunschweig bis zum Flotwedel, welcher Kaiser Ottoni halb zugetheilet, von Flotwedel bis nach Hannover, in verbis:

In alio latere a Bruneswic *usque* Vlotwede *terra sua est, & ipsum* Vlotwede *dimidium, & a* Vlotwede *usque* Hanovere *terra sua est.*

Der Ort Nortburg an der Aller ist in den Charten gezeichnet und hat seine Benennung von dem alten alda gewesenen Schlosse. Auf dem Platz, wo die Capelle, finden sich noch Merkmaale von einem durch die Kunst angelegten Wall, und an den Wall heran gehenden so genannten schwarzen Wasser, und in der Tiefe ausgegrabenen Steinen und vorgefundenen gewölberten Oertern. Die von Schenk sind daselbst mit den Gutsleuten beliehen.

Aus dem *Diplomate* Ottonis IV. erscheinet, daß die Schnede von Henrici Palatini Portion
a) von diesem Nortburg über die Aller in den Flotwedel,
b) und von dem Flotwedel nach Hannover gegangen.

und aus *Henrici Palatini* Briefe, daß Kaiser Ottoni gehöret:
1) Das Land von Braunschweig ab bis Flotwedel;
2) Der halbe Flotwedel, welches der vorangezogene kleine Flotwedel;
3) und von Flotwedel bis Hannover.

In Ottonis IV Portion ist *terra a* Vlotwede *usque* Hannovere nicht der Flotwedel, sondern das Land zwischen dem Flotwedel und Hannover. Der Flotwedel hat annoch Uetze im Amt Meinersen befangen. Wenn man supponiret, daß die Landschnede Kaisers Ottonis IV etwa von Uetze nach Hannover gegangen, so hat sie von Hannover ab den Pagum ASTFALO und *Praefecturam Bernhardi Ducis,* worin nach der Fundation des Klosters St. Michaelis in Hildesheim A. 1022. Wiringer im Amt Coldingen, Osselse und Holtelem ohnweit davon im Amt Burhe, und also auch die so genannte Freye vor dem Walde mit besassen. Daher denn auch ganz begreiflich, wie die Freye von Bernhardo Duce Saxoniae und Henrico Leone auf Kaiser Ottonem IV kommen.

Den District in den so genannten Freyen vor dem Walde, vor dem Nord-Walde bringet ECCARD *Franc. Orientalis T. II. p.* 187. in den Pa-
gum

gum Saxoniae FIRISAZ, FRIHSAZI (alias Frisasii), worin A. 823 durch
Gewitter 23 villae in die Asche gelegt. Annal. EGINH. ad A. 823.
> Es in Saxonia in Pago, qui vocatur FRIHSAZI (in margine notat
> du CHESNE Fribsasii) XXIII villas celesti igne concrematae.

Annal. FULD. ad An. 823.
> Es in Saxonia in Pago FRIHSAZI villae XXIII igne celesti con-
> crematae.

Annal. BERT. ad A. 823.
> Es in Saxonia in Pago FIRISAZ viginti tres villas celesti igne
> concrematae.

Daß es ein Sächsischer Pagus gewesen, darunter sind die Schriftsteller ver-
standen, wo er gewesen, lässet sich nicht bestimmen, weil er sonsten nicht vor-
kommt, noch gehöret wird.

Das Chron. MS. Corb. gedenket zwar der Gewitter, die A. 823 in vie-
len Pagis Schaden gethan; auch des Pagi AUGA, daß darin alles ruhig
geblieben, des Pagi FRIHSAZI aber wird nicht erwehnet.

> An. 823 in multis pagis horridae grandines fruges contriverunt, &
> in multis villis tremenda fulmina tecta domorum accenderunt, di-
> vina providentia in Pago AUGA omnia tranquilla.

Der Schluß, den Eccard von Frisazi auf die Freyen vor dem Walde ge-
macht, ist viel zu leicht, um so vielmehr, da der Endes in den Charten keine
andere Pagi genant werden, als der Pagus Flotwide und Astfalo; hierüber
auch an die Weser gesetzt, auch die comitia in Steinwide im Freyen genant
worden. Der ehmalige hiesige Geheimte Justizrath GRUBER, im Göt-
tingischen Vorbericht P. I. p. 13. in notis, hält diesen Eccardschen Einfall
mit Recht für unerfindlich. Und obzwar die Annales EGINH. und FUL-
DENSES auch Frihsazi lesen, so ist doch daher nicht auszumachen, daß der-
selbe in den Freyen gewesen. Im übrigen ist Grubern auch darin nicht bey-
zutreten:

> Daß die Freyen allererst gegen das Ende des vierzehnten Jahr-
> hunderts aufgekommen.

Die Benennung der Freyen giebet sich schon aus denen Urkunden des drey-
zehnten Jahrhunderts und zwar unter Graf CONRAD von LEWEN-
ROD, der zu Henrici Leonis und seiner Söhne Zeiten gelebt, hervor, und
ist von den so genanten Freyen zu verstehen, was das Chron. Hild. T. I. Script.
Br. p. 752. NB. von denen LIBERIS MINORIS COMITIAE IUXTA Nort-
walt anführet:

> Videns (Conradus Ep. Hild.) angarias & oppressiones liberorum mi-
> no-

Cap. XII. Von denen Freyen des Fürstenthums Lüneburg ꝛc. 345

noris Comitiae juxta Nortwolt, *emit eandem a Comite* Conrado *de* Lewenrod *trecentis octoginta libris monetas Hildensemensis,* woselbst sie also genant werden:

Die Freyen der kleinen Grafschaft bey Nortwolt, welche der Bischof Conrad von Hildesheim zu dem Ende von dem Graf Conrad von Lewenrod gekauft haben soll, weil er die Angarias und oppressiones, womit die Freyen beleget werden wollen, wahrgenommen.

Daß diese *Comitia minor liberorum,* die von Graf Conrad von Lewenrode verkauft worden, bey Odelem gelegen, und die so genante Brihove daselbst zu solcher Grafschaft gehöret, ergiebet JOHANNIS Bischofs von Hildesheim Brief *d. A.* 1258. ORIG. HANNOV. *p.* 47. in verbis:

Duos alios mansos in eadem villa Odelem justae emtionis titulo comparasset, unum videlicet a Ratbardo, *cuius feudum cum domino* Burchardo de Wulfebusle *a nobis tenuisset — — alterum vero mansum, qui vulgariter* Drihowe *dicitur, ad comitiam nostram minorem pertinentem, a Comite* Conrado *emtam & ab Ecclesia nostra diu quieta pace possessam.*

Daß Schwigelde und Eylstringen, welches nach dem Capitali St. Godchardi eine *villa desolata* bey Rosenthal ohnweit Peine darin befangen gewesen, erösnet das *Diploma* CONR. *Episc. Hildes. A.* 1236.

In einer vetere Membrana Hildes. steht *Conradus de* Lewenrod und sein Sohn mit unter denen, die vom Pabst excommuniciret worden:

Excommunicati Domini Papae Conradus de Lewenrod *& filius suus, pro multiplici querimonia capituli, invasione bonorum nostrorum, & quod manutenuerunt malefactores nostros de* Legede, *& eorum complices.*

Der Bischof Conrad von Hildesheim hat im Jahr 1235 der *Comitiae minori* auf alle Weise nachgetrachtet, dieselbe an das Stift zu bringen, und daher an Graf Conrad von Lewenrod bezahlet 50 Pfund Hildesheimischer Pfennige, unter Verbürgung seiner *Ministerialium,* als der Ritter EBERHARD von ALTEN, HILDEBRAND und OTTO Gebrüdere von HERBERGE, LAMBERT von HANNOVERE, WULFARD de RODEN, versprochen:

1) Die *Comitiam minorem* niemanden zu verpfänden, zu verkaufen oder zu Lehn zu geben, als dem Bischof, und wenn er dem entgegen handeln würde, besagte seine Ministeriales das Einlager halten sollen.

2) Wenn er binnen Jahrs Zeit dem Bischof die 50 Pfund nicht wieder zah-

sen würde, die *Comitia minor* gegen einen Nachschuß biß auf 160 Pfund unterpfändlich haften solte.

3) Wenn Graf Conrad von Lewenrod die *Comitiam minorem* verkaufen wolte, er solche an den Bischof verkaufen solte.

4) Wenn der Graf Conrad aber intra tempus contractus versterben solte, die *Comitia minor* ihm erledigt seyn solte.

Dabey um so viel ehender zum Zweck zu kommen, hat man Graf Conrad von Lewenrode den päbstlichen Bann zugezogen.

Die summa capita dieser Handlung lauten im Auszuge aus dem Briefe selbst also:

A. 1235. IV. Non. Jun. IX. Pontif. Conr. Anno CONRADUS COMES de LEWENRODA, *acceptis a* Conrado Ep. Hild. *2 libris denariorum Hildensemensium, sub hac forma paciscitur cum episcopo: Comes & quinque milites,* Everardus de Alten, Hildebrandus *&* Otto fratres *de* Herberge, Lambertus *de* Hannovere, Wulfhardus *de* Roden, *data fide promiserunt in manus Episcopi etiamque ministerialium eius, nempe* Sifridi *de* Borsem, Conradi Marscalci, Budonis *&* Burcardi *de* Saldere *&* Caesarii *de* Walede. *quod comes Conradus nemini neque obligaturus nec venditurus, nec In beneficium concessurus sit comitiam minorem, nisi Episcopo, vel eius successori, secus si fecerit, praenominati eius ministeriales obstagium servent Hildesiae, donec factum a comite revocetur. Et si intra annum pecuniam istam Episcopo non reddat, Comitia Episcopo pignori haereat, & Episcopus eidem summam usque ad C libras solvat. Si comes comitiam vult vendere, Episcopo Hildesiensi vendat. Si vero comes intra contractus tempus decedat, fideiussores eo ipso sunt soluti & vacet comitia Ecclesiae* Hildes.

A. 1236 aber hat CONRADUS C. de LEWENROD zu Vorste die *minorem comitiam* für 400 Pfund weniger 20 Pfund dem Bischof von Hildesheim Conrad abgetretten, nachdem der Bischof die *con.itiam maiorem* des Grafen *Conradi Senioris* Gemahlin seinem Bruder *Conrado Juniori* und Henrico und ihrer Mutter *concediret* hatte, wovon der Brief CONRADI Ep. lautt:

1236. In nomine S. & ind. Trinit. CONRADUS *Dei gratia Episcop.* Hild. *quam per oblivionem res vergat in dubium, oportet ea quae fiunt iu tempore, ne labantur cum tempore, scriptis authenticis roborari, ut hominum deficiente memoria, scriptura perhibeat testimonium veritati. Hinc est, quod notum esse volumus tam praesentibus, quam futuris, quod nos* minorem Comiciam, *quam comes* Conradus *senior de* LEWENRO-DE, *de manu nra tenuit, comparavimus ab eo quadringentis libris, viginti libris minus, ad usus nostros & successorum nostrorum, hac conditione*

Cap. XII. Von den Freyen des Fürstenthums Lüneburg ꝛc. 347

tione accedente, quod concessimus Comiciam maiorem, *& omnia bona, quae ipse* Comes Conradus senior *a nobis tenuit, uxori suae, & etiam fratribus suis* Conrado juniori *scilicet*, *&* Hinrico, *& matri ipsorum.*
Unde ipse Conradus senior *jam dictus constitutus in praesentia nra* Vorsethe *resignavit iam dictam minorem comiciam nobis liberam & absolutam, cum omni iure, quo ipse eam a nobis tenuerat, ita quod Werandus erit de eo, quod nullus ibi aliquid sibi iuris addicet, nisi in sex mansis tantummodo, quos porrigemus, quorum duos habet* Marscalcus nr *in* Eilstringe, *& duos Burchardus de* Saldere *in* Schweblite, *& duos Thidericus de* PRUMEN *in* Eilstringe. *His exceptis nullius aliquod ibi vel potestatem aliquam recognovit. De articulis autem, qui servari debent, tam ex parte Comitis, quam nra hic est dictum, videlicet, quod si aliqua mulier de* minori comicia *nupserit alicui viro maioris comiciae, illa pertinebit ad majorem comiciam, & contra, si aliqua de* maiori comicia *nupserit alicui viro de* minori comicia, *illa pertinebit ad minorem sine dubio comiciam. Item bona habentes in* utraque comicia, *utrique Dno servient, nisi voluerint omnino dimittere bona, quae habet in altera comicia; quod si fecerint,* adjus *&* dominium *pertinebunt illius, in cuius* comitia *retinuerint bona sua. Item non habentes bona in aliqua istarum comitiarum, quae dicuntur in Theutonico* Unghovede, *in quacunque comicia fuerint tempore initi contractus, in ea remanebunt. Si a. aliquis existentium & manentium tempore contractus initi, in aliqua* comicia *fugerit in aliam comitiam, illum sequi debet Dominus suus, & cum de loco illo ad comiciam suam propriam revocabit. Sed si profugus fuerit tempore contractus initi manens vel* ultra Albiam, *vel alibi extra terram, liberum erit illi in reditu suo remanere in* comicia, *sive in minori voluerit vel in maiori. Testes a.* renuntiationis Comiciae *hujus minoris factae a* Comite Conrado seniore, *& omnium etiam quae praescripta sunt, sunt hi: Theodericus de* Adenoys, *Hermannus de* Paderburna *Canonici majoris Ecclae nrae,* Mgr *Richardus plebang in* Alvelte, *Ludolfus Canonicus S. Crucis, Johannes S. Andreae, Bernardus sacerdos in* Vorsethe, *clerici. Item* comes Conradus de Lawenroth junior, *qui huic renunciationi fratris sui praedicti interfuit, consensit lingua & manu consensum suum exprimens, licet nihil juris haberet. Item fecit* Comes Henricus *frater suus. Item praesentes erant Ludolphus* Camerarus, *Henricus* Pincerna, *Engelbertus de Dalem, Thidericus de* Holthusen *& frater suus* Hugo, *Heinricus de* Henberge, *Everardus de* Alten,

[Hil-

Obf. IV. Origines Lunebugicae.

Hilbrandus Dapifer *Comitis, Bertramus Volcoldus* Clamator *milites. Lotbertus de* Hertbere, *Henricus de* Urankeneberg, *Henricus de* Goslaria, *Conradus de* Embrike, *Henricus de* Adenftede, *Boldewinus filius* Marfcalci. *Hildebrandus de* Sutherem, *Hermannus* Rawenvot, *& alii quamplures de familia nra. Duo a. inde dedimus confecta fcripta; Quorum unum erit penes Ecclefiam noftram Hildensheym, & aliud penes Comitem, ut recivifus poffit haberi ad utrumque, fi posthac de aliquo articulo dubitatio aliqua forfitan oriatur. Ad majorem igitur huius rei evidentiam duobus figillis nro videlicet ac comitis ifto fecimus communiri.* ACTUM *anno ab incarnatione Domini* M°. CC°. XXXVI°. Pontif. *noftri anno* XV°. DATUM Hildenfem XIIII°. K. L. S. Martii *per Manum Notarii noftri, Magiftri* Ludolfi *Canonici S. Crucis*.

Woraus zugleich erhellet, daß in der *Comitia minori* befangen gewesen Schwiechelde und Eilftringen bey Rosenthal, und von denen von Adel der Marschal des Hochstifts Conradus, die von Salder und Promen deren Güter gehabt. Die Freyherren von Schwiechelde als jetziger Zeit Marschalle vom Stift tragen auch noch anderthalb Hufen Landes zu Rosenthal bey dem Hof-Marschal-Amt zu Lehn. Ob diese anderthalb Hufen Stück von den zwey Hufen Landes zu Eilftringen, einem ausgegangenen Dorfe bey Rosenthal, wird sich daraus prüfen lassen, wenn die Feldmark annoch den Namen von Eilftringen beybehalten.

Daß die Freyen und andere Leute im vierzehnten Jahrhundert zu Herzog Magnus Zeiten zur Herschaft Lüneburg, und in specie zur Vogtey Lauenrode, und zwar von der Eilenriede an nach dem Stifte werts gerechnet, und in dem Befang von Herzogen Wenzeleve und Albrecht, Berend und Hinrich an Bischof Gerard in Hildersheim für die 800 Rthl ledig Hannoverscher Wichte und Witte, die Herzog Magnus dem Bischof schuldig geworden, versetzet, ergiebt der Brief Bischofs Gerard d. 1373. ORIG. HANNOV. p. 240. in clausula:

> We Gherd van Godes Gnaden Bischop to Hildensem bekennen openbar vor uns, unde unse nakomelingen, in düssem Breve, dat uns de erluchteden Vürsten Wentslave unde Albrecht, Herrogen to Sassen unde Lüneborch Frederik unde Berend Herroghen to Br. unde Lüneborch gesat unde in unse ware ledich unde los ghean twerder hebben, al dat Gut, Hove, Thegeden unde Dorpe, origen unde andtren Lüden mit gherichte unde rechte unde mit allen tobehöringe, in Wateren, in Weide, in Holten, dat tho

Cap. XII. Von den Freyen des Fürstenthums Lüneburg ꝛc.

der Voghedle Lauwenrode hoerd, van der Eilerede an vor Hannover, to unsen Stichte werd, wor dat belegen is, als de Lautwere to dem Bokholte verwised, als dat Herr Doderik van Alten inne hadde, by Hertoghen Magnus Tiden, dar to der Hertcop to Lüneborg hord, vor 300 thl. ledig Hanoversche Wichte unde witte, de uns Herrogen Magnus schuldig was.

Der Brief Bischofs Conrad von Hildesheim An. 1236. enthält zwar, daß der Bischof Graf CONRADI Senioris von Lewenrode Gemahlin, dessen Bruder Graf CONRADO Jun. und HENRICO die MAJOREM COMITIAM und die Güter, die er vom Bischof gehabt, conædiret. Aus einem andern Briefe sub dato Tzellis A. C. 1248. Orig. Hannov. p. 48. aber erscheinet, daß Graf Henrich von Lewenrode gegen eine jährliche Revenue von 20 Marck Herzog Ottoni puero gegeben

omnem suam proprietatem hereditariam, ministeriales, & subditos suos & feuda.

Der Name Conrad ist in der Familie der Grafen von Lewenrode von mehrern geführet.

1) CONRADUS Senior C. de ROTHEN hat unter Henrico Leone gelebt, A. 1199 das Kloster Marienwerder fundiret, und sein Sohn Graf CONRADUS Junior von Limber und Lauenrode hat A. 1191. 1207. 1208. 1215. 1223. gelebt, und wird von ihm gesagt, daß er A. 1226 gestorben. Gewiß ist es, daß er A. 1228 nicht mehr im Leben gewesen. Seine Gemahlin war Hedwig A. 1208. 1223. 1228. Aus dem Briefe des Bischofs Conrad von Hildesheim erscheinet auch, daß sie A. 1236 nicht mehr im Leben gewesen.

2) CONRADUS Junior hat drei Söhne hinterlassen:
 a) CONRADUM Seniorem, der in Ansehung seines Bruders CONRADI Jun. in dem Briefe Conradi Episc. Hild. Senior genant wird. Seine Gemahlin heist Luitgardis. Dieser CONRADUS Senior ist es, der A. 1236 die Comitiam Minorem mit Consens seines Bruders Conradi Junioris und Henriei an den Bischof von Hildesheim abgetreten. Dieser Conradus Senior war auch A. 1238 patronus von der Marktkirche in Hanover, und werden dessen Brüder angegeben Henricus & Conradus in Ch. WARMAN. Plebani in Hanov. A. 1238. Orig. Hanov. p. 48.
 b) HENRICUM de ROTHE. Dieser ist es,
  a) welcher und dessen Bender Conrad A. 1246 dem Abt zu Loccum die Güter in Maesbere verkauft, und laut Briefes Herman-

ni Abbatis Corbeienſis A. 1246. ſolche Güter dem Abt Herman aufgelaſſen;

b) welcher A. 1248 ſeine Güter abgetreten.

c) CONRADUM *Jun.* Dieſer wird für einen Bruder von CONRADO *Seniore* und HENRICO angegeben, ſo wol in *Cb. Conradi Ep. Hild. A.* 1236. als in *Cb. Warmanni Plebani in Hanover A.* 1238. HENRICUS & CONRADUS *fratres* de ROTHEN reſigniren dem Abt Herman zu Corvey ihre Güter an Corvey, laut des Abts Herman zu Corvey datirten Briefs *de A.* 1246.

Im funfzehnten Jahrhundert An. 1442 werden

Die Freyen vor den Nortwolde von Herzog Wilhelm und deſſen Söhnen Friederich und Wilhelm, zur Vergütung des Schloſſes Dachmeſſen Herzog Otten und Herzog Friederich abgetreten.

Hauptvertrag A: 1442. beym ERATH. p. 68.

Willen wy Hertoge Wilhelm, Wilhelm und Frederick ſine Sone edder unſe erven den genanten unſen leven Dedderen, Hertogen Otten, und Hertogen Frederick, und ören Erven tho Wederſtadinge tegen Dachmiſſen unnſe Fryen vor den Nortwolde mit oren Rechten und Toberöringen in antworden deſülven inne to hebende und tho beſitrende, alle de wile wy de obgenanten Sloter und Stede in Pandeſchen Webren inne hebben und beſitten. Und wann unſe Deddere vorbenantde Stede und Slote wedder von uns inlöſen, ſo ſollen ſe uns de Fryen wedder in antworten in aller Marhe als wy ohne de Ingeantwort hebben, ſunder Argeliſt.

In dem Vergleich *de An.* 1491. ap. ERATH. *p.* 86 & 87. iſt dieſes Freyen vor den Walde verglichen:

So den wy hertoge Henrick de older, ock unſe here Vater und Broder den Tollen tho Hitzacker und Schnackenborg igundt nicht in Weren, vnd ock de duſent Gulden vorgeſchreven, an Reckeſchop vth tho gevende verhindert ſin, hebben wy den genanten unſen Deddern, Hertogen Henricke, Herrn Otten ſeligen Söhnen, igundt ingeantwordet, und gedain, unſe Vrigen vor dem Wolde, mit allen öhren Rechticheiden, Inwohnere, plicht und vnplicht, nichtes darvon uthbeſcheden, unbeſchwert, vnd vnvorpendet, in oller Marhe als de an uns gebracht vnd geervet ſin, in ſtede der vorgeſchreuen Tollen vnd Duſent Gulden tho bruckende vnd inne tho hebbende, wenter

up

Cap. XII. Von den Freyen des Fürstenthums Lüneburg 2c. 351

up düssen neist kamenden Paschen, alse men schriuet, na Christi unsers Herrn Geborth der wenigern Tall twe und negentich, und wanner wy den up densülven Paschen edder darnah up Sante Johannes Dage tho Middensommer, den Paschen nächst folgende, den vorgeschreven Tollen inantworden, und darby de Dusentd Gulden betalen, schall sine Leue edder sine Erven, uns, edder unser Erven, de vrigen vor den Wolde mit aller Rechtigheit vnd Tobehörigen wedder folgen laten und overweisen, dat wy ock vore mit der losekündige tho donde und mit den Tollen tho Hitzacker, Schnackenburg, und den Dusent Gulden, de vrigen wedder an uns tho beingende alle vermacht hebben süllen. Worden wy Henrick de Elder dar sümichlich edder unse Mede beschreven in der Betalunge der Dusend Gulden: so süllen und wollen wy unsem Veddern na dem vorlate darvor in brukende Were laten de beyden Dorper Lette und Alten, so lange wy de Dussent Gulden siner Leue wol tho Dancke vernoigen und betalen. Dat hebbe wy Hertoge Henrick, Herrn Otten selige Sohne, von dem genanten unsen Veddern angenohmen, und uns darby beetor, dat wy edder unse Erven de armen Lüde und Inwohnere in dem Frigen, de Tidtlangck wy de, wu vorgeschreven, inne hebben, buen olde Gerwohnheidt an Schatten, Densten, und unwontlicken Unpluchten nicht beschweren, sonder se by older Gerwohnheit luthen, und alse ander unse Underfaten tho Rechte vorbidden, vorschriven und vorbedingen.

In dem Briefe Herzog Wilhelm des Jüngern de A. 1491. an Dage decem Millium Martyrum. ap. ERATH. p. 92. geschicht vorgeschriebmen Vertrages de A. 1491. den Montag nach Misericord. Domini abermals Erwehnung:

So denn unse Sone Hertoge Henrick, van unser wegen mede eine verdracht des Landes to Göttingen halven mit unsen Veddern van Lüneborch ingegangen, vnd verwillige hebben, vnnd dat darvor de Frÿen vor dem Wolde siner leve ingeandwortet sin, de wy sambt unsen Sönen billicke wedder leddigen, vnd darto wy to bate nemen wolden den Schat im Lande tho Göttringen, uns allererst overgeven worde, stollen wy, mit sampt den vilbenanten unsen Sönen, mit dem allererften, dat to den Schatt van prälaten, Mannen, und städen, uppet flitigeste fordern, und darinne mit öne tom besten wesen, densül-

ſhluen unſen Sonen veer Duſent Gulden to Handen komen mo‑
gen, deſſelven Schötte wy uns ock in neine Wyſſe endermaten
ſchullen to verhindernde, eſſte det wes van to unſet nut und
handen keren, ſunder ſe den upnemen, undd armede bewe‑
ren laten.

In dem Briefe Herzog Hinrick des Jüngern A. 1491. beym ERATH
p. 98. 99. in clauſula concernente wird der Freyen vor den Wald wegen
wiederholet:

Wy Hinrick de Jüngere — ſeligen Herzog Otten. Sohn ꝛc. So
wy mit dem Hochgebornen Fürſten Herrn Wilhelm Herrn Hin‑
ricke, und Herrn Ericke uns vereiniget, und verdragen, na Leu‑
de Zegele und Breven, darover gegeven, ſo dat de genanten
unſe veddern tegen unſe Gerechticheit des Landes to Göttin‑
gen und de Frihen vor dem Wolde mit oren Tobehoringen, in
Stade des Tollen und Hitacket und Schnackenborch, darto
Meinerſen de wereheit mit ſinen Tobehöringen ingeantwor‑
det, und vorlaten hebben, de ſelve unſe Gerechticheit des Lan‑
des to Göttringen vorgenant wy den genanten unſen Veddern
wolde hebben laten auerwiſen to twolf jahren.

A. 1512 hat Herzog Henrich der Eltere und Herzog Erich gegen die ih‑
nen erblich verlaſſene Göttingiſche Lande Herzog Hinrich, Herzog Otten
Sohns, hinwiederum erblich verlaſſen
de Slote Meinerſen den Kampe de Frien vor den Walde.

In dem COPIALI des Kloſters St. Michaelis in Hildesheim A. 1322. wor‑
in die Kloſtergüter nach den Diſtricten der Schlöſſer ſpecificiret, werden in
dem Diſtrict von Peine PROPE NEMUS vor dem Walde angegeben,
und zwar

1) PROPE NEMUS, a) *Honbemel*, b) *Olem*, c) *Sofferem*, d) *Berberghe*, e) *Godenſtede*, f) *Solſchem*, g) *Sweebelde*, h) *Me‑rem*, i) *Hertber*, k) *Klauwen*, l) *Lobecke*, m) Peine ſuper ſtyd‑dersbuſen, Millinghe &c. jetzo Amts Colding.

2) *trans nemus Steynwedel*, welches im Amt Burgtorf jenſeit des Hei‑mer und Hamelet Waldes gelegen.

Nach den Holzungs-Articuln auf den Heym gehört
1) Die höchſte Gewalt über den Heim dem Hauſe Peine.
2) Für den höchſten Erben des Heimes erkennen die Holze das Haus Peine.
3) Für gemeine Erben ſind erkant die Dorffſchaften:
a) Dorum,

b) Ro‑

b) Rosentael.
c) Schwiecheld.
d) Bierbergen.
e) Adenstede.
f) Stedem.
g) zwey Sadelhöfe zu Rosendael und Schwiecheld
h) etliche Höfe zu großen Solsche.

und andere mehr, als die von Oberg wegen ihres Hofes zu Schwiechelde, die von Felcheim wegen ihres Hofes zu Rosentael, der Hofmeister auf dem Hofe zu Odelem.

Nach der Hohordnung des großen Vorholzes de An. 1605 ist der oberste Erbe das Domcapitel: die Erbholzen aber sind die Dörfer Gerichts Woldenborgs

a) Hackenstede,
b) Hentheimb,
c) Lanzen,
d) Alemberg;

die Dörfer Amts Steuerwald

a) Ortbergen,
b) Wohld,
c) Sarmessen,
d) Wenthusen,
e) Schelworten,
f) Elve;

die Dörfer Amts Steinbrück

a) Garmesse.
b) Garlozen.
c) Feldbergen.
d) Molmen.

Wie nun nach dem veteri *copiali Monasterii St. Michaelis* Steinwedel angegeben wird *trans nemus*, welches denen Hildesheimern ins Norden liegt: so scheinet es, daß daher die Benennung der Freyen vor dem Walde vor dem Norderwalde entstanden.

Depenau hat gegründet an kleinen Steinwedel *Plenarium S. Bernwardi Ep. Hild. in Copiali S. Mich. n. 122.*

Steinwede minor *nostra est cum omni jure & decima in campis & villa & piscatura ibidem* usque quasi in Depenauwe.

Das Schloß Depenowe hat Bischof Conrad von Hildesheim, der An. 1249 verstorben, und 27 Jahr gesessen, von FRIEDERICO de DEPENOW

Obſ. IV. Origines Luneburgicae.

libero um 60 Marf erfauft, von welchen er zugleich die Vogtey in Hohen Hamelen um 170 Marf redimiret. CHRON. HILD. *T. I. Script. Br. p.* 751. In folgender Zeit ist das Schloß Depenowe oder ein Theil desselben wieder veräußert, als welchen der Bischof Johan von Lippold von Eschette wieder eingelöset.

Ein Extract Briefes Herrn Hans von Schwiechelde und seiner Söhne de A. 1393 zeiget, daß bemeldete von Schwiechelde der Herzoge Berend und Hinrich Amptleute geworden, und ihnen geantwortet ihr neues Schloß Wickenburg und die Freyen vor dem Walde.

Der Brief Herzog Hinrichs von Braunschweig-Lüneburg, Herzog Ottens Sohns, *de An.* 1507 Dienſtages in den Paſchen *in copiali Monaſterii Hildeſienſis*, worin Herzog Hinrich Cord von Alten vor 3400 Gfl. de Helfte der Freyen vor den Walde auf einen Wiederkauf verkauft, giebet unter den Gerechtigkeiten und den Einkünften von der Helfte der Freyen, die der Herzog in selbigem und daraus zu erheben gehabt an,
1) Schad,
2) Gerichte, Ungerichte,
3) Denſt-Geld.
4) Tegn,
5) Waſſen-Gelth,
6) Ronniges-Gelt,
7) Borgh veſtunge,
8) mit allen yarlikene Renthene,
9) Lanth-Volge,
in clauſula:

> dey helffte der vryen ghebeyten der vryen vore deme wolde, myt aller nath unde toebehoryngen alſſ wi genante furſte vane Erſtfale daran hebene Schad, gherichte, ungerichte, Denſtgelth, Tegn, Waſſen-gelth, myt alle den yarlikene Renthene, darvan komen beſocht umbeſocht, uth beſchedene Lanthvolge inſgelick anderene unſeme forſtdoems, na older wonheyt, tho volghende, dey by unſ daranne beholdene.

In dem Briefe der Herzoge Otten, Ernſt, Franz von Braunschweig-Lüneburg *A.* 1526 *in veteri copiali Monaſterii in* SULTA heißen dieſelbe *in* Rubro

VRYEN vor deme Northwolde.

und im Briefe ſelbſt wird der Einkünfte aus den Freyen mit folgenden Worten gedacht:

> Uth unſſen Renthen, tynſen, Schathen-dede unſ unſe lande un-

Cap. XII. Von denen Freyen des Fürstenthums Lüneburg ꝛc.

de undersetene yn deme vrighen tho Ilten, *unde anderen ummeliggenden dörperen yn densulven* vrighen *jarlikes vorplichtigab sym tho gevende.*

Die Freyen zu Ilten und in andern umliegenden Dörfern stunden unter dem Vogt zu Ilten, unter welchem er in jetzt gedachtem Briefe A. 1526 genant Balthasar Segemeygher.

Die Freyen heißen Freye vor dem Nordwalde, oder vor dem Walde, und sind die Freyen vor dem jetzo so genanten Steinwedeler Walde, welcher nach dem Extract des Erb-Registers des Hauses Steinbruck *de A.* 1548 im Fürstenthum Lüneburg gelegen, und wovon *Duci Luneb. als territorii domino* der oberste Wald (d. i. die höchste Obrigkeit) zugefunden. In den Holtungs-Articuln zu großen Gölschen A. 1579 wird dem territorii Domino der Grund und Boden; in den Tosteder Holtings-Registern Herzog Ernst der Erdboden und das Heißen und Verbiethen zugefunden. Die Herschaften heißen auch *Dominia*, und wird durch solche Ausdrücke: Grund und Boden, Erdboden, *suprema potestas territorialis* über alle *Dominia privatorum* angedeutet.

In besagtem Erb-Register de A. 1548 wird den von Rutenberg das höchste Erbe, das ist Dominium silvae, zugestanden, und das höchste Erbe zugefunden
1) aller Wahre eine,
2) ein Schock Schweine ein Behre zu ihrer Deile-Zuche,
3) die heile (d. i. ganze) Jagt,
4) Bauholz zu ihrem Baue,
5) auf ihrem Ziegelhof Werkholz.

Der Extract lautet in passu concernente:

Dem von Rutenberge wird zugefunden, daß dieselbe seyn die Hogiste Erben uffen selben Walde und haben aller wahre eine. Item ein schock Schweine und einen behren mögen Sie in mehden, zu ihrer Deile-Zuchr (d. i. Deel-Zucht). Item die heile Jaget zugefunden. Bauholz zu ihrem Behuefe, uf ihren Ziegelhofe werkholz.

Die gemeinen Erben sind, die einige Actwaren, usatien, usus fructus in silva domini jure servitutis von den höchsten Erben gehabt.

Ware heißt in Westphalen in specie im Osnabrückschen eine Erbehellung. In den Holzungs-Articuln des großen Vorholzes ist auf die Frage:

Wer hat Gebot und Verbot auf dem großen Vorholz?

eingebracht:

Der Holzgrefe und Waremeistere, gesamt den Geschwornen. Aller ware eine (wate).

Obf. IV. Origines Luneburgicæ.

Dies, wenn nicht aus den Holtzinge-Articuln über den Steinwedeler Wald, und aus Erb-Registern sich eine nähere Erläuterung eröfnet, verstehe ich also:

  Daß denen von Rutenberg alle Wahre, das ist aller Interessenten Holzmarken auf dem Steinwedeler Walde, eine Wahre, i. e. eine Echtwahre oder Holzheilung zu jeder Dorfs Holzmark habe.

Aber Wahre im generalen Verstande sind alle Interessenten-Holzungen jeder Commun im Steinwedeler Walde, in welcher Holzmark jedes Dorfes jeder Holzgenosse in specie hinwieder seine Aerwaren oder *legitimas terminationes*, oder wie sie in copiali Monasterii S. Michaelis Hild. n. CXVII. heißen, *Holt-nurbe* hatte. Wie nun die von Rutenberg die höchsten Erben oder Domini des Steinwedel Waldes und aller Interessenten-Holzunge auf dem Steinwedeler Walde, so wurde ihnen auch eine Echtware in allen Waren oder Interessenten-Holzungen und Dorf-Holzmarken zugestanden.

POSSESSIO in *libello de Benef.* wird in iure feudali Sax. allemal vertirt Wahre, Gewehre, und wird in Urkunden mitler Zeit genant:

  Poſſeſſio pignoris, pandliche Ware.
  Poſſeſſio propriorum bonorum, eigentliche Ware.
  Poſſeſſio quam manu tenet, handhabende Were.
  Poſſeſſio quam usu tenet, bruckeliske Were.

WARNE *custodia* Angl. *Wards* KILIAN b. v. alle Poſſeſſiones in silvis communibus, wäre rechtmäßig terminiret, und mit einer Wahre-Ruthe zugetheilet, die in Hildesheim zu fünf gemeinen Ruthen gerechnet. Eine landgängige Ruthe aber ist A. 1449 bey der Hannöverschen Aegidien Feldmarks-Länderey zu acht Ellen lang angeschlagen, Origines Hanoverens. p. 30.

In den Holzungs-Articuln auf den Heym heißet Wahre in sensu speciaiori so viel als Echtwerde e. g. wenn gefragt wird:

  Was die Holzen der Dorfſchaft Heym der Dorfſchaft Odelem geständig? ist eingebracht.
  Wahr nichts.

In den Holzungs-Articuln A. 1574 zu hohen Hamell ist gefragt:

  Was die Holten denen von Sievershausen vor Gerechtigkeit geständig? ist eingebracht:
  Wahr nichts, allein ließholz.
  Was die Holten denen von Arpke am Bostel und Roethe af den Walde geständig?
  ist eingebracht:

              Wahr

Cap. XII. Von denen Freyen des Fürstenthums Lüneburg rc.

Wahr nichts.

Diesemnächst ist merklich, daß Freyen sowol des Fürstenthums Lüneburg, insbesondere zu Billem, Evern, Anencamp bey Bömerode, als des Stifts Hildesheim zu Assel, Oolevissen (Osselse), Gledingen, Ummelen, Bolzen, unter einem gemeinen Land-oder Gogericht zu Hasle gestanden, welches in tribus mallis principalibus zu 3 Echtendingen in A. 1419 in beyden des Bischofs von Hildesheim und der Herzoge von Lüneburg Namen gehalten, wie der Brief des Gografen Jordens zu Hasle de An. 1419 Middewecken in den Paschen zeiget in clausula initiali:

Eck Jordan Gogreue tho deme Hasle des Stichtes to Hildensheim vnde unsen gnädigen Heren von Lümb.

Auch der Vogt zu Coldingen Ludeke Sachteleuent A. 1386 bey dem JUDICIO GOHAE to dem Hasle einen Ding-Man mit abgegeben, Charta A. 1386 Die Corporis Christi.

Traditio facta est publice coram Geographio Gohae to dem Hasle hart bi Lulne Henningo Irreilelebo, & venditor uns cum omnibus suis heredibus juri suo solenniter renunciavit, illudque in emterem valide transtulerunt. Vorspracke bey der Empfangung war Arthur von Bolzen: Dinckslüde vero erant Aschwin von Roden, Didrich und Wilcken von Bolzum, Gerd von Tlegenborne, Knapen, Ludeke Sachteleuent Vogt zu Coldingen.

Aus dem Briefe de A. 1419. ist merklich:
1) Daß das echte Ding des Landes Gerichte der Gogrefe gehegt mit dem Landsaten, als:
   a) Heneke Remberte vane *Oslevessen*,
   b) Bußken Knoken van *Ummelen*,
   c) Branth Busse van *Bilen*,
   d) Heneke Serguere vane *Lulne*,
   e) Cord Darenene vane *Bolthsems*.
2) Daß der Gogref dies Gerichte nennet unses Landes Gerichte; und das Gerichtssiegel, unses Landes Zugesegele.

Welcher Brief alhier eingerücket:

Eck Jordenn Gogreve *tho deme* hasle *dess* Stichtess *te* Hildenseme *vnde* unser genedyg heren vane Luneborch, *bekenne yn dussseme opene breve vnder unses landes yngesegele, dat vor unse echte gedingk, vnde* unses landess gerichte, *dat ick ghehegeth hadde, dess myddewechens yn deme paschene, myt unsen lanthsathenn, alse luneke Rambertess vane* OSSLEVESSENN, *busskenn knokenn vane*

vane UMMELEM, *brauth buſſe van* BYLLEM, *beneke ſer guera vane* LÜLWE, *Cord dareoneme vane* GLEDYNGHE, *dat dare quam* wilckenn *vane* bolthzeme, *myt wilcken ſynem ſone, unde deelen egne* rechte *vortycht vor ſyck unde ore Erven alleſſ rechtes unde aller anſprake de ſey gedaen hadden an eyne Kothoff dey belegen yſi yn deme dorpe tho* bolthzeme *by deme pole denc, dey heren vane der* Sulten *uffgehoft hebben dene Reydenn wonhaftig to* Wernynghe, *alſo dat ſey noch öre Ervenn an den hoff myt ſynere tobehörynghe nummere meer neyne anſprake doenn en ſchullen, edder yenygherleye recht hebben en ſchullen tho deme hove unde ſynere tobehorynghe, unde dat duſſ vorſcreven* wilckenn *unde* wilckenn *ſyn ſone dene hoff myt ſyneve tobehorynghe, myt hande unde myt munden dene* heren vane der ſultenn *yn ore hebbendle were gheantbwordeth hebben. Vorth mere ſo hebbet dey heren* vane der Sultenn wilckene *vorbenomt enthfangbenn to eyneme meygher unde ome, unde hebbet ſynen Ervenn den hoff gedann umme* veer Schillinghe tynſseſſ *peynſchere pennynghe, unde* drey honre, *dey hey alle jare redelykenn ghevenn ſchal, up ſunte michaly dach, darcen ſchullet achte daghe edder veerteyn nacht nycht an hynderenn; wan he deſſ avere nicht en dede ſo hebbet ſyck dey heren vane der Sulten dey macht beholdenn, dat ſey orenn vorſcreven hoff, myt ſynere tobehorynghe eyneme anderenn* doen mogten umme ſodanen tynſi, alſe ſe myd deme denne eyne werdenn kunth. dith yſs gheſcheyen na goddeſſ borth veerteynhunderth yare *darna yn deme neghenteynden yare deſſ myddeweckenn ynn deme paſchene.*

Landſete iſt iure provinciali Saxonico ein **Meyer, Bar-Gilde, Pacht-Mann,** eben das, was anderer Orten ein **Landſiedeler.** Bey den Angel-Saxen hieß

   a) *Land-ſete, Land-leod*, provincialis.
   b) *Land-agend, Land-bigend*, indigena, **Landbuend**, terræ incola, agricola.
   c) *Land ſittend man*, terram poſſidens, fructuarius. Dagegen heißt fundi dominus *Landagend, Land-blaford*, land rica.
   b) *Land-man*, terrigena, *Landerman*, terricola, ruricola.

Bey den Gothis Scandicis: -
   Land-Sete, *colonus*, VEREL. h. v.

Daß auch die Freyen im Hochſtift Hildesheim nicht ſchlechterdings Herrn-Dienſtfrey geweſen, zigtet der Brief Biſchofs *Magni*. von Hildesheim A. 1450. Dienſtag nach *Barthol*. *in vetere Capiali Monaſterii* in

Sulta,

Cap. XII. Von denen Freyen des Fürstenthums Lüneburg ꝛc.   359

Sulis, vermöge dessen die wüste Hofstede des Klosters zu Arbergen, nach Vorste *in exemtione a Regula*, vermöge privilegii von Herrndienst gefreyet, und wenn auch ein Bischöflicher Eigenbehöriger darin säße, derselbe dennoch dienstfrey sey, jedoch in den gemeinen Landzügen, Gerichte (alias Landschrey) und in Herfart, gleich seinem Nachbar folgen solle, in clausula:

    Frigen — ore woste hoffstede, binnen der Dörpe Arberg-heim up deme Ende na Vorste — wered ock dey yene de darup seten unse behöringe man were, so scholde he doch deynst vry wesen, deywyle he uppe deme ghenanten hove sete: Doch scholde hey mede gane to deme meynen Landethoghe, mit sinem Nabere, unde in Rochten, unde in hervart den schulde hey deme gelick synemen Nabere tho volgend, vest, unser vogeden edder Ampthluden.

In was für einem Maße die Freyheit die Freyen vor dem Walde hiesiger Derter, und die Freyen der Comitiae in Steinwede Fürstenthums Minden, und sonst ander Orten gestanden, lässet sich nicht anders, als aus alten Documentis und dem jetzigen Herkommen ausmachen. Daß die Freyen vor dem Walde Freyheiten gehabt, ist offenbar, wie denn auch der Bischof Conrad von Hildesheim schon A. 1236 anführet, daß er in Ansehung dessen, daß sie mit *Angariis* und *Oppressionibus* beschweret werden wollen, die *Comitiam minorem* an sich gebracht, hierbey auch unser Herzogen von Braunschweig und Lüneburg in dem Vertrag de A. 1491 verglichen:

    De Arme Lüde und Inwohner, to dem Frygen boven olde Gewohnheit, an Schatte, Dinste und unwöntlicken unplichten nicht beschweren, sunder by older Gewonheit laten.

Indessen erhellet doch aus dem Briefe Herzog Hinrichs, Herzog Otten Sohns, *de A. 1507.* daß die Freyen vor dem Nordwalde gegeben: Schode, Denst-Geld, Waß-Geld, Künigs-Geld, sodann Burgveste und Landfolge geleistet.

Nicht weniger erscheinet von der Comitia Majori & Minori Liberorum der Grafen von Lauenrode aus dem Briefe *Conradi* Bischofs von Hildesheim *A. 1256.* daß die liberi homines comitiae majoris & minoris im gleichen Verhältniß gestanden, dergestalt:

1) Daß, wenn eine Frau *minoris comitiae* einen Mann *majoris comitiae* geheyrathet, diese zur großen *Comitia* gehöret, und so eine Frau Majoris Comitiae zur Comitia minori, wenn sie in selbiger einen Mann geheyrathet, gehöret.

2) Wer in beyden *Comitiis* Güter gehabt, beyden Herren servirten müssen.

                                                       3) Wenn

Obf. IV. Origines Luneburgicæ.

3) Wenn jemand aus der einen oder andern Comitia seine Güter verlassen, dieselben ad *ius & dominium Comitiæ* gezogen, worin sie belegen.
4) Wenn einer von den unbehöbeden Leuten tempore contractus initi aus der kleinen oder großen Graffschaft geflogen, der Herr ihn wieder ad Comitiam propriam revocirn mögen.

Die Freyen im Fürstenthum Minden zu Bordere sind in die Ministerialität des Hochstifts aufgenommen. Der Fuß, worauf die freyen Landleute stehen, differiret nach dem Unterscheid der Oerter auf unendliche Weise.

In der Graffschaft Ravensberg leisten die eigenen Leute Span- und Leib-Dienste, Ravensb. Eigenthums Ordn. A. 1669. c. 3. Die *villici* aber sind Meyerstätische Freye Unterthanen, Conftit. Frid. Reg. v. 15 Jun. A. 1705.

Die Werter-Freyen Episcopatus Werterenfis scheinen, nach ihrer Hoffsprache A. 1590. ap. LUDOLF. Contin. Obferv. 104. p. 227. *liberis optimi iuris* gleich zu seyn.

Im Stift Minden werden nach einer alten Urkunde zweyerley Art Leute angegeben, Ammechts-Leute und freye Stifts-Leute, von den letztern wird gesagt:

> De anderen fynd de, de vrone flichtes-lüde beten, de hebben vulfchuldig ezhen geweren, onde de Ghnade geghoven, dat fe na Dode nen Erve gbevet, yt ne fy, dat ze erveloß fterven vor den eften: De erften fynd Amachtlüde, welch man under ön fterft, de gbyft fyne varende have halfft; fterft dat Wyff, dat gbift nicht. Sterft aver under ön wyff, eder Mann erveloes, wat de nalatet, dat is des Heeren.

Ammechtslüde sind *homines villicationum*, wovon die Ch. Volquini A. 1282. spricht:

> *villicationum hominum noftrarum, qui* HYEN *vulgariter appellantur.*

Vetus TEUTONISTA erkläret *Hyen*, *Laten*.

Unsere Meyer (außer den Erbmeyerdings Meyern, deren in Rößing 20 Erbmeyerdings höfe gehabt) sind allewege für Freye zu achten, wovon der GLOSSATOR *Sec. XIV. ad jus Sax.* Herr von BUCH sagt:

a) URYE LUDE, dat find *Meyere*, Gl. ad l. I. Art. 2.
b) hebbet id to *Meyerfchop* alle *Bergbelden*, Gl. l. l. Art. 43.
c) *Bergbelden* dat fint *Pachtlude*, Gl. l. III. Art. 44.

Diese baueten das Land, als freye Leute, als *Conductores*, wie die Statuta Omlandica L. V. Art. 46. eröfnen:

Als

Cap. XII. **Von den Freyen des Fürstenthums Lüneburg rc.**

Als der Meyers Jaer malen sint ten ende, so heboert hy dat *verburde lant* te verlaeten.

Von den Meyern lauten die Formuln der Meyerbriefe:
1) Daß sie den Hof befahren, und abfahren, nach Meyer-Rechte. Formula Contractus villicalis A. 1323. *Hist. Gandersh.*
   «Jck scal ock dessen Hoff bewaren vnde besetten — dar buwe scullen se vor erleghen, wen ick afvare na Meyer Rechte.
Und wird von den Meyern als freyen Leuten und Landsaten gesaget:
   Andere vrye Lüde de sie Landsetene gheberen, de komet und varet ahastes wiese in dem Lande, GL. *L. I. Art.* 44. COD. HAMEL.

2) Daß sie den Meyerhof vor freye Leute gebrauchet. Meyerbrief Probst Herman v. Wend zu Hamel. A. 1410. in clausula:
   denselben Meyerhof — vor vryge lüde to brückende.
In den alten Hannoverschen Göbings Articuln, die jährlich öffentlich verlesen wurden, ist enthalten:
   Item vraghet men, wu ho (wie hoch) men den vryen böyhen vnde de Wede Lüde besetten möghe? Dat vind men, vmme 6 st. vnde dar beneden, So de Schult bögher dat mot men vehrichten dar se beseten sind.

Es werden indessen auß r den Freyen der Amtsvogtey Jlten auch in den nächst, umliegenden Gegenden um der Hase, um Peyne, Betmer auch zu Sycke im Hildesheimischen, zu großen Giesen, Rossing und Eimmecke mehr dergleichen Art Freyen gehöret, als:
1) Die freye Probstings Leute zu Olsburg.
2) Die freye Männer des Fr.y-Gerichts zu Betmer.
3) Die Freye des freyen Gerichts zu Sycke.
4) Die Freye des Freydings-Gerichte zu großen und kleinen Giesen und Eimmecke des Stifts Hildesheim.

Im Stift Minden ist auch eine so genante
   Comitia liberorum in Steinwede.

Nach MEIBOMI Anzeige in notis ad LERBEC. *Chron. Schaumb. opp. T. I. p. 539.* zwischen dem Mindenschen Amt Rade und Diepholz, womit der Kaiser Wilhelm A. 1254. Herzog Albert von Sachsen beliehen, dieser aber die Grafen von Schaumburg wieder subinfeudiret. Nachdem die Herzoge von Sachsen solche *Comitiam liberorum in Steinwede* dem Kaiser Wilhelm aufgelassen, ist damit der Bischof von Minden wieder beliehen. Daben hat Herzog Albert von Sachsen A. 1258 die Grafen von Schaumburg

Grup. Origin. German. 2ter Theil.   als

als Subvasallos an den Bischof von Minden als ihre nunmehrige Lehnsherren verwiesen, wie beyde alte Chartae veteris copialis eröfnen:

N. 1.

Wilhelmus Dei gratia romanorum Rex semper Augustus universis sacri imperii fidelibus presentes litteras inspecturis gratiam suam & omne lucrum cum in precelse dignitatis honore nos protulerit exaltator humilium & sceptrorum Romani regni, palmamque victorie nobis divina dispositione commiserit ecclesias & personas ecclesiasticas ad imitationem nostrorum precessorum imperatorum & regum tanto libentius tantoque liberalius debemus prosequi, favore gratie speciali, quanto clariore presagio dignitatem hujusmodi de celesti suscepimus voluntate, cum itaque illustris vir Albertus Dux Saxonie, carissimus princeps & affinis noster COMITIAM LIBERORUM in Steinwede, Haddenbusen & Borthere, quam a nobis & imperio tenebat in feudo ad petitionem venerabilis W. Mindensis Episcopi dilecti principis nostri per suas patentes litteras nostro culmini duxerit resignandum, nos ejusdem Episcopi supplicationibus inclinati resignationem ipsam ratam habentes & gratam, praedictam comitiam eidem Episcopo & Ecclesiae Mindensi sibi commisse liberalitate regalis culminis pure concedimus a nobis & imperio feudi titulo possidendum tenere presentium districtius inhibentis, ne quis eundem Episcopum & ejus legitimos successores ac eandem ecclesiam molestare audeas, super his, vel etiam impedire. Si quis autem contra hanc paginam nostre concessionis sive inhibitionis & resignationem predicti Ducis venire presumpserit gravem celsitudinis nostre offensam se noverit incursurum. Hujus rei testes sunt H. Spirensis princeps & Cancellarius WERNERUS de BOLLANDIA dapifer & Magister ARNOLDUS PROTHONOTARIUS regalis Aule A. C. de WALDEKE, HENRICUS COMES de SOLMESE, & alii quam plures. In cujus rei evidentiam pleniorem presentes litteras exinde conscribi & sigillo majestatis nostre jussimus communiri. Datum in CASTRIS in DEPOPULATIONE WESTFRISIAE XV KAL. IUNII IND. XII A. D. M. CCL. QUARTO.

N. 2.

AL. Dei gratia DUX SAXONIE WESTPHALIE & ANGARIE, dilectis amicis suis nobilibus viris JO. & G. COMITIBUS HOLSATIE sincere debitum & affectum. Cum nos dudum, in compositione inter Ecclesiam Mindensem & nos ordinata, Comitiam in Steinwede cum suis attinentiis ipsi Mindensi Ecclesie reliquerimus, vobis Episcopum Mindensis Ecclesie pro domino feudi predicti comitie assignamus, ita ut ab ipso & suis pro tempore successoribus

Cap. XII. Von den Freyen des Fürstenthums Lüneburg ꝛc.

civibus prenominatam comitiam in feudo recipiatis. Datum HIDZACKERE *A. D. MCCL. VIII. Id. Ian.*

N. 3.

GERARDUS *Dei gratia* Comes Holſatiæ & in Scowenborg *omnibus hanc litteram viſuris notum eſſe volumus, quod nos dominis & militibus Nicolao de Manſengen & Richardo puero ad manus domini noſtri Epiſcopi mindenſis & eccleſiæ ipſius, fide data, promiſimus, quod nos & dilectus frater noſter, comes* Gerardus *memorato Domino Epiſcopo & ſuæ eccleſiæ, cum primo ad ipſum venerimus, aut fideli nuntio quem nobis vice ſua deſtinaverit, bona noſtra in* Steinwede *oppignorabimus pro ſexcentis marcis bremenſis argenti, & pro tantis denariis Weſtphalicis, ſicut pro iisdem marcis contingit. Si vero, quod abſit, dilectum fratrem noſtrum more contigerit, pueri ſui faciente vice ſua. Teſtes qui preſentes erant ſunt* COMES HENRICUS *de* ALDENBORG, WALDEMARUS DUX JULIE, LOTHOICUS POST, GERVASIUS NOTARIUS *noſter, & alii quam plures. Datum Reinoldesberg Anno gratiæ* MCCLIII *omnium Sanctorum.*

Daß der Biſchof Widekind zu Minden dieſes Lehn, welches die Grafen von Schaumburg an den Grafen von Oldenburg für 600 Mark Bremer Silbers verſetzet gehabt, um 800 Mark, wozu die *liberi* in Steinwede 650 Mark hergegeben, acquiriret, erzehlet LERBECK *Chron. Mindenſ.* ap. LEIBN. Tom. III. p. 186.

> *Hic* COMITIAM *in* STEINWEDE, Haddenbuſen *&* Bordere, *quam Comites de Schowenborch Gerardus & Joh.-ab Alberto D. præfato in pheodo tenuerant, & eam genere ſuo C. de* Oldenbroch *pro DC Marcis Bremenſis argenti impignoraverant Widekindo pro DCCC Marcis, Wilhelmo Rege Romanorum huc approbante Eccleſiæ & ſedi B. Petri acquiſivit Epiſcopatus ſui anno VI. Pro cujus ſolutione* LIBERI IN STEINWEDE *quingentas & quinquaginta Marcas contulerunt.*

Sie wird in Charta WILH. R. wie bey dem Lerbeck d. l. genant *Comitia liberorum in Steinwede*, Haddenbuſen und Burthere. Von den liberis hominibus in Bordere zeuget das anhero eingerückte Diploma WIDEKINDI Ep. Mind. A. 1288. daß ſie der Zeit *ad jus miniſterialium* von ihm aufgenommen.

> *In Nomine Sanctæ & individuæ trinitatis* WYDEKINDUS *Dei gratia Mindenſis Epiſcopus univerſis Chriſti fidelibus hoc ſcriptum viſuris ſalutem in Domino Quom ea que rationabiliter geſta ſunt præceſſa*

Obf. IV. Origines Luneburgicae.

temporis in obliuionem prolapsa calumpniosis nonnunquam questionibus perturbantur solent plerumque negocia perpetuari litteris & testium nominibus vt omni dissentionum materia circumscripta homines pace gaudeant & quiete Proinde ad noticiam tam futurorum quam presentium volumus peruenire quod nos de communi consilio & consensu tam nostre maioris ecclesie Capituli quam ministerialium nostrorum vrgente eiusdem ecclesie necessitate inducti liberis hominibus de Bordere qui se cum suis vxoribus & liberis bonis quoque vniuersis que habebant cum heredum suorum consensu & collaudatione iam dicte ecclesie nostre vt cum pretaxatis bonis & personis ad jus ministerialium reciperentur vnanimiter contulerunt idem jus prefatis tam Capitulo quam Ministerialibus nostris consentientibus Et id fieri cupientibus duximus concedendum concessum & recognitum tam a nobis quam ab omnibus memoratis Nichilominus presentibus confirmantes ac decernentes ipsos fore deinceps ministeriales ecclesie nostre nostrosque & Episcoporum qui pro tempore Mindensi ecclesie presuerint feodatarios pro suis preciis supradictis que ipsis erunt sine omni molestia & contradictione suo tempore a nobis & ab eisdem Episcopis sicut aliis ecclesie nostre ministerialibus concedenda Vt autem hec premissa benigniorem sortirentur effectum nonaginta marcas ad solutionem debitorum ecclesie nostre recepimus datas liberaliter ab eisdem Rata igitur & inconuulsa cum rite processerunt volentes omnia permanere presens scriptum Sigillo nostro & Capituli nostri & Abbatis de Insula Capituli sancti Martini Conuentus Sancte Marie Ciuitatis quoque Mindensis sigillis fecimus communiri Huius rei testes sunt Wernherus Decanus Ludolfus Archidyaconus in Osen Henricus de Slon Ludolfus Cellerarius Wydego Gherardus Cantor Johannes de bucka Cono Scolasticus Bruno de Spenthonia Conradus de Wardenberge Conradus Decanus Sancti Martini Jordanus de Kaltendorpe Reinhardus de Slon Gherardus de Heruordia Albertus Sprick magister Arnoldus de Schymia Hermannus de bucka Bertoldus de Vrekenhorst Canonici Mindenses Bernardus de Ilo NOBILIS lippoldus & Harthertus de Mandeslo fratres Engelbertus Zadelprene Engelbertus de lenthe Rycbardus Vulpes Richardus de Pepiggese Henricus de Duggerden Conradus & Thidericus de Vsslen fratres Thidericus juuenis dictus de Vsslen Gerhardus de Bastorpe Cesarius Heinricus de botelethe Fredericus de Steigerden Gherardus & Conradus de Lutteren fratres Ludolphus de Nigenborch MILITES Ludolfus & Thidericus de Mandeslo fratres Johan-

Cap. XII. Von denen Freyen des Fürstenthums Lüneburg rc.

bannes de Brochtorpe *Gerlagus* de Eysberge *Rodolfus Heinricus* de Haddenhuse *fratres florentius & Johannes patrueles* de Duggerden *Godefridus* Nagell *Thidericus* Schoeben *magister Godefridus Cocus & filius suus Godefridus Sigebode* de Stiderdorpe *Ludolfus* de Nygenborch FAMULI *fridericus* de Hasle *Ludolfus Wernberus Menko fratres Heinricus* De Holthusen *Hermannus Monetarius Wychmannus* de Reine *Heinricus* de Nigenborch *Wiscelus & Thethardus* de Rahbere *fratres Godefcalcus & Thedolfus de alta platea fratres Arnoldus* De alta *platea & Volemannus filius suus Hildebrandus Institor Gozwinus & Gerhardus de Aldendorpe fratres* Ciues Mindenses *Et alii quam plures Datum & actum* Minde *Anno ab incarnatione Domini* Millesimo ducentesimo quinquagesimo octavo *Pontificatus autem nostri Anno Quinto Sexto Kl. Julij.*

Probstingsleute zu Olsburg.

Die Probstingsleute des Probstings-Gerichts zu Olsburg Amts Lichtenberg, Wolfenbüttelscher Hoheit, haben ihre Freyheit und ihre von weiland Herzog Heinrich Julio confirmirte statuta. ap. NOLTEN *de confuet. circa villicos* p. 84. Nach diesen sind die Probstings-Männer
1) dienstfrey,
2) geben dem Probst und decano zu Olsburg von ihrem Gut Zinse von einer Huse 1 Pfund Wachs, dazu dem Amt Lichtenberg Verdedings Geld von der Huse Landes 2 Himt. Haber und 2 fl. neu Braunschw.
3) entrichten dem Herrn, darunter sie wohnen, vier Tage Burgvesten zwey Tage in Ruwen (i. e. tempore messis) in Blöten (i. e. extra tempus messis.)

Und wenn ein Probstingsmann verstirbt in Städten oder auf dem Dörfern, giebt derselbe Buleve.

Ob nun zwar nach vorerwehnten statutis ap. NOLTEN p. 92. ein Probstings-Gut auf jemand, der ein Halshuhn an einen andern giebet, nicht veräußen können, so ist dennoch die Bauleve alias Baudeling FRISCH *b. v. mortuarium* Angl. MORTUARY eine Anzeige eines Ueberbleibsels *ex pristina servitute*, welches auch an einigen Oertern die Vasallen und famuli geben müssen. Charta A. 1348. ap. KENNET. *Antiq. Ambrosd. p.* 470 GILLES JACOB *v. Mortuary.* Die Freyen des Freygerichts zu Betmer, welches von einem Grafen gehalten, den zweymal das Amt Wolfenbüttel, das dritte mal das

Amt Peine bestellet, haben, laut der Nachricht beym NOLTEN p. 150. die Gerechtigkeit:

1) daß sie von Baulebung, Bedemund, dritten Pfennig Schutz-Geld, und Hembdlacken, Rauchhun frey,

2) ihre Töchter wie Freye in fliegenden Haaren zur Trauung gehen,

3) und geben die Freyen von 103½ Fuß Landes, die in den Feldmarken, Bettmar, Lindingen, Kochingen, Wahle, Woltorf, Bodenstadt, Sauingen, Uffingen, Alveste, Vierte, Dritte, Leifferde, Bordfeld, Rape, Schmedenstadt, Dungelbeck, Munstedt, von deren jeden jährlich 2 gr. an das Amt Wolfenbüttel, und eben so viel an das Stift St. Blasii in Braunschweig. Zehn freye Männer in Woltorf Hildesheimischer Hoheit müssen ans Amt Wolfenbüttel Mich.

    a) vom Morgen Landes mit Winter-Korn besäet gewesen 4. Pfen.

    b) von 3 Morgen Sommer-Korn 1 gr.

    c) von 1 Pferd 4 Pfen.

    d) von einer Kuh 4 Pfen.

    e) von 1 Schaf 1 gr.

    f) von 1 Lam 4 Pfen.

    g) von kleinem Vieh 1 Pf.

Pfennige, Land- und Vieh-Schatz entrichten.
Die Freyen des Frey-Dings-Gerichts von großen und kleinen Gießen, Emmercke und Roßing, worin der Bischof von Hildesheim der oberste Frey-Grafe, und dem Beamten zum Steuer-Wald neben dem Frey-Grafen das Gerichte zu hegen gebühret,

1) geben freyen Zins 2 Pfen. vom Morgen,

2) sind frey von Hergewette, Baulebung, Frauen-Geräth, und andern dergleichen Ausgaben, laut des Freydings Art. 21.

> Es ist kein Freymann schuldig, Hergewede, Baulebung, Frauen-Geräthe, und andere dergleichen zu geben, sondern freyet sich allein mit dem freyen Zinß.

3) Im

Cap. XII. Von den Freyen des Fürstenthums Lüneburg ꝛc.

3) Im übrigen aber sind solche freye Leute den oneribus publicis territorialibus unterworfen.

Aus obigem allen erhellet, daß dasjenige, was der Oberappellationsrath PUFFENDORF *de jurisd. german. p.* 349. bemerket:

> Si quae *praedia libera* freye Güter appellamus vel homines liberos freye Männer a praestationibus & functionibus publicis ordinariis exemtos intelligimus.

stehet nach dem, was jetzo ausgeführet, von obiger Art Freyen nicht wohl zu soutiniren. Wenn im Sachsenlande Freye Güter, Freye, Freyleute, Freymänner angezogen werden, so werden dadurch insgemein solche Personen angedeutet, die entweder ganz und gar, oder in gewisser Maße a servitute liberi.

1) Daß die Freyen vor dem Walde in der Amtsvogtey Itzen Schatz und Dienstgeld geben und Burg-Veste thun müssen, eröfnet der Brief Herzog Hinrichs A. 1507. Der Herr Oberappellationsrath Puffendorf Vol. II. Obf. 60. §. 3. bemerket von den Alten Holzgenossen aus den Holtings-Articuln, daß das Wort Erben auf die Bauersleute transferiret worden, dabey aber in Attention zu ziehen, daß sie in den Freyen wohnhaft, woselbst ihnen die Jacht, das Recht Bier zu brauen, Kruge und Wirthschaften anzulegen, und andere vorzügliche Freyheiten zukommen, allein das Wort Erben, Erbholzen, wird den Holzungs-Genossen in und außer den Freyen beygelegt, und in den Freyen selbst wird Schatz, Dienstgeld entrichtet, und werden Burgveste gethan, auch von dem Gute ein Zins gegeben.

2) Daß die Freyen des Probstings zu Olsburg dienstfrey gewesen, und allein dem Probst zu Olsburg von ihrem Gute die Zinse gegeben, im übrigen aber dem Amt Lichtenberg Sporen-Geld und viertägige Durchvesten zu entrichten schuldig gewesen, ergeben die Probstings-Articul bey GOEBEL. *Diff. de jud. rusticorum p.* 226.

3) Freye Leute erkläret FRISCH *b. v.* die nur gemeine Landes *onera* tragen, zuweilen von ihren liegenden Gründen Recognitionsgelder entrichten müssen, und sonst von aller Dienstbarkeit befreyet sind. Ein Sattelhof heißet eigentlich ein Sedel-Hof, darauf einer sitzet, Veteri Teutonistae

a) SE-

Obf. IV. Origines Luneburgicae.

a) SEDELE *op to sitten* fedile.

b) eyn *fedel* of eyn fedel leven clufener.

Den Niederländern ist *Sedele* per Syncopen SELE gleichsals SEDILE. In Gloss. Pezianis ist SELIDI *cafula*, und bey dem NOTKERO *Pfalm XXVI, 4* SELITHA *tabernaculum*, dahero denn auch bey dem NOTKERO *Pf. CXVIII, 19.* SELDAHE *pro inquilino, conductore* genommen, in clausula:

    inquilinus *ego fum in terra*, das ist, der eigen Hus ne hat, und er anders Mannes Selvern ist.

Denen *Gothis Scandicis* sind

    SAEL., SAELOHUS, Tiguria *in sylvis, montibus aut litoribus, quae aestivo tempore inhabitant, qui pecorum pascendorum curam habent, aut iter per devia facientes* VFREL. h. v.

SEL heist auch in *lege Alem. Domus T. LXXXI.* domum ejus incendat, vel *Salam* und SALISUCHEN in *Decr. Tassilonis Art. XIV.* ist Haus suchen.

CAP.

Familia *Nobilium Dominorum* de DEPENOWE prope Burgtorf.

CONO de DEPENOWE
cum *filio* CONONE in chartis Adelogi A. 1183 & alia fine anno & alia Adelogi A. 1184.

|
CONO
in chartis A. 1183. 1184. 1192. & 1211. cum filio *Thiderico*

|
THIDERICUS
A. 1205. A. 1211. 1212. 1222. 1226. 1227.
A. 1234. 1239. 1241.
A. 1248 iam mortuus
Uxor *Elena de Westen* A. 1215 secundis
nuptiis ducta A. 1248 vidua

---

1 Ex primis nuptiis		2 Ex secundis nuptiis cum ELENA
Volradus cum patre *Thiderico* & fratre *Henrico* comparet in chartis Patris A. 1212. 1234. A. 1257 *Domicellus Volradus de Depenowe.* 1265 *Volradus nobilis Miles de Depenowe* Ch. Comitum de Waldenberg. A. 1283 non amplius in vivis Ch. Jo. C. de Wunst A. 1283 & felicis memoriae A. 1286 in charta Nobilium de Hessen. A. 1283 *proprietas Volradi* iure haereditario devoluta ad *Jo. C. de Wunstorpe* & *Burchardum C. de Vilipa*, a Burchardo tamen Comite de Wolpe Luchardis uxor de Wanberge *propinquior* in cognatione Volradi *agnita*.	*Henricus* A. 1212. 1234. cum fratre Vulrado a patre nominatur Filius *Thidericus*	*Thidericus* A. 1219. 1220 in puerili aetate. A. 1234 in ch. Patris mentio uxoris *Elenae* & *filiorum Volradi* & *Henr.* non Thiderici ex Elena nati.

Grup. Origin. German. 2ter Theil.

Aaa CAP.

Obf. IV. Origines Luneburgicae.

CAP. XIII.

De Nobilibus Dominis de Depena.

Die erſten Herren von Depenowe, die ſich unter dieſem Namen reiſnem, ſind

I. KONO de DEPENOWE, welcher A. 1183 in *Charta Adelogi Epiſcopi* mit ſeinem Sohn Cononе als Zeuge ang. joant.

> *Huic autem facto praeſentes aſſuerunt — — Laici Beneficiati Fridericus, Albertus, Conradus, KONO de DEPENOWE & ejus filius CONO.*

Nach dem Briefe ADELOGI ohne *dato Copiali St. Mich. p. XIV.*

> *Ludolphus de Woltengerode, CONO & filius ejus CONO de DEPENOW.*

II. KONO de DEPENOWE *filius* in voranеezоgenen Briefen Biſchofs Adeloat, auch im Briefe Biſchofs BERNONIS *A.* 1192. wo er unter den teſtibus Laicis mit recenſirt:

> *Hoc actum his teſtibus — — layсis vero by Burсhardo de Heymoſſen* KONONE *de* DEPENOVE.

Und auch im Briefe A. 1211. worin des *Kononis de Depenowe* und ſeines Sohns *Thiderici* gedacht wird. Unter dem Namen der CONONUM kommen auch zu gleicher Zeit, und zwar an eben dem Ort, oder in der Nähe, wo die Conones de Depenov ihre Güter gehabt, andere Dynaſtae vor, als:

> a) CONO de HOTTENSEM & frater ejus Witikindus in *Charta* BERNH. *A.* 1133. ap. HEINEC. *Antiq. Goſl. p.* 139. Ch. Fund. Monaſterii Derenburg A. 1143. WIDEKINDUS de HOTTENEM Ch. Bernh. ep. A. 1150. de *Caſtro Homberg.*
> b) CONO de ARENBERGE *Charta Adelogi A.* 1174.

auch ohne Zunamen von einem Ort in Charta Fund. Monaſterii S. Godehardi A. 1146. CONO in Charta Bernh. A. 1162. Beringerus & CONO Nobiles.

Welches denn jeder in ſolcher Vorſicht halten muß, wenn gleiche Namen obſchon an einem Ort in Adlichen Familien gehöret werden, ſolche ſo gleich nicht für Herren eines Geſchlechts zu achten und auszugeben.

III. DIEDRICH *Cononis* Sohn.

Daß dieſer *Cono* de *Depenowe* auch einen Sohn Namens Dibrich gehabt,

etc.

Cap. XIII. De Nobilibus Dominis de Depena.

erscheinet aus dem Briefe A. 1211. welchen HOFMAN *Antiq. Hild. MSS. p.* 680. summiret in clausula:

Habebat KONO *de* DEPENOWE nobilis *advocatiam super tres* curias H:spitalis St. Johannis, *in villis* Lammestede, Lone, Dutteberge, *Beneficio Ep. Hildef. & iterum ab ipso Lesbardus de Emplede. Quoniam vero advocatiae onus nimis grave videretur Hermanno custodi Hospitalis, vendente Lesbardo & consentiente* CONONE *ejusque* FILIO THIDERICO, *eam pro certa pecuniae summa liberavit & penitus abolevit. Confirmavit hoc studi dominus Maribertus Ep. & collaudarunt simul hoc factum Fridericus Halberstadiensis & Conradus Mindensis Episcopi, in hujus enim dioecesi bona sita sunt. Testes aderunt Comes* CONRADUS *de* RODEN, BERNARDUS de LEVESTE, HENR *de* STOCKERN, HEINRICUS *de* WINNEGEHUSEN, *& frater ejus* ARNOLDUS, ARNOLDUS DAPFER, ENGELBERTUS THANE, HENR, *de* HERENBERG *& alii plures A.* 1211.

THEODERICUS LIBER DE DEPENOW hat zwey Söhne gezeuget:
1) VOLRADUM,
2) HENRICUM.

als welche er im Briefe de A. 1214. *Orig. Hanov. p.* 178. worin er zwey Hufen Landes in Algermissen mit der Vogtey daselbst in Gegenwart beyder Grafen Conrad und Henrich von Lewenrode in einem öffentlichen Comitio oder Goding behuf des Klosters St. Gebehard in Hildesheim aufgelassen in clausula:

Inde est quod ego THEODORICUS DE DEPENOWE *cum uxore mea* ALENA *& heredibus meis* VOLRADO *&* HENRICO *duos mansos in Alegremessen cum Advocatia & omni jure ac proventu eorundem 30 libris ab Ecclesia Godebardi receptis, presentibus comitibus Conrado scilicet & Henrico de Lewenroth eidem Ecclesie in manus jam dicti Abbatis in comitio resignavi.*

nicht weniger in seinem Briefe de A. 1212. worin er sich THIDERICUM Dei gratia dictum MILITEM de DEPENOW schreibet, anarbet in clausula:
Quod ego TH. *dictus* MILES *de* DEPENOWE *& filii mei* VOLRADUS *&* HENRICUS *pro divine severitatis circa nos temperanda sma mansum u:um en* Botber*, quem juris dictante ratione n his vindicavimus attinere, ex consensu heredum nostrorum Deo & Beate Marie & Ecclesie luccensi Cistert. ordinis & Mind. Dioecesis cum*

universis attinentiis, sine omni exceptione libere contulimus & absolute.

Noch in seinem Briefe de A. 1239. worin er seine Gemahlin Helena und beyde Söhne Volradum & Henricum abermals anzeiget in clausula:

Vendidi consentientibus filiis meis VOLRADO *&* HENRICO *nec non sorore (uxore) mea* HELENA.

In der von HOFMAN summirten Clausul eines Briefes *de A.* 1227 heist er THIDERICUS LIBER de DEPENOWE.

A. 1226 vindicirte sich THEODORICUS *Nobilis de* DEPENOWE das jus Advocatiae in Archidiaconatum *Hohenhameln*, welchem er jedoch mit seinem Sohn gegen XI Mark Silber, welche der Archidiaconus loci Johannes gezahlet, entsaget. Die Urkunde hierüber hat HOFMAN *Antiq. Hild. MSS.* p. 740. Also summiret:

Vindicabat sibi Advocatiae jus in archidiaconatum Hohenhameln, THEODERICUS *nobilis de* DEPENOWE *verum acceptis a Johanne loci Archidiacono XI Marcis argenti tam ipse quam filius ejus, qui tum non nominatus juri suo renuntiavit, confirmante illud Conrado Episcopo. Actum hoc est* HILDESIAE *in Sacello B. Laurentii. A.* 1226. X Kl. Nov. *Pontif. Conr. VI. Testes erant, Sifridus, quondam Episcopus, Conradus Major Praepositus, Conr. decanus, Hermannus, Bertoldus, Rudolphus, Conradus, Sifridus Sacerdotes, Burchardus praepostt. Brunsf. Joh. schol. praepos. Barduicensis, Hugo praepos. S. crucis, Conradus praepos. St. Mauritii, Henricus de Tossem diaconi, Wiebeldus, Johannes Cellerarius, Fredericus Sibodo, Meynardus, Subdiaconi omnes Canonici* Hild. LAICI HETHENRICUS VICE DNUS *de* RUSTENBERCH, VILLICUS *de* ROSENDALE, THIDERICUS *de* HOLFHOSEN, BERTOLDUS *de* GLEIDINGE, JO. *de* ESEBEKE, LUDOLPHUS *de* ADENPEDE, GERARGUS *de* BRUNINGE, VOLEMARUS de SORO *&c.*

A. 1227. verkaufte der Bischof Conrad in Hildesheim die Vogtey in Hohenhameln, wovon HOFMAN aus einem Briefe selbigen Jahrs recensiret:

Hoc anno Conradus Ep. Advocatiam in Hoenhameln *a Domino* TIDERICO LIBERO DE DEPENOWE *150 marcis examinati argenti & VIII talentis denarior. emtionis titulo sibi & ecclesie sue comparavit & omni juri tam venditor quam uxor & filius ejus renuntiarunt. Tales testes nominantur Bertoldus de Tossem, Henricus de Tossem,* CANONICI, *Olricus de* BLEDENEM *& filius Olricus,* TIDERICUS *de Prome* MILITES. *Jordanus de* ILTENEN, Con-

Cap. XIII. De Nobilibus Dominis de Depena.

Conradus de LATHUSEN, FAMULI. *Actum in* INFERIORE CAMINATA *Episcopi.*

Welchen Ankauf das CHRON. HILD. ap. LEIBN. *T. I. Script. Brunf. p.* 751. in der Maße berühret:

Advocatiam in Hohenhameln *a Domino* THEODERICO LIBERO *centum septuaginta marcis examinati argenti redemit.*

Seine Gemahlin HELENE eine Freye von Weſten, Henrici Dynaſtae de Weſten Tochter, muß die zweyte Gemahlin ſeyn, denn A. 1212 nennet er ſchon ſeine beyde Söhne Volrad und Henrich, die ſchon in den Jahren geweſen, daß ihre Einwilligung in die an das Kloſter Loccum gegebene 1 Hufe Landes mit eingetreten, und A. 1215 hat er die Helene von Weſten allererſt gehayrathet.

Hieben ſchließet der Prediger FALCKE *Tradit. Corbienſ. p.* 869. bey ſeiner neuen Entdeckung, die insgemein verunglücket, gewaltig beyzu, wenn er angibet:

Daß die Anno 1248 in der angezogenen Urkunde vorkommende Witwe *Theoderici de Depenowe* eine Tochter *Henrici Leonis* ſey.

Von Henrich des Löwen Tochter Alienore, die des Kaiſers Ottonis IV leibliche Schweſter war, ſchreibt GERWASIUS TILBER. *p.* 947. an Kaiſer Ottonem IV.

Nobiliſſima Comitiſſa Alienora *Germana tua.*

GERWASIUS TILBER. hat ſeine Otia, wie er ſelbſt bey der Rechnung nach den Indictionen anzeiget, A. 1211 geſchrieben, alſo iſt die Gräfin Alienora ſchon vermählet geweſen. Er nennet ſie nobiliſſimam comitiſſam, ſo aber werden Cono de Depenowe der Großvater, Cono de Depenowe der Vater, und der Sohn Theodericus de Depenowe niemalen genant.

In dem Briefe von IX Kal Jun. (von 24 May) 1215, worin Theodoricus ſeiner Gemahlin die Brautgabe beſtätiget, ſchreibt er ſich nicht Grafen, ſondern

Ego *Theodericus* LIBER de DEPENOWE.

und ſagt, daß der Tag vor Urbani, welches der 9 Kal. Junii, die Brautgabe, oder wie er ſie nennet, sponsalem dotem, confirmiret, und des Tages IX Kal. Junii, welches der 24 May, 1215, mittelſt ſeines Briefes beſtätiget. Hieraus erſcheinet nun ſonnenklar: fürs erſte, daß Herzog Henrici Leonis Tochter; als welche ſchon A. 1211 eine vermählte Gräfin Nobiliſſima Comitiſſa geweſen, die Helena nicht ſey; fürs andere, daß dieſe Helena nicht an einen Nobiliſſimum Comitem, ſondern an einen *liberum de Depenowe* vermählet worden. Hiernächſt ſind die Umſtände zu conſideriren:

1) Daß

Obs. IV. Origines Luneburgicae.

1) Daß die Vermählung in Westen vorgegangen.

2) Daß um diese Zeit Viri nobiles de Westene gelebet, wovon in CHRON. VERDENSI T. II Scriptor. Brunsv. p. 218. gesagt wird sub Isone Ep.

Hic fatigatur multis damnis & vexationibus & nobilibus viris Hinrico & Henrico dictis de WESTENE.

3) Und weil der Bräutigam Thiderich de Depenowe im Hildesheimschen Sprengel, die Braut im Verdischen Sprengel, zu Westen gelesen gewesen, auch bey Dautirung des Briefes merklich mit angeführet:

Regnante imperatore Ottone sub Episcopo Isone Verdensis Ecclesiae *& Episcopo Heyberto* Hildensium Ecclesiae.

4) Auch bey der Vermählung kein Anziger de *familia Henrici Ducis*, auch nicht einst ein Graf, sondern theils der Priester von Westen, einige *Dynastae*, als von Vesse, von Lo und Thesfrolte nebst andern zugegen gewesen.

Und um der Sache auf einmal ein kurzes Ende zu machen, so ist offenbar an dem, daß diese Helena eine Freye von Westen und Hinrichs Edlen Herrn von Westen Tochter gewesen, welche zwo Töchter gehabt, die eine *Aglisam,* die *Wernerum de Indagine* zum Gemahl gehabt, und *Elenam,* die an Diedrich von Depenow 1215 vermählet, hinterlassen. Welches das CHRON. VERDENS. MS. b. vm MUSH. p. 552. anzeiget, in clausula:

Praeterea cum Pagum cui Westen *nomen erat ob* Aglisa *demortua* Henrici de Westene *filia mariti* Aglisae *Wernero de Indagine itemque* Alena *sorore emtionem approbantibus multo argento redemisset.*

Der Bischof Iso von Verden, der Westen und A. 1219 Maarßen von den Freyherren von Westen gekaufet, war ein gebohrner Graf von Welpe.

In dem kurz herausgekommenen T. III. Orig. Guelf. p. 672. und 675. erschienen 2 Diplomata ex autographis, eines von HENRICO PALATINO A. 1209. das andere von den Grafen von Hove und Aldenborch, wie auch Ludolf von Brochusen, welche nicht nur dieses adelich bestätigen, sondern auch die Familie der Edlen Herren von Westen mit den beyden letztern Töchtern und deren Gemahle, den Herren von Depenow und Hagen also darstellen:

Cap. XIII. De Nobilibus Dominis de Depena.

Henricus Senior de WESTEN.
|
Henricus Junior de WESTEN.
Uxor Oda.

Algisa ux. Werneri de Indagine.	Alena uxor Thiderici de Depenow.
	Thiodericus de Depenow filius primogenitus adhuc puer.

Zugleich eröfnet sich auch

1) aus dem Diplomate Henrici Palatini:
    a) daß von Henrici Leonis Sohn Henrico Palatino, nach der ihm von Kaiser Friedrich II. zu Goslar gegebenen Special-Commißion, in der Kirche St. Blasii die beyden letztern Erbtöchter Algisa und Alena gebohrne Freyinnen von Westen, mit Consens ihrer Mutter Oda und ihrer beyden Gemahle Werner von Hagen und Diedrich von Depenow die Herschaft Westen, nebst dem Hofe zu Bernstadt mit der ganzen Lehnschaft, Vasallen und Ministerialen, an Bischof Jvonem von Verden gegeben.
    b) Und daß für den jungen Diedrich von Depenow, der mit Alena aus zweyter Ehe gezeuget, weil er von den Jahren nicht gewesen, daß er in die Gabe consentiren mögen, gebüraet:
    THIEDERICUS DEPENOW, WERNERUS de INDAGINE, — — ROBERTUS fratres de BORSUM, ROTHERICUS & VOLEMARUS filius eius de HAMELEN (sohn Hameln) BODO de SALDERE, MINISTERIALES de GUSTEDE, WALFFRUS de ALEN, — — CHRACHTO de EBELENSTEDE, ALBERTUS de INGELENSTEDE, ERNESTUS — — —
    c) und daß Wernerus de Indagine und Thiderich von Depenow, nebst ihren Gemalinnen, aller Ansprache aufs Lehn, das sie von beyden Herren von Westen wider den Bischof von Verden gehabt, und insonderheit dem Zehnten zu Westen und dem Theil des Zehntens zu Sibudesworthre, welcher Henrich von Westen dem ältesten erlediget

ge-

gewesen, und zweyen Hufen Landes zu Stedernthorpe, die Bartold von Weneckſterne - - - Advocatus Verdenſis gehabt, entſaget.

2) Und aus dem Diplomate Graf Hinrichs von der Hoye, Graf Hinrichs von Oldenburg, und Ludolf von Brockhuſen:

a) daß Ludolf von Brochuſen in Gegenwart des Grafen von der Hoye und Oldenburg zu Nithe der Herſchaft Weſten, als in ſeiner Grafſchaft belegen, Gerichte geſeſſen. Wobey ich erinnere, daß ſich kein Nithe in dem jetzigen Amt Weſten finde, wohl aber Rühe oder Riede, dahero denn ſcheinet N vitiose für R geleſen oder geſchrieben zu ſeyn;

b) und daſelbſt vor ihm die beyden Freyinnen Alena und Algiſa von Weſten ihr vom Vater Hinrich und Großvater Hinrich edlen Herren von Weſten gehabtes Vermögen, mit Conſens ihrer Mutter Oda und ihrer Gemahle Tiderici de Diepenow & Werneri de Indagine, dem Biſchof Jſoni zu Verden iuxta ritum & morem patriae aufgelaſſen;

c) und daß zu gleicher Zeit Theodericus und Albertus de Ingelenſtede und Chrachto de Ebbelenſtede mit noch andern dreyen und Hildeman für des erſtgebohrnen Sohns, des Thiderici de Depenow, und Alenae Genehmigung, in eben der Form, wie Henrico Palatino geſchehen, das Gelöbniß gethan.

Die Herren von Hagen waren viri nobiles des Hochſtifts Hildesheim, und hatten ihre Güter in der Nachbarſchaft bey dem Herrn von Depenow. In ſpecie hatte Ludgerus von Hagen die Vogtey oder die villicationes in Barum und Beddige, wie davon HOFMAN *Antiquit. Hild.* recenſirte und hier eingerückte Urkunde zeuget, welche um ſo merklicher, weil ſie unter den Zeugen einen Theil des ritterlichen Hildesheimiſchen Adels namhaft macht.

A. 1332 REINOLDUS C. *de* DASLE factus eſt Praepoſ. Major menſe oct. Quo ipſo & nobilis vir *Ludgerus* de *Indagine*, exceptis *700 Libr. Hild. den.* Advocatias villicationum *in* Barum *& Beddinga vendidit Capitulo, conſenſu fratris ſui Bernhardi, quam venditionem* Conr. *Ep. ratam habuit proxime anno 10 Kal. Sept. Teſtes erant* REINOLDUS praepoſitus major, CONR. Decanus, HUGO praepoſitus St. Crucis, GERWIC. Schol. Jo. de BRADO Celler. *Herr. de* TESSEM, CONR. Praepoſit. St. Andreae, MAG. HERM. DE GOSLARIA, CONR. Pleban. in Hild. JO. Verd. Praepoſ. CONR. praepoſ. montis, MAINARDUS cantor, HENR. Decanus Montis. ALBERTUS DE EVERST, THIDER. DE ADENOIS. LAICI COMES HERM. *de* WOLDENBERG, SIFFRIDUS *de* BORSUM, HUGO *de* INSULA,

Cap. XIII. De Nobilibus Dominis de Depena.

TIDERICUS *de* STOCKEM, TIDERICUS *&* HUGO *de* HOLTHUR, CONR. *de* ELVEDE, LUDOLFUS Camer. *& fratres ejus.* TIDERICUS HOYGERUS *&* CONR. fratres *de* PISCINA, *frater de* EBELINGEROT, BERTOLDUS *de* Veteri foro, BERNARDUS *de* DORSTAT *& filius ejus* ARNOLDUS, TIDRICUS *de* HOLLE, LUDOLPHUS *de* BOHTFELD, CONR. WETESENEDE, HENRICUS Adv. *&c. Acta in villa* Elvede *juxta* Nelebingen.

Von dieser Familie war

A. 1190 Lindolfus de Hagen liber & nobilis, *Cb. Henr. Leonis* ORIG. GUELF. T. *III. p. 561.*

THIDERUS de DEPENOW, der in der zwoten Ehe Alene eine Feeye von Westen zur Gemahlin gehabt, hatte aus erster Ehe zwey Söhne:
1) VOLRADUM,
2) THIEDERICUM,

die beyde in Chart. Thiderici de Depenow A. 1234. *Orig. Hanov. p. 178.* und *A. 1239. Monasterii Hildes. in Sulta* und A. 1249 Monasterii Luccensis über 1 Hufe Landes in Bosbero genant worden; und aus letzterer Ehe einen Sohn Namens Thiderich, der in Charta Henr. Palatini, auch im Briefe des Grafen Hinrichs von der Hoye, und Grafen Hinrichs von Oldenburg, und Ludolfs von Brockhasen angezogen wird, hinterlassen.

VOLRADUS de DEPENNU hat in seinem Briefe *sub dato* Odelem A. 1283. welchen ich alhier inseriret, wovon sein Siegel zugleich im Kupferstich dargestellet, dem Kloster Loccum das Eigenthum seiner Güter in Molnem, welche Thidericus de Prome von seinem Vater Thidrich zu Lehn gehabt, ihm aber aufgelassen, confirmiret.

Volradus de Depennu dictus Liber omnibus presens scriptum inspecturis salutem in Domino. Notum esse volumus tam presentibus, quam futuris, quod Rotherus de Olbore vendidit bona sua, que habuit in Molnem Domino Thi. de Prome militi, ille suscepit in feudo a patre nostro nomine Thid. de Depenun, & hoc etiam subticeri nolumus, quod istud contigit, circa illud tempus, dum Dominus Otto Dux suis fuit reconciliatus ministerialibus, & postea Thi. dictus de Prome adhuc servus a nobis in feudo possidebat, tam diu donec vendidit cenobio in Lucken & nobis feudum resignavit. Nos vero moti pietate bono favore, proprietatem predictorum bonorum contulimus, pro remedio anime nostre Cenobio jam
Grup. Orig. Germ. 2ter Theil. Bbb pre-

predicto, hec proteſtamur & ſigilli noſtri munimine duximus roboran- dum. Datum Odelem Anno D. MCCLXXXIII.

Der Schild iſt völlig zu erkennen, die Umſchrift aber nur zum Theil.

In dieſem Briefe gebrauchte Volradus de Depennu ſein eigenes Siegel, in dem Briefe ſub dato Lichtenberg A. 1284. ſines Vaters Thiderici Siegel, wovon der Brief in clauſula finali lautet:

in cuius rei evidens teſtimonium preſentem literam Comitis de Woldenberge, & patris noſtri, quo ſemper uſi fuimus, cum proprium non haberemus, fecimus communiri. Acta ſunt hec in Lechtenbe Anno Dni MCCLXXXIIII. V. Kal. Nov.

Das an dieſem Briefe hangende Siegel Thi. de Depenow iſt, wie es mir abgezeichnet communiciret, alhier eingerücket.

Im Briefe Borchard und H. Grafen von Waldenberg A. 1265. ap. Brunsv. wird Volradus nobilis miles de Depennowe als Zeuge mit angezogen.

Univerſis Chriſti fidelibus audituris preſentes literas vel viſuris BOR- CHARDUS & H. dei gratia nobiles COMITES DE WALDENBERG Salutem in Domino ſempiternam. Cum preteritorum oblivio diſcenſionem generet & ſei contradictionem ſoleat immutare, digne duximus facta no-

Cap. XIII. De Nobilibus Dominis de Depena.

nostra scripti memorie commendanda. Unum notum esse volumus tam presentibus quam futuris. quod *decimam in Odelem* in honorem virginis marie & matris ipsius qui retributor est omnium bonorum. in remedium quoque animarum nostrarum ac progenitorum nostrorum cum omni jure quod in eo habebamus de consensu heredum nostrorum ad domini Thiederici abbatis & conventus Luccensis Cisterciensis ordinis Mind. Dioces. manus in presencia Domini Ottonis venerabilis Episcopi Hildensemensis ore & manu libero resignavimus & absolute. duntaxat. ut prefatam decimam jam dicte ecclesie Luccensi liberaliter in perpetuum conferatis perpetuo possidendam. Testes hujus rei sunt Ludolfus major prepositus. Volquinus prepositus dictus de Swalenberg. Volradus prepositus de Monte. Halt prepositus. VOLRADUS nobilis miles de DEPENNOWE. H. de HOMBORG. Luppoldus de LUTTERE Andre filius ejusdem ministerialis de Waldenberg. Ludolfus de Borsem. Ecberius Camerarius. H. Pinterna. Bernard. pil. ministeriales & alii quam plures. Ut autem hec firmratis robore fulciantur presentem paginam sigillorum nostrorum munimine fecimus roborari. Acta sunt hec apud Brunswig. Anno Domini MCCLXV.

FALCKE giebet *Tradit. Corbeiens. p.* 240. an, daß der letzte Volradus A. 1276 verstorben. Leyf. Histor. Comitum p. 47. aus welcher Falcke dieses herenholet zu haben scheinet, saget nicht, daß er A. 1276. sondern vor A. 1276 verstorben.

Der Brief der Edlen Herren von Hessen, worauf Leyser d. l. sich bezogen, ist nicht A. 1276. sondern in Autographo zu Halverstadt. A. Do. MCCLXXXVI datiret, zu welcher Zeit Volrad von Depenow längst abgeschieden, und verfänget dieser Brief dazu nichts, daß Volrad von Depenow vor A. 1276. oder im Jahr 1276 verschieden.

Der alhier ex autographo cum Sigillo eingerückte Brief sub dato Odelem A. 1283. welchen der Herr Abt Ebel zu Loccum mir zu communiciren die Gewogenheit gehabt, erörtet, daß er A. 1283 annoch im Leben gewesen. Der Brief des Johan Grafen von Wunstorf de A. 1283. *Orig. Hanov. p.* 117. eröffnet zugleich, daß er in diesem Jahr Todes verfahren, und dessen erbeigene Güter ihm Grafen Johan von Wunstorf erblich anagefallen. Nachdem Volradus de Depenow verstorben, so gaben sich hauptsächlich drey Erben an, die an der Erbschafft desselben Ansprache machten, als:
1) *Henrici de Waneberge* Gemahlin Lutchardis.
2) Johan Graf von Wunstorf.
3) Die edlen Herren von Hessen.

1) Von *Henrici* de *Waneburge* Gemahlin Lutchardis zeugt der Brief
Graf

Obs. IV. Origines Luneburgicae.

Graf Burchards von Wolpe A. 1283. *Orig. Hanov. p. 118.* daß diese näher in der Verwandschaft sey, in clausula:

Noverint universi, quod Dna Lutchardis uxor dni Henrici de Waneberge in nostra presentia constituta consensit & ratificavit venditionem cujusdam proprietatis in Molne — — quam Dn. VOLRADUS *de* DEPENOW *Dno Abbati & conventui de Lucka vendiderat — — eo quod dicta Lutchardis propinquior erat in cognatione Volradi supra dicti — — Datum in nova civitate A. Dn.* MCCLXXXIII.

2) Von Johan Grafen von Wunstorf sagt desselben eigener Brief de A. 1283. *Origin. Hanov. p. 117.*

Cum per mortem VOLRADI *viri nobilis dicti de* DEPENOW *omnis proprietas, ipsius ad nos jure hereditario devoluta fuerit.*

und Graf Burchards von Wolpe Brief *Orig. Hanov. p. 118.*

Certum est enim jam dictam proprietatem & aliam, quam possedit predictus Volradus, ad nepotem nostrum Comitem *de* Wunstorf *& ad nos jure hereditario devenisse.*

3) Von denen edlen Herren von Hessen spricht der Brief der edlen Herren von Hessen, als Theoderici Domherrn zu Halberstadt, Johans und Ludolphs Gebrüder edlen Herren von Hessen sub dato Halberstadt, daß auch sie als Volradi de Depenow Anverwandte an dessen Erbe Ansprache gehabt, in clausula:

quos Theodericus de Proeme beate memorie eis vendidit & Dn. Volradus de Depenow consanguineus noster felicis memorie in proprium ipsis contulit dicentes eosdem manses ad nos jure hereditario devolutos.

Die von Wanberg, welches ein Dorf im Amt Westen, gehören zum Verdischen Adel, und wird unter selbigen im Briefe Bischofs Gerhard von Verden A. 1267 genant Henricus miles de Wanenberge. Die edlen Herren von Hessen werden in denen Briefen der Bischöfe von Halberstad häufig genant. Im Briefe Kaisers Ottonis IV A. 1204. ORIG. GUELF. T. III. p. 774. steht Thidericus de Hessenem inter Laicos Nobiles.

So viel ihre Güter anlanget, so eröfnen die Urkunden, daß sie gehabt:

1) KONO de DEPENOWE die Vogtey über Lametre, Lone und Doceebergen Amts Blumenau, welche Leffhard von Empelde von ihnen zu Lehn getragen.

2) Die Vogtey in Orem, welche A. 1273 Burchard Ecbert und Herman Gebrüder von Wolfenbüttel von VOLRAD von DEPENOW zu Lehne

Cap. XIII. De Nobilibus Dominis de Depena.

gehabt, solche aber demselben aufgelassen, laut Bischof *Ottonis* von Hildesheim Brief, *A. 1373. III. Non. Jan.*

3) Hof in Hotlen, welche A. 1215 Thiedrich von Depenow seiner Gemahlin Helene, einer gebohrnen Freyen von Westen, zur Brautgabe geschenket.

4) Noch sein Erbe in Herteln mit dem Kirchlehn daselbst, welches Thidrich von Depenow mit Consens seiner Söhne Volrad und Hinrich und seiner Gemahlin Helene A. 1239 an das Kloster Sulte vor Hildesheim für 319 Pfund Hildesheimscher Münze verkauft.

5) Eine Hufe Landes zu Botbere, sonst und insgemein Botbere jetzo Bobber im Amt Lauenau nahe am Süntel, ein klein Dorf, eine Meile von Lauenau, zum Loccumschen Gut Hamelspring gehörig, welche THIDERICH Miles de DEPENOW mit Consens seiner Söhne Volrad und Henrich dem Kloster Loccum conferiret.

6) Die Vogtey in Hohenhameln, welche Bischof Conrad von Hildesheim von THIDERICO LIBERO de DEPENOWE für 150 Mark und 80 A 1227 erkauft.

7) Noch Güter in Molnen, welche Thid. Prome von Thid. von Depenow zu Lehn getragen, bis er sie aufgelassen, und mit lehnsherrlichem Consens an das Kloster Loccum verkauft.

8) Noch den so genanten Zehenten Ochemund in Hannover, welchen Conrad von Winninghusen von Volrad von Depenow und Frau von Schönenbergen zu Lehn getragen, wovon er A. 1357 die Wort des Hospitals St. Spiritus frey gelassen.

9) Güter in Algermissen, woselbst THIDR. *de* DEPENOW dem Kloster St. Godehard in Hildesheim zwey Hufen Landes mit der Vogtey daselbst A. 1234 resigniret.

10) In Arbergen die Insel Rossenwerder, wovon jedoch Thidrich von Depenow in seinem von sich gestelleten Briefe dem Kloster Sulte vor Hildesheim den zehnten Theil zugestanden.

11) Zu Mehrdorf hinter Peine ohnweit Rubber und Duttenstad, woselbst Volradus von Depenow den Zehnten von Hildesheim zu Lehn getragen. VOLRADUS de DEPENOW aber solchen halb an den Herrn von Wolferbüttle, halb an den Herrn von Bortselde wieder verliehen gehabt.

Aus obigen Oertern, die theils im Amt Blumenau, theils in Hannover, größtentheils aber in Hildesheim und dem Pago *Valen* oder *Assele* in der engern Bedeutung, worin er von andern Pagis specialibus separiret wird, gelegen, erscheinet noch nicht, daß die Herren von Depenow an und unter be-

Obf. IV. Origines Luneburgicae.

nen Oertern, worauf sich der Pagus *Flotwede* und dessen Befand bestimmet, Güter besessen, wie denn noch nicht klar, daß der Pagus FLOTWEDE Burchtorf und Depenow begriffen. Allein wenn es auch anders wäre, daß sie oder andere ein Stück in Pago Flotwede besessen, so kan dennoch, wie bald gezeiget werden soll, ein Mann Namens Diedrich, der nach dem S. 298. Tradit. Corbeiens. einen kahlen Katen an dem ausgegangenen Orte Rinoldinghusen im FLOTWEDE besessen und an Corvey gegeben, durch den Besitz solches Katens in Pago FLOTWEDE nicht als ein Stamvater einer Familie hohen Adels, und insbesondere der edlen Herren von DEPENOW legitimiret werden.

Von diesem **Schloß Depenow** sagt das CHRON. St. MICH. T. II. *Scriptor. Brunsv.* p. 400.

> *Episcopus Conradus comparavit* castra Depenow, Rosenthal, Peina *&c.*

Vom **Schlosse Depenow**, wie dasselbe eingetheilet gewesen in die obere und niedere Burg, und wie **Lippold von Escherte** seinen vom Bischof von Hildesheim in der obern Burg zu Lehn gehabten Antheil für 70 Mark Bremer Silbers A. 1258 an den Bischof verkauft, spricht die von Hofman extrahirte Clausul des Briefes *de Au. 1258. II. Kal. Febr.*

> *Eodem anno & die idem Lippoldus dictus de Escherte ministerialis Hildensem, Jo. Ep. pro 70 Marcis Bremensis argenti vendidit omne illud, quod ab Eccl. & Ep. Hild. tenuit in feudo & possedit in superiore parte castri Depenow, ubi & dimidiam partem suam i. e. quartam partem inferioris castri, qui a ponte porrigitur usque ad mansionem Dni Burchardi dicti de Goslaria & terminum habet ibidem & non debeant Luppoldus & heredes sui ab Ep. successoribus aut Capitulo suo de Castro isto repelli autem bonis suis aliquatenus molestari. Et si Luppoldus suique heredes partem suam castri istius voluerint vendere, nemini quam Johanni Episcopo venumdentur.*

Welche das *Chron. Hild.* auch daher anzeiget:

> a *Lippoldo de Escherte partem* castri Depenowe *pro 70 Marcis Bremensis argenti,*

In folgender Zeit, da Ludolf von Escherte das **Schloß Depenowe** an Bischof Magnum verkauft haben soll, wovon seine Vorfahren nur einen Theil gehabt haben wollen, wird das **Schloß und Veste Dachtmissen und Depenow** conjungiret, und die Abtissin von Gandersheim als Domina angegeben in nachgesetzter Clausul eines extrahirten Briefes:

> *Anno 1430 Ludolfus ab Escherte famulus Magni Episcopi Capitulo & Ecclesiae Hild.* castrum *&* munimentum Dachtmessen *&* Depeno-

Cap. XIII. De Nobilibus Dominis de Depene.

penowe dem Slod und Veste Dachtmissen und Depenowe cum omni iure prout majores ipsius possederunt iudicio utilitate quaesita & quaerenda pretio 3500 Rhenensium plane devendidit, & ut fieret illud tanto firmius fecit id consentiente feudi Dominâ Adelheide Isenburgica Abbatissa Quedlinburgica a qua bona illa in beneficio habebat, quae & ipsa statim iure suo renuntians directum dominium in Ecclesiam transtulit, ac liberrime donavit. Excepta sunt ab hac venditione duo pagi Schildesla & Obershagen, quos Ducum Lyneb. beneficio Ludolfus venditor possidebat.

Das Schloß Depenow ist gewesen bey Burgdorf an der Aue, wovon die Depenower Mühle daselbst noch den Namen übrig behalten hat. Nach Burchtorf sind auch eingepfarret Schillersla, Dachtmissen und Hulpedingsen, welches der Ort, wovon A. 1215 Henricus de Hulsinge, der zu Westen mit bey Thioderici de Depenowe Vermählung gewesen, den Namen geführet zu haben scheinen könte, wenn nicht die von Hulsinge in specie Gerold von Hulsinge unter den Verdischen Adel im Briefe Gerhards von Berdem A. 1267 mit gerechnet. Daß die kleine Steinweder Zehend-Fluhr und Fischerey fast bis nach Depenowe gegangen, will aus Plenario Berwardi erscheinen, in clausula:

STEINWEDE MINOR nostra est cum omni iure & decimis in campis & villas & piscaturae ibidem usque quasi in Depenawe.

In Steinweder sind auch noch Landleute, die den Namen Depenow führen, welches eine Anzeige, daß sie an dem Ort entweder sey gelassen, oder nachdem sie von dannen gegangen, von solchem Orte genant worden.

Indessen ist der ganze Zusammenhang mit dem zerstörten Schloß Depenau noch so klar nicht, und scheinet es, daß bey der Lehnsherrschaft, und bey dem Dominio utili mehrere interessiret gewesen; nachdem in Chron. Hild. p. 751. angeführet wird, daß der Bischof Conrad von Hildesheim das Eigenthum oder Dominium directum castri von Thidrich Freyherrn von Depenowe acquiriret:

a quo (Thiderico libero) etiam sexaginta marcis ponderatorum denariorum proprietatem castri Depenowe comparavit.

In der extrahirten Urkunde von A. 1430 die Lehnserbschaft von dem Schloß und Veste Dachtmissen und Depenow der Abtißin von Quedlinburg zugeschrieben wird; und ratione dominii utilis nach der Urkunde von A. 1258 die Vasalli Lippold von Eschern und Borchard von Goskar einem gewissen Antheil vom Burglehn in der ober- und unter Burg gehabt.

Das Schloß Depenowe im Hoyischen ist nicht das Depenow, wovon

von die Edlen Herren von Depenow abstammen. Von dem Hoyischen Depenow sagt das CHRON. MINDENS. *Corbeceii p. 194.*

> *Ericus (Comes de Hoya) intelligens Episcopum auxilio destitutum aestimans audacior ex eo factus* castrum Depenowe *in fundo ecclesiae ipso die XI millium virginum in Episcopi odium erexit, sed quod istud non tantum Episcopum, sed etiam cives pressit, comparante Gerardo Ep. Hildensemensi & Ottone C. de Schowenborch in die septem fratrum, cum per quindenam obsiderant, ceperunt & igni tradiderunt.*

Welches die Chronica Osnabrugens. ap. MEIBOM. *T. II. p. 237.* auch vermelden:

> *Istis temporibus fuit Episcopus Wedekindus in Minda, de nobilibus de Monte —— Et licet inter eundem Episcopum & cives Mindenses quaedam controversia fuisset exorta de quodam telonio, quod Episcopus ab Imperatore impetraverat, extunc Ericus Comes de Hoja suspicans Episcopum auxilio destitutum,* castrum Depenow *ipso die undecim millium virginum erexit: illud tamen cum auxilio Gerhardi Episcopi Hildesiensis, Ottone Comite in Schowenborg, & civibus Mindensibus in die septem fratrum per quindenam obsedissens, cepit & igni tradidit.*

v. CHRON. MIND. *Meibom. T. I. p. 572.*

Das Falckische Schema von dem ersten Stammvater der Herren von Depenow, welches Falcke sich in leere Ideen gesetzet, wenn es auch als richtig supponiret wird:

Thiadricus I.
|
Thiadricus II. uxor Fretheruna.

Altmannus C. in Alsburg.	Sibertus Com. Palat. 995. Burch. 399. 993.	Thiadricus III. C. Palatinus, uxor filia Athelberonis.
	Sibertus sator Nobil. de Depenow.	Berwardus Tamino Ep. Hild.

so kan man dennoch noch zur Zeit bey den Herren von Depenow nicht höher hinauf steigen, als auf Cononem seniorem, Cononis junioris Vater. Cono senior lebte vor A. 1183. und Berwardus Episcop. hat unter Oto III und Henrich V gelebt, also werden die adscendentes Cononis senioris, wovon man

keinen

Cap. XIII. De Nobilibus Dominis de Depena.

keinen einzigen weiß, bis auf Ottonis Zeit, und dazu die Verwandschaft mit Berwardo auszumachen seyn. Es hält ohnedies schwer, bey denen Dynastie die Majores bis auf Henrici IV Zeit aufzufinden, und noch schwerer, über die Zeiten Henrichs IV zu ascendiren, weil sie nur mit einem Namen, als Conrad, Adalbertus, benant stehen, und als Comites pagorum nicht erscheinen.

Der von Falcken als Stamvater der edlen Herren von Depenow angegebene Sibertus soll derjenige seyn, von welchem Henricus Sanctus in Praecepto A. 1013 zu Werla datirt sagt, daß vorhin, nemlich vor A. 1013. sein Vater Thidericus Palatinus Comes, und nachher sein Sohn Sirus, oder wie Falcke in dem Diplomate, das er ex Membrana produciret, lieset Sibrus, den um das Schloß Mundburg gelegenen comitatum besessen, in clausula:

> Comitatum circumjacentem illud Castellum in PAGO AST-
> VALA, quod olim Thidericus Palatinus Comes postea quo-
> que filius eius Sirus habuerat.

Diesen Thidericum comitem Palatinum macht er zuforderst zum Vater vom Bischof Berwardo p. 237. in verbis:

probabilissime ille fuit pater Berwardi Episcopi Hildesheimensis.

Ob wir gleich bisher von Berwardi und seines Bruders Tammonis Vorfahren nichts weiter wissen, als daß seine Mutter eine Tochter von Athelberone comite Palatino gewesen, vita Berw. c. 1. und daß zu des Probsts Gerard zu Stederburg Zeiten die Sage gegangen, daß Bischof Berward von der Frideruna, des Grafen Altmanni von Olsburg Tochter, die das Kloster Stederburg fundiret, ein cognatus gewesen. Chron. Stederb. p. 850. in verbis:

> Gloriosa virgo Friderundis cum cognato suo venerabili Domi-
> no Berwardo Hildenlemensi Episcopo — — qui, ut putatur,
> de eiusdem generositatis prosapia oriundus, hac consanguinita-
> tis familiaritate, consuluit.

Dabey macht er eben diesen Thidericum comitem Palatinum zu des Grafen Altmanni von Olsburg Bruder. Und obzwar von Tammone Berwardi Bruder in vita Berwardi p. 456. gesagt wird:

> ad Regis imperium de Sommerschenburg paternum munitum
> valde castellum insedit;

dieses auch in der Sächsischen Uebersetzung also wiederholet: so urgiret er doch, was von Leibnitz schon d. l. und in Praef. notiret, daß in Cod. Guelf. MS. die Worte de Sommerschenburg nicht gelesen werden, und glossiret dabey ex suo ingenio ohne Grund und Beweis, daß die neuern aus Olsburg Sommerschenburg gemacht.

Grup. Orig. Germ. 2ter Theil.

Obf. IV. Origines Luneburgicae.

Bey allen diesen bleibt vor wie nach noch zur Zeit unerfindlich: daß Thidericus Comes Palatinus ein Vater von Bischof Berwardo, und ein Bruder von Graf Altman von Olsburg gewesen. Als welches kein Geschichtschreiber, noch eine Urkunde, so viel davon ans Licht getreten, bezeuget. Und wenn Bischof Berwardus gleich ein cognatus von der Gräfin Frideruna gewesen, so folget dennoch daraus nicht, daß der Pfalzgraf Diederich ein Bruder von Graf Altman von Olsburg und ein Vater von Bischof Berward gewesen. Was Berwardus A. 1015 für Güter gehabt, die er in selbigem Jahre an das Sacellum St. Michaelis, das er außer der Stadt gebauet, gegeben, eröfnet die Epiftola Berwardi die Mich. A. 1015. Ind. XV. in clausula:

> ad quam difpono & trado in ftipendium ibidem militantium
> a) Villam meam Lutwilla, d. i. Luttingeffen vor Hildesheim.
> b) *Stemnum* (Stemmen Amts Poppenb.) quoque quantum nunc inveftitura ecclefiae poffidetur.
> c) *Ekibem*, quantum ibi poffidemus, welches dem Ort Egenheim in Pago Oftfalabum, *Samm. Trad. Fuld. c. V. n. 75.* gleichlautend, und vermuthe ich, der Ort sey in folgender Zeit contrahiret in Egnem, welches zur Hildesheimischen Domprobstlichen Villication in Micklingen vorher gerechnet worden.
> d) *Silftide*, quantum ibi habemus in Praec. Henr. II. Selzftudi in Pago Dermingon in praefectura Luidgeri C.
> e) *Sianftidi*, quantum ibi noftrum eft, Seinftide in P. Dermingon in Praef. Ekberti comitis cum centum familiis Litonum.

Von welchen Gütern er sagt: Haec meae proprietatis funt non aliunde fublata, fed meo ftudio acquifita.

Des *Tammonis Comitatus* aber sind gegangen

I. In Pago Aftfalo über
a) Asheim, b) Nitolenn, c) Laffordi, d) Gadenftide, e) Smithenftide, f) Wingen, g) Hedelinthorp, h) Heridesheim, i) Dufunheim, k) Dennisthorp, l) Deeden, m) Winithufen, n) Edinhusen, o) Alem, p) Litterohem, q) Linniche, r) Thornithe.

Es bleibt aber dennoch die Frage übrig, ob TAMMO *Comes in Pago Aftfalo*, und in *Pago Flutwide* eben der Tammo Comes, den BERWARDUS für seinen Bruder und Erben angiebet. Es hat dieses zwar einen Anschein,

Cap. XIII. De Nobilibus Dominis de Depena.

allein es hat dennoch keine volle Gewißheit. Denn a) da er den Tammonem nennet, der die Praefecturas in pago ASTFALO und FLUTWIDE geführet, nennet er an beyden Orten ihn nicht seinen Bruder, und b) in *vita Meinwerci p. 537.* da A. 1017. in publico placito in Malinbusen zugegen gewesen die Grafen *Sifridus, Amulungus, Ekkiko,* Thidericus, *Tanemarus,* item *Tammo* Liudolfus, Hamuke, Wiza Comitibus — *Tammo* Advocat. de Hildinesheim erschehnen 2 *Ekikones* und 2 *Tamminones*. Den Advocatum Hildesienlem, der in vita Meinwerci *Tammo* heißet, nennet Berwardus in Ch. A. 1022. *Thiasmarum* advocatum, zum offenbaren Zeugniß, daß nicht Tanemarus, den Eccard und Leibniz angeben, sondern *Thiatmarus* und *Tammo* ein Name. Bey allen diesen Umständen bleibt doch noch ein Nachdenken zurück, ob man Tammonem Berwardi fratrem mit Tammone Comite in Pago Flotwide & Astfalo für eine Person nehmen könne.

II. in *Pago* FLUTWIDE in Praefectura Thammonis waren nach dem Fundationsbriefe Bischofs Berwardi A. 1022.
    a) Alenhusen, villa desolata bey Flettmar,
    b) Eddinkhusen, jetzo Eddesse,
    c) Seelhusen, jetzo Seelles-Haverlost,
    d) Wendelingerode, Wienrode,
    e) Hardesheim, Harse,
    f) Urisson, Utze,
    g) Sirdissen, Sirhusen,
    h) Sceplice, Schepesse,
    i) Wadilagon, Wattlingen.

Die Abtißin Rothgardis zu Hildenwardeshusen war, nach den Nierol. St. Mich. MS. *matertera St.* Berwardi. Die Schwestern Berwardi werden ans gegeben:
1) *Judith* Abbat. Ringelh. Nierol. St. Mich.
2) *Thietburg* Privil. Ottonis A. 997.

Er selbst erwehnet allein seines Bruders Tammonis, daß dieser sein legitimus heres, und daß er mit dessen Consens das Kloster St. Michaelis dotirrt:
    Dotavi illud pro paupertatula mea, consensu & collaudatione legitimi heredis mei, videlicet dulcissimi Germani mei, Tammonis *comitis.*

Der Brief Berwardi A. 1015. lässet auch aus der darin enthaltenen Clausul:
    trado eam in Ministerium Deo ibi militanti ob memoriam mei patris quoque & matris & Germani mei *meorum omnium.*

nicht anders urtheilen, als daß er nur einen einzigen Bruder gehabt, als dessen er alhier in A. 1015. wie in A. 1022. allemal allein gedenket.

Obſ. IV. Origines Luneburgicae.

Des *Siri* oder Siberti, der ein Sohn von *Thiderico comite Palatino* geweſen, gedenket er nirgends, deſſen Conſens auch dazu allenfals erforderlich geweſen, und welchen Berwardus nicht würde vorüber gelaſſen haben. Ueber das, da Henrich II. A. 1013 Biſchof Berwardo einen Comitatum gab, den Diedrich der Pfalzgraf und ſein Sohn *Sirus* oder *Sibertus* gehabt, und nicht mit einem Worte erwehnet, daß dieſer Thidericus Berwardi Vater geweſen, oder ihm verwandt, welcher die praecepta caeſarea fleißig zu berühren gewohnet, ſo kan man um ſo viel weniger dieſen Pfalzgrafen für *Berwardi* Vater anſehen.

Wenn man inzwiſchen auch dem Falcken alhier zugeben wolte, daß Sirus oder Sibertus, der und vorhin ſein Vater Thidrich die Graffſchaft um Mundburg gehabt, ein Bruder von Berwardo und Tammone ſey, ſo komt es ſo denn allererſt noch auf das Haupt-Probandum an:

> Wie Paſtor Falcke von Siberto und Tammone ab die Deſcendenz der Herren Depenowe durch zwey Jahrhunderte herdurch bis auf Cononem, der ſich A. 1183 mit ſeinem Sohn gleiches Namens produciret, von Generation zu Generation zu beweiſen vermögend ſeyn könne.

Wie *Sibertus* aber oder *Tammo* für einen Stamvater von Conone Seniore, der faſt nach zwey hundert Jahren unter dem Namen von Depenow erſcheinet, die in vorhergehender Zeit nicht gehöret, ausgegeben werden könne, da die Deſcendenz Siberti und Tammonis vor zwey hundert Jahren im verborgen lieget, und keine perſonae intermediae bisher erfindlich geworden, bleibt mir ganz unbegreiflich. Wil aber Falcke ſein gewöhnliches Argument vor die Spitze ſtellen, weil Sibertus in der Gegend um Mundburg und Tammo auch in vicinia in Pago Aſtfalo ihre Comitatus gehabt; ſo wären ſie auch Stamvater von den Herren von Depenow: ſo wird eadem conſequentia folgen, daß ſie Stamvater von allen den Grafen und Viris nobilibus, die in eben dem tractu comitatus und poſſeſſiones gehabt, als:

1) von *Bernhardo Duce*,
2) von den Grafen von Wernigerode.
3) von den Grafen von Lauenrode.
4) von den Grafen von Wolpe.
5) von den Grafen von Aſle.
6) von den *viris nobilibus*:
   a) Herren von Saldes.
   b) Herren von Zimſtade.
   c) Herren von Hotlen.

Cap. XIII. De Nobilibus Dominis de Depena.

d) die eblen Herren von Abebergen, welche die Vogtey auch über den Ort Sulte gehabt.
e) die eblen Herren von Meinetsen.

Solchemnach wird die Descendenz Thiderici Comitis Palatini und seines Sohns Siri bis auf Cononem I. Seniorem eblen Herrn von Depenow nicht leicht abzuführen stehen. Des Pfalzgrafen Dietrichs Majores macht Falcke aus den Corveyischen Zeugen aus, und setzet einen Namens Diedrich, der eines Namens Gamer Bruder seyn sol, zum Stamvater von *Thiderico C. Palatino* in der Gegend von Mundburg und seinen Sohn Sirus folglich auch zum Stamvater von den Herren von Depenow. Sein Schema, welches er in den dabey allegirten Sphis Traditionum Corbeiensium gründet bis auf Thidericum Comitem Palatinum, ist dieses:

BENNITH, welches der Bennith seyn sol, der in Diplomate Carol. A. 812. ap. SCHAN. *Corp. Tradit. Fuld.* n. 239. den Sohn Amelunge angegeben, und den Falcke eine neugeschaffene Tochter von *Duce Haffione* Ostphalorum beygelegt.

Thiadricus I. §. 104.   *Gamer* §. 104.
201. 211. a)   201. b)

Thiadricus II. c)
§. 298.
uxor *Friderune* §. 399.

Thiadricus. III. Comes   *Sibertus* Comes frater
Palatinus *comicatus cir-*   Theod. Com. Palat.
ca Mundburg ux. filia   † 995. §. 399. 993.
Athelberonis comitis
Palatini † 995. d)   Burchardus C. Pal.
                                       † 1016. §. 441. e)
Sirus f. Sibertus, SA-
TOR *nobilium de* DE-
PENOW.

Seine Beweise nimt er a) wegen THIADRICI aus folgenden von ihm allegirten clausulis Tradit.
a) §. 104. testes: *Thiadric. Bardo Ragembole Cambro, Billing Gamer.*
b) *Thiadricus & Sibodo & Gamer fratres* quidquid habuerunt in villa

Obf. IV. Origines Luneburgicae.

Upmain (in Pago *Salega* quod Falckio Uppen) pro remedio matris eorum.

c) §. 111. teſtes Wiric Ailbert Thiadric.

Daraus erſcheinet alſo, daß Thiadric bey den Schenkungen an Corvey einen Zeugen abgegeben, und daß er mit ſeinen beyden Brüdern Sibodo und Gamer für ſeiner Mutter Seelen Seligkeit, was er in Upmain gehabt, an Corvey gegeben habe.

Was dieſer Thiadric für ein Mann geweſen, ein nobilis oder ein liber homo, wie ſein Vater und Mutter geheißen, eröfnen obige Clauſuln gar nicht, am wenigſten aber,

a) daß ſein Vater derjenige Bennith geweſen, welcher in Diplomate Carolino A. 812 als ein Sohn Amelungs angegeben,

b) und daß ſeine Mutter eine Tochter von Duce Oſtfalorum *Haſſone*, und noch dazu an den Bennith vermählet geweſen.

Was den Beweis b) von Gamers Generation betrift, ſo erſcheinet aus dem §. 104. daß er daſelbſt mit Thiadric einen Zeugen abgegeben, und aus dem §. 201. daß er mit ſeinen beyden Brüdern Sibodo und Thiadric Güter in Upmain gehabt und für ſeiner Mutter Seele an Corvey gegeben. Die Antwort iſt bey ſeinem Bruder Thiadric ſchon avanciret.

Der Beweis c) von der Generation des Theoderici II. iſt von Falcken genommen

a) *ex §. 298. Tradidit Theodericus dyas familias in Rainaldingbuſen (in pago Flothwita Reg. Sarrach.) & in Gellithi (in pago Saltga, Regiſtrum Sarrach.) Falkio Gielde in praeſ. Sladem pro ſe & pro conjuge Fritheruna.*

b) *ex §. 399. Tradidit Sibertus pro patre ſuo Thiadrico unam familiam in Othdereibus (in pago Fablon Regiſtrum Sarrach.) Falkio Ochterſen im Amt Marienburg.*

Daß nun d) Thiadricus III. Com. Palat. und Sibertus Söhne von Theaderico II. geweſen, desfals bringet Falcke Tradit. Corb. p. 236. anderwärts aufgeholte Gründe mit an; und zwar dieſe:

Der

Cap. XIII. De Nobilibus Dominis de Depena. 391

Der Thiedoricus Comes Palatinus, von dem das Diploma Henr. II. A. 1013. d. 1. sagt, daß er und nach ihm sein Sohn Sibertus oder Sirus zuvor den an Bernwardum geschenkten Comitatum in Pago Astfala und Mundburg besessen habe, nach dem Diplomate An. 993. ap. Eccard Hist. Geneal. p. 187. und nach dem Ditmaro p. 312. noch einen Bruder Namens Sibertum gehabt, als von welchem Ditmarus d. l. sagte:

> Eodem anno (991. Annal. Saxo) Thidericus Comes Palatinus & Sibertus frater ejus de hoc seculo transierunt.

Dieses Siberti und also auch des Thiderici Comitis Palatini Vater sey gewesen Theodericus II. als welches die clausula tradit. §. 392. vermeldete. Hierauf ist die kurze Antwort:

a) Was der Sibertus, der ein mancipium zu Othberteshus in Pago Falen an Corvey gegeben, für ein Mann gewesen, hohen Adels, oder eine Person väterlichen Adels, oder sonst ein freyer Mann, wird nicht gemeldet. Aus dem angeführten lässet sich auch auf keinen hohen Adelstand schliessen.

b) Daß alle Siberti, welcher Name ohnendlich gehöret wird und ganz üblich und gewöhnlich war, wenn sie schon in Hildesheim und in Pago Falen Güter gehabt, dem Pfalzgrafen angehöret und von ihm Brüder gewesen seyn sollen, kan man sich ohne Grund und Beweis nicht beytreten lassen.

Also erscheinet aus obigen beyden Clausuln weiter nichts, als daß nach dem §. 298. ein Didrich in der Welt gelebt, der eine Frau Namens Fritheruna gehabt, und zu Rainaldinghusen im Flotwedel und zu Gellüht im Hildesheimschen Soltgo zwey Güter gehabt, davon eines Sibertus in Othdereshus in Pago Fablen für seinen Vater an Corvey gegeben. Zu welchem Geschlecht der Thiderich in §. 298. und der andere Diedrich mit seinem Sohn Sibert in §. 399. gehöret, davon weiß man nichts, auch nicht einst dieses, ob der Didrich, Siberts Vater, in §. 399. mit dem Thiderich, der eine Frau Namens Fritheruna gehabt, in §. 298. eine Person ausmachen.

Bishero also wissen wir von dem Thiderico III. Comite Palatino gar nichts. Wir wissen auch eben wenig, ob der Theodericus Comes Palatinus

Ber-

Obl. IV. Origines Luneburgicae.

Berwardi Episcopi Vater ſey, der die Tochter des Pfaltzgrafen Athelberonis zur Gemahlin gehabt. Und wenn gleich der Sächſiſche Ueberſetzer des Lebens Berwardi, des Biſchofs Berwardi Vater mit Namen Diedrich Grafen von der Sommerſchenburg angiebet, ſo wiſſen wir doch eben wenig, ob der Graf Diedrich der Pfaltzgraf Thidericus in Praecepto Henr. II. A. 1013. ſey.

ATHELBERO iſt allerdings Berwardi Epiſcopi Großvater, deſſen Tochter Berwardi Vater, er habe geheißen, wie er wolle, zur Gemahlin gehabt: allein daß dieſer Athelbero einer von den Stamvätern der Grafen von der Sommerſchenburg ſey, iſt noch lange nicht ausgemacht.

Die Familia Athelberonis iſt in einer geſchriebenen Hiſtorie von Göttingen aufgeführet in folgendem Schemate:

ATHELBERO Comes Palatin. vita Berw. C. 1. & 2. in compendio vitae Berw. p. 481. additur Saxoniae ſilente Tangmaro.

DIDRICUS C. de Sommerſchburg, vetus interpres Saxon. vitae Berwardi.	FILIA. *Athelberonis,* nupta Berwardi Patri.	FOLIMAR *Ep. Trajeɛt.* vita Berw. C. 11. affirmant Beckenbergio Friſius.	ROTGARDIS Abbat. Hildewardh †1006. vita Berw. c. 35.
BERNWARDUS n. 993. Ep. 1022.		TAMMO. a) Frater Berwardi ejusque heres, vita Berwardi & Charta Berw. Ep. A. 1022. b) inſedit *paternum caſtellum*, vita Berw. C. 32. c) *Comitatus* Tammonis A. 1022. in pago FLODWIDE & ASTPHALA, ſi idem Tammo, qui fuit frater Berwardi.	

Cap. XIII. De Nobilibus Dominis de Depena.

Es ist hiebey aus Linnomori vita Berwardi C. II. hauptsächlich der Umstand zu merken, daß Athelbero gar nicht in Ostphalen, sondern nicht gar weit von Utrecht Comes Palat. gewesen sey, und daselbst bey dem Großvater Athelbero bis an sein Ableben sich aufgehalten habe, und zwischen Vater und Sohn Bischof Folemarum zu Utrecht oft ab- und zugegangen sey, VITA BERWARDI in verbis:

inter patrem quoque & filium Dn. videlicet Folemarum internuntius saepe discurrebat.

Welches häufige ab-und zugehen zwischen dem Vater und dem Bischof zu Utrecht und der ganzen Familie von Hildesheim ab nach Utrecht so häufig nicht vorgehen können. Ein mehrers hievon ist in der Historie von Göttingen angeführet.

e) Endlich daß SIBERTUS einen Sohn Namens *Burchardum* hinterlassen, und zwar eben denjenigen, von welchem Annalista Saxo sagt, daß BURCHARDUS *Comes Palatinus* A. 1016 verstorben, sucht er durch den §. 445. *Trad. Corb.* zu erweisen, woselbst die Clausul lautet:

Tradidit *Burchardus* comes pro patre suo *Siberto* familiam in Hrotbuvardesbus (in *Pago Florwida* Registrum Sarrachonis) welches Falcke für Robbensen oder Mohrsen ohnweit Burgtorf halten wollen.

Von dem SIBERTO *in* §. 399. der für seinen Vater *Thiadricum* Mancipium in Pago FAHLEN zu Othderesbus an Coruem gegeben, ist gesagt, daß der Sibertus in §. 445. mit dem Siberto in §. 399. eine Person, sey noch nicht klar gemacht. Und von dem *Burchardo Comite* in §. 445. ist eben wenig erwiesen, daß er Burchardus C. Palatinus sey.

a) welcher A. 1009. Wirinarium Lutharii Sohn Marchionem Marchiae Septentrionalis beym Kaiser vertreten.

Obs. IV. Origines Luneburgicae.

b) welchem der Kaiſer A. 1015. gegen Bolislaum das Nöthige aufgetragen,

c) und A. 1016. am Schlage verſtorben.

wie Annal. Sax. in angezogenem Jahren von ihm bemerket. Und von Burchardo comite im Tradit. Corb. §. 445. ſo wenig als von Burchardo comite Palatino iſt klar, daß ſelbige mit Thidrico Comite Palatino und ſeinem Bruder Siberto, die im Jahr 995 beyde verſtorben, einerley Geſchlechts geweſen.

OBSERVATIO V.
DE
NORDO-SUAVIS
ET
CASTRO SA-OCSEBURG.

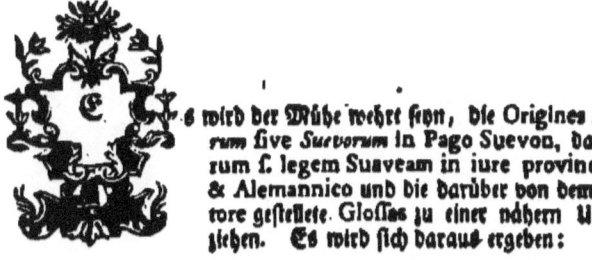 s wird der Mühe wehrt seyn, die Origines *Nordo-Suavorum* sive *Suevorum* in Pago Suevon, das Ius Suavorum s. legem Suaveam in iure provinciali Saxonico & Alemannico und die darüber von dem alten Glossatore gestellete Glossas zu einer nähern Untersuchung zu ziehen. Es wird sich daraus ergeben:

1) daß der Compilator Alemannicus Claususn von den Schwaben aufgesamlet, die gar auf *Suevos Alemannicos* nicht weisen;

2) daß in vicinia Suavorum der *Dux Theodericus* in terminis Walkenridensibus in seinem Castro SA-OCSEBURG gesessen, und in der Gegend bey Lebzeiten des Bonifacii die Bekehrung der Sachsen vorgegangen;

3) und bey der Unachtsamkeit der neuern Schriftsteller, wo die Nordo-Sua-

Suavi geheissen, nicht nur die *expeditiones bellicae* der Fränckischen Könige, die aus Südthüringen *in Saxoniam orientalem* vorgegangen, aus Irrthum in Westphalen verleget, und aus Saacseburg Olsiburg Osnabrüg concipiret worden.

Der gelehrte GUNDLING, ein Mann von einer hellen Einsicht, bezeugt in seiner Reichshistorie p. 98.

daß er Willens gewesen, de *iure Suabeae* zu schreiben, und zu zeigen, woher bey dem Lege Suabeae als ein opprobrium Suevorum das von den Sachsen gefaßte Odium entstanden.

Dabey hat der ehemalige Professor Jo. Gottlieb Krause in seiner mit vielem Fleiß wohl ausgearbeiteten *Diff. de Speculi Suevici vocabulo* WIBHAIT die historiam Suevorum und das ius Suevorum von dem Fabelwerk, worin es verworren gewesen, gesäubert. Da ich aber in allen mit Gundling, Krausen und andern mehr nicht einstimmig, so habe ich nicht angestanden alhier auszuführen, was für unrichtige Begriffe von diesen Schwaben und ihrem *Jure Suaveorum* gefaßet werden wollen, welches ich in nachgesetzten Capitibus abgehandelt.

Cap. I. de *Nordo-Suavis.*

Cap. II. de *iure Suaveas* vu'go SUAVEY.

Cap. III. de *iure Suabearum* a *plase Alemannico non intellecto* & male cum iure Alemannorum commixto.

Cap. IV. de *Saxonibus ortu Suevis* in pago Saxoniae SUEVON ejusque confiniis in praef. von der Herren Geburt *notatis.*

CAP.

CAP. I.

De
Nordo-Suavis, Suevis Saxonibus Pagi Svevon.

Die NORDO-SUAVI, welches eben diejenigen, welche die Fränkischen Könige in die Gegend gesetzet, woraus die Sachsen mit *Albuino* A. 568 in Jtalien gegangen, werden zum ersten mal gehöret in dem Briefe des Königs THEODBERTI I. Theoderici Sohns an den Kaiser Justinianum, worin er schreibt, daß subactis Thuringis, welche sein Vater unter das Joch gebracht, er auch die *Nordo-Suavos* ihm unterwürfig gemacht, wovon seine Worte im Briefe beym Du CHESNE T. I lauten:

Subactis Thuringis Nord-Suavorum *gentes nobis placata Majestas colla subdidit.*

Unter seinem Vater THEODERICO ist A. 528 mit Hülfe der Sachsen dem Thüringischen Reich ein Ende gemacht, und ist den Sachsen für ihre Hülfleistung der Theil von Thüringen bis an die Unstrut gegeben, das übrige Thüringen, welches der Harz und die Laube oder der Thüringer Wald beschlossen, hat der König Theodericus ihm vorbehalten. Wenn nun sein Sohn Theodbertus in seinen Regierungs-Jahren von A. 534 bis ad A. 547 auch die *Nordo-Suavos* ihm unterthänig gemacht, so erhellet dennoch aus solchem Briefe noch nicht, wo die Nordo Suavi gesessen. So viel lässet sich dennoch erkennen, fürs erste, daß sie nicht in *Thuringia Saxonica* sich finden können, als welches den Sachsen zu Theil worden; fürs andere auch nicht in Thuringia Francica vorfindlich seyn können, als welches Theodericus mit dem Excidio Regni Thuringorum A. 528 schon sub imperium Francorum gebracht. Zur Zeit, da Theodbertus in seinen Regierungs-Jahren zwischen den Jahren 534 und 547 die Nordo-Suavos ihm subigiret, auch nachhero bis ad A. 568. da die Sachsen allererst ihren Strich Landes verlassen, haben die Nordo Suavi noch nicht im Sachsenlande in denen von den Sachsen verlassenen Theilen sich setzen können: weil sie allererst nach A. 568 als nach dem Ausgang der Sachsen von den Königen Chlotario und Sigiberto darin nebst andern Völkern gesetzet worden. Da nun kurz zuvor schon bemerket, daß die Nordo-Suavi vor ihrer um A. 568 g. schehenen Immigration in Saxoniam Suaveam weder in dem Sächsischen noch Fränkischen Thüringen geseßen gewesen seyn können, so bleibet zum weitern Bedenken, ob sie ex *Slavis Sorabica* eingerücket seyn können, als wohin LEIBNIZ und das

Chron.

Chron. Godwicense in Pago Suevon gegangen, wovon ich aber, ohne näherem Grund vor mich zu haben, nichts zu bestimmen weiß.

WITICHINDUS *L. I. Hiſtor.* nennet dieſe Suavos *Suabos Transalbinos*, oder vielmehr, wie in Codice *Corbeienſi, Dresdenſi* und *Caſſinenſi* geleſen wird, *Transbodanos*. Wenn die erſte Leſeart beym Witichindo Editionis Meibom. richtig, ſo würde dadurch die Gedanke, daß ſie ex Slavia *Sorabica* über die Elbe getreten, adminiculiret: wenn aber nach der Gleichſtimmigkeit der übrigen 3 Codicum *Transbodani* zu leſen, ſo würde Witichindus Corbeienſis dieſelbe nach ihren damaligen ſedibus, da dieſe den Corbeienſibus wie dem Pago Hartgo *trans Bodam* gelegen, dieſe Suavos Saxoniae Sueviae bezeichnet haben. Ich zweiſle auch, ob Witichindus ſilentibus Scriptoribus coaevis gewuſt oder wiſſen können, wo die Schwaben vor A. 568. als ihren Eingang in die von den Sachſen verlaſſene Lande geſeſſen, als welches auf eine Zeit von 400 Jahren zurück ſchläget, und ohne Scriptores coaevos vor ſich zu haben, aus eigner Kundſchaft, nicht leicht bezeugt zu machen geſtanden.

Daß die aus Sachſen A. 568 nach Italien ausgegangene Sachſen aus *Saxonia Suevia* oder aus dem pago *Suevon* ausgegangen, lieget im offenen. Daß A. 568 die Nordo-Suavi in die von den Sachſen verlaſſene Gegend eingerücket, bezeuget Gregorius Turonenſis und Paulus Diaconus. Daß die Nordo-Suavi noch bey der Sachſen Zurückkunſt daſelbſt geſeſſen, und ſich durch ihre ſieghafte Treffen daſelbſt gegen die zurückgekommene Sachſen ſoutenirt, bezeuget gleichermaßen Gregorius Turonenſis und Paulus Diaconus dd. ll. Daß aber die Nordo-Suavi oder *Suevi* in pago *Suevon*, deſſen Oerter in diplomatibus an der Bode, Seleke, Wipper, Sale angegeben und an den Pagum Hartgo, Horgo und Northuringon gegränzet, eröfnen die in Chron. Godw. in l'ago Suevon ex Diplomatibus angezogene Oerter. A. 748 unter PIPINO Karoli M. Vater ſind ſie von neuen von Pipino unter das Joch, und zu dieſer Zeit zum chriſtlichen Glauben gebracht, und erhellet aus der Expeditione Pipini dieſes Jahrs, nach den Annal. Metenſ.

1) daß ſie als Sachſen, die in confiniis Saxoniae & Thuringiae geſeſſen, angegeben,
2) und in *l'icinia* das Caſtrum SAOCSEBURG *Theoderici Saxonis*, welches an dem Harz bey Walkenried gelegen, ſich gefunden.

Wovon die Clauſula in Annal. METENS. *ad A.* 748 lauten:

a) *Pipinus vero adunato exercitu* per Thuringiam in Saxoniam *veniens fines* Saxonum *quos* NORDO-SQUAVOS *vocant cum valida manu intravit.*
b) SAXONES *vero qui* NORD-SQUAVI *vocantur* ſub ſuam ditionem ſub-

Cap. I. De Nordo-Suavis, Suevis Saxonibus &c.

ſubactos *contritosque ſubegit, ex quibus plurimi per manus Sacerdotum* baptizati ad fidem chriſtianam *converſi ſunt.*

c) in eodem *vero itinere cepit caſtrum quod vocatur* HOISEBURG *& perfidum* THEODERICUM Saxonem *tertia jam vice a Francis captum comprehendit.*

d) inde proficiſcens *pervenit ad fluvium quod dicitur* Ovdere.

Unter Carolo M. und Ludovico Pio iſt laut Ludovici Pii Briefes de A. 814. ap. LEUCKFELD *antiq. Quedlinb.* p. 614. der pagus Suaviae dem Halberſtädtiſchen Diöces beygeleget:

> *cuius Parochia — — patris noſtri Caroli — — ſtatuta & determinata eſt tuis pagis Derlingowe, Nortburingowe, Belinesbeim, Hartingowe,* SUAVIA *&* Haſſigowe.

und die expeditio Ludovici Germanici A. 852. in Annal. Fuld. h. A. von der Weſer per ANGROS (Angariae Orientalis) per HARUDES (in pago Hartgo) per SUABOS (in pago *Suabia*) & HOLSINGOS (in pago Hosgo) zeiget dieſe *Suabos*, zu welchen Ludovicus ex pago Hartgo über die Bode in Pagum Suaba kommen, hell und klar. In folgender Zeit unter den Kaiſern Ottone I. II. III. Henrico II. Henrico IV. continuiret dieſe Benennung des Pagi SUAVA, SUABE, SUEVI, SWEWA, SWABENGOW, SUEVEN. Die Briefe und die in dieſem pago angegebene Oerter ſind in Chron. Godw. p. 787 ſqq. angezeiget. Unter Kaiſer Henrico S. heißt dieſe Region beym Annal. Saxone A. 1012. SAXONIA SUEVIA, und wird darin *Cockſted* als eine Villa *Saxoniae Sueviae* angegeben.

Im dreyzehnten Jahrhundert

1) Unter Kaiſer Ottone IV. im Sächſiſchen Landrecht geſchiehet
   a) dieſer SUAVORUM *Saxoniae Suaviae,*
   b) des JURIS SUAVEI in *exheredatione uxorum & Appellationibus,* a Saxonum iure in diverſa abeuntis, Meldung.

2) in *praefatione Rythm:* von der Herren Geburt im Lande Saſſen, die im dreyzehnten Seculo geſchrieben und auf die Oerter im Pago *Suavén*, wovon die Fürſten, Grafen und Dynaſtae ihre Abkunft führen und als Originis Saxoniae Sueviae gedacht, weiſet.

3) der Autor Chron. Brunsv. welcher ſein Chron. mit 1288 ſchließt, in ſelbiger aber Meldung thut
   a) de *mulieribus Saxoniae patribus* in hereditatem *totaliter non ſuccedentibus,*
   b) de *mulieribus* SUAVEI, ſecundum JUS SUAVEY exheredatis.

über welche Artikel der vetus Gloſſator nicht nur an mehreren Stellen gloſſiret, ſondern auch im Richtſteig Formalia proceſſus darauf geſtellet.

Grup. Origin. German. 2tes Theil.   Nach

Obf. V. De Nordo-Suavis & Caftro Sa-ocfeburg.

Nach obigem allen, was die Scriptores und Urkunden mittler Zeit von den Suevis bezeugt gemacht, fallen des ehemaligen Wittenbergifchen Profeff. Kraufens Gedanken, die in *Differt. de Speculi Suevici Vocabulo Wiphait* p. 196. 197. derfelbe ihm beyfallen laffen, ganz weg. In specie ist unerfindlich und der Gefchichte der Zeit zuwider laufend,

1) daß der Pagus SUABINGO fchon *fub excidio Thuringorum* den Nahmen gehabt,
2) daß die Sachfen, die nach Italien gegangen, an der Wefer gewohnet und dafelbst bey der Zurückkunft der Sachfen ihre Händel mit den Schwaben vorgefallen,
3) daß die Schwaben nach ihrem Kriege mit den Sachfen noch einige Zeit in Weftphalen wohnen blieben, endlich aber diefelben mit Hülfe der Sachfen, die nicht mit nach Italien gegangen, ausgetrieben, und fich endlich *trans Bodam* am Bodemer See niedergelaffen.

Das große Aufhebelfe, da aus HOESEBURC *Osnabrug* gemacht werden wollen, erliegt nunmehro auch ganz und gar, da man nunmehro weiß, daß *Ocfeburg*, welches in Annalibus Tilianis mit feinem vollen Namen SA-OCSIBURG, in Annal. Loiffel. Edit. Can. *Hochfcrburg*, in Annal. Eginh. *Hocfiburg*, in Annal. Metenf. *Hocfeburc* genant, nach der Marfchruthe in ANNAL. METENS. ad A. 748.

a) da Pipinus aus Thüringen in Sachfen in *fines Saxonum, qui Nordofusvos* vocant, gegangen,
b) in folchem Marfch Hocfeburc ein, und *Theodericum Saxonem* gefangen genommen,
c) und von Hocfeburg an die Ocker marfchiret,

im Sächfifchen Thüringen bey Walkenried in pago ZORGO gelegen, und die *Rudera* der Orten davon noch übrig. Gleichermaßen fallen SCHATENS Suppofitiones, da er die Expeditiones Carolomanni und Pipini in A. 743. 744. 748. wider Theodericum einen Sächfifchen Fürften in caftro SA-OCSEBURG, daß Saocfiburg Osnabrug fey, in Weftphalen mit Figurirung einer niedrigen Marfchruthe vorgebildet, auch gänzlich hinweg. Und find dabey alle übrige Gedanken des Profefforis KRAUSENS, darin er nach feinen Selbftbegriffen, die er pag. 196. 197. in einer Fülle geäußert, deren er jedoch am Ende felbft fich nicht theilhaftig machen wollen, von keiner Attention.

Thüringen und Sachfen wurden durch den Harz gefchieden, Chron. Halberftad. ap. LEIBN. T. II. p. 321.

Ad *feparationem Saxoniae a Thuringia* verfus MONTANA quae dicuntur HART.

Vita Walburgis C. l.
in faltu, qui vocatur HARZS, *qui dividit Saxoniam & Thuringiam.*

und

Cap. I. De Nordo-Suavis, Suevis Saxonibus &c.

und ist nach dem Chron. Quedlinb. ap. LEIBNIT. T. II. p. 247. dasjenige Thüringen, welches Theodericus Rex Francorum ihm vorbehalten, an einer Seite von dem Harz und ins Süden, von der andern Seite von der Laube jetzo dem Thüringer Walde eingeschlossen.

Theodericus — — victoribus tradit Saxonibus omnem terram Thuringorum excepta quam LOUVIA & HART silva concludunt. MEGINHARDUS *d. Transl. Alexand. C. I.* CHRON. QUEDL ap. MENCK. *T. III. p. 171.* fügen noch hiebey, welches aus andern Urkunden mehr erscheinet, daß die Franken ihnen den Theil *a meridie* reserviret, nemlich Süd-Thüringen, den die Unstrut von dem Theil, der den Sachsen gegeben, geschieden. Also haben *Montana Harzica* und die Unstrut gegen Süden Südthüringen von dem Sächsischen Thüringen geschieden. SAOCHSEBURG *ad Montana Harzica*, wie auch die *Nordo-Suavi* in pago Suavo sind in Sachsen befangen in dem Theil, der in Ansehung Süd-Thüringen in generali significatione Nord-Thüringen geheißen.

THURINGEN, in specie die *Germara Marca* provinciae Thuringiae, und in selbiger Eschwege und Feide hat gegränzet an der Werre an Hessen, und strecket sich von der Werre ab mitten in Thüringen, welches die in Diplomate Gandersheimensi A. 773. in GERMARA MARCA genannte Oerter Eslimwag, Frioda, Mulenhusa, Tubinsode, Glethem, erkennen lassen. Die Werre ist mit der Weser ein Fluß, der auch unter Carolo M. *Wisura* genant und in provincia Hassorum & Thuringorum Werre, in Sachsen Weser ausgesprochen wird. Dieser Fluß in confiniis Saxonum, Hassorum in Thuringorum ist allem Ansehen nach derjenige, worin der Bischof Gerwilius zu Maynz den aufgesobderten Sachsen in expeditione Carolomanni A. 744 gegen die Sachsen durchstochen.

Obf. V. De Nordo - Suavis & Caſtro Sa-ocſeburg.

CAP. II.

De

Jure vulgo Suavey.

Das Schwabeſche Recht a) in Cod. Picturato Oldenb. Art. XVIII. in Cod. Oldenb. Gloſſato Art. XI. Swaviſch Recht, in Cod. Hamel. gloſſato Art. XII. b) in verſione latina Cod. Jen. A. 1410. Cod. Salzwedel. Art. 18. Cod. Gr. Art. 18. *Jus Suaviae* in edit. Zotel. Art. 19. *Survica iura* in editione Gaertn. *ius Surviae*, iſt nicht von den Schwaben oder *Alemannis*, ſondern, wie BECKMANN *Hiſtoria Anhaltina*, CRANZ *in Saxon.* L. I. s. 30. und andere erkant, von den SUAVIS in *Suavia Saxoniae* alſo genant; deren weibliches Geſchlecht geheiſſen Suaveen, wovon der GLOSSATOR Marchicus ad *L. I. art.* 10. ſagt:

> Wive Kinder de mid den Suaven to lande tôghen, de het men SWA-VEE -- -- dat de wif ervelos ſind, dat menet he, we indiſ-ſeſt Slechten *find ſe* ervelos *und* andern nergen.

Das *ius* ſo wol welches die Weiber erblos gemacht, als die Svaben, welche in die von den Sachſen verlaſſene Lande eingerücket, heißt die Chron. Brunsv. Duc. SUAVEY.

Von dieſem *Jure Suaviae* ſagt WITICHINDUS *d. l. I.* nur in genere:

> Et ideo aliis legibus *quam Saxones utuntur.*

Welches Ecco vom Repchow auch ſagt, aber mit der Erklärung, daß es nur in 2 Articuln, in der Erbloſigkeit der Weiber, und in dem Urthel ſchelten, zu ſeiner Zeit ſich in dem Sachſen-Recht gezeiget. Die *Chron. Ducum Brunsv.* ap. MADERUM p. 19. macht auf dieſes *ius Suaviae* occaſione Henrici Palatini Tochter auf die Duciſſam Bavariae & Marchioniſſam de Baden, welche in hereditate Brunsw. ſuccediret und ſolche dem Reich verkauft, eine Digreſſion in clauſula:

> Mulieres autem quaedam Saxoniae patribus in hereditate totaliter non ſuccedunt *propter* opprobrium iuris *quod* SUAVEY dicitur.

und holet den angeblichen Urſprung eines ſolchen Geſetzes daher auf, daß die von den Sachſen bey ihrem Hingang in Britannien daheim gelaſſene Weiber, die mit denen in Sachſen eingerückten Schwaben concumbiret, und bey der Wiederkunft der Sachſen nicht zu ihren Männern zurück

Cap. II. De Jure vulgo Suavey.

gekehret, für sich und ihre Töchter nach dem *jure*, welches SUAVEY genant, erblos erkläret in clausula:

> Aliae Suevis adulteris adhaeserunt, unde ſtatuerunt, quod mulieres ad viros priſtinos non redeuntes tam IN SE quam in FILIABUS ſuis ſecundum JUS quod SUAVEY dicitur exheredarentur.

Jo CLENCOC hat in seinem *Decadico* unter einigen Artikeln, die er im Sächsischen Land-Recht als verwerflich angefochten, den XVI Artikel mit aufgeführet:

> Propter odium mulierum *Saxones habent* JUS SUEVORUM, videlicet quod mulieribus hereditas denegetur.

und diesem darauf gleich mit beygefüget:

> Propter odium mulierum *Saxones habent* ius Suevorum, & quia ius Suevorum universaliter mulieres privat hereditate.

In der Deduction gehet er noch weiter:

> In Speculo Saxonum dicitur, quod frater hereditatem habeat & non soror niſi ſola filia ſit, h. e. ſi non ſint ſorores, quod adhuc legi Dei repugnat.

und fechtet dabey überhaupt die Vorzüglichkeit des männlichen Geschlechts vor dem weiblichen in successione hereditaria an.

CRANZ *in Saxonia L. I. c.* 30. stehet in der irrigen Supposition, die Sachsen hätten am Ende die Schwaben ausgetrieben, und zu der Schwaben Schmach ein Gesetze gemacht:

> Mulieres Saxonici generis, quotque Suevis denupſerant, alienas a ſucceſſione paterna haberi.

Aus dem GREGORIO TURONENSI und PAULO DIACONO erscheinet klar und deutlich, daß die Schwaben sich gegen die Sachsen soutenires, und ALMOINUS *L. III. c.* 7. setzet noch hinzu, nachdem die Sueven in einem dreymaligen Treffen obgesieget, so hätten die Sachsen sich denen Conditionen, die ihnen von den Sueven gemacht, wiewol ungern, unterwerfen müssen:

> A Suevis aliisque nationibus, quae patriam eorum pervaſerant, terna acie ſuperati ad 10 millia ſuorum ferme ſuperatis reliqui, conditionibus hoſtium licet inviti paruerunt.

Der Ursprung, woher das Sächsische Recht sich mit dem Recht der Sueven in 2 Stücken, in ein Urthel schelten und in der Erblosigkeit der Weiber, zwey, so wie er von Ecco von Repchov und dem Glossatore und den Scriptoribus Sec. XIII. & Sec. XIV. und in folgender Zeit nach gemeiner Sage, angegeben wird, ist offenbar ungegründet, und giebet zu erkennen,

nen, daß man in der Barbarie temporum, nach Scriptoribus coaevis, die jeden so gleich eines bessern unterrichten, sich wenig umgesehen.

Zur Zeit, da die Sachsen A. 449 in Britannien übergegangen, haben in Saxonia Thuringiae orientali die Thüringer gesessen. A. 528 ist *sub excidio Regni Thuringorum* erst den Sachsen das thüringische Sachsen zu Theil worden. A. 568 ist ein Theil der Sachsen *Saxoniae orientalis* mit Weib und Kindern mit *Albuino* nach Italien gegangen, und sind die NORDO-SUAVI wieder in die von den Sachsen verlassene Lande eingerücket. PAULUS DIACONUS L. II. c. 6.

> Ad quem Saxones plus quam viginti millia virorum cum uxoribus simul & parvulis, ut cum eo ad Italiam pergerent, ad eius voluntatem venerunt. Hoc audientes Chlotarius & Sigisbertus Reges Francorum Suavos aliasque gentes in locis, de quibus iidem Saxones exierant, posuerunt.

Unter dem König *Sigiberto I.* der A. 575 ums Leben kam, sind die Sachsen aus Italien zurückgekommen, und ihr Land, wovon sie ausgegangen, von Sigiberto zugelassen. Nachdem sie bey ihrer Zurückkunft in ihren hiebevorigen Sitzen die Suavos und andere Völker gefunden, haben die Sachsen diese zu vertilgen gesuchet: und obzwar die Schwaben sich erboten, den dritten Theil, ja die Helfte und noch darüber zwey Drittheile des Landes einzuräumen, so haben dennoch die Sachsen es zum Treffen kommen lassen wollen, und mit voller Zuverlässigkeit, als ob sie schon den Sieg in Händen hätten, unter sich ausgemacht, wie der Schwaben ihre Weiber nach erfochtenem Siege unter ihnen vertheilet werden solten. In dem Treffen selbst aber sind der Sachsen an die 20000 Mann erschlagen, und nur 6000 von ihnen übrig geblieben, welches die Sachsen dahin gebracht, daß sie Gelübde gethan, den Bart und die Haare bis dahin wachsen zu lassen, bis sie sich an den Schwaben gerächet. Nachdem also die Sachsen von neuem ein Treffen gewaget, sind sie schachmat geworden, und haben von weiterm Streit abgestanden. Die Worte PAULI DIACONI L. III. c. 7. sind merklich und geben die Ursachen des großen Hasses der Sachsen gegen die Schwaben mit allen Umständen zu erkennen, und lauten also:

> Qui (Saxones) cum ad suam patriam venissent, invenerunt eam a Suavis & aliis gentibus — — retineri: contra quos insurgentes conati sunt eos destruere ac delere. At illi obtulerunt eis tertiam partem Regionis, dicentes: Simul possumus vivere & sine collisione communiter habitare. Cumque illi nullo modo acquiescerent, dehinc obtulerunt eis medietatem; posthaec duas partes sibi tantum tertiam reservantes; nolentibus autem illis, obtulerunt cum terra etiam

Cap. II De Jure vulgo Suavey.

etiam omnia pecora, tantum ut a bello cessarent, sed nec iis Saxones adquiescentes certamen expetunt, atque inter se ante certamen qualiter uxores Suavorum dividerent, statuunt — — *sed non eis, ut putabant, evenit. Nam commisso praelio* viginti millia *ex eis* interempti sunt: *Suavorum quadringenti octuaginta occiderunt, reliqui vero victoriam capiunt. Sex millia quoque Saxonum, qui bello superfuerant, devoverunt se* neque barbam neque capillos incisuros, *nisi de hostibus Suavis ulciscerentur. Qui iterum pugnam aggredientes vehementer* attriti sunt, *& sic a bello quieverunt.*

Eben dies erzehlet GREGORIUS TURONENSIS L. V. c. 15.

Et quia tempore illo, quo Alboinus *in Italiam ingressus est,* Clotharius & Sygibertus Suavos *& alias gentes* in loco illo posuerunt, *hi qui tempore Sygiberti regressi sunt, id est, qui cum Alboino fuerant, contra hos consurgunt, volentes eos a regione illa extrudere ac delere. At illi obtulerunt eis tertiam* partem terrae, *dicentes:* Simul vivere *sine collisione possimus. Sed illi contra eos irati, eo quod ipsi hoc antea tenuissent, nullatenus pacificare voluerunt. Dehinc obtulerunt eis iterum isti* medietatem: *post haec* duas partes, *sibi tertiam relinquentes. Nolentibus autem illis, obtulerunt cum terra omnia pecora, tantum ut a bello cessarent. Sed nec hoc illi adquiescentes certamen expetunt. Et* inter se ante certamen, qualiter uxores Suavorum dividerent, *& qui quam post eorum exitum acciperet,* tractant, *putantes eos jam quasi interfectos habere. Sed Domini miseratio, quae iustitiam facit, in aliam partem voluntatem eorum retorsit. Nam confligentibus illis, erant autem viginti sex millia* Saxonum, *ex quibus* viginti millia ceciderunt. *Suavorum quoque sex millia, ex quibus quadringenti & octoginta tantum prostrati sunt, reliqui vero victoriam obtinuerunt. Illi quoque, qui ex Saxonibus remanserant,* detestati sunt, nullum se eorum barbam neque capillos incisurum, *nisi prius se de adversariis ulciscerentur. Quibus iterum decertantibus,* in majore excidio corruerunt, *& sic a bello cessatum est.*

LEIBNIZ T. I. *Scriptor. Brunsv.* p. 65. notiret bey diesem Orte, daß unter den SUAVIS die Alemannier, als die zu der Zeit von den Sachsen zu weit entfernet, nicht gemeinet seyn können, und da Witikindus diese Suavos *Transalbinos* nennet, so meinet derselbe, daß für Suavos zu lesen *Slavos*. Allein es werden dieselben an mehrern Orten NORD-SUAVI und in den ältesten
Codd.

Obf. V. De Nordo-Suavis & Caftro Sa-ocfeburg.

Codd. MSS. *Transbodani* genannt. Nach obigen allen finden alle Angaben des Gloſſatoris veteris:
1) daß die Sachſen ihre Weiber zurück gelaſſen, die ihren Männern ehebrüchig worden,
2) die Sachſen bey ihrer Zurückkunft die Schwaben mit den Weibern weggeſchlagen, Schlüſſel zum Landrecht,
3) daß die Mütter von dmen unehelichen mit den Schwaben gezeugten Kindern aus dem Lande gefahren, Schlüſſel zum Landrecht,
4) daß die Schwäbiſchen Weiber, die Sächſiſch wären, zu unecht bey den Schwaben gelegen, Gloſſ. ad L. I. Art. 18. Cod. Arch. Günther.
5) daß man der Weiber Kinder, die mit den Schwaben zu Lande gezogen, Swaven genannt, Gl. ad l. I. Art. 11. Cod. Hamel.

In der Hiſtorie der Zeit keinen Beyfall.

Der ſo genante LEX SUAVEA aber, ſo wie ſich ſelbigen der autor anonymus Chron. Ducum Brunsv. ap. MADER p. 19. beygehen laſſen:

> Statuiſſe Saxones de mulieribus, qui *Suevis adulteris adhaeſerunt*: quod mulieres *ad viros priſtinos non redeuntes*, tam IN SE quam in FILIABUS ſuis exheredarentur,

iſt abgeſchmackt und abentheurlich, und wenn die Hiſtoriette, daß der Sachſen heimgelaſſene Weiber in Abweſenheit ihrer Männer mit den Schwaben Kinder gezeuget, wahr, wie ſie grundfalſch iſt, am wenigſten glaublich, daß ſie ihre ehebrecheriſche Weiber mit ihren im Ehebruch gezeugten Kindern wieder zurück verlanget, und dahin das Geſetz der ſo genanten *Suavey* gerichtet, daß ſo dann, wenn ſie nicht wieder zu ihren erſten Sächſiſchen Männern zurück kehren würden, ſie für ſich und ihre Kinder erblos ſeyn ſolten.

In Britannien ſind keine Thüringer übergegangen, die in Britannien gegangene Sachſen ſind nicht zurück kommen, vielmehr ſind ihnen von Zeit zu Zeit als A. 477. 491. A. 501. 514. noch mehrere gefolget, Obſ. VI. von der Sachſen Uebergang in Britannien p. 93. Die nach Italien A. 568 übergegangene Sachſen haben ihre Weiber und Kinder mit ſich genommen. Nach ihrer Zurückkunft haben dieſelben die Schwaben und deren angebliche Sächſiſche Weiber nicht aus dem Lande geſchlagen, ſondern die Schwaben haben ſich ſoutenirer, und der Sachſen im Treffen an die 20000 erlegt, daß ihrer nur 6000 übrig geblieben.

Was der Profeſſor KRAUS p. 198. beym WITICHINDO Annal. L. I. in clauſula:

> Saxones igitur poſſeſſa terra ſumma pace quieverunt, ſocietate Fran-

Cap. II. De Jure vulgo Suavey.

Francorum & amicitia uſi. *Parte quoque agrorum cum amicis auxiliariis vel manumiſſis diſtributis* reliquias pulſae gentis tributis condemnavere.

angeführet, zu Beweisung des Satzes, daß die Schwaben unter den Sachsen als *Coloni* gehalten, als auf welchen Fuß sie gesetzet, da die Sachsen ihren Theil von Thüringen erhalten, desgleichen was beym ADAMO BREMENSI L. I. und MEGINHARDO L. I. in clauſula angeführet:

Terram (Thuringorum vaſtatis indigenis & ad internecionem pene deletis) iuxta pollicitationem victoribus delegavit. Qui eam ſorte dividentes, cum multi ex eis in bello cecidiſſent & pro raritate eorum tota ab eis occupari non potuit ea maxime, quae reſpicit orientem colonia tradiderunt ſingulis pro ſua ſorte ſub tributo exercendam, cetera vero loca ipſi poſſiderunt.

Das findet auf die *Suavos*, die A. 568 in die von den Sachsen mit Frau und Kindern Sack und Pack verlaſſene Oerter *autoritate Regum* CLOTARII & SIGIBERTI eingerücket, und bey der Zurückkunfte der Sachsen sich gegen dieselben durch victorieuse Treffen soutenirt, gar keine Anwendung. Zur Zeit des Untergangs des Thüringischen Reichs A. 728 haben die *Nordo-Suavi* noch nicht in *Suavia Saxoniae* geseſſen, auch noch nicht zu der Zeit, da *Theodbertus* unter seiner Regierung zwischen A. 534 und 547 ihm solche unterwürfig gemacht, als zu welcher Zeit die Sachsen bis ad A. 568. da sie nach Italien gegangen, der Orten gesessen, wo die Suaven unter Autorität der Fränkischen Könige eingerücket. Gegen die Sachsen haben dieselben sich nicht nur soutenirt, sondern auch A. 748 gegen *Pipinum* rebelliret; und nachdem sie von diesem überwunden, haben dieselben die chriſtliche Religion angenommen. Des Witikindi Erzählung,

a) daß die Sachsen partem agrorum cum *amicis auxiliariis* vel manumiſſis diſtribuiret,

b) *reliquias pulſae gentis* aber zum Tribut condemniret,

kan mit den Traditis Einhardi beſtehen: allein daß unter den *amicis auxiliaribus* die *Nordo-Suavi* geweſen, und die Sachsen dieſe bey der Diſtribution ihrer neu eroberten Länder auf den Fuß der *Colonorum* five *ſerviliun* five *conſuſtium* geſetzet, und die *Amici auxiliares* und unter dieſen die Nordo-Suavi, um sich ex condicione colonaria zu ſetzen, und das Eigenthum der von den Sachsen verlaſſenen Lande zu verſchaffen, in ſelbige eingedrungen, davon geſchicht weder beym Einharde noch Witichindo einige Meldung; und die *ſuppoſitiones*, womit KRAUS ſolche unterſtützet, fallen ſo weg, und finden in der Hiſtorie ſolcher Zeiten Widerſpruch. Von den *Suavis Transbodanis* aber ſpricht WITICHINDUS *L. I. Annal. p.* 634.

Obſ. V. De Nordo-Suavis & Caſtro Sa-oeſeburg.

daß ſie in die Regionem, die ſie zu Witichindi Zeit bewohnet, welches *Suevia Saxoniæ* oder *Pagus* SUEVON, zu der Zeit, da die Sachſen A. 568 nach Italien gegangen, eingefallen, und dahero andere Geſetze als die Sachſen hatten, verb. Witichindi:

& ideo aliis legibus quam Saxones utuntur.

welches die Auslegung Krauſens p. 195. nicht haben kan, wie deſſen Worte lauten:

Es könne beym Witichindo die Redensart: *aliis legibus utuntur quam Saxones*, nichts anders heißen, als ſie hätten die *privilegia juris* nicht zu genießen, welche den Sachſen zukommen, ſondern die Geſetze hätten ihnen eine andere Regel vorgeſchrieben, darnach ſie ſich richten müſſen, und zwar aus der Urſach, weil ſie einen feindlichen Einfal gethan, als ſie mit den Longobardem einen Zug nach Italien unternommen.

Die Schwaben, die unter Theodberto vor ihrer Immigration in pagum Suevon und unter Chlotario und Sigiberto, da ſie *autoritate regia* in die von den Sachſen verlaſſene Lande geſetzet, und nach der Sachſen Zurückkunfft, da ſie gegen die Sachſen ſich ſoutenirct, auch unter Pipino, von dem ſie A. 748 zum chriſtlichen Glauben gebracht, als ein eigen Volck, wie die Sachſen, ihre *autonomiam* ſive libertatem ſuis utendi legibus gehabt, wie die *populi Slavici* und unter dieſen die Sorben, Wenden auch hatten, von welchem die *Annal. Fuldenſ. ad A.* 849 ſagen, daß ſie dem Duci Sorabici limitis vor andern geglaubt

quaſi ſcienti L. L. & conſuetudines Slavicæ gentis.

Nachdem indeſſen die Suaven ſchon ſub Pipino als *unus cum Saxonibus populus* geachtet, und guter maßen *in conſuetudines & leges Saxonum* mitgetreten, ſo ſagt Ecco von Repchov von ſeiner Zeit, daß das Schwaben Recht ſich nur in 2 Artikeln von dem Sachſen-Recht geſchwenket, dergleichen Zertrennungen in uno Saxonum pppulo in Capitularibus bey den *Weſtfalabis, Angrariis* & *Oſtfalabis* bemerket. Die Sachſen konten den Nordo-Suavis keine Geſetze geben, ſie konten aber in ihren Landen *in odium Nordo-Suevorum* wohl einführen, daß die Suaven in ihren Landen erblos ſeyn, und *ad hereditarias ſucceſſiones* nicht zugelaſſen werden ſollen, welches eine ſolche Folge nicht haben konte, daß die Suaveæ in Saxonia Suaveæ unter den Schwaven ſelbſt nicht zur Succeſſion zugelaſſen werden ſollen.

Im Sachſenlande muſte jeder einkommender Mann Erbe empfangen nach des Landes Recht, er ſey Bayer, Schwabe oder Francke, Jus Provinc. Sax. L. I. Art. 30 *Cod* OLDENB. *Pictur.*

Iewelich *incomen man entfryd erve* in den lande to Saſſen ne

Cap. II. De Jure vulgo Suavey.

des Landes Rechte, nicht na der manner, he si *Beyer, Svave,* edet *Francke.*

Da sich nun in successione hereditaria das Sachsen-Recht und das Schwaben-Recht zweyete, so konten die SUAVEE in Sachsen keine Erbe empfahen nach des Landes Recht, jedoch *in Saxonia Suevia unter Suevos* nach dortigen Landes Recht, der im Sächsischen Landrecht angesahten Regel gemäß:

Daß ein einkommender nach des Landes Recht Erbe empfahe.

Wie denn auch die Zweyung in den Urthel schelten nicht weiter gieng, als wenn der Sachse des Schwaben, und der Schwabe des Sachsen Urthel schelten wolte, daß so dann die Urthel an den König zu ziehen, nicht aber, wenn die Schwaben unter sich Urthel schelten wolten. Wenn der Schwabe den Sachsen ein Urthel gefunden, so wurde nach dem Land-Rechts Richte-Stich cap. 5. die Urthel von Sachsen in der maßen das Urthel gescholten und um Urthel gefraget:

Want yt avre ein Schwabe, so vrage: na deme dat he dy unrecht vand, nich dorch den alten Had, ift he dese dy icht met Campe bewiesen schol? dat vind me.

Woraus erscheinen wil, daß man bey dem Urthel schelten die Suevos Saxoniae Sueviae überhaupt unter den alten Haß gezogen und des Geschlechts zu seyn gehalten, deren Stammmütter A. 568 denen Schwaben beygelegen.

Wer die *Amici auxiliares* gewesen, denen die Sachsen einen Theil ihrer conqueritten Land mit zugetheilet, da diese von Witichindo nicht genant, weiß ich mit einer Gewißheit nicht zu sagen. Die DARLINGI aber, die bey den Sachsen in pago DARLINGO gewohnet, konten nach der *proprietate veris Darlingi* als *Amici* genommen werden.

Den Angel-Sachsen heißt DARLING *dilectus* Matth. XII, 18. *derling min*, mein Liebster, in soliloquiis AUGUSTINI *Deerlingas thaes Kinges* i. e. die theuresten des Königs, intimi Regis amici, JUNIUS v. *Dear.* Den Engländern Darling, dearling, Amiculus unice dilectus, JUNIUS h. v. SEREN. h. v. von *Dür* theuer.

Was im Sächsischen Landrecht L. I. Art. 12. Cod. Old. gemeldet wird:

Sueveseh Recht ne twiget en den Seffschen Rechte nicht, wenn an erve to nemende, un ordel to scheldende.

und in veteri lat. übersetzet:

Suevica jura a juribus Saxoniae nihil disserepant nisi in appellationibus & in hereditatum successionibus.

Obf. V. De Nordo-Suavis & Castro Sa ocseburg.

Das ist ins Schwäbische Landrecht c. 19. Edit. Schilter. in eben der maße eingenommen:

> Swaebischez recht zwiit sich nit dan Sachsen, van an erb zu nemen und urtail ze geben.

Das Sächsische urthel schelten aber ist in urthel zu geben corrumpiret. Der Gloffator Marchicus macht bey dem Anfang des Art. XXI. ad clauf.

> De Swave nimpt wo Herwede unde Erve-boven de Sevenden Sibbe alse verne also he um rekenen kan, dat em de man tho, van suert halven, gheboren is, oder alse verne also be tughen mach dat en fin vorvaerne jener vorvaerne Herwerde ghevordert hebbe vor gerichte eder ghenomen.

Diese Anmerkung: daß in dieser Claufal der SUABE *Suevus natus*, nicht die SUAVEE gemeinet, welche letztere von dem Geschlecht der Sächsischen Weiber, die in Abwesenheit ihrer Männer denen in pagum Suevon immigrirten Suaven beygelegen, verba Gloffatoris:

> de Suave] itliche boke hebber Suavee, dat is unrecht, wente Suaven fint geboren unde SUAVEE sint ghevorden, alse hir vorghesecht.

Woraus erscheinet, daß er damit so viel sagen wollen, daß das opprobrium einer Wahrhäftigkeit vulgo *Suavey* aus einem *adulterino concubitu* mit den Schwaben und denen daraus gezeugten Töchtern als *Suavren* zugezogen. Im Schlüssel zum Land-Recht v Swave:

> De Swave mach ock vom Wives halben nen erve nemen, wenn de wyf in orem Geschlechte alle erveloos sind gemaket doch oren vorvaren unstedad Spec. primo XVII. B.

nimt die Glossa mit seinen Zusätzen und Erklärung der Schwaren in der maße auf:

> Dit sind de, der modere uth dem lande vören mit den Swaven, do Hesternus wedder quam mit den Sassen von Engeland, do he dat bedwungen hadde. De wyle he dat was, wonnen de Swaven Sassenland und nehmen der Sassen wyf mit sik hen, do schloghen se de Swaven mit den wyven wech, und der wyven Kinder, de mit den Swaven to lande togden, de heten SWAVEEN alias Swaveyen.

Alle diese Angaben aber sind in facto falsch, in specie der Umstand, daß die Sachsen Schwaren weggeschlagen und die Sächsischen ehebrüchigen Weiber mit denen im Ehebruch gezeugten Kindern aus dem Lande ge-

Cap. II. De Jure vulgo Suavey. 413

gezogen. Ohne dieß ist nicht zu fassen, wie im vierzehnten Jahrhundert, da der Glossator gelebt, erfindlich werden können.

Daß SUAVEEN vom Geschlecht derer Mütter, die um und nach A. 568 ehebrüchig worden, berühre.

Welches einen Beweis eines Schematis Genealogici fast von 800 Jahren erfodert. Wenn auch wider alle Töchter, die in Saxonia Suevia 800 Jahre herdurch gebohren, eine Vermuthung gefasset werden wollen, daß sie um A. 568 von ehebrüchigen Stammüttern gebohren, so würde dieses den unschuldigsten Theil, nemlich die Descendenz der Sachsen, die bey ihrer Zurückkunft aus Italien sich wieder in pago *Suevon* gesetzet, auch Familien, die alle Jahrhunderte herdurch sich in Suevia Saxonia gesetzet, denen possessiones angeerbet, mit treffen: am Ende auch sich in eine Chimere resolviren, von 800 Jahren her es vermuthen zu wollen, was nach Ablauf so vieler Seculorum in gefister Vergessenheit erlieget.

Von der Erblosigkeit der so genanten SUAVEEN wird im Sächsischem Landrecht gehandelt in dem *Cod. Archiepisc.* GUNTHER.

a) *Lib. I. Art. 17. in cl. fin.* Der Schwabe en mag auch nichc Wiebes halben auch nicht Erbe geneme, welches in Cod. Gloss. HAMEL. *L. I. Art.* 10 in Edit. *Gaertn. L. I. Art.* 17.

b) *L. I. Art.* 18. drier hande Recht, in Cod. HAMEL Art. 11.

Der *Art.* 10. Cod. HAMEL *Ed. Gaertn.* Art. 17. lautet in Cod. HAMEL *De Swave en magh van wif halven nen erve nemen*, wente de wif in örme Schlechte alle ervelos *gemakrt dor orer Vorvaren Missedad.*

in versione latina Cod. Jenens. A. 1410. L. I. Art. 18.

Swave *etiam de feminea cognatione hereditatem non accipiunt, eo quod* in eorum cognatione *omnes femine propter feminarum vitia sunt* exheredate.

in Cod. Salzwedel L. I. Art. 17.

SUAVE *etiam de feminea cognatione hereditatem non accipiant, eo quod* in eorum generatione *omnes femine, propter feminarum vitia, sunt* exheredate.

In dem Cod. GüNTHER. ist ad h. *Art.* 17. die Glosse zu lesen: das weren de Wib die von Schwäbischer Bort waren, die nu nicht en sie alz hir na steit, darumme en duessen dumme lüte nicht glouben, das die Tochtere kein Erbe neme, wene in den Texte maniger Weg steit, das Wib Erbe nemen.

Diese Clausel des 17 Articels finde ich nicht eingetragen ins Jus Alemannicum,

Fff 3 viel-

vielleicht weil es ihm so angesehen, daß der Vorfahren Missethat ihrer Posterität keine Ehre machte, wie er denn auch der Wive hat in der Maße nicht angenommen, und aus Wife hat Wiebbeit gemacht.

Die Glossa Cod. OLDENB. GLOSSATI ad L. I. Art. X. ad verba: de Suave, lautet:

> Dit sint der, de modere ut den lande voren mit den Swaven, do Hestermus weder quam mit den Sassen ut Engheland, do he dar bedwungben hadde, de wile he dar was. Do quemen de Suaven unde wunnen Sassenland und nemen der Sassen wif, do se do weder quemen, der wive Kinder de mit den Suaven to lande toghen de het men SUAVEE. Suslu wat in den olden boken steit, dat de wif ervelos sin, dat menet he jo in dessem Slechte, wente hir in desserne Slechte sin se ervelos, unde anders nerghen, und wor he secht dat vrowen erve moghen nemen, dar menet he andere lude mede de des Slechtes nicht en sin. Alsus ent were dusse rechtes ewidracht. We desses geslechts sin, das so in der Vorrede.

Die Glossa Codicis ARCHIEP. MAGD. ad d. Art. 13.

> Das sint die schwebischen Wib die Sechsis waren ende lagben zu unrechte bi den Schwaben, die wile ire menne buß zu landes waren, unde heeretten, dis ist wol billich, das man sie durch Missedat erblos gemacht hat, alse die propheten saget in dem Salt ere iniquos odio habui, aller andere Sachsischen vrouwen, die von dusser schwebischen Art nicht en sin, die nemen Erbe alz hir vor in dem dritten Capitel, in deme 5. in deme 13 unde 17 steit.

Die Glossa Cod. HAMEL.

> Dit sin de, der Moder ut deme lande vorent mit den Swaven, de Estermus weder kam (quam) mit den Sassen van Engheland, do he dat berwingben hadde, de wile dat he dar was, do kamen (quamen) de Swaren und wunnen Sassenland und nemen der Sassen wif, do se do weder kamen (quamen), der wise kinder de mit den Swaven to lande toghen de het man Swave. Sus de wat men in den olden Boken vint, dat menet he, we in dissen Slegten, sind se ervelos und anders nerghen. Unde wor he seght dat vrowen Erve nemen moghen do menet ander lude mede, de disses Slegters nicht en sin. Aldus entwere dis Recht

Cap. II. De Jure vulgo Suavey.

Rechtes wydbrache. We disses Geschlechts sy das se in der Vorrede.

In *Jure provinc. Sax. L. I. Art. XL.* COD. HAMEL. wird weiter angeführet, daß schon vor Caroli M. Zeit dies Recht gegen die Weiber üblich gewesen, die Sachsen auch wider Kaiser Carls Willen solches beybehalten, in clausula:

    Drier hande recht behelden die Sassen weder *Karles* Willen das Schwebische Recht, dor der Wive hat.

Dies war Rechtens, nicht *ex iure Alemannico,* sondern *ex iure Saxonum, ex odio in uxores Suavorum adulteras contra Suevas exercito,* & *Carolo invito, servato.* Ob nun zwar dieses *Jus Saxonum Suavorum* kein Stück vom jure Alemannico, quod sibi Alemanni habebant, so hat dennoch der Plaßes Alemannicus solches Recht in *suo provinciale Aleman. C. 381. Edit.* SCHILT. aus dem Sächsischen Landrecht, ob es schon non Alemannos sed *Suevos Saxones* angetreten, mit aufgenommen; aus Ecconis de Repchov Worten aber, Wive hat i. e. uxorum odium aber WIPHEIT gemacht in clausula:

    Drier Hande recht behielten die Sachsen wider Königs Carls Willen das Schwäbische Recht durch die Wibheit.

HEIT in Gloss. Raban. *Sexus,* Wipheit in Gl. Pezianis *idem.*

Nach allen hierbey zusammen tretenden Umständen will ECCO dieses sagen:

    Die Sachsen haben das Recht bewahret, das ihre Vorfahren lange vor Carolum M. bey ihrer Zurückkunft aus Italien gesetzet, durch der Weiber Haß, die in Abwesenheit der Sachsen die in Sachsen eingedrungene Schwaben zu Männern genommen, und deren Kinder mit den Schwaben zu Lande gezogen, daß die dieses Geschlechts erblos seyn solten.

Dies war nicht *iuris provincialis Alemannici,* sondern *iuris a Saxonibus in odium harum uxorum statuti,* welches bey ihnen Schwäbisch Recht Jus SUAVEUM oder SUAVEY genant worden: In welchem Wort *ey* nicht, wie ECCARD *Fr. Orient. T. I. p. 84.* es auslegt, EWAM *legem* bedeutet, sondern aus der Endigung SUAVEE erwachsen. Das alte *Chron. Ducum Brunsv.* bey Madero, welches mit dem Jahre 1288 schließet, thut von diesem Schwaben-Recht in der Masse Erwehnung:

    Mulieres autem quædam Saxoniæ patribus in hereditate totaliter non succedunt propter opprobrium iuris quod Suavey *dicitur, quod incurrunt ex eo, quod dum Saxones 12 annis ad expugnandum*

Obs. V. De Nordo-Suavis & Castro Sa-oeseburg.

Angliam desuissent, Suavi Saxoniam intraverunt & quibusdam uxoribus sunt abusi. Saxonibus post XII annos redeuntibus quaedam mulieres ad Saxones viros pristinos redierunt, aliae Suevis adulteris adhaeserunt, unde statuerunt, quod mulieres ad viros pristinos non redeuntes tam in se quam in filiabus suis secundum ius quod Suavey dicitur exheredarentur.

Der Autor Chronici Ducum Br. und Glossator vetus verirren auf die Immigration der Sachsen in Britannien de A. 449. zu welcher Zeit in dem Thüringischen Sachsen noch kein Sachse gesessen. Von denen in Britannien gewanderten Sachsen ist auch nicht gehöret, daß diese zurückgekommen. Dieser Vorgang, da die Suevi in das Thüringische Sachsen eingerücket, trifft auf die Zeit, da die Sachsen A. 568 mit Albuino nach Italien gegangen und wieder zurückgekommen, wovon Witikindus L. I. sagt:

Suevi vero transalbini illam quam incolunt regionem eo tempore invaserunt, quo Saxones cum Langobardis Italiam adiere, ut eorum narrat historia, & ideo aliis legibus quam Saxones utuntur.

und vom SIGIBERTO R. Austrasiae, der A. 575 ums Leben gebracht, wieder ihre vorigen Oerter erhalten, GREGOR. TURON.

Das Sächsische Landrecht L. II. Art. 12. enthält unter andern 2 capita:
1) wie bey dem Urthel schelten diese an den König zu ziehen,
2) daß in casu, da der Schwabe das Sachsen Urthel schilt oder der Sachse das Schwaben Urthel, sie solches vor den König bescheiden müsten.

Die erste Clausel lautet in Cod. OLD. PICTURATO L. II. Art. 12.
wanne se de (den) Coningh erst ESCHET binnen Sassescher art, so solen se to bouen varen und darne ouer ses wheken dat ordel weder bringhen. (Cod. Quedl. male, über sex wochen dat urthel vinden).

in versione latina Cod. JENENS. A. 1410.
cum ipsi aduentum Romani in Saxonia nacione intellexerint & infra semestre tempus confirmatam ab Imperio sentenciam reportare solent.

Der Compilator iuris Alem. c. 97. Edis. SCHILT. hat die Clausel von Zithung der gescholtenen Urthel an den König, wenn derselbe erst in Sachsen vernommen wurde, auf Schwaben dahin gerichtet:
Ist die Urthel wieder worfen auf Schwäbischer Erde, so der König denn kome zu Schwaben, da sulen die zu komen,

und

Cap. II. De Jure vulgo Suavey.

und seiten der urtail zu ende komen von den Tag über sechs wochen.

Eben diese Clausel findet sich in *libello de Benef.* §. 63. p. 116. und spricht von der Ziehung der Urthel ad Superiorem, in casu, quo superior defuerit Teutoniae:

Si autem superior Dominus defuerit Teutoniae tempore terminandas sententias, cum primo Teutoniam intrasse cognoscitur, & ille die sententia reducatur infra sex hebdomadas.

welches ausgedruckt im Sächsischen Lehnrecht: Cod. Old. picturati:

Is aver de Herre an den man des ordeles tud, swan he erst weder cumpt an dudesche Ard de römschen rike underdan is, un he finen come vreschet, so sal man dat ordel weder bringen over ses weken van deme dagbe,

in iure feudali Alem. c. 130. §. 6. Edit. Schilt.

Ist aber der usser land an den die urteil ist gezogen, so men dem sin kumen des ersten erhort, so sollen sie zu ihm varen und die urteil widerbringen in sechs wochen von dem tage, als der her zu land komen is,

in iure feud. Alem. Cod. Oldenb.

Ist aber uzzer lande an den daz urteil gezogen ist, als er danne erste wider kumet zu lande, un si daz bevindent, so soln si zu in komen, und soln daz urtheil wider bringen, inner sex wochen von den tage, daz de Herre zu lande quam.

Um das Wort: Eschen, Vresche, Belgis EYSCHEN, Germanis Super. HEISCHEN, Sax. inf. & Suevis Eschen, Anglo Sax. ASCIAN, *interrogare*, Anglis TO ASKE, *quaero, exquiro*, gehet der Compilator iuris provincialis & feudalis Alemannici umweg.

Cognoscitur in lib. de Benef. d. §. 63. ist im Sächsischen Lehnrecht zu trutsch übersetzet *vreschet*, und die versio latina hat *vreschet* vertitet *intellexerim*. In BEDA *Histor. Eccl. L. V. c. 22.* hat der interpres Regius das Wort *comperit* übersetzet: gehyrde and geacsade. Im Sächsischen Landrecht L. II. Art. 40. Edit. Gaertn. wird in Cod. Brem. MSS. A. 1342 gelesen: na deme dat he das erste *vreschede*, in Cod. Old. picturato: na des dat het ie *eschet*. Mein Codex membranaceus, der Codex *Lüneb.* und die *Edit. Col.* A. 1480. haben auch *vreschet*, der Codex Moguntinus non glossatus hat it *veret*, Cod. Hamelens. *vereymet*, der Codex Moguntinus glossatus erst *heischet*, die versio latina *resciverit.* Codex JEN A. 1410 *sciens*, welches alles dar legt, daß man in Sachsen *vreschen*, *eschen*, *heischen* für *scire*, *rescire*, *cognoscere*, erfahren, vernehmen, genommen. D'n Friciu hieß Als-Gi *ap. Orig. Germ.* 2ter Theil.   Ggg   GA

Obf. V. De Nordo-Suavis & Caſtro Sa-ocſeburg.

GA *judex qui inquirit & cognoſcit.* ASKINIA Gothis Scand. *Cognitio, diſcretio,* VEREL. *b. v.* vid. JÜN. in *Aſk*, FRITSCH in *Haiſchen*, SEREN. & AINSWORTH in *Aſk*. In dem Codicibus iuris prov. Saxonici wird promiscue geleſen *eſchen, vereſchen,* contracte *vreſchen.*

Die Clauſul: wen ſe den Koningh erſt eſchet (al. vereſchet, vreſchet) binne Saſiſcher Ard, i. e. cum Regem infra Saxoniam cognoverunt, hat der Compilator Alemannicus in einen andern ſenſum dahin verandert:

von das urteil wider werfen uf Swabiſcher erde.

Bey der Clauſul in *Lib. de Benef. d. §. 63.*

Cum primo Teutoniam intraſſe cognoſcitur &c.

hat der Compilator Juris Feud. Saxon. die Worte *Teutoniam intraſſe* überſetzt:

Weder, cumpt an dudeſce Ard,

welche der Compilator Alemannicus in der Ueberſetzung vorüber gelaſſen, welches denn eine Anzeige, daß der Compilator Saxonicus ſeine Clauſeln nicht ex iure feudali Alemannico, ſondern immediate ex fonte ex libello de Beneficiis eingeſchaltet. Der Ausdruck, teutſche Ard, Sächſiſche Ard, iſt im Sächſiſchen Land- und Lehnrecht und in der alten Gloſſe an mehrern Orten befindlich. Der Compilator Juris feudalis Saxonici überſetzet *Teutoniam* Teutſche Art, die alte lateiniſche Urberſetzung des Sächſiſchen Landrechts *L. II. Art. 13.* vertitet Sarliſche Art *Saxonicam nationem*. Ob nun gleich binnen teutſcher Art im gleichen Verſtande geſagt wird, binnen teutſcher Zunge, *infra terram Saxoniae,* ſo ſind dennoch ex vocum proprietate ARD, Angl. Sax. ARE, *Conditio,* BENSON *b. v.* Belgis AERD, *Indoles, Natura, Genius,* KILIAN *b. v.* und Erde, *Terra,* von einander unterſchieden, obgleich unter Sächſiſcher oder teutſcher Art als unius ſtatus conditionis homines, gentes & nationes angedeutet v. FRISCH h. v.

Von den Urthel ſcheltern, da der Schwabe das Sachſen Urthel, und hinwiederum der Sachſe das Schwaben Urthel ſchilt, um die Sache an den König zu ziehen, ſagt das Sächſiſche Land-Recht L. II. Art. 12. Cod. Harnel.

Schilt de Swave des Saſſen ordel, oder de Saſſe des Svavern, dat moten ſe vor deme Koningbe bringen.

& vetus interpretatio latina:

Increpat Suavo Saxonis ſententiam vel Saxo Suavonis, hoc ipſi coram imperio determinant.

Welches auch in *ius provinc. Alem.* Edit. Schilt. c. 100. eingenommen:

Verwurfet der SWAB des Saxen urtail und de SAHS der Swa-

Cap. II. De Jure vulgo Suavey. 419

Swaben urtail, *di sullen sie fur den Kunig ziehen*, also tu ain jeglik landman den andern.

Der alte Glossator March. ad d. Art. 12. will dieses abermals von dem alten Haß der Sachsen gegen die Schwaben herleiten in clausula:
dat is dor den alden hat, dat de Suaven der Sassen wis beslepen, do se Engeland bekreftigden unde dor weren bi Hesternose ut supr. L. I. Art. 1.

In regula, wenn eine Urthel gescholten, wurde nach Sächsischem Landrecht L. II. Art. 13. die Urthel *gradatim* an den höhern Richter, und zuletzt an den König gezogen:
Schelt men en ordel, des sal man ten in den boghern Richtere to lesten vor den Conincb.

Bey dem Schwäbischen und Sächsischen Urthel schelten hatte diese Regel darin einen Abfall, daß die gescholtene Urthel mit Vorbeygehung des höhern Richters gleich unmittelbar an den König gezogen werden konte.

Wenn die Schwaben unter ihnen selbst binnen Sächsischer Art (vetus interpres latinus in *Suavia*) Urtel scholten, so musten sie dieselben ziehen an den Eltern Schwaben und an die mehrere Menge zu echten Dinge an die höchste Dingstat, Cod. OLDENB. L. I. c. 12.
De Suaven scheldet wol ordel under en sulven, binnen Suavescher Ard, un then des an den Eldern Suaf, den mothen se aver benomen und an den meren Menge then, to echteme dinghe an de boghesten Dinghstat.

Dies ist ins Jus Alem. prov. eingeschaltet, welches in Cod. Oldenb. sub Rubro von der Schwaben Urthel lautet:
Die Schwab seyene wol ir urtell unter in selber uf Schwebische Rede die recht ist und ziehene sie wol an ein höher Gerichte, das Gerichte müssen se nemen und hant sie doch de minner Volge.

Welches in der alten lateinischen Uebersetzung Cod. Jen. A. 1410. L. I. c. 20. lautet:
Suavi etiam inter semet ipsos, in Suavia a sentencia licite appellabit & ipsam non esse admittendam, in antiquiorem arbitrabit quamtenetur nominare, & ad pluriores sentenciae consentientes & ad superiorem judicialem locum.

in Cod. SALZWEDEL L. I. Art. 19.
Swavi etiam inter semet ipsos in Suavia a sentencia licite appellabuns & ipsam non esse admittendam Suavus in antiquiorem arbi-

trahitur quem tenebitur nominare & ad pluriores sententiae consentientes & ad superiorem judicialem locum derelinquet.

In Edit. SCHILT. c. 19.

> die Swabe ſetzent wol ie Urtail ander in ſelbe uf Swäbiſcher Erde die recht iſt, und ziehet ſie wol an ein höher Gericht, das Gericht müſſen ſie nemen und habent ſie auch minre Folge.

Der Codex *Wurmbrand* und *Horileder* ſetzen poſt verba an ein höher Gericht noch hinzu:

> gen Rotwile oder gen Slenge.

Der Compilator Alemannicus verkehret Schwäbiſche Art in Schwäbiſche Erde; urthel ſchelten in urthel ſetzen; und benemen in nemen. Man ſiehet aber aus allem, daß der Compilator den Sinn des Sächſiſchen Landrechts nicht recht eingenommen, und dieſen Artikel, den Ecco von Repchov von den Swaven *in Saxonia Saxovia* verſtanden, auf die *Suevos Alemannicos* zu paſſen Bedacht genommen. Ecco von Repchov handelt in dieſem §. 12. nicht von denen *Suevis Alemannicis*, ſondern von den *Suevis Saxonicis* in pago SUEVON, worin unter Kaiſer Ottone M. GERO MARCHIO, und unter Henrico IV. ADALBERTUS Comes ihre Comitatus gehabt, v. Chron. Godwic. in pago *Suevon*, & tract. de Saxonia Orient. Dieſe Pagenſes Saxoniae Sueviae, wie ſie in Saxonia Orientali mit den Sachſen beſangen, hatten mit Sachſen ein gleich landläufiges Recht, welches ſich nur in 2 Stücken, als in Urthel ſchelten und in der Erbloſigkeit der Weiber, wurzelt. Das *ius provinciale Alemannicum* aber, wie das Alemanniſche Landrecht beweiſet, gieng in unzähligen Stücken vom Sächſiſchen Landrecht ab.

Solchemnach hat es ratione der Suavorum in pago Suevon und ihrer comprovincialium Saxoniae orientalis nach der Angabe des Ecco von Repchov die Meynung:

1) wenn eigen beſprochen wurden, ſo muſte nach des Landes Recht, darin es gelegen, gerichtet werden, Jus prov. Sax. III, 31. Ed. Gaertn.

2) in Cauſa Appellationis *Saxonis* contra *Suevum*, & *Suevi* contra *Saxonem*

Cap. II. De Jure vulgo Suavey.

nem könte die Appellation gleich unmittelbar an den König gezogen werden.

3) In causa *Suavi contra Suavum* Pagi Saevon wurde die gescholtene Urthel an den ältern Swafen, der zu benennen, und an die mehrere Menge zum echten Ding an die höchste Dingstat gezogen, Jus prov. Sax. L. I. c. 12. Cod. Old.

Die Artikel des iuris Suaviae, als:

a) daß der Suabe Herwede und Erbe nehmen, auch nach der 7 Sibbe, womit die Cognatio sich sonst ex iure provinciali Sax. L. I. Art. 3. und Jure Alem. Art. 31. Edit. Schilter. endiget,

b) daß die Schwaben auch unter sich urthel schelten mögen nach der in Sachsen Landrecht gesetzten Maße L. I. Art. 12.

ist nicht iuris Alemannici Suevici, sondern *iuris Suaviae Saxonicae*. Den ersten von dem Erbe und Herwede nehmen nach der 7 Sibbe hat der Compilator Alemannicus nicht mit eingenommen. Daß aber das ius provinciale Sax. d. Art. von den Suavis Saxoniae Suaviae rede, hat der Glossator in der Glosse zu erkennen gegeben, wenn er notiret, daß dieser Artikel nicht von den SUAVEEN, als die erblos, sondern von den Suaven *Saxoniae Suaviae*, als wovon bey dem *iure Suavey* einzig und allein die Rede, zu verstehen. Den Artikel von der Schwaben Urthel schelten unter sich, welchen das Sächsische Landrecht von den Suavis Saxoniae genommen, hat der Compilator Alemannicus eingetragen, und haben die Architecti posteriorum Codicum, um es auf die Alemannier zu passen, von dem höhern Gericht Rotweil hinzugesetzet.

Von der Schwaben Vorstrelt im Treffen hat das Sächsische Recht nichts. Den Artikel L. I. Art. 29. Edit. Gaertnerianae: daß das Reich und der Schwabe sich an Erbe nicht verschweigen könne, hat das Sächsische Landrecht bey dem Kaiserrecht mit gerühret. Diese Vorrechte haben die Alemannier ihnen zugeeignet unter der Angabe, daß Kaiser Carl dieses Recht, daß der Schwabe sich nimmer an seinem Erbe versäume, dem Schwaben zu Rom gegeben, wie Herzog Gerold Rom erobert, auch zugleich demselben den Vorzug im Streite verliehen.

Die Scriptores Carolingici melden so wenig von Geroldo, daß er

Rom erobert, als von *Carolo M.* daß er ihm solche Vorrechte verliehen. Daß man aber dem Schwäbischen Duci dergleichen vorzügliches Vorstreit zugestanden, bezeuget LAMBERT, SCHAFN. und darauf scheinet, wie Scherz ad Ius prov. Alem. Art. 31. STRICKER *Rhytmus de Caroli M. Exped. Hispan.* die iuxta Fabularum Romanensium morem geschrieben, Cap. X. Sect. 19. mit einzuschlagen, und in dem üblichen Herkommen gegründet zu seyn, wie es im KÖNIGSHOF *Chron. c. V. §.* 142. angezogen:

> Der Bischof von Constenz, sprach er, und sein Volk wären Swaben, so solten sie den Vorstreit haben, und mitstrit anwohne als es von alten Herkommen were; do sprach der Herzog. Er wolte den Streit mit seinem Bauer und mit seinem Volke anwohnen.

GASSER *Annal. Augsp. ad A.* 787. giebet an, daß Carolus M. A. 778. *Geroldo* Comiti Augiensi, und den *Suevis* das privilegium primi ordinis gegeben, wie er die Franken und Thüringer gegen Tassilonem zusammen gezogen, auch sein Sohn Pipinus aus Italien mit seinem Corps zu Hülfe gekommen, allein die Scriptores coaevi, Chron. Moiß. Annales Metenses melden bey solchem Vorgang von Geroldo nichts, noch weniger von solchem privilegio.

CAP.

Cap. III. De Jure Suavey a Plaste Alemannico non intellecto.

CAP. III.

De

Jure Suavey á Plaste Alemannico non intellecto.

In interpretatione legum Germanicarum in specie Alemannicarum & Saxonicarum, hat es vielem Nutzen zu wissen, ob das Sächsische Landrecht aus dem Schwaben-Spiegel oder dieser aus dem Sachsen-Spiegel aufgeholet. SCHILTER war ein Mann, der sich um die teutschen Rechte großen Verdienst gemacht, Ich habe aber bey dessen Erläuterungen, insbesondere bey dem Jure feudali Alemannico, wahrgenommen, daß er weder auf die primos fontes in libello de Beneficiis, noch auf die secundarios iuris feudalis Saxonici gesehen, sondern in verkehrter Ordnung das Sächsische Lehnrecht aus dem Compilatore iuris feudalis Alemannici zu rectificiren gesuchet, er in seinem Commentario nicht nur des rechten Sinnes verfehlet, sondern auch Stücke in einer Verworrenheit gesetzet. Der Compilator iuris provincialis Alemannici hat auch in Samlung der dortigen landläufigen Gebräuche seine Verdienste. Ich hoffe auch, wenn die besten und ältesten Codices iuris Alemannici erst ans Licht treten, man werde auch von den Anecdotis succedaneis, wie weit sie von einem Bestand, so viel zuverlässiger urtheilen können.

Bey den Compilatoribus Jurium Germanicorum und Glossatoribus in specie der Land- und Lehnrechte und Weichbildes ist zu bemerken:

1) Wenn diese in die Historie der weitesten ältern Zeiten zurück gehen, und von den Privilegiis Constantini M. Caroli M. und Ottonum ein Aufhebens machen, auch wol gar erdichtete Privilegia auf den Plan bringen, die in der Historie mittler Zeit und bey den gleichzeitigen Schriftstellern Widerspruch finden, daß alles solches klägliche Gestammer von der Seite zu weisen.

2) Und eben so, wenn sie mit *illativis* nach ihren Selbstbegriffen, oder mit den Römischen Rechten einrücken, das publicum literarium, das *ius in facto* und die Schlüssigkeit und Unschlüssigkeit zu ermessen.

So viel nun allhier das ius Saxoniae Sueviae vulgo *Suavey* und die so genanten *Suavem* betrifft, Da dieses der Compilator Alemannicus auch *in ius Alemannicum* eingenommen, und auf das Jus *Alemannicum Suevicum* zu passen gesucht, ob es schon dahin ganz und gar nicht gehörig, den eigentlichen Sinn des Juris Saxoniae Sueviae verändert und verkehret, den Verstand der Niedersächsischen Wörter unrecht eingenommen, insbesondere die Wörter Wieve-hat, welches Weiber Haß, in Wievheid verkehret, hierüber die iura Marchica, welche der alte Glossator als ein Marchicus und iuridicus gentis erkläret, in ius Alemannicum eingeschaltet, so habe ich nicht angestanden, diese Umstände dem gelehrten Publico zu deren weitern Bedenken zu unterwerfen.

Wenn im Sächsischen und Schwäbischen Landrecht übereinstimmige Rechte anzutreffen, das wäre nichts besonderes. In allen Gesetzen der teutschen Völker, ex communibus populorum moribus, wie vom THOMASIO *Diss. ad Libr. de Benef.* §. 13. wohl bemerket, auch in den Angel-Sächsischen und Schotrischen Gesetzen ist in mehrern Artikeln eine Uebereinstimmung. Diese findet sich auch bey den *Juribus* der Städtschen Communen in Teutschland, Frankreich und den Niederlanden: und bey denen Städten, die nach der Form anderer Städte gebildet, oder von einem Oberhof abgehangen, trift es um so viel ehender zu. Allein da der Compilator iuris provincialis Alemannici, wie THOMASIUS *d. l.* schon angeführet,

1) *ex iuribus peregrinis in specie* aus dem Sächsischen Landrecht eingeschaltet, welches dem Sachsenlande allein eigen und peculiair,
2) und die *Idiotica* der Niedersächsischen Sprache nicht allerwege verstanden, und den Sinn des Sächsischen Landrechts nicht allerwege genau eingenommen.

So hat auch die Compilatio Alem. vor sich kein Alemannisches landläufiges Landrecht geschaffet, vielmehr das ius Alemannicum in eine Verworrenheit gesetzet, und erscheinet aus solchen allen um so vielmehr, daß er viele Stücke aus dem Sächsischen Landrecht aufgeholet, jedoch nach dem Sinn des Sachsen-Rechts und dessen eigentlichen Verstande davon keinen rechten Gebrauch gemacht.

Dieses dürfte sich aus unzähligen Stellen zeigen lassen, dermalen aber kan genug seyn,
1) solches beym Schwaben Recht
2) und bey dem, was er von dem *Jure Marchico Saxonico* eingeschaltet, darzulegen.

Bey dem *Jure Suevo* ist solches bereits gezeiget, und will ich also nur bey dem *Jure Marchico* dieses kürzlich berühren. Von dem *iure Marchico* und *iure publico provinciae* und der specialen Verfassung der Mark, die der Glossator Marchicus als ein Juridicus Gentis aus seiner Gerichts-Kundschaft erläutert, und in regula bey einer andern Provinz weder bey den Sachsen noch Schwaben plazgreiflich, finden sich im Sächsischen Land-Recht und in Glossis mehrere Stellen. Von der Verfassung der Markgräflichen beyden Kammern Arneburg und Tangermünde, als der höchsten Markgräf-

Cap. III. De Jure Suavey a Plasie Alemannico non intellecto.

gräflichen Gerichte, und wie darin keiner eine Urthel finden sollen, der nicht zum Heerschilde gebohren, schreibt der GLOSSATOR Marchicus ad L. III. Art. 57. Cod. Ham. gar merklich:

> To des Markgrepen Dingh mot nemand ordel vinden, he en si to deme Herschilde geboren und ock in des Markgreven Kameren alse in dem rechten Vorstendome to Tangermunde und to Anaburg, deffen twey sind des Markgreven Kammern.

Diese Stelle zeiget an, daß die Mark allein die Sächsische Mark andeute, und der Herr von Buch von diesem Artikel genaue Kundschaft gehabt.

In iure prov. Sax. L. II. Art. 12. Cod. Hamel. worin von dem Artikel gehandelt wird, wenn der Schwabe i. e. Suavo Saxoniae Suaviae des Sachsen Urthel schild, und hinwiederum der Sachse des Schwaben Urthel, daß so dann solches vor den König zu ziehen, setzet Ecco von Repchou kurz vorher, daß man kein geschoffen Urthel aus einer Grafschaft in eine Mark ziehen müste, wann schon der Greve die Grevenschaft von dem Markgrafen habe, und dies darum, weil in der Mark kein Königs-Bann, in clausula:

> Nenes geschuldenen ordels met men ten ut ener Greveschop in ene Marchs AL hebbe de Greve de Greveschop van deme Marckgreven, dit is darumme, dat in der Marche nen Koningbes ban is.

Dies ist im Schwäbischen Landrecht Edit. Schilter. c. 97. §. 11. eingeschaltet, woselbst es in Codice Oldenb. lautet:

> de keyne wider werpen urteile die vor eynen greven wider werpen werdent, die en mas man nit getzihen an den Marcgraven, ez habe denne der greve die Greveschaft.

Dieser Artikel gehöret specialiter in die Mark Slaviae septentrionalis, und ist ohne dies in clausula finali, worin der Compilator Alemannicus das Wort AL, welches den Belgis & Saxonibus inferioribus obgleich, wenn gleich, Kilian v. AL. SI, quamvis, liest, nicht verstanden und verkehrt dahin aufgenommen:

> Die Urthel sey aus der Grafschaft nicht an den Markgrafen zu ziehen, es sey denn, daß der Graf die Grafschaft vom Markgrafen habe.

Die Ursach, warum die Urthel nicht an den Markgrafen zu ziehen, daß in der Mark kein Königs-Bann, als auf Alemanniam nicht zutreffend, hat der Compilator vorbengelassen. Was unter der Mark verstanden werde, erkläret der Herr von Buch ad d. Art. 12. und führet zugleich die Ursach an, warum im Sächsischen Landrecht der Mark halber disponiret, und darunter

Meißen, Brandenburg und Lausnitz verstanden werde, weil sie Sächsisches Recht halten, jedoch daß es sich in sechs Stücken zwege:

a) is dat aver in ene Marcke) alse to Mißen oder to Brandenborch, eder to Lusitze, disse halden Sassesch Recht und sin Sassen und Doringhe.

b) und ore recht tweiet) woran tweiet use Recht wid ôn? Seg-ghe an 6 Stücken,

dat erste is, dat hir nen Köninghes Ban is.

dat andere, dat (in der Mark) nen Schepenbare vrig emmeght is.

dat dridde, dat hir so dene Schultheten nicht ne sin.

dat verde, dat hir sunderlken Gherichte vorlegben sin.

dat vest, dat hir Buren Erve an Ghude hebben dat se nicht to boren.

dat seste, dat neman to des Markgreven gherichte kumpt wenn de guder handen lôde.

Dieser Artikel der Zweyung der Sächsischen Marke von dem Sächsischen Landrecht verdienet eine besondere Ausführung, als woraus vor Augen treten wird, wie sehr der Compilator Marchicus sein beschriebenes Landrecht mit dem iure peculiari Marchico Saxonico, als dahin gar nicht gehörig, ohne Unterscheid vermenget, wovon zu anderer Zeit ausführlich zu handeln.

CAP.

CAP. IV.

De

SAXONIBUS ortu SUEVIS ex pago Suevon in Praef. iuris provinc. Saxonici: von der Herren Geburt.

Die Vorrede von der Herren Geburt im Lande Sachsen enthält Fürsten, Grafen und Herren-Standes-Personen von Sachsen. In dem Befang, da Sachsen zu des Ecco von Repchov Zeiten bezeichnet, werden namhaft gemacht
1) die von Geburt Schwaben,
2) die von Geburt Franken,
3) die von Geburt Sachsen,
jedoch im Lande Sachsen befindlich. Die Schwaben von Geburt im Lande Sachsen werden specifice angezogen, die Franken von Geburt auch specifice: unter den Sachsen von Geburt a)ert
  a) wird nur besonders genant, der Herzog von Lüneburg und sein Geschlecht als gebohrne Sachsen,
  b) und *in genere* alle Freyherren und Schöpfen im Lande Sachsen wohnhaftig, ausbenommen diejenigen, die vorher als Schwaben und Franken von Geburt specificiret.

Es werden in dieser Vorrede sonst weder in *Ostphalia*, noch in *Angaria*, noch in Westphalen, noch in den Uebeelbischen Sachsen, noch sonst im Lande Sachsen, Fürsten, Grafen und Herren-Standes-Personen, keine andere Schwaben von Geburt angegeben, als die, welche *ex Suevia Saxonia* ihren Ursprung haben. Auf *Suevos Alemannos* hat hauptsächlich kein Gedanke gerichtet werden können, weil der Autor praefat. Rithm. nur die Herren Geburt im Lande Sachsen anzeigen wollen.

Die von Anhalt und Ascherleben oder Ascanien, die von Brandenburg des Ascanischen Abstammes und die von Orlamünde sind *Principes ortu Ascanii*, und die Oerter, wovon die Ascanii genant, als Anhalt, Ballenstedt, Ascherleben, liegen im pago SUEVON *eiusque confiniis*. Weil aber zu der Zeit, da Ecco von Repchov das Sächsische Landrecht, und der Autor Praef. von der Herren Geburt im Lande Sachsen geschrieben, die *Appellationes pagorum* sich mit ihren limitibus, die den pagum besangen, verloren, und die *Dominia* der teutschen Stände mit ihren herschaftli-

chen

Obf. V. De Nordo-Suavis & Castro Sa-ocseburg.

chen Districten sich hervor gegeben, so hat sich auch Saxonia Suevia, wie Sachsen selbst, in partes *Slaviae Sorabicae* erstrecket, und sind ad Suaviam Saxoniam *Gibichenstein* in pago minori NETELICI *Sinsli* in pago SERIMUNT auch dahin gerechnet, wo nicht der Autor praes. noch einen andern Grund gehabt, woher er den Burggrafen von Giebichenstein und den von Suseliz Originis Suaviae Saxoniae zu seyn gehalten.

Die Oerter derer Freyherren *originis Saxoniae Sueviae*, wovon diese genant, liegen grösstentheils in pago SUEVON *Saxoniae orientalis* oder *in Confiniis* pagi SUEVON. Bey einigen, als denen von Poppenburg und Hohenbüchen hiesiger und Stift Hildesheimischer Hoheit giebt sich hervor, daß dieselben dennoch von denen von Meringen Dynastis Saxoniae Sueviae abstammen, wie in folgendem gezeiget.

1) Hackeborn bey Kroppenstadt liegt in pago SUEVON.
2) Snetlingen in dem Halberstädtschen Amt des Dohmkapitels Gnetlingen, welches vor Alters zur Grafschaft Ascanien gehöret, wovon die edlen Herren Aloerk und Conrad von Sneidlingen den Namen geführet, unter welchen genant im Briefe Fridr. Arch. Magd. A. 1147. ap. Beckm. Histor. Anhalt. P. IV. p. 474.
   Fridriens nobilis de Snettingen
   Schultetus Rudolphus de Snetlingen.
3) Winningen in pago SUEVON hodie Amts Winningen, ein Stück von der Grafschaft Ascanien, wovon Herman von Winningen genant.
4) Jersleven jetzo Gerslebe in P. Suevon.
5) Uenstein bey Welpesleve, welches in Chron. Henr. IV. A. 1073 in Pago Suevon angegeben, Chron. Godw. p. 759.
6) Sinsli in pago Sinsli, wovon genant A. 1216 Warnerus de Sinsli h. Suseliz Chr. Balduini Ep. Brand. A. 1216. ap. Becman. P. III. p. 314. & P. IV. p. 353.
7) Mochile in Ch. Wichmanni Archiep. Mog. A. 1162. ap. Becm. P. IV. p 455. Otto de Mochile.
8) Bifenrode in Ch. Bernhardi D. Saxon. A. 1194. ap. Becman Histor. Anhalt P. IV. p 441. in liberos testes Albero de Bisenrode.
9) Meringen liegt im Anhalt-Dessauischen Amte Freckenleben. Das Castrum Vrackenleve cum liberis & ministerialibus hat der Kaiser Fridricus Barbarossa A. 1166 an Erzbischof Wigman von Magdeburg überlassen, BECM. *Histor. Anhaltina.* Oda de MERINGEN. A. 1225. nach dem Briefe *Sophiae* ab *Altasago* liegen ihre Väter und Vorfahren zu Meringen begraben.

Aus

Cap. IV. De Saxonibus oreu, Suevis ex pago Suevon &c.   429

Aus denen Briefen, die BECKM. *Historia Anhalt.* P. III. Lib. 3. c. 3. p. 440. sqq. beygebracht, eröfnet sich folgendes Schema

Oda de MERINGEN

SOPHIA ab ALTA FAGO 1262.	Volradus frater Ep. Halberst. 1262.

1. Hojerus.   2. Oricus.   3. Mecht.   4. Sophia.   5. Cunig.   6. Oda Comitissa de POPENBORG 1267.

Woraus denn erscheinet, daß die Grafen von Poppenburg, welche aus Schwaben angegeben, von Oda einer von Meringen abstammen. Walpech eine *Curtis Regia* in pago SUEVON, imgleichen Welpesholz liegen bey Sandersleben in pago SUEVON.

In dieser Vorrede werden zuerst der von Brunswig, und der von Lüneborg, und der von Poppenborg, und der von Osterborg, und die von Aldenhusen den Suaven zugerechnet in claus. Cod. Mogunt. glossati:

> der von Brunswig unde der von Lüneborg unde der von Poppenborg unde der von Osterborg unde der von Aldenhusen das sint alles Swaven.

Dieses sind Grafen und Herren-Standes-Personen. Die Fürsten Swaven sind gleich anfangs genant in clausula:

> der von Annhalt, und der von Brandenborg und der von Orlamünde unde der Markgreve von Misne unde Grewe von Brenen, disse Fürsten sind alle Swaven.

Von dem Herzog von Lüneburg sagt er in folgenden:

> Die Herzoge von Lüneborg unde sin Geschlechte sint geboren Sachsen.

Daraus erscheinet, daß die von Lüneburg und die von Brunswig, die

Obf. V. De Nordo - Suavis & Caſtro Sa-ocſeburg.

er als Sweven genant, zu dem Geſchlechte der Herzoge von Lüneburg gar nicht gerechnet.

Ob nun zwar Herzog OTTO Puer, ehe noch derſelbe mit Braunſchweig und Lüneburg zu einem Reichs Fahnlehn beliehen, ſich geſchrieben und genant:

  A. 1224 OTTO *Dominus de Lüneberg*, Ch. Ottonis Orig. Guelf. T. IV. n. 7. 8.

  A. 1215. OTTO *de Lüneborch*, Orig. Guelf. T. IV. a. L

auch eben zu ſolcher Zeit ſchon genant

1) A. 1225 OTTO *Dux de Lüneb*. Orig. Guelf. T. IV. n. 9,
2) ad A. 1223 OTTO *Dux de Brunsv*. Orig. Guelf. T. IV. n. 2. 3.
3) A. 1231. OTTO D. *de Brunsv*. Orig. Guelf. T. IV. n. 27. 28.

ſo zeiget ſich dennoch, und iſt bereits von SCHEID *in notis ad Orig. Guelf.* T. IV. p. 10. nota f. bemerket, daß andere Herren, Standes-Perſonen und *viri militares* den Namen von Lüneburg und Braunſchweig geführet.

Der große Herzog Henricus Leo hat HENRICO *de* LUNEBORG ſeine Gemahlin Mathildis *ad obſequium & miniſteria* empfohlen, Arnold. Lubec. L. III. c. 2. In 3 Diplomatibus erſcheinet auch unter den Zeugen

  A. 1225 Dominus OTTO DE LÜNEB. Orig. Guelf. T. IV. p. 88. welchen Scheid für Ottonem magnum de Lüneb. in A. 1245. angeſehet.

  A. 1236 GEVEHARDUS de LUNEBORG Orig. Guelf. T. IV. n. 70.

  A. 1245. OTTO MAGNUS de LUNEBORG Orig. Guelf. T. IV. n. 92.

  A. 1251 Hermann de LÜNEBORG Orig. Guelf. T. IV. n. 110,

So viel iſt gewiß, daß der in Praef. angegebene von Lüneborg und von Braunſchweig von dem *Autore Praef.* zu dem Herzoglichen Geſchlecht der Herzoge von Lüneburg nicht gerechnet, als welche als gebohrne Sachſen, jene aber als Schwaben angegeben. Alſo muſten der von Lüneburg und der

Cap. IV. De Saxonibus ortu Suevis ex pago Suevon &c.

der von Braunschweig andere, und zwar Schwaben seyn. Ob die Praefatio auf *Dominos alienos*, die sich in Henrici Palatini Portion eingedrungen, oder auf die *Ministeriales*, die bey Ottonis pueri Gefangenschaft um A. 1228 mit Braunschweig gekrieget, abgezielet, v. *Chron. Rithm. Orig. Guelf. T. IV. p. 27. p. 48.* ist von weitern Bedenken. Mit HENRICI PALATINI Allodial-Gütern ist schon bey Henrici Palatini Leben geträumet, wovon der Brief König Henrici Kaisers Fridrici II Sohns A. 1226. Orig. Guelf. T. III. n. 213. enthält:

> *Nos nomine nostro & Seren. Patris nostri Fridrici — — portionem eiusdem hereditatis, quae nos titulo emtionis factae a Marchione de Baden & sua coniuge, spe vel re per successionem hereditariam contingit vel contingere poterit.*

Wie denn auch Kaiser Friedrich II. in literis investiturae A. 1235 bezeuget, daß er die Helfte von Braunschweig vom Herzoge von Bayern, und die andere Helfte vom Marggrafen von Baden gekauft.

Mit Henrici Palatini Tode A. 1227 haben die *Domini alieni* sich in Henrici Palatini hinterlassene Erblande eingedrungen, und hat Kaiser Friedrich II. Braunschweig eingenommen, welches jedoch Otto puer sogleich A. 1227 manu forti wieder erobert, ALBERTUS STADENSIS A. 1227. Daß sie Göttingen und Hannover auch occupiret, lässet, so viel Göttingen betrifft, sich urtheilen aus Herzog Ottonis pueri Briefe A. 1229. Orig. Guelf. T. IV. p. 130. in clausula:

> *Quoniam autem oppressi estis a Dominis alienis & coacti ad eis serviendum, vobis non debemus nec volumus imputare, nec unquam inde ultionem vel vindictam aliquam faciemus, dummodo fidem nostram & affectum ad praesens efficaciter ostendatis & vos & civitatem moenalis nostris, cum ad vos venerint, praesentetis.*

So viel Hannover belanget, aus beyden privilegiis A. 1241. worin in dem einen enthalten die Clausel:

> *ex quo civitas Hanoverae dominum suum verum nos videlicet recognoscens ad manus nostras se reddidit.*

In dem andern:

> Civitas in Hanovere postquam *praesentata* est nobis.

Wie nun dieser Streit sich bis ad *A.* 1235. verzogen, zu der Zeit sich der drey-

Obf. V. De Nordo-Suavis & Castro Sa-ocseburg.

dreyjährige Krieg der *Ministerialium* mit Braunschweig sich gelegt, so bleibt zu weiterer Erwegung, ob der Autor praes. nicht auf *alienos Dominos Suavos* von solcher Zeit abgezielet, die jedoch in folgender Zeit sich nicht hervor gegeben. Lüneburg ist in der Paderbornischen Erbtheilung A. 1203 *Wilhelmo* Ottonis pueri Vater zugefallen, woran Henrici Palatini Tochter keinen Anspruch machen mögen. Ob aber ALBERTUS *Comes Orlamundanus* & *Trans-elbing.* des Anhaltischen Geschlechts, Saxoniae Sueviae, unter Henrico Palatino und Ottone puero gelebt, und Harburg inne gehabt, auch Güter in Dethbergen, die er pro remedio animarum PATRIS *Sifridi*, MATRIS *Sophiae*, FRATRIS *Ottonis* jam defunctorum & vivorum seiner und seiner Gemahlin HEIDWIGIS und Bruders HERMANNI, an das Kloster Michaelis in Lüneburg gegeben, besessen, auch von Lüneburg genant, davon habe ich noch keinen Beweis. Bey dem Schenkungsbriefe A. 1211. Orig. Guelf. T. IV. n. 6. ist merklich, daß er datirt prope *Novum Ertenburg super littus Albiae*, und unter den Zeugen genant *Gevebardus de* LUNEBURG.

Ende des zweyten Theils.

www.ingramcontent.com/pod-product-compliance
Lightning Source LLC
Chambersburg PA
CBHW032139010526
44111CB00035B/620